Jong-Hoon Kim
Die hebräischen und griechischen Textformen
der Samuel- und Königebücher

Beihefte zur Zeitschrift für die alttestamentliche Wissenschaft

Herausgegeben von
John Barton · Reinhard G. Kratz
Choon-Leong Seow · Markus Witte

Band 394

W
DE
G

Walter de Gruyter · Berlin · New York

Jong-Hoon Kim

Die hebräischen und griechischen Textformen der Samuel- und Königebücher

Studien zur Textgeschichte
ausgehend von 2Sam 15,1 – 19,9

W
DE
G

Walter de Gruyter · Berlin · New York

G

∞ Gedruckt auf säurefreiem Papier,
das die US-ANSI-Norm über Haltbarkeit erfüllt.

ISBN 978-3-11-020876-4
ISSN 0934-2575

Bibliografische Information der Deutschen Nationalbibliothek

Die Deutsche Nationalbibliothek verzeichnet diese Publikation in der Deutschen
Nationalbibliografie; detaillierte bibliografische Daten sind im Internet
über http://dnb.d-nb.de abrufbar.

Printed in Germany
Einbandgestaltung: Christopher Schneider, Laufen
Druck und buchbinderische Verarbeitung: Hubert & Co. GmbH & Co. KG, Göttingen

Meinem Doktorvater,
Herrn Prof. Dr. Siegfried Kreuzer
gewidmet

Vorwort

Die vorliegende Arbeit geht zurück auf die 2007 von mir eingereichte und Anfang 2008 von der Kirchlichen Hochschule Wuppertal im Fach Altes Testament angenommene Dissertation.

Viele haben mich auf diesem Weg unterstützt. Besonders dankbar bin ich vor allem meinem Doktorvater, Herrn Prof. Dr. Siegfried Kreuzer. Er hat mir das Thema vorgeschlagen, mir viele wichtige Hinweise gegeben und sich jederzeit für Diskussion und Ratschläge zur Verfügung gestellt. Zudem hat er mir verschiedene Möglichkeiten eröffnet, durch die ich besonders im Bereich der Septuaginta-Wissenschaft Erfahrungen sammeln und Kontakte knüpfen konnte.

Sein persönliches Interesse an mir und an meiner Familie hat darüber hinaus dazu beigetragen, dass meine Zeit in Wuppertal nicht nur eine arbeits- und ertragreiche, sondern auch eine glückliche Zeit war. Für die äußeren Voraussetzungen hat das Karl-Immer-Stipendium der Kirchlichen Hochschule Wuppertal die wesentliche Grundlage gegeben. Dank des Stipendiums konnte ich mich ohne finanzielle Sorge auf meine Arbeit konzentrieren. Ich bedanke mich herzlich für die Gewährung dieses Stipendiums.

Gerne danke ich Herrn Prof. Dr. Natalio Fernández Marcos am „Instituto de Filología del CSIC"(Madrid, Spanien), der mir im Frühling 2006 bei einem Forschungsaufenthalt am Institut freundlicherweise Zugang zu den Mikrofilmen der mittelalterlichen Handschriften des antiochenischen Textes gewährte und mir in interessanten Gesprächen wertvolle Ratschläge gab. Dank seiner Hilfe konnte ich einige wichtige Probleme auf Grund der handschriftlichen Textzeugen lösen.

Auch dem Göttinger Septuaginta Unternehmen und seinen Leitern, Herr Prof. Dr. Reinhard G. Kratz und Herrn Dr. Bernhard Neuschäfer, danke ich für die Gewährung wichtiger Studien an den Mikrofilmen der Handschriften.

Anregende Diskussionen und interessante Einsichten ergaben sich immer wieder in der Wuppertaler Septuaginta-Sozietät, an der auch Prof. Dr. Martin Karrer und Prof. Dr. Knut Usener beteiligt waren.

Mein besonderer Dank gilt auch Herrn Prof. Dr. Adrian Schenker von der Universität Fribourg (Schweiz). Als zweiter Gutachter hat er meine Arbeit sorgfältig gelesen und nicht nur wertvolle Kritik sondern auch freundliche Ermutigung gegeben.

Gerne danke ich den Herausgebern der Reihe für die Aufnahme sowie dem Verlag für die Betreuung meiner Arbeit.

Schließlich danke ich von ganzem Herzen meiner geliebten Frau You, Jung-Hyun. Mit manchem Verzicht und mit großer Geduld hat sie mich begleitet. Immer war sie an meiner Seite und meine gute Gehilfin (Gen 2,18).

Uijeongbu-City, Korea, Dezember 2008

Kim, Jong-Hoon

Inhaltsverzeichnis

Abkürzungsverzeichnis

1. Editorische Abkürzungen

Cod(d).	Codex, Codices
Hs(s).	Handschrift(en)
Ms(s).	Manuskript(e)
rell	*reliqui*
*	die ursprüngliche Lesart einer Hs.
ᵃ	Korrekturen der ersten Hand
txt	*in textu*
mg	*in margine*
vid	*ut videtur*
MT	der masoretische Text (𝔐)
LXX	die Septuaginta (𝔊)
Ant	der antiochenische Text laut boc₂e₂
Ant+	der antiochenische Text laut boc₂e₂ plus Mehrheitstext (Z.B. Ant+ = boc₂e₂ MN *rell*)
KR	die καιγε-Rezension
O′	5. Kol. der Hexapla
α′	Aquila
C′	Symmachos
θ′	Theodotion
Jos. Ant.	Josephus, *Antiquitatum Iudaicarum.*
Thdt	Theodoret
Chr	Chrysostomus

2. Abkürzungen der Literatur

AB	Anchor Bible
ABD	Anchor Bible Dictionary
BASOR	Bulletin of the American Schools of Oriental Research
Bauer	Bauer/Aland, Wörterbuch zum Neuen Testament
BDR	Blass/Debrunner/Rehkopf, Grammatik des neutestamentlichen Griechischen
BIOSCS	Bulletin of the International Organization for Septuagint and Cognate Studies
BHS	Biblia Hebraica Stuttgartensia⁵
B-M	Brooke/McLean, The Old Testament in Greek

BroS	Brockelmann, Hebräische Syntax
BWANT	Beiträge zur Wissenschaft vom Alten und Neuen Testament
CBQ	Catholic Biblical Quarterly
DJD	Discoveries in the Judean Desert
EstBib	Estudios Biblicos
GK	Gesenius/Kautsch, Hebräische Grammatik
IDBSup	The Interpreter's Dictionary of the Bible, Supplementary Volume
ISBE	International Standard Bible Encyclopedia
KG	Kühner/Gerth, Ausführliche Grammatik der griechischen Sprache
HAL	Koehler/Baumgartner, Hebräisches und Aramäisches Lexikon zum AT
HoP	Holmes/Parsons, Vetus Testamentum Graecum cum variis lectionibus
HR	Hatch/Redpath, Concordance to the Septuagint
HUCA	Hebrew Union College Annual
JAOS	Journal of the American Oriental Society
JBL	Journal of Biblical Literature
JJS	Journal of Jewish Studies
JM	Joüon/Muraoka, A Grammar of Biblical Hebrew
JQR	Jewish Quarterly Review
JSS	Journal of Semitic Studies
JTS	Journal of Theological Studies
LEH	Lust/Eynikel/Haupie, A Greek-English Lexicon of the Septuagint
LSJ	Liddell/Scott/Jones, A Greek-English Lexicon
LXX.D	Karrer/Kraus, Septuaginta Deutsch
LXX-Ra	Rahlfs Handausgabe der LXX
LXX-Gö	Göttinger Großausgabe der LXX
MSU	Mitteilungen des Septuaginta-Unternehmen
OBO	Orbis biblicus et orientalis
OLZ	Orientalistische Literaturzeitung
Pape	Pape, Griechisch-Deutsches Handwörterboch
RB	Revue biblique
RGG	Die Religion in Geschichte und Gegenwart
SCS	Septuagint and Cognate Studies
TECC	Textos y Estudios „Cardenal Cisneros"
ThLZ	Theologische Literaturzeitung
ThWAT	Theologisches Wörterbuch Alten Testament
ThWNT	Theologisches Wörterbuch Neuen Testament

TRE	Theologische Realenzyklopädie
VT	Vetus Testamentum
VTS	Vetus Testamentum, Supplements
WBC	Word Biblical Commentary
WUNT	Wissenschaftliche Untersuchungen zum NT
ZAW	Zeitschrift für die alttestamentliche Wissenschaft
ZfA	Zeitschrift für Assyriologie
ZNW	Zeitschrift für die neutestamentliche Wissenschaft
ZPE	Zeitschrift für Papyrologie und Epigraphik

Tabelle der griechischen, hebräischen und syrischen Buchstaben

Griechisch		Hebräisch	Transkription	Syrisch
Majuskel	Minuskel			Serto
Ⲁ	α	א	ʾ	ܐ
Β	β	בּ ב	b	ܒ
Γ	γ	ג ג	g	ܓ
Δ	δ	ד	d	ܕ
Ε	ε	ה	h	ܗ
		ו	w	ܘ
Ζ	ζ	ז	z	ܙ
Η	η	ח	ḥ	ܚ
Θ	θ	ט	ṭ	ܛ
Ι	ι	י	j	ܝ
Κ	κ	ך כ	k	ܟ ܟ
Λ	λ	ל	l	ܠ ܠ
Μ	μ	ם מ	m	ܡ ܡ
Ν	ν	ן נ	n	ܢ ܢ
Ξ	ξ			
		ס	s	ܣ ܣ
Ο	ο	ע	ʿ	ܥ ܥ
Π	π	ף פ	p	ܦ ܦ
		ץ צ	ṣ	
		ק	q	ܩ ܩ
Ρ	ρ	ר	r	ܪ ܪ
Ϲ	σ ς	ש	ś/š	ܫ
Τ	τ	ת	t	ܬ ܬ
Υ	υ			
Φ	φ			
Χ	χ			
Ψ	ψ			
Ω	ω			

1. Einleitung

1.1. Zum Ort der vorliegenden Arbeit

Die Textgeschichte der Bücher Samuel und Könige ist anerkanntermaßen komplex und lässt sich dementsprechend schwer rekonstruieren. Dies betrifft nicht nur die hebräische Textform, deren seit langem erschlossene Komplexität durch die Qumranfunde eindrucksvoll bestätigt wurde, sondern ebenso und fast noch mehr die griechische Textform, die ihrerseits von entscheidender Bedeutung auch für die Rekonstruktion der Geschichte des hebräischen Textes ist.

Die Handschriften von gr. Sam-Kön repräsentieren nicht nur eine einzige Textform, sondern insbesondere für die sog. βγ- und γδ-Abschnitte (d.h. 2Sam 10-1Kön 2,11 und 1Kön 22,1-2Kön 25,30) liegen uns zwei Textformen vor: Die kaige-Rezension (im Folgenden: KR) und der antiochenische Text (im Folgenden: Ant). Die Gelehrten diskutieren seit langem darüber, in welchem Verhältnis diese beiden Textformen zur ursprünglichen Septuaginta bzw. zur Ur-LXX[1] stehen und wie die Ur-LXX (und damit deren hebräische Vorlage) von Sam-Kön rekonstruiert werden kann. Dabei geht es auch um die Frage, welche der beiden Textformen der Ur-LXX näher steht. Wie die Untersuchung zeigen wird, spiegelt (jedenfalls in diesen beiden Abschnitten) weder die KR noch der Ant die reine Ur-LXX wider. Allerdings zeigt sich doch, dass der Ant näher zur Ur-LXX steht, als Rahlfs auf Grund seiner Untersuchung meinte. Mit seiner Unterschätzung des antiochenischen bzw. lukianischen Textes beging Rahlfs einen Fehler, der sich nicht nur in der Vernachlässigung der betreffenden Manuskripte in seiner Handausgabe niederschlug,[2] sondern der für lange Zeit die Forschung erheblich prägte.

---

1 Im Englischen wird die ursprüngliche Form der Septuaginta in der Regel als die „Old Greek" bezeichnet. Eine wörtliche Übersetzung dieser Bezeichnung ins Deutsche wie etwa „altgriechische [Form der Septuaginta]" wäre irreführend.

2 S. A. Rahlfs, *Septuaginta. Id est Vetus Testamentum graece iuxta LXX interpretes*, (Stuttgart, 1935, 1979), 502: „L (*editio Luciani*) = 19 82 93 108 127; *huius editionis innumeras lectiones singulas* (cf. Rahlfs Sept.-Stud. 3 [1911]) *praetereo*." Allerdings ist festzu-

Dank der Qumranfunde und der daran anschließenden Untersuchungen wurde einerseits die doch sehr große textkritische Bedeutung des Ant erkannt, aber andererseits wurden die textkritischen
Entscheidungen in gr. Sam-Kön dadurch nicht einfach. Die Komplexität
des Textes von Sam-Kön ist u.a. gewiss mit ein Grund dafür, dass die
Edition der Geschichtsbücher und insbesondere von Sam-Kön in der
Septuaginta Gottingensis (im Folgenden: LXX-Gö) noch nicht vorliegt.
Darüber hinaus gibt es insbesondere beim Text der Samuelbücher und
hier vor allem bei 2Sam, wo ab 2Sam 10 die KR und der Ant nebeneinander vorliegen, einen Mangel an neueren textkritischen Untersuchungen.

Bemerkenswert ist die 2006 abgeschlossene deutsche Übersetzung
der LXX (im Folgenden: LXX.D).[3] Vor allem hat man sich bei diesem
Projekt entschlossen, dass die deutsche Übersetzung in den KR-
Abschnitten nicht nur den in der Ausgabe von Rahlfs (im Folgenden:
LXX-*Ra*) gebotenen KR-Text, sondern parallel dazu auch den Ant
bieten soll. Dazu erklärt Kreuzer in der Einleitung zu den Geschichtsbüchern:[4]

> In den Büchern der Königtümer hat Rahlfs nur einen Text wiedergegeben.
> Allerdings entspricht dieser Text in 2Kgt 10 – 3Kgt 2,11 und 3Kgt 22 – 4Kgt
> 25 im Wesentlichen dem kaige-Text. Rahlfs hatte den sog. lukianischen
> Text nur als späte Bearbeitung betrachtet und ihn daher in seiner Ausgabe
> der Bücher der Königtümer nicht berücksichtigt, obwohl man auch zu
> seiner Zeit wusste, dass diese Textform zum Teil schon durch Zitate bei
> dem jüdischen Schriftsteller Josephus (1.Jh. n.Chr.) und etwa zeitgleich im
> Neuen Testament bezeugt ist. Neuere Forschungen zeigen, dass dem
> lukianischen bzw. antiochenischen Text ein höheres Alter zuzumessen ist
> und er oft der ursprünglichen Septuaginta sehr nahe kommt, auch wenn er
> in Einzelheiten später („lukianisch") bearbeitet wurde. Daher wird in der
> hier gebotenen Übersetzung bei den kaige-Abschnitten der Bücher der
> Königtümer zusätzlich auch der antiochenische Text nach der neuen
> Madrider Edition wiedergegeben. Wahrscheinlich ist der antiochenische
> Text nicht in allen Geschichtsbüchern gleich alt, aber in den Büchern der
> Königtümer, insbesondere in 2Kgt, bezeugen die antiochenischen Hand-

---

      halten, dass Rahlfs im einzelnen doch immer wieder auch lukianische Lesarten zur
      Erstellung seines Textes heranzog

3   Karrer, M und W. Kraus (Hg.) *Septuaginta Deutsch*. Bd. 1: *Das griechische alte
      Testament in deutscher Übersetzung. Bd. 2: Erläuterungen zum griechischen Alten
      Testament in deutscher Übersetzung*, Stuttgart, Stuttgart 2008. Zur Vorstellung des
      Projektes s.: Kreuzer, „A German Translation of the Septuagint", *BIOSCS* 34 (2001),
      40-45.

4   *LXX.D*, Geschichtsbücher Einleitung, 217.

schriften einen Text, der der ursprünglichen Septuaginta sehr nahe steht. Septuaginta-deutsch will hier mit der Wiedergabe des antiochenischen Textes diesem Sachverhalt Rechnung tragen.

Bei der Übersetzung und den dazugehörigen Erläuterungen im Begleitband bietet Meiser neben den sprachlichen Fragen zur Begründung der Übersetzung eine Reihe von wertvollen und weiter führenden Überlegungen auch zum Verhältnis der Texte zur hebräi-schen Vorlage und zur Übersetzungstechnik. Entsprechend der Ziel-setzung von LXX.D wird aber von den vorliegenden Texteditionen ausgegangen und auch wegen des begrenzten Raumes – außer in Ausnahmenfällen – keine textkritische Diskussion im Einzelnen und insbesondere keine Analyse der verschiedenen griechischen Handschriften durchgeführt.

Die vorliegende Arbeit beschäftigt sich deshalb mit den textkritischen Problemen des βγ-Abschnitts.[5] Dazu wird die Geschichte von Absaloms Aufstand (2Sam 15,1-19,9) ausgewählt, denn sie liegt nicht nur in Mitte der KR von 2Sam, sondern sie ist auch als Erzählung eine geschlossene Texteinheit. Trotzdem wird sich meine textkritische Untersuchung nicht darauf oder auf den βγ-Abschnitt beschränken, sondern sie wird für die wichtigen und übergreifenden Fragen des hebräischen und griechischen Textes jeweils die ganzen Samuel- und Königsbücher in Blick nehmen. Insofern zielt die hier vorliegende Untersuchung auf eine Rekonstruktion der Textgeschichte der Samuel-bücher insgesamt.

---

5 Im Bezug auf die Textgeschichte von gr. Sam-Kön thematisiert Tov 1972 die folgenden wesentlichen Fragen: 1. The Unity of 1-4 Reigns: the possible distinction of different translation units and a description of their charcter; 2. The relationship between the <u>kaige</u> sections in Reigns and other witnesses of the <u>kaige</u>-Th revision; 3. The characteristic features of the <u>kaige</u>-Th revision; 4. The relationship between the revisions of Aquila, Symmachus and <u>kaige</u>-Th; 5. The problem of boc₂e₂, the Old Greek, Lucian and proto-Lucian; 6. The relationship between the Greek and Hebrew texts in 1-4 Reigns; 7. The synoptic problem of the Greek texts of 1-4 Reigns and 1-2 Paralipomena; 8. The nature of the sixth column of the Hexaplain 1-4 Reigns; 9. Problems of text and midrash in the third book of Reigns. (Tov, E. „The State of the Question: Problems and Proposed Solutions", in: Kraft, R. A. (Hg.) *1972 Proceedings IOSCS Pseudographa*, SCS 2, (Missoula, MT, 1972), 3-15:).Diese Fragenkatalog von Tov macht deutlich, wie komplex die Probleme des Textes von gr. Sam-Kön sind.

1.2. Forschungsgeschichte

1.2.1. Die erste Phase: die Identifizierung der Handschriften boc₂e₂ (bzw. 19, 108, 82, 93, 127) als lukianisch/antiochenisch

1.2.1.1. Die Vorphase der Forschung

Nach der handschriftlichen Überlieferung des griechischen Textes des Alten Testaments, die über *ca.* anderthalb Jahrtausende dauerte, erschienen im 16. Jh. n. Chr. die ersten ausdruckten Ausgaben. Für die erste Hälfe jenes Jahrhunderts ist zunächst die Aldina zu erwähnen. Die aldinische Ausgabe wurde 1518 in Venedig von Andreas Asolanus, dem Schwiegersohn des Aldus, im aldinischen Verlag herausgegeben.[1] In dieser Ausgabe wurden die damals in Venedig aufbewahrten Handschriften benutzt.[2] In seiner Untersuchung der sixtinischen Ausgabe der Septuaginta von 1587 stellte Rahlfs fest, dass der Text der Aldina in der Sixtina im Großen und Ganzen übernommen wurde, wobei die Sixtina den Text der Aldina an Hand des Kodex Vaticanus (B) korrigierte.[3]

Praktisch gleichzeitig wurde in Spanien die Complutensische Polyglotte erarbeitet.[4] Der LXX-Text dieser Polyglotte wurde von Kar-

---

1   Der Titel der Ausgabe lautete: Πάντα τὰ κατ' ἐξοχὴν καλούμενα βιβλία, θείας δηλαδὴ γραφῆς παλαιᾶς τε καὶ νέας. *Sacrae scripturae veteris novaeque omnia.* Colophon: *Venetiis in aedib[us] Aldi et Andreae soceri, mdxviii., mense Februario* ; vgl. H. B. Swete, *An Introduction to the Old Testament in Greek,* (Cambridge, 1900, 1914²; nachdr.: New York 1968, 1989), 173.

2   Der aldinische Text spiegelt die Texttradition der Hs. 68 (Venedig, *Bibl. Marc., Gr. 5*; 15. Jh.), die im wesentlichen von den Hss. q (*Ra:* 120; 11. Jh.) und y (*Ra:* 121; 10. Jh.) abhängig ist. S.u. 1.3.2.1. (3); dort auch eine genauere Beschreibung dieser beiden Hss. Siehe jetzt auch U. Quast, *Vetus Testamentum Graecum Auctoritate Academiae Scientiarum Gottingensis editum.* IV,3. *Ruth,* (Göttingen, 2006), 16.

3   A. Rahlfs, „Die Abhängigkeit der sixtinischen Septuaginta-Ausgabe von der aldinischen", *ZAW* 33, (1913), 30-46: „Ich habe den sixtinischen Text von Reg III genau untersucht und gefunden, daß die Sixtina in den weitaus meisten Fällen, wo sie von B abweicht, mit der Aldina übereinstimmt"(44); „... und in der Regel ist Sixtina wirklich nur, wie Lagarde behauptet hatte, eine aus B korrigierte Aldina."(46).

4   Der Titel der 1522 veröffentlichten Ausgabe lautet: „*Biblia sacra Polyglotta complectentia V.T. Hebraico Graeco et Latino idiomate, N.T. Graecum et Latinum, et vocabularium Hebraicum et Chaldaicum V.T. cum grammatica Hebraica necnon Dictionario Graeco. Studio opera et impensis Cardinalis Fr. Ximenes de Cisneros. Industria Arnildi Gulielmi de Brocario artis impressorie magistri. Compluti, 1514[-15, -17]*"; zur Beschreibung und zu einer Abbildung s. E. Würthwein, *Der Text des Alten Testaments – Eine Einführung in die Biblia Hebraica,* (Stuttgart, 1988⁵), 228f; Nachdruck: Valencia: Fundación Bíblica Española y Universidad Complutense de Madrid, 1984. Die Complutensische

dinal Ximenes (bzw. vom Kardinal und seinen gelehrten Mitarbeitern), aus den verschiedenen Handschriften sorgfältig ausgewählt, um eine möglichst alte und gute Textgrundlage zu erreichen.[5] Nach den Untersuchungen von Rahlfs und jetzt auch von Fernandez Marcos steht die Septuaginta-Kolumne (bes. in Sam-Kön) dem Ant nahe.[6]

Ein weiterer wichtiger Schritt in der Edtition der Septuaginta erfolgte ca. 50 Jahre später durch Papst Sixtus, der 1578 seinem Vorgänger Gregor XIII. eine neue Ausgabe der Septuaginta vorgeschlagen hatte, die er dann als Papst durchführen ließ. Bei der Suche nach der besten Textgrundlage erkannte man damals wiederum die Superiorität des Kodex Vaticanus (B), jedenfalls im Blick auf die damals zur Verfügung stehenden Handschriften. Swete schreibt darüber:[7]

> Search was made in the libraries of Italy as well as in the Vatican for MSS. of the LXX., but the result of these enquiries satisfied the editors of the superiority of the great Vatican Codex (B=cod. Vat. gr. 1209) over all other known codices, and it was accordingly taken as the basis of the new edition.

So wurde 1587 die hauptsächlich auf dem Cod. B basierende *Sixtina* in Rom veröffentlicht, wobei die Lücken im Text des Cod. B aus verschiedenen Mss., die in dieser Zeit zur Verfügung standen, ergänzt wurden. Allerdings ist die Sixtina, wie oben gesagt, sehr stark durch die Aldina beeinflusst.

Zwischen 17. und 19. Jh. gab es in ganz Europa eine größere Zahl an Ausgaben der Septuaginta, denen in der Regel der Cod. B bzw. die

---

Polyglotte besteht eigentlich aus drei Kolumnen: (1) der hebr. Text mit Targum Onkelos, das am Fuß der Seite wiedergegeben ist, (2) die lateinische Vulgata, (3) die LXX mit interlinearer lateinischer Übersetzung.

5   In seiner Dedikation an Leo X. äußerte der Initiator, Kardinal Ximenes, bezüglich der angewandten Sorgfalt: *„testari possumus … maximi laboris nostri partium in eo praecipue fuisse versantum ut … castigatissima omni ex parte vetustissimaque exemplaria pro archetypus haberemus.“*; s. Swete, *Introduction*, 172, Anm. 2.

6   S. A. Rahlfs, *Septuaginta-Studien* III (Göttingen, 1911), 18-23. Rahlfs führt hier einige antiochenische Lesarten dieser Kolumne vor. Nach ihm könnte die Hauptgrundlage, die Ximenes verwendet hatte, als die antiochenische Hs. 108 identifiziert werden; N. Fernández Marcos, „The Lucianic Text in the Books of Kingdoms: from Lagarde to the textual Pluralism“, in: A. Pietersma und C. Cox (Hg.), *De Septuaginta. Studies in honour of John William Wevers on his sixty-fifth birthday.* (Mississauga, 1984), 162. Siehe dazu auch die grundlegenden Forschungen von Franz Delitzsch, Studien zur Entstehungs-geschichte der Polyglottenbibel des Cardinals Ximenes, Leipzig 1871; sowie jetzt deren Weiterführung in derjetzt auch die Untersuchung von S. O'Connell, *From Most ancient Sources. The Nature and Text-Critical Use of the Greek Old Testament Text of the Complutensian Polyglot Bible.* OBO 215, Fribourg/Göttingen, 2006.

7   Swete, *Introduction*, 181.

Sixtina zu Grunde lag und denen zum Teil andere Übersetzungen hinzugefügt wurden.[8]

Zu Ende des 18. Jhs. und am Anfang des 19. Jhs. wurde die Septuaginta-Ausgabe von Holmes-Parsons (im Folgenden: HoP) veröffentlicht, die den Text der *Sixtina* als den Haupttext stehen ließ und dazu einen kritischen Apparat aus über 300 Manuskripten und Versionen bot.[9] Zwar wurden die antiochenischen Handschriften von Sam-Kön in dieser Ausgabe mit kollationiert,[10] aber man erkannte damals die Gemeinsamkeiten und Eigenschaften dieser Handschriften noch nicht.

Die Gestaltung des Apparates lässt sich z.B. an Hand der Variante 15,1[d11] in HoP (Bd. 2) zeigen: Im Textfeld steht wie immer der Text laut der *Sixtina* (= Cod. B), nämlich παρατρέχειν für רצים des MT. Für dieses Wort werden im Apparat eine Menge Lesarten angeboten:

παρατρέχειν] προτρεχειν XI, 56, 98, 119, 158, 243, 246. προτρεχοντας 19, 44, 52, 71, 74, 82, 92, 93, 106, 120, 123, 134, 144, 236, 242. Compl. Cat. Nic. προτρεχει 29. παρατρεχοντας 108. προστρεχην (sic) 245. τρεχοντας Slav.

Hier ist προτρέχοντας in den Mss 19, 82, 93, die antiochenische Lesart,[12] wobei allerdings noch Ms 127 fehlt. Noch deutlicher ist die nächste Variante (15,1e) :

ἔμπροσθεν αὐτοῦ *rell*] προ προσωπου αυτου 19, 82, 93, 108. Compl.

HoP

εμπροσθεν αυτω 245.

---

8   Eine Liste dieser Ausgaben stellte Swete zusammen. Nach seiner Untersuchung handelt es sich um mindestens 21 Ausgaben. S. dazu Swete, *Introduction*, 182: „Of the above some are derived from the Sixtine indirectly, whilst others present a Sixtine text more or less modified, or accompanied by variants from other MSS".

9   1788 begann Robert Holmes seine LXX-Ausgabe mit den vielen Kollegen, die im Vorwort des ersten Bands angeführt sind. Die Ausgabe von Genesis erschien 1798, sodann 1801 die von Exodus und Leviticus. Zuletzt vervollständigte Holmes 1804 seine Ausgabe des Pentateuch. Allerdings verstarb er 1805, und das Unternehmen wurde von James Parsons übernommen. Er vollendete die Ausgabe endlich 1827: *Vetus Testamentum Graecum cum variis lectionibus. Edidit Robertus Holmes, S.T.P., R.S.S., Aedis Christi Canonicus. Tomus primus. Oxonii: e typographeo Clarendoniano.* MDCCXCVIII (Bd. 1, Pentateuch, 1804; Bd. 2, Josua-2. Chronik, 1810; Bd. 3., 2. Esdras-Hohes Lied, 1823; Bd. 4., Propheten, 1827; Bd. 5, Nicht-Kanonische Bücher, 1. Esdras-3.Makkabäer, 1827).

10   Die Bezeichnung der Handschriften in der HoP wurde von Rahlfs (und der Göttinger Ausgabe) übernommen. Zum Vergleich zwischen diesem System und jenem der Cambridge Ausgabe (B-M) s.u. 1.3.2.

11   Zu meiner Zählung der Varianten s.u. Kap. 2.

12   S.u. die betreffende Beschreibung der Varianten in 2.1.2.

Hier zeigt sich sehr schön die antiochenische Gruppe, nur dass in HoP die antiochenische Hs. 127 noch fehlt. Diese wurde erst in Addenda et Emendanda am Ende des Bandes teilweise nachgetragen.[13]

Die Ausgabe von HoP ist zweifellos die direkte Vorstufe und die Grundlage zur Entdeckung des antiochenischen bzw. lukianischen Textes.[14] Daher ist an dieser Stelle auf die im 2. Teil des 19. Jahrhunderts einsetzende Identifizierung des lukianischen Textes überzugehen.

1.2.1.2. Die Identifizierung des „lukianischen" Textes

Es dauerte nicht lange, bis die HoP die Forscher dazu führte, die besondere Textform des „lukianischen" Textes zu entdecken. Die entsprechenden Forschungen erfolgten im zweiten Teil des 19. Jahrhunderts praktisch gleichzeitig, sodass man die Geschichte der Forschung nicht einfach chronologisch ordnen kann. Trotzdem kann man diese Phase auf folgende Weise skizzieren.

(1) Die Identifizierung des lukianischen Textes in den 60er Jahren des 19. Jahrhunderts: Antonio M. Ceriani, Julius Wellhausen und Frederick Field

Ceriani war nicht nur der Erste, der die Zusammengehörigkeit der Mss. 19, 82, 93 und 108 erkannte, sondern der auch die Verbindung mit

---

13 In Bezug auf diese Handschrift hielt Rahlfs (*Septuaginta.Studien* III, 15) fest: „Holmes hat sich, wie er in der Praef. ad Pent. berichtet, lange und eifrig, aber vergebens um eine vollständige Kollation der Hs. bemüht; nur für je das erste Kapitel der Bücher Lev.-Paral. β ist eine Kollation (von Matthaei) eingelaufen und in den ‚Addenda et Emendanda' am Schluß der beiden ersten Bände mitgeteilt".

14 Nach der Mitteilung von Rahlfs bekam Lagarde, der erste Herausgeber des Ant {dazu s.u. 1.2.1.1. (2)}, die HoP zu Anfang seiner Septuagintaforschungen als Geschenk. S. dazu Rahlfs, *Paul de Lagardes wissenschaftliches Lebenswerk – im Rahmen einer Geschichte seines Lebens dargestellt. MSU IV, 1*, (Göttingen, 1928), 60: „[...] kehrte Lagarde zum Alten Testament zurück. [...] Den entscheidenden Hauptantrieb aber wird der Umstand gegeben haben, dass der Clarendon Press in Oxford im Juni 1861 Lagarde die große Septuaginta-Ausgabe von Holmes und Parsons in 5 Foliobänden (1798-1827) schenkte. Hiermit bekam Lagarde eins der wichtigsten Hilfsmittel für das Studium der Septuaginta in eigenen Besitz und wurde zugleich dadurch hocherfreut und sehr ermutigt, dass man in England seine Arbeit anerkannte und zu fördern suchte. Sogleich begab er sich ans Werk und brachte im Frühjahr 1863 seine ‚Anmerkungen zur griechischen Übersetzung der Proverbien' heraus, von welchen eine neue Epoche der Septuagintaforschung datiert."

antiochenischen Kirchenväter herstellte. Ihm muss daher in den
Worten von Rahlfs „das Verdienst, die Rezension Lucians zuerst
aufgespürt zu haben"[15] zuerkannt werden. Zu Cerianis Identifikation
des lukianischen (bzw. antiochenischen) Textes ist auf Rahlfs' Erwäh-
nungen zu verweisen:

> Ceriani hat [...] schon 1861 und 1863 von der Lucian-Rezension der
> prophetischen und der historischen Bücher gesprochen.[16] [...]

> [...], hat schon Ceriani, *Le edizioni e i manoscritti delle versioni siriache del V.T.*
> (in den Memorie del R. Instituto Lombardo, Classe di lettere, Vol. II, Mil.
> 1869 resp. 1870), S. 27 gesagt, dass Jakob von Edessa neben dem hexa-
> plarischen Texte auch griechische Hss. „*della recensione del Patriarcato Antio-
> cheno*" benutzt habe, denen er besonders in der Orthographie der Eigen-
> namen gefolgt sei. Auch hatte derselbe bereits in seinen *Monumenta sacra et
> profana* II, fasc. 1 (1863), S. XI angemerkt, dass die in Add. 14429 sich
> findende Weiterführung von Regn. *β* bis zum Tode Davids nach unseren
> bisherigen Kenntnissen „in uno Patriarchatu antiocheno vel in aliqua eius
> parte" üblich sei [...].[17]

Cerianis Identifizierung basiert hauptsächlich auf den Bibelzitaten
der antiochenischen Kirchenväter Chrysostomus und Theodoret und
auf der Notiz des Hieronymus über Lukians Werk.[18] Obwohl Ceriani
den lukianischen/antiochenischen Text weder systematisch noch detailliert erforscht zu haben scheint, war er jedenfalls die erste Person, die
die bei Hieronymus erwähnte Textform des Lukian mit den Mss. 19, 82,
93 und 108 in Beziehung stellte.

Wellhausen stieß 1871 in seiner textkritischen Untersuchung der
Samuelbücher erstmals auf die Thematik,[19] auch wenn er da noch keine
konkrete Vorstellung über die Eigenschaft des Ant hatte. Bei seiner
berühmten Untersuchung des Textes der Samuelbücher stellte er
nachträglich fest, dass seine textkritischen Vorschläge manchmal durch
die Mss. 19, 82, 93, 108 laut HoP bestätigt werden. In diesem Zusammenhang wies er außerdem auf zwei Vorgänger hin, die schon dieses

---

15   Rahlfs, *Septuaginta-Studien* III , 80, Anm. 1).
16   Rahlfs, *Septuaginta-Studien* III , 80, Anm. 1).
17   Rahlfs, *Septuaginta-Studien* III , 49, Anm. 1).
18   Brock, *The Recensions of the Septuaginta Version of I Samuel*, (Torino, 1996), 177; vgl.
      Hieronymus, *De viris illustribus*, § 77 : „*tantum in scripturarum studio lavoravit, ut
      usque nunc quaedam exemplaria scripturarum Lucianea noncupentur*".
19   Wellhausen, *Der Text der Bücher Samuelis*, (Göttingen, 1871), 221-224.

Phänomen beobachtet hatten, nämlich Vercellone (1864)[20] und J. P. Nickes (1853).[21]

Wellhausen hielt es wegen der Qualität dieser Handschriften für wünschenswert, dass man einen vollen Text dieser Handschriften-familie herausgäbe:[22]

> Diese flüchtigen Bemerkungen heben einseitig nur einige Vorzüge der vier Handschriften hervor, um das Interesse für sie zu wecken, erheben aber natürlich nicht den geringsten Anspruch auf eine wirkliche Würdigung derselben. Diese muss einer sorgfältigeren Untersuchung vorbehalten bleiben. Zum Zwecke einer solchen wäre es wünschenswerth – da man nach Holmes doch nur eine sehr ungenügende Vorstellung gewinnt –, dass man ihren vollen Text herausgäbe, wenn auch vielleicht nur für ein biblisches Buch. Man sollte das um so eher thun, als man hier einmal eine „Familie" von Handschriften besitzt, mit welcher wirklich etwas zu machen ist.

Wellhausen musste zwar nicht lange warten, bis Lagardes Ausgabe (*Librorum Veteris Testamenti canonicorum pars prior Graece*, 1883; s.u. (2) zur Erklärung) erschien, aber es dauerte doch über hundert Jahre, bis zu den noch besseren und detaillierteren Ausgaben von Fernández Marcos (Madrid, 1989ff. zu Sam, Kön und Chr) und von Taylor (Ausgabe des lukianischen Mehrheitstextes von 1Sam (Chico, CA 1992).[23]

Field, der Herausgeber der (erhaltenen Fragmente der) Hexapla des Origenes, erkannte ebenfalls die Eigenschaft der antiochenischen Handschriften. Aber er war nicht unabhängig von Ceriani, weil er 1867 im „*Monitum*" zu Jesaja in seiner Hexapla Bd. II, S. 429 die Zurück-führung jener eigentümlichen Rezension auf Lukian noch nicht als

---

20 C. Vercellone, *Variae lectiones vulgatae latinae bibliorum editionis*, Rom, 1860, 1864; 2 Bde., bes. 2. Bd., 436. Bei dieser Randnotiz einer früher der Domkirche zu Leon gehörenden Vulgatahandschrift geht es um die Abweichungen einer älteren lateinischen Übersetzung: „*Fere Omnes veteris hujus latinae interpretationis lectiones, quae a recepto alexandrinae versionis textu* (die Sixtina gemeint) *recedunt, consetientes habent Holmesianos codices praenotatos numeris 19. 82. 93. 108, quorum primus est chigianus, alter coisilianus, tertius musaei britanici, postremus vaticanus ; atque unum idemque antigraphon ad singularem quamdam recensionem spectans repraesentant. Quotiescumque quatuor horum codicum lectio a reliquis graecis dissentit, quod frequenter contigit, illorum vestigia presse sequitur noster interpres, eisque omnino adhaeret*".

21 *de Veteris Testamenti codicum Graecorum familiis*; Dissertation Münster 1853. Bei dieser Dissertation wurde nach dem Bericht von Wellhausen behauptet, dass die Hs. 108 (=*b*) im Buch Judith nicht bloß mit Itala, sondern auch mit dem Syrer übereinstimme.

22 Wellhausen, *Der Text der Bücher Samuelis*, 223.

23 Dazu s.u. 1.2.4.

seine Meinung, sondern als die Cerianis darstellt.[24] Auf Grund der Textzeugen der Syro-Hexapla, des Theodoret und des Chrysostomus bezeichnete er folgende Handschriften als „lukianisch": Die Hss. 19, 108, 118 für den Octateuch, die Hss. 19, 82, 93, 108, 245 für Sam-Kön; die Hss. 22, 36, 48, 51, 62, 90, 93, 144, 147, 233, 308 für die Propheten.[25] Aber er benutzte das Zeichen „Λ" (Lukian) in seiner Hexapla-Ausgabe erst ab 2Kön 9,9:[26]

CAP. IX. 9.   וְנָתַתִּי. Ο΄. καὶ δώσω. Aliter : Ο΄. καὶ ἐπιδοῦναι. Λ. καὶ δώσω.

Dazu schrieb er eine Anmerkung zu Lukians Lesart, nachdem er das Zeichen ܠ der Syro-Hexapla genannt hatte:[27]

[...] Nota ܠ praeter hunc locum reperitur Cap. ix. 28. x. 24, 25. xi. 1. xxiii. 33, 35. Non est litera Ee[28] paulo major quam alias effingi solet [...], nec Gomel [...], sed evidentisseme Lomad, quo siglo indicari videtur Luciani editio.

Jedenfalls wurde zumindest die Identifizierung der Hss. 19, 82, 93 und 108 (= boe₂)[29] mit Lukian bei Field klar.

Alle diese Forscher knüpfen an die Verwandtschaft des biblischen Textes bei Chrysostomus, Theodoret und Syr^mg mit den Handschriften 19, 82, 93, 108 als Textzeugen des antiochenischen Textes an. Wie Rahlfs sagt,[30] sind die Gründe: (a) dieselbe eigentümliche Form zwischen Chrysostomus/Theodoret und den Hss. 19, 82, 93, 108; (b) Syr^mg hat darüber hinaus nicht nur dieselben Lesarten wie die Hss. 19, 82, 93, 108,

---

24 Rahlfs, *Septuaginta-Studien* III, 80, Anm. 1). Hier zitiert Rahlfs Fields Erwähnung : „*Hanc recensionem cum Lucianea unam eandemque esse opinatur Ceriani, quam quidem in Prophetis exhibent Codd. 22, 36, ceteri supra memorati; in Pentateucho autem et libris historicis Codd. 19, 82, 93, 108, cum Chrysostomo et Complutensi in quibusdam locis*".

25 Field, *Origenis Hexaplorum quae supersunt; sive veterum interpretum graecorum in totum vetus testamentum fragmenta*, Bd.1, (Oxford, 1867), lxxxviii-ix. Allerdings wurde seine Bezeichnung für Octateuch sowohl von Lagarde als auch von Rahlfs abgelehnt, d.h. die Mss. 19, 108 stellen von Gen bis Ruth 4,10 keinen „lukianischen" Textform, sondern „eine andere Textform". Dazu S. Rahlfs, *Paul de Lagardes wissenschaftliches Lebenswerk*, 76f.

26 Field, *Hexapla* I, 668; vgl. Fernández-Marcos , "The Lucianic Text in the Books of Kingdoms: from Lagarde to the Textual Pluralism", in: A. Pietersma u. a. (Hg.), *De Septuaginta*, (Mississauga, 1984), 163.

27 Field, *Hexapla* I, 668.

28 Sic! Gemeint ist wohl „He" das im Syrischen für E' = Quinta steht; vgl. Field, *Hexapla* XCV.

29 Für die Bezeichnung der Minuskelhandschriften verwende ich in meiner Untersuchung (bes. in Kap. 2) aus praktischen Gründen statt der Zifferbezeichnung von Rahlfs die alphabetische Bezeichnung der Cambridge-Ausgabe von Brook-McLean (im Folgenden: B-M). S.u. 1.3.2.1. (3) zum Vergleich der beiden Bezeichnungen.

30 Rahlfs, *Septuaginta-Studien* III, 30-32, 81.

sondern bezeichnet sie durch ein vorgesetztes **ⅼ** ausdrücklich als lukianisch.

(2) Die erste Textausgabe des Ant: Paul Anton de Lagarde[31]

(a) Lagardes Urtext-Theorie

Lagardes Bezugnahme auf den Ant ist nicht unabhängig von seiner Urtext-Theorie der LXX. Deshalb ist zunächst seine Urtext-Theorie zu erwähnen. Seine Grundsätze für die Textkritik LXX stellte er schon 1863 auf:[32]

> I die manuskripte der griechischen übersetzung des alten testaments sind alle entweder unmittelbar oder mittelbar das resultat eines eklektischen verfahrens: darum muß, wer den echten text wiederfinden will, ebenfalls eklektiker sein. sein maßstab kann nur die kenntniss des styles der einzelnen übersetzer, sein haupthilfsmittel muß die fähigkeit sein, die ihm vorkommenden lesarten auf ihr semitisches original zurückzuführen oder aber als original-griechische verderbnisse zu erkennen.

> II wenn ein vers oder verstheil in einer freien und in einer sklavisch treuen übertragung vorliegt, gilt die erstere als die echte.

> III wenn sich zwei lesarten nebeneinander finden, von denen die eine den masoretischen text ausdrückt, die andere nur aus einer von ihm abweichenden urschrift erklärt werden kann, so ist die letztere für ursprünglich zu halten.

Ausgehend von diesen Grundsätzen stellte Lagarde in der Vorrede seiner Genesis-Ausgabe (1868)[33] sein Vorhaben dar: (a) eine vorläufige Ausgabe des nichthexaplarischen Septuagintatextes, (b) eine Ausgabe des hexaplarischen Septuagintatextes, (c) die abschließende große Ausgabe. Zwar konnte er nur die Ausgabe-(a) schaffen [dazu s.u. (2)], aber sein Vorhaben wurde von seinem Schüler Rahlfs und weiter vom Göttinger Septuaginta-Unternehmen aufgenommen. In seinem ersten Heft der Septuaginta-Studien vermerkte Rahlfs:[34]

---

31 Zur biographischen Information über Lagarde ist am besten auf Rahlfs, *Paul de Lagardes wissenschaftliches Lebenswerk*, zu verweisen.

32 P. A. de Lagarde, *Anmerkungen zur griechischen Übersetzung der Proverbien*, (Leipzig, 1863), 3 = *Mitteilungen*, (Göttingen, 1884), 21. Ich gebe hier die Zitate aus Lagarde in der von ihm verwendeten Kleinschreibung wieder, vgl. dazu Rahlfs, *Paul de Lagardes wissenschaftliches Lebenswerk*, 5: Lagarde „schrieb anfangs wie Jacob Grimm die Hauptwörter mit kleinen, später jedoch mit großen Anfangsbuchstaben".

33 P. A. de Lagarde, *Genesis Graece*, (Leipzig, 1868), 20-24; vgl. Rahlfs (1928), 68f.

34 A. Rahlfs, *Septuaginta-Studien* I, (Göttingen, 1904), 3.

[Die] Hauptaufgabe wird zunächst die Erforschung der reichen Geschichte des Septuaginta-Textes sein, durch die allein wir auch eine zuverlässige Grundlage für die Herstellung der ursprünglichsten Form der Septuaginta zu gewinnen vermögen.

Auf jeden Fall war es Lagarde, der mit der Erforschung „lukianischen" Text begann.

(b) Lagardes Textausgabe des Ant

Nachdem er am 26. Mai 1881 in Rom seine Kollation abgeschlossen hatte,[35] gab Lagarde schon 1882 in „*Ankündigung einer neuen ausgabe der griechischen übersetzung des alten testaments*" kund, dass er eine Textausgabe des lukianischen Textes vorlegen wolle. Er schrieb über sein Vorhaben laut seiner Urtext-Theorie:[36]

> So bleibt nichts übrig als das für die öffentlichkeit zu tun, was ich laut der 1868 gedruckten vorrede zu meiner ausgabe der griechischen Genesis 19 ursprünglich nur für mich und meine private belerung zu tun vorhatte: den archetypus einer handschriftengruppe herzustellen. ich wäle unter den verschiedenen, welche vorhanden sind, den der manuskripte, welche nach ausweis der bei Chrysostomus und Theodoret stehenden citate im großen und ganzen den von diesen vätern gelesenen text wiedergegeben, weil man diesen als den amtlichen text der sprengel von Antiochia und Constantinopel, das heißt, als den aus dem lezten jarzehnte des dritten jarhunderts unsrer zeitrechnung herrürenden text des märtyrers Lucian anzusehen nach dem zeugniese des Hieronymus alle ursache hat. über den Pentateuchtext des Chrysostomus will ich in einer akademischen schrift handeln.

Indem er seine zukünftige Ausgabe skizzierte, stellte er gegenüber der HoP sein eigenes Bezeichnungssystem der antiochenischen Handschriften (d=108, h=19, m=93, p=118, z=44) her.[37] In diesem Buch zeigt er als Probe den Text des Ant von Gen 1-14.[38]

Erstaunlicherweise veröffentlichte Lagarde seine Ausgabe schon anderthalb Jahre nach der Ankündigung, nämlich am 9. August 1883: *Librorum Veteris Testamenti canonicorum pars prior Graece*. Diese Ausgabe (XVI+544 Seiten) enthält den von Lagarde erschlossenen „lukianischen" Text von Genesis bis Esther. Wie Rahlfs (s.u.) kritisch ver-

---

35 P. A. de Lagarde, *Ankündigung einer neuen ausgabe der griechischen übersetzung des alten testaments*, (Göttingen, 1882), 3; Zur detaillierten biographischen Darstellung Lagardes in dieser Zeit s. Rahlfs, *Paul de Lagardes wissenschaftliches Lebenswerk*, 66-83.
36 Lagarde, *Ankündigung*, 31.
37 Lagarde, *Ankündigung*, 17-30.
38 Lagarde, *Ankündigung*, 33-49.

merkt, fehlt aber der handschriftliche Apparat in dieser Ausgabe außer bei Esther (S. 504-541), wo er den Text in zwei parallelen Spalten mit Apparat herausgab.[39] Genau gesagt ist diese Ausgabe deshalb keine kritische Edition. Man kann bloß den von Lagarde subjektiv erschlossenen „lukianischen" Text lesen. Mehr kann man in dieser Ausgabe nicht erkennen. Betrachten wir dazu zwei Beispiele aus unserem Textbereich:

(a) Zunächst vergleichen wir Lagardes Ausgabe von 2Sam 15 mit der Madrider Ausgabe, die unten in meiner Synopse (Kap.2) als der Ant übernommen ist. Im Großen und Ganzen stimmen beide Ausgaben miteinander überein, aber im Einzelnen weichen sie manchmal voneinander ab. In 15,5 ist die erste Abweichung zwischen beiden Ausgaben zu beobachten. Für בקרב des MT bietet der Text der Madrider Ausgabe auf Grund der Hss. 19 108 127 93 (= bc₂e₂) ἐπὶ (ἐν e₂) τῷ προσάγειν, dagegen aber hat Lagarde ἐπὶ τοῦ προσάγειν, was jedoch nur der Hs. 82 (o) entspricht. Über den Grund für seine Entscheidung bekommt man keine Information.

(b) Die Transkription des Eigennamens חושי ist ebenfalls markant. Lagarde transkribierte den Eigennamen durchgehend mit Χουσι, obwohl die Handschriften (außer der Handschrift 93 [= e₂]: Χουσε) nur in 15,37[b] diese Transkription einheitlich unterstützen. Sonst transkribieren die Handschriften meistens mit Χουσει. Die von ihm gebotene Namensform ist in diesem Fall m.E. kein Ant, sondern wahrscheinlich die bevorzugte Transkription des Cod. A. Dieses Problem wird unten bei der Beschreibung der Varianten von 15,32[i] detailliert behandelt.

Diese Ausgabe wurde deshalb schon von Rahlfs aus folgenden Gründen als fehlerhaft bzw. unzulänglich kritisiert:[40] (a) Die Übereiltheit der Ausgabe Lagardes. Lagarde habe sich, nach Rahlfs, nicht die Zeit genommen, sein Material erst einmal gründlich durchzuarbeiten und

---

39 Er merkt im Vorwort der Ausgabe (XV) an : „*Libri Esther in codicibus quorum ego archetypum volui reperire, duae solent editionis haberi : quare mihi quoque liber Esther bis edendus erat, ut ante me Iacobus Usserius ediderat. quod eo libentius feci, quia quantopere recensiones bibliorum graecorum ab se discreparent, lectoribus ita facillime ante oculos positurum me credebam. subdidi alteri recensioni codicum dhm scripturas, ut iudicari de his codicibus aliquo modo posset, alteri, quoniam dh temporis angustia praeventus non contuleram, nolebamque m sine dh comparare, varietatem ex ABS enotatam, prudentibus lectoribus discenda multa praebens. et alexandrini libri adhibui effigiem luce pictam, vaticani editionem romanam novam, quae quo modo curata sit, narravit Samuel Davidson in Athenaeo londiniensi 1874 390², sinaitici tischendorfianam.*"

40 S. Rahlfs, *Septuaginta-Studien* III, 23-30; Vgl. Rahlfs, *Paul de Lagardes wissenschaftliches Lebenswerk*, 74-79.

sich ein klares Urteil über den Wert der einzelnen Zeugen und ihr
Verhältnis zueinander zu bilden, sondern er habe mit den ober-
flächlichen Kenntnissen der Zeugen ausgerüstet, die ihm beim Kollatio-
nieren von selbst gekommen waren, sofort den Druck des Textes
begonnen und über die einzelnen Lesarten von Fall zu Fall je nach dem
Eindruck, den sie ihm machten, entschieden. (b) Die Ungenauigkeit im
Bezug auf die Handschriften. Dies führt dazu, dass die Ausgabe
Lagardes öfters von allen handschriftlichen Über-lieferungen abweicht.
(c) Weglassung eines Apparats.

Rahlfs hielt fest, dass Lagarde „trotz aller Liebe zur Sache und trotz
seiner kolossalen Arbeitskraft auf diesem Gebiete keine auch nur
einigermaßen abschließende Arbeit zustande gebracht" hat.[41]

Denn: (a) „Ein einzelner vermag ihn [sc. den zu bearbeitenden
Stoff] auch bei der größten Arbeitskraft nicht zu bewältigen", wie auch
Lagarde selber schon erkannt hatte.[42] (b) darüber hinaus vermerkte
Rahlfs: „Er [Lagarde] konnte sich nicht beschränken", um eine Arbeit
konzentriert zu vollenden.

Auch wenn seine Ausgabe des Ant nicht befriedigend war, war
Lagarde ohne Zweifel der bedeutendste Pioneer der Erforschung des
Ant in dem Sinn, dass er als erster versuchte, die Textausgabe des Ant,
die Wellhausen gewünscht hatte,[43] herzustellen. Wie Rahlfs formuliert:
„Wär' Er nicht Er gewesen, so ständen wir nicht hier".[44]

1.2.2. Die zweite Phase: die Eigenschaft des Ant und die Abgrenzung innerhalb von Sam-Kön

1.2.2.1. Untersuchung des „urlukianischen" Textes: Alfred Rahlfs

Bei seinem Antritt zum 1907 von Smend gegründeten „Septuaginta-
Unternehmen" hatte sich Rahlfs schon intensiv mit dem „lukianischen" Text beschäftigt.[45] Denn das Unternehmen hatte eine Preisauf-

---

41 Rahlfs, *Paul de Lagardes wissenschaftliches Lebenswerk*, 84-86.

42 Lagarde, *Genesis Graece*, 24. Er schließt das Vorwort der Ausgabe: *„nam solus tantum
laborem sustinere omnino nequeo"*.

43 S.o. 1.2.1.2., (1).

44 Rahlfs, *Paul de Lagardes wissenschaftliches Lebenswerk*, 86.

45 S. dazu in der kurzen Geschichte des Göttinger Septuaginta-Unternehmens: Hanhart,
R. „Die Geschichte", in: Ders. u. a., *Das Göttinger Setpuaginta-Unternehmen. Festschrift
für Joseph Ziegler zum 75. Geburtstag*, (Göttingen, 1977), 5-11; auch S. http://
www.septuaginta-unternehmen.gwdg.de/Geschichte.htm: „Nachdem Lagarde nach

gabe gestellt mit dem Thema „das Verhältnis des sogenannten Lucian-Textes der Septuaginta zu der ihm zu Grunde liegenden Überlieferung soll untersucht werden", und die Arbeit von Rahlfs wurde am 11. März 1910 mit dem ersten Preise gekrönt.[46] Diese Arbeit erschien im folgenden Jahr mit dem Titel *„Septuaginta-Studien, 3. Heft, Lucians Rezension der Königsbücher"*.[47] Für unser Interesse in Bezug auf Sam-Kön ist dieses Buch zu besprechen.

(1) Überprüfung der „lukianischen" Textzeugen

Rahlfs beschreibt zunächst die sog. „lukianischen" Handschriften (19, 82, 93, 108) ausführlich. Bei seiner Überprüfung stellte er fest, dass die Hss. 93 (=e₂) und 108 (=b) spätmittelalterliche Er-gänzungen enthalten. Er verglich diese Handschriften mit den Kollationen seiner Vorgänger (HoP und Lagarde) und stellte fest, dass die Kollation von Lagarde besser als die von der HoP war.

Zudem identifizierte er noch drei weitere „lukianische" Handschriften, nämlich die Hs. 127 (= c₂),[48] Vat. graec. 2115, und Palimps. Rom. Wie bereits erwähnt,[49] untersuchte er danach den Zusammenhang zwischen der Complutensischen Polyglotte und der Hs. 108.

Nachdem er diese Zeugen überprüft hatte, schrieb er: „Unser Resultat ist: Die uns bekannten Hss. 19 82 93 sind ungenaue Abschriften. 127 hat

---

umfangreichen Vorarbeiten ‚liegen geblieben' war, wie sein Nachfolger Julius Wellhausen (1844–1918) kühl bemerkte, blieb es dem einzigen Schüler Lagardes, Alfred Rahlfs (1865–1935), im Zusammenwirken mit dem Göttinger Alttestamentler Rudolf Smend (1851–1913) vorbehalten, den ersten Anstoß für die institutionelle Gründung des Göttinger Septuaginta-Unternehmens mit einer vom 19. August 1907 datierenden und an das *Preußische Ministerium der Geistlichen, Unterrichts- und Medicinalangelegenheiten* gerichteten Denkschrift zu geben. Dank einer groß angelegten wissenschafts-organisatorischen Offensive prominenter Göttinger Gelehrter, die von der *Königlichen Akademie der Wissenschaften zu Berlin* unterstützt wurde, konnte das Septuaginta-Unternehmen am 1. April 1908 seine Arbeit als Einrichtung *der Königlichen Gesellschaft der Wissenschaften zu Göttingen* aufnehmen. Für die finanzielle Absicherung des Unternehmens sorgte das Preußische Ministerium und – ab 1911 – auch die Reichs-regierung".

46 S. Rahlfs, *Septuaginta-Studien* III, Vorwort.

47 Das erste Heft seiner Septuaginta-Studien war 1904 erschienen: *Studien zu den Königsbüchern*. Bei diesem Band untersuchte er hauptsächlich die Handschrift 82, Theodorets Zitate und Origenes' Zitate bezüglich der Königsbücher. Diese Untersuchung dient für seine weitere Forschung zum „lukianischen" Text als Grundlage. Vgl. das 2. Heft 1907, *Der Text des Septuaginta-Psalters*.

48 S.o. 1.2.1.1. Anm. 10.

49 S.o. 1.2.1.1. Anm. 3.

an einer Stelle als einziger Zeuge eine sehr alte, wahrscheinlich ursprüngliche Lesart erhalten".[50]

(2) Der Weg zum „urlukianischen" Text

Bemerkenswert ist die Äußerung von Rahlfs im Bezug auf die Ursprünglichkeit des „lukianischen" Textes:[51]

> Aber mit der Feststellung, daß uns in den Hss. 19 82 93 108 „Luciani martyris exemplaria" vorliegen, ist noch nicht alles erledigt. Es ist damit wohl gesagt, daß Lucian in irgendeinem Urheberverhältnis zu diesem Texttypus steht, aber nicht, daß alle und jede Eigentümlichkeit dieses Texttypus erst von Lucian geschaffen ist.

In diesem Zusammenhang untersuchte Rahlfs nun im Bereich von Kön sowohl die griechischen Schriftsteller bis zum Schluss des 3. Jhs. n. Chr. als auch die lateinischen Schriftsteller, um die „urlukianischen" Stellen zu verfizieren, wobei er sich auch auf Mez bezog, der als erster die Beziehung zwischen dem „lukianischen" Text und *Jos. Ant.* erörtert hatte,[52] Nach Rahlfs findet sich (nur) an folgenden Stellen eine „Berührung mit dem ursprünglichen L":[53] „Bei Theophilus von Antiochia Αδραμελεχ Αιθιοψ κτε. [sic!] Regn. δ 17₄, bei Hippolytus von Rom δεκα ταλαντα Regn. δ 23₃₃, Ευιλατ 25₂₇ und eventuell *Selem* 15₁₀ff., bei Origenes aus Alexandria και ειπεν (ουτος) Εν σοι Regn. γ 22₁₀, bei dem in Syrien schreibenden Verfasser der Didascalia Εψιβα Regn. δ 21₁".[54] Irenäus geht in einem längeren Zitate mit BAeth und Λ gegen Hex und $\mathfrak{G}$vulg zusammen".[55] Seine Erkenntnisse zu den lateinischen Schriftstellern fasst er folgendermaßen zusammen:[56]

> Tertullian und Cyprian zeigen keine charakteristische Übereinstimmung mit L. Dagegen hat Lucifer einen aus L und $\mathfrak{G}$ gemischten Text, und auch die jüngeren Kirchenväter stimmen oft mit L überein. Ebenso repräsentieren die Randnoten lateinischer Vulgatahandschriften in der Hauptsache L-Text. Hieraus folgt, daß Λ stark auf das Abendland eingewirkt hat, aber nicht, daß diese Einwirkung schon in der Zeit vor Lucian erfolgt sein muß.

---

50 Rahlfs, *Septuaginta-Studien* III, 54.
51 Rahlfs, *Septuaginta-Studien* III, 81f.
52 Dieses Thema wird unten in 1.3.4.1. erörtert.
53 Rahlfs drückt die Gemeinsamkeit mit diesem Begriff aus. Vgl. Rahlfs, *Septuaginta-Studien* III, 117f.
54 Rahlfs, *Septuaginta-Studien* III, 137f.
55 Rahlfs, *Septuaginta-Studien* III, 138.
56 Rahlfs, *Septuaginta-Studien* III, 161.

Zwar bemerkte Rahlfs die „urlukianische" Texttradition, die schon vor dem Märtyrer Lukian vorhanden war, aber er beschränkte die Möglichkeit, den urlukianischen Text zu eruieren sehr weitgehend. Denn die urlukianische Texttradition, die von Rahlfs anerkannt wurde, bezieht sich hauptsächlich bloß auf Eigennamen. In §45 nennt er die „Abweichungen $\mathcal{L}$'s von $\mathfrak{G}$, die sich nicht als Abänderungen des $\mathfrak{G}$–Textes erklären lassen". Hier beschränkt er sich auf die Varianten, die „auf hebräische Konsonantenvarianten oder verschiedende Aussprachen derselben Konsonanten"[57] zurückgehen. Seine zurückhaltende Schlußfolgerung lautet lediglich:[58]

> Hiermit eröffnet sich aber die Möglichkeit, daß auch andere Sonderlesarten des $\mathcal{L}$–Textes nicht erst von Lucian geschaffen sind, sondern einer älteren Zeit angehören.

Obwohl das Ergebnis von Rahlfs in Bezug auf der „ur-lukianischen" Texttradition so bescheiden war, beruhte seine Ansicht sicher nicht auf seiner Kapazität, sondern auf der damaligen Begrenztheit der Textzeugen.[59] Er selber bemerkte dieses Problem und vermisste das Kriterium für die Scheidung des „lucianischen und vorlucianischen Gutes in L".[60] Vielleicht wollte er möglichst vorsichtig sein; dabei wurde er aber doch einseitig in seinem Urteil. Auch dass er die Erkenntnisse von Mez bezüglich des Verhältnisses zum Text von Josephus so niedrig bewertete, ist erstaunlich.

(3) Eigenschaften des „lukianischen" Textes

Zuletzt untersucht Rahlfs den „$\mathcal{L}$–Text" in 1Kön im Blick auf seine Eigenschaften. Sein Hauptgedanke ist, dass $\mathfrak{G}$, $\mathcal{L}$ und MT voneinander nicht unabhängig waren, sondern $\mathcal{L}$ sowohl durch $\mathfrak{G}$ als auch durch MT beeinflusst wurde. Nach Rahlfs korrigierte Lukian den für ihn verfügbaren gr. Text nach MT, aber trotzdem stellt sein Text eine von $\mathfrak{G}$ nicht ganz unabhängige Textform dar. Diese Beobachtungen führten Rahlfs zur Frage, welche Varianten auf Lukian zurück gehen. In 1Kön beobachtete er die folgenden „erklärlichen Änderungen" durch Lukian: Grammatische Korrekturen; Syntaktische Korrekturen; Syntaktische

---

57 Rahlfs, *Septuaginta-Studien* III, 183. S. auch 283-290 (§56).
58 Rahlfs, *Septuaginta-Studien* III, 191.
59 Z.B. standen die Qumrantexte noch nicht zur Verfügung.
60 Rahlfs, *Septuaginta-Studien* III, 293 : „Dann ist aber auch die Übereinstimmung oder Nicht-übereinstimmung mit $\mathfrak{M}$ kein sicheres Kriterium für die Scheidung des lucianischen und vorlucianischen Gutes in Λ."

Verbesserungen; Verbesserungen der Ausdrucksweise; Erleichterung des Verständnisses; Verkürzung; Versehen; Vertauschung von Synonymen; Ungleichmäßigkeiten im L-Text. [61]

Rahlfs bezeichnete diese Art der Bearbeitung als „Schulmeisterkorrektur" [62] oder „Gelehrtenkorrektur". [63] Nach Rahlfs bearbeitete Lukian einen „alten, vorhexaplarischen ↄ–Text" [64], der mit dem B–Text aufs engste verwandt, aber nicht ganz identisch war. Rahlfs eröffnete hier also die Möglichkeit eines vorlukianischen Textanteiles. Aber er schrieb dem Märtyrer Lukian den größten Anteil an der Bearbeitungstätigkeit zu. Er schließt seine Untersuchung mit den Worten:[65]

> Wir müssen also mit der Möglichkeit rechnen, daß der L-Text des Alten Testaments keine einheitliche Größe im strengen Sinne ist, vielmehr Lucian bei den verschiedenen Büchern nach verschiedenen Grundsätzen gearbeitet oder Mitarbeiter gehabt hat, die sich seine Grundsätze wohl im großen und ganzen aneigneten, aber in manchen Einzelheiten von ihm abwichen.

Die große Zurückhaltung von Rahlfs in Bezug auf „urlukianisches Gut"[66] übte einen weitreichenden Einfluss aus, der noch immer nachwirkt.

1.2.2.2. Abgrenzung innerhalb von Sam-Kön

(1) Die Theorie einer zweistufigen Übersetzung:
   Henry St. Jones Thackeray

In seinen „Schweich Lectures", die 1921 mit dem Titel „The Septuagint and Jewish Worship" erschienen, stellte Thackeray seine Theorie über die Septuaginta-Übersetzung von Sam-Kön auf. Diese Theorie hatte er auch schon 1907 in einem Aufsatz[67] vorgetragen.

Nach ihm bestehen die gr. Sam-Kön bzw. 1.– 4.Kgt aus zwei Teilen:[68]

---

61 Rahlfs, *Septuaginta-Studien* III, 176-186; 259-283.
62 Rahlfs, *Septuaginta-Studien* III, 197.
63 Rahlfs, *Septuaginta-Studien* III, 283.
64 Rahlfs, *Septuaginta-Studien* III, 290.
65 Rahlfs, *Septuaginta-Studien* III, 295.
66 Die Qumran-Funde gaben dem urlukianischen Gut ebenfalls ein neues Licht. Dazu s.u. 1.2.3.2. u. 1.3.1.2.
67 Thackeray, „The Greek translators of the four books of Kings", *JTS* 8 (1907), 262-266.
68 Die Unterteilung α bis δ bezieht sich auf die griechische Nummerierung der Bücher.

frühere Teile		spätere Teile	
α	1Sam		
ββ	2Sam 1,1-11,1	βγ	2Sam 11,2-1Kön 2,11
γγ	1Kön 2,12-21,43[69]	γδ	1Kön 22,1-2Kön 25,30

Thackeray behauptete, dass Sam-Kön zweistufig ins Griechische übersetzt wurden: Am Anfang wurden nur 1Sam 1,1 – 2Sam 11,1 und 1Kön 2,12 – 21,43 übersetzt, und erst später wurden die übrigen Teile ergänzt. Diese spätere Ergänzungsübersetzung ist durch „certain mannerisms of the Asiatic school"[70] charakterisiert. Die vorhandenen Handschriften stellen seiner Meinung nach die mit den späteren Ergänzungen gemischte Textform dar. Dafür gibt er folgende Begründungen:[71]

(a) Inhaltlich gesehen sind die späteren Teile „The Decline and Fall of the Monarchy". Diese eher negativen Erzählungen wurden bei der ersten Übersetzung ausgelassen; (b) Solch eine willkürliche Bearbeitung hat schon in der hebr. Bibel einen Vorläufer, nämlich die Chronik; (c) Die lukianische Buchteilung, in der 2.Kgt. bis 3.Kgt 2,11 geht, unterstützt seine Unterscheidung zwischen erster Übersetzung und späterer Ergänzung; (d) die charakteristischen Eigenschaften der beiden Teile unterscheiden sich voneinander.

Er zeigte folgende Charakteristika der beiden Übersetzungen auf:[72] (a) als Charakteristikum der früheren Teile nannte er beispielsweise den üblichen Gebrauch des Präsens *historicum*; (b) als die Charakteristika der späteren Teile führte er 10 Beispiele an: ἀδρός für גדול (איש), κερατίνη für שופר, μονόζωνος für גדוד, zusätzliches ἀνθ' ὧν ὅτι, ἀπάνωθεν für מעל, zusätzliches ἡνίκα, καί γε für גם, καὶ μάλα für אבל, ἐγώ εἰμι für אנכי, Abwesenheit des Präsens *historicum*.

Den Übersetzer der späteren Teile wollte Thackeray mit Ur-Theodotion identifizieren. Allerdings konnte er nur festhalten: „Theodotion merely appropriates his neighbour's version. To this anonymous Asiaticus we owe the completion of the unfinished work of Alexandria".[73]

---

69   20,43 im MT. Die Kapitel 20 und 21 wurden in der LXX umgestellt.
70   H St. J. Thackeray, *The Septuagint and Jewish Worship. A Study in Origins*, (London, 1921), 17.
71   Thackeray, *The Septuagint and Jewish Worship*, 18-20.
72   Thackeray, *The Septuagint and Jewish Worship*, 114f.
73   Thackeray, *The Septuagint and Jewish Worship*, 28.

Auch wenn diese Theorie einer zweistufigen Übersetzung plausibel erscheint, wurde sie von anderen Forschern nicht ernsthaft aufgenommen. Insbesondere nachdem die Dodekapropheton-Rolle aus Naḥal Ḥever, die ähnliche Phänomene wie die βγ- und γδ-Teile von Sam-Kön erkennen lässt und die darüber hinaus in das 1. Jh. n. Chr. datiert wurde, gefunden worden war, wurde seine Theorie übergangen.[74] Andererseits ist seine Abgrenzung innerhalb von 1.-4.Kgt immer noch überzeugend.[75] Thackeray ist also der erste Forscher, der die unterschiedlichen Eigenschaften der βγ- und γδ-Teile beachtet hatte.

(2) Änderung der Abgrenzung: James D. Shenkel

Thackerays Abgrenzung wurde 1968 von Shenkel[76] modifiziert. Zwar folgte Shenkel im Wesentlichen Thackerays Abgrenzungen,[77] aber er änderte den Anfang des βγ-Abschnittes. Dabei setzte er sich mit Barthélemy auseinander, der die von Thackeray erkannten Charakteristika bei seiner Untersuchung auf Grund der Zwölfprophetenrolle (siehe dazu unten 1.2.3.1.) übernommen hatte. Gegenüber Thackeray und Barthélemy stellte Shenkel fest, dass in 2Sam 10 ebenfalls die Charakteristika des βγ-Aschnittes bzw. der KR vorhanden sind.[78] Shenkel bezog sich dabei vor allem auf die Fälle in 2Sam 10, 8.16. Abschließend stellt Shenkel fest: „II Samuel 10:1-11:1, contrary to the views of both Thackeray and Barthélemy, belongs to the KR".[79]

---

74 Dazu s. u. 1.2.3.1.
75 Z.B. Heutige Septuaginta-Übersetzungen nehmen in Sam-Kön seine Abgrenzung (mit der Modifikation von Shenkel, s.u.) auf: Septuaginta-Deutsch bietet in βγ- und γδ-Abschnitten nach Thackerays Abgrenzung zweispaltig die deutsche Übersetzung der KR und des Ant an. In NETS (New English Translation of the Septuagint) werden die kaige- und die nicht-kaige-Abschnitte von verschiedenen Übersetzern übersetzt und mit separater Einleitung versehen. Vgl. http://ccat.sas.upenn.edu/ nets/edition/²reigns.pdf;http://ccat.sas.upenn.edu/nets/edition/⁴reigns.pdf;http://ccat. sas.upenn.edu/ioscs/commentary/authors.html; sowie jetzt A. Pietersma und B. G. Wright (Hg.), *A New English Translation of the Septuagint. And the Other Greek Translations Traditionally Included under that Title.* New York / Oxford, 2007.
76 J. D. Shenkel, *Chronology and Recensional Development in the Greek Text of Kings,* (Cambridge, Mass., 1968), bes. 117-120.
77 Shenkel, *Chronology and Recensional Development,* 8, 14.
78 Shenkel, *Chronology and Recensional Development,* 14-18, 113-116.
79 Shenkel, *Chronology and Recensional Development,* 120.

1.2.2.3. Eigenschaften des Antiochenischen Textes:
Heinrich Dörrie; Sebastian P. Brock

(1) Dörrie stellte 1940 in seinem Aufsatz[80] die damals verbreitete, auf der Aussage von Hieronymus basierende Meinung in Frage, dass es im „Jahrhundert Konstantins" die drei amtlichen Rezensionen (d.h. die hexaplarische Rezension des Origenes, die lukianische und die hesychianische Rezension) gegeben habe. Nach Analyse der gr. Berichte über Lukian hielt Dörrie fest, dass die Bibel von Lukian auf dem Hintergrund der origenistischen Streitigkeiten seit Ende des 4.Jh. n. Chr. stark propagiert wurde.[81]

Dörries Meinung über den „lukianischen" Text war, dass der *L*-Text keine beabsichtigte Rezension, sondern eine geschichtlich gewordene, in sich uneinheitliche Textform war.[82] Zwar rekonstruierte Dörrie die Geschichte der Hexapla und des Lukianischen Textes sehr detailliert, aber er besprach weder die Frage nach einem urlukianischen Text noch den Werdegang des Textes von Sam-Kön.[83]

(2) Brock erforschte 1966 den Ant im zweiten Teil seiner Dissertation „The Recensions of the Septuaginta Version of I Samuel".[84] Im ersten Teil geht es um die hexaplarischen Rezensionen. Hier überprüfte er nochmals alle bekannten hexaplarischen Materialien. Neben der hexaplarischen Rezension fragte er vor allem nach den prä- bzw. post-hexaplarischen Bearbeitungen (von Brock als „approximations" bezeichnet). Auch wenn er viele bedeutende Beobachtungen machen konnte, war es schwierig, generelle Linien herauszuarbeiten, so dass er feststellte: „Variants, however, like human beings, should be treated as individuals".[85]

Im zweiten Teil widmete er sich dem lukianischen Text. Nachdem er die linguistischen (grammatischen, syntaktischen, lexikalischen)

---

80 H. Dörrie, „Zur Geschichte der Septuaginta im Jahrhundert Konstantins", *ZNW* 39, (1940), 57-110.

81 Dörrie, „Zur Geschichte der Septuaginta", 82-87.

82 Dörrie, „Zur Geschichte der Septuaginta", 105.

83 Vgl. Barthélemy, „Les problèmes textuels de 2 Sam 11,2 – 1 Rois 2,11 reconsidérés à la lumière de certaines critiques des „Devanciers d'Aquila" (A Reexamination of the textual problems in 2 Sam 11:2 – 1 Kings 2:11 in the light of certain criticisms of <u>Les Devanciers d'Aquila</u>)", in: Kraft (Hg.), *1972 Proceedings IOSCS Pseudographa, SCS 2*, (Missoula; MT, 1972), 65-89; Dazu s.u. 1.2.3.1.

84 Diese Dissertation wurde 1996 als zweite Auflage veröffentlicht: S. P. Brock, *The Recensions of the Septuaginta Version of I Samuel*, Torino, 1996.

85 Brock, *The Recensions*, 173.

Charakteristika der lukianischen Varianten analysiert hatte,[86] kam er zu folgenden Schlußfolgerungen:[87] (a) *L* preserves quite a considerable number of original readings that have been lost in the main LXX tradition; (b) The text of *L* includes a very large number of approximations; (c) The most characteristic "recensional" feature of the text of *L* are the stylistic improvements, concerning both grammar and lexicon. (d) There are elements in the text of *L* which strongly suggest that it was a text specifically designed for public reading.[88]

Brocks Untersuchung war auf 1Sam beschränkt, und er zog den urlukianischen Text und dessen hebr. Vorlage kaum in Betracht. Zudem ist für ihn die Hexapla so wichtig, dass der von ihm aufgestellte Stammbaum der Textgeschichte[89] die Hexapla ins Zentrum stellt. Der Ant wird der Hexapla untergeordnet. Trotzdem sind seine umfangreichen linguistischen Analysen des Ant immer noch nützlich.

1.2.3. Die dritte Phase – Qumranfunde bzw. Funde aus der Wüste Juda und die Erforschung von gr. Sam-Kön

1.2.3.1. 8ḤevXIIgr und die KR: Dominique Barthélemy

Barthélemy nimmt eine äußerst wichtige Rolle in der Erforschung der Septuaginta, insbesondere im Bezug auf die von ihm so genannte καιγε-Rezension (KR) ein. Seine Arbeit basiert auf der damals entdeckten griechischen Zwölfprophetenrolle aus Naḥal Ḥever (8ḤevXIIgr). In seinem grundlegenden Buch „Les Devanciers d'Aquila" (1963) erörtert er, wie schon der Titel zeigt, hauptsächlich die Textgeschichte der LXX bis zu Aquila. Einige Jahre später klärte er seine Meinung nochmals in

---

86   S. Brock, *The Recensions*, 224-296.
87   Brock, *The Recensions*, 297f.
88   Als Grund für diese Annahme nennt er die Hinzufügungen des Artikels und von Eigennamen; dazu s. Brock, *The Recensions*, 252. Allerdings übergeht Brock dabei das Phänomen, dass der Artikel nicht nur ergänzt, sondern auch getilgt wird. Dazu, dass die Phänomene anders zu erklären sind, s.u. bei der Analyse von 15,2$^{r/s}$; Vgl. S. Kreuzer, „Das frühjüdische Textverständnis und die Septuaginta-Versionen der Samuelbücher. Aspekte des Antiochenischen Textes und der Kaige-Rezension an Hand von 2Sam 15,1-12. Vortrag auf der Tagung: Les textes de la Septante à traduction double ou à traduction très littérale, Strasbourg 4-6.Oct. 2004", (Im Druck) und Ders., „Towards the Old Greek. New Criteria for the Analysis of the Recensions of the Septuagint (especially the Antiochene/Lucianic Text and the kaige-Recension)", in: SCS 55, 2008, 239-253.
89   Brock, *The Recensions*, 307.

Form einer Erwiderung auf verschiedene Kritiker.[90] Dieser Aufsatz ist
hier mit zu berücksichtigen, besonders das „Post-Scriptum", in dem er
den Ant behandelt.[91]

(1) Barthélemy fand in der erwähnten Zwölfprophetenrolle eine heb-
raisierende Bearbeitung, die der von Thackeray erarbeiteten zweiten
Phase der Sam-Kön-Bücher nahe stand. Auf Grund eines hier markanten
Kennzeichen, nämlich der Wiedergabe mit καὶ γε für גם (und natürlich
וגם) bezeichnete er diese Bearbeitungen als „groupe καιγε", woraus in
weiterer Folge die übliche Bezeichnung „καιγε-Rezension" (KR) entstand.
Barthélemy identifizierte vor allem die βγ- und γδ-Abschnitte von Sam-
Kön als einen wichtigen Textbereich der καιγε-Gruppe.[92]

(2) Barthélemy erarbeitete folgende Eigenschaften der KR:[93] (a) élimination de „chacun" - die Wiedergabe mit ἀνήρ für איש statt der sinnge-
mäßen Wiedergabe mit ἕκαστος; (b) a partir d'au-dessus - die Wiedergabe von מעל mit ἐπάνωθεν (ἀπάνθωεν) statt mit ἀπό bzw. ἀπάνω; (c)
traduction étymologique de יצב – נצב; (d) distinction du cor et de la
trompette – die Wiedergabe mit κερατίνη für שופר im Vergleich mit der
Wiedergabe mit σάλπινξ für חצצרה; (e) élimination des présents histo-
riques; (f) intemporalité de la négation d'existence; (g) „moi" ou „c'est
moi"? – die Wiedergabe mit ἐγώ εἰμι für אנכי sogar vor einem finiten
Verb; (h) „a la rencontre de" – die merkwürdige Wiedergabe mit εἰς
ἀπαντήν für לקראת. Diese Eigenschaften werden in meiner Untersuchung (unten in Kap. 2) ebenfalls bestätigt.

(3) Als ein wichtiger „Vorläufer" des Aquila wird in „Les Devanciers
d'Aquila" Theodotion erörtert. Dadurch entstand die Terminologie von
καιγε-Theodotion, d.h. die KR sei der Vorläufer von Theodotion
gewesen. Aber, wie Barthélemy für den βγ-Abschnitt erkannte, stimmt
Theodotion in Sam nicht mit der KR überein, sondern im βγ-Abschnitt

---

90   D. Barthélemy, „Les problèmes textuels de 2 Sam 11,2 – 1 Rois 2,11 reconsidérés à la
     lumière de certaines critiques des „Devanciers d'Aquila" (A Reexamination of the
     textual problems in 2 Sam 11:2 – 1 Kings 2:11 in the light of certain criticisms of <u>Les
     Devanciers d'Aquila</u>)", in: Kraft (Hg.), *1972 Proceedings IOSCS Pseudographa*, SCS 2,
     (Missoula; MT, 1972), 16-89; Dieser Aufsatz wurde von Kathleen McCarthy ins En-
     glische übersetzt, und die englische Version wurde parallel zum französischen Text
     gesetzt.
91   Barthélemy, „A Reexamination of the textual problems", 65-89.
92   Dazu s. D. Barthélemy, *Les Devanciers d'Aquila. VTS* 10, (Leiden, 1963), 31-47.
93   Barthélemy, *Les Devanciers d'Aquila*, 48-80.

geht er fast immer mit dem Ant zusammen.[94] Von da aus kam
Barthélemy zu folgender Überlegung:[95]

> Une hypothèse se présente donc d'elle-même à nous: Est-ce que le sigle θ′
> qui figure en marge de notre manuscrit parmi les autres sigles hexaplaires
> classiques α′, σ′, θ′ ne signifierait pas dans ce manuscrit „Théodoret" et
> non „Théodotion". Hypothèse très attirante qui permettrait d'expliquer
> sans difficulté la mystérieuse identité de base constatée jusqu'ici entre ant.
> et θ′ dans notre section.

Aufgrund seiner Untersuchung des βγ-Abschnitts stellte er dann
folgende Thesen auf:[96] (a) die Lesarten von Θ sind grundsätzlich
identisch mit dem Text des Ant; (b) Der Glossator der Hs. j interpretierte das Zeichen von Θ in diesem Abschnitt als Theodoret; (c) aber
die Randnoten der syrischen Versionen (Bar Hebraeus; ⅏) bezeichnen
durch die Abkürzung ܠ gewiß Theodotion;[97] (d) die Indizien, dass die
Bezeichnungen Θ und ܠ parallel zu ܐ′, ܙ′, Ο′ vorkommen, und dass
solche Lesarten auf eine Kontaminierung und auf abschließende Verbesserung wie in Hs. j und ⅏ zurück gehen, bestätigen, dass die Bezeichnung Θ von einer der Hexapla-Kolumnen von Origenes herkam;
(e) zudem gibt es einige Indizien (2Sam 11,4. 7; 12,4; 15,28), dass die
Lesarten nicht von Theodoret stammen, weil Theodoret diese Verse in
seinem Kommentar nicht zitiert; (f) Trotz aller Kontaminierungen und
Verbesserungen kamen diese Lesarten sicher-lich von der sechsten
Kolumne, in der Origenes im βγ-Abschnitt den mit dem Ant (boc₂e₂)
übereinstimmenden Text („la Septante ancienne") eingetragen hatte;
dagegen verwendete er für die fünfte Kolumne die KR („la recension
palestinne").

Bemerkenswert ist hier, dass Barthélemy die mit dem Ant überein-
stimmenden Lesarten nicht den „lukianischen Text", sondern „la
Septante ancienne" nannte. Diese Benennung bezieht sich auf seine
Hypothese der Textgeschichte der LXX. Er behauptet hier zwei Phasen
der „palästinischen Rezension", nämlich eine erste ältere palästinische
Rezension und eine zweite jüngere.[98] Nach Barthélemys Meinung soll

---

94   Detailliert zu diesem Thema, s.u. 1.3.2.2. (2) c.
95   Barthélemy, *Les Devanciers d'Aquila*, 131; Rahlfs behauptete eben auch, diese
     Randnotizen seien eigentlich der Thdt-Text. S. dazu Rahlfs, *Septuaginta-Studien* I,
     19ff; *Septuaginta-Studien* III, 33f. 46; *Verzeichnis der griechischen Handschriften des Alten
     Testaments*. MSU II, (Göttingen, 1914), 185.
96   Barthélemy, *Les Devanciers d'Aquila*, 135f.
97   S. Barthélemy, *Les Devanciers d'Aquila*, 131, Anm 5; Beim Bar-Hebraeus-Zitat von 2
     Sam 18,29 steht die komplete Form von ܐܘܕܘܛܝܘܢ (tʾwdwtywn=Theodotion).
98   Barthélemy, *Les Devanciers d'Aquila*, 141-143.

Origenes die ältere Rezension in seiner Edition (5. Kolumne) aufgenommen haben, dagegen sei die jüngere Rezension nur teilweise (in α,
ββ, γδ) verwendet worden.

Im Blick auf die Kolumnen der Hexapla ergibt sich folgendes Bild:

	5. Spalte	6. Spalte	7. Spalte
α	1.pal	2.pal	
ββ	1.pal	2.pal	
βγ	1.pal	Ur-LXX	
γγ	1.pal	Ur-LXX	
γδ	1.pal	2.pal	Ur-LXX

Laut Barthélemys Hypothese hatten somit die mit *Θ* gekenn-
zeichneten hexaplarischen Materialien nichts mit Theodotion zu tun,
auch wenn sie von einigen Kirchenvätern (Irenaeus, Epiphanius,
Hieronynus) so zugeordnet worden waren.[99] Barthélemy identifiziert
Theodotion mit Jonathan Ben ᶜUzziel, einem Schüler von Rabbi Hillel,
der in der ersten Hälfte des 1. Jh. n. Chr. lebte und für die Textform der
„ersten palästinischen" Rezension verantwortlich sei.

Trotz aller Plausibilität bleiben aber folgende Fragen: (1) Wählte
Origenes die Materialien für seine Hexapla wirklich so wilkürlich aus,
so dass das Zeichen *Θ* nichts mit „Theodotion" zu tun hat? (2) Warum
müssen Jonathan Ben ᶜUzziel, der für die erste palästinische Rezension
zuständig gewesen sei, und Theodotion, der in den hexaplarischen
Materialien mit dem Zeichen von *Θ* erkennbar ist, als dieselbe Person
identifiziert werden?

Barthélemys Hypothese über Theodotion ist, wie Kraft sagt, „too
complex; on the contrary, there is strong reason to suspect that it is too

---

99 Irenaeus, *Adversus Haer.* III, 21.1: „Θεοδοτίων ἡρμήνευσεν ὁ ᾽εφέσιος καὶ ᾽ακύλας ...
ἀμφότεροι ᾽ιουδαῖοι προσήλυτοι" ; Ephiphanius, *De Mens. et Ponderibus*, 17 : „περὶ τὴν τοῦ
δευτέρου Κομόδου βασιλείαν τοῦ βασιεύσαντος μετὰ τὸν προειρημένον Κόμοδον Λούκιον
Αὐρήλιον ἔτη ιγ΄, Θεοδοτίων τις Ποντικος ἀπὸ τῆς διαδοχῆς Μαρκίωνος τοῦ αἱρεσιάρχου τοῦ
Σινωπίτου, μηνίων καὶ αὐτὸς τῇ αὐτοῦ αἱρέσει καὶ εἰς Ἰουδαισμὸν ἀποκλίνας καὶ
περιτμηθεὶς καὶ τὴν τῶν Ἑβρραίων φωνὴν καὶ τὰ αὐτῶν στοιχεῖα παιδευθείς, ἰδίως καὶ
αὐτὸς ἐξέδωκε." ; Hieronymus, *ep. ad Augustin.* : „hominis Judaei atque blasphemi" ; *praef. in
Job* : „Judaeus Aquila, et Symmachus et Theodotio Judaizantes haeretici" ; *de virr. ill.* 54 :
„*editiones … Aquilae … Pontici proselyti et Theodotionis Hebionaei*"; *praef. as Daniel.* :
„*Theodotionem, qui utique post adventum Christi incredulus fuit, licet eum quidam dicant
Hebionitam qui altero genere ludaeus est*". Vgl. Swete , *Introduction*, 42f zu Zitaten und
Erklärungen.

simple!"[100] – Zur weiteren Dikusssion dieses Problems und der handschriftlichen Überlieferung siehe unten 1.3.2.2. (2) c.

(4) Zur Datierung der KR wurde von Barthélemy die 1952 gefundene
griechische Zwölfprophetenrolle aus Naḥal Ḥever herangezogen, die
von ihm selber 1953 zuerst veröffentlicht[101] und später in „Les Devanciers d'Aquila" noch detaillierter beschrieben wurde. Seine Textausgabe und Beschreibung galt bis zur offiziellen Edition in der Reihe
„Discoveries in the Judaean Desert". [102] Aufgrund seiner Untersuchungen stellte er fest, dass der Texttyp der Rolle zur KR gehört:[103]

> Les concordances précédentes sont cependant assez claires pour établir que
> notre recension, manifestement antérieure à Aquila, se rattache au groupe
> καιγε dont elle confirme la cohérence.

Barthélemy datierte die Rolle in das 1. Jh. n.Chr., wobei offensichtlich seine Verbindung der KR mit Jonathan Ben ᶜUzziel von Einfluss
war. Orthographisch ist die Rolle jedoch früher anzusetzen. Sie wird
jetzt zwischen 50 v.Chr. und 50 n.Chr. datiert.[104] Aufgrund der Datierung der Rolle kann man dann feststellen, dass die Texttradition der
KR spätestens in dieser Zeit vorhanden war.

(5) Barthélemy erörterte auch die Beziehung des Märtyrers Lukian zu
Ant.[105] Er bezieht sich zunächst auf die Schilderung der „lukian-ischen
Rezension" von Ziegler,[106] dann behauptet er entschieden: [107]

> Although I may accept this description of the characteristics of the Antio-
> chian text, I nevertheless refuse to consider that it was the result of the re-
> censional activity of the famous martyr of Nicomedia.

Er hielt den Ant nicht für „Lucianic recension", sondern nach seiner
Definition für „Lucianic edition".[108] Denn seiner Meinung nach hatte

---

100 Gnomon, 37, München 1965, 474-483 (=Kraft) ; Barthélemy, „A Reexamination of the
        textual problems", 19.
101 D. Barthélemy, "Redécouverte d'un chaînon manquant de l'histoire de la Septante,"
        RB 60 (1953), 18-29.
102 E. Tov, *The Greek Minor Prophets Scroll from Naḥal Ḥever (8 ḤevXII gr). The Seiyâl Collec-
        tion* I, with the collaboration of R. A. Kraft and a contribution by P. J. Parsons, Disco-
        veries in the Judaean Desert VIII. Oxford, 1990.
103 Barthélemy, *Les Devanciers d'Aquila*, 202.
104 Zur Datierung s. *DJD* VIII (1990), 22-26.
105 S. dazu Barthélemy, „A Reexamination of the textual problems", 64-89.
106 Vgl. Zieglers Einführungen in die LXX-*Gö* von Jesaja, Hesekiel, Susanna u. Daniel,
        Zwölfpropheten (1939-1957).
107 Barthélemy, „A Reexamination of the textual problems", 71.
108 Er definiert die Therminologie von „Rezension" der LXX in folgender Weise (73): „It
        may be termed as the intervention of an individual or a school to improve this trans-

der Ant historisch nichts mit der Rezensionsaktivität des Mätyrers zu tun.

Vielmehr behauptete er, dass alle überlieferten Erzählungen im Bezug auf die Rezension des Märtyrers Lukian ein Mythos seien, durch den dem Ant sowohl von Lukians Schülern als auch von Konstantin die Autorität zugeschrieben wurde.[109]

Auch wenn Barthélemy diesen Gedanken nicht direkt an Hand von Textzeugen, sondern mit historischen Überlegungen durchgeführt hat, hat er trotzdem in dem Sinne recht, dass Lukian nicht der erste und einzige Urheber des Ant ist.

1.2.3.2. 4QSam[a/c] und der Ant

Für unseren Textbereich (s.u. 1.2.5.) gibt es zwei wichtige Qumran-funde, nämlich 4QSam[a] (4Q51) und 4QSam[c] (4Q53).[110] Die Textform dieser Handschriften unterstützt den Ant und zwar manchmal sowohl gegenüber dem MT als auch gegenüber der KR. 4QSam[a] wurde seit den 50er Jahren von Cross diskutiert, 4QSam[c] seit den 70er Jahren von Ulrich. Die offizielle Publikation erfolgte jedoch erst 2005.

(1) 4QSam[a] und die LXX: Frank M. Cross

Seine erste Publikation von 4QSam[a] bezog sich auf zwei Fragmente, die den Text von 1Sam 1,22b-2,6; 2,16-25 enthalten.[111] Wie der Titel zeigt, erkannte Cross schon in diesem Aufsatz die enge Beziehung zwischen 4QSam[a] und der LXX:[112]

---

lation, either by correcting its language, or especially by rendering the inherited Greek text more faithful to a Hebrew text to which one has access, no matter how bizarrely the rencesor in question may have understood this fidelity."

109 Vgl. die Meinung von Dörrie; dazu s.o. 1.2.2.3. (1). S. Barthélemy, „A Reexamination of the textual problems", 78ff.

110 Für die Samuelbücher gibt es eigentlich noch einen anderen Qumranfund, nämlich 4QSam[b] (4Q52). Dieses sehr fragmentarische Manuskript enthält nur Texte aus 1Sam: 1Sam 12,3. 5-6; 14,41-42; 15,16-18; 16,1-11; 19,10-13. 15-17; 20,26-21,3. 5-7; 21,8-10; 22,8-9; 23,8-23. Deshalb wird sie bei der vorliegenden Arbeit nicht behandelt. Zu Informationen, Disskussionen und einer Rekonstruktion des Textes dieses Manuskripts, s. *DJD* XVII, 219-246.

111 F. M. Cross, „A new Qumran Biblical Fragment Related to the Original Hebrew Underlying the Septuagint", *BASOR* 132 (1953), 15-26.

112 Cross, „A new Qumran Biblical Fragment", 18.

> The reconstruction of the text of the fragments has posed numerous prob-
> lems. [...] Much more serious, the text diverged radically from MT, and
> while generally following a reconstruction of the LXX recension (B)
> represented chiefly by Codex Vaticanus, included a number of additions.

Zudem erkannte er aus der weiteren Untersuchung auch die textliche Nähe zwischen 4QSamᵃ und dem Ant:[113]

> Its text is non-Masoretic, standing much closer to the *Vorlage* of the Old
> Greek translation – the "Septuagint" – than to our received text, and has
> notable affinities with the so-called Proto-Lucianic text.

Aus diesem Grund stellt er fest, dass der Text von 4QSamᵃ in der
Texttradition der Vorlage der Ur-LXX der Samuelbücher fest verwur-
zelt ist,[114] und dass die Ur-LXX dem Ant näher steht als die KR, weil
4QSamᵃ im βγ´-Abschnitt häufig mit dem Ant übereinstimmt.[115]

Auf Grund seiner Untersuchung schlug er eine Theorie von „Local
Texts" im Bezug auf die Textgeschichte vor:[116] (a) die Ur-LXX stammt
von der ägyptischen Texttradition (= der proto-palästinische Text; 5./4.
Jh. v. Chr.); (b) der Ant stammt von der palästinischen Texttradition (=
4QSamᵃ; 1. Jh. v. Chr.); (c) die KR stammt von der babylonischen
Texttradition (= der proto-MT; 1. Jh. n. Chr.); (d) darüber hinaus
insistiert Cross auf der Unterscheidung von drei Strata des Ant: „Old
Greek (Egyptian), proto-Lucian (Palestinian), Lucianic proper (Baby-
lonian)".[117]

---

113 Cross, „The Ammonite Oppression of the Tribes of Gad and Reuben: Missing verses
     from 1 Sam 11 Found in 4QSamuelᵃ", in: E. Tov (Hg.), *The Hebrew and Greek Texts of
     Samuel. 1980 Proceedings IOSCS* (Jerusalem, 1980), 105.
114 Cross ändert sich bis heute in keinem Sinn, vgl. Cross u.a., „A Statistical Analysis of
     the Textual Character of 4QSamuelᵃ (4Q51) ", *Dead Sea Discoveries* 13,1 (2006), 54: „In
     Summary, the evidence allows for only one compelling conclusion, that 4QSamᵃ
     stands firmly rooted in the Hebrew textual tradition reflected in the Old Greek, with
     only a minimum of cross fertilization detectable with the textual tradition which was
     to develop into the Proto-Rabbinic and Rabbinic Recensions."
115 Vgl. *DJD* XVII, 25: „It is clear that many such readings [gemeint Übereinstimmungen
     zwischen 4QSamᵃ und dem Ant im βγ´-Abschnitt] represent the survival of the Old
     Greek translation with which 4QSamᵃ continues its close relation. In some of these
     instances we can speak of a Proto-Lucianic stratum in 𝔊ᴸ alongside the Hexaplaric
     and late Lucianic strata of 𝔊ᴸ".
116 F. M. Cross, „The Evolution of a Theory of Local Texts", in: R. Kraft (Hg.), *1972
     Proceedings IOSCS Pseudographa, SCS* 2, (Missoula; MT, 1972), 108-126.
117 Cross, „The Evolution of a Theory of Local Texts", 118f. Zu dieser Theory of Local
     Texts s. „Text, Textgeschichte und Textkritik des Alten Testaments", *ThLZ* 127 (2002)
     2, 127-156.

(2) 4QSam[a/c], *Jos. Ant.* und der Ant : Eugene C. Ulrich

Das Manuskript 4QSam[c] wurde zu allererst von Ulrich untersucht.[118] Dabei kam er im Bezug auf den Ant zu folgendem Ergebnis:[119]

The G[L] text, when distinct from G, never agrees with M against 4QSam[c] but agrees with 4QSam[c] against M 9 times, in original readings, expansions, and variants.

In seiner Dissertation beschäftigte Ulrich sich nicht nur mit 4QSam[c], sondern auch mit der Bedeutung von *Jos. Ant.* angesichts 4QSam[a].[120] Nach seiner Untersuchung stellte Ulrich fest:[121]

we can conclude that J used a text of Samuel strikingly close to 4QSam[a], but that the text was in the Greek language, closely connected with Old Greek/proto-Lucianic and clearly distant from both M and *kaige* and hexaplaric recensions.

Dank seiner Untersuchung hat nicht nur *Jos. Ant.* sondern auch der Ant hohe textgeschichtliche Bedeutung, d.h. nach seiner Ansicht war der Ant zumindest im 1. Jh. n. Chr. vorhanden:[122]

Finally, Josephus clearly employed a bible of the 4QSam tradition as his basis for the Samuel portion of *Jewish Antiquities*, and he clearly used a Greek form of it. For the sections of Samuel for which 4QSam[a] is extant, he shows not a single detail which is clearly or even probably dependent on a bible of the Massoretic tradition or on a biblical text in the Hebrew language. His bible was in Greek, it was a slightly revised form of OG, and it was intimately affiliated with the 4QSam[a] tradition. In brief, Josephus used a bible which exactly fits our description of the proto-Lucianic Greek text. Josephus thus joins the group 4Q G L OL Chr which often, especially where the Massoretic text is troubled, provides or points toward an ancient, *preferanda* form of the text of Samuel.

---

118 E. Ulrich, „4QSam[c]: A Fragmenary Manuscript of 2 Samuel 14-15 from the Scribe of the Serek Hay-yaḥad (1QS)", *BASOR* 235 (1979), 1-25.

119 Ulrich, „4QSam[c]", 23; vgl. *DJD* XVII, 254.

120 Ulrich fasste seine Disstertation zusammen in: ‚4QSam[a] and Septuagintal Research', *BIOSCS* 8 (1975), 24-39. Sie wurde publiziert unter dem Titel: *The Qumran Text of Samuel and Josephus*, HSM 19, Missoula, MT, 1978.

121 Ulrich, *The Qumran Text of Samuel and Josephus*, 191.

122 Ulrich, *The Qumran Text of Samuel and Josephus*, 259.

1.2.4. Die vierte Phase – neuere Ausgaben
des antiochenischen Textes (Ant)

1.2.4.1. Die Ausgabe des Mehrheitstextes: Bernard A. Taylor

Taylor veröffentlichte eine Ausgabe des Mehrheitstextes des Ant für
1Sam.[123] Taylor begründete sein Verfahren damit, dass es sowohl bei
einer diplomatischen Ausgabe als auch bei einer kritischen Schwierigkeiten gibt, wenn es sich um „a small group or family of manuscripts
such as the Lucianic manuscripts" handelt:[124] (a) bei einer diplomatischen Ausgabe stelle sich die Frage, welcher Text aus der Gruppe als
Haupttext gewählt werden soll. (b) andererseits sei eine kritische
Ausgabe deswegen problematisch, weil die Ausgabe wegen der
geringen Zahl der Handschriften zu sehr von subjektiven Vermu-
tungen des Bearbeiters abhängig werden könnte. Deshalb entschied er
sich für die Ausgabe eines Mehrheitstextes als Brücke zwischen einer
diplomatischen Ausgabe und einer kritischen. Die Grundregel seiner
Ausgabe lautet:[125]

> The running text primarily consists of all the readings supported by a ma-
> jority of the family, while the critical apparatus contains the lists of the va-
> riants with their manuscript support, both family and non-family.

Die Ausgabe von Taylor ist somit eine allein nach Mehrheit
entscheidende Ausgabe der Mss boc₂e₂. Allerdings kann seine Ausgabe
des Mehrheitstextes das Problem nicht vermeiden, dass der Mehrheitstext nicht immer den ältesten und ursprünglichen Text widerspiegelt. Andererseits ist zu erwähnen, dass Taylor in dem Anmerkungen seines Apparates auch relevante Lesarten der großen Kodizes
vermerkt.

1.2.4.2. Die kritische Ausgabe: Natalio Fernández Marcos
und José Ramón Busto Saiz

Während Taylor auf Basis der CATSS-Datei indirekt gearbeitet hatte,[126]
erfolgte die Vorbereitung der kritischen Ausgabe von Fernández

123 B. A. Taylor, *The Lucian Manuscripts of 1 Reigns - Volumn 1. Majority Text; Volumn 2.
Analysis.* Atlanta, Ga, 1992, 1993.
124 Taylor, *The Lucian Manuscripts* 1, xii-xiii.
125 Taylor, *The Lucian Manuscripts* 1, xiii.
126 S. dazu Taylor, *The Lucian Manuscripts* 2, 13.

Marcos in direkter Weise,[127] d.h. er kollationierte die antiochenischen Handschriften völlig neu. Darüber hinaus hatte er schon eine kritische Edition der Bibelzitate von Theodoret publiziert,[128] so dass er damit einen weiteren, verlässlichen Bezugstext hatte.

Zudem benutzte er über die von Taylor verwendeten Hss. boc₂e₂ (bzw. 19-108 82 93 127) hinaus noch weitere Textzeugen des Ant, nämlich Cod. Z, Hs. 700 (=r) sowie *Jos. Ant.*, *Vetus Latina*, die armenische Version, Zitate von Theodoret und die Qumrantexte. Das Grundformat seiner Ausgabe sieht folgendermaßen aus:[129]

> […] the critical edition of the Antiochene text based on a new collation of the Lucianic manuscripts to include Theodoret's quotations signaled in text (according to our edition) and included in the first, negative apparatus as if it were another incomplete manuscript of the Lucianic text of the 5th century CE. In a second, positive, apparatus the main witnesses supporting the Antiochene text are registered: The Qumran fragments, Josephus's evidence (prepared by M. V. Spottorno), the rest of the Antiochene Fathers, the testimonies of the Old Latin and of the Armenian version (except for 3-4 Kings, through the new collation of unedited manuscripts provided by S. Peter Cowe of Columbia University, N. Y.).

Die kritische Ausgabe des Ant für die historischen Bücher erschien in der Reihe der TECC (Textos y Estudios ‹‹Cardenal Ciseros››) von CSIC (*Consejo Superior de Investigaciones Científicas*), in drei Bänden (Samuel, Könige und Chronik) von 1989 bis 1996.[130] Über die textgeschichtliche Stellung des Ant sagt Fernández Marcos:

> As for the καίγε sections of Samuel Kings we can say in all confidence that the text preserved by the Lucianic manuscripts is closer to the Old Greek than the majority text of the Septuagint, *codex Vaticanus* included. But I hasten to add that the Antiochene text cannot be identified with the Old Greek.

Diese spanische Ausgabe wird bei der Synopse der vorliegenden Arbeit als der Text des Ant benutzt.

---

127 Zur Erklärung des Hintergrundes seiner Ausgabe s. N. Fernández Marcos, „On the present State of Septuagint Research in Spain", in: Ders. (Hg.) *La Septuaginta en la Investigacion Contemporanea (V Congreso de la IOSCS)*. (Madrid, 1985), 271-285; und erneut s. Ders., „The Septuagint on Spanish Ground", in: Kreuzer/Lesch (Hg.) *Im Brennpunkt: Die Septuaginta – Studien zur Entstehung und Bedeutung der Griechischen Bibel*. Bd. 2, BWANT 161, (Stuttgart, 2004), 164-176.

128 N. Fernández Marcos und J. R. Busto Saiz, *Theodoreti Cyrensis Quaestiones in Reges et Paralipomena*, TECC 32, Madrid, 1984.

129 Fernández Marcos, „The Septuagint on Spanish Ground", 168.

130 N. Fernández Marcos und J. R. Busto Saiz, *El texto antioqueno de la Biblia griega I-III*, TECC 50, 53, 60, Madrid: CSIC 1989, 1992, 1996.

Nach Abschluss der kritischen Ausgabe des Ant beschäftigte sich Fernández Marcos mit der Erstellung eines Index des Ant für die Geschichtsbücher. Dieser Index zum Ant versteht sich als eine Ergänzung zu *HR*.[131] Er erschien 2005 in zwei Bänden in der gleichen Reihe der TECC.[132]

Dieser Index ist ein wichtiges Hilfsmittel. Wenn man früher ein Wort des Ant im ganzen Ant betrachten wollte, musste man mühsam und unbefriedigend mit HR arbeiten, d.h. man musste den ganzen Apparat von HR durchsuchen. Dagegen bietet dieser spanische Index einen sehr praktischen Weg an. Trotzdem ist er aber nicht völlig befriedigend, weil er nur auf dem Obertext der spanischen Ausgabe basiert, d.h. der Herausgeber hat die handschriftlichen Varianten zwischen den Handschriften der Ant-Gruppe nicht berücksichtigt. Deshalb muss man neben der Benutzung des Index sich doch auch die mühevolle Arbeit machen, den Apparat der Ausgabe zu durchsuchen.

1.2.5. Fazit

Insgesamt zeigt die Forschungsgeschichte, dass es sich beim Ant um einen für die Textgeschichte der Septuaginta äußerst wichtigen und bedeutsamen Text handelt, dessen genauere Erforschung erst am Anfang steht. Die folgende Arbeit möchte einen Beitrag dazu leisten.

---

131 S. dazu Fernández Marcos, „A Greek-Hebrew Index of the Antiochene Text", in: Taylor (Hg.), *X Congress of the International Organization for Septuagint and Cognate Studies, Oslo 1998*. SCS 51. (Atlanta, 2001), 301-317; Ders., „The Septuagint on Spanish Ground", 169f.

132 N. Fernández Marcos, Spottorno Díaz-Caro und Cañas Reíllo (Hg.), *Índice Griego-Hebreo del Texto Antioqueno en los Libros Históricos. Volumen I: Índice general, Volumen II: Índice de nombres propios*. TECC 75, Madrid: CSIC 2005.

1.3. Textzeugen

Im diesem Kapitel werden die für folgende Untersuchung relevanten hebräischen, griechischen, lateinischen, armenischen, koptischen, äthiopischen und syrischen Textzeugen der Samuelbücher sowie die „Jüdischen Altertümer" von Josephus und die Bibelzitate von Theodoret vorgestellt.

1.3.1. Die hebr. Textzeugen

1.3.1.1. Der masoretische Text (MT)

Als die beste Grundlage für den masoretischen Text (MT), der in der modernen hebr. Textausgabe (*BHK³*, *BHS*, zuletzt *BHQ*) im Haupttextfeld diplomatisch aufgenommen wurde, haben wir den Kodex Leningradensis B19ᴬ (L) aus 1008 n. Chr., den einzigen vollständig erhaltenen Vertreter der Ben Ascher Tradition, auch wenn es daneben weitere wichtige Textzeugen gibt, vor allem: Der Aleppo Kodex (A) aus 925 n. Chr., von dem allerdings der ganze Pentateuch und einige andere Bücher fehlen; Kodex Or. 4445 (B) (Pentateuch) aus dem 10. Jahrhundert n. Chr.; Kodex Cairensis (C) aus 895 n. Chr.

Auch wenn diese Handschriften erst aus dem Mittelalter stammen, gehen aber deren Texttraditionen natürlich viel weiter zurück. Dank der Qumranfunde, die die Texttradition des MT in erstaunlicher Weise unterstützen (bes. 1QIsaᵇ; die Texte aus Wadi Murabaᶜat), wurde einerseits ihre textliche Zuverlässigkeit bestätigt, andererseits aber zeigte sich, dass die Texttradition des MT in der hellenistisch/frühjüdischen Zeit nicht die immer vorherrschende war; vgl. dazu z.B. die unterschiedlichen Texttraditionen in 4QJerᶜ und 4QJerᵇ·ᵈ.[1] D.h. es gab in der hellenistisch/frühjüdischen Zeit keine einheitliche Textform des Alten Testaments, sondern mehrere unterschiedliche Textformen.[2] Abgesehen

---

[1] Zur detaillierten Erklärung und zu den Textbeispielen vgl. E. Tov, *Textual Criticism of the Hebrew Bible*, (Minneapolis, 1992), 231f, 319-327; Kurz gesagt stellt 4Qjerᶜ die der Tradition des MT ganz nahe stehende Texttradition dar, dagegen aber 4Qjerᵇ·ᵈ die Texttradition, die der rekonstruierten Vorlage der LXX nahesteht.

[2] Dazu vgl. Kreuzer, „Von der Vielfalt zur Einheitlichkeit – Wie kam es zur Vorherrschaft des masoretischen Textes?", in: Andreas Vonach u.a. (Hgg.), *Horizonte biblischer Texte (Festschrift für Josef M. Oesch zum 60. Geburtstag)*, OBO 196, (Fribourg/Göttingen, 2003), 117-129. Vgl. Tov klassifizierte die unterschiedlichen Textformen wie folgt : a. Texts written in the Qumran Practice, b. Proto-Masoretic (or:

von der Frage nach der Auswertung der Klassifikation von Tov[3] ist es, wie Kreuzer feststellt,[4] klar, dass alle Befunde Indizien für textliche Pluralität/Vielfalt sind.

Wie man schon lange erkannt hatte, stellt der MT der Samuel-bücher keinen guten Textzustand dar. Thenius verglich den MT mit der LXX (hauptsächlich mit dem Kodex Vaticanus) und kam zum Resultat, dass die Vorlage des Cod. B eine „im wesentlichen ungleich bessere und namentlich vollständigere" Textform als MT war.[5] Darüber hinaus bezeichnete Wellhausen den MT der Samuelbücher als „anerkannter-massen schlecht überlieferten Text".[6] Er dehnte deshalb seine Textkritik auf die LXX aus.[7] Auch McCarter beschrieb in seinem Kommentar den schlechten Textzustand der Samuelbücher:[8]

> The MT of Samuel is a defective text. It has suffered extensively from hap-lography, that is, from scribal omission triggered by repeated sequences of letters, most often at the ends of words or phrases (*homoioteleuton*).

Auch in unserem Textbereich sind viele Fälle des schlechten Text-zustands des MT erkennbar. Z.B. Ketib und Qere (s.u. die Liste in 3.6.); Textverderbnisse (z.B. 15,14[k]. 18[d]. 24[b]. 27[b]. 30[e]. 34[d]; 16,13[l]; 17,3[c/d]. 19[f]; 18,20[e]); kürzere und längere Textformen (s.u. die Liste in 3.3.1.) usw.

Proto-Rabbinic) Texts, c. Pre-Samaritan (or: Harmonizing) Texts, d. Texts close to the Presumed Hebrew Source of G (Septuagint), e. Non-Aligned Texts, Tov, *Textual Criticism*, 114-117.

3   Zu meiner Klassifikation der hebr. Texttraditionen im Bezug auf Sam-Kön s.u. die zusammenfassende Tabelle zur Textgeschichte in Kap. 5.

4   Kreuzer, "Text, Textgeschichte und Textkritik des Alten Testaments", *ThLZ* 127 (2002; 2), 134 : „Unabhängig von der Frage, wie weit diese Texte aus Qumran stammen oder welche Texte dorthin gebracht wurden, ist ihr Nebeneinander in Qumran wahrscheinlich ein Indiz für den allgemeinen Textzustand in der Zeit vom 3. Jh. n. Chr. Die Zeit des Frühjüdentums war also offensichtlich eine Zeit textlicher Pluralität und Vielfalt".

5   O. Thenius, *Die Bücher Samuels. Kurzgefasstes exegetisches Handbuch zum Alten Testament* 4. (Leipzig, 1842), XXIX.

6   Wellhausen, *Der Text der Bücher Samuelis*, 1.

7   Vgl. o. 1.2.1.3.

8   P. K. McCarter, *I Samuel. A New Translation with Introduction, Notes and Commentary*, The Anchor Bible 9, (Garden City/NY, 1980), 8f.

1.3.1.2. Die Samueltexte aus Qumran: 4QSamᵃ und 4QSamᶜ[9]

(1) 4QSamᵃ (4Q51)

(a) Papyrus (einschließlich zweier Lederflecke)[10]; 50-25 v. Chr.; Das Manuskript ist das am umfangreichsten erhaltene von den biblischen Manuskripten aus der Höhle 4.[11] Zu unserem Textbereich (2Sam 15,1-19,9) sind folgende Fragmente erhalten:

15,1-7 (Frag. 112-114 a-b, Pl. XIX)
15,16-31 (Frag. 116, Pl. XIX)
15,37-16,1 (Frag. 117-118, Pl. XIX)
16,6-8 (Frag. 119, Pl. XIX)
16,10-13 (Frag. 120, Pl. XIX)
16,17-18 (Frag. 121, Pl. XIX)
16,20-23 (Frag. 122-124, Pl. XIXa)
17,2-3 (Frag. 125, Pl. XIXa)
17,23-25 (Frag. 126-127, Pl. XIXa)
17,28-18,11 (Frag. 128-132, Pl. XIXa)
18,28-29 (Frag. 133, Pl. XIXa)
19,6-12. 14-16 (Frag. 134-139, Pl. XIXb).

Das Manuskript wurde in der spanischen Ausgabe des Ant verglichen und als indirekter Textzeuge erwähnt,[12] in unserem Textbereich zu folgenden Stellen: 15,2; 18,3. 9. 11.[13] Nach meiner Untersuchung stimmt 4QSamᵃ in unserem Textbereich mit den unterschiedlichen Textformen in unterschiedlicher Weise überein, d.h. das Manuskript repräsentiert die Textvielfalt bzw. –flexibität in der frühjüdischen Zeit:[14] Es zeigen sich folgende Konstellationen:[15]

---

9 4QSamᵇ ist sehr fragmentarisch und in unserem Textabschnitt nicht vertreten; s.o. 1.2.3.2. Anm. 111.
10 S. dazu *DJD XVII*, 3.
11 *DJD XVII*, 3; Es fehlen nur die Indizien von 1Sam 13; 16; 19; 23. .
12 Dazu s. Fernández Marcos, „Der antiochenische Text der griechischen Bibel in den Samuel- und Königsbüchern", in: Kreuzer u.a (Hg.), *Im Brennpunkt: Die Septuaginta – Studien zur Entstehung und Bedeutung der Griechischen Bibel*. Bd. 2, *BWANT* 161, (Stuttgart, 2004), 197-200.
13 Fernández Marcos, *El Texto antioqueno de la biblia griega* I, 131-146, den zweiten Apparat.
14 Vgl. zur statistischen Untersuchung, Cross u.a., „A Statistical Analysis of the Textual Character of 4QSamuelᵃ (4Q51) ", 46-54.
15 Siehe auch unten 3.7. zur Zusammenstellung der Fälle.

1: (4QSam[a] = Ant) ≠ (MT = KR): 15, 2[e/j]. 31[a/b]; 17,3[a]; 18,3[e/r-t]. 9[d]. 11[i/j].

2: (4QSam[a] = Ant = MT) ≠ KR: 15,7[c]. 12[c]; 18,3[i]. 6[b].

3: (4QSam[a] = Ant = KR) ≠ MT: 15,2[f/k/l]; 18,9[p]; 19,7[l]. 8[h/o].

4: (4QSam[a] = KR = MT) ≠ Ant: 16,18[f]; 17,23[g]; 19,7[k/q]. 8[g].

5: (4QSam[a] = MT) ≠ (KR = Ant): 15,1[b]. 2[q]; 19,8[n].

(b) Faksimiles bzw. Textausgaben: F. M. Cross, „A new Qumran Biblical Fragment Related to the Original Hebrew Underlying the Septuagint", *BASOR* 132 (1953), 15-26; Ders., „The Ammonite Oppression of the Tribes of Gad and Reuben: Missing verses from 1 Sam 11 Found in 4QSamuel[a]", in: E. Tov (Hg.), *The Hebrew and Greek Texts of Samuel. 1980 Proceedings IOSCS* (Jerusalem, 1980), 105-116; Liste der PAM-Photos im Bezug auf 1QSam[a] in E. Tov u.a. (Hg.), *The Dead Sea Scrolls on Microfiche: A Comprehensive Facsimile Edition of the Text from Judean Desert*, vol.2, *Companion Volume to the Dead Sea Scrolls Microfiche Edition* (Leiden: 1995[2]), 30; *DJD XVII* (Oxford 2005), 1-216.

(2) 4QSam[c] (4Q53)

(a) Leder(-Rolle); 100-75 v. Chr.; Nur ein kleines Fragment aus 1Sam (1Sam 25,30-32) sowie drei direkt aufeinanderfolgende Kolumnen aus 2. Sam (2Sam 14,7-15,15) sind erhalten:

1Sam 25,30-32 (Frag. 1)
2Sam 14,7-21 (Frag. 2-5 i, Kol. 1)
2Sam 14,22-15,4 (Frag. 5 ii-7 i, Kol. 2)
2Sam 15,4-15 (Frag. 7 ii-11, Kol. 3)

Das Manuskript wurde in der spanischen Ausgabe des Ant verglichen und als indirekter Textzeuge erwähnt,[16] in unserem Textbereich zu folgenden Stellen: 15,2. 12.[17] Dabei sind drei Phänomene zu beobachten:[18]

1: (4QSam[c] = Ant) ≠ (MT = KR): 15,2[q]. 12[a/i].

2: (4QSam[c] = MT = Ant) ≠ KR: 15,12[c].

---

16   Dazu s. Fernández Marcos, „Der antiochenische Text der griechischen Bibel in den Samuel- und Königsbüchern", in: Kreuzer, *Im Brennpunkt*, 197-200.

17   Fernández Marcos, *El Texto antioqueno de la biblia griega* I, (Madrid, 1989), 131f, zweiter Apparat.

18   S. noch detaillierter Ulrich, „4QSam[c]", 1-25.

3: (4QSam^c = MT = KR) ≠ Ant: 15,3^a. 4^a.
4: 4QSam^c ≠ (MT = KR = Ant): 15,1(2×). 2^i. 4^e. 10. 12. 14.[19]

(b) Faksimiles bzw. Textausgaben: E. Ulrich, „4QSam^c: A Fragmenary Manuscript of 2 Samuel 14-15 from the Scribe of the Serek Hay-yaḥad (1QS)", *BASOR* 235 (1979), 1-25; *DJD XVII* (Oxford 2005), 247-267.

1.3.2. Die griechischen Übersetzungen bzw. Rezensionen

1.3.2.1. Die griechischen Handschriften

Für die Beschreibung der gr. Textzeugen habe ich die Informationen einerseits von Rahlfs, „Verzeichnis der griechischen Handschriften des Altern Testament", (bearbeitet von Fraenkel),[20] aber andererseits durch Autopsie auch direkt von den Handschriften aufgenommen. Für die Handschriften, die noch nie detailliert untersucht wurden, verweise ich darüber hinaus auf die Ergebnisse meiner Untersuchungen in unserem Textbereich. Die Aussage bezüglich des Texttyps bezieht sich auf den jeweils in unserem Textbereich erkennbaren Texttyp.[21] Darüber hinaus gebe ich für die wichtigsten Handschriften (Codd. BAMN; Hss. boc2e2)

---

19 Da diese Fälle außer in 2^i und 4^e nicht für den griechischen Text relevant sind und daher unten nicht eigens diskutiert werden, gebe ich hier eine überblicksweise Zusammenstellung:

	4QSam^c	MT	KR	Ant
15,1	ואבשלום	אבשלום	Αβεσσαλωμ	
15,1	יעשה	ויעש	καὶ ἐποίησεν	
15,2^i	משפט	למשפט	εἰς κρίσιν	εἰς κρίμα
15,4^e	אש[ר] לוא	אשר־יהיה־לו	ᾧ ἐὰν ᾖ	ᾧ ἐὰν γένηται
15,10	מירושלים	מרגלים	κατασκόπους	
15,12	(-)	אבשלום	Αβεσσαλωμ	
15,14	תהי	תיהי	ἐστιν	

Offensichtlich bietet 4QSam^c eine hebräische Texttradition, die in den übrigen Textzeugen nicht erhalten ist. Siehe auch unten 3.7. zur Zusammenstellung der Fällen.

20 A. Rahlfs, *Verzeichnis der griechischen Handschriften des Alten Testaments*. MSU II, Göttingen, 1914; D. Fraenkel, *Die Überlieferung bis zum VIII. Jahrhundert. Bd. I,1. Septuaginta Vetustestamentum Graecum Auctoritate Academiae Scientiarum Gottingensis editum Supplimentum*, Göttingen, 2004.

21 D.h. eine Handschrift kann in unterschiedlichen Bereichen unterschiedliche Texttypen enthalten; siehe z.B. bei Minuskel r (*Ra*: 700).

auch die Seitenzahlen der Handschrift im Bezug auf unseren Textbereich an.

(1) Die Kodices

B. Kodex Vaticanus
(a) Rom, *Biblioteca Vaticana*; *Vat. gr. 1209*; 4. Jh. n. Chr.; Pergament; 768 +
III Bl.; 2Sam 15,1–19,9 auf den Seiten 376, 2.Kol. – 384, 2.Kol; Der Kodex
ist in unserem Textbereich der älteste Textzeuge für die KR. Abgesehen
von späteren Korrekturen und Ergänzungen wurde der Kodex schon
von seinem Schreiber auf Grund weiterer Texttraditionen bearbeitet.
Siehe dazu beispielsweise die Diskussion bei 15,18[k]. 20[a-e]; 18,18[d]. Eine
von mir durchgeführte Beobachtung zeigt, dass das sog. „bewegliche
ν" vor einigen Konsonanten von einer späteren (mittel-alterlichen)
Hand gemäß der byzantinischen Schulregel getilgt wurde, und zwar
dadurch, dass – wie jetzt in der Einleitung zur Faksimileausgaben fest-
gestell wird – die entsprechenden Buchstaben nicht mit Tinte nachgezogen („reinked") wurden. Dazu s. u. den [Exkurs] zu 15,3[a]. Sonst siehe
Fraenkel, *Verzeichnis*, 338-341 zum allgemeinen Charakter des Kodex.
(b) Texttyp: KR
(c) Ausgabe: Bibliothecae Apostolicae Vaticanae Codex Vaticanus
Graecus 1209. Bibliorum Sacrorum Graecum Codex Vaticanus B, Istituto Poligrafico e Zecca dello Stato, Rom, 1999.
(d) Literatur: Swete, *Introduction*, 126-128; Rahlfs, *Verzeichnis*, 258-260; S.
Jellicoe, *The Septuagint and Modern Study*, (Oxford, 1968; Winona Lake,
1993), 177-183; Fraenkel, *Verzeichnis*, 337-344; Quast, *Ruth* (LXX-*Gö*), 19f.

A. Kodex Alexandrinus
(a) London, *Britisch Library*; *Royal 1 D. V-VIII*; 5. Jh. n. Chr.; Pergament;
773 (+VI moderne Vorsatz-) Bl.; 2Sam 15,1–19,9 auf den Seiten 191[l],
2.Kol. – 194[r], 1.Kol.; Der Kodex wird als guter Zeuge für den *O'*-Text
eingeschätzt. Mit ihm sind die Hss. cx eng verbunden. Zu den
Beispielen für die ausschließliche Übereinstimmung zwischen den Mss.
Acx s.u. 15,2[k/l]. 12[a-d]. 18[c]. 25[d]. 30[b]; 18,3[r-t]. 6[c]; 19,4d. In unserem Textbereich stimmt der Kodex meistens mit der KR überein, aber er stellt
keine durchgehende einheitliche, sondern eine gemischte Textform dar.
Manchmal stimmt er sogar mit dem Ant überein, z.B. 15,2[k/l]; 18,14[a-c].
Sonst s. Fraenkel *Verzeichnis*, 225 zum allgemeinen Charakter des
Kodex.
(b) Texttyp: KR bzw. *O'*
(c) Ausgabe: *The Codex Alexandrinus – in reduced photographic facsimile.
Old Testament* , Part I, Genesis – Ruth (1915). Part II, 1 Samuel – 2

Chronicles (1930). Part III, Hosea – Judith (1936). Part IV, I Esdras – Ecclesiaticus (1957).

(d) Literatur: Swete, *Introduction*,125f; Rahlfs, *Verzeichnis*, 114-116; Jellicoe, *The Septuagint and Modern Study*, 183-188; Fraenkel, *Verzeichnis*, 221-226; Quast, *Ruth* (LXX-Gö), 20-23.

M. Kodex Coislianus

(a) Paris, *Bibliothèque Nationale*; *Coislin 1*; 7. Jh. n. Chr.; Pergament; 227 Bl.; 2Sam 15,1–19,9 auf den Seiten 207^r, 1.Kol.–212^l, 1.Kol. Der Kodex enthält den Oktateuch und die Geschichtsbücher und hat zahlreiche hexaplarische Randnotizen. In unserem Textbereich stellen diese Randnotizen die ältesten Belege der hexaplarischen Materialien dar. Dazu s.u. 1.3.2.2. (2) c. Die Textform des Kodex hängt eng mit dem Cod. N zusammen. S.u. 17,8^{n-p}; 18,3^{r-t}. 11^j. 22$^{g/h}$. 28^h; 19,7^c zur Bearbeitungs-aktivität der Codd. MN.

(b) Texttyp: gemischt zwischen Ant und KR

(c) Literatur: Swete, *Introduction*, 141; Rahlfs, *Verzeichnis*, 183f; Jellicoe, *The Septuagint and Modern Study*, 196f; Fraenkel, *Verzeichnis*, 307f.

N (Ra: V). Kodex Venetus

(a) Rom, *Biblioteca Vaticana*; *Vat. gr. 2106*; 8. Jh. n. Chr.; Pergament; 132 Bl.; 2Sam 15,1–19,9 auf den Seiten 69^r, 1.Kol.–71^r, 1.Kol. Die Textform steht nahe zu Ant, allerdings ist sie manchmal mit der LXX *rell* gemischt. Die Textform des Kodex hängt eng mit dem Cod. M zusammen. S.u. 17,8^{n-p}; 18,3^{r-t}. 11^j. 22$^{g/h}$. 28^h; 19,7^c zur Bearbeitungs-aktivität der Codd. MN.

(b) Texttyp: gemischt zwischen dem Ant und der KR

(c) Literatur: Swete, *Introduction*, 132; Rahlfs, *Verzeichnis*, 271f; Jellicoe, *The Septuagint and Modern Study*, 205; Fraenkel, *Verzeichnis*, 344-346.

(2) Papyrus

U$_7$ (*Ra*: 934)

(a) Straßburg, *Bibliothèque Nationale et Universitaire*; *P. gr. 911 u. 1027*; 4/5. Jh. n. Chr.; Papyrus; sehr fragmentarisch; Die Fragmente enthalten nur: 2Sam 15,34 Ο ΒΑCΙΛΕΥ[C – 16,1 ΜΕΝ[ΦΙΒΟCΘΕ (fragm.) 16,2 ΤΙ ΤΑΥ[ΤΑ – 5 Ο ΒΑC[ΙΛΕΥC (sehr fragm.).Vermutlich war die Textform des Papyrus die der KR. Siehe dazu beispielsweise 15,36^{c-f}. Allerdings ist die Handschrift zu fragmentarisch, um eine Textform eindeutig festzustellen.

(b) Texttyp: KR(?)

(c) Ausgabe: J. Schwartz, „Papyrus et tradicion manuscrite", *ZPE* 4 (1969), Nr. 3, 178-180.

(d) Literatur: Rahlfs, *Verzeichnis*, 294; J. van Haelst, *Catalogue des Papyrus Littéraires Juifs et Chrétiens*, (Paris, 1976), 69 (mit Siglum 68); Fraenkel, *Verzeichnis*, 367f.

(3) Die Minuskeln[22]

a (*Ra*: 707)

(a) Sinai, Katharinenkloster; *Cod. gr. 1* (Hierzu gehört Petersburg, Kaiserliche öffentliche Bibliothek, *Graec. 260* (Gen 47,13-48,17)); 10/11. Jh. n. Chr.; Pergament; 241 Bl; Im Pentateuch wurde die Handschrift von Wevers der O′-Gruppe zugeordnet.[23] Allerdings kann man im βγ-Abschnitt von Sam-Kön den hexaplarischen Charakter der Handschrift nicht gut erkennen, denn der hexaplarische Text ist in diesem Abschnitt meistens identisch mit dem Cod. B. Dagegen ordnete Quast sie im Buch Ruth den *codices mixti* zu.[24] In unserem Textbereich ist die Mischform der Handschrift ebenfalls erkennbar. Die Ant-Elemente wurden vermutlich durch die Codd. MN beeinflusst.[25]

(b) Texttyp: gemischt zwischen der KR und dem Ant

(c) Literatur: Rahlfs, *Verzeichnis*, 284; Quast, *Ruth* (LXX-Gö), 114-118.

b {b′ (*Ra*: 19) + b (*Ra*: 108)}

Die beiden Handschriften sind engstens miteinander verbunden. Deshalb bezeichnet sie die B-M durch einen Buchstaben.

- b′ (*Ra*: 19)

(a) Rom, *Biblioteca Vaticana; Chis. Gr. 30 (olim R. VI. 38)*; 11. – 12. Jh. n. Chr.; Pergament; 376 Bl.; 2Sam 15,1–19,9 auf den Seiten 193ʳ–197ʳ; Beispiele für eigentümliche Lesarten der Handschrift s.u. 15,2ᵃ. 12ᶜ; 16,12ᶠ/ᵍ

(b) Texttyp: Ant

(c) Literatur: Rahlfs, *Septuaginta-Studien I*, 9; Ders., *Verzeichnis*, 277; Fernández Marcos, *El texto antioqueno de la biblia griega I*, XV–XVI (spanisch); Ders., „Der antiochenische Text der griechischen Bibel in

---

22 Die folgende Beschreibung ist alphabetisch nach den Bezeichnungen in B-M geordnet.
23 Vgl. LXX-Gö: Wevers, *Gen*, 56; *Ex*, 40; *Lev*, 26; *Num*, 31; *Deut*, 37.
24 S. Quast, *Ruth* (LXX-Gö), 114-118.
25 Vgl. Brock, *The Recensions*, 19f.

den Samuel- und Königsbüchern", in: Kreuzer, *Im Brennpunkt*, 177-179 (deutsch).

- *b* (*Ra*: 108)

(a) Rom, *Biblioteca Vaticana*; *Vat. gr.* 330; 13–14 Jh. n. Chr.; Papier; 513 Bl.; 2Sam 15,1–19,9 auf den Seiten 272^r–278^j; Die Handschrift bietet viele hexaplarische Randnotizen. Aber theodotionische Randnotizen (mit Siglum Θ) finden sich nur in 1Sam. Dazu s.u. 1.3.2.2. (2) c. Singuläre Lesarten der Handschrift kommen nur selten vor, s.u. 15,2^a

(b) Texttyp: Ant

(c) Literatur: Rahlfs, *Septuaginta-Studien I*, 12; Ders. *Verzeichnis*, 248; Fernández Marcos *El texto antioqueno de la biblia griega I*, XVI–XVII (spanisch); Ders., „Der antiochenische Text der griechischen Bibel in den Samuel- und Königsbüchern", in: Kreuzer, *Im Brennpunkt*, 179 (deutsch).

c (*Ra*: 376)

(a) Escorial, *Real Biblioteca*; *Y (griech.) –II–5*; 15. Jh. n. Chr.; Papier; 102 Bl; Die Handschrift wird als ein sehr guter Zeuge für den *O'*-Text eingeschätzt. In unserem Textbereich ist sie mit dem Cod. A und mit der Hs. x eng verbunden.

(b) Texttyp: KR bzw. *O'*

(c) Literatur: Rahlfs, *Verzeichnis*, 55f; Quast, *Ruth* (LXX-*Gö*), 25f.

d (*Ra*: 107)

(a) Ferrara, *Biblioteca Comunale*; *188 I.*; 1334; Papier; 242 Bl.; Die Textform der Handschrift ist jener der Hs. p sehr ähnlich. In der LXX-*Gö* von Pentateuch und Ruth ist sie namengebend für die *d*-Gruppe, zu der außerdem die Hs. p gehört. Diese Gruppe, die von Wevers auf Grund der Vergleichung mit byzantinischen Lektionarien „the Byzantine Text Group" genannt wird, lässt sich durch die von der Hexapla beeinflussten hebr. Elemente erkennen.[26] In unserem Textbereich ist die Gemeinsamkeit der beiden Handschriften ebenfalls erkennbar, bes. z.B. s.u. 15,28^c; 17,25^b(24^e). Aber im Großen und Ganzen stimmt die Textform dieser Handschriften mit der KR überein.

(b) Texttyp: KR

(c) Literatur: Rahlfs, *Verzeichnis*, 61, Quast, *Ruth* (LXX-*Gö*), 55f.

---

26 S. dazu J. W. Wevers, *Text History of the Greek Exodus*, MSU XXI, (Göttingen, 1992), 41-46; Vgl. Brock, *The Recensions*, 17f.

e (*Ra*: 52)

(a) Florenz, *Biblioteca Mediceo-Laurenziana*; *Acquisti 44*; 10./11. Jh.
(teilweise im 14. Jh. ergänzt); Pergament; 384 Bl.; Der Pentateuch dieser
Handschrift enthält auch Katenen. Deshalb wird sie in der Göttinger-
Ausgaben der *C*-Gruppe zugeordnet. Im Großen und Ganzen gehört
sie zu KR, aber vgl. 15,28[c].
(b) Texttyp: KR
(c) Literatur: Rahlfs, *Verzeichnis*, 62; Quast, *Ruth* (LXX-Gö), 101.

f (*Ra*: 489)

(a) München, K. Hof- und Staatsbibliothek; *Gr. 454*; 10. Jh.; Pergament;
282 Bl.; Die Handschrift enthält 1. Bl. Jos-Ruth, 51. Bl. Sam-Kön, Chr.
Quast ordnet sie den *codices mixti* zu.
(b) Texttyp : gemischt zwischen der KR und dem Ant[27]
(c) Literatur: Rahlfs, *Verzeichnis*, 157; Quast, *Ruth* (LXX-Gö), 110.

g (*Ra*: 158)

(a) Basel, Öffentliche Universitäts-Bibliothek; *B. VI. 22*; 13. Jh.;
Pergament; 262 Bl.; Die Handschrift enthält Sam-Kön (1Sam 13,9-14,43
fehlt) und Chr. Sie hat Zitate von *Thdt. quest.* Rahlfs erkannte deren
Beziehung zu Ant in 1Kön.[28] In unserem Textbereich stellt sie eine
Mischform zwischen KR und Ant dar. Auffallend ist ihre Beziehung
zum Cod. M, s.u. die Beispiele, die bei 15,24[b] erörtert werden.[29]
(b) Texttyp: gemischt zwischen der KR und dem Ant
(c) Literatur: Rahlfs, *Septuaginta-Studien I*, 18f; *III*, 34-43; Ders., *Verzeichnis*, 26.

h (*Ra*: 55)

(a) Rom, *Biblioteca Vaticana*; *Reginensis (= Reginae Suecorum) graeci. 1*; 10.
Jh. erste Hälfte; Pergament; 565 Bl.; Quast ordnet diese Handschrift für
Ruth der *R*-Rezension (bzw. *R*-Gruppe) zu.[30] In unserem Textbereich
folgt sie meistens der Textform der KR. Auffallend ist ihre besondere
Beziehung zum Cod. B: s. dazu z.B. 15,12[e]. 19[a], 32[h]; 16,5[b]. 22[a]; 17,18[d]. 20[i];
18,3[r]. 32[h]. Zudem hat sie einige singuläre Lesarten: 15,2[b]. 18[e]

---

27 Vgl. Quast, *Ruth* (LXX-Gö), 110.
28 Rahlfs, *Septuaginta-Studien III*, 34-43.
29 Vgl. Brock, *The Recensions*, 19f.
30 Quast, *Ruth* (LXX-Gö), 72: „Mit *R''* liegt eine Rezension vor, die im Pentateuch nicht
    nachgewiesen werden konnte. Ihre Hss. sind dort keiner Gruppe zugeordnet wie die
    beiden Kodices M und V und die alte Minuskel 55, oder sie gehören unterschied-
    lichen Gruppen an."; Vgl. Brock, *Recensions*, 19f.

(b) Texttyp: KR (gemischt manchmal mit dem Ant)[31]
(c) Literatur: Rahlf, *Verzeichnis*, 245f; Quast, *Ruth* (LXX-Gö), 75-77.

i (*Ra*: 56)
(a) Paris, *Bibliothèque Nationale; Grec. 3*; 1093; Pergament; 360 Bl.; Rahlfs erkannte deren Beziehung zu Ant in 1Kön.[32] Die Handschrift wurde von Quast für Ruth der *R*-Gruppe zugeordnet. Beispiele zu den Übereinstimmungen mit dem Ant in unserem Textbereich s.u. 16,11[f]. 14[b]
(b) Texttyp: gemischt zwischen der KR und dem Ant
(c) Literatur: Rahlfs, *Verzeichnis*, 192; Quast, *Ruth* (LXX-Gö), 82.

j (*Ra*: 243)
(a) Paris, *Bibliothèque Nationale; Coislin 8*; 10. Jh.; Pergament; 280 Bl.; Die Handschrift enthält Sam-Kön, Chr, 1. u. 2. Esdras, Est, Tob, Jud, Makk. In Sam-Kön hat sie Katenen mit hexaplarischen Randnotizen und in Chr Zitate von *Thdt. quest.* Für den βγ-Abschnitt ist sie der einzige Zeuge mit Randnotizen des theodotionischen Textes (mit Siglum *Θ*). S.u. 1.3.2.2. (2) c. Rahlfs erkannte in 1Kön Beziehungen der Handschrift zu Ant.[33] In unserem Textbereich erkennt man ebenfalls den gemischten Charakter der Handschrift.
(b) Texttyp: gemischt zwischen der KR und dem Ant
(c) Literatur: Rahlfs, *Verzeichnis*, 185.

l (*Ra*: 370)
(a) Rom, *Biblioteca Vaticana; Chigi R. VIII. 61*; 11. Jh. (teilweise im 14. Jh. ergänzt); Die Handschrift fehlt im Verzeichnis von Rahlfs. Sie wurde von Wevers in LXX-Gö (Pentateuch) der *t*-Gruppe zugeordnet, die mit der *d*-Gruppe (Hss. d p) eng verbunden ist.[34] In unserem Textbereich fehlt sie bis Kap. 18. In 19,1-9 stellt der Text die KR-Form dar.
(b) Texttyp: (KR)
(c) Literatur: *B-M*, v, Anm.2); LXX-Gö (Pentateuch), Einleitungen.

m (*Ra*: 92)
(a) Paris, *Bibliothèque Nationale; Grec. 8*; 10. Jh.; Pergament; 188 Bl.; Die Handschrift enthält Sam-Kön (1Sam 5,10-10,24 fehlt) mit einigen kur-

---

31 Z.B. s.u. 15,12[h].
32 Rahlfs, *Septuaginta-Studien* III, 35-42. 79.
33 Rahlfs, *Septuaginta-Studien* I, 19ff; III, 33f. 46.
34 S. Wevers, *Text History of the Greek Genesis*, (Göttingen, 1974), 136.

zen Scholien. Zu den hexaplarischen Randnotizen in 1Sam s.u. 1.3.2.2.
(2) c. In unserem Textbereich stellt sie eine gemischte Textform dar. Zu
Beispielen für die Übereinstimmung mit dem Ant in unserem Textbereich s.u. 15,2^g. 12^a; 17,27^i .
(b) Texttyp: gemischt zwischen der KR und dem Ant
(c) Literatur: Rahlfs, *Verzeichnis*, 193.

n (*Ra*: 119)
(a) Paris, *Bibliothèque Nationale*; *Grec. 7*; 10. Jh.; Pergament; 301 Bl.; Die
Handschrift enthält Sam-Kön, Chr und 1. u. 2. Esdras. Hanhart ordnete
sie in 1. u. 2. Esdras den *codices mixti* zu.[35] Grundsätzlich stellt sie aber
in unserem Textbereich die Textform der KR dar, aber sie scheint auch
manchmal durch die Textform von Codd. MN beeinflusst zu sein.
(b) Texttyp: KR
(c) Literatur: Rahlfs, *Verzeichnis*, 193; Hanhart, *Esdras I* (LXX-*Gö*), 9 u.
Esdras II, 10.

o (*Ra*: 82)
(a) Paris, *Bibliothèque Nationale*; *Coislin 3*; 12. Jh.; Pergament; 242 Bl.;
2Sam 15,1–19,9 auf den Seiten 198^r-202^l; Diese Handschrift wurde
manchmal durch die LXX *rell* beeinflusst: z.B. s.u. 15,32^f; 16,11$^{j/l}$; 17,11^h.
14^a; 18,9$^{p/q}$
(b) Texttyp: Ant
(c) Literatur: Rahlfs, *Verzeichnis*, 184; Fernández Marcos, *El texto
antioqueno de la biblia griega I*, XVII (spanisch); Ders., „Der antiochenische Text der griechischen Bibel in den Samuel- und Königsbüchern",
in: Kreuzer (2004), 179f (deutsch).

p (*Ra*: 106)
(a) Ferrara, *Biblioteca Comunale*; *187 I*; 14. Jh.; Papier; 211 Bl.; Der erste
Band der dreibändigen vollständigen Bibelhandschrift enthält den
Oktateuch, Sam-Kön, Chr, 1. u. 2. Esdras, Tob, Jud, Est. S.o. die Beschreibung der Hs. d.
(b) Texttyp: KR
(c) Literatur: Rahlfs, *Verzeichnis*, 59-61, Quast, *Ruth* (LXX-*Gö*), 55f.

q (*Ra*: 120)

---

35   Hanhart, *Esdras I* (LXX-Gö), 31 u. *Esdras II*, 30; Vgl. Brock, *The Recensions*, 19f.

(a) Venedig, *Biblioteca Naz. Marciana*; *Gr. 4*; 11. Jh.; Pergament; 402 Bl.; Quast ordnet diese Handschrift für Ruth der *R*-Rezension zu.[36] Die Textform der Handschrift stellt eine Mischung zwischen KR und Ant dar (vielleicht unter dem Einfluß von den Codd. MN?). Vgl. aber die unzuordenbaren Lesarten: 15,28[c]; 16,1[f]; 17,25[b/f]; 18,3[r-t]

(b) Texttyp: gemischt zwischen der KR und dem Ant

(c) Literatur: Rahlfs, *Verzeichnis*, 306; Quast, *Ruth* (LXX-Gö), 73.

r (*Ra*: 700)

(a) Rom, *Biblioteca Vaticana*; *Vat. gr. 2115*; 10./11. Jh.; Pergament; Bl. 27-69; In Bl. 27-34 enthält die Handschrift 2Sam 15,25-18,29, in Bl. 35-69 2Kön 1,18a-4,31; 10,3-11,15; 12,3-17,37; 18,9-19,24. Rahlfs identifizierte nur den 2. Teil der Handschrift, den Text von 2. Kön, als lukianisch.[37] In unserem Textbereich (1.Teil der Hs.) stellt die Handschrift im Großen und Ganzen die KR dar, aber vgl. die Übereinstimmungen mit dem Ant: 15,27[e]. 35[e]; 16,1[f]. 23[g]; 17,3[h]. 20[e]; 18,8[e], zudem gibt es besondere Lesarten der Handschrift:15,32[c];16,1[c]. 5[b]; 17,7[b]

(b) Texttyp: KR (gemischt mit dem Ant)

(c) Literatur: Rahlfs, *Septuaginta-Studien III*, 15; Ders., *Verzeichnis*, 272; Fernández Marcos, *El texto antioqueno de la griega II*, XXIII-XXIV (spanisch); Ders., „Der antiochenische Text der griechischen Bibel in den Samuel- und Königsbüchern", in: Kreuzer, *Im Brennpunkt*, 183f (deutsch).

s (*Ra*: 130)

(a) Wien, Österreichische Nationalbibliothek; *Theologici graeci 23*; 12./13. Jh.; Pergament; 623 Bl.; Eine vollständige gr. Bibelhandschrift; In den Göttinger Ausgaben ist die Handschrift der Hauptzeuge der *s*-Gruppe, die von der *O*-Rezension beeinflusst ist.[38] In der Untersuchung von 1Sam ordnete sie aber Brock der *E*-Gruppe (Hss. efmsw) zu.[39] Er fasst die Kennzeichen dieser Gruppe mit folgenden Begriffen zusammen: „refinement and precision, hexaplaric influence."

(b) Texttyp: KR (*O′*)

(c) Literatur: Rahlfs, *Verzeichnis*, 138f.

---

36 Quast, *Ruth* (LXX-Gö), 72.
37 Rahlfs, *Septuaginta-Studien III*, 15.
38 Wevers, *Vetus Testamentum Graecum Auctoritate Academiae Scientiarum Gottingensis editum. I. Genesis* , (Göttingen, 1974), 58; Quast, *Ruth* (LXX-Gö), 108ff.
39 Brock, *The Recensions*, 19.

t (*Ra*: 134)

(a) Florenz, *R. Biblioteca Mediceo-Laurenziana*; *Plut. V 1*; 11. Jh.; Pergament; 434 Bl.; Die Handschrift wird im Bereich vom Pentateuch und Ruth in der Göttinger Edition der nach ihr benannten *t*-Gruppe zugeordnet, die mit der *d*-Gruppe (dem byzantinischen Text) engstens verwandt ist und manchmal mit dem Ant einen Zusammenhang hat.[40] Vgl. dazu oben die Beschreibung der Hs. d. In unserem Textbereich stimmt aber die Textform dieser Handschrift im Großen und Ganzen mit der KR überein.

(b) Texttyp: KR

(c) Literatur: Rahlfs, *Verzeichnis*, 64; Quast, *Ruth* (LXX-*Gö*), 108-110.

u (*Ra*: 372)

(a) Escorial, *Real Biblioteca*; *R-II-2*; 12. Jh.; Pergament; 86 Bl.; Die Handschrift enthält 2Sam 3,34-2Kön 4,18. In unserem Textbereich stimmt sie im Großen und Ganzen mit der KR überein, aber sie wurde auch von der Texttradition des Ant bzw. der Codd. MN beeinflusst. Dadurch findet man in dieser Handschrift manchmal Übereinstimmungen mit MNboc₂e₂, aber auch Übereinstimmungen nur mit boc₂e₂ (15,1ᶜ. 2ᶜ. 7ᵃ/ᵇ; 17,27ⁱ; 18,16ᶜ). Zudem gibt es auch besondere Lesarten der Handschrift: 15,2ʰ/ʲ

(b) Texttyp: KR (gemischt mit dem Ant)

(c) Literatur: Rahlfs, *Verzeichnis*, 53.

v (*Ra*: 245)

(a) Rom, *Biblioteca Vaticana*; *Vat. gr. 334*; 12. Jh.; Pergament; 246 Bl.; Die Handschrift enthält Sam-Kön und Esdras. Rahlfs erkannte in 1Kön den Mischcharakter dieser Handschrift.[41] Wie Brock für 1Sam feststellte,[42] zeigt diese Handschrift Beeinflussung von den Codd. MN, aber auch ausschließliche Übereinstimmungen mit dem Ant (17,13ᵈ. 20ⁿ; 18,3ⁱ/ʲ/ᵖ/ʳ/ˢ/ᵗ. 13ᵃ⁻ᶜ).

(b) Texttyp: gemischt zwischen dem Ant und der KR

(c) Literatur: Rahlfs, *Verzeichnis*, 249.

w (*Ra*: 314)

---

40 Bes. s. Quast, *Ruth* (LXX-*Gö*), 55-58.
41 Rahlfs, *Septuaginta-Studien* III, 35.
42 Brock, *The Recensions*, 19; Er ordnete diese Handschrift der *MN*+-Gruppe (Mss. Mnaghijnvb₂) zu.

(a) Athen, National-Bibliothek (Ἐθνικὴ Βιβλιοθήκη τῆς Ἑλλάδος); *44*; 13. Jh.; Pergament; 325 Bl.; Zwar ordnete Quast im Buch Ruth diese Handschrift der *L*-Gruppe (lukianischer Text) zu,[43] aber man kann in unserem Textbereich keine besondere Beziehung zum Ant erkennen. Die Übereinstimmungen mit dem Ant gehen m.E. auf den Einfluß der Texttradition der Codd. MN zurück.

(b) Texttyp: gemischt zwischen KR und Ant.

(c) Literatur: Rahlfs, *Verzeichnis*, 6; Quast, *Ruth* (LXX-*Gö*), 53-55.

x (*Ra*: 247)

(a) Rom, *Biblioteca Vaticana*; *Urbinatos graeci 1*; 12. Jh.; Pergament; 134Bl.; Die Handschrift enthält Sam-Kön (es fehlen der Text von 2Kön 20,2-21 und Scholien zu 2Kön 25,27). Die Textform wurde schon lange als hexaplarisch erkannt,[44] und in diesem Sinne ist die Handschrift mit Mss. Ac eng verbunden.

(b) Texttyp: KR bzw. *O'*

(c) Literatur: Rahlfs, *Verzeichnis*, 247.

y (Ra: 121)

(a) Venedig, *Biblioteca Naz. Marciana*; *Gr. 3*; 10. Jh.; Pergament; 335 Bl.; Die Handschrift wird in der Göttinger-Ausgabe der *R*-Gruppe zugeordnet.[45] In unserem Textbereich wird ebenfalls derselbe Texttyp dargestellt.

(b) Texttyp: gemischter Text

(c) Literatur: Rahlfs, *Verzeichnis*, 306; Quast, *Ruth* (LXX-*Gö*), 73.

z (*Ra*: 554)

(a) Paris, *Bibliothèque Nationale*; *Grec. 133*; 14. Jh.; Papier; 258 Bl.; Die Handschrift enthält Sam-Kön und Chr. In Sam-Kön bietet sie die Katenen und in Chr die Scholien von Theodoret. In 1. Sam bietet sie auch die hexaplarischen Randnotizen. Dazu s.u. 1.3.2.2. (2) c. In unserem Textbereich stellen z[txt] und z[mg] einen klar erkennbaren Unterschied dar, d.h. der Text in z[txt] ist die KR, in z[mg] dagegen der Ant: 15,2[j-m]. 3[c/d/e]. 12[a-d/j]. 16[b]. 18[e/h-k]. 25[d/f]. 26[a/b/e]. 27[b]. 33[c]. 34[a]; 16,1[i]. 2[e/g/h/k]. 8[i/j]. 12[c/d]; 17,7[e]. 8[l/m]. 16[d/e/h/j-l]. 20[j/k/m/n]. 22[e]. 24[b]. 25[c]. 29[a]; 18,3[e/f/i/p/r-t]. 4[d]. 7[f]. 9[b/k]. 13[b/c]. 20[c]. 23[f]. 31[k]; 19,1[l-n]. 4[c]. 7[m]. 8[l]. Für besondere Lesarten siehe: 16,12[g]; 18,9[m].

(b) Texttyp: z[txt]-KR; z[mg]-Ant

---

43   Quast, *Ruth* (LXX-*Gö*), 53-55.
44   Rahlfs, *Septuaginta-Studien* I, 48.
45   S.o. Anm. 25.

(c) Literatur: Rahlfs, *Verzeichnis*, 199.

a2 (*Ra*: 509)[46]
(a) Petersburg, Kaiserliche öffentliche Bibliothek; *62*; 9./10. Jh.;
Pergament; 146 Bl.; Die Handschrift in Petersburg enthält Gen 43,14 -
Jos 24,25 (Gen 46,12 - 47,23 fehlt), 1Sam 1,1 - 1Kön 16,28 (1Kön 13,17 -
15,10 fehlt). Dieser Teil der Handschrift gehört zu Oxford, Bodl. Libr.,
Auct. T. inf. 2 1. In der Göttinger-Edition wird sie den *codices mixti*
zugeordnet.[47] In unserem Textbereich stellt sie ebenfalls eine gemischte
Textform dar. Meistens stimmt sie mit den Codd. B(und dann oft auch
mit Acx) überein, d.h. sie spiegelt die KR wider. Aber es gibt auch
Übereinstimmungen mit dem Ant: $15,14^l$. $24^{b/d}$; $16,1^f$; $17,9^b$(bcgtxa2). 12^f.
14^f; $18,9^{e/g/s}$; $19,1^n$. Darüber hinaus fallen viele besondere Lesarten der
Handschrift auf: $15,2^h$. 17^c. 24^f. 31^h. 32^c; $16,1^c$. 10^n. 16^g. 23^c. $17,7^c$. 12^a. 13^d.
18^f. 21^e; $18,22^{g/h}$.
(b) Texttyp: gemischter Text
(c) Literatur: Rahlfs, *Verzeichnis*, 223(166f); Quast, *Ruth* (LXX-Gö), 111-
114.

b2 (*Ra*: 29)
(a) Venedig, *Biblioteca Naz. Marciana*; *Gr. 2*; 10./11. Jh. (Bl. 1-199, Oktateuch und Samuelbücher) und 14. Jh. (Bl. 200-227, Makk); Pergament und
Papier; 227 Bl.; In der Göttinger-Edition wird sie der *R*-Gruppe zugeordnet.[48] In unserem Textbereich zeigt sich, dass die Handschrift von der
Texttradition der Codd. MN beeinflusst wurde. Dadurch stimmt sie
häufig mit dem Ant überein.
(b) Texttyp: gemischt zwischen dem Ant und der KR
(c) Literatur: Rahlfs, *Verzeichnis*, 306; Quast, *Ruth* (LXX-Gö), 75.

c2 (*Ra*: 127)

---

46 Hier liegt vermutlich ein Mißverständnis von B-M vor. Denn in B-M wird die
    Handschrift in folgender Weise beschrieben: „a2 (501) Petrograd, Imp. Libr.,
    62". Aber Rahlfs Bezeichnung in Klammern stimmt hier nicht. Vermutlich schrieb man
    501 statt 509 von Rahlfs Verzeichnis. Vgl. B-M, vol. I-1, vi. Zur ausführlichen
    Geschichte der Handschrift s. Rahlfs, *Verzeichnis*, 166f: In Kurzem, wurde die ganze
    Handschrift von Tischendorf vermutlich von Sinai mitgebracht und dann verkauft.
    Auf den Vorderseiten der Handschrift ist in Majuskelschrift geschrieben, auf den
    Rückseiten dagegen in Minuskelschrift.
47 S. die Einleitungen von der LXX-Gö (Pentateuch, Ruth).
48 S. die Einleitungen von der LXX-Gö (Pentateuch, Ruth).

(a) Moskau, *Synodal Bibliothek*; *Gr. 31*; 10. Jh.; Pergament; 440 Bl.; 2Sam 15,1–19,9 auf den Seiten 301ʳ 2. Kol. – 308ʳ 2.Kol.; Die Handschrift wurde erstmals von Rahlfs als lukianisch in den Sam-Kön identifiziert.[49] Fernández Marcos fand, dass diese Handschrift „die älteste Minuskel der antiochenischen Gruppe und [...] ein sehr sorgfältiger Text [ist], weshalb er besondere Aufmerksamkeit bei der Textrekonstruktion verdient".[50] Nach meiner Untersuchung im Bezug auf das bewegliche ν weist die Handschrift darauf hin, dass sie die direkt von einer Majuskelhandschrift abgeschriebene älteste Text-tradition des Ant widerspiegelt, in der das bewegliche ν noch nicht nach der byzantinischen Schulregel bearbeitet wurde. Dazu s.u. [den Exkurs bei] 15,3ᵃ. Zudem gibt es besondere Lesarten der Handschrift: 15,20ⁱ. 24ᵇ. 25ᵇ. 32ʰ; 18,9ᵐ

(b) Texttyp: Ant

(c) Literatur: Rahlfs, *Septuaginta-Studien* III, 15; Ders., *Verzeichnis*, 144; Fernández Marcos, *El texto antioqueno de la biblia griega I*, XVIII-XIX (spanisch); Ders., „Der antiochenische Text der griechischen Bibel in den Samuel- und Königsbüchern", in: Kreuzer (2004), 181f (deutsch).

e₂ (*Ra*: 93)

(a) London, *British Museum*; *Royal 1 D. II*; 13. Jh.; Pergament; 216 Bl.; 2Sam 15,1–19,9 auf den Seiten 32ˡ 1.Kol – 35ˡ 1.Kol.; Die Handschrift enthält Ruth, Sam-Kön, Chr, Esdras, Esther-α, Makk I-III, Esther-β, Jes. Vor allem ist bei dieser Handschrift auffällig, dass die Bl. 81-112 (1Chr 2,29-2Chr 30,14) drei, alle übrigen Lagen zwei Spalten auf einer Seite haben. Nach Rahlfs:[51]

> Da dreispaltige Anordnung nach dem 6. Jahrh. sehr selten wird, vermutet Kenyon gewiß mit Recht, daß unsere Hs. aus einer alten Unzialvorlage abgeschrieben ist, welche jene Anordnung hatte.[52] – Die Schreibung in drei Spalten beginnt auf Bl. 81 mit Paral. α 2₂₉ αυτω τον, Bl. 80 aber schließt mit 1₄₅ αυτ αυτου, dazwischen fehlen 38 Verse; trotzdem sind die beiden Lagen, denen Bl. 80 und 81 angehören, vollständig erhalten. Vielleicht war die Hs. an mehrere gleichzeitig arbeitende Schreiber verteilt, und der Schreiber, welcher bis Bl. 80 zweispaltig schrieb, ... ließ nun statt ein Blatt einzulegen, den Rest einfach fort.

---

49 Dazu s.o. 1.2.2.1. (1).
50 Fernández Marcos, *El texto antioqueno de la biblia griega* I, 182.
51 Rahlfs, *Septuaginta-Studien* III, 10f.
52 Rahlfs verweist hier auf F. G. Kenyon, Facsimiles of Biblical Mss. in the Brit. Mus. (London, 1900), Taf. 8 mit Schriftprobe aus Paral. β 8f.

Nach meiner Untersuchung im Bezug auf das bewegliche ν weist die Handschrift darauf hin, dass sie extrem nach der byzantinischen Schulregel bearbeitet wurde. Dazu s.u. den Exkurs zu 15,3[a]

(b) Texttyp: Ant

(c) Literatur: Rahlfs, *Septuaginta-Studien* III, 10-12; Ders., *Verzeichnis*, 113f; Fernández Marcos, *El texto antioqueno de la biblia griega I*, XVII-XVIII (spanisch); Ders., „Der antiochenische Text der griechischen Bibel in den Samuel- und Königsbüchern", in: Kreuzer (2004), 180f (deutsch).

Fazit: Übersicht zu Alter und Charakteristik der Handschriften.

In der folgenden Übersicht werden ist die oben beschiebenen gr. Textzeugen je nach dem Texttyp chronologisch zusammengestellt. Innerhalb des Jahrhunderts werden aber die Handschriften nur alphabetisch angeordnet. Die durchgehend und grau gefüllten Felder bezeichnen die *codices mixti*.

Jh. n. Chr.		Ant	O´	KR
4.	B, U7(?)			▓
5.	A		▓	▓
6.			▓	
7.	M	▓	▓	▓
8.	N	▓	▓	▓
9.	a2	░	░	░
10.	f	░	░	
	a	░	░	
	e		▓	▓
	h	▓	▓	
	j	▓	▓	
	m	▓	▓	
	n	░	░	░
	r			▓
	y	▓	▓	
	b2	▓	▓	
	c2	▓		
11.	b´	▓	▓	
	i	▓	▓	
	l		▓	▓
	q	▓	▓	
	t			▓

12.	o			
	s			
	u			
	v			
	x			
13.	*b*			
	g			
	w			
	e₂			
14.	d			
	p			
	z^txt			
	z^mg			
15.	c			

(4) Druckausgaben

Die älteren Ausgaben der Septuaginta und die Ausgaben des Antiochenischen Textes wurden bereits oben in der Forschungsgeschichte besprochen, nämlich die Aldina, die complutensische Polyglotte, die Sixtina, die Ausgabe von Holmes-Parsons (HoP), Lagardes Ausgabe des
Ant, sowie Taylors Ausgabe des Mehrheits-textes und die Madrider
kritische Ausgabe des Ant.[53]

Hier ist nur noch die Ausgabe von Rahlfs (LXX-*Ra*)[54] kurz zu
erwähnen. Für seine Handausgabe der LXX kollationierte Rahlfs hauptsächlich die Codd. BSA[55] wie auch die Lesarten von *O'L*, die im
Apparat eingetragen wurden.[56] Bei der Erstellung seines Textes berück-

---

53 S.o. 1.2.1.1. zu den Ausgaben von Aldina, der Complutensischen Polyglotte (Compl),
    der Sixtina, der Ausgabe von Holmes-Parsons (HoP); s.o. 1.2.1.2. (2) b. zu Lagardes
    Ausgabe des Ant; s.o. 1.2.4.2. zur Ausgabe des Ant von Fernández Marcos (*El texto
    antioqueno de la biblia griega*).

54 A. Rahlfs, *Septuaginta. Id est Vetus Testamentum graece iuxta LXX interpretes*, Stuttgart,
    1935, 1979.

55 S. dazu Rahlfs, *Septuaginta*, L: „Die vorliegende Handausgabe der Septuaginta
    gründet sich hauptsächlich auf die drei berühmten, ursprünglich das ganze A. und
    N.T. enthaltenden Bibelhss. B S A."; Allerdings ist im Kodex Sinaiticus (S) unser
    Textbereich nicht erhalten. S. Rahlfs, *Verzeichnis*, 226-229 und Fraenkel, *Verzeichnis*,
    359-361 zur Beschreibung des Kodex.

56 S. Rahlfs, *Septuaginta*, 502: „*In quatuor libris Regnorum, cum codices A 247 nec non 376
    (in I 1 1 – II 20 18) et Sy (in III, IV; III 7 15 M – 8 61 desunt) textum praecupue hexapla-
    rem praebeant, ego O (editionem Origenis) pro A affero, ubi reliquicodices hexaplares cum A*

sichtigte er aber nicht die Besonderheiten der – später von Barthélemy
so genannten – KR[57], und er gab auch nicht einfach den Text des Codex
Vaticanus wieder, sondern er folgte seinen eigenen Regeln. Deshalb
stellt sein Text in unserem Textbereich manchmal keine KR dar. In
diesen Fällen benutze ich zwar in meiner Synopse die LXX-*Ra* für die
KR, aber ich stelle den Text zur Diskussion, wenn er vom Cod. B abweicht. In 2. Sam 15,1 – 19,9 handelt es sich um folgende Stellen: 15,
12[a/b/c/e/j]. 18[e/p]. 19[a]. 32[i]; 16,5[b/d]. 10[e]. 11[i/l]. 13[f]. 23[g]; 17,9[g]. 18[f]. 27[f].

1.3.2.2. Hexaplarische Materialien

In unserem Textbereich werden die hexaplarischen Materialien[58] nur
durch Randnotizen in Handschriften bezeugt, und zwar in: Mss. M*b*ji
pz ⑤-ap-Barh (s.u. 1.3.3.5. zur Beschreibung).[59] Sowohl die Hexapla-
Ausgabe von Field als auch B-M benutzten diese Materialien. Ich
bespreche hier hauptsächlich die Materialien, die in B-M aufgenommen
sind, wobei jeweils auch die Angaben bei Field mit verglichen wurden.

(1) Origenes LXX-Text (*O'*)

In unserem Textbereich werden die Obelen und Asteriken nur einmal
bezeugt: 18,18[o]. Deswegen erweitere ich meine diesbezügliche Untersuchung auf den ganzen βγ-Abschnitt.

(a) Obelen im βγ-Abschnitt

Die Obelen (÷ bzw. /) zusammen mit Metobelos (◄) klammern jene
Worte der LXX ein, die Origenes im Vergleich mit seinem Urtext
überflüssig fand. Außer den Randnotizen der oben genannten Hand-

---

    concordant uel Paulo tantum different. – L (edition Luciani) = 19 82 93 108 127; *huius edi-*
    tionis innumeras lectiones singulars (cf. Rahlfs Sept.-Stud. 3 [1911]) *praetereo*.".

57   Rahlfs kannte aber die Untersuchung von Thackeray.

58   Als hexaplarische Materialien bezeichne ich wie üblich jene Angaben, die in der
    Überlieferung in dieser oder jener Form unmittelbar als Elemente der Hexapla
    gekennzeichnet wurden oder als solche zu erkennen sind. Dass der von Origenes
    erstellte „hexaplarische" Text insgesamt in die weitere Überlieferung der
    Septuaginta eingegangen und in dieser tradiert wurde (vgl. dazu z.B. die Skizze in
    4.3.), ist ein anderer Sachverhalt.

59   Vgl. den zweiten Apparat von B-M, 155-173 und Field, *Hexapla* I, 485f.

schriften werden die hexaplarischen Materialien ab 1. Kön[60] auch in der Syro-Hexapla (ﬡ; s.u. 1.3.3.5. zur Beschreibung) bezeugt. Die Textzeugen der Syro-Hexapla werden in der folgenden Tabelle, falls das Syrische in den Ausgaben angegeben ist, auch auf Syrisch mit der Transkription und dessen gr. Äquivalent geschrieben.

Liste der Obelen in βγ und ihrer Entsprechung in den Manuskripten:

	O′	LXX-Hss.
2.S 13,21	(÷) καὶ οὐκ ἐλύπησε –πρωτότοκος αὐτοῦ ἦν (◄)	hab *rell*] om Compl.
13,27	(÷) καὶ ἐποίησεν –τοῦ βασιλέως (◄)	hab *rell* 𝔏ˢ] om cdgp Compl.
13,34	(÷) ἐν τῇ καταβάσει καὶ παρεγένετο –ἐκ τῆς ὁδοῦ τῆς Ὡρωνὴν ἐκ μέρους τοῦ ὄπους (◄)	hab *rell*] om 𝕮ᶜ Compl.
14,27	(÷) καὶ γίνεται–τὸν Ἀβιά (◄)	hab *rell*] om 𝕮ᶜ Compl.: sub c2
14,30	(÷) καὶ παραγίνονται–τὴν μερίδα ἐν πυρί (◄)	hab *rell* 𝔏ˢᵛ] om Compl. : om καὶ μερίδα p
19,24(25)	(÷) οὐδὲ ὠνυχίσατο (◄)	hab *rell*] om Compl.
24,25	(/) καὶ προσέθηκε–ἐν πρώτοις (◄)	hab *rell* 𝔏ᵛ] om Compl.: sub c2
1.K 1,8	ܘܒܢܘܗܝ (=*wbnwhy*; υἱοί).	hab *rell*] sub / ﬡ
1,13	÷ λέγουσα .	hab *rell*] sub ÷ ﬡ
1,17	κύριέ μου /βασιλεῦ.	sic AMNpˢᵘᵖ ʳᵃˢ *rell* 𝔄𝕮𝕾ᵝᵃˢιλευ ˢᵘᵇ/] κυριε Ba2: κυριε βασιλευ bc2e2
1,17	/λέγων .	hab *rell*] sub / ﬡ
1,47	ܕܐܝܠܟ؛ (=*brʾdylk*; τοῦ υἱοῦ σου)	sic AMN *rell* 𝔄𝕮ˢﬡﬡjᶜᵒᵘ ˢᵘᵇ /)]om Ba2 𝕮ᵃ
1,48	÷ ἐκ τοῦ σπέρματός μου .	hab *rell*] sub / ﬡ: om. a2

Es fällt auf, dass im βγ-Abschnitt sowohl in der KR als auch im Ant die Texttradition der Obelen enthalten ist. Dagegen scheint es, dass die

---

60 Aus 1. und 2. Sam sind nur wenige Fragmente der Syro-Hexpla erhalten, aus dem βγ- Abschnitt gar keine, vgl. W. Baars, New Syro-Hexaplaric Texts, 9.26.104-114.

Syro-Hexapla, die in 1Kön des βγ-Abschnittes erkennbar ist, dem Text des Cod. A nahe steht.

(b) Asterisken im βγ-Abschnitt

Durch die Asterisken (※) zusammen mit Metobelos (◄) klammert Origenes die Worte ein, die er auf Grund des Vergleichs mit dem Hebräischen ergänzte. Im βγ-Abschnitt sind die Asterisken noch seltener belegt als die Obelen. Ab 1. Kön werden die Asterisken auch in der Syro-Hexapla (𐀼) bezeugt.
Liste der Asterisken in βγ und ihrer Entsprechung in den Manuskripten:

	O′	LXX-Hss.
2.S 18,18°	(※)ἐπὶ τῷ ὀνόματι αὐτοῦ, καὶ ἐκάλεσεν αὐτήν(◄)	hab AMN *rell* 𝔄] om Bchrxa₂ 𝕰
1.K 1,2	καὶ εἶπον ※αὐτῷ◄	sic 𐀼] om *rell*
1,17	ἡ δὲ εἶπεν ※αὐτῷ◄	sic 𐀼] om *rell*
1,40	.ܠܗܘ※ (=wᶜmᵓ; καὶ ὁ λαός)	sic boc₂e₂ 𐀼] om *rell*
1,47	ὁ θεός ※σου◄	sic 𐀼] om *rell*
2,3	ἵνα συνήσῃς ※πάντα◄ ἃ ποιήσεις	sic bjᵐᵍoc₂e₂𐀼ˢᵘᵇ*Thdt] om *rell*
2,5	※ἐν εἰρήνῃ, καὶ ἔδωκεν αἷμα ἀθῷον◄	hab Abfjmo-twxyᵇzc₂e₂ 𝔄𝕷𐀼(sub ※ c₂𐀼)] om *rell*

Es fällt auf, dass die asterisierten Texte mit dem Ant übereinstimmen, (außer in 1Kön 1,2.17.47), aber nicht mit KR. D.h. in diesen Fällen unterschied sich der hebräische Bezugstext des Origenes vom hebräischen Bezugstext der KR.

(c) Texttyp

Der Texttyp der LXX von Origenes stimmt hauptsächlich mit der KR überein Vermutlich übernahm Origenes im βγ-Abschnitt den Text der KR. Für Origenes war der Ant ebenfalls bekannt, denn es gibt einige Fälle, in denen Origenes den Ant übernahm bzw. widerspiegeln erkennen lässt: 16,13ᶠ; 17,25ⁱ; 18,18°. 28ʰ (siehe oben, die Listen der Obelen und der Asterisken). Trotzdem übernahm Origenes seinen LXX-Text nur selten aus Ant. Der Grund liegt m.E. an der Überein-stimmung zwischen Ant und $\mathcal{O}$, d.h. Origenes ließ die Widerspiegelung des Ant in der 6. Kolumne der Hexapla ($\mathcal{O}$). Die KR war dann für ihn der einzige zuverlässige LXX-Text im βγ-Abschnitt.[61] Vgl. die Erörterung zur Anordnung der Texte in der Hexapla oben in 1.2.3.1. (3) und die Untersuchung zu Theodotion unten in (2) (c).

(2) Die Drei: Aquila, Symmachos, Theodotion

(a) Aquila ($\mathcal{A}'$)

In unserem Textbereich wird Aquila nicht viel bezeugt, trotzdem ist die durch den MT beeinflusste und graphemisch dem Hebräischen extrem angepasste Textform von Aquila[62] zu erkennen: 15,28[c]; 18,3[j-n]; 19,1[a]. Zu einer Übereinstimmung mit C siehe: 17,19[f].

(b) Symmachos (C)

Die Textzeugen von Symmachos sind in den Randnotizen der Handschriften nicht unabhängig von Aquila, weil die hexaplarischen Materialien normalerweise gemeinsam angegeben werden. Wie Aquila wird Symmachos in unserem Textbereich nicht viel bezeugt, trotzdem ist die freie und an der Zielsprache orientierte Übersetzung des Symmachos[63] belegt: 15,28[c]; 18,21[b]; 19,1[a]. Zu einer Übereinstimmung mit $\mathcal{A}'$ siehe: 17,19[f].

(c) Theodotion ($\mathcal{O}$)

---

61 Das passt insofern, als Origenes das wollte, was KR seinerzeit gemacht hatte, nämlich den Text mit seinem hebr. Text in Übereinstimmung zu bringen.

62 Vgl. zur Übersetzungstechnik von Aquila: Reider, *Prolegomena to a Greek-Hebrew and Hebrew-Greek Index to Aquila.* (Philadelphia, 1916) = *JQR* 4 (1914), 321-56, 577-620; 7 (1916), 286-366; Ders., *An Index to Aquila.* Leiden, 1966; I. Soisalon-Soininen, „Einige Merkmale der Übersetzungsweise von Aquila", in: J. Schreiner (Hg.), *Wort, Lied und Gottesspruch. Festschrift für Joseph Ziegler* (Würzburg, 1972), 177-184; K. Hyvärinen, *Die Übersetzung von Aquila,* Lund, 1977; L. L. Grabbe, „Aquila's Translation and Rabbinic Exegesis", *JJS* 33 (1982), 527-536; Fernández Marcos, *The Septuagint in Context,* 109-122.

63 Vgl. zur Übersetzungstechnik von Symmachos: L. J. Liebreich, „Notes on the Greek version of Symmachus", *JBL* 63 (1944), 397-403; H. J. Schoeps, „*Symmachusstudien I-III*", in: Ders., *Aus frühchristlicher Zeit – Religionsgeschichtliche Untersuchungen,* (Tübingen, 1950), 82-119; A. Salvesen, *Symmachus in the Pentateuch,* Machester, 1991; Fernández Marcos, *The Septuagint in Context,* 123-141; J. Lust, *A Lexicon of Symmachus' Special Vocabulary in His Translation of the Psalms,* (http://rosetta.reltech. org /TC/vol05/ Lust2000.html).

Es ist schon lange bekannt, dass der Text von Theodotion im βγ-Abschnitt hauptsächlich mit dem Ant übereinstimmt. Für die Samuelbücher wird Theodotion (mit Siglum Θ) nur in den Randnoten der Mss. Mbjmz bezeugt. Rahlfs behauptete, dass diese Randnotizen eigentlich der Theodoret-Text seien.[64] Barthélemys Theorie war dagegen, dass Origenes in der sechsten Kolumne seiner Hexapla die Ur-LXX benutzt habe, dagegen die KR in der fünften Kolumne für diesen Abschnitt.[65] Aber seine Ansicht ist m.E. zu sehr abhängig von seiner Theorie der KR. Darüber hinaus war Fernández Marcos in seiner Einführung in die LXX der Meinung, dass der Abschreiber der Hs. j beim Siglum Θ Theodotion und Theororet verwechselte.[66] Allerdings liegt hier vermutlich ein Irrtum vor. Eine von mir durchgeführte Überprüfung zeigt, dass die Katenen von Theodoret in dieser Handschrift mit der Abkürzung „ΘΕΟΔ/^{ω}" [sic] in den fortlaufenden Bibeltext hineingeschoben wurden. Die Lesarten von Theodotion stehen dagegen mit dem Zeichen Θ am Rand zusammen mit den anderen hexapla-rischen Materialien und deren Siglen α' und C'. Es ist auch interessant, dass Lesarten von Theodoret mit ΘΕΟΔ/^{ω} manchmal auch an den Rand geschrieben wurden.[67]

Diese Handschrift j ist übrigens die Handschrift, die die meisten theodotionischen Randnotizen bietet (nach B.-M. 151 in den Samuelbüchern). Der Haupttext dieser Handschrift ist gemischt, aber er folgt vor allem der KR. Dagegen bieten die Hss. bmz keine Randnotizen für Theodotion im βγ-Abschnitt.

Die Zahl der theodotionischen Randnotizen mit Siglum Θ in den Handschriften Mbjmz stellt sich folgendermaßen dar (erstellt aus den Belegen in B-M):

	α	ββ	βγ
M	3	3	6
b	42	(-)	(-)
j	100	19	32
m	54	(-)	(-)
z	21	6	(-)

---

64 Rahlfs, *Septuaginta-Studien* I, 19ff; *Septuaginta-Studien* III, 33f. 46; *Verzeichnis*, 185.
65 Barthélemy, *Les Devanciers d'Aquila*, 141-143. S.o. 1.2.3.1. zu seiner Theorie.
66 Fernández Marcos, *The Septuagint in Context*, 145, 150f.
67 Z.B. am Rand von Bl.50ⁱ 1. im Bezug auf 2Sam 12,18 wurde *Thdt. Quaest.* mit ΘΕΟΔ/^{ω} zitiert.

Nun analysiere ich den Charakter der Randnotizen mit Siglum θ in den Samuelbüchern je nach der Handschrift:

1) Der Cod. M: Seine theodotionischen Randnotizen stellen in 1Sam hauptsächlich singuläre Lesarten dar. In 2Sam dagegen stimmen sie mit dem Ant überein. Nur in den folgenden Fällen stimmen die Randnotizen in M mit den in den anderen Handschriften überein:

	Randnotizen in M	Übereinstimmung mit anderen Randnotizen
1Sam 1,15	κεκακωμενη τα πνευμα[68]	*b*m
2Sam 15,26[e]	το αρεστον ενωπιον αυτου	j (= boz[mg]c2e2 Chr Thdt)[69]
2Sam 17,24[b]	εις παρεμβολας	j (= boz[mg]c2e2 𝔄𝔏 Jos)[70]

2) Die Hs. j: Diese Katenenhandschrift bietet in den Samuelbüchern die meisten theodotionischen Randnotizen. Wie gesagt, haben die Randnotizen dieser Handschrift unterschiedlichen Charakter. In den α/ββ-Abschnitten gibt es folgende Fälle:

Überwiegend singuläree Lesarten von θ: 92mal
Übereinstimmung auschließlich mit dem Ant: 15mal[71]
Übereinstimmung mit Acx / hexapl.(Or-gr): 10mal[72]
Übereinstimmung mit der LXX *rell* gegenüber Ant: 2Sam 6,2
Übereinstimmung mit den Codd. BA gegenüber Ant: 1Sam 15,11

Wie gesagt, stimmen die theodotionischen Randnotizen dieser Handschrift im βγ-Abschnitt durchgehend mit dem Ant bzw. Theodoret überein. Nur eine Ausnahme ist gegenüber Theodoret zu beobachten:

2Sam 12,25 Ιεδιδια j

Vgl. Ιδεδι LXX-*Ra*] *(eum nomine eius) ut uideret si* 𝔈 : *Ididi* ℭ : *Iededi* 𝔄-ed : ιδεδει Bh* B-M : ιδεδη g : ειεδιδια A 𝔏 : ισδιδια cx : ιδδεδει MNa[b]iyz[txt]b2 Or-lat : ιεδδεδη h[b] : <u>ιεδδιδει</u> Thdt : ιεδδειδια <u>bz[mg]c2e2</u> : ιεδδαιδια o : ιεδδει mv 𝔄-codd : ιεδι e : ιδδια u : ιδεη a2 : ιαδελ a* : ιεδδεδει z[txt] *rell*

---

68 Vgl. γυνη *rell*]>v*(>7) | η σκληρα ημερα AB *rell*]>v*(>7)y : εν σκληρα ημερα MNab-imnopqstvbwxza2b2c2e2 Chr.
69 S.u. die betreffende Analyse der Variante.
70 S.u. die betreffende Analyse der Variante.
71 1Sam 16,16.17; 17,37; 20,19; 25,10. 21; 29,4; 30,8; 2Sam 1,10. 15. 21; 2,12. 24; 10,8.16.
72 1Sam 18,21. 26. 27; 21,9; 25,34(cx); 2Sam 2,3; 3,36.

In den Belegen kann man folgene Übereinstimmungen mit den theodotionischen Randnotizen der übrigen Handschriften erkennen:

jz: 1Sam15,15; 16,23; 17,40; 18,23; 19,20; 20,41; 24,23; 30,8.13.16; 31,13; 2Sam 1,10.21; 2,13.241.242; 10,8

jm: 1Sam 15,27; 16,11.16; 17. 71; 21,13.15; 22,13; 23,12.21; 25,10

$b$jm: 1Sam 15,27; 16,17; 17,5. 72; 20,36; 21,4; 22,18; 23,28; 25,21

bj: 1Sam 1,5

$b$jmz: 1Sam 26,12

3) Die Hs. m: Diese Handschrift bietet die theodotionischen Randnotizen nur für den α-Abschnitt, auch wenn sie inhaltlich den ganzen Text von Sam-Kön enthält (nur 1Sam 5,10-10,24 fehlt). Die theodotionischen Randnotizen stellen hauptsächlich besondere Lesarten dar. Nur 4mal stimmen die Randnotizen mit anderen Textformen überein:

1Sam 16,16 mit b

1Sam 16,17 καλως b | αγαθως jm

    Vgl. ορθως *rell*] αγαθως boc₂e₂

1Sam 25,10 αποδιδρασκοντες jm

    Vgl. Αναχωρουντες *rell*] αποδιδρασκοντες boz^{mg}a₂c₂e₂ Thdt:

                    διαδιδρασκοντες g

1Sam 25,31 λυγμος m | βδελυγμος το εσω j

    Vgl. βδελυγμος *rell*] > v*: βδελυγμα y: ολυγμος h*:

                λυγμος ij^{a?}n: θρηνος <246^{a?}>

Es sind noch die oben nicht genannten Übereinstimmungen mit den Randnotizen der übrigen Handschriften zu erwähnen:

bm: 1Sam 1,13.15.16; 4,1; 10,27; 13,20; 14,14.30.38; 16,6.7; 17,5; 23,15; 23,28; 24,4; 26,7. 9

$b$mz: 14,29

4) Die Hs. *b*: Diese Ant-Handschrift bietet im α-Abschnitt besondere Lesarten an. Diese Handschrift enthält eigentlich nicht nur Sam-Kön sondern auch andere Geschichtsbücher.[73] Trotzdem werden die theodotionischen Randnotizen nur im α-Abschnitt angegeben. Die bisher noch nicht genannten Übereinstimmungen mit den Randnotizen der übrigen Handschriften sind:

bz: 7,10; 10,9

5) Die Hs. z: Diese Handschrift enthält in Sam-Kön auch Katenen. Die theodotionischen Randnotizen dieser Handschrift werden in den α-

---

73   Dazu s.o.1.3.2.1.

und ββ-Abschnitten belegt: 21mal im α-Abschnitt; 6mal im ββ-Abschnitt. Im α-Abschnitt sind die Randnotizen meistens besondere Lesarten, nur in 1Sam 18,21; 30,8 stimmen die Randnotizen mit dem Ant überein. Im ββ-Abschnitt stimmen 4 Fälle (1,10.21; 2, 24; 10,8) mit dem Ant überein, dagegen sind 2 Fälle (2,13.24) besondere Lesarten des θ'. In dieser Handschrift ist ebenfalls keine Randnotiz im βγ-Abschnitt vorhanden. Alle Übereinstimmungen mit den Randnotizen der übrigen Handschriften wurden schon oben genannt.

Fazit:
Die Übereinstimmungen zwischen den theodotionischen Randnotizen der unterschiedlichen Handschriften weisen darauf hin, dass es sich hier im βγ-Abschnitt nicht - wie Rahlfs und ähnlich Fernandez Marcos annehmen - um Theodoret-Text handelt, sondern in der Tat um theodotionischen Text, der auf die Hexapla zurück geht.[74]

Die Belege der α-/ββ-Abschnitte spiegeln die Eigentümlichkeit der theodotionischen Materialien wider. Hier ist zu bemerken, dass die Abschreiber nicht alle theodotionischen Materialien zitierten, sondern dass sie nach Bedarf am Rand dazuschrieben, d.h. der am Rand nicht angegebene Text von Theodotion war vermutlich entweder identisch mit dem Haupttext, oder zumindest den Abschreibern unwichtig. Auf jeden Fall kann man von den am Rand angegebenen Materialien nicht den vollständigen Text Theodotions erschließen. Meiner Meinung nach ergibt sich aus den unterschiedlichen Textformen (vor allem singuläre Lesarten in α und ββ, Übereinstimmungen mit Ant in βγ) außerdem, dass der Texttyp von Theodotion nicht einheitlich war.

Nach Barthélemys Erklärung benutzte Origenes für die 6. Kolumne seiner Hexapla abschnittsweise unterschiedliche Materialien. Allerdings ist seine Ansicht m.E. zu sehr abhängig von seiner Theorie der KR. Er behauptet, dass die KR von einem Schüler von Rabbi Hillel, Jonathan Ben ʿUzziel, den er mit Theodotion identifizierte, durchgeführt wurde. Aber im βγ-Abschnitt, der die typischste Textform der KR darstellt, stimmt der theodotionische Text nicht mit KR, sondern mit dem Ant überein.

Wie oben beschrieben, wurden die Hss. mz offensichtlich durch die antiochenische Texttradition beeinflusst, d.h. der Haupttext dieser Handschriften war identisch mit den theodotionischen Materialien (jedenfalls stimmen m.E. die theodotionischen Randnotizen in j durch-

---

74 Auch Barthélemy kam – mit z.T. weiteren Beobachtungen zu diesem Ergebnis; s.o. 1.2.3.1. (3).

wegs mit dem Text von *b* überein). Deswegen brauchte der Abschreiber dieser Handschriften im βγ-Abschnitt keine Randnotizen für Theodotion hinzuzufügen. Der Cod. M (7. Jh.) bietet im βγ-Abschnitt ebenfalls kaum theodotionische Randnotizen, weil seine Textform in diesem Abschnitt auch mit dem Ant gemischt war.

Ich bin der Meinung, dass das Siglum *θ'* in den Handschriften nichts anderes als den Text von Theodotion bezeichnet. Der Text von Theodotion stimmte m.E. im βγ-Abschnitt erstaunlicherweise mit dem Ant überein. Darüber hinaus stellt der Text von Theodotion in paradoxer Weise im βγ-Abschnitt keine „καὶγε-theodotionische" Textform[75] dar, sondern eine gemischte.

1.3.3. Die Tochterübersetzungen

1.3.3.1. Vetus Latina (𝕃)

(a) Die Terminologie *Vetus Latina* ist ein Sammelbegriff für die altlateinischen Übersetzungen des gr. Alten Testaments, die vor der *Vulgata* des Hieronymus vorhanden waren.[76] Unten in Kap. 2 werden die Textzeugen der *Vetus Latina* einfach mit Siglum 𝕃 bezeichnet. Tatsächlich sind aber zwei unterschiedliche Textzeugnisse in unserem Textbereich vorhanden.

𝕃b (Ms. 115)
Napoli, *Biblioteca Nazionale*; *lat. 1, Palimpsestus Vindobonensis*; Unziale – 5. Jh. Afrika, um 700 palimpsestiert zusammen mit dem Ms. 101 (Pentateuch) | Inhalt: 1Sam 1,14-2,15; 3,10-4,18; 6,3-17; 9,21-10,7. 16-11,13; 14,12-34; 2Sam 4,10-5,25; 10,13-11,19; 13,13-14,3; 17,12-18,9; 1Kön 11,41-12,12. 24k-24r; 13,19-29; 15,34-16,28g; 18,23-29; 2Kön 6,6-15; 10,5-13; 10,24. 23-28. 25-30 (teilweise Dublette); 13,14-21; 10,31; 15,32-38; 17,1-6 | Ausgabe: B. Fischer, „Palimpsestus Vindobonensis", in: Ders., *Beiträge zur Geschichte der lateinischen Bibeltexte*. AGLB 12, (Freiburg, 1986), 308-381 | Literatur: Fernández Marcos, *El texto antioqueno de la*

---

75   Vgl. die Terminologie von "καὶγε-Theodotion": Barthélemy, *Les Devanciers d'Aquila*, ;
      144-157; K. G. O'Connell, *The Theodotionic Revision of the Book of Exodus – A Contribution to the Study of the Early History of the Transmission of the Old Testament in Greek*,
      (Cambridge, MA, 1972), 274-293; Tov, *The Hebrew and Greek Texts of Samuel*, 3-15;
      Fernández Marcos, *The Septuagint in Context*, 142-154.
76   Zur kurzen Einleitung, s. S. P. Brock, „Die altlateinischen Übersetzungen des Alten
      Testaments", *TRE* 6 (1980), 177f.

biblia griega I, L-LIV; R. Gryson, *Altlateinische Handschriften* I, (Freiburg, 1999), 181.

𝕷₉₁₋₉₅: *Vetus Latina* Glossen am Rand spanischer Bibeln.
91. León, Biblioteca de la Real Colegiata de San Isidoro 2; Codex Gothicus Legionensis; 960 n. Chr.; im AT Randglossen zu Gen-Ri, Sam-Kön, Chr, Hiob | Ausgabe von Sam: Morano Rodríguez, *Glosas marginales de Vetus Latina en las Biblias Vulgatas españolas.* 1-2 Samuel, Madrid, 1989 = Textos y estudios Cardenal Cisneros 48, 3-51 | Literatur: Gryson, Altlateinische Handschriften I, (Freiburg, 1999), 147.

92. León, *Biblioteca de la Real Colegiata de San Isidoro 1. 3*; 1162 n. Chr. (eine Abschrift vom Ms. 91); im AT Randglossen zu Gen-Ri, Sam-Kön, Chr, Hiob | Ausgabe von Sam: Morano Rodríguez, *Glosas marginales de Vetus Latina en las Biblias Vulgatas españolas. 1-2 Samuel*, Madrid, 1989 = *Textos y estudios Cardenal Cisneros* 48, 3-51 | Literatur: Gryson, *Altlateinische Handschriften* I, (Freiburg, 1999), 148.

93(=𝕷ᵛ). Rom, *Biblioteca Vaticana*; lat. 4859; 1522 n. Chr. (eine Abschrift vom Ms. 91) | Ausgabe: Vercellone, *Variae lectiones Vulgatae Latinae Bibliorumeditionis.* Bd. 2, (Rom, 1860), 180-648 | Literatur: Gryson, *Altlateinische Handschriften* I, (Freiburg, 1999), 149.

94. Escorial, *Biblioteca de San Lorenzo*; *54. V. 35.*; 1478 n. Chr. (eine Abschrift der Glossen aus einer verlorenen Bibel (10. Jh. ?) in einer Vulgata-Inkunabel); Randglossen zu Gen-Ri, Sam-Kön, Chr, Hiob, Spr, Koh, Jes, 1-2 Makk im AT | Ausgabe von Sam: Morano Rodríguez, *Glosas marginales de Vetus Latina en las Biblias Vulgatas españolas. 1-2 Samuel*, Madrid, 1989 = *Textos y estudios Cardenal Cisneros* 48, 3-51 | Literatur: Gryson, *Altlateinische Handschriften* I, (Freiburg, 1999), 150f.

95. Madrid, *Academia de la Hiostoria*; *Aemil. 2-3*; 12. Jh.; Randglossen zu Gen-Ri, Sam-Kön, Chr, Hiob, Spr, Koh, Jes, 1-2 Makk im AT | Ausgabe von Sam: Morano Rodríguez, *Glosas marginales de Vetus Latina en las Biblias Vulgatas españolas. 1-2 Samuel*, Madrid, 1989 = *Textos y estudios Cardenal Cisneros* 48, 3-51 | Literatur: Gryson, *Altlateinische Handschriften* I, (Freiburg, 1999), 152.

(b) Texttyp:[77] In unserem Textbereich bietet *Vetus latina* hauptsächlich die Texttradition des Ant: 15,6[c/d]. 12[h]. 21[b]. 22[i]. 32[b/c/f]; 16,1[c]. 5[b]. 8[i/j]; 17,3[a]. 8[i]. 9[(b)/i]. 16[a/c/h/j-l]. 17[g]. 18[f]. 19[d]. 21[e]. 24[a/b]. 25[c/h]. 29[a]; 18,1[a]. 3[d-f]. 6[b/d]. 8[c/e]. 29[b]; 19,8[g]. Zudem gibt es Übereinstimmungen mit der KR in: 15,18[h-k]; 17,25[i/p]. 27[h]; sowie mit *O'* in: 15,20[a-e].

1.3.3.2. Die armenische Version (𝔄)

(a) Die armenische Version wurde im 5. Jh. n. Chr. von Mesrop und Sahak (beide † 439) übersetzt.[78] In B-M wurde die Ausgabe von Zorab kollationiert: H. Y. Zorab, *Astuacašunč metean hin ew nor ktakaranac* ʿ(Die heilige Schrift des A. und N.T.), Venedig, 1805

In B-M (wie auch bei mir) wurde der von Zorab erschlossene Text mit 𝔄–ed bezeichnet, die handschriftlichen Textvarianten des Apparates dagegen mit 𝔄–cod(d). Die armenischen Handschriften, die 1968 von Bo Johnson neu berücksichtigt wurden, sind: J1925 (1269), V5 (13. Jh.), V6 (13.-14. Jh.), W71 (13.-14. Jh.), V1 (1319), V19 (1327), V12 (1332), V8 (1341-55), W55 (vor 1368), V9 (14.-15. Jh.), V10 (1418-22), T38 (1465), W2 (vor 1506), W11 (vor 1608), R1 (1625), V13 (1635), V2 (1641), J1934 (1646), V1845 (1647), J1928 (1648), V3 (1648), V4 (1655), V7 (1656), J1927 (um 1661), O14 (18. Jh.), W4 (1793-95), M19 (1795).[79]

(b) Texttyp:[80] In unserem Textbereich stimmt die armenische Version häufig mit dem Ant überein: 15,3[a(𝔄–codd)]. 4[a/b]. 5[a]. 6[a/c(𝔄–codd)/d]. 11[d/f(vid)]. 12[a/b/h].

---

77   Zur weiteren Diskussion im Bezug auf den Texttyp von *Vetus Latina* in Sam-Kön: R. S. Haupert, *The relation of codex Vaticanus and the Lucianic text in the Books of Kings from the viewpoint of the Old Latin and the Ethiopic versions*. Diss., Philadephia, 1930; B. Fischer, „Lukian-Lesarten in der Vetus Latina der vier Königsbücher", *Studia Anselmoniana* 27/8 (1951), 169-177; E. Ulrich, „The Old Latin Translation of the LXX and the Hebrew Scrolls from Qumran", in: Tov (Hg.), *The Hebrew and Greek Texts of Samuel, 1980 Proceedings IOSCS – Vienna*, (Jerusalem, 1980), 123-165; Ders., "Characteristics and Limitations of the Old Latin Translation of the Septuagint", in: Fernández Marcos (Hg.), *La Septuaginta en la Investigacion Contemporanea (V Congreso de la IOSCS)*. (Madrid, 1985), 67-80; N. Fernández Marcos, *Scribes and Translators – Septuagint and Old Latin in the Books of Kings*. (Leiden, 1994), 41-87.

78   Zur Entstehungsgeschichte der Version: Bo Johnson, *Die armenische Bibelübersetzung als hexaplarischer Zeuge im 1. Samuelbuch*. (Lund, 1968), 13-15; S. P. Brock, „Die Übersetzung ins Armenische. Altes Testament", *TRE* 6, 202f.

79   S. zur detaillierten Beschreibung, Bo Johnson, *Die armenische Bibelübersetzung*, 18-28.

80   Zur weiteren Diskussion im Bezug auf den Texttyp der armenischen Version in Sam-Kön: C. Cox, „The Use of the Armenian Version for the Textual Criticism of the Septuagint", in: Fernández Marcos (Hg.), *La Septuaginta en la Investigacion Contempo-*

14[c]. 17[c(vid)]. 21[k]. 24[a]. 25[d]. 28[b(vid)]. 30[c]. 32[c]. 34[a(vid)]. 35[e(vid)]; 16,8[f/i/j]. 9[a]. 11[l/m]. 12[d]; 17,7[c]. 9[a/(b)/g(vid)]. 11[a]. 12[a/i(vid)]. 24[b]. 25[i/p(ℶ–ed)]. 27[h]. 29[a]; 18,8[e(ℶ–ed)]. 9[m]. 11[j]. 15[b]. 18[c(vid)]. 20[e]. 22[d]. 23[b(ℶ–ed)]; 19,1[d/e-h]. 3[a]. 5[d]. 9[l]. Sie stimmen aber teilweise mit der KR überein: 15, 3[a(ℶ–ed)]. 6[a/c(ℶ–ed)]. 12[e/f/j]; 16,8[c]. 10[a]. 13[b]; 17,21[e]. 25[i/p(ℶ–cod)]. 27[d/g/i]; 18,17[h]. 23[b(ℶ–codd)]; 19,6[i]. 7[c].

Zudem gibt es verschiedene Lesarten: 16,10[e](= Acx); 15,2[i](= cx); 17,18[f] (= AM); 15,12[c](= MN); 15,2[e]. 28[d]; 18,3[r-t](= z); 17,25[b/f](= de).

Von diesen Lesarten gehen m.E. die mit der KR übereinstimmenden auf hexaplarischen Einfluss zurück, ; die verschiedenen Lesarten zeigen folgende Bezüge: 16,10[e](= Acx); 15,2[i](= cx); 17,18[f] (= AM).

1.3.3.3. Die koptische Version (𝕮)

(a) Zur koptischen Version gehören hauptsächlich zwei unterschiedliche Übersetzungen: die sahidische Übersetzung, die *ca.* im 3. Jh. n. Chr. in den oberägyptischen Dialekt übersetzt wurde; und die bohairische Übersetzung, die *ca.* im 4. Jh. n. Chr. in den unterägyptischen Dialekt übersetzt wurde. [81] Es wird vermutet, dass die Samuelbücher nicht ins Bohairische übersetzt wurden.[82] Drescher veröffentlichte die sahidische Ausgabe der Samuelbücher: J. Drescher, *The Coptic (Sahidic) Version of Kingdoms I-II (Samuel I-II).* Bd. 1 (Textausgabe); Bd. 2 (die englische Übersetzung), Louvain, 1970.

Das wichtigste koptische (sahidische) Manuskript, das in B-M kollationiert wurde, ist die Hs. Cw (Siglum von Drescher: M), die die ganzen Samuelbücher außer 2. Sam 15, 20-30 enthält: Pierpont Morgan Library; M. 567; 892/893 n. Chr; Pergament; 125 Bl.[83]

Zudem gibt es noch ein Manuskript, das der zweitgrößte Textzeuge für die Samuelbücher ist und dessen Teile sich jetzt in verschiedenen Museen befinden, nämlich das Ms. A (Siglum von Drescher) aus dem Weißen Kloster (White Monastery); 10. bzw. 11. Jh. n. Chr.; Pergament.[84]

---

ranea (*V Congreso de la IOSCS*). (Madrid, 1985), 25-35; S. P. Cowe, "The Witness of the Armenian Version of 1-2 Kingdoms to the Lucianic Text", in: Fernández Marcos, *El texto antioqueno de la biblia griega* I, LXXI-LXXIX.

81 Jellico, *Septuagint*, 256.

82 Drescher, *The Coptic (Sahidic) Version of Kingdoms I-II (Samuel I-II).* Bd. 1., XIV: .: „The books of Kgs. do not seem to have been translated into Bohairic except for certain passages used in the Liturgy. As a translation these seem to be independent of the Sahidic version. Nor is there anything worth mentioning in the other dialects".

83 S. zur detaillierten Beschreibung: Drescher, *The Coptic (Sahidic) Version*, XII.

84 S. zur detaillierten Beschreibung: Drescher, *The Coptic (Sahidic) Version*, IX-X.

In unserem Textbereich werden die folgenden Teile dieses Ms (unter den Siglen Cc und Cd) in B-M kollationiert:[85]

$\mathfrak{C}^c$ Vatican; *Borgia Copt. cass. V, facs. 15*; 2Sam 18,1-12.

$\mathfrak{C}^d$ Machester, *J. Rylands Library 2.*; 2Sam 17,19-29.

(b) Texttyp: In unserem Textbereich stellt die koptische Version keine einheitliche, sondern eine gemischte Textform dar: 1) Übereinstimmungen mit dem Ant: 15,2$^{c/n}$. 10^g. 16^g. 35^e; 16,9$^{(b)/g}$. 11^a. 23^t; 17,12^a. 19^d. 27$^{g/h(\mathfrak{C}w)/i}$; 18,8$^{e(\mathfrak{C}c)}$. 16^a. 18^d. 19^c. 22$^{g/h(vid)}$. 23^b; 19,9$^{b(vid)/l}$; 2) Übereinstimmungen mit der KR: 15,8^d. 12$^{a(vid)/f/j}$. 14^c; 16,9^a. 10^a. 22^a; 17,21^e. 25$^{b/f/i(\mathfrak{C}d)/p}$; 18,17^a; 19,a^a. 7^c; 3) Übereinstimmungen mit der hexaplarischen Texttradition: 15,18^c (= Acx); 17,18^f (= AM); 17,25$^{j(\mathfrak{C}w)}$ (= A); 17,24^a. 25^i (= cx); 15,18^e (= g); und 4) Übereinstimmung mit einem der *cod. mixti*: 18,11^j (= n).

1.3.3.4. Die äthiopische Version ($\mathfrak{C}$)[86]

(a) Die altäthiopische Bibelübersetzung wurde eigentlich durch die Bekehrung von Abissiniern veranlasst. Die überlieferte Tradition schreibt die äthiopische Übersetzung des Alten Testaments dem Missionar Frumentius zu. Auch wenn es umstritten ist, geht die Übersetzung wahrscheinlich auf die Zeit um 500 n. Chr. zurück.[87] Wegen der Zerstörungen, die Emir Gran in der 1. Hälfte des 16. Jh. verursachte,[88] sind aber hauptsächlich nur mehr die jüngeren Handschriften (wenige vor dem 16. Jh., hauptsächlich ab dem 17. Jh.) vorhanden. Für die Geschichtsbücher gibt es die Ausgabe von Dillmann: *Biblia Veteris Testamenti Aethiopica*. Leipzig, 1853-94. Vol. II, 1-2, *Libri Regum* (1861, 1871). Diese Ausgabe wurde in B-M kollationiert:[89]

> For the Ethiopic Version ($\mathfrak{C}$) we have used the edition of Dillmann. But of the eight MSS. used by him, we have confined ourselves to the reading of

---

85 Vgl. zu den weiteren Beschreibungen der Manuskripte: B-M, vi-vii; Drescher, *The Coptic (Sahidic) Version*, IX-XIII.

86 Auf Grund der häufigen Bezugnahme auf die Ausgabe B-M verwende ich hier das englische Siglum $\mathfrak{C}$ = Ethiopian.

87 S. P. Brock, „Die Übersetzungen ins Äthiopische", *TRE* 6, 206; zur weiteren Disskussion über die Datierung der äthiopischen Übersetzung des Alten Terstaments s.: A. Rahlfs, „Die äthiopische Bibelübersetzung"; in: Ders., *Septuaginta-Studien*, (Göttingen, ^{2}1965), 659-681.

88 Brock, „Bibelübersetzung I – 8. Die Übersetzungen ins Äthiopische", 207.

89 B-M, vii.

those two, his S and A, which he believes to contain the ancient or primitive Ethiopic version. Thus in our notes $\mathfrak{C}$ means the agreement of S and A, readings peculiar to S are indicated by $\mathfrak{C}^s$, and those peculiar to A by $\mathfrak{C}^a$.

Noch eine zuverlässige äthiopische Handschrift für Sam-Kön, die Dillmann vermutlich entweder nicht kannte, oder auf die er nicht acht gegeben hatte, wurde als textkritisch wichtig erkannt: Codex Vaticanus-Borgianus; Rom; *Biblioteca Vaticana*; L, V-16; 13. Jh.; Pergament.[90] Nachdem er den Text dieser Handschrift im Bereich von 2Sam untersucht hatte, hielt Davies fest:[91]

> Codex Borgianus is a good representative of the "Old Ethiopic" version and is in substantial agreement with the text edited by Dillmann. Although Bg. ist not superior to Dl., it can be used in many instances to correct that text. As the foregoing collations have shown, Dl. is somewhat closer to B than Bg.

(b) Texttyp: Wie Gehman feststellte,[92] bietet die äthiopische Version in unserem Textbereich eine gemischte Textform: 1) die Übereinstimmungen mit dem Ant: 15,4[a]. 11[d]. 15[b]. 16[g]. 18[h-k($\mathfrak{C}$s)]. 24[a]. 27[e]. 30[c]. 33[c]. 35[e]; 16,3[f]. 4[b]. 12[d]; 17,[(9b)]. 11[c/e/f]. 12[i(vid)]. 19[d]. 27[g]; 18,8[a/e]. 11[g]; 19,1[n]. 3[a]. 5[d]. 7[m]. 9[b]; 2) die Übereinstimmungen mit der KR: 15,17[a]. 19[a]; 16,8[c]. 9[a/h(vid)]. 13[b]; 17,9[g(vid)]. 11[a]. 21[e]. 25[i]. 27[i]; 18,3[r-t]. 11[i/j]. 17[a]. 23[b]. 28[h($\mathfrak{C}$s)]; 19,1[d]. 6[i]. 7[c]; und 3) die Übereinstimmungen mit der hexaplarischen Texttradition (= Acx): 15,2[j]; 16,21[g].

1.3.3.5. Die syrische Version ($\mathfrak{S}$)

(a) Nach Moses bar-Cephas († 913) gab es zwei syrische Versionen des Alten Testaments: die Peschitta, die vom Hebräischen her übersetzt wurde und die Version, die von der Septuaginta her übersetzt wurde.[93] Diese nennt man die Syro-Hexapla.

---

90 Vgl. N. Roupp, „Die älteste äthiopische Handschrift der vier Bücher der Könige", *ZfA* 16 (1902), 296-343; H. S. Gehman, „The Old Ethiopic version of 1 Kings and its affinities", *JBL* 50 (1931), 81-114; Ders., „The Armenian version of I and II Kings and ist affinities", *JAOS* 54 (1937), 109-114; D. M. Davies, *The Old Ethiopic Version of Second Kings*, Diss. Princeton, 1944.

91 Davies, *The Old Ethiopic Version of Second Kings*, 109.

92 Gehman, „The Old Ethiopic version of 1 Kings and its affinities", 111: „The provenance of $\mathfrak{C}$ in 1. Kings is B or a text similar to B with a strong colouring of Lucianic readings".

93 Swete, *Introduction*, 111.

1) Die Syro-Hexapla fertigte, wie wir aus den Kolophonen der erhaltenen Handschriften wissen, der Bischof Paul von Tella-dhe-Mauzelath (Constantine) 616/17 in Alexandria unter den Auspizien des Patriarchen von Antiochien, Athanasius I, mit größter Worttreue an.[94] Der Anlaß seiner Übersetzung war die Unzufriedenheit mit den damals vorhandenen Peschitta-Texten. Ähnliche Bestrebungen hatte es auch schon im 6. Jh. gegeben. So hatte schon früh im 6. Jh. Philoxenus, Bischof von Mabbug (Hierapolis), eine ebenfalls sehr wörtliche Übersetzung angefertigt, von der allerdings kaum etwas erhalten ist.[95]

Andreas Masius (1514-1573) war die erste Person, die die Syro-Hexapla in Europa durch seine Zitate bekannt gemacht hatte. Masius besaß anscheinend einen alten Kodex, der die erste Hälfte des Alten Testaments enthalten haben soll. Dieser ging nach seinem Tod verloren. Später sammelten Lagarde und Rahlfs alles, was man Masius' eigenen Werken über den Inhalt der Handschrift entnehmen kann.[96] Dieses Manuskript wurde in B-M unter dem Siglum 𝔖ᵐ kollationiert. Zudem sind die syrohexaplarischen Materialien aus den Scholien von Bar-Hebraeus zu erkennen.[97] In B-M wurden sie unter Siglum 𝔖-ap-Barh kollationiert.

---

94 Brock, „Die Übersetzungen ins Syrische", *TRE* 6, 186: „die Kolophone zu I-II Reg, Jes, Dodekaphropheton und (nach Masius) Jos deuten darauf hin, dass die Arbeit an diesen Büchern in den Jahren 615-617 beendet wurde".

95 Jellico, *Septuagint*, 125.

96 P. A. de Lagarde, *Bibliothecae syriacae ... quae ad philologiam sacram pertinent*, Göttingen, 1892; Zudem: Seit dem frühen 17. Jh. war das berühmteste Manuskript der Syro-Hexapla in der Ambrosianischen Bibliothek in Mailand vorhanden (Kodex Ambrosianus vom 8. Jh.). Sie enthält die zweite Hälfe des Alten Testaments und stammt aus dem Syrerkloster in der Nitrischen Wüste. Origenes' kritische Zeichen sind in dieser Handschrift sorgfältig wiedergegeben zusammen mit den am Rand eingetragenen Varianten der griechischen Versionen. Eine Edition des Ambrosianischen Manuskripts wurde 1874 in Mailand von Ceriani als photographischer Nach-druck veröffentlicht – A. M. Ceriani, *Codex syro-hexaplaris Ambrosianus photographice editus. Monumenta Sacra et Profana* VII, Mailand, 1874; vgl. dazu auch Brock, Die Übersetzungen ins Syrische, *TRE* 6, 186f. Der Kodex des Masius war wahrscheinlich der der erste Band zum Kodex Ambrosianus.

97 1897 veröffentlichte Schlesinger die Scholien zu Sam-Kön aus dem ܒܝܬ ܐܘܣܪ (=ʾwṣr ʾrzʾ) von Bar-Hebraeus: *Gregorii Abulfaragii Bar-Hebraei Scholia in libros Samuelis. Diss. inaug.* (Breslau), *quam scripsit ... Aemilius Schlesinger*. Lipsiae 1897; S. zur syrohexaplarischen Textausgabe der Samuelbücher: G. Kerber, „Syrohexaplarische Fragmente zu den beiden Samuelbüchern aus Bar-Hebraeus gesammelt", *ZAW* 18 (1898), 177-196.

2) Der Peschitta-Text wurde um 705 von Jakob von Edessa revidiert. Fünf Handschriften aus dem frühen 8. Jh. sind überliefert:[98]
  - Pentateuch: Paris, *Bibliothèque Nationale*; *Syr* 26.
  - 1Sam-1Kön 2,11: London, *British Museum*; *Add.* 14.429; datiert auf das Jahr 719 n. Chr.
  - Jesaja: London, *British Museum*; *Add.* 14.441.
  - Hesekiel: Rom, Biblioteca Vaticana; Vat. Sir. 5.
  - Daniel und Susanna: Paris, *Bibliothèque Nationale*; *Syr* 27; datiert auf das Jahr 719 n. Chr.

In B-M wurden diese Materialien unter dem Siglum 𝔖ʲ kollationiert.

(b) Texttyp: Interessanterweise unterstützen die syrischen Versionen hauptsächlich den Ant. In unserem Textbereich zeigt die syrische Version (hauptsächlich 𝔖ʲ) ein ähnliches Profil wie die koptische und die äthiopische: 1) die Überein-stimmungen mit dem Ant: 15,3ᵃ. 4ᵃ. 9ᵈ. 11ᶠ. 12ᵃ⁽ᵛⁱᵈ⁾. 12ᵇ. 18ʰ⁻ᵏ. 30ᶜ; 16,5ᵇ; 17,8ᵉ. 9ᵍ⁽ᵛⁱᵈ⁾. 16ᶜ. 18ᶠ; 18,9ᵐ (𝔖-ap-Barh und 𝔖ʲ). 19ᶜ. 23ᵇ; 19,3ᵃ; 2) die Übereinstimmungen mit der KR: 15,14ᶜ; 18,17ʰ; 3) die Überein-stimmungen mit der hexaplarischen Texttradition: 17,25ʲ (= A).

1.3.4. Indirekte Textzeugen in den Antiken Schriften

1.3.4.1. Die „Jüdischen Altertümer" von Josephus (*Jos. Ant.*) als indirekter Textzeuge des Ant

(a) Im Bezug auf die Textform der Samuel- und Königebücher werden die *Antiquitates Iudaicae* (*Jos. Ant.*) V-VII des Josephus als ein indirekter Textzeuge herangezogen.[99] 1895 erkannte Mez in seiner Untersuchung die enge Beziehung zwischen *Jos. Ant.* und dem Ant.[100] Er untersuchte 153 Fälle aus *Jos. Ant.* V-VII und verglich sie mit den verschiedenen Texten. Vor allem erkannte er: „B kommt für Jos. nicht in Betracht."[101] Für die Samuelbücher stellte er dann fest: „In den Samuelbüchern geht Jos. gegen MT, A, B mit dem sogenannten lucianischen Texte, dessen

98 S. Baars, „Ein neugefundenes Bruchstück aus der syrischen Bibelrevision des Jakob von Edessa", *VT* 18 (1968), 548-554.
99 Als Edition des Textes siehe: Benedict Niese, *Flavii Josephi Opera*. 7 Bde., Berlin, 1885-95.
100 A. Mez, *Die Bibel des Josephus – untersucht für Buch V-VII der Archäologie*. Basel, 1895.
101 Mez, *Die Bibel des Josephus*, 79.

Fehlern er folgt, und dessen Worte er zum Teil missversteht."[102] Darüber hinaus unterschied Mez zwischen „Lukian" und „Ur-Lukian":[103]

> Unser Text stammt als solcher spätestens aus dem dritten Jahrhundert, hat also mit der Recension des Märtyrers Lucian nichts zu thun gehabt. Lucians Text ist wirklich älter als Lucian.

Rahlfs kritisierte zwar die Resultate von Mez,[104] akzeptierte aber auf Grund des Verhältnisses zu *Jos. Ant.* die Annahme vorlukianischer Lesarten:[105]

> Josephus hat in den Samuelbüchern nicht einen mit L fast identischen Septuaginta-Text benutzt, beweist aber in einer immerhin recht erheblichen Anzahl von Fällen, dass Sonderlesarten des L-Textes nicht erst von Lucian stammen, sondern mindestens schon im 1. Jahrhundert n. Chr. vorhanden gewesen sind.

Die Ansicht von Mez wurde dagegen von Ulrich wiederum hoch geschätzt:[106]

> Mez' study was short, limited, and ground breaking, thus exposed to attacks on several flanks. Rahlfs' analysis was comprehensive, detailed, and carefully researched, thus advancing as a Goliath against a mere David. But with regard to the theory behind this collection of readings, the decision must go once again to the little David.

Wie oben in 1.2.3.2. (2) zitiert wird, stellte Ulrich fest, dass Josephus bei seiner Abfassung der Antiquitates eine griechische Texttradition, die sowohl mit 4QSam^a als auch mit dem Ant eine enge Beziehung hat.

Fernández Marcos kollationierte in seiner Ant-Ausgabe den Text von *Jos. Ant.* als einen indirekten Textzeugen des Ant.[107]

(b) Unser Textbereich entspricht *Jos. Ant.* VII 194 – 257. Vgl. die folgenden Fälle, die in meiner Arbeit besprochen werden: 15,7[b/e] (196). 12[c] (197). 14[d] (198). 16[c] (199). 32[c] (203). 36[j] (204); 16,5[b] (207). 6[a] (207); 17,1[c] (215). 9[c] (218). 19[f] (226); 18,6[b] (236). 9[m/p] (239). 11[i] (240); 19,4[c] (253).

---

102 Mez, *Die Bibel des Josephus*, 80.
103 Mez, *Die Bibel des Josephus*, 82.
104 Rahlfs, *Septuaginta-Studien* III, 80-111.
105 Rahlfs, *Septuaginta-Studien* III, 92.
106 Ulrich, *The Qumran Text of Samuel and Josephus*, 25.
107 S. Fernández Marcos, „Der antiochenische Text der griechischen Bibel in den Samuel- und Königsbüchern", in: Kreuzer/Lesch (Hg.), *Im Brennpunkt: Die Septuaginta – Studien zur Entstehung und Bedeutung der Griechischen Bibel*. Bd. 2, BWANT 161, (Stuttgart, 2004), 200-205.

1.3.4.2. Die Bibelzitate von Theodoret (*ca. 393-457*)

(a) Die Bibelzitate von Theodoret aus Sam-Kön finden sich meistens in seinen *Quaestiones in libros Regnorum et Paralipomenon*. Nachdem er 1904 die Bibelzitate von Theodoret[108] im Vergleich mit der lukianischen Textausgabe von Lagarde untersucht hatte, stellte Rahlfs fest:[109]

> Theodorets Zitate sprechen also in der weitaus überwiegenden Mehrzahl der Fälle für die Klasse 82 93 (127), die wir auch aus inneren Gründen, [...], bei der Rekonstruktion des *L*-Textes zu Grunde legen müssen.

Fernández Marcos veröffentlichte die *Quaestiones in libros Regnorum et Paralipomenon* sowie die *Quaestiones in Octateuchum* in einer kritischen Ausgabe[110] und stellte fest:[111]

> After realising that for the Pentateuch a definite Lucianic recension could not be detected, we moved towards the historical books. [...] Theodoret followed the text of the Antiochene group of manuscripts so closely that his quotations could be used with confidence for the restoration of the Lucianic recension in the historical books.

In seiner Ausgabe des Ant kollationierte Fernández Marcos auch die Textmaterialien von Theodoret und kennzeichnete ihr Vorhandensein mit eckigen Klammern neben dem Text (⌈ und ⌋)[112].

(b) Im unseren Textbereich sind die Textmaterialien von Theodoret, die in der spanischen Ausgabe kollationiert wurden und in der vorliegenden Arbeit ebenfalls genannt werden, in den folgenden Abschnitten zu erkennen: 15,19 τί – 20 πορεύωμαι; 15,20 ἀνάστρεφε – *fin.*; 15,21 Ζῆ – *fin.* (15,21[b/k]); 15,25 ᾽απόστρεψον – 26 *fin.* (15,25[d/f]. 26[a/b/e]); 15,31 Κύριε – *fin.*; 15,32 παραγενομένου – τῷ Κυρίῳ (15,32[c]); 16,9 ῞Ινα τί – *fin.* (16,9[b]); 16,10 Τί – 12 *fin.* (16,10[e/h/n]. 11[f/g/m]. 12[c/d]); 17,14 Κύριος – τὴν ἀγαθὴν; 18,3 καὶ[2] – χιλιάσιν (18,3[i]).

---

108 Rahlfs benutzte die Ausgabe der Theodoretzitate von Schulze (Halle, 1769).
109 S. Rahlfs, *Septuaginta-Studien* I, 16-46, bes. 46.
110 N. Fernández Marcos und A. Sáenz-Badillos, *Theodoreti Cyrensis Quaestiones in Octateuchum. Editio Critica*. Madrid, 1979; N. Fernández Marcos und J. R. Busto Saiz, *Theodoreti Cyrensis Quaestiones in Reges et Paralipomena*, TECC 32, Madrid, 1984.
111 N. Fernández Marcos, „The Septuagint on Spanish Ground", 167f.
112 D.h. die beiden Zeichen geben an, für welchen Textabschnitt ein Text aus Theodoret vorliegt.

2. Beschreibungen und Analysen der Varianten in 2. Sam 15,1-19,9

2.0. Vorbemerkungen

(1) Synopse

In der Synopse werden der masoretische Text (MT), die Kaige-Rezension (KR) und der antiochenische Text (Ant) folgendermaßen zusammengestellt:

MT	KR	Ant
Biblia Hebraica Stuttgartensia (BHS)	Rahlfs Ausgabe (LXX-*Ra*)	die Madrider Ausgabe von Fernández-Marcos u.a.

In der Synopse werden sowohl der KR-Text als auch Ant genau nach den genannten Ausgaben zitiert, obwohl, wie oben erwähnt, an einzelnen Stellen auf Grund neuer Erkenntnisse eine andere Textform als die ursprüngliche anzunehmen ist. Siehe dazu die Diskussion an folgenden Stellen: Für die KR s.o. 1.3.2.1. (4); wichtige Beispiele für Ant sind: 15,3[a]. 32[i]; 17,24 (Anm. 1 in der Synopse). 29 (Anm. 2 in der Synopse).

(2) Bezeichnung der Varianten

Die Varianten werden in jedem Vers mit hochgestellten Buchstaben in alphabetischer Folge bezeichnet. Die Buchstaben stehen jeweils nach dem Wort, d.h. im hebräischen Text links und im griechischen Text rechts vom betreffenden Wort. Wenn eine Variante sich auf mehrere Wörter bezieht, wird diese jeweils durch einen hochgestellten Buchstaben am Anfang und am Ende gekennzeichnet. Wenn ein Variantenblock sich über mehrere Zeilen erstreckt, wird er zusätzlich durch eckige Klammern hervorgehoben. In der Analyse wird die Variante somit folgendermaßen bezeichnet: V1[a], V1[b], V2[a-a], V3[a] usw.
Innerhalb der Analyse werden die Varianten auf zweierlei Weise bezeichnet:

(a) eine in demselben Abschnitt vorkommende Variante wird in Form von „V (Versnummer) (Variantenzählung)" angeführt, z.B. V1ᵃ;
(b) eine außerhalb des betreffenden Abschnittes vorkommende Variante in der Form „(Kapitelnummer), (Versnummer) (Variantenzählung)", z.B. 15,1ᵃ.

(3) Die Sigla der Manuskripte

In der Analyse der Varianten werden sie, wie bereits gesagt, von der Cambridge-Ausgabe (B-M) übernommen. S.o. 1.3.2. zum Vergleich der Siegelzeichen zwischen Brooke-McLean und Rahlfs.

(4) Abkürzungen

Die Abkürzung „Ant" für sich alleine bezeichnet ausschließlich die Hss. boc₂e₂. Wenn aber noch weitere Handschriften mit diesen Handschriften übereinstimmen, werden hinter Ant in Klammer alle betreffenden Manuskripte genannt, z.B. Ant (boc₂e₂MNrz^mg); da in diesen Fällen meist die Mehrheit aller Textzeugen hierher gehört wird dann auch das Siglum Ant+ verwendet.
Zu den übrigen Abkürzungen s.o. das Abkürzungsverzeichnis.

2.1. 2Sam 15,1-6

2.1.1. Textsynopse

MT		KR	Ant
ᵃוַיְהִי מֵאַחֲרֵי כֵן	1	καὶ ἐγένετο ᵃμετὰ ταῦταᵃ	καὶ ἐγένετο ᵃμετὰ ταῦταᵃ
וַיַּעַשׂ לוֹ		καὶ ἐποίησεν ἑαυτῷ	καὶ ἐποίησεν ἑαυτῷ
אַבְשָׁלוֹם		Αβεσσαλωμ	Αβεσσαλωμ
מֶרְכָּבָהᵇ וְסֻסִים		ἅρματαᵇ καὶ ἵππους	ἅρματαᵇ καὶ ἵππους
וַחֲמִשִּׁים אִישׁᶜ		καὶ πεντήκοντα ἄνδραςᶜ	καὶ πεντήκοντα ἄνδραςᶜ
רָצִיםᵈ		παρατρέχεινᵈ	προτρέχονταςᵈ
לְפָנָיו:		ᵉἔμπροσθεν αὐτοῦᵉ	ᵉπρὸ προσώπου αὐτοῦᵉ
וְהִשְׁכִּים אַבְשָׁלוֹםᵃ	2	καὶ ὤρθρισενᵃ Αβεσσαλωμ	καὶ ὤρθριζενᵃ Αβεσσαλωμ
וְעָמַדᵇ עַל־יַד		καὶ ἔστηᵇ ᶜἀνὰ χεῖραᶜ	καὶ ἐφίστατοᵇ ἐπὶᶜ
דֶּרֶךְ הַשָּׁעַר		τῆςᵈ ὁδοῦ τῆς πύλης	τῆςᵈ ὁδοῦ τῆς πύλης
וַיְהִיᵉ כָּל־הָאִישׁ		καὶ ἐγένετοᵉ πᾶς ἀνήρ	καὶ ἦνᵉ πᾶς ἀνήρ
אֲשֶׁר־יִהְיֶהᶠ־לּוֹ רִיב		ᵍ ἐγένετοᵍ κρίσις	ᵍ ἐγίνετοᵍ κρίσις
לָבוֹאᵍ אֶל־הַמֶּלֶךְ		ἦλθενʰ πρὸς τὸν βασιλέα	καὶ ἤρχετοʰ πρὸς τὸν βασιλέα
לַמִּשְׁפָּטⁱ		εἰς κρίσινⁱ	εἰς κρίμαⁱ
וַיִּקְרָאʲ		καὶ ἐβόησενʲ	καὶ ἐκάλειʲ
ˡᵏאַבְשָׁלוֹם אֵלָיוˡ		ᶦᵏπρὸς αὐτὸνᵏ Αβεσσαλωμˡ	ˡαὐτὸνᵏ Αβεσσαλωμˡ
וַיֹּאמֶר		καὶ ἔλεγεν αὐτῷᵐ	καὶ ἔλεγεν αὐτῷ ᵐ
אֵי־מִזֶּה עִיר אַתָּה		ἐκ ποίας πόλεως ⁿσὺ εἶⁿ	ἐκ ποίας πόλεως ⁿεἶ σύⁿ
			ᵒκαὶ ἀπεκρίνατοᵒ
וַיֹּאמֶרᵖ		ᑫκαὶ εἶπενᵖ ὁ ἀνήρᑫ	ᑫὁ ἀνήρ καὶ ἔλεγενᵖᑫ
שִׁבְטֵי־יִשְׂרָאֵל		ἐκ μιᾶς φυλῶν Ισραηλ	ἐκ μιᾶς τῶνʳ φυλῶν τοῦˢ Ισραηλ
מֵאַחַד עֲבָדֶּךָ:		ὁᵗ δοῦλός σου	ὁᵗ δοῦλός σου
אֵלָיו אַבְשָׁלוֹם וַיֹּאמֶרᵃ	3	καὶ εἶπενᵃ πρὸς αὐτὸν Αβεσσαλωμ	καὶ ἔλεγεᵃ πρὸς αὐτὸν Αβεσσαλωμ

---

1   Die Buchstabe ‚l' und die Nummer ‚1' können bei der hochgestellten Stelle verwechselt werden. Daher wird die Buchstabe ‚l' in der Variantenbezeichnung *kursiv (l)* geschrieben.

Hebrew	#	Greek A	Greek B
רְאֵה דְבָרֶ֫ךָb		ἰδοὺ bοἱ λόγοι σουb	ἰδοὺ bοἱ λόγοι σουb
טוֹבִים וּנְכֹחִיםc		cἀγαθοὶ καὶ εὔκολοιc	cκαλοὶ καὶ κατευθύνοντεςc
וְשֹׁמֵעַd		καὶ ἀκούωνd	καὶ dὁ ἀκουσόμενοςd
אֵין־לְךָe		eοὐκ ἔστιν σοιe	eοὐχ ὑπάρχει σοιe
מֵאֵת הַמֶּֽלֶךְ׃		παρὰ τοῦ βασιλέως	παρὰ τοῦ βασιλέως
וַיֹּ֫אמֶרa אַבְשָׁלוֹם	4	καὶ εἶπενa Αβεσσαλωμ	καὶ ἔλεγενa Αβεσσαλωμ
מִי־יְשִׂמֵ֫נִיb שֹׁפֵט		τίς bμε καταστήσειb κριτὴν	τίς bκαταστήσει μεb κριτὴν
בָּאָ֫רֶץ		cἐν τῇ γῇc	cἐπὶ τῆς γῆςc dἐπὶ τὸν Ἰσραήλd
יָבוֹא כָל־אִישׁ וְעָלַי		καὶ ἐπ' ἐμὲ ἐλεύσεται πᾶς ἀνήρ	καὶ ἐπ' ἐμὲ ἐλεύσεται πᾶς ἀνήρ
אֲשֶׁר־יִהְיֶה־לּוֹ־רִיב		ᾧ ἐὰν ᾖe fἀντιλογία	ᾧ ἐὰν γένηταιe
וּמִשְׁפָּט		καὶ κρίσιςf	κρίσιςf
וְהִצְדַּקְתִּֽיו׃		καὶ δικαιώσω αὐτόν	καὶ δικαιώσω αὐτόν
וְהָיָהa	5	καὶ ἐγένετοa	καὶ ἐγίνετοa
בִּקְרָב־אִישׁ		ἐνb τῷ ἐγγίζεινc ἄνδρα	ἐπὶb τῷ προσάγεινc τὸνd ἄνδρα
לְהִשְׁתַּחֲוֹתe לוֹ		τοῦ προσκυνῆσαιe αὐτῷ	τοῦ προσκυνεῖνe αὐτῷ
וְשָׁלַח		καὶ ἐξέτεινενf	καὶ ἐξέτεινεf
אֶת־יָדוֹg		τὴνg χεῖρα αὐτοῦ	τὴνg χεῖρα αὐτοῦ
וְהֶחֱזִיק לוֹ		καὶ ἐπελαμβάνετο αὐτοῦ	καὶ ἐπελαμβάνετο αὐτοῦ
וְנָשַׁק לֽוֹ׃		καὶ κατεφίλησενh αὐτόν	καὶ κατεφίλειh αὐτόν
וַיַּעַשׂa אַבְשָׁלוֹם	6	καὶ ἐποίησενa Αβεσσαλωμ	καὶ ἐποίειa Αβεσσαλωμ
כַּדָּבָר הַזֶּה		κατὰ τὸ ῥῆμα τοῦτο	κατὰ τὸ ῥῆμα τοῦτο
לְכָל־יִשְׂרָאֵל		παντὶ Ισραηλ	παντὶ Ισραηλ
אֲשֶׁר־יָבֹאוּ		τοῖς παραγινομένοις	τοῖς παραγινομένοις
לַמִּשְׁפָּט		εἰς κρίσιν	εἰς κρίσιν
אֶל־הַמֶּלֶךְ		πρὸς τὸν βασιλέα	πρὸς τὸν βασιλέα
וַיְגַנֵּב אַבְשָׁלוֹם		καὶ ἰδιοποιεῖτο Αβεσσαλωμ	καὶ ἰδιοποιεῖτο Αβεσσαλωμ
אֶת־לֵבb-b		τὴνb καρδίανc	τὰςb καρδίαςc
אַנְשֵׁי		ἀνδρῶν	πάντωνd τῶνe ἀνδρῶν
יִשְׂרָאֵֽל׃		Ισραηλ	τοῦf Ισραηλ

2.1.2. Analyse der Varianten

V1ᵃ⁻ᵃ. In Sam-Kön steht μετὰ ταῦτα hauptsächlich für אחרי־כן,[2] nur in 2Sam 3,28 und an unserer Stelle für מאחרי כן. Als „eine Einleitung eines für sich zu beurteilenden neuen Erzählungsstückes"[3] ist מאחרי כן mit ויהי im Hebräischen ungewöhnlich. Vgl. 2Sam 10,1; 13,1. In 4QSamᶜ ist nur אחרי־כן in diesem Vers erkennbar.[4] Der Unterschied ist aber im Bezug auf die gr. Übersetzungen nicht wesentlich.

V1ᵇ. Das „Gespann" steht im MT und auch in 4QSamᵃ[5] singularisch (מרכבה), dagegen in den gr. Versionen pluralisch (ἅρματα). Der Plural der gr. Versionen entspricht dem im Griechischen außerhalb der Septuaginta üblichen Gebrauch[6], so dass sich kein Rückschluss auf eine abweichende hebr. Vorlage ergibt.

V1ᶜ. Der gr. Plural (ἄνδρας) stellt gegenüber dem MT (איש) nur eine innergriechische Veränderung dar.

V1ᵈ. Bei dieser Variante geht es um die Wiedergabe des hebr. Partizips. Das hebr. Wort רצים ist Part. Pl. Mask. in Qal. In der KR (BAchuxa2) wurde es mit Infinitiv (παρατρέχειν)[7] wiedergegeben, dagegen im Ant (boc₂e₂ rell) mit Part. Präs. Akt. (προτρέχοντας). Diese Variante läßt sich vor allem syntaktisch betrachten. Der Infinitiv der KR steht in der AcI-Konstruktion, aber das Partizip des Ant ist attributiv (= MT) gebraucht, d.h. beide Versionen fassten den hebr. Text unterschiedlich auf. Im Griechischen stellt das Verb ποιέω durch AcI das Ergebnis der Handlung dar. Dann bedeutet die Übersetzung der KR:

> „(...) und Absalom ordnete für sich an, dass Gespanne und Pferde und 50 Männer vor ihm vorbeilaufen (παρατρέχειν)."

In Sam-Kön ist zwar dieses Verb, wenn es im substantivierten Partizip steht, eine gewöhnliche Wiedergabe für רצים im Sinne von der

---

2   1Sam 9,13; 24,6; 2Sam 2,1; 8,1; 10,1; 13,1; 21,18; 2Kön 6,24.
3   H. J. Stoebe, *Das Zweite Buch Samuelis*, KAT VIII₂, (Gütersloh, 1994), 355.
4   *DJD* XVII, 260.
5   *DJD* XVII, 155.
6   *LSJ*, 242.
7   Vgl. προτρέχειν (-χει b₂) MNagijnb₂, προστρέχην v.

„Leibwache",[8] aber der Infinitiv ist in diesem Zusammenhang eng mit dem Bild von der Heerschau assoziiert. Nach dieser Übersetzung hatte Absalom schon sein eigenes Heer, und nun trainierte er es ordentlich. Dagegen meint die Wiedergabe des Ant:

> „(...) und Absalom schuf für sich Gespanne und Pferde und 50 Männer, die vor ihm vorlaufen (προτρέχοντας)."

Im Ant dagegen werden die 50 als seine Leibwache betrachtet, die vor ihm her lief.[9] Derselbe Unterschied in der Formulierung der beiden Versionen kommt in 1Kön 1,5 noch mal bezüglich der Geschichte von Adonija vor.

V1[e]. Hier handelt es sich um das Äquivalent für die Präpositionalkonstruktion לפני.[10] Die KR gibt לפני mit ἔμπροσθεν wieder, dagegen der Ant mit πρὸ προσώπου.

Exkurs: Die Wiedergabe von לפני in Sam-Kön

In Sam-Kön kommt לפני insgesamt 190mal vor.

(1) Die bevorzugte Wiedergabe der Septuaginta ist ἐνώπιον. Einschließlich der Fälle, in denen einige Hanschriften nur sekundäre Lesarten darstellen, geben die gr. Versionen לפני 106mal mit ἐνώπιον wieder.[11] Die Wiedergabe ἐνώπιον wird sowohl in den Nicht-καιγε-

---

8   1. Sam 22,17; 1. Kön 14,27f; 2. Kön 10,25; 11,4. 6. 11. 13. 19.
9   Vgl. In *Jos. Ant.* VII 195 steht das Verb κτάομαι, dessen Bedeutung „sich etw. erwerben, gewinnen" ist: Ὁ δὲ Ἀψάλωμος τοιούτων αὐτῷ τῶν παρὰ τοῦ πατρὸς ἀποβάντων πολλοὺς μὲν ἵππους ἐν ὀλίγῳ πάνυ χρόνῳ πολλὰ δ' ἅρματα ἐκέκτητο καὶ ὁπλοφόροι περὶ αὐτὸν ἦσαν πεντήκοντα (Absalom aber *gewann sich*, nachdem die (Sachen) mit dem Vater ihm so ausgegangen waren, in sehr kurzer Zeit sowohl viele Pferde als auch viele Streitwagen; und Waffenträger waren um ihn 50).
10 Für dieses Thema ist die Untersuchung von R. Sollamo, *Rendering of Hebrew Semiprepositions in the Septuagint, AASF DISS* 19, Helsinki, 1979 heranzuziehen, auch wenn sie die Belege zu einseitig nur statistisch betrachtet. Das Besondere der „semiprepositions" ist, dass ihre Zweiteiligkeit im Griechischen der Septuaginta oft nachgeahmt wird. Da eine Verbindung wie לפני keine „halbe Präposition "(„semipreposition") ist, folge ich im Deutschen dort, wo die Unterscheidung gegenüber dem allgemeinen Begriff „Präposition" nötig ist, der Bezeichnung als „Präpositionalkonstruktion".
11 Für לפני: 1Sam 1,12.15; 2,30(om f).35; 3,1(ενατιον fmsvw); 4,2(*al* p).3; 5,3.4; 6,20; 7,10; 9,24; 10,19.25; 11,15¹(om s).15²(τω fmnᵇsw; om 44); 12,7; 15,33; 16,10(om d); 19,24;

Abschnitten als auch in den καιγε-Abschnitten bezeugt, d.h. diese Wiedergabe stellt vermutlich die Ur-LXX dar. Insbesondere gab die Ur-LXX die Wendung יהוה לפני fast duchwegs mit ἐνώπιον Κυρίου wieder. Nur folgende Ausnahmen sind erkennbar:

1Sam 1,19	τῷ *rell*] pr εἰς πρόσωπον fmsw
7,6	ἐνώπιον *rell*] τῷ boc₂e₂Nacfhvb₂
2Sam 21,9	ἔναντι B *rell*] bis scr b′e₂: ἐνάντιον
	AMNad-gj-np-wyzb₂
1Kön 9,25	(-) alle
2Kön 16,14	ἀπέναντι *rell*] ἐνάντιον boc₂e₂
19,14	ἐνάντιον *rell*] ἐνώπιον boc₂e₂
19,15	(-) *rell*] πρός boc₂e₂ r:
	πρὸ προσώπου Axy𝔞𝔖

Der Dativartikel (τῷ) der ersten beiden Fälle setzt vermutlich ליהוה statt יהוה לפני voraus. Darüber hinaus steht die Wiedergabe ἔναντι bzw. ἐνάντιον in der Septuaginta hauptsächlich für בעיני bzw. לעיני.[12] Daher gehen die oben genannten Fälle sehr wahrscheinlich auf eine andere hebr. Vorlage zurück.

(2) Die Wiedergabe ἔμπροσθεν ist auch nicht selten (26 mal) belegt.[13] Bei dieser Wiedergabe ist vor allem interessant, dass sie in den gr. Versionen von Sam-Kön niemals für die Form von יהוה לפני steht, d.h. der Übersetzer und die Bearbeiter der Septuaginta wollten diese anthro-

---

20,1²; 21,8{7}(om g: προ προσωπου 242); 23,18; 26,19(om z: εναντιον ah); 28,25¹. 25²(om d); 2Sam 2,17.34; 5,3; 6,5.14.16.17.21¹.21²(om Acx); 7,18; 16,19¹; 18,7(απο προσωτου v).9; 19,19{18}; 1Kön 1,28²(om v).32; 2,26.45; 3,22(εναντιον x).24; 8,33.46.50.59.62.64²(εν οικω v).65; 19,11¹.11²; 22,21; 2Kön 4,43; 5,1.2.3(om o); 18,22; 22,10.19; 23,3(om b); für לפני: 1Sam 16,22; 1Kön 2,4(om x); 8,25¹.25²; 9,3.4; 11,36; für לפניך: 1Sam 9,24; 16,16; 28,22; 29,8; 2Sam 7,16.29; 18,14; 1Kön 3,6; 8,23.28; 10,8; 2Kön 6,1; 20,3; für לפניו: 1Sam 5,3; 16,21(εμπροσθεν v); 19,7(εναντιον cx); 2Sam 11,13; 13,9; 1Kön 1,25; 3,16(om z); 17,1; 18,15(om e); 19,19; 2Kön 3,14; 4,12.38; 5,16; 8,9; 25,29; für לפנינו: 2Sam 2,14(εμπροσθεν cdvxa₂: om g); für לפניכם: 1Sam 12,2¹(οπισω a₂: εμπροσθεν 246).2²; 1Kön 9,6; für לפניהם: 1Kön 22,10; 2Kön 6,22.

12 Vgl. Sollamo, *Rendering of Hebrew Semiprepositions*, 124 u. 148.

13 Für לִפְנֵי:1Sam 9,15(προ a₂); 18,13; 23,24; 30,20; 2Sam 6,4; 1Kön 8,5{7,42}; 18,46(οπισω b); für לִפְנֵי: 1Sam 9,19; 10,8; 25,19; für לפניך: 2Sam 5,24; 1Kön 3,12; für לפניו: 1Sam 17,41; 1Kön 16,25.30.33; 2Kön 5,23; 17,2; 18,5; 21,11; 23,25; für לפנינו: 1Sam 8,20; 9,27; für לפניהם: 1Sam 10,5; 2Sam 10,16; 2Kön 4,31.

morphe Ausdrucksweise für den Gottesnamen (bes. für das Tetragramm) nicht verwenden.

(3) In einigen Fällen wird לפני durch πρόσωπον mit vorangestellter Präposition wiedergegeben. Folgende Fälle sind in Sam-Kön erkennenbar:

ἐπὶ πρόσωπον	1Sam 15,3.4.
κατὰ πρόσωπον	1Sam 14,13; 16,8; 1Kön 3,15; 6,17{18}. 21{20};
	8,22 (πρόσωπου c2).31.64[1]; 2Kön 10,4.
πρὸ προσώπου	1Sam 18,16 *rell*] ἐνώπιον f;
	1Kön 12,8 *rell*] πρὸ ex corr h[a]: τῷ προσώπῳ x:
	προσώπου g; 1Kön 12,30 alle

Die Wiedergabe κατὰ πρόσωπον ist schönes „*Koine*-Griechisch". Es
bedeutet „vorne, vor", und bezieht sich sowohl auf Menschen als auch
auf Dinge.[14] Dagegen sind die Ausdrucksweisen ἐπὶ πρόσωπον und πρὸ
προσώπου außerhalb des Septuaginta-Griechischen unbekannt. Diese
Wiedergaben sind als wörtliche Übersetzungen zu betrachten, weil
beide Bestandteile von לפני wiedergegeben werden.

(4) Darüber hinaus sind folgende Varianten zu erkennen, die in ihrem
jeweiligem Kontext betrachtet werden müssen,:

	MT	LXX
1Sam 8,11	לפני	τῶν alle Handschriften
17,31	לפני	(-)
17,57	לפני	(-)
2Sam 3,13	כי לפני	ἐὰν μὴ alle
3,35	כי אם לפני	ὅτι ἐὰν μὴ alle
1Kön 9,25	לפני יהוה	(-) alle
14,9	לפניך	(-) alle
2Kön 4,44	לפניהם	(-) *rell*: εἰς πρόσωπον Ax
19,26	לפני	ἀπέναντι alle

(5) Nach der Erörterung der verschiedenen Wiedergaben von לפני in
der gemeinsamen Texttradition sind nun noch jene Fälle darzustellen,

---

14   Sollamo, *Rendering of Hebrew Semiprepositions*, 31 u. App. 325-327.

in denen sich der Ant von den anderen Textformen unterscheidet: (a) in den Nicht-καίγε-Abschnitten, (b) in den καίγε-Abschnitten.

(a) α′– und ββ′–Aschnitt[15]

	LXX *rell*	Ant
1Sam 1,16	εἰς	εἰς πρόσωπον boc$_2$e$_2$ Chr
2,28	(-)	ἐνώπιον boc$_2$e$_2$Acdpqtxz
4,17	ἐκ προσώπου	ἀπὸ προσώπου boc$_2$e$_2$ 𝔏
9,12	κατὰ πρόσωπον	πρὸ προσώπου boc$_2$e$_2$
17,7	αὐτοῦ	pr ἔμπροσθεν boc$_2$e$_2$z
17,41	(-)	ἔμπροσθεν boc$_2$e$_2$Ac-gilmpqstwxz
2Sam 5,26	(-)	ἐνώπιον boc$_2$e$_2$AMNc-gi-np-uwxy^{b}zb$_2$

Abgesehen von 1Sam 4,17 und 9,12, wo die beiden Versionen unterschiedliche Übersetzungstechniken bzw. Bearbeitungen darstellen, beziehen sich die Fälle vermutlich auf unterschiedliche Texttraditionen.

(b) βγ′–Abschnitt/ γδ′–Abschnitt

	KR	Ant	etc.
2Sam 10,15	ἔμπροσθεν	ἐνώπιον boc$_2$e$_2$auvz^{mg}	
10,19	ἔμπροσθεν	ἐνώπιον boc$_2$e$_2$au	
14,33	κατὰ πρόσωπον	ἐνώπιον boc$_2$e$_2$z^{mg}	κατὰ τὸ πρόσωπον f
15,1^e	ἔμπροσθεν	πρὸ προσώπου boc$_2$e$_2$	
16,19^f	ἐνώπιον	τῷ boc$_2$e$_2$	
16,19^g	ἐνώπιον	μετὰ boc$_2$e$_2$	
19,9^g{8}	κατὰ πρόσωπον	ἐνώπιον boc$_2$e$_2$	
19,14{13}	ἐνώπιον	μοι boc$_2$e$_2$z^{mg}	
18{17}	ἔμπροσθεν	ἐνώπιον boc$_2$e$_2$	
20,8	ἔμπροσθεν	κατὰ πρόσωπον boc$_2$e$_2$z^{mg}	
24,4	ἐνώπιον	ἐκ προσώπου boc$_2$e$_2$	
24,13	ἔμπροσθεν	ἐκ προσώπου boc$_2$e$_2$	
1Kön 1,2	τῷ	ἔναντι boc$_2$e$_2$	ἐνώπιον Ax

---

15   Im γγ′-Abschnitt gibt es keine Varianten zwischen der LXX *rell* und dem Ant.

1,5	ἔμπροσθεν	(-)boc₂e₂A	
1,23	κατὰ πρόσωπον	ἐνώπιον boc₂e₂	κατὰ τὸ πρόσωπον A
1,28[1]	ἐνώπιον	om boc₂e₂x 𝔖ʲ	
1Kön 2ff	-	-	-
2Kön 5,15	(-) Bov	ἐνώπιον bc₂ˢᵘᵇ* e₂ rell 𝔄𝔈	εἰς πρόσωπον A
11,18	κατὰ πρόσωπον	πρὸ προσώπου boc₂e₂	
14,12	ἀπὸ προσώπου	ἐνώπιον boc₂e₂	
15,3	ἐνώπιον	ἔμπρόσθεν boc₂e₂i	

In diesen καὶγε-Abschnitten ist vor allem erkennbar, dass im Ant die Wiedergabe ἐνώπιον noch häufiger als in der KR verwendet wurde, und dass darüber hinaus im Ant auch andere innergriechisch passende Wiedergaben gesucht wurden. Z.B. in 16,19ᶠ ist im Ant das gr. Äquivalent ausgefallen. Stattdessen wurde es direkt mit einem Substantiv im Dativ wiedergegeben. Diese Übersetzung ergab sich aus dem Gebrauch des Verbs (δουλεύω τινι).[16] Zudem gibt es im gleichen Vers (16,19ᵍ) noch eine weitere Variante des Ant, die sicher sinngemäß übersetzt wurde: „So werde ich mit dir" (Ant); dagegen geht die Übersetzung der KR wörtlich auf die hebr. Vorlage zurück: „So werde ich vor dir" (KR). Interessanterweise zeigt der Ant manchmal auch Varianten, die noch stärker hebraisierend sind als jene der KR: 2Sam 15,1ᵉ; 20,8; 2Kön 11,18. Die KR zeigt somit keine spezifischen Kennzeichen in der Wiedergabe von לפני, sondern לפני wird in ähnlicher Bandbreite wie in der übrigen Texttradition wiedergegeben. Es ist jedoch erkennbar, dass die KR im βγ'-Abschnitt (aber nicht in γδ) die Wiedergabe von ἔμπροσθεν deutlich bevorzugte.

Fazit:
(1) In der Ur-LXX wurde לפני hauptsächlich mit ἐνώπιον aber auch mit ἔμπροσθεν wiedergegeben, darüber hinaus wurden teilweise auch andere Möglichkeiten der Wiedergabe gewählt. Die erkennbare Grundregel der Ur-LXX ist: (a) ἐνώπιον für Person+לפני und für לפני יהוה; (b) ἔμπροσθεν nur für Person+לפני.

---

16   In einigen mittelalterlichen hebr. Handschriften steht את anstelle לפני. Siehe dazu: de Rossi, Variae Lectionis II, 183.

(2) Die Ur-LXX wurde von der KR meistens übernommen. Allerdings zeigt sich im βγ-Abschnitt eine deutliche Bevorzugung der Wiedergabe mit ἔμπροσθεν.

(3) Der Ant übernahm ebenfalls im Großen und Ganzen die Wiedergaben der Ur-LXX, aber die Wiedergabe wurde an manchen Stellen mit anderen griechischen Ausdrücken verbessert. Zudem hatte er eine eigene (hebraisierende) Übersetzungstradition, unabhängig nicht nur von der KR sondern auch von der Ur-LXX.

V2ᵃ. Im MT steht das Perfekt in Hiphil (וישכים) mit dem *Waw-copulativum.*[17] In der KR wurde diese Ausdrucksweise mit καὶ ὤρθρισεν wiedergegeben. Das in der KR verwendete Äquivalent wurde im Ant auch verwendet, allerdings in unterschiedlichem Tempus, d.h. in der KR wurde mit dem Aorist wiedergegeben, degegen im Ant (oc₂e₂MN acginvz) mit dem Imperfekt (καὶ ὤρθριζεν).[18]

(1) Das Verb ὀρθρίζω ist ein Neologismus der LXX.[19] Außerhalb der biblischen Texte wird normalerweise das Verb ὀρθρεύω verwendet.[20] In Sam-Kön wird aber die Hiphil-Form von שכם ausschließlich (im Ant auch) mit ὀρθρίζω[21] wiedergegeben. In den anderen Büchern wird השכים zwar überwiegend mit ὀρθρίζω wiedergegeben, [22] aber auch mit ἀνίστημι,[23] ἐξανίστημι,[24] oder ἐγείρω.[25] Die Wiedergabe der gr. Versionen spiegelt sich in *Jos. Ant.*[26]

---

17 In 4QSamᵃ wurde die Verbform mit [ואבש]לום ה]שכם](*inf. abs.*) rekonstruiert, aber in 4QSamᶜ ist והשכים אבשלום erkennbar: s. dazu. *DJD* XVII, 154f u. 260.

18 Vgl. ὤρθρισεν *b*: ὄρθρισεν b'.

19 *LEH*, 445.

20 *Pape*, Bd. 2, 377; *LSJ*, 1250; Bei *Bauer* (1176) ist die Äußerung von Moeris (2. Jh. n. Chr.) zitiert: "ὀρθρεύει·Ἀττικῶς. ὀρθρίζει Ἑλληνικῶς".

21 1Sam 1,19; 3,15; 5,3f; 15,12; 29,10f; 2Sam 15,2; 2Kön 3,22; 6,15; 19,35; Vgl. Fernández Marcos, *Índice*, 608.

22 Gen 19,2. 27; 20,8; Ex 8,16; 9,13; 24,4; 32,6; 34,4; Num 14,40; Jos 3,1; 7,16; 8,10; Riᴬ 6,28. 38; 7,1; 9,33; 19,5. 8f; 21,4; Riᴮ 6,28. 38; 7,1; 9,33; 19,5. 8f; 21,4; 2Chr 20,20; 29,20; 36,15; Tob 9,6; 1.Makk 4,52; 6,33; 11,67; Ps 62,2; 77,34; 126,2; Od 5,9; Koh 7,13; Hiob 7,21; 8,5; Spr 6,14; Sir 4,12; 6,36; 32,14; 39,5; Hos 5,15; Zef 3,7; Jes 26,9; Jer 25,3; Dan 6,20; BelDr 1,16.

23 Gen 19,35; 22,3; 26,31; 28,18; 31,55; Jos 6,11(12). 14(15); Hiob 1,5; Jes 37,36 [B].

(2) Der Unterschied im Tempus: Aorist in der KR gegenüber Imperfekt im Ant. Das hebr. Perfekt zusammen mit dem *Waw-copulativum* bezeichnet die Vergangenheit. Es drückt aber auch sich wiederholende oder dauernde Handlungen der Vergangenheit aus.[27] Im Griechischen drückt der Aorist im Indikativ den zum Abschluss gekommenen bzw. in der Vergangenheit vollzogenen Vorgang aus. Das Imperfekt kann aber nicht nur die Dauer (linear), sondern auch die Wiederholung (iterativ) und den Versuch (konativ) ausdrücken. Von dem Imperfekt des Ant bekommt man somit den Eindruck, dass im Ant Absaloms Sich-Hinstellen zum Tor nicht als einmalig verstanden wurde. Dagegen übernahm aber die KR vom *Waw-copulativum* nur die Vergangenheits-bedeutung. Der Ant drückte mit dem Imperfekt den sich auch aus dem Kontext ergebenden Sinn der Dauer bzw. Wiederholung des Ge-schehens aus. Dieser Gedanke setzt sich im Ant bis zum V.6 fort. Die Verwendung des Tempus in den beiden Textformen lässt sich folgendermaßen darstellen:

	MT	KR (*rell*)	Ant	etc.
V2ᵃ	והשכים	καὶ ὤρθρισεν	καὶ ὤρθριζεν oc₂e₂MNacginvz	ὤρθρισεν *b*: ὄρθρισεν *b'*
V2ᵇ	ועמד	καὶ ἔστη	καὶ ἐφίστατο boc₂e₂zᵗˣᵗ	καὶ ἀνέβη h
V2ᵉ	ויהי	καὶ ἐγένετο	καὶ ἦν boc₂e₂	καὶ ἐγίνετο nz𝔄
V2ᵍ	יהיה	καὶ ἐγίνετο	καὶ ἐγίνετο boc₂MNd-imnp-twzb₂	
V2ʰ	לבוא	ἦλθεν	καὶ ἤρχετο boc₂e₂cxzᵐᵍ	καὶ ἦλθεν zᵗˣᵗ: ἐλθεῖν a₂: τοῦ ἐλθεῖν u
V2ʲ	ויקרא	καὶ ἐβόησεν	καὶ ἐκάλει boc₂e₂zᵐᵍ	καὶ ἐβόα cx𝔄ℭ: καὶ ἔλεγεν u
V2ᵒ	(-)	(-)	καὶ ἀπεκρίνατο o	
V2ᵖ	ויאמר	καὶ εἶπεν	καὶ ἔλεγεν boc₂e₂	
V3ᵃ	ויאמר	καὶ εἶπεν	καὶ ἔλεγε boc₂e₂ 𝔄-	

---

24 Jes 37,36 [A,S].

25 Jes 5,11.

26 Vgl. *Jos. Ant.* VII 195 : καθ᾽ ἑκάστην δ᾽ ἡμέραν ὄρθριος πρὸς ιὰ βασίλεια παρεγίνετο (Jeden Tag aber kam er frühmorgens zum Königsreich).

27 *GK* § 112 e; *JM* II § 119 u.

			codd𝔖ʲ	
V4ᵃ	ויאמר	καὶ εἶπεν	καὶ ἔλεγεν boc₂e₂ 𝔄𝔈𝔖	
V5ᵃ	ויהיה	καὶ ἐγένετο	καὶ ἐγίνετο boc₂ 𝔄	
V5ᶠ	וישלח	καὶ ἐξέτεινεν	καὶ ἐξέτεινε	
V5ʰ	וינשק	καὶ κατεφίλησεν BAMNahna₂b₂	καὶ κατεφίλει rell	
V6ᵃ	ויעש	καὶ ἐποίησεν	καὶ ἐποίει boc₂e₂g 𝔄	

Unser Textbereich zeigt im Ant allerdings keinen so konsequenten Gebrauch des Imperfekts wie die KR in der Verwendung des Aorist. Trotzdem spiegelt sich im Ant der bewußte Gebrauch der Tempus-funktion des gr. Imperfekts wider:

(1) Dauer : 15,12ⁱ; 16,13ᵃ; 19,5ᵃ/ᶜ.
(2) Wiederholung : 17,17ᶜ.[28] 29ᵉ; 18,18ᵍ.
(3) Versuch : 17,19ᵉ. 20ˡ.

V2ᵇ. (1) S.o. V2ᵃ zum Unterschied im Tempus. (2) Die Vorsilbe des Ant steht im Zusammenhang mit V2ᶜ (zur detaillierten Disskussion über diese Variante s.u. V2ᶜ). Die Ausdrucksweise ἐφίσταμαι ἐπί τινα des Ant ist auch im außerbiblischen Griechischen bezeugt.[29] Daher ist denkbar, dass der Ant eine im Griechischen übliche Ausdrucksweise erstellen wollte.

V2ᶜ. Gegenüber der quantitativ wörtlichen Wiedergabe der KR (ἀνὰ χεῖρα) gab der Ant (boc₂e₂u ℭ) die hebr. Wendung (nur) mit ἐπὶ wieder. Die Phrase ἀνὰ χεῖρα hat im Griechischen etwas mit der Person zu tun, die der ausgedrückte oder implizierte Besitzer der „Hand" ist.[30] Des-halb ist ihre unpersönliche Verwendung der KR seltsam sowohl im Septuaginta-Griechischen, als auch im Koine-Griechischen. KR hat die hebr. Wendung wortwörtlich nachgeahmt. Aber vom Griechischen her ist diese Wiedergabe zweideutig, nämlich entweder „auf die Strecke, die wie die Hand aussieht", oder „nahe hinauf zu". Jedenfalls ist die Übersetzung der KR hebraisierend. Solch ein Hebraismus kommt in 15,18ᵇ noch einmal vor. Dort hat auch der Ant denselben Ausdruck wie die KR.

---

28 Dazu vgl. *GK* § 112 k Anm. 4).
29 *LSJ*, 745.
30 *LSJ*, 1983.

MT	KR	Ant
עברים על־ידו	ἀνὰ χεῖρα αὐτοῦ παρῆγον	ἀνὰ χεῖρα αὐτοῦ παρῆγον

Hier bedeutet על־ידו „an seine Seite", und die gr. Übersetzungen übernehmen diese Bedeutung. Dagegen wählte der Ant in 15,2ᶜ statt der wörtlichen Wiedergabe die Präposition ἐπί (τινος). In der LXX-*Ra* ist ἐπί τινος für על־יד nicht belegt. Stattdessen kommt nur ἐπί τινι einmal in Hiob 16,11 vor:

ועל־ידי רשעים ירטני (ἐπὶ δὲ ἀσεβέσιν ἔρριψέν με).

V2ᵈ. Hier haben sowohl der Ant als auch die KR gegenüber dem MT zusätzlich einen Genitivartikel. Der Artikel der KR steht für den hebr. determinierten Status, dagegen bezieht sich der Artikel des Ant direkt auf die Präposition. Dazu s.u. V2ᵗ zur Verwendung des Artikels.

V2ᵉ. Hier geht es einerseits um das Tempus des Verbs, andererseits um die unterschiedliche Wortwahl. Das hebr. Imperfekt cons. (ויהי) wurde in der KR mit dem Aorist (ἐγένετο) wiedergegeben, dagegen im Ant mit dem Imperfekt (ἦν).³¹

Gegenüber dem MT (ויהי) ist an dieser Stelle in 4QSamᵃ [וה]יה erkennbar.³² In 4QSamᵃ stehen die Verben durchgehend im Perfekt, d.h. 4QSamᵃ in 15,2ᵉ passt hier besser zum Kontext als ויהי im Vergleich mit dem vorigen Verb, ועמד. Aber auch wenn man den MT als die Vorlage des Ant annimmt, ist das Imperfekt des Ant nicht unverständlich. Denn das gr. Imperfekt ist in unserem Kontext von der wiederholenden Handlung Absaloms her gut zu erklären. (1) S.u. 15,12ⁱ zum Unterschied in der Wortwahl. (2) S.o. V2ᵃ zum Unterschied im Tempus.

V2ᶠ. In den gr. Versionen (πᾶς ἀνήρ) fehlt der Artikel, der im MT (כל־האיש) vorhanden ist. Die gr. Wiedergabe wird durch 4QSamᵃ (כ[ו]ל איש) bezeugt.³³ Gewiß war die Vorlage der gr. Versionen identisch mit 4QSamᵃ.

V2ᵍ. S.o. V2ᵉ zum Unterschied im Tempus.

---

31 Vgl. ἐγίνετο nz ꥠ.
32 *DJD* XVII, 154.
33 *DJD* XVII, 154.

V2^h. (1) Im MT steht der *inf. const.* mit ל, dessen Bedeutung final ist. Allerdings gibt es die KR mit finitem Verb im Aorist (ἦλθεν) wieder, dagegen der Ant (boc2e2cxz^{mg}) im Imperfekt mit der Kopula (καὶ ἤρχετο). Gegenüber dem MT setzt die KR vermutlich יבוא voraus, und der Ant ויבוא. (2) S.o. V2^a zum Unterschied im Tempus.

V2^i. Die Wortwahl der KR (κρίσις) und des Ant (κρίμα; boc2e2z^{mg}) ist unterschiedlich (משפט MT). Obwohl εἰς κρίσις für למשפט in der LXX-*Ra* dominierend bezeugt wird, und obwohl εἰς κρίμα nur zweimal in der LXX-*Ra* (Hab 1,12 u. Jer. 26{46},28) vorkommt, ist der Unterschied nicht wesentlich. Vgl. משפט 4QSam^c anstelle למשפט.

V2^j. Das hebr. Imperfekt *consecutivum* (ויקרא) ist in der KR mit dem Aorist καὶ ἐβόησεν wiedergegeben, dagegen im Ant mit dem Imperfekt καὶ ἐκάλει. Die Mss. cx 𝕬𝕰 weisen auf das Imperfekt von βοάω hin: ἔβοα. In 4QSam^a ist וקרא statt ויקרא des MT zu erkennen.[34] Der Unterschied in der Wortwahl ist aber nicht bedeutend. S.o. V2^a zum Unterschied im Tempus.

V2$^{k/l-l}$. (1) Die KR (πρὸς αὐτὸν; Cod. B) stellt vermutlich die wörtliche Wiedergabe für אליו des MT dar. Im Hebräischen wird das Verb קרא zwar mit der Präposition אל gebraucht, aber mit dem transitiven Verb βοάω ist die Wiedergabe von πρὸς αὐτὸν grammatisch falsch, weil das Verb keine Präpositionalkonstruktion, sondern direkt einen Akkusativ – wie im Ant (αὐτὸν; boc2e2z^{mg}) vorhanden – braucht. Das gilt ebenfalls für das Verb καλέω. Deswegen ist die Wiedergabe des Ant eine innergriechisch korrekte Wiedergabe für אליו oder לו, dagegen die der KR bloß die wörtliche Nachahmung des hebr. Grundtextes. (2) Der Cod. B und der Ant sind gegenüber dem MT in der Reihenfolge des Satzes unterschiedlich. Die Wortfolge des Ant wird in 4QSam^a bezeugt: [ום]וקרא לו אבשל,[35] d.h. die beiden Versionen beziehen sich auf eine gegenüber MT unterschiedliche Vorlage. Ihre Gemeinsamkeit zeigt zudem, dass sie auf die Ur-LXX zurückgehen. Dagegen stellen die Mss. Acx (vielleicht die Tradition der Hexapla?) die durch die Tradition des MT beeinflusste Wiedergabe dar: καὶ ἐβόησεν Αβεσσαλωμ πρὸς αὐτόν = ויקרא אבשלום אליו. Die Textgeschichte stellt sich folgendermaßen dar:

---

34 *DJD* XVII, 154.
35 *DJD* XVII, 154.

H_0

4QSam^a = Ur-LXX H_1

Ant   KR   Proto-MT

O' ?

B

A

MT

boc$_2$e$_2$z^{mg} *rell*   cx

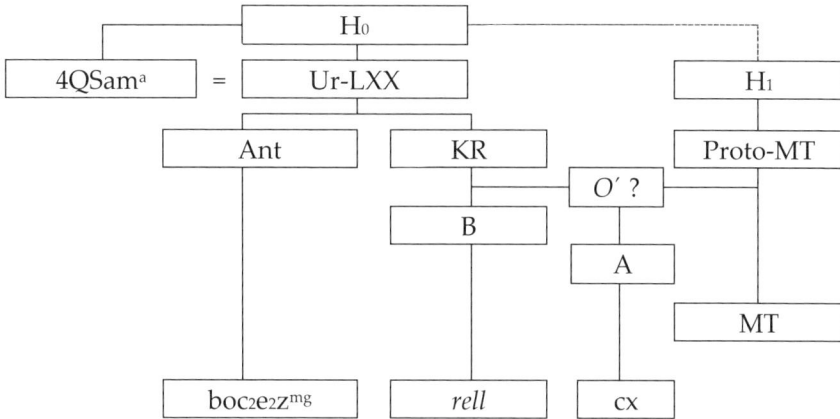

V2^m. In den gr. Versionen ist gegenüber dem MT zusätzlich ein Dativpronomen vorhanden. Der erkennbare Text von 4QSam^c stimmt mit dem MT überein.[36] Ist dieses Pronomen eine innergriechische Hinzufügung der Ur-LXX?

V2^n. Die Stellung des Verbs, das im MT nicht nötig ist, ist in den beiden Versionen unterschiedlich: σὺ εἶ *rell*] εἶ σύ boc$_2$e$_2$A ℭ. Es handelt sich hier wohl um unterschiedliche Abschreibungstraditionen. Die im Griechischen in der Regel notwendige Einfügung einer Kopula erfolgt unterschiedlich. In unserem Bereich kommen folgende Fälle vor:

אתה	KR	Ant	etc.
15,19		σὺ	
15,19^d	εἶ σὺ *rell*	σὺ bc$_2$e$_2$	
15,19		σὺ	
15,27		σὺ	pr καὶ σὺ 44: om ge$_2$
16,8^h	σὺ *rell*	σύ εἶ bcoxc$_2$e$_2$ ℭ^{vid} Chr	εἶ σὺ z𝔄^{vid}: om y
18,20^c	σὺ *rell*	εἶ σὺ boz^{mg}c$_2$e$_2$	
18,22^f	om Bgh	σὺ *rell*	

Wie die Tabelle zeigt, ist für die beiden Versionen keine bestimmte Regel erkennbar.

---

36   *DJD* XVII, 260.

V2^{o}. Hier hat der Ant gegenüber dem MT und der KR ein Plus (καὶ ἀπεκρίνατο). Durch die übrigen Handschriften wird der Ant zwar nicht bezeugt, aber in 4QSam^{c} ist וענה zu erkennen.[37] Der Ant setzt vermutlich gegenüber dem MT und der KR einen unterschiedlichen hebr. Text voraus. S.o. V2^{a} zum Imperfekt im Ant.

V2^{p}. S.o. V2^{a} zum Unterschied im Tempus.

V2$^{q\text{-}q}$. (1) Die beiden gr. Versionen haben gegenüber dem MT zusätzlich ὁ ἀνήρ. Das beruht wahrscheinlich auf einer unterschiedlichen Texttradition. (2) Die Wortstellung zwischen den beiden Versionen ist unterschiedlich. Daraus kann man folgende Texttraditionen rekonstruieren:

MT	ויאמר
Vorlage der KR	ויאמר האיש
Vorlage des Ant	וענה האיש ואמר
4QSam^{a}	וענה האיש] ואמר
4QSam^{c}	וענה [האיש ואמר]

V2$^{r/s}$. Im MT stehen zwei Substantive im determinierten Status ohne Artikel, und die KR ahmte den hebr. Ausdruck ohne Artikel nach. Dagegen verwendete der Ant sinngemäß richtig an beiden Stellen einen Artikel: τῶν^{r} (boc$_{2}$e$_{2}$z$^{a?}$) φυλῶν τοῦ^{s} (boc$_{2}$e$_{2}$cxz$^{a?}$) Ισραηλ. S.u. V2^{t} zur Verwendung des ersten Artikels (V2^{r}) im Ant. Der Ant fasste beide Wörter im *status constructus* nicht als ein Element auf, deshalb brauchte er hier unbedingt den Artikel. Sonst hätte er ebenfalls keinen Artikel. Vgl. dazu 15,10$^{d/e}$. (2) Der zweite Artikel im Ant (V2^{s}) bezieht sich auf den Eigennamen Ισραηλ. Vor Ισραηλ fehlt der Artikel in der LXX überwiegend.[38] Aber in unserem Textbereich kann man erkennen, dass der Ant mit Ισραηλ besonders bei einer Genitivverbindung, den Artikel bevorzugte:

37 *DJD* XVII, 260.

38 Dazu vgl. J. Ziegler, *Beiträge zur Ieremias-Septuaginta. MSU* VI, (Göttingen, 1958), 127-133; R. Hanhart *Text und Textgeschichte des 1. Esdrabuches. MSU* XII, (Göttingen, 1974), 101f; Ders., *Text und Textgeschichte des Buches Judith. MSU* XIV, (Göttingen, 1979), 97f; Brock, *The Recensions*, 237f. – Allerdings gehen diese Autoren immer davon aus, dass der lukianische Text generell spät und der Artikel somit erst eine lukianische Hinzufügung sei.

	Ισραηλ	τοῦ Ισραηλ	*al.*
15,2[s]	*rell*	boc2e2cxz[a?]	
15,6[f]	*rell*	be2	
15,10[c]	*rell*	boc2e2	
15,13[b]	alle		
16,3	alle		
16,15	*rell*		+ Ισραηλ w
16,22[g]	*rell*	boc2e2	
17,4	*rell*	boc2e2	pr ἐν a2: om g
17,15	*rell*	a2	
17,24	*rell*		om n
18,6[d]	*rell*		τῷ boc2e2[39]
18,7	alle		
18,16[e]	*rell*	boc2e2	

Durch einen Artikel wollte der Ant verdeutlichen, dass das undeklinierbare Wort Ισραηλ im Genitiv steht. Diese Tendenz ist im Ant manchmal für Eigennamen zu erkennen:

17,14[f] Αχιτοφελ *rell*] pr τοῦ bc2e2 fja2b2
17,17[b] Ρωγηλ *rell*] pr τοῦ boc2e2
17,20[c] Αβεσσαλωμ *rell*] pr τοῦ oc2e2

Nicht nur beim Genitiv, sondern auch beim Nominativ:

17,27g ἐκ Λωδαβαρ BAcnrxa2] ὁ ἐκ Λαδαβαρ boc2e2 *rell* 𝕮𝕰𝕷
17,27[i] ἐκ Ρωγελλιμ *rell*] ὁ ἐκ Ρακαβειν boc2e2MN
ad-gh[b]ijmpqstuv[b]wyzb2 𝕮

auch mit Präposition:

17,25[n] πρὸς Αβιγαιαν *rell*] ἐπὶ τὴν Αβιγαιαν boc2e2

Übrigens, zwei Fälle sind auffallend:

15,24[d] διαθήκης *rell*] pr τῆς boc2e2za2
17,2[b] χερσίν *rell*] τὰς χεῖρας boc2e2

Der Fall von 15,24[d] erklärt sich so, dass der Ant beide Wörter im *status constructus* nicht als ein Element auffasste. Vgl. dazu 15,10[d/e]. Der Artikel in 17,2[b] (Ant) ist nur die sekundäre Hinzufügung.

---

39 S.u. die betreffende Analyse.

V2^t. Gegenüber dem MT haben die KR und der Ant gemeinsam den Artikel. Solch eine Hinzufügung des Artikels ist gewiss keine Sache der Vorlage, denn im Hebr. fehlt der Artikel wenn das Substantiv schon auf andere Weise determiniert ist, nämlich (1) vor einem Nomen im *status constructus*, (2) vor einem Nomen mit Personalsuffix, und (3) vor einem Eigennamen.[40] Dagegen ist er aber im Griechischen wegen des folgenden enklitischen Personalpronomens notwendig. Deshalb fügte gewiss die Ur-LXX unvermeidlich den Artikel vor dem Substantiv hinzu, auch wenn die hebr. Vorlage keinen Artikel hat. In unserem Textbereich kann man für die Verwendung des gr. Artikels folgendes Resultat erkennen: bis auf eine Ausnahme[41] sind alle Fälle durch eine Genitivverbindung determiniert,

(a) durch ein determiniertes *nomen rectum* (einschließlich der Relativkonstruktion): 15,6^e(Ant). 21^f. 27^g. 37^d; 16,3^j. 8^a. 11^h. 20^a. 22^d. 23^a; 17,10$^{b/c}$(Ant). 14^b. 20^b. 22^b(KR); 18,18^f. 20^f. 22^c; 19,1^b. 6^n. 8^c.

(b) durch ein Nomen mit Personalsuffix: 15,8^a. 15^a. 16^a. 18^a. 21$^{h/l}$. 27$^{f/h/i}$. 30$^{d/g}$. 32^k; 16,3$^{c/d/l}$. 4^{j42}. 6^e(Ant). 8$^{h/j}$(KR). 11^c. 12^h. 13^c. 21$^{c/e43}$. 22^e; 17,5^g. 6^e. 8$^{i/q}$. 10^n. 23$^{b/d/f/h}$; 18,9^m. 12$^{g/j}$(Ant). 14^f. 17^j. 18$^{l/p}$. 28^f; 19,1^j(KR). 6$^{f/l/m/o/q}$. 7^h(KR). 8^d.

(c) durch einen Eigennamen : 16,1^d. 8^b. 23$^{a/f}$; 17,4^b. 26^d(KR); 18,7$^{b/c}$. 9^c. 14^h. 15^c.

Diese Verwendung des Artikels stellt ohne Zweifel die Übersetzungstechnik der Ur-LXX dar.

V3^a. (1) Das Verb (ויאמר MT; ויאומר 4QSam^c) wurde in der KR mit dem Aorist (καὶ εἶπεν) wiedergegeben, dagegen im Ant mit Imperfekt (καὶ ἔλεγε). Vielleicht setzt der Ant ואמר statt ויאמר voraus. Vgl. dazu 15,2^e. Dieser Unterschied zwischen den beiden Texten steht in Konsequenz zum Tempus des vorigen Verses. Dazu s.o. V2^a.
(2) In der Madrider Ausgabe wurde das sog. „bewegliche ν" hinzugefügt.

---

40 *GK* §126 y; E. Jenni, *Lehrbuch der hebräischen Sprache des Alten Testaments. Neubearbeitung des "Hebräischen Schulbuchs" von Hollenberg-Budde.* (Basel, ³2003), § 6.3.3.1.

41 In 18,13^d ist das Substantiv durch πᾶς bestimmt. Im Griechischen bedeutet πᾶς vor einem Substantiv ohne Artikel „ein ganzer bzw. jeder", aber hier passt diese Bedeutung nicht. Deshalb wurde der Artikel verwendet.

42 KR: Vokativ; s.u. betreffende Analyse.

43 In der KR fehlt der Personalpronomen σου, stattdessen kommt im MT ein Relativsatz, aber jedenfalls im Griechischen ein determinierender Genitiv.

Exkurs: Das „bewegliche ν"

Als bewegliches ν bezeichnet man das Phänomen, dass am Wortende je nach dem das folgende Wort mit einem Vokal oder einem Konsonanten beginnt, ein ν hinzugefügt oder ausgelassen werden konnte. Dieses Phänomen stellt sich in den verschiedenen Phasen der griechischen Sprache unterschiedlich dar.

In den klassischen gr. Inschriften gab es keine bestimmte Regel für dieses „ν". In den attischen Inschriften von 500-30 v.Chr. wurde es häufiger vor Konsonant hinzugefügt als vor Vokal. Aber in der hellenistischen Sprache steht es fast immer sowohl vor Vokal als auch vor Konsonant. Dieses Phänomen galt auch für die LXX und für das NT.[44] Seit ca. dem 4. Jh. v. Chr. findet sich aber auch das Phänomen, dass vor folgendem Vokal ν gesetzt wurde, um den Hiat zu vermeiden.[45] Dieses Phänomen wurde in byzantinischer Zeit zur festen Regel entwickelt. Gemäß dieser sog. byzantinischen Schulregel steht dieses „bewegliche ν" nur vor Vokal und in pausa.

Das Vorhandensein oder Fehlen des beweglichen ν in den verschiedenen Handschriften stellt ein editorisches Problem dar. Die Madrider Ausgabe vereinheitlicht ihren Text und setzt das bewegliche ν (*nun* eufónica) – wie übrigens auch die Göttinger Ausgabe – gemäß der byzantinischen Schulregel. Fernández Marcos erklärt dazu im Vorwort der Ausgabe:[46]

> Señalamos todas las variantes de los manuscritos antioquenos menos las estrictamente fonéticas [....] o la *nun* eufónica.

In den Handschriften dagegen wurde das „bewegliche ν", das ich in unserem Textbereich untersucht habe,[47] unterschiedlich gebraucht.

Das bewegliche ν vor Konsonanten in den Handschriften des Antiochenischen Textes.[48]

---

44 *BDR* §20; H. St. J. Thackeray, *A Grammar of the OT in Greek according to the LXX*. I, *Introduction, Orthography and Accidence*. (Cambridge, 1909), §9, 7.

45 Diese Einfügung eines ν vor Vokal wurde aber „in guten Handschriften, z.B. des Demosthenes, nicht befolgt"; E. Schwyzer, *Griechische Grammatik. I, Allgemeiner Teil, Lautlehre, Wortbildung, Flexion*. (München, ⁶1990), 405.

46 Fernández Marcos, *EL Texto antioqueno de la griega*, LXXXV.

47 Ich bedanke mich bei Herrn Prof. Dr. Fernández Marcos dafür, dass er mir an seinem Institut (*Instituto de Filología* von *Consejo Superior de Investigaciones Científicas*, Madrid) die Mikrofilme der antiochenischen Handschriften gerne zur Einsichtnahme zur Verfügung gestellt und viele wichtige Ratschläge gegeben hat.

48 Erklärung der Abkürzungen in der Tabelle: v3s(pl)-Verb, 3.Person, Singular (Plural); adpl-Adjektiv, Dativ, Plural; part.-Partizip; nmdpl-Nomen, Maskulin, Dativ, Plural.

Nachgestellter Konsonant			b′ (19)	b (108)	o (82)	c2 (127)	e2 (93)
15,3a	v3s	π	-	-	ν	ν	-
15,5f	v3s	τ	-	-	ν	ν	-
15,12a	v3s	τ	-	-	-	ν	-
15,14a	v3s	δ	-	-	ν	ν	-
15,14*	adpl	τ	-	-	-	ν	(-)vid
15,21*	v3s	ζ	-	ν	-	ν	ν
15,24i	v3s	π	-	-	ν	ν	(ν)49
15,30c	v3s	κ	ν	ν	ν	ν	-
15,31e	v3s	δ	-	ν	-	ν	-
15,34e	part.	μ	-	ν	ν	ν	-
15,34e	v3s	κ	-	ν	ν	ν	-
15,35g	nmdpl	κ	-	-	ν	ν	-
15,36*	part.	μ	ν	ν	ν	ν	-
16,1a	v3s	μ	ν	-	ν	ν	-
16,2b	v3s	σ	-	-	ν	ν	-
16,2c	v3s	σ	-	-	ν	ν	-
16,3e	v3s	σ	-	-	ν	ν	-
16,3i	v3pl	μ	-	-	ν	ν	-
16,4e	v3s	σ	-	-	-	ν	-
16,7b	v3s	σ	-	-	-	ν	-
16,8d	v3s	κ	-	-	-	ν	-
16,8i	v3s	σ	-	-	ν	ν	-
16,11a	v3s	δ	-	-	-	ν	-
16,13j	v3s	λ	-	-	ν	ν	-
16,16c	v3s	χ	-	-	(ν)50	ν	-
16,16f	v3s	χ	-	-	-	ν	-

Kursivschreibung bezeichnet die Fälle, wo die Madrider Ausgabe das „bewegliche ν" ausfallen ließ, obwohl es in den Hss. tatsächlich vorhanden ist, und * bezeichnet die Fälle, die in der Synopse nicht als Variante gezählt sind, weil die kritischen Ausgaben der beiden Versionen miteinander übereinstimmen.

49 In der Hs. e2 fehlt das Wort πᾶς, deshalb wurde das bewegliche ν vor dem Vokal hinzugefügt.

50 In der Hs. o wurde hier der Artikel (ὁ) hinzugefügt.

16,18ᵃ	v3s	χ	-	-	-	ν	-
16,21ᵇ	v3s	φ	-	-	ν	ν	-
17,7ᵃ	v3s	χ	-	-	-	ν	-
17,8ᶠ	v3pl	σ	-	-	ν	ν	-
17,12ᵍ	a3pl	τ	-	-	-	ν	-
17,12*	nmdpl	τ	-	-	-	ν	-
17,13ᵇ	v3pl	π	-	-	-	ν	-
17,15ᵃ	v3s	χ	-	-	-	ν	-
17,18ᵃ	v3s	τ	-	-	ν	ν	ν
17,19ᵃ	v3s	τ	ν	ν	ν	ν	-
17,20ᵍ	v3s	π	-	-	-	ν	-
17,20ⁱ	v3pl	σ	-	-	-	ν	-
17,22ᶜ	v3s	τ	-	-	-	ν	-
17,23ᶜ	v3s	τ	-	-	ν	ν	-
17,23*	v3s	κ	-	-	ν	ν	-
17,27ᵇ	v3s	δ	-	-	-	ν	-
18,2ᵃ	v3s	δ	-	-	-	ν	-
18,3ⁿ	nmdpl	κ	-	-	ν	ν	-
18,4ᵉ	nmdpl	κ	-	-	ν	ν	-
18,5ᵍ	nmdpl	τ	-	-	-	ν	-
18,6*	v3s	π	-	-	-	ν	-
18,9*	v3s	κ	-	-	ν	ν	-
18,10ᵃ	v3s	τ	-	-	ν	ν	-
18.15ᵃ	v3s	δ	-	-	ν	ν	al.
18,18ᵃ	v3s	κ	-	-	ν	ν	-
18,18ʰ	v3s	μ	-	-	ν	ν	-
18,18ⁿ	v3s	τ	-	-	ν	ν	-
18,19ᵇ	v3s	τ	-	-	-	ν	-
18,20ᵍ	v3s	κ	-	-	ν	ν	-
18,21ᶠ	v3s	χ	-	-	-	ν	-
18,21ʰ	v3s	κ	-	ν	ν	ν	-
18,22ᵇ	v3s	τ	-	-	-	ν	-
18,23ʰ	v3s	τ	-	-	ν	ν	-
18,24ᵉ	v3s	τ	-	-	-	ν	-
18,24*	v3s	κ	-	-	ν	ν	ν
18,25ᵃ	v3s	τ	-	-	-	ν	-

18,25ᵉ	v3s	κ	-	-	-	ν	-
18,28ᵇ	v3s	τ	-	-	-	ν	-
18,28ᵍ	v3s	τ	-	-	-	ν	-
18,30ᵃ	v3s	κ	-	-	ν	ν	-
18,31ʰ	v3s	σ	-	-	ν	ν	-
19,5ᵃ	v3s	τ	-	-	-	*al.*[51]	-
19,6*	v3s	κ	-	ν	ν	ν	-
19,7ᵉ	v3pl	σ	-	-	ν	ν	-

In der Tabelle sind einige Phänomene zu erkennen: (1) Die Hss. b (b′ und *b*) (19 und 108) und die Hs. e₂ (93) sind miteinander engstens verbunden: sie ließen vor Konsonanten das „bewegliche ν" fast immer ausfallen. Diese Handschriften folgen der byzantinischen Schulregel. Die Hs. e₂ zeigt die extremste Anwendung der Schulregel; (2) Die Hs. c₂ (127) dagegen folgt dem hellenistischen Usus, d.h. sie enthält das „bewegliche ν" auch vor Konsonanten. Dieses hellenistische Phänomen ist in den Majuskelhandschriften zu beobachten,[52] d.h. die Hs. c₂ bewahrt noch die Schreibweise der Majuskelhandschriften. Das bedeutet, dass diese Handschrift von einer älteren Majuskelhandschrift abgeschrieben wurde. (3) Die Hs. o (82) ist in-konsequent und steht zwischen beiden Traditionen.

Die Beziehungen zwischen den Handschriften, die ich im Blick auf das „bewegliche ν" untersucht habe, bestätigen den Stammbaum von Fernández Marcos, insbesondere das Alter der Texttradition von c₂ (127),[53] während allerdings der Text von e₂ (93) offensichtlich im Zuge seiner Überlieferung konsequent der byzantinischen Regel angepasst wurde.

---

51 In der Hs. e₂ steht παρεκάλυπτετο τὸ πρόσωπον αὐτοῦ geschrieben statt παρεκάλυπτε τὸ πρόσωπον αὐτοῦ. Allerdings gibt es in der Madrider Ausgabe dazu keine Anmerkung.

52 Codd. BAMN; Bemerkenswert ist der Cod. B, in dem das „bewegliche ν" ursprünglich vorhanden war, während es später (d.h. im Mittelalter) an die byzantinische Schulregel angepasst wurde. Der deutlich sichtbare Unterschied kam gemäß der Erklärung von Pisano im Beiheft zur Faksimileausgabe dadurch zustande, dass die entsprechenden Buchstaben nicht mit Tinte nachgezogen („reinked") wurden. S. dazu die neu erschienene Faksimileausgabe des Codex: *Bibliorum Sacrorum Graecorum Codex Vaticanus B*, (Roma, 1999). Z.B. S. 376, 2. Kol., Z. 13 : „ΗΛΘΕΝΠΡΟC..." (2Sam 15,2); Z. 14f : „ΚΑΙ ΕΒΟΗCΕΝΠΡΟC..." (2Sam 15,2); Z. 19 : „ΚΑΙ ΕΙΠΕΝΠΡΟC..." (2Sam 15,3) usw. *passim*. Der Buchstabe „N" ist an diesen Stellen nur schwach sichtbar. Es ist unklar, wann genau und von wem diese Bearbeitung durchgeführt wurde.

53 Fernández Marcos, *El Texto antioqueno de la griega*, XXIII.

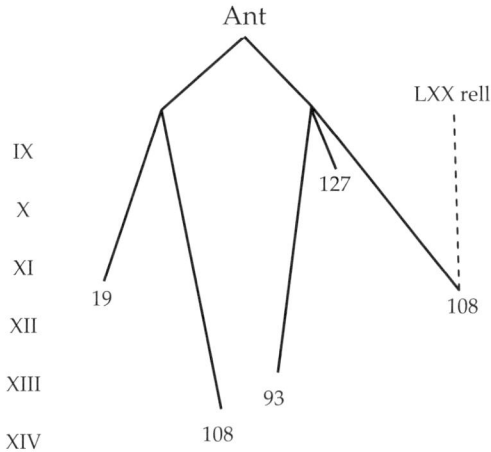

Ant

LXX rell

IX

X

127

XI

19   108

XII

XIII   93

XIV   108

Fazit:

Der Urheber der byzantinischen Schulregel, die in den Hss. b und e2 zu beobachten ist, ist schwer zu bestimmen. Aber es ist zumindest klar, dass die Schulregel vor dem 11. Jh. n. Chr. in den antiochenischen Handschriften üblich wurde, während die Hs. c2 noch die hellenistische und in den Majuskelhandschriften erkennbare Regel der durchgehenden Setzung eines ν widerspiegelt. Die Tradition der Hss. b und e2 kann aber m. E. nicht vor das 10. Jh. n. Chr. zurückgehen. Denn, wenn es diese Tradition in der Zeit der Majuskelhandschriften gegeben hätte, hätten wir gewiss in Widerspiegelung auch in den Majuskelhandschriften. Jedoch gibt es keine.

Die in einigen antiochenischen Hss. erkennbare byzantinische Schulregel des „beweglichen ν" geht somit auf die Bearbeitung der spätbyzantinischen Zeit (*ca.* 10. n. Chr.) zurück. Auf Grund der Hs. c2 kann man auch von dieser Seite her feststellen, dass es gewiss eine ältere (Majuskel-) Überlieferung des Ant gab, die nun verloren gegangen ist. Diese Beobachtungen bestätigen die textkritische Superiorität der Hs. c2 gegenüber die der Hss. b und e2.[54]

Aus den Beobachtungen ergibt sich, dass die älteren Textzeugen und die ursprüngliche Septuaginta der hellenistischen Regel folgten,

---

[54] Vgl. Fernández Marcos, „Der antiochenische Text der griechischen Bibel in den Samuel- und Königsbüchern", 182: „Es ist die älteste Minuskel der antiochenischen Gruppe und bis auf die aufgeführten Anomalien ist es ein sehr sorgfältiger Text, weshalb er besondere Aufmerksamkeit bei der Textrekonstruktion verdient."

d.h. durchgehend das bewegliche ν hatten. Dies entspricht auch der KR und den großen Kodices.

Bei der Rekonstruktion des Ant wie auch der ursprünglichen Septuaginta (dem Ziel der Göttinger Edition) sollte man daher m.E. nicht die spätere byzantinische Schulregel, sondern die alte hellenistische Gebrauchsweise aufnehmen.

———

V3^{b-b}. (1) S.o. V2^t zur Verwendung des Artikels. (2) Von den Konsonanten her ist das Substantiv des MT als Singular aufzufassen. Diese Schreibung ohne Pluralkennzeichen י wird zwar durch einige Manuskripte der *Orientales* unterstützt, aber sehr viele Manuskripte schrieben דבריך. Diese Pluralform spiegelt sich in den gr. Versionen wider und ist somit offensichtlich alt.

V3^{c-c}. Im MT steht טובים ונכחים. Die KR (wie auch O') gibt den Ausdruck mit ἀγαθοὶ καὶ εὔκολοι wieder, dagegen der Ant (boc₂e₂z^{mg}) mit καλοὶ (auch Hs. d) καὶ κατευθύνοντες. Für das Adjektiv טוב sind ἀγαθός und καλός in der LXX-*Ra* vertauschbar.[55] Das Adjektiv נכוח wird in der LXX-*Ra* hauptsächlich mit ἀγαθός, ἀλήθεια, ἐνώπιος, εὐθύς, εὔκολος, κοῦφος oder φανερός wiedergegeben,[56] aber nicht mit Formen von κατευθύνω. Diese stehen eher für ישר, כול, כון, נצל, פרץ, צלח oder תכן.[57] Im Hebräischen des AT kommt die Wurzel נכח nicht als Verb vor, sondern nur als Adjektiv נכוח. Als Verb bedeutet sie soviel wie „geradeaus sein".[58] Im Ant wurde נכחים wahrscheinlich als Partizip aufgefasst, weshalb das Wort mit einer gr. Partizipform wiedergegeben wurde.

V3^d. Der Ant+ (boc₂e₂MNafgijnuvz^{mg}b₂) hat gegenüber dem MT und der KR einen Artikel zusätzlich. Die Partizipform שֹׁמֵעַ wurde in der KR mit dem Part. Präs. Akt. ἀκούων wiedergegeben, dagegen im Ant (boc₂e₂z^{mg}) mit dem Part. Fut. Med. ἀκουσόμενος. Zunächst ist die Mediumform im Ant die logisch sachgemäße Wiedergabe für das hebr.

---

55   *HR*, 2ff. (4 *b*); 715f. (2 *a*).
56   Muraoka, *Hebrew/Aramaic index to the Septuagint: keyed to the Hatch-Redpath concordance.* (Grand Rapids, Mich., 1998), 97.
57   *HR*, 750.
58   *HAL*, 660.

Part. שֹׁמֵעַ, das kein Verhalten des Hörens selbst[59] bedeutet, sondern den die Anklage Hörenden. Dagegen bedarf die Aktivform der KR grammatisch noch eines Objektes, das aber in der KR fehlt.[60] Daher entspricht die Wiedergabe des Ant besser dem Griechischen.[61]

V3e. Hier geht es um das Äquivalent für die hebr. Partikel אין. Die KR übersetzt sie mit οὐκ ἔστιν, der Ant (boc₂e₂z^mg) dagegen mit οὐχ ὑπάρχει. In Sam-Kön ist die gr. Wiedergabe für אין mit der Präposition ל meistens οὐκ ἔστι(ν) mit dem Dativ.[62] Die Wiedergabe des Ant hier ist singulär.

V4a. S.o. V2a zum Unterschied im Tempus. Vgl. ויאמר 4QSamᶜ (=MT)

V4b. Das enklitische Personalpronomen in 1. Sg. Akk. (με) ist in der KR vorangestellt. Die enclitica können im Griechischen vorangehen, wenn „der Satzrhythmus es wünschbar macht."[63] Dagegen machte der Ant (boc₂e₂ 𝔄) die hebr. Reihenfolge nach.

V4c. בארץ wird in den beiden gr. Versionen unterschiedlich wiedergegeben; in der KR mit ἐν τῇ γῇ, im Ant dagegen mit ἐπὶ τῆς γῆς. In Sam-Kön-*Ra* wird בארץ überwiegend mit ἐν τῇ γῇ[64] wiedergegeben, aber manchmal auch mit ἐπὶ τῆς γῆς.[65] In den meisten Fällen stimmt der Ant mit der KR überein. In 2Sam 14,20 und 15,4 weicht er aber mit ἐπὶ τῆς γῆς von KR ab, die בראץ mit ἐν τῇ γῇ wiedergibt. Bei der Wiedergabe ἐν τῇ γῇ ist der Kontext klar: „innerhalb von etwas". Aber bei den Fällen mit der Präposition ἐπὶ hat die Wendung die Bedeutung „über etwas", auch wenn ἐπὶ τῆς γῆς eine für על־הארץ oder [פני]האדמה על gut geeignete Wiedergabe ist.[66] In 2Sam 24,13 gibt der Ant בראץ gegenüber ἐν τῇ γῇ der KR mit ἐπὶ τὴν γῆν wieder, und in 1Kön 17,7

---

59 Z.B. Caspari vokalisierte dieses Wort zu שֶׁמַע (Gehör) und hielt es für „Verhalten des Königs selbst", s. dazu W. Caspari, *Die Samuelbücher. KAT* 7, (Leipzig, 1926), 604. Aber das ist unnötig.

60 Dieses Bedürfnis spiegelt sich im Cod. N wider, in dem sowohl der Artikel als auch ein Objekt stehen; ὁ ἀκούων σου.

61 *KG* § 461, 5. vgl. § 462, l); *BDR* § 413, 1.

62 1Sam 27,1; 2Sam 18,18; 19,7; 20,1; 21,4; 1Kön 22,17; 2Kön 4,2.14.

63 E. Schwyzer, *Griechische Grammatik. II, Syntax und syntaktische Stilistik.* (München, ⁵1988), 187.

64 2Sam 7,23; 14,20; 15,4; 24,13; 1Kön 4,18{MT: 19}; 8,47. 48; 9,11; 10,6; 14,24; 2Kön 4,38; 13,20; 15,20; 19,7; 25,24.

65 1Sam 23,23; 2Sam 7,9; 1Kön 17,7.

66 1Sam 20,31; 1Kön 8,23.27.40; 17,14; 2Kön 11,3.

gegenüber ἐπὶ τῆς γῆς der KR. In diesen Versen wollte der Ant mit dem Akkusativ offensichtlich die sich aus dem Kontext ergebende Bewegung ausdrücken.

V4[d]. Der Ant hat hier gegenüber dem MT und der KR ein Plus (ἐπὶ τὸν Ἰσραηλ), was wahrscheinlich eine unterschiedliche Texttradition (בישראל bzw. על ישראל) voraussetzt. Diese Hinzufügung geht auf einen hebr. Vulgärtext[67] zurück.

V4[e/f]. Bei der Variante von V4[e] handelt sich es um das gr. Äquivalent für das Imperfekt von היה, nämlich εἰμί in der KR und γί(γ)νομαι im Ant. Diese Variante hängt aber mit der Variante V4[f] zusammen, bei der die hebr. Wortverbindung ריב ומשפט in der KR quantitativ entsprechend mit ἀντιλογία καὶ κρίσις wiedergegeben wurde, dagegen im Ant nur mit κρίσις. Die Wiedergabe des Verbums mit γί(γ)νομαι entpricht der gr. Wendung „ἡ κρίσις γίνεταί τινι"[68]. Dass Ant nur einen Rechtsbegriff hat, entspricht dem Text von 4QSam[c]: ריב אש]ר לוא. In diesem Fall hat offensichtlich MT einen Zusatz.

V5[a]. S.o. V2[a] zum Unterschied im Tempus.

V5[b]. Die Übersetzung der KR (auch O´) ist ein bekannter Hebraismus: καὶ ἐγένετο ἐν τῷ c. inf. für ויהי ב bzw. והיה ב.[69] Die Ausdrucksweise des Ant mit ἐπὶ τῷ c. inf. ist in der LXX sonst nicht mehr belegt, kommt aber im Griechischen vor und hat die Bedeutung „unter der Bedingung dass", die hier zum Kontext auch passt: „Es geschah - unter der Bedingung, dass jemand herankam, um ihn (den Absalom) zu begrüßen – dass (καὶ) er seine Hand ausstreckte und (...)".

V5[c]. Der Unterschied in der Wortwahl ist nicht bedeutend.

---

67   Die Bezeichnung als „Vulgärtext" wurde von Kahle geprägt: P. Kahle, „Untersuchung zur Pentateuchtextes", *TSK* 88 (1915), 399-439 = *Opera Minora* (Leiden, 1956), 3-33; Ders., *Die hebräischen Handschriften aus der Höhle*, Stuttgart, 1951; Weiteres dazu siehe: E. Tov, *Textual Criticism of the Hebrew Bible*, (Minneapolis, 1992), 183-184, 193; und S. Kreuzer, „Text, Textgeschichte und Textkritik des Alten Testaments", *ThLZ* 127 (2002) 2, 132. Tov (193) erklärt den Begriff der Vulgärtexte: „By definition, the vulgar texts contain many secondary variants, but they also contain original readings which may have been preserved in them just as in any other texts."

68   Plato, *Leges*, 856c; *LSJ* 997. Auch in *Jos. Ant.* VII 195 ist nur κρίσις vorausgesetzt.

69   *BDR* §404, 1.

V5ᵈ. Der Ant hat gegenüber dem MT und der KR zusätzlich den Artikel. Das Substantiv im *AcI* weist im Kontext auf πᾶς ἀνήρ des vorigen Verses zurück. Im Griechischen steht der Artikel in solch einem Fall als ein rückverweisendes Demonstrativum.[70]

V5ᵉ. (1) Die hebr. Präposition ל wurde in den beiden Versionen mit dem Genitivartikel wiedergegeben, der den substantivierten Infinitiv in die finale Bedeutung führt. Allerdings gibt es für die Wiedergabe dieser hebr. Ausdrucksweise keine bestimmte Regel, weder in der KR noch im Ant. In unserem Abschnitt bieten die beiden Versionen für die hebr. Präposition ל folgende Wiedergaben:

(a) mit τοῦ in beiden Versionen: 15,5ᵉ. 28ⁱ; 18,8; 19,4. 7[71],
(b) ohne τοῦ in beiden Versionen: 16,2ˡ. 21; 17,17[72]. 29ᵈ; 19,7[73],
(c) mit τοῦ in der KR, ohne τοῦ im Ant[74]: 15,14ᶠ. 20ᶜ; 16,2ʰ; 17,17ᶠ; 18,3ˢ. 29ᶜ,
(d) ohne τοῦ in der KR, mit τοῦ im Ant: 15,16ᶠ; 17,14ᵈ,
(e) sonstige: 15,24ⁱ.[75]

(2) Der hebr. *inf. cstr.* wurde in der KR mit dem Inf. Aor. Wiedergegeben, dagegen im Ant mit dem Inf. Präs. Den Unterschied zwischen dem Inf. Aor. und dem Inf. Präs. kann man innergriechisch erklären: dieser ist iterativ, durativ, oder *de conatu*, und jener ist momentan.[76] Der Inf. Präs. des Ant weist im Kontext dieses Abschnittes darauf hin, dass Absaloms Handlung mit dem Volk nicht einmalig war.

V5ᶠ. (1) Die Form in den beiden Versionen ist scheinbar identisch, aber vom Kontext her ist sie zu unterscheiden: ἐξέτεινεν in der KR ist 3. Sg. Aor. Akt. von ἐκτείνω, während ἐξέτεινε im Ant 3. Sg. Impf. Akt ist. Man kann diese beiden Formen nicht morphologisch bestimmen, sondern nur im Kontext. Da die übrigen Verben im Ant im Imperfekt stehen, ist

---

70 *KG* §461, 8. a); „Der Artikel weist anaphorisch auf einen vorher erwähnten unbestimmten, also ohne Artikel angesprochenen Gegenstand zurück."
71 τοῦ ἀγαπᾶν für לאהבה.
72 ὀφθῆναι für להראות.
73 καὶ μισεῖν für ולשנא.
74 In diesen Fällen sind die Widergaben des Ant verschieden (außer 15,14ᶠ, wo nur der Artikel fehlt im Ant). S.u. die betreffenden Variantenanalysen zur Erklärung.
75 S.u. zu 15,24.
76 *BDR* §338, 1.

dies auch für ἐξέτεινε anzunehmen.[77] S.o. V2[a] zum Unterschied im Tempus zwischen dem Ant und der KR. (2) Zur Verwendung des beweglichen „ν" in der Madrider Ausgabe s.o. V3[a].

V5[g]. Hier geht es um die Verwendung des gr. Artikels für *nota accusativi* (את). In den gr. Versionen wurde die *nota accusativi* mit dem Artikel im Akkusativ wiedergegeben, unabhängig davon, ob im hebr. Text ein Artikel vorhanden ist oder nicht: d.h. das Graphem את wurde quantitativ entsprechend mit griech. Artikel wiedergegeben.[78] Bis auf einige Ausnahmen[79] geben die beiden Versionen in unserem Text- bereich *nota accusativi* gemeinsam mit dem Artikel im Akkusativ, im Dativ oder im Genitiv wieder, je nachdem, was das gr. Verb verlangt:

(a) Akkusativ: 15,5[g]. 6[b]. 7[f]. 12[b]. 20[l]. 24[c]. 25[c]. 29[c]. 30[h]. 31[g(j)]. 34[n]; 16,3[k]. 6[c/e(KR)]. 8[e]. 9[d]. 10[m]. 11[e]; 17,8[c/d/t]. 14[e]. 19[b]. 22[j]. 24[c]. 25[b]{24[e]}; 18,2[b]. 10[d]. 15[d]. 17[c]. 22[f]. 24[f]. 27[c]. 28[i]. 29[e/h]; 19,5[b]. 6[d/k]. 7[a/b].
(b) Dativ: 15,8[g] (λατρεύω τινι); 17,15[g/h] (συμβουλεύω τινι); 18,5[a/b/c] (ἐντέλλομαι τινὶ). 12[m(Ant)/n] (ἐντέλλω τινὶ). 19[f] (εὐαγγελίζω τινι).
(c) Genitiv: 18,16[f] (φείδομαί τινος).

Übrigens: auch wenn der hebr. Text einen Artikel hat,[80] wird der Ar- tikel in der Übersetzung nicht wiederholt, sondern er vertritt beide Aspekte. Das gilt auch für die Fälle von V2[t], wo der Artikel nach *nota accusativi* steht. Der Gebrauch des Artikels für *nota accusativi* stellt also einerseits das determinierte Objekt dar, andererseits auch „ein eigenes ‚Element', das formal wie auch sachgemäß durch den Akkusativ des gr. Artikels wiedergegeben wird."[81] Jedenfalls stellt die Verwendung des Artikels für *nota accusativi* eine deutliche Übersetzungstechnik der Ur- LXX dar.

---

77   Vgl. die Ms x verschreibt die Aoristform fehlerhaft zu ἐξέτενε.
78   Diese Wiedergabe hat insofern auch eine sachliche Entprechung, als die *nota accusativi* nur vor determinierten Objekten steht.
79   15,10[d]. 16[d]; 18,18[c]. S.u. die betreffenden Variantenanalysen.
80   Im Akk.: 15,23; 16,8; 17,19. 21. 22. 23. 24; 18,1. 2. 19. 23. 28; im Gen.: 18,16 (φείδομαί τινος).
81   Kreuzer, „Das frühjüdische Textverständnis und die Septuaginta-Versionen der Samuelbücher. Aspekte des Antiochenischen Textes und der Kaige-Rezension an Hand von 2Sam 15,1-12. Vortrag auf der Tagung: Les textes de la Septante à traduc- tion double ou à traduction très littérale, Strasbourg 4-6.Oct. 2004", OBO, Im Druck. und Kreuzer, „Towards the Old Greek: New Criteria for the Analysis of the Recen- sions of the Septuagint (especially the Antiochene/Lucianic Text and the kaige- Recension)", Kongressband Ljubljana 2007, SCS 55, 2008, 239-253.

V5ʰ. S.o. V2ᵃ zum Unterschied im Tempus.

V6ᵃ. S.o. V2ᵃ zum Unterschied im Tempus.

V6ᵇ. S.o. V5ᵍ zur Verwendung des Artikels für *nota accusativi*.

V6ᶜ. Für לב steht in der KR der Singular, dagegen im Ant+ (boc₂e₂MN agijnuvb₂ 𝔄ᶜᵒᵈᵈ 𝔏) der Plural. Die Wiedergabe des Ant ist im Griechischen sachgemäß, die KR bietet dagegen eine wortwörtliche Wiedergabe, die im Griechischen weniger passend ist.

V6ᵈ. Der Ant (boc₂e₂ 𝔄𝔏) hat gegenüber dem MT und der KR ein Plus (παντῶν). Er setzt vermutlich eine unterschiedliche Texttradition (אנשי־כל statt אנשי) voraus.

V6ᵉ. S.o. V2ᵗ zur Verwendung des Artikels.

V6ᶠ. S.o. V2ˢ zur Verwendung des Artikels.

2.2. 2Sam 15,7-12

2.1.1. Textsynopse

MT		KR	Ant
ªוַיְהִי מִקֵּץ	7	καὶ ἐγένετο ªἀπὸ τέλουςª	καὶ ἐγένετο μετὰª
ᵇאַרְבָּעִים שָׁנָהᵇ		ᵇτεσσαράκοντα ἐτῶνᵇ	ᵇτέσσαρα ἔτηᵇ
וַיֹּאמֶר אַבְשָׁלוֹם		καὶ εἶπεν Αβεσσαλωμ	καὶ εἶπεν Αβεσσαλωμ
אֶל־הַמֶּלֶךְ		πρὸς ᶜτὸν πατέρα αὐτοῦᶜ	πρὸς τὸν βασιλέα λέγωνᵈ
אֵלְכָה נָּא		πορεύσομαι δὴ	πορεύσομαι δὴ
ᵉוַאֲשַׁלֵּם		καὶ ἀποτείσωᵉ	καὶ ἀποδώσωᵉ
אֶת־נְדְרִי ᵍ		τὰςᶠ εὐχάςᵍ μου	τὰςᶠ εὐχάςᵍ μου
אֲשֶׁר־נָדַרְתִּי לַיהוָה		ἃς ηὐξάμην τῷ κυρίῳ	ἃς ηὐξάμην τῷ κυρίῳ
בְּחֶבְרוֹן׃		ἐν Χεβρων	ἐν Χεβρων
כִּי־נֵדֶר נָדַר	8	ὅτι εὐχὴν ηὔξατο	ὅτι εὐχὴν ηὔξατο
עַבְדְּךָ		ὁª δοῦλός σου	ὁª δοῦλός σου
ᵇבְּשִׁבְתִּי		ᵇἐν τῷ οἰκεῖν μεᵇ	ᵇὅτε ἐκαθήμηνᵇ
בִגְשׁוּרᵈ בַּאֲרָם		ἐνᶜ Γεδσουρᵈ ἐν Συρίᾳ	εἰςᶜ Γεσσείρᵈ ἐν Συρίᾳ
לֵאמֹר		λέγων	λέγων
אִם־(יָשֹׁיב) [יָשׁוֹב]ᵉ		ἐὰν ἐπιστρέφωνᵉ	ἐὰν ἐπιστρέφωνᵉ
יְשִׁיבֵנִי יְהוָה		ἐπιστρέψῃ με κύριος	ἐπιστρέψῃ με κύριος
יְרוּשָׁלַם		εἰςᶠ Ιερουσαλημ	εἰςᶠ Ιερουσαλημ
וְעָבַדְתִּי		καὶ λατρεύσω	καὶ λατρεύσω
אֶת־יְהוָה׃ ᵍ		τῷᵍ κυρίῳ	τῷᵍ κυρίῳ
			ἐν Χεβρώνʰ
וַיֹּאמֶר־לוֹ	9	καὶ εἶπεν αὐτῷ	καὶ εἶπεν αὐτῷ
הַמֶּלֶךְ		ὁ βασιλεύς	ὁ βασιλεύς
לֵךְ ª בְּשָׁלוֹםᵇ		βάδιζεª ᵇεἰς εἰρήνηνᵇ	Πορεύουª ὑγιαίνωνᵇ
ᶜוַיָּקָם וַיֵּלֶךְ		ᶜκαὶ ἀναστὰς ἐπορεύθηᶜ	ᶜκαὶ ανέστη καὶ ᾤχετοᶜ
			Αβεσσαλὼμᵈ
חֶבְרוֹנָה׃ᵉ		εἰςᵉ Χεβρων	εἰςᵉ Χεβρων
וַיִּשְׁלַח	10	καὶ ἀπέστειλεν	καὶ ἀπέστειλεν
אַבְשָׁלוֹם		Αβεσσαλωμ	Αβεσσαλωμ
מְרַגְּלִים		κατασκόπους	κατασκόπους
בְּכָל־שִׁבְטֵי		ἐναª πάσαις φυλαῖς	εἰςª πάσας τὰςᵇ φυλὰς
יִשְׂרָאֵל		Ισραηλ	τοῦᶜ Ισραηλ
לֵאמֹר		λέγων	λέγων

כְּשָׁמְעֲכֶם	ἐν τῷ ἀκοῦσαι ὑμᾶς	ἐν τῷ ἀκοῦσαι ὑμᾶς
אֶת־קוֹל	τὴν[d] φωνὴν	φωνὴν
הַשֹּׁפָר	τῆς[e] κερατίνης[f]	σάλπιγγος[f]
וַאֲמַרְתֶּם	καὶ ἐρεῖτε	καὶ ἐρεῖτε
מָלַךְ	βεβασίλευκεν βασιλεὺς[g]	βεβασίλευκεν
אַבְשָׁלוֹם	Αβεσσαλωμ	Αβεσσαλωμ
בְּחֶבְרוֹן:	ἐν Χεβρων	ἐν Χεβρων
וְאֶת־אַבְשָׁלוֹם[a] · 11	[a]καὶ μετὰ Αβεσσαλωμ	[a]καὶ ἐπορεύθησαν
הָלְכוּ[a]	ἐπορεύθησαν[a]	μετὰ Αβεσσαλωμ[a]
מָאתַיִם אִישׁ[b]	διακόσιοι ἄνδρες[b]	διακόσιοι ἄνδρες[b]
מִירוּשָׁלַ͏ִם קְרֻאִים	ἐξ Ιερουσαλημ κλητοὶ[c]	ἐξ Ιερουσαλημ ἐπίκλητοι[c]
וְהֹלְכִים[d]	καὶ πορευόμενοι[d]	καὶ ἐπορεύοντο[d]
לְתֻמָּם[e]	[d]τῇ ἁπλότητι αὐτῶν[d]	ἁπλάστως[e]
וְלֹא יָדְעוּ[f]	καὶ οὐκ ἔγνωσαν[f]	καὶ οὐκ ᾔδεισαν[f]
כָּל־דָּבָר: [g]	[g]πᾶν ῥῆμα[g]	[g]οὐθὲν ῥῆμα[g]
וַיִּשְׁלַח · 12	καὶ ἀπέστειλεν	καὶ ἀπέστειλεν
אַבְשָׁלוֹם	Αβεσσαλωμ	Αβεσσαλωμ
	[a]καὶ ἐκάλεσεν[a]	[a]καὶ ἐκάλεσε[a]
אֶת[b]־אֲחִיתֹפֶל	τὸν[b] Αχιτοφελ	τὸν[b] Αχιτοφελ
הַגִּילֹנִי	τὸν Γελμωναῖον[c]	τὸν Γελμωναῖον[c]
יוֹעֵץ דָּוִד	τὸν[d] σύμβουλον Δαυιδ	τὸν[d] σύμβουλον Δαυιδ
מֵעִירוֹ	ἐκ τῆς πόλεως αὐτοῦ	ἐκ τῆς πόλεως αὐτοῦ
מִגִּלֹה[e]	ἐκ[e] Γωλα[f]	τῆς[e] Μεταλλααδ[f]
בְּזָבְחוֹ[g]	ἐν τῷ θυσιάζειν[g]	ἐν τῷ θύειν[g] αὐτόν
אֶת־הַזְּבָחִים[h]	αὐτόν	τὰς θυσίας[h]
וַיְהִי[i]	καὶ ἐγένετο[i]	καὶ ἦν[i]
הַקֶּשֶׁר אַמִּץ[j]	[i]σύστρεμμα ἰσχυρόν[j]	[i]τὸ διαβούλιον
		πορευόμενον
		καὶ στερεούμενον[j]
וְהָעָם הֹלֵךְ	καὶ ὁ λαὸς πορευόμενος	καὶ ὁ λαὸς πορευόμενος
וָרָב	καὶ πολὺς	καὶ πολὺς
אֶת־אַבְשָׁלוֹם:	μετὰ Αβεσσαλωμ	μετὰ Αβεσσαλωμ

2.2.2. Analyse der Varianten

V7ᵃ. Die KR (auch *O′*) gibt מקץ wörtlich mit ἀπὸ τέλους wieder, der Ant (boc₂e₂u) dagegen innergriechisch sachgemäß mit μετά. Die Wiedergabe der KR ist nicht nur im Vergleich mit den außerbiblischen Literaturen,[1] sondern auch in der LXX-*Ra* singulär. Dagegen ist die Übersetzung des Ant in temporaler Hinsicht die griechisch richtige und auch in der LXX übliche Wiedergabe von מקץ.[2]

V7ᵇ. Hier liest der MT „vierzig Jahre" (ארבעים שנה). Diese Zeitangabe wurde durch die KR direkt aufgenommen (τεσσαράκοντα ἐτῶν). Aber der Ant (boc₂e₂u) übersetzt sie mit „vier Jahre" (τέσσαρα ἔτη), was auch in *Jos. Ant.*[3] bezeugt wird. In der Sache macht „vierzig Jahre" keinen Sinn, sondern nur „vier Jahre". Hier sind drei Möglichkeiten der Erklärung vorstellbar:

(a) Die Möglichkeit des Verlesens bzw. Verschreibens der Tradition von MT und KR: Die hebr. Konsonanten, die der Ant und Josephus gelesen hatten, waren vermutlich ארבעם, nämlich ohne „י",[4] d.h. das ם ist hier keine Pluralendung, sondern ein enklitisches ם. Dieses kommt in den semitischen Sprachen, z.B. im Ugaritischen häufiger vor,[5] aber auch im Alten Testament.[6] In der LXX-*Ra* kann man dieses Phänomen erkennen.[7] Wahrscheinlich hatte der hebr. Text von Haus aus ein

---

1   Von mir durchgesucht im TLG-CD Rom mit der *Musaios*-Suchmaschine.

2   Gen 4,2; 8,6; 16,3; 41,1; Ex 12,41; Num 13,25 ; Dtn 31,10 ; Riᴬ 11,39 ; 1Kön 2,39 ; 17,7 ; 2Chr 8,1 ; Jes 23,15 ; 23,17; Jer 13,6; 42,7{49,7}; Ez 29,13.

3   *Jos. Ant.* VII 196: μετὰ δὲ τὴν τοῦ πατρὸς αὐτοῦ καταλλαγὴν τεσσάρων ἐτῶν ἤδη διεληλυθότων (Nachdem aber schon vier Jahre nach der Versöhnung mit seinem Vater vergangen waren, ging er (zu ihm) hinein).

4   Vgl. P. Kyle McCarter, *II Samuel. A New Translation with Introduction, Notes and Commentary*, The Anchor Bible 9, (Garden City, NY, 1984), 355.

5   Über die *ugaritische* enklitische Partikel *–m* siehe: J. Tropper, *Ugaritische Grammatik* (Münster, 2000), 825-832.

6   Beispiele s. H. D. Hummel, "Enclitic *Mem* in Early Northwest Semitic, especially Hebrew", *JBL* 79 (1957), 91-103; JM §129, u. Siehe auch G. Sauer, „Die Ugaristik und die Psalmenforschung, II", in: K. Bergerhof, u.a. (Hg.), *Ugarit-Forschung. Internationales Jahrbuch für die Altertumskunde Syrien-Palästinas.* Bd. 10. (Neukirchen-Vluyn, 1978), 357-386, bes. 382f.

7   Z.B. In Jes 5,23 lässt sich der MT pluralisch mit צדיקים lesen, aber die LXX übersetzt dieses Wort singularisch mit τοῦ δικαίου. Als Vorlage für diese Wiedergabe lässt sich צדיקם erschließen. Diese Singularform mit enklitischem ם passt gut sowohl auf den Parallelismus des Verses als auch auf das folgende ממנו; für weitere Beispiele s. Hummel, "Enclitic *Mem* in early northwest semitic, especially Hebrew", 91-95; Sauer,

enklitisches ‏ם‎ (oder es wurde im Lauf der Zeit hinzugefügt. Ant verstand das Phänomen richtig oder übersetzte jedenfalls sachgemäß. Dagegen verstand der Proto-MT die ‚Endung als Plural und KR übersetzte „wörtlich" wenn auch im Kontext unlogisch.

(b) Die Möglichkeit der unterschiedlichen hebr. Vorlage: Die hebr. Vorlage des Ant und von Josephus hatte nur ‏ארבע‎. Dagegen hatte die Tradition des MT und der KR in diesem Fall ‏ארבעים‎.

(c) Die Möglichkeit der semantischen Korrektur: Die Vorlage von Ant und *Jos. Ant.* entsprachen dem MT und der KR, aber sie korrigierten „vierzig" sinngemäß zu „vier".

Die wahrscheinlichere Erklärung ist a). Daraus, dass der Ant mit dem Jos. Ant. übereinstimmt ergibt sich, dass die Textform des Ant bis zu Jos. Ant., d.h. bis zum 1. Jh. n. Chr., zurückgeht.

V7ᶜ. Die KR (τὸν πατέρα αὐτου) setzt gegenüber dem MT (‏אל־המלך‎) und dem Ant (πρὸς τὸν βασιλέα) eine unterschiedliche Vorlage (‏אל־אביו‎) voraus. In 4QSamᵃ ist ‏אל ה[מלך‎] zu erkennen.[8]

V7ᵈ. Der Ant hat gegenüber dem MT und der KR ein Plus (λέγων). Er setzt ‏לאמר‎ voraus.

V7ᵉ. Hier geht es um die Wiedergabe für ‏ואשלם‎. Als Text des Cod. B steht in der B-M ἀποτίσω, eine von ἀποτίνω fehlerhaft abgeleitete Futurform. Allerdings erkennt man im Cod. B ΔΠΟΤΕΙϹШ [sic!] wie in der LXX-Ra. Die falsche Form ist ein Fehler des Herausgebers der B-M. Dagegen gibt der Ant das hebr. Verb mit ἀποδώσω von ἀποδίδομι wieder. Die Wortwahl des Ant spiegelt sich in *Jos. Ant.* wider.[9]

V7ᶠ. S.o. 15,5ᵍ zur Verwendung des Artikels für *nota accusativi*.

V7ᵍ. Hier liest der MT das Substantiv als Singular (‏נדרי‎), aber die gr. Versionen geben es pluralisch (εὐχάς μου) wieder. Die gr. Versionen

---

„Ugaritistik und die Psalmenforschung, II", in: Bergerhof, K. u.a. (Hg.), *Ugarit-Forschung. Internationales Jahrbuch für die Altertumskunde Syrien-Palästinas*. Bd. 10. (Neukirchen-Vluyn, 1978), 357-386..

8   *DJD* XVII, 154

9   *Jos. Ant.* VII 196: ἐδεῖτο προσελθὼν εἰς Γιβρῶνα συγχωρῆσαι πορευθέντι θυσίαν ἀποδοῦναι τῷ θεῷ (und dann bat er ihn, ihm zuzugestehen, nach Gibron zu gehen und Gott das Opfer darzubringen).

vokalisierten vermutlich die hebr. Konsonanten mit נִדְרָי, Pluralnomen mit dem Personalsuffix, denn im Griechischen wird in diesem Zusammenhang öfter das Nomen im Plural verwendet.[10] Zudem ist die pluralische Vokalisierung auch die im AT übliche.[11] Die singularische Vokalisierung des MT spiegelt sich interessanterweise in der ätiopischen Version (*uotum meum*).

V8ᵃ. S.o. 15,2ᵗ zur Verwendung des Artikels.

V8ᵇ. (1) Die KR (auch O′) gab den hebr. *inf. cstr.*, der in Verbindung mit der Präposition בְּ und mit dem Personalsuffix steht, wörtlich mit ἐν τῷ οἰκεῖν με wieder, dagegen der Ant mit Nebensatz (ὅτε ἐκαθήμην). Die KR bemühte sich also wieder um die graphemische Entsprechung. (2) Der Unterschied in der Wortwahl ist unwesentlich.

V8ᶜ. Hier geht es um das Äquivalent für die hebr. Präposition בְּ vor der Ortsangabe. Die KR gibt sie mit ἐν wieder, dagegen der Ant (boc2) mit εἰς. Die Wiedergabe des Ant ergibt sich aus dem gr. Verb κάθημαι, denn dieses Verb benötigt im *Koine*-Griechischen die Präposition εἰς, falls es im Sinne von „besiedeln, ansässig werden" gebraucht wird.[12]

V8ᵈ. Der hebr. Ortsname גְּשׁוּר ist in den gr. Versionen unterschiedlich transkribiert. Die KR (BAchᵇ?nxa2 𝕮) transkribiert ihn mit γεδσουρ,[13] der Ant+ (boc2e2 MNgjvb2) dagegen mit γεσσειρ.[14] Hier handelt es sich einerseits um die Wiedergabe der hebr. Konsonanten, andererseits um die Frage nach der hebr. Vorlage. Um die Transkriptionen der beiden Versionen textgeschichtlich zu verstehen, müssen zunächst die unterschiedlichen Wiedergaben der gr. Versionen (bzw. der Tochterübersetzungen) betrachtet werden. Im MT kommt גשׁור 8mal vor, und גשׁורי 6mal. Die Belege sind in den Handschriften folgendermaßen wiedergegeben:

---

10   Z.B. εὐχας ἀποδίδομι; *LSJ*, 739.
11   Vgl. Ps 22,26; 61,9; 66,13; 116,14. 18; Spr 7,14; 31,2.
12   *LSJ*, 853; Musonius (1. Jh. n. Chr.), *Fr.*9p.43 H.: […], ἀντὶ δὲ τοῦ καθῆσθαι εἰς Σινώπην διέτριψεν ἐν τῇ Ἑλλάδι …
13   Dazu kann man sich auf der LXX-*rell* und 𝔞 verweisen, wo die Wiedergabe von Γεθσουρ erkennbar ist.
14   Vgl. die Hs. o transkribiert ihn mit Γεσειρ.

MT	Tradition (a) γεσ(σ)ουρ (<גשור(י))	Tradition (b) γεδσουρ (<גשור(י))	Tradition (c) γεσσ(ε)ιρ/-ηρ (<גשיר(י))	andere
Deut 3,14[15] גשורי	γεσουρι fik			γαργασει B *rell*: γαργση clmp: γαργασιν hℭ: γαργασσιϳsᵃˀza₂: γαργασση e: *Gargasinorum* 𝕷 (<נרגש)
Jos 12,5[16] גשורי	γεσουρι AF*NΘ ackᵃoxzᵐᵍa₂b₂: γεσουρη k*l: γεσουρε b: gēsuray 𝔄:[17] ܝܐܘ(=gšwr) ܣ: γεσσουρε G			γεργεσει B *rell*: γεργεσιν dptℭ: εργεσε u: *Gargasi* 𝕷 (<נרגש) γερουρι y: γειουρι i: βεσουρι m
13,2 גשורי	γεσουρι ANΘ*ab iˠlxyzᵐᵍb₂𝔄-ed: γεσουρη c: γεσσουρει Gibk: γεεσουρ a₂		γεσειρει B *rell*: γεσηρι u: γεσσηρι q 𝔄-codd:	γεργεισι dgn: γεργεσαιος t: γερσουρι Θᵃ: γερουσι m: ιεσθειρ h
13,11 גשורי	γεσουρι ANΘ *rell*: γεσουρη l: γαισουρι y γεσσουρει Gk: *Gesur* 𝔄-edᵛⁱᵈ: ܝܐܘ(=gšwr) ܣ: γεσορει c		γεσειρει Bfrvzℭℰ: γεσιρι h: γεσσιρι s: γεσηρι u: *Geseri* 𝕷:	γεργεσι dgnpt: γεσερι o: σερι q: *Gesar* 𝔄-coddᵛⁱᵈ: *Gesgur* 𝔄-coddᵛⁱᵈ
13,13	γεσουρι AGN *rell*:	γεθσουρ a₂	γεσειρει	

<hr>

15 In B-M sind die Sigla der Minuskelhandschriften im Oktateuch anders als in Sam-Kön. Die gegenüber in Sam-Kön unterschiedlichen Sigla sind: c (=38, *Ra*); f (=53); j (=57); k (=58); l (=59); m (=72); z (=85). Vgl. dazu oben 1.3.2.1. Zu einigen weiteren, weniger wichtigen Varianten zur Stelle siehe: J. W. Wevers, *Vetus Testamentum Graecum Auctoritate Academiae Scientiarum Gottingensis editum*. III,2. *Deuteronomium*, (Göttingen, 1977), 87.

16 a (=15); d (=44); g (=54); k (=58); x (=426). Dazu : F, 5. Jh. n. Chr., Mailand, Bibl. Ambr., A. 147 inf.; G, 4./5. Jh. n. Chr., Leiden (u.a.), Univ.-Bibl., Voss. Graec. in qu. 8; Θ (=W¹, *Ra*), 5. Jh. n. Chr. Washington, SIL, Inv. Nr. 06.292.

17 Vgl. zur Transkription des Armenischen: C. E. Cox, *Aquila, Symmachus and Theodotion in Armenia*. SCS 42, (Atlanta, 1996), xxi.

גשורי	γεσουρη l: γαισουρι y:		Bh°orℭℭ: γεσηρι dgnpq𝕃: γεσηρι t: γεσσερι 74	
13,13[18] גשור	γεσουρι Abeh^{b?}i mv^{mg}xyz^{mg}a2b2: γεσουρ a𝕬^{vid}: ;⌐(=dgšwr) 𝕾: γεσσουρι Θjk: γεσσουρ G: γεσουρει c:		γεσειρει B *rell*: γεσιρι s: του γεσιρει n γεσηρι qu𝕃: του γεσηρι dp: του γεσσηρι gt	
1Sam 27,8 גשורי	γεσουραιον gi-oz^{mg}e2: γεσσουραιον bc2		γεσειρι B *rell*: γεσερει Ax: γεσειρη j: γεσσηρει ap: γεσσιρι dl: γεσιριμ N: γεσσιρειμ 244: γεσσερειμ fms γεσεριμ e: γεσσεριμ 236	γερει c: γεσειθ y:
2Sam 3,3 גשור	γεσουρ eg^{s ex corr}h𝕬: γεσσουρ oe2 MN *rell*		γεσειρ B ach^{b?}xℭ: γεεσειρ c2: ⌐(=ḡ'šyr) 𝕾j^{mg(vid)}: *Gezir* 𝕃: γεσσηρ b: *Geserim* ℭs: *Geseram* ℭa:	ασειρ a
13,37 גשור	*Gessur* 𝕃b: γεσουρ <71>𝕬	γεδσουρ BAch^{b?}nw xℭ^{vid}: *Gedosor* ℭ: γεθσουρ	γεσσειρ boc2e2 MNg^{a?} *Rell* Thdt: γεσσηρ z^{mg}:	γεθουρ e*: γετσειρ g*

18　j (=57); n (=75); q (=129).

		deᵃ?fh*mp-t zᵗˣᵗa2:		
13,38 גשור	Gessur 𝔏	γεδσουρ BAhᵇ?a2𝕮ᵛⁱᵈ: Gedosor 𝕰: γεθσουρ Mefgmq stw 𝕬-ed: Gethsura 𝕬-codd	γεσσιρ boc2e2N rell: γεσσηρ v	
14,23 גשורה		γεδσουρ BAchᵇ²nxa2𝕮: Gedsor 𝔏ᵛ: Gedosor 𝕰: γεθσυρ defmp-twz𝕬	γεσσιρ boc2e2N rell	γελσουρ h*: γεθουρ <71> γοσσο Mg
15,8ᵈ גשור	γεσσουρ Or-gr Gesur Or-lat	γεδσουρ BAchᵇ²nxa2𝕮: Gedosor 𝕰: γεθσουρ rell 𝕬	γεσσειρ boc2e2 MNgjvb2	γελσουρ h*:
1Chr 2,23[19] גשור	γεσσουρ ANᵃ?chc2: γεσσουρ N*begn𝕬:	γεδσουρ Bim: γεθσουρ y		γεσσουβ rell
3,2 גשור	γεσουρ Ancegmze2𝕬: γεσσουρ rell	γεδσουρ Bhiy	γεσσιρων Jos-ed	γερσουμ a

Zunächst ist zu erwähnen, dass die Endung –(ε)ι (Deut 3,14; Jos 12,5; 13,2. 11. 13; 1. Sam 27,8) die hebr. Gentiliziumendung (﬩-) direkt voraussetzt. Darüber hinaus setzt die Form γαργασει (u. ä.) offensichtlich eine andere hebr. Vorlage (גרנשי) voraus (Deut 3,14; Jos 12,5), und γαργασει (גרנשי) weist gegenüber der Transkription γεσσ(ε)ιρ bzw. γεσ(σ)ουρ/γεδσουρ (u. ä.) auf einen anderen Ort hin .[20]

---

19 a (=60); c (=64); m (=71).

20 Vgl. Gen 10,16; 15,10; Deut 7,1; Jos 3,10; 24,11; 1Chr 1,14; Neh 9,8 (2.Esdr 19,8). In diesen Fällen steht in den gr. Versionen die Form γεργεσαιος, die innerhalb der Liste der Kanaaniter gemeinsam mit den anderen Völkernamen dekliniert wurde. In 1. Chr 1,14, was im Cod. B fehlt (V. 11-16), dagegen in den Hss. ANa-fi-ze2𝕬 erhalten ist, kann man aber in einigen Handschriften undeklinierte Formen erkennen: γεργεσει by und γεργεση e2. Diese Stelle bestätigt, dass sich γαργασει (u. ä.) auf גרנשי bezieht.

(1) Interessanterweise kommt die Transkription (b) γεδσουρ in der KR besonders gut erkennbar vor, d.h. sicherlich stammt diese Transkription von der KR. Mit dieser Transkription wollte die KR (vermutlich aufgrund der Aussprachsweise des hebr. Textes zu ihrer Zeit)[21] die Transkription für גשור vereinheitlichen. Die Transkriptionstradition (b) in Chr entspricht jener der KR.

(2) Die hebr. *mater lectionis* ו wird in der LXX meistens mit ου wiedergegeben. Dagegen ist ει die Wiedergabe der *mater lectionis* י.[22] Deshalb setzt γεσσειρ des Ant (c) offensichtlich גשיר voraus. Diese Transkription wird in mehreren Stellen bezeugt, d.h. sie stellt eine alte Textform dar und war daher wahrscheinlich die Transkription der Ur-LXX.

(3) Die Transkription γεσσουρ war vermutlich später von der MT-Tradition in die gr. Handschriften eingeflossen, denn die gr. Textzeugen dieser Tradition sind jünger als andere.

Wie die unterschiedlichen Formen in der Vetus Latina (Jos 13,11. 13; 2Sam 3,3; 13,37. 38; 14,23) zeigen, waren die drei Traditionen schon in früher Zeit vorhanden. Im Mittelalter sind auch Mischformen erkennbar: z.B. in 2Sam 13,37 γεθουρ (<(a)+(b)) e*; γετσειρ (<(b)+(c)) h*.
Auf Grund dieser Beobachtung ist die Textgeschichte dieser Traditionen folgendermaßen rekonstruierbar:

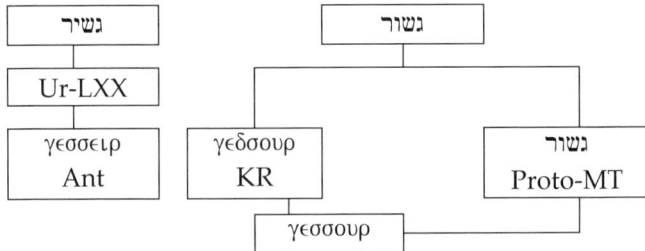

V8ᵉ. Das Ketib in MT (ישיב) ist „in Analogie zum phönizischen *Jiphil*" als *inf. abs.* im Hiphil zu verstehen, dagegen das Qere (ישוב) als Impf. im Qal.[23] Die gr. Versionen geben hier die Vorlage übereinstim-

---

21 Die Aussprache war ähnlich wie ζ. Siehe dazu: C. C. Cargounis, *The Development of Greek and the New Testament*. WUNT 167, (Tübingen, 2004), 381f.
22 F. Siegert, *Zwischen Hebräischer Bibel und Altem Testament. Eine Einführung in die Septuaginta*. Münsteraner Judaistische Studien 9. (Münster, 2001), 198.
23 Dazu siehe: Stoebe, Das zweite Buch Samuelis, 356.

mend mit dem Partizip ἐπιστρέφων wieder, d.h. sie lasen den Konsonantentext wie das Ketib und fassten den hebr. Text als *figura etymologica* auf. In der LXX wird der hebr. *inf. abs.* vor dem finiten Verb
(*figura etymologica*) hauptsächlich mit dem gr. Partizip wiedergegeben.[24]
Vgl. in unserem Textbereich: 17,10ʲ. 11ᵉ.

V8ᶠ. Im MT steht ירושלם allein als *acc. loc.* Aber die gr. Versionen fügten
vor dem Nomen die Präposition εἰς hinzu.[25] Im Hebräischen drückt der
Akkusativ allein schon die adverbiale Bedeutung der Richtung aus,
auch ohne ה֫ *locale*.[26] Um diese hebr. Ausdrucksweise im Griechischen
wiederzugeben, ist aber eine Präposition notwendig.[27] Vgl. zu εἰς für
acc. loc. mit/ohne Artikel in unserem Textbereich: 15,25ᶜ. 27ᵈ. 34ᵇ. 37ᵉ/ᵍ;
16,15ᵇ; 17,24ᵇ. 26ᶜ; 18,6ᵃ. 11ᵉ/ᶠ(KR)28; 19,6ᵃ.
V8ᵍ. (1) S.o. 15,5ᵍ zur Wiedergabe für *nota accusativi*. (2) S.u. 19,8ᶠ zur
Verwendung des Artikels bei κύριος für die Wiedergabe von יהוה.

V8ʰ. Der Ant (boc₂e₂z) hat hier gegenüber dem MT und der KR ein Plus
(ἐν Χεβρων). Der Ant fügt sozusagen eine verdeutlichende bzw. erklärende Ortsangabe hinzu. Diese Hinzufügung kann bereits auf einen
hebr. Vulgärtext (בחברון) zurückgehen.

V9ᵃ. Der Unterschied in der Wortwahl ist unwesentlich.

V9ᵇ. בשלום des MT wurde in den beiden Versionen unterschiedlich
wiedergegeben, nämlich in der KR (auch *O'*) mit εἰς εἰρήνην und im

---

24 Thackeray, *Grammatik*, 47-50; Sollamo, *Rendering of Hebrew Semiprepositions*, 101-113;
     E. Tov, "Renderings of Combinations of the Infinitive Absolute and Finite Verbs in
     the LXX – Their Nature and Distribution", in: Detlef Fraenkel u.a. (Hg.), *Studien zur
     Septuaginta – Robert Hanhart zu Ehren*. (Göttingen, 1990), 64-73; Nach der
     Untersuchung von Tov (65-69) ist folgende Wiedergaben auch in der LXX erkennbar:
     (1) Infinitiv + finites Verb, (2) Adverb + finites Verb, (3) Nomen im Dativ bzw. im
     Akkusativ + finites Verb, (4) Adjektiv + finites Verb, (5) nur ein finites Verb.
25 Vgl. 15,29ᵉ.
26 *GK* § 90c u. 118d.
27 Im klassischen Griechisch, besonders in der Homerischen Dichtersprache, konnten
     die Verben der Bewegung, des Gehens, Kommens usw. mit dem bloßen Akkusativ,
     der das Ziel, den Ort oder den Gegenstand, wohin die Bewegung gerichtet ist,
     bezeichnet, verbunden werden. Die Richtung „Wohin" wird auch häufig durch das
     Ortsadverb –δε bezeichnet (z.B. πολίνδε). Allmählich aber wurde für die lokale
     Bedeutung dem Akkusativ überall eine Präposition hinzugefügt, Schwyzer, *Gram-
     matik* II, 67ff.; *KG* §410, 4.
28 Hier stellt der Ant die sekundäre Bearbeitung mit ἐπὶ dar. S.u. dazu die betreffende
     Analyse.

Ant mit ὑγιαίνων (sog. *participium coniunctum*). Die hebr. Ausdrucksweise בשלום wird in Sam-Kön (in den beiden Versionen) hauptsächlich mit ἐν εἰρήνῃ wiedergegeben, dagegen ist εἰς εἰρήνην eigentlich das Äquivalent für לשלום. בשלום und לשלום kommen in Sam-Kön insgesamt 24mal vor und sind folgendermaßen übersetzt:

בשלום	LXX-*Ra*	Ant	לשלום	LXX-*Ra*	Ant
1.S 29,7	εἰς εἰρήνην	ἐν εἰρήνῃ[29]	1.S 1,17	εἰς εἰρήνην	ἐν εἰρήνῃ[30]
2.S 3,21	ἐν εἰρήνῃ	ἐν εἰρήνῃ	10,4	εἰς εἰρήνην	εἰς εἰρήνην
3,22	ἐν εἰρήνῃ	ἐν εἰρήνῃ.	20,13	εἰς εἰρήνην	εἰς εἰρήνην
3,23	ἐν εἰρήνῃ	ἐν εἰρήνῃ	20,42	εἰς εἰρήνην	εἰς εἰρήνην
15,9b	εἰς εἰρήνην	ὑγιαίνων	25,5	εἰς εἰρήνην	ἐν εἰρήνῃ[31]
15,27	ἐν εἰρήνῃ	ἐν εἰρήνῃ	25,35	εἰς εἰρήνην	ἐν εἰρήνῃ[32]
19,25	ἐν εἰρήνῃ	ἐν εἰρήνῃ	30,21	εἰς εἰρήνην	εἰς εἰρήνην
19,31	ἐν εἰρήνῃ	ἐν εἰρήνῃ	2.S 8,10	εἰς εἰρήνην	εἰς εἰρήνην
1.K 22,17	ἐν εἰρήνῃ	ἐν εἰρήνῃ	11,7	εἰς εἰρήνην	εἰ ὑγιαίει[33]
22,27	ἐν εἰρήνῃ	ἐν εἰρήνῃ	1.K 20{21},18	εἰς εἰρήνην	εἰς εἰρήνην
22,28	ἐν εἰρήνῃ	ἐν εἰρήνῃ	2.K 5,19	εἰς εἰρήνην	ἐν εἰρήνῃ[34]
2.K 22,20	ἐν εἰρήνῃ	ἐν εἰρήνῃ	10,13	εἰς εἰρήνην	εἰς εἰρήνην

In diesem Vergleich ist zunächst erkennbar, dass der Ant vor allem bei der Wiedergabe von ל keine feste Regel hatte. Dagegen ist in den KR-Abschnitten eine sehr feste Regel für die Wiedergabe zu erkennen nämlich ἐν εἰρήνῃ für בשלום, und εἰς εἰρήνην für לשלום. Diese Über-

---

29 Hier steht בשלום לך als Abschiedswunsch. Im Hebräischen wird den beiden Ausdrucksweisen, die mit dem Verb הלך verbunden sind, unterscheiden: „לשלום לך meint ein Weggehen in der Erwartung von Wohlergehen, Friede und Glück, ohne auf die aktuellen Umstände im Moment der Aufforderung näher einzugehen; בשלום לך dagegen besagt, dass das Weggehen explizit unter gegenwärtig obwaltend friedlichen, heilen und wohlbehaltenen Umständen geschieht, wobei die gegenteiligen Umstände implizit ausgeschlossen werden" (S. Stendebach, F. J. „שָׁלוֹם šalôm", *ThWAT* VIII, 26).

30 Hier steht לכי לשלום als Abschiedswunsch. S.o. Anm. 29.

31 Hier ist die Präposition ל mit dem Verb שאל verbunden. Während die LXX-Ra mit ἐρωτάω εἰς wiedergab, übersetzte der Ant mit ἀσπάζομαι ἐν.

32 Hier steht עלי לשלום als Abschiedswunsch.

33 Hier ist die Präposition ל mit dem Verb שאל verbunden. Während die LXX-Ra mit ἐρωτάω εἰς εἰρήνην wiedergab, übersetzte der Ant sachgemäß mit ἐρωτάω εἰ ὑγιαίει, nämlich indirekte Frage, εἰ mit finitem Verb.

34 Hier steht לך לשלום als Abschiedswunsch. S.o. Anm. 19.

setzungsregel ist als spätere Vereinheitlichung zu betrachten, während der Ant vermutlich die ältere Tradition widerspiegelt.

In unserem Fall (V9b) war die Vorlage offensichtlich לשלום, weil die KR gemäß ihrer Regel לשלום mit εἰς εἰρήνην wiedergeben sollte. Zudem kann man dieselbe Wiedergabe wie bei Ant auch in Ex. 4,18 finden, wo לך לשלום mit βαδίζε ὑγιαίνων wiedergegeben wurde.

V9c. Im MT stehen zwei Verben im Imperfekt *consec.*: ויקם וילך. Die KR verwendet für diese hebr. Ausdrucksweise ein finites Verb mit dem *participium coniunctum* (καὶ ἀναστὰς ἐπορεύθη), dagegen übersetzt der Ant wörtlich mit καὶ ἀνέστη καὶ ᾤχετο. Im Griechischen wird, wenn das Subjekt des Nebensatzes entweder das Subjekt oder das Objekt des Hauptsatzes ist, das *participium coniunctum* normalerweise als gekürzter Substantiv-, als Adjektiv-, oder als Adverbialsatz gebraucht.[35] In unserer Stelle wurde in der KR das *participium coniunctum* als gekürzter Adverbialsatz in der Bedeutung von vorzeitig abgeschlossener Handlung behandelt. Diese gr. Konstruktion kann man deshalb für eine freie Übersetzung für den hebr. Text halten. Es ist interessant, dass solch eine freie Übersetzung in der KR überlebte. Dagegen ist der Ant näher zu Proto-MT, wobei er auffallender Weise keine Kongruenz des Tempus hergestellt hat, nämlich καὶ ἀνέστη im Aorist, dagegen καὶ ᾤχετο im Imperfekt.

V9d. Der Ant (boc₂e₂ ^{j}) hat gegenüber dem MT und der KR ein Plus (Αβεσσαλομ). Der Ant fügte zur Verdeutlichung das Subjekt des Satzes hinzu.[36] Diese Lesart des Ant kann schon auf eine hebr. Vorlage zurückgehen.

V9e. S.o. V8f zur Hinzufügung der Präposition.

V10a. Die hebr. Präposition ב wurde in der KR wörtlich mit ἐν wiedergegeben, dagegen im Ant mit εἰς. Der Ant entspricht der innergriechisch üblichen Ausdrucksweise (ἀποστέλλω εἰς τινα).[37]

---

35 *KG* §485, 3 a); vgl. E. Mayser, *Grammatik der griechischen Papyri aus der Ptolemäerzeit. II,3*, (Berlin, 1934), 222 (übersichtliches Register).

36 Solche Hinzufügungen des Subjektes betrachtete Brock (1996) als Zeichen für „a text designed for public reading" (252f). Aber außer seiner Behauptung „insertion of proper names or pronouns … [these insertions] are quite unnecessary for the purpose of private reading, and are only explicable in the context of public use of this text (perhaps in education as well as in church)" gab er keine weitere Begründung dafür.

37 Z.B. ἀποστέλλει ἐς τὰς Ἀθήνας Thuc. 2,12.

V10$^{b/c}$. Die Wiedergabe des Ant (πάσας τὰς φυλάς τοῦ Ισραηλ) entspricht der determinierten Genitivverbindung des MT (כל־שבטי ישראל). Dageben hat die KR im Sinn ihrer formalistischen Wiedergabe die Artikel getilgt (πάσαις φυλαῖς Ισραηλ).

V10$^{d/e}$. Während die KR die hebr. *nota accusativi* und den Artikel, graphemisch entsprechend wiedergab, fasste der Ant die beiden hebr. Wörter als ein Element auf. Dies entspricht der Regel, dass der Genitivartikel im Griechischen ausfallen kann, wenn die miteinander verbundenen Substantive eine allgemeine Bedeutung ausdrücken oder in einem näheren Verhältnis zu einander stehen.[38] S.u. auch 17,10$^{h/i}$. 26^{d}; 18,7^{e}. 9$^{h/j/l}$; 19,7^{h}.[39] Allerdings ist das Ausfallen der Wiedergabe für die *nota accusativi* im Ant eine Ausnahme.[40] Vgl. dazu V2^{t} und V5^{g}.

V10^{f}. Hier geht es um das gr. Äquivalent für שופר. Die KR verwendet κερατίνη, dagegen der Ant σάλπιγξ (Trompete). In Sam-Kön wird שופר insgesamt 11mal bezeugt und in den gr. Versionen folgendermaßen wiedergegeben:

	σάλπιγξ	κερατίνη	anders
1Sam 8,3	alle		
2Sam 2,28	alle		
6,15	alle		
15,10^{f}	boc₂e₂	*rell*	
18,16^{a}	boc₂e₂ ℭ^{vid}	*rell*	
20,1	boc₂e₂	*rell*	
20,22	boc₂e₂	*rell*	
1Kön 1,34	boc₂e₂	*rell*	
1,39	boc₂e₂	*rell*	
1,41		*rell*	τοῦ ἤχου boc₂e₂
2Kön 9,13		alle	

In den α′- und ββ′-Abschnitten stimmen alle Handschriften miteinander überein. Aber im KR-Abschnitt (βγ′) sind die Wiedergaben der beiden Versionen deutlich unterschiedlich: die KR verwendet

---

38 S. *KG* §462, k); Vgl. βοήν σάλπιγγος ὀρμαίνει μενών, Spt. 376.
39 S.u. betreffende Analyse.
40 Die Hs. o hat unter dem Einfluss von KR die Wiedergabe mit dem Artikel.

κερατίνη, der Ant dagegen σάλπιγξ. Die einzige Ausnahme ist 1Kön 1,41, wo Ant ἦχος bietet. Im γδ΄-Abschnitt (ebenfalls KR) kommt שופר nur einmal (2Kön 9,13) vor, wobei es in beiden Versionen mit κερατίνη wiedergegeben wird. Barthélemy erklärte solche Fälle:[41]

> le groupe b o c₂ e₂ résist moins vigoureusement à la recension καιγε dans la section γδ΄ que dans la section βγ΄.

Anhand seiner Untersuchung anderer Beispiele[42] hält er fest, dass die handschriftliche Überlieferung des Ant im γδ΄-Abschnitt leichter vom KR-Text beeinflusst wurde als im βγ΄- Abschnitt.

Jedoch ist sicher, dass die Wiedergabe mit κερατίνη für שופר ein Rezensionskennzeichen der KR ist, und dass der Ant die Wiedergabe der Ur-LXX widerspiegelt, wie Barthélemy es in seiner Untersuchung „*Les Devanciers d'Aquila*" allgemein behauptet hatte, z.B.:[43]

> Pour mieux caractériser certains de ces restes du groupe καὶγε, il nous semble opportune de démontrer de façon plus rigoureuse ce que nous avons considéré comme allant de soi, mais qui ne va pas de soi pour tout le monde, à savoir que la prétendue 'recension lucianique' des Juges et des sections βγ et γδ des Régnes est en réalité le témoin le plus fidèle de la Septante ancienne, tandis que les témoins que nous avons rattachés au groupe καίγε (et entre autres le codex Vaticanus) n'attestent ni la Septante ancienne ni une traduction nouvelle, mais une *recension* de la Septante ancienne.

In den βγ΄- und γδ΄-Abschnitten ist σάλπιγξ die vornehmliche Wieder-abe des Ant für שופר. Dagegen ist κερατίνη die bevorzugte Wiedergabe der KR. Die KR wollte offensichtlich das hebr. Wort שופר (das Widderhorn) etymologisch genau wiedergeben und wählte dazu die gegenüber dem Adjektiv κεράτινος seltene und junge Substantivform κερατίνη. Das Wort κερατίνη wird hauptsächlich in der KR und weiterhin im Richterbuch belegt, und zwar dort hauptsächlich im B-Text, der sich ebenfalls als KR erkennen lässt.[44] Sonst kommt diese Wiedergabe nur einmal in 2. Chr 15,14 (im Cod. S) vor, wo interessanterweise σάλπιγξ für חצצרה und κερατίνη für שופר nebeneinander stehen, und zweimal in Nehemia (Ne 4,18{12}. 20{14}). In der KR wurde σάλπιγξ als Äquivalent für חצצרה gebraucht,[45] womit die Metalltrompete bezeichnet wird.

---

41 Vgl. Barthélemy, *Les Devanciers d'Aquila*, 62.
42 Barthélemy, *Les Devanciers d'Aquila*, 41, 50.
43 Barthélemy, *Les Devanciers d'Aquila*, 91.
44 Ri 3,27; 6,34 (auch in A, und LXX *rell*); 7,8. 16. 18. 19. 20. 22.
45 2Kön 11,14; 12,13{14}.

V10ᵍ. Die KR hat gegenüber dem MT und dem Ant+ (boc2e2Acdp-uxz€) ein Plus (βασιλεύς). Dieses geht sehr wahrscheinlich auf die hebr. Vorlage zurück, entweder so, dass die Vorlage der KR מלך מלך אבשלום las, oder dass einfaches מלך doppelt übersetzt wurde.

V11ᵃ⁻ᵃ. Die Reihenfolge der Wörter des Ant ist gegenüber dem MT und der KR umgestellt. Der Ant setzt vielleicht eine unterschiedliche Wortfolge voraus, wahrscheinlich aber übersetzt er freier.

V11ᵇ. Der gr. Plural (ἄνδρες) gegenüber dem MT (איש) ist nur die innergriechisch sachgemäße Veränderung.

V11ᶜ. Das hebr. Part. Pass. Qal קְרֻאִים wird von Ant mit ἐπίκλητοι wiedergegeben. KR streicht dagegen im Sinn ihrer graphemischen Wiedergabe die Vorsilbe ἐπι-.

V11ᵈ. Im MT und in der KR steht das Partizip, dagegen im Ant das finite Verb im Imperfekt. Die Lesart des Ant wurde durch 𝔄𝔠 übernommen (ierunt). Der Ant könnte das hebr. Partizip freier wiedergegeben haben oder, wie es auf Grund seines Textverständnisses wahrscheinlicher erscheint, auf eine finite Verbform והלכו zurückgehen. Leider ist dieser Abschnitt in den Qumrantexten nicht belegt.

V11ᵉ. לתמם gab die KR entsprechend den drei hebr. Elementen graphemisch mit τῇ ἁπλότητι αὐτῶν wieder, dagegen der Ant entsprechend dem hebr. adverbialen Sinn mit Adverb (ἀπλάστως).

V11ᶠ. Für ידעו steht in der KR ἔγνωσαν von γιγνώσκω, dagegen im Ant (boc2e2 𝔄ᵛⁱᵈ𝔖ʲ) ᾔδεισαν von οἶδα. Der Unterschied in der Wortwahl ist nicht wesentlich. Dieselbe Variante kommt in unserem Textbereich noch einmal vor: s.u. 19,7ʲ.

V11ᵍ. Im Ant (bc2e2zᵃ?) wurde כל statt der wörtlichen Übersetzung (= KR; πᾶς) mit wiederholter Negation οὐθέν (Nebenform von οὐδέν o) wiedergegeben. Im Griechischen verstärkt die Wiederholung der Negation den Negativsinn. [46] Dieser Gebrauch der wiederholten

46 Schwyzer, *Grammatik* II, 598;

Negation entspricht gut der hebr. Ausdrucksweise (לא mit כל).[47] Der Übersetzer des Ant las offensichtlich denselben hebr. Text wie MT und wollte die im Griechischen sachgemäße Wiedergabe herstellen. Dagegen gab die KR den hebr. Text wortwörtlich wieder.

Zu V12[a-d]: In diesem Abschnitt stimmt LXX-*Ra* mit dem Ant überein. Die eigentliche KR (vgl. BA etc.) unterscheidet sich (abgesehen von Varianten im Ortsnamen, s.u.) aber darin, dass καὶ ἐκάλεσε{ν} fehlt, wodurch sich auch für den folgenden Namen ein anderer Kasus, nämlich Dativ statt Akkusativ, ergibt.

Ant	καὶ ἀπέστειλεν Αβεσσαλωμ καὶ ἐκάλεσε τὸν Αχιτοφελ τὸν Γελμοναῖον τὸν σύμβουλον Δαυιδ
Cod. B [sic]	ΚΑΙ ΑΠΕϹΤΕΙΧΕΝ ΑΒΕϹϹΑΧΩΜ ΤΩ ΑΧΕΙΤΟΦΕΧ ΤΩ ΘΕΚΩΝΕΙ ϹΥΜΒΟΥΧΟΝ ΔΑΥΕΙΔ

V12[a]. (1) Der Ant+ (MN *rell* 𝔄𝔖[j(vid)]) hat gegenüber dem MT ein Plus (καὶ ἐκάλεσε{ν}). Dagegen fehlt aber in der KR (BAa2𝕮[vid]; wie auch O') dieser Ausdruck. Rahlfs folgte hier entgegen seiner Regel nicht den Codd. BA etc., sondern dem durch Ant+ gegebenen Text. Das Plus des Ant+ wird durch 4QSam[c] unterstützt: ויקרא[ה[וישלח].[48] (2) S.o. 15,3[a] zur Verwendung des beweglichen „ν" in der Madrider Ausgabe.

V12[b]. Vgl. 15,5[g] zur Verwendung des Artikels für *nota accusativi*. Im eigentlichen KR-Text (BA etc.) steht auf Grund des Fehlens von καὶ ἐκάλεσεν (vgl. V12[a]) Achitophel im Dativ:

τῷ Αχιτοφελ	τὸν Αχιτοφελ
BAcxa2	boc2e2MN *rell* 𝔄𝔖[j(vid)]

V12[c]. Hier geht es um die Transkription des Namens des Heimatortes von Achitofel. Zwar erschloss Rahlfs den Text einfach laut des Ant (unten (c)-Fall), aber die gr. Versionen sind sehr verschieden. In den

---

47 S. dazu *GK* §152b und p

48 *DJD* XVII, 264 u. 265: „The original text was וישלח ויקרא את*. An early ancestor of 4QSam[c] and 𝔐 probably lost ויקרא through parablepsis, but it was restored (*prima manu*) in 4QSam[c], while the gloss אבשלום was inserted into the 𝔐 tradition."

Handschriften erkennt man zumindest drei unterschiedliche Texttraditionen:

(a) τῷ θεκωνεὶ O′B[49]; τῷ θεκωνεὶ ja₂;
(b) τῷ γιλωναῖῳ A; τῷ σιλωναῖῳ cx;
(c) τὸν γελμωναῖον boc₂e₂z^mg[50]; τὸν χελμωναῖον b′;
     τὸν γωλαμωναῖον MNa^{a?}z^{txt} rell[51]

Der (a)-Fall setzt התקני voraus, und der (c)-Fall הגלמני. Der (b)-Fall
stellt dieselbe Tradition wie MT (הגילני) dar. In 4QSam^c ist [הגנ]
erkennbar. Diese Konsonanten entsprechen jedenfalls nicht (a), aber
man kann nicht feststellen, ob damit (b) oder (c) unterstützt wird. Auf
Grund der Übereinstimmung mit Jos. Ant. (VII 197) ist aber gewiss,
dass die Texttradition des Ant bis zum 1. Jh. n. Chr. zurückgehen kann.

Exkurs: אחיתפל הגילני

Der Ausdruck אחיתפל הגילני kommt in 2Sam 23,34 in der Liste der
Helden Davids noch einmal vor. In diesem Vers findet man noch drei
weitere Texttraditionen: (a) τοῦ γελωνείτου B;[52] (b) ὁ γαλααδ boc₂e₂; (c)
Galamonitae (𝔄).

Der (a)-Fall stimmt mit dem MT überein. Und im (c)-Fall spiegelt
sich interessanterweise die oben genannte Texttradition des Ant wider.
Die Transkription des Ant setzt גלעד auf Grund 2Sam 17,26[53] voraus.
Darüber hinaus ist das Textverständnis des Ant unterschiedlich, d.h.
die KR gab den hebr. Text im Genitivstatus אליעם בן־אחיתפל הגלני
(Elijam, der Sohn Achitofels, des Giloniters) wörtlich wieder: Ἐλιὰβ
υἱός Ἀχειτόφελ τοῦ Γελωνείτου. Aber der Ant las vermutlich den Text
ohne בן־, deshalb gab er den Text mit Ἀχιτοφελ ὁ Γαλααδ (Achitofel, der
Gileader) wieder. Für die Wiedergabe von ὁ Γαλααδ s.u. V12^f.

---

49 Die Transkribierung vom Cod. B wird durch 𝔄 (*Thecuitam*) unterstützt.
50 Die Transkribierung des Ant wird durch Jos. Ant. VII 197 unterstützt: ὁ Δαυίδου
    σύμβουλος ὁ Γελμωναῖος Ἀχιτόφελος.
51 Dazu gibt es noch einige sekundäre Transkribierungen, die dieselben hebr. Konsonanten
    (נגלמני) erkennen lassen: τὸν γωλαμοναῖον j; τὸν γολαμωναῖον e-hp; τὸν γαλαμωναῖον nuv^b;
    γωμοναῖον a*; τωλαμωναῖον vy*.
52 Dazu gibt es verschiedene eng verbundene Lesarten: γελωνήτου x; γειλωνίτου A.
53 Hier stimmen Ant und KR überein; Für weitere Beispiele in der LXX s. HR, Suppl.,
    44a.

Die unterschiedlichen Namensformen sind nicht aus der Übersetzung oder aus dem Griechischen erklärbar, sondern gehen auf die hebr. Tradition zurück. Darüber hinaus sind diese Namensformen innerhalb eines Textes (z.B. innerhalb von B) uneinheitlich, was wahr-scheinlich auf Uneinheitlichkeit innerhalb der hebr. Vorlage zurück-geht. Ob diese unterschiedlichen hebräischen Namensformen alt sind oder im Lauf der Überlieferung entstanden, ist nicht mehr zu entscheiden. Offensichtlich stellt aber MT eine späte Vereinheitlichung dar.

V12[d]. In den Mss. Acx steht der Artikel im Dativ (τῷ σύμβουλον), dagegen fehlt er in den Mss. Ba2. Darüber hinaus ist das Substantiv der Mss. Ba2 fälschlich mit dem Akkusativ (σύμβουλον) wiedergegeben. Dagegen steht es im Ant+ (MN *rell*) im Akkusativ mit dem Artikel (τὸν σύμβουλον).

Ergebnis: die Textgeschichte von V12[a-d]

In V12[a-d] kann man, wie oben erwähnt, drei unterschiedliche Texttraditionen erkennen:

O′Ba2				
καὶ ἀπέστειλεν Αβεσσαλωμ	τῷ Αχιτοφελ	τῷ θεκωνεὶ(ς)		σύμβουλον Δαυιδ
Acx				
καὶ ἀπέστειλεν Αβεσσαλωμ	τῷ Αχιτοφελ	τῷ γιλωναίῳ	τῷ	σύμβουλον Δαυιδ
	cx: καὶ ἐκάλεσε	σιλωναίῳ		
boc2e2z[mg] – MN *rell*				
καὶ ἀπέστειλεν Αβεσσαλωμ καὶ ἐκάλεσε τὸν Αχιτοφελ τὸν γελμωναίον τὸν σύμβουλον				
MNz[txt]: τὸν γωλαμωναῖον				Δαυιδ

Diese Traditionen gehen m.E. auf verschiedene hebr. Vorlagen zurück. Der MT und die Vorlage der Ur-LXX (=Ant) bzw. 4QSam[c] zeigen zwei unterschiedliche Texttraditionen. Zudem weist die KR noch eine weitere hebr. Texttradition auf. Die Textgeschichte dieses Abschnittes ist wie die Tabelle auf der nächsten Seite darzustellen.

V12[e]. Hier konjizierte Rahlfs auf Grund des MT zu ἐκ. Allerdings wird diese Wiedergabe handschriftlich nicht bezeugt. Lediglich die Wiedergabe des Ant+ (τῆς; MN *rell*) weist darauf hin, dass die folgende Ortsangabe (V12[f]) als Apposition zum vorangestellten Substantiv (πόλεως) steht. Dagegen steht εἰς in den Mss. Bha2 𝔄. In den Mss. Au steht dagegen ἐν. Der Cod. B setzt לְגִלֹה statt מִגִּלֹה voraus, dagegen der Cod. A בְּגִלֹה. Aber die Vorlage des Ant ist vermutlich auf die Präposition מִן wie im MT bezogen. Dazu s.u. V12ᶠ.

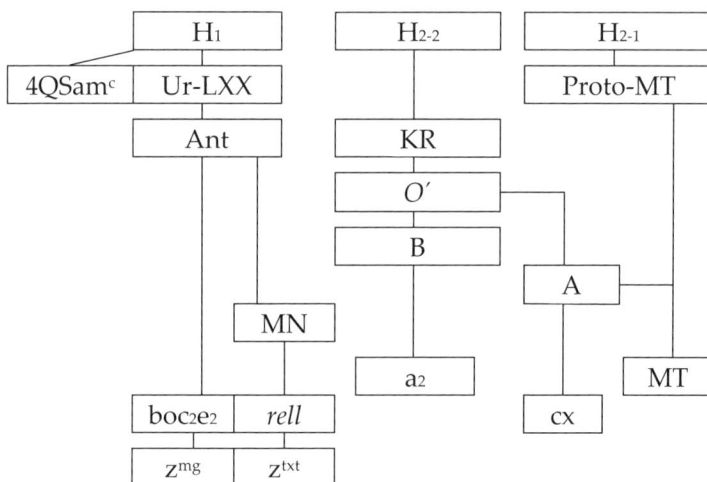

```
        ┌──── H1        │  H2-2            H2-1
4QSamᶜ  Ur-LXX          │              Proto-MT
          │             │                 │
         Ant            KR                 │
          │             │                 │
          │            O′ ────────────────┤
          │             │                 │
          │             B                 │
          │             │                 A
          │            MN                 │
          │             │      a2        MT
       boc2e2  rell     │              cx
          │
       zᵐᵍ   zᵗˣᵗ
```

V12ᶠ. Außer der unterschiedlichen Vokalisation (MT: *gilo*; KR: *gola*) war der Konsonantenbestand der KR (BAhua2 𝔄ℭ)[54] offensichtlich identisch mit dem MT (גלה). Dagegen wurde die Wiedergabe des Ant (μεταλλααδ oc2e2; μεταλλαδ b) wahrscheinlich durch Verschreibung in der Phase der Majuskeln (T statt Γ) verursacht: ΜΕΤΔΛΛΔΔΛ statt ΜΕΓΔΛΛΔΔΛ.[55] Die ursprüngliche Transkription setzt damit מגלעד voraus. Der Übersetzer des Ant fasste das מ nicht als Präposition auf, sondern als Bestandteil der Ortsangabe. Diese Texttradition des Ant, nämlich גלעד statt גלה, spiegelt sich in 2Sam 23,34 (ὁ γαλααδ; boc2e2) wider.

V12ᵍ. Hier geht es um das Äquivalent für das hebr. Verb זבח. Während die KR es mit θυσιάζω wiedergab, steht θύω im Ant. Nach Shenkels Untersuchung[56] ist θυσιάζω die bevorzugte Wiedergabe der KR, dagegen θύω die des Ant bzw. der Ur-LXX.

---

54 Vgl. γωλαμωνα MN *rell*.
55 Vgl. A. Klostermann, *Die Bücher Samuelis und der Könige. Kurzgefasster Kommentar zu den heiligen Schriften des Alten und Neuen Testaments*. (Nördlingen, 1887), 198; P. K. McCarter, *I Samuel. AncB* 8, (Garden City, NY, 1980), 355f.
56 Shenkel, *Chronology and Recensional Development*, 17f; (1) θύω im α′-Abschnitt : 1Sam 1,3. 4. 21; 2,13. 15. 19: (nur im Ant 6,15; 10,8); 11,15; 15,15. (21); 16,2. 5; 28,24; im ββ′-

V12ʰ. Im Cod. B (KR) fehlt die Wiedergabe für את־הזבחים; vgl. τὰς θυσίας boc₂e₂Ac-fhj-np-uwxz 𝔄𝔏. Die KR setzt eine kürzere Texttradition voraus.

V12ⁱ. Für ויהי steht καὶ ἐγένετο in der KR, dagegen καὶ ἦν im Ant. Dazu s.o. 15,2ᵃ. Wie in 15,2ᵉ kann man in 4QSamᶜ ebenfalls וה[יה] erkennen.[57] Die Wiedergabe der KR steht in der Reihe der wörtlichen Wiedergaben. Dagegen bildet der Ant mit den Partizipien eine sog. *coniugatio periphrastika*, die im Zusammenhang mit der Variante von 15,12ʲ (s.u.) steht.

In unserem Textbereich kommt die Form ויהי 8mal vor, die in den beiden Versionen wie folgt übersetzt ist:

	KR	Ant
15,1	καὶ ἐγένετο	καὶ ἐγένετο
15,2ᵉ	καὶ ἐγένετο	καὶ ἦν
15,7	καὶ ἐγένετο	καὶ ἐγένετο
15,12ⁱ	καὶ ἐγένετο	καὶ ἦν
15,32ᵃ	καὶ ἦν	καὶ ἐγένετο
16,16ᵃ	καὶ ἐγενήθη	καὶ ἐγένετο
17,21	καὶ ἐγένετο	καὶ ἐγένετο
17,27	καὶ ἐγένετο	καὶ ἐγένετο

(1) Wie das hebr. Imperfekt *consec.* als *erzählendes Tempus* dient, hat die Aorist-Form καὶ ἐγένετο die entsprechende Funktion im Griechischen (15,1. 7; 17,21. 27).

(2) Die Variante in 15,32ᵃ bezieht sich auf das unterschiedliche Verständnis des Textes. Die Wiedergabe καὶ ἦν in der KR bildet eine *coniugatio periphrastika* mit dem Partizip im Nominativ (15,32ᵇ in der KR). Deshalb weist das Verb als sein Subjekt auf David selber hin. Dagegen ist die Wiedergabe von καὶ ἐγένετο im Ant ein *genitivus absolutus* mit den Partizipien im Genitiv (15,32ᵇ/ᵉ im Ant). In diesem Fall weist das Verb als sein Subjekt nicht auf David hin, sondern wegen des

---

Abschnitt : - ; im γγ´-Abschnitt : 1Kön 3,(2.) 3. 4; 8,5. 62. 63; 11,8; 12,32; 13,2; 19,21; im βγ´-Abschnitt (Ant) : 2Sam 15,12; 1Kön 1,9. 19. 25; im γδ´-Abschnitt : 2Kön (15,4. 35; 17,35.) 36; (23,20). (2) θυσιάζω im βγ´-Abschnitt (Ant) : 2Sam 15,12; 1Kön 1,9. 19. 25; im γδ´-Abschnitt : 2Kön 12,4; 14,4; 15,4. 35; 16,4; 17,35; 23,20.

57 *DJD* XVII, 264.

Verbs (ἥκει, 15,32^g) auf Chousei. Zu weiteren Erklärungen s.u. die betreffenden Beschreibungen der Varianten.

(3) Außer den oben genannten beiden gr. Äquivalenten für ויהי gibt es noch ein weiteres, nämlich καὶ ἐγενήθη (wie 16,16^a in der KR). Auf Grund seiner Untersuchung von 1Sam hatte Brock die Meinung geäußert, dass καὶ ἐγενήθη die ursprüngliche Wiedergabe der LXX für ויהי gewesen sei und dass der Ant generell zu καὶ ἐγένετο geändert habe.[58] Die Tendenz von Ant ist richtig erkannt,[59] für die Ur-LXX stellt sich die Situation aber differenzierter dar. Wie die folgende an Hand von LXX-Ra erstellte Statistik zeigt, verteilen sich die Belege gleichmäßiger; es werden alle drei Formen nebeneinander verwendet, wobei καὶ ἐγένετο überwiegt. Dieses Bild entspricht wahrscheinlich in etwa auch der Gegebenheit in der Ur-LXX.

(ויהי)	καὶ ἐγενήθη	καὶ ἐγένετο	καὶ ἦν
In der KR	14	62	14
Außerhalb der KR	42	65	27
Summe	56	127	41

In der Ur-LXX kamen somit neben καὶ ἐγένετο auch καὶ ἐγενήθη und καὶ ἦν vor. Der Ant vermied καὶ ἐγενήθη und bevorzugte demgegenüber καὶ ἐγένετο als Wiedergabe für ויהי.

Dieses Bild entspricht der sprachgeschichtlichen Entwicklung: Für den Aorist. Med. von γι(γ)νομαι wurde seit dem 3. Jh. v. Chr. (auch schon im klassischen Griechischen[60]) die Passivform bevorzugt. Dieses Phänomen erreichte im 2.Jh.v.Chr. seinen Höhepunkt und ging danach wieder zurück.[61] D.h. die Verwendung von καὶ ἐγενήθη in der Ur-LXX spiegelt dieses Phänomen wider.

Die Verwendung von ἐγένετο im Ant entspricht der Tendenz nach dem 2.Jh.v.Chr. Dagegen zeigt die KR in Bezug auf καὶ ἐγενήθη keine Bearbeitungstätigkeit.

---

58 Brock (1996), 232: „In the Indicativ the aorist passiv the aorist passive is on the whole dominant (ἐγενήθη 43; ἐγένετο 24). In three cases only do all the mss provide ἐγενήθη without variant to the middle (xvii 10, xxx 1, xxi 8), while in the remainder of the occurrence L always "correct" to the middle."

59 2Sam 1,2; 11,16. 27; 13,1; 16,16; 21,15. 18; 1Kön 2,15. 39; 3,18; 5,21; 6,1; 9,1; 11,4. 29. 43; 16,11. 18; 21,40; 22,2.

60 Siehe dazu: Thackeray, Grammatik, 389.

61 Mayser, Grammatik I,2, 157. Siehe auch: BDR §78.

V12ʲ⁻ʲ. (1) In der KR fehlt der Artikel, der im MT und im Ant vorhanden
ist. Vermutlich hatte die Vorlage der KR keinen Artikel, sondern sie las
das ה in Verbindung mit dem vorangehenden היה Diese Vermutung
wird durch 4QSamᶜ bestätigt. (2) קשר wurde in den beiden Versionen
unterschiedlich wiedergegeben. Die KR (AMNaᵖᶜ ˢᵘᵖ ʳᵃˢzᵗˣᵗ *rell* 𝔄ℭ) gibt
mit σύστρεμμα,⁶² dagegen der Ant (boc₂e₂z^mg) mit διαβούλιον wieder. Die
Wiedergabe des Ant ist in der LXX-*Ra* als ein Äquivalent für מועצה,
מזמה, מעלה oder מעלל verwendet.⁶³ Aber in unserem Fall sind solche
hebr. Wörter kaum denkbar. Im Griechischen bedeutet διαβούλιον
eigentlich „Beratschlagung, Beschluss, Ratsversammlung". Allerdings
gewann dieses Wort eine neue Bedeutung in der LXX, nämlich „Intrige,
Verschwörung" (z.B. Spr 1,9).⁶⁴ Obwohl dieses Wort in der LXX-*Ra*
nicht als Äquivalent für קשר gebraucht wird, verwendete es der
Übersetzer des Ant hier in seiner neuen Bedeutung „Verschwörung".
Auch wenn διαβούλιον nur an dieser Stelle für קשר verwendet ist, gibt es
keinen Grund, eine andere hebr. Vorlage anzunehmen. (3) Hier hat der
Ant gegenüber dem MT und der KR ein Plus (πορευόμενον). McCarter
fasste dieses Plus sachgemäß als die Widerspiegelung einer unterschiedlichen Vorlage auf, nämlich „הולך ואמץ" (growing stronger and
stronger).⁶⁵ (4) Syntaktisch gesehen, bildet die gr. Wiedergabe des Ant,
wie gesagt, eine sog. *coniugatio periphrastika*, d.h. καὶ ἦν wird durch die
beiden prädikativen Partizipien ergänzt (πορευόμενον καὶ στερεούμενον).

---

62 Vgl. συντριμμα Bva₂. Diese Wiedergabe ist offensichtlich sekundär, wie auch schon
    Rahlfs annahm. Er folgte dem Text des Cod. A.
63 *HR*, 299b; Ps 9,23{10,2}; Spr 1,9; Sir 15,14; 17,6; 44,4; Hos 4,9; 5,4; 7,2; 11,6; Ez 11,5.
64 *LEH*, 136; In diesem Lexikon wird dieses Wort von der Bedeutung her als ein
    Neologismus betrachtet.
65 McCarter, *II Samuel*, 356.

2.3. 2Sam 15,13-18

2.3.1. Textsynopse

MT		KR	Ant
ªוַיָּבֹא	13	καὶ παρεγένετοª	καὶ παραγίνεταιª
הַמַּגִּיד אֶל־דָּוִד		ὁ ἀπαγγέλλων πρὸς Δαυιδ	ὁ ἀπαγγέλλων πρὸς Δαυιδ
לֵאמֹר		λέγων	λέγων
הָיָה		ἐγενήθη	ἐγενήθη
ᵇלֶב־אִישׁ		ᵇἡ καρδία ἀνδρῶν	ᵇκαρδία παντὸς
יִשְׂרָאֵלᵇ		Ισραηλ ᵇ	τοῦ Ισραηλᵇ
אַחֲרֵי אַבְשָׁלוֹם׃		ὀπίσω Αβεσσαλωμ	ὀπίσω Αβεσσαλωμ
וַיֹּאמֶר דָּוִד	14	καὶ εἶπενª Δαυιδ	καὶ εἶπεᵉ Δαυιδ
לְכָל־עֲבָדָיוᵇ		πᾶσιν τοῖς παισὶνᵇ αὐτοῦ	πᾶσι* τοῖς δούλοιςᵇ αὐτοῦ
אֲשֶׁר־אִתּוֹ		τοῖς μετ' αὐτοῦ τοῖςᶜ	τοῖς μετ' αὐτοῦ
בִירוּשָׁלִַם		ἐν Ιερουσαλημ	ἐν Ιερουσαλημ
קוּמוּ וְנִבְרָחָהᵈ		ἀνάστητε καὶ φύγωμενᵈ	ἀνάστητε καὶ ἐξέλθωμενᵈ
כִּי לֹא־תִהְיֶה־לָּנוּ		ὅτι οὐκ ἔστιν ἡμῖν	ὅτι οὐκ ἔστιν ἡμῖν
פְלֵיטָה		σωτηρία	σωτηρία
מִפְּנֵי אַבְשָׁלוֹם		ἀπὸ προσώπου Αβεσσαλωμ	ἀπὸ προσώπου Αβεσσαλωμ
ᵉמַהֲרוּ		ταχύνατεᵉ	σπεύσατεᵉ
ᶠלָלֶכֶתᶠ		ᶠτοῦ πορευθῆναιᶠ	ἀπελθεῖνᶠ
פֶּן־יְמַהֵרʰ		ᵍἵνα μὴᵍ ταχύνῃʰ	μὴᵍ φθάσῃʰ ᶦὁ λαόςᶦ
וְהִשִּׂגָנוּ		καὶ καταλάβῃ ἡμᾶς	καὶ καταλάβῃ ἡμᾶς
וְהִדִּיחַ עָלֵינוּ		καὶ ἐξώσῃ ἐφ' ἡμᾶς	καὶ ἐπώσηταιʲ ἐφ' ἡμᾶς
אֶת־הָרָעָהᵏ		τὴν κακίανᵏ	τὴν πόλινᵏ
וְהִכָּה הָעִיר		καὶ πατάξῃ τὴν πόλιν	καὶ πατάξῃ τὴν πόλιν
לְפִי־חָרֶב׃		στόματι μαχαίρηςᵐ	ἐνˡ στόματι ρομφαίαςᵐ
וַיֹּאמְרוּ	15	καὶ εἶπον	καὶ εἶπον
עַבְדֵי־הַמֶּלֶךְ		οἱª παῖδες τοῦ βασιλέως	οἱª παῖδες τοῦ βασιλέως
אֶל־הַמֶּלֶךְ		πρὸς τὸν βασιλέαᵇ	πρὸς αὐτόνᵇ
כְּכֹל אֲשֶׁר־יִבְחַרᵈ		κατὰᶜ πάντα ὅσαᵈ αἱρεῖται	Ἐνᶜ πᾶσιν οἷςᵈ αἱρεῖται
אֲדֹנִי הַמֶּלֶךְ		ᵉὁ κύριος ἡμῶνᵉ ὁ βασιλεύς	ὁ βασιλεύς
הִנֵּה עֲבָדֶיךָ׃		ἰδοὺ οἱ παῖδές σου	ἰδοὺ οἱ παῖδές σου
וַיֵּצֵא הַמֶּלֶךְ	16	καὶ ἐξῆλθεν ὁ βασιλεὺς	καὶ ἐξῆλθεν ὁ βασιλεὺς
וְכָל־בֵּיתוֹ		καὶ πᾶς ὁª οἶκος αὐτοῦ	καὶ πᾶς ὁª οἶκος αὐτοῦ
בְּרַגְלָיוᵇ		ᵇτοῖς ποσὶν αὐτῶνᵇ	πεζοίᵇ
וַיַּעֲזֹב הַמֶּלֶךְ		καὶ ἀφῆκενᶜ ὁ βασιλεὺς	καὶ κατέλιπενᶜ ὁ βασιλεὺς

אֶתᵈ עֶשֶׂר נָשִׁים		δέκα γυναῖκας	δέκα γυναῖκας
פִּלַגְשִׁים		τῶν παλλακῶν αὐτοῦᵉ	τῶν παλλακῶν αὐτοῦᵉ
לִשְׁמֹרᶠ		φυλάσσεινᶠ	ᶠτοῦ φυλάσσεινᶠ
הַבָּיִת:		τὸν οἶκον	τὸν οἶκον αὐτοῦᵍ
וַיֵּצֵא הַמֶּלֶךְ	17	καὶ ἐξῆλθεν ὁ βασιλεὺς	καὶ ἐξῆλθεν ὁ βασιλεὺς
וְכָל־הָעָםᵃ		ᵃκαὶ πάντες οἱ παῖδεςᵃαὐτοῦᵇ	ᵃκαὶ πᾶς ὁ λαόςᵃ αὐτοῦᵇ
בְּרַגְלָיו		πεζῇᶜ	πεζοίᶜ
וַיַּעַמְדוּ בֵּית		καὶ ἔστησαν ἐν οἴκῳ	καὶ ἔστησαν ἐν οἴκῳ
הַמֶּרְחָק:		τῷ μακράν	τῷ μακράν
וְכָל־עֲבָדָיו	18	καὶ πάντες οἱᵃ παῖδες αὐτοῦ	καὶ πάντες οἱᵃ παῖδες αὐτοῦ
עֹבְרִיםᵇ עַל־יָדוֹᵇ		ᵇἀνὰ χεῖρα αὐτοῦ παρῆγονᶜᵇ	ᵇἀνὰ χεῖρα αὐτοῦ παρῆγονᶜᵇ
		ᵈ[καὶ πᾶς ὁ Χεττιᵉ	ᵈ[καὶ πᾶς ὁ Χεθιᵉ
		καὶ πᾶς ὁ Φελεθιᶠ	καὶ πᾶς ὁ Φελθίᶠ
		καὶ ἔστησαν	καὶ ἔστησαν
		ἐπὶ τῆς ἐλαίας	ἐπὶ τῆς ἐλαίας
		ἐν τῇ ἐρήμῳ	ἐν τῇ ἐρήμῳ
		καὶ πᾶς ὁ λαὸς	καὶ πᾶς ὁ λαὸς
		παρεπορεύετο	παρεπορεύετο
		ἐχόμενος αὐτοῦ	ἐχόμενος αὐτοῦ
		ᵍκαὶ πάντες οἱ περὶ αὐτὸν	ᵍκαὶ πάντες οἱ ἁδροι
		καὶ πάντες οἱ ἁδροὶᵍ	καὶ πάντες οἱ περὶ αὐτὸνᵍ
		καὶ πάντες οἱ μαχηταί	καὶ πάντες οἱ μαχηταί
			ʰτοῦ βασιλέωςʰ
		ἑξακόσιοι ἄνδρες]ᵈ	καὶⁱ ἑξακόσιοι ἄνδρες]ᵈ
		ʲκαὶ παρῆσαν	
		ἐπὶ χεῖρα αὐτοῦʲ	
וְכָל־הַכְּרֵתִיᵏ		ᵏ[καὶ πᾶς ὁ Χερεθθι	
וְכָל־הַפְּלֵתִי		καὶ πᾶς ὁ Φελεθθι	
וְכָל־הַגִּתִּים		καὶ πάντες οἱ Γεθθαῖοι	
שֵׁשׁ־מֵאוֹת אִישׁᵏ]		ἑξακόσιοι ἄνδρεςˡ]ᵏ	
אֲשֶׁר־בָּאוּᵐ		Οἱ ἐλθόντεςᵐ	οἱ ἥκοντεςᵐ
בְּרַגְלוֹⁱ מִגַּתⁿ		ⁿοτοῖς ποσὶν αὐτῶνᵒ ἐκ Γεθⁿ	ⁿἐκ Γεθ πεζοίᵒⁿ
עֹבְרִיםᵖ		πορευόμενοιᵖ	παρεπορεύοντοᵖ
עַל־פְּנֵיq		ἐπὶq πρόσωπον	κατὰq πρόσωπον
הַמֶּלֶךְ:		τοῦ βασιλέως	τοῦ βασιλέως

2.3.2. Analyse der Varianten

V13ᵃ. Während die KR die hebr. Erzählform (ויבא) mit Aorist (καὶ παρεγένετο) wiedergab, steht im Ant das Präsens *historicum* (παραγίνεται). Dieses dient im Griechischen der lebhaften Vergegenwärtigung eines Geschehens.[1] Hier unterstreicht das Präsens *historicum* wie sehr das Leben Davids durch die Verschwörung Absaloms bedroht war.

In unserem Textbereich kommt das Präsens *historicum* im Ant insgesamt 7 mal vor: 1mal für das hebr. Perfekt (16,3ᵍ) und 6mal für die hebr. Erzählform (15,13ᵃ; 17,18ʰ. 20ᵒ. 21ᵈ. 23ᵉ; 18,7ᵃ). Das Präsens *historicum* wurde im Ant sicherlich mit Absicht verwendet, um die Lebhaftigkeit des Kontextes wiederzugeben. In allen diesen Fällen steht in der KR der Aorist. Die Vermeidung des Präsens *historicum* wurde schon von Barthélemy (und auch von Thackeray) als Kennzeichen der kaige Rezension herausgestellt.[2]

V13ᵇ⁻ᵇ. (1) Die KR setzt היה לב אנשי ישראל voraus, was im Vergleich mit 15,6 (את־לב אנשי ישראל) gut denkbar ist. Merkwürdig ist, dass zwar entsprechend der graphemischen Wiedergabe der KR vor Israel kein Artikel steht, aber vor καρδία. Da ein הלב wegen der determinierten Genitivverbindung im Hebr. nicht möglich ist, geht das ἡ wahrscheinlich auf eine Dittographie im Griechischen zurück: ΕΓΕΝΗΘΗΗΚΑΡΔΙΑ statt ΕΓΕΝΗΘΗΚΑΡΔΙΑ. (2) Der Ant setzt wohl לב כל־ישראל היה voraus aufgrund 15,6 (τὰς καρδίας παντῶν τῶν ἀνδρῶν τοῦ Ισραηλ). Wenn die Vorlage des Ant im V.13 irgendeine Form von איש hätte, sollte sich dieses Element irgendwie (z.B. als die Pluralform wie in 15,6) in der Übersetzung widerspiegeln. Aber in der Wiedergabe des Ant kann man solch ein Element nicht erkennen. (3) Im Ant fällt auf, dass zwar Israel entprechend der determinierten Genitivverbindung mit τοῦ steht, dass aber vor καρδία ein Artikel fehlt. Das erklärt sich daraus, dass πᾶς mit oder ohne folgenden Artikel eine unterschiedliche Bedeutung hat: Im Griechischen bedeutet πᾶς vor einem Substantiv ohne Artikel „ein jeder", mit Artikel dagegen „der ganze".

V14ᵃ. S.o. 15,3ᵃ zur Verwendung des beweglichen „ν" in der Madrider Ausgabe.

---

1   *BDR* § 321; Vgl. *KG* § 382. a), 2.
2   Dazu s.o. S. 19 u. 23.

V14^b. Hier handelt es sich um das Äquivalent für das Substantiv עבד. In der KR wurde dieses Wort mit παῖς wiedergegeben, dagegen im Ant mit δοῦλος. Wie u.a. Wright feststellte,[3] sind beide Wörter die ausschließlichen Äquivalente für das Substantiv עבד in Sam-Kön. Die Wiedergabe von δοῦλος ist in Sam-Kön bevorzugter als παῖς.[4]

Exkurs: Die gr. Übersetzung für עבד in Sam-Kön

(1) In den Nicht-καίγε-Abschnitten stimmen die beiden Versionen meistens miteinander überein, wobei sie nur wenige Varianten zeigen:

	δοῦλος	παῖς	etc.
1Kön 8,24	*rell*	boc₂e₂i	
8,26	Ax 𝕬		om. *rell O'*
8,28	Ax 𝕬		om. *rell O'*

In 8,26 und 28 geht es um die unterschiedlichen Texttraditionen. Die Mss. Ax spiegeln den Einfluss der MT-Tradition wider. Außer an diesen drei Stellen gibt es in diesen Abschnitten keine Abweichungen zwischen den Handschriften. Daraus ergibt sich, dass die unterschiedlichen Wiedergaben von עבד mit δοῦλος bzw. παῖς schon auf die Ur-LXX zurückgehen. In Bezug auf einer Regel hatte Zimmerli behauptet:[5]

> Neben die nur in ihrer negativen Bestimmtheit eindeutige Schriftgruppe des Hexateuch tritt nun die auch nach ihren positiven Merkmalen ganz eindeutig zu charakterisierende Gruppe Ri bis 4 Βασ. Hier sind zur Wiedergabe von עבד nur die beiden Worte παῖς u δοῦλος verwendet. Und zwar ist die saubere Unterscheidung zu erkennen, nach welcher παῖς nur die Gruppe jener freieren, sich durch eigenen Entschluß dem König zur Verfügung stellenden Königsdiener (Krieger, Minister, Beamte) bezeichnet. Mit δοῦλος dagegen ist die eigentliche, unfreiwillige Sklavenschaft ausgedrückt.

3   B. G. Wright, „Δοῦλος and Παῖς as Translations of עבד: Lexical Equivalences and Conceptual Transformation", *IX Congress of the IOSCS*. B. A. Taylor (Hrsg.), (1995), 270-272.

4   In der LXX-*Ra* von Sam-Kön wird δοῦλος 185mal als die Wiedergabe für עבד belegt, dagegen παῖς 103mal.

5   W. Zimmerli, „παῖς B.", *ThWNT* V, 673; Diese Aussage wurde im Aufsatz von Wright als Ausgangspunkt seiner Überlegung zitiert.

Wright folgt im Prinzip der Unterscheidung von Zimmerli, aber er zeigt auch, dass sie nicht immer zutrifft und spricht von einem „overlap in meaning"[6]

Nach meiner Untersuchung liegt jedoch für die Ur-LXX die Unterscheidung zwischen δοῦλος und παῖς für עבד auf einer ganz anderen Ebene. Hier führe ich zunächst zwei Beispiele an, in denen beide Wiedergaben unmittelbar nebeneinander und für dieselben Personen verwendet werden:

Beispiel a. 1Sam 16,15-17

MT	V.	LXX
ויאמרו *עבדי*־שאול אליו ...	15	καὶ εἶπαν οἱ *παῖδες* Σαουλ πρὸς αὐτόν ...
יאמר־נא אדננו *עבדיך* ...	16	εἰπάτωσαν δὴ οἱ *δοῦλοί σου* ...
ויאמר שאול *עבדיו* ...	17	καὶ εἶπεν Σαουλ πρὸς τοὺς *παῖδας αὐτοῦ* ...

Beispiel b. 2Sam 9,2

MT	LXX
ולבית שאול *עבד*	καὶ ἐκ τοῦ οἴκου Σαουλ *παῖς* ἦν
ושמו ציבא	καὶ ὄνομα αὐτῷ Σιβα
ויקראו־לו אל־דוד	καὶ καλοῦσιν αὐτὸν πρὸς Δαυιδ
ויאמר המלך אליו	καὶ εἶπεν πρὸς αὐτὸν ὁ βασιλεύς
האתה ציבא ויאמר *עבדך*:	εἰ σὺ εἶ Σιβα καὶ εἶπεν ἐγὼ *δοῦλος σός*

In den beiden Stellen ist zu erkennen, dass δοῦλος in der direkten Rede als „höfliche Selbstbezeichnung"[7] verwendet wird, παῖς dagegen wird im Erzählsatz. Beide Wiedergaben beziehen sich aber jeweils auf dieselbe Person, sodass es nicht um eine Unterscheidung nach sozialem Status gehen kann. Ein ähnliches Phänomen ist auch in 1Sam 22,14-17; 25,10 zu beobachten. Bei der Unterscheidung geht es dann nicht primär darum, für welchen Status einer Person das hebr. Wort עבד verwendet wurde, sondern in welcher Modalität es steht.

---

6   Wright, „Δοῦλος and Παῖς", 271f: „I understand these two terms as having an overlap in meaning with the tendency of δοῦλος to indicate slavery and that of παῖς to refer to voluntary service to the king, but certainly there is not a rigid distinction between 'slavery proper' and voluntary service."

7   S. *ThWNT*. V, 673, Anm. 112. Hier nannte Zimmerli zwar die Fälle von 1Sam 22,14 und 2Sam 9,2; aber er erörterte sie nicht weiter: „Achimelech von den Knechten Sauls 1 Βασ 22. 14, die im objektiv erzählenden Bericht παῖδες genannt sind 6f, oder der im gleichen V als παῖς vorgestellte Ziba in der höflichen Selbstbezeichnung 2 Βασ 9,2."; Vgl. auch K. H. Rengstorf, „δοῦλος", *ThWNT* II, 269f.

Somit können für die Nicht-καίγε-Abschnitte von Sam-Kön (α΄, ββ΄, γγ΄) folgende Regeln für die Ur-LXX genannt werden:

(a) für δοῦλος
1) Die Ur-LXX traf hauptsächlich eine modale Unterscheidung. Die Wiedergabe δοῦλος wurde in direkter Rede meistens als höfliche Selbstbezeichnung gegenüber einem Höherrangigen (hauptsächlich dem König) verwendet.[8] Diese Verwendung von δοῦλος setzt allerdings zugleich die Einschätzung des Übersetzers voraus, dass δοῦλος gegenüber παῖς niedriger ist.
2) Für „Knecht Gottes" wird ausschließlich δοῦλος verwendet.[9]
3) Nur in wenigen Fällen kommt δοῦλος in der Erzählung in 3. Person vor: 1Sam 18,5. 30; 2Sam 8,6. 14; 9,12; 1Kön 3, 1{2,39}[1]. 1{40}(2×); 11,26.

(b) für παῖς
1) Am häufigsten wird παῖς in der Erzählung verwendet, und zwar besonders im Bezug auf eine 3. Person .[10]
2) In direkter Rede wird παῖς ebenfalls in Bezug auf die 3. Person verwendet.[11] In diesen Fällen ist der Sprecher die gegenüber dem Hörenden höher- bzw. gleichrangige Person.

(c) Ausnahme: 1Sam 25,8: παιδάριον. Das hier im MT stehende עבד. wird in den gr. Versionen mit παιδάριον wiedergegeben. Diese Wiedergabe setzt aber wahrscheinlich nicht עבד voraus, sondern wie in den anderen Fällen נער.[12]

---

8 (1) Im Bezug auf die 1. Person als höfliche Selbstbezeichnung 1Sam 12,19; 16,16; 17,32. 34. 36. 58; 19,4; 20,7. 8(2×); 22,14. 15*3; 26,18. 19; 27,5; 28,2; 29,8; 30,13; 2Sam 9,2. 6. 8; 1Kön 3,1{2,38}. 7. 8. 9; 18,9. 12; 21{20},9. 32. 39. 40; (2) im Bezug auf die 3. Person : - im Sinne von „Sklave" : 1Sam 8, 16. 17; 17,9(2×); 25,10; 27,12; 2Sam 9,10; 1Kön 3,1{2,39}[2]; 12, 7(2×); 5,6{20}. 9{23}; - im Sinne von „Beamter": 1Sam 8,14. 15; 22,8; 29,3; 2Sam 6,20; 9,10; 1Kön 11,11.
9 (1) In direkter Rede: 1Sam 3,9. 10; 23,10. 11(2×); 25,39; 2Sam 3,18; 7,5. 8. 19. 20. 21. 25(2×). 27(2×). 28. 29(2×); 1Kön 3,6; 8,23. 24. 25. 26. 28(2×). 29. 30. 36(2×). 52. 53. 56. 59; 11,13. 32. 34. 36. 38; 18,36; (2) in der Erzählung : 1Kön 8,66: Vgl. *ThWNT* V, 676-698 zur Wiedergabe der LXX für עבד im Sinne von „Gottes Knecht". In anderen Bücher der LXX wird in diesem Zusammenhang auch παῖς verwendet.
10 1Sam 16,15. 17; 18,22[1]. 23. 24. 26; 21,11{12}. 14{15}; 22,6. 7. 17; 25,10. 40. 42; 28,7(2×). 23. 25; 2Sam 2,12. 13. 15. 17. 30. 31; 3,22. 38; 8,7; 9,2; 1Kön 3,15; 5,1{15}; 9,27; 10,5. 13. 22; 11,17; 15,18; 16,9. 28; 20{21},12. 23. 31.
11 1Sam 18,22[2]; 29,10; 1Kön 10,8; 21{20},6(2×).
12 S. *HR*, 1045c-1046c.

(2) Nur in den καὶγε-Abschnitten gibt es die Abweichungen zwischen der KR und dem Ant. Folgendes Bild lässt sich erkennen.

Meistens stimmen die beiden Versionen gemäß den oben genannten Regeln miteinander überein:

(a) für δοῦλος
1) in der Direktrede: 2Sam 11,21. 24[3]; 13,24(2×). 35; 14,19. 20. 22(2×); 15,2. 8. 21. 34; 18,29; 19,17. 20. 26(2×). 27. 28. 35(2×). 37(2×); 24,21; 1Kön 1,26. 27. 51; 2Kön 4,1(2×); 5,6. 15. 17(2×). 18(2×). 25; 6,3; 8,13; ; 10,23[2]; 16,7; 18,24; 22,9.
2) im Sinne von „Knecht Gottes":[13] 2Sam 24,10; 2Kön 1,13; 8,19; 9,7; 10,10; 14,25; 17,13. 23; 18,12; 19,34; 21,8. 10; 24,2.
3) in der Erzählung: 2Sam 19,17; 2Kön 12,21; 17,3; 22,12; 24,1

(b) für παῖς
1) in der Erzählung: 2Sam 11,1; 12,19(2×). 21; 13,31. 36; 15,15[1]. 18; 16,6. 11; 17,20; 18,7. 9; 21,15; 24,20; 1Kön 1,2. 9; 22,3; 2Kön 3,11; 5,13; 6,8. 11. 12; 7,12. 13; 9,11. 28; 19,5; 21,23; 23,30; 24,11.12.
2) in der Direktrede im Bezug auf die 3. Person: 2Sam 13,24[2]; 19,6; 20,6; in der Indirektrede: 2Sam 15,34(2×).
3) Ausnahmen: in diesen Abschnitten ist auffallend, dass παῖς bei der direkter Rede auch im Bezug auf die 1. Person verwendet wird.[14]

Die Unterschiede zwischen den beiden Versionen, stellen sich folgendermaßen dar:

	Mod./Pers.	δοῦλος	παῖς	anderes
2Sam 10,2[2]	EZ/3.	boc₂e₂	*rell*	
10,3	EZ/3.	boc₂e₂	*rell*	
10,4	DR/3.	boc₂e₂	*rell*	
10,19	EZ/3.	*rell*		συμπορευόμενοι boc₂e₂g
11,9	EZ/3.	*rell*	boc₂e₂	
11,11	DR/3.	*rell*	boc₂e₂	
11,13	EZ/3.	*rell*	boc₂e₂	

---

13 δοῦλος wurde auch für עבד בעל verwendet: 2Kön 10,19(2×). 21. 22. 23(2×).
14 2Sam 15,15[2]; 2Kön 2,16; 18,26.

11,17	EZ/3.	*rell*	boc₂e₂	
11,24[1]	EZ/3.	boc₂e₂cixy	*rell*	
11,24[2]	DR/3.	boc₂e₂cixy𝕃	BAa*hva₂	
12,18	EZ/3.	*rell*	boc₂e₂	
14,30[1]	EZ/3.	boc₂e₂𝕬𝕮𝕃	*rell*	
14,30[2]	EZ/3.	MN *rell*	BAchxa₂ 𝕰	
14,31	DR/3.	boc₂e₂𝕬	*rell*	
15,14[b]	EZ/3.	boc₂e₂	*rell*	
19,6[b]	DR/3.	*rell*	boc₂e₂	
19,8[e]	DR/3.	*rell*	boc₂e₂	
19,19	DR/1.	boc₂e₂z[a?]	*rell*	
19,26	DR/1.	boc₂e₂ 𝕾[j]	*rell*	
21,22	EZ/3.	*rell*	boa₂c₂e₂	
1Kön 1,19	DR/3.	*rell*		om boc₂e₂
1,33	DR/3.	*rell*	bgoc₂e₂	
2Kön 5,26	DR/3.	boc₂e₂ Thdt	*rell*	
10,5	DR/1.	boc₂e₂r	*rell*	
14,5	EZ/3.	*rell*	borc₂e₂	
21,10	EZ/3.	*rell*	boc₂e₂	

Fazit:

In diesen Stellen bewahrt der Ant meistens die Regel der Ur-LXX. Dagegen lässt sich die modale Regel in der KR bei diesen Abweichungen nicht erkennen, sondern die KR verwendet die beiden Begriffe im Sinn eines unterschiedlichen Status. Sie entspricht damit genau der von Zimmerli herausgearbeiteten Unterscheidungsregel, d.h. die KR wollte mit δοῦλος „die eigentliche, unfreiwillige Sklavenschaft" bezeichnen, dagegen mit παῖς „die Gruppe jener freieren, sich durch eigenen Entschluß dem König zur Verfügung stellenden Königsdiener (Krieger, Minister, Beamte)".[15],

Allerdings brauchte die KR nur einen Teil der Belege zu ändern, weil nach der oben genannten Regel (a)-1 der Ur-LXX bereits ein großer Teil der in den KR-Abschnitten vorkommenden Belege von δοῦλος und παῖς den Status-Aspekt beinhaltete.

---

15 Vgl. o. Anm 4).

V14ᶜ. Die KR (BAha₂ 𝕮𝕾ʲ) hat gegenüber dem MT und dem Ant+ (boc₂e₂MN *rell* 𝕬) den Artikel. Die Wiedergabe des Ant+ macht die wörtliche Übersetzung des hebr. Textes sichtbar. Spiegelt die KR eine gegenüber dem MT und dem Ant unterschiedliche Vorlage, nämlich אשר אתו אשר בירושלם?[16] Oder handelt es sich um eine innergriechische Ergänzung?

V14ᵈ. Die Wiedergabe der KR (φύγωμεν) wird von *Jos. Ant.* unterstützt,[17] dagegen liest der Ant (boc₂e₂Mᵐᵍ) ἐξέλθωμεν. Die Wiedergabe mit ἐξέρχομαι ist in der LXX eigentlich kein Äquivalent für ברח, sondern sie steht hauptsächlich für יצא.[18] Wenn der Ant die Vorlage wörtlich übersetzt hätte, wäre die Vorlage ונצא. Aber das ist unwahrscheinlich. Die Wiedergabe des Ant ist wahrscheinlich von V. 16. 17 beeinflusst, wo ויצא in den beiden gr. Versionen mit καὶ ἐξῆλθεν wiedergegeben ist.

V14ᵉ. Der Unterschied in der Wortwahl ist nicht bedeutend.

V14ᶠ. (1) S.o. 15,5ᵉ zur Verwendung des Artikels in der KR für die hebr. Präposition ל. (2) Die KR gibt den Infinitiv von הלך mit *Inf. pass. Aor.* von πορεύομαι wieder, dagegen der Ant mit *Inf. akt. Aor.* von ἀπέρχομαι, dessen Vorsilbe sich auf die vorige Präposition (ἀπὸ προσώπου Αβεσσαλωμ) bezieht.

V14ᵍ. Die Partikel פן wurde in der KR mit ἵνα μή wiedergegeben, im Ant nur mit μή. In der LXX insgesamt wird פן mit ἵνα μή, μή, μήποτε oder οὐ μή wiedergegeben.[19] Im Ant (bes. in Sam-Kön) kann man zudem ὅπως μή erkennen.[20]

V14ʰ. Die Wiedergabe der KR (ταχύνω, sich beeilen) stimmt mit dem MT überein, aber die des Ant (φθάνω, zuvorkommen) ist eigentlich kein Äquivalent für מהר. In der LXX wird φθάνω als das Äquivalent für אמץ, דבק, יגה, ממא/ממה oder נגע verwendet, aber niemals für מהר. Deshalb wird eine andere Vorlage des Ant vermutet (z.B. יניע)[21]

---

16 Vgl. A. Fincke, *The Samuel scroll from Qumran. 4QSamᵃ restored and compared to Septuagint and 4QSamᶜ*. Studies on the texts of the Desert of Judah 43. (Leiden u.a., 2001), 228.

17 *Jos. Ant.* VII 198 : ἔγνω φεύγειν εἰς τὰ πέραν τοῦ Ἰορδάνου.

18 S. *HR*, 491c-495a, bes. die Fälle (5*a*); auch vgl. Fernández Marcos, *Índice*, 166.

19 Muraoka, *Index*, 119c.

20 1Sam 4,9; 2Sam 12,28; 17,16ⁱ; 20,6.

21 S. McCarter, *II Samuel*, 362; Fincke, *The Samuel scroll from Qumran*, 228; Vgl. 2Chr. 28,9 (Ant): s. dazu Fernández Marcos, *Índice*, 470.

V14^i-i. Der Ant hat gegenüber dem MT und der KR einen längeren Text (ὁ λαός). Durch diese Hinzufügung wurde das Subjekt des Ant unterschiedlich aufgefasst, nämlich „das Volk" statt „Absalom". Der Ant geht vielleicht auf eine andere hebr. Textvorlage zurück.

V14^j. (1) Bei dieser Variante ist zunächst der Unterschied der Vorsilbe erkennbar. Die gemeinsame Wurzel beider Wiedergaben ist –ωθέω, was auf jeden Fall die ursprüngliche Wortwahl widerspiegelt. Vermutlich hängt die verstärkende Vorsilbe des Ant (ἐπ-) mit der nachgestellten Präposition (ἐφ᾽ ἡμᾶς) zusammen. Dagegen ist ἐξωθέω in der KR eigentlich die etymologisierende Wiedergabe des hebr. Wortes (נדח in Hiph) im Sinne von „vertreiben". Aber in unserem Kontext passt diese Wortwahl eigentlich nicht, s.u. V14^k. (2) Die Aor. Med. Form (ἐπωσήται) steht in den Hss. bc₂e₂. S.u. V14^k zur Medialform. Dagegen steht in den Hss. b′o die 2.Pl. Aor. Akt. Form ἐπώσητε, die aber offensichtlich sekundär ist und falsch abgeleitet wurde.

V14^k. Hier handelt es sich um die unterschiedlichen Texttraditionen zwischen den beiden Versionen. Der MT (הרעה) und die KR (τὴν κακίαν) stimmen miteinander überein. Dagegen setzt die Wiedergabe des Ant (τὴν πόλιν; boc₂e₂M^mg) einen anderen Text (העיר) voraus, der sich durch Metathesis und Konsonantenverwechslung vom MT unterscheidet. Diese Variante ist eng verbunden mit dem Verb. Das Verb נדח in Hiph. passt an unserem Kontext eigentlich nicht. Deshalb schlägt *HAL* eine zweite Wurzel vor, nämlich im Sinne von „(Unheil) bringen über".[22] Allerdings wird dieser Vorschlag keineswegs in den Manuskripten bezeugt. Trotzdem ist gewiss, dass והדיח die Vorlage der gr. Versionen war, sowohl aufgrund der gr. Wiedergabe als auch aufgrund 4QSam^c, wo man והדיח erkennen kann.[23] Problematisch ist, wie sich das Verb auf das Objekt bezieht. Meiner Meinung nach war die hebr. Vorlage der KR (=MT) schon in früher Zeit der Überlieferung verderbt. Denn die Wiedergabe der KR „er sollte über uns Schlechtes vertreiben" macht eigentlich keinen Sinn. Die KR ist eine auf das Hebräische gezielte, wörtliche Übersetzung, d.h. die KR wollte hier keine innergriechisch sinnvolle Übersetzung erzeugen, sondern das formale Äquivalent für das Verb נדח in Hiph. Dagegen spiegelt der Ant offensichtlich den unverderbten hebr. Text wider, nämlich העיר statt הרעה. Dieser Text passt gut zu dem folgenden Substantiv (העיר

---

22   *HAL* III, 636.
23   *DJD* XVII, 264.

וחכה). Zudem passt die Medialform von –ωθέω hier ebenfalls gut. So lässt sich der Satz im Ant lesen: „(Das Volk) sollte gegen uns zur Stadt hineinvorstoßen".

V14ʲ. Der hebr. Ausdruck לפי wurde in der KR mit dem *Dativus instrumentalis* wiedergegeben. Dagegen steht das Substantiv im Ant (boc₂e₂Nacfnuvxza₂) mit der Präposition ἐν. Der Ant setzt offensichtlich בפי voraus.

V14ᵐ. Hier geht es um das Äquivalent für חרב. Die Wiedergabe der KR ist μάχαιρα, dagegen die des Ant ῥομφαία. Im Griechischen bezeichnet μάχαιρα „(als Schwert) kleinere Dolche", und ῥομφαία „ein großes breites Schwert, ein Säbel; (man trug sie auf der rechten Schulter)".[24] Aber in gr. Sam-Kön ist diese Unterscheidung nicht zu erkennen. Allerdings ist im βγ′-Abschnitt zu erkennen, dass der Ant gegenüber der KR ῥομφαία bevorzugte. Die folgende Übersicht zu Sam-Kön lässt die Besonderheit im βγ–Abschnitt gut erkennen:

(1) LXX *rell*

	μάχαιρα	ῥομφαία
α′	-; 0mal	1Sam 2,33[25]; 13,19. 22; 14,20; 15,8, 33; 17,39. 45. 47. 51; 21,9(2×); 22,10. 13. 19; 25,13; 31,4(2×).5; 19mal
ββ′	2Sam 2,16; 1mal	2Sam 1,12. 22; 2,26; 3,29; 4mal
βγ′	2Sam 11,25; 15,14ᵐ; 18,8f; 20,8(2×)[26]. 10; 23,10; 7mal	2Sam12,9(2×).10; 23,8; 24,9; 1Kön 1,51; 2,8; 7mal
γγ′	1. Kön 3,24(2×); 18,28; 3mal	1. Kön 19,1. 10. 14. 17; 1Kön 2,32. 35[n]; 6mal
γδ′	2Kön 19,37; 1mal	2Kön 3,23. 26; 6,22; 8,12; 10,25; 11,15. 20; 19,7; 8mal

(2) Ant[27]

---

24 *Pape* II, 102; 848.
25 > MT.
26 Im MT fehlt das zweite Vorkommen.

	μάχαιρα	ῥομφαία
α´	1Sam 17,39. 47; 21,9(2×); 25,13(3×); 31,4(2×).5; 10mal	1Sam 13,19. 22; 14,20; 15,8. 33; 17,45. 50. 51; 18,4[28]; 21,10; 22,10. 13. 19(2×)[29]; 14mal
ββ´	2Sam 2,16; 1mal	2Sam 1,12. 22; 2,26; 3,29; 4mal
βγ´	20,8(2×). 10; 3mal	2Sam 11,25; 12,9. 10; 15,14m; 18,8f; 23,10; 24,9; 25,51[= 1Kön 1,51]; 26,8 [= 1Kön 2,8]; 9mal
γγ´	1Kön 3,24(2×); 18,28; 3mal	1Kön 1,21[2,32]; 19,1. 10. 14. 17(2×); 6mal
γδ´	2Kön 19,37; 1mal	2Kön 3,26; 6,22; 8,12; 10,25; 11,15. 20; 19,7; 7mal

V15[a]. S.o. 15,2[t] zur Verwendung des Artikels.

V15[b]. Die KR (πρὸς τὸν βασιλέα) stimmt mit dem MT (אל־המלך) überein. Der Ant (πρὸς αὐτόν; boc₂e₂d 𝕰) setzt aber einen anderen Text (אליו) voraus.

V15[c]. Der Ant (ἐν) setzt gegenüber dem MT (כ) und der KR (κατὰ) eine andere Präposition (ב) voraus.

V15[d]. Der hebr. Text כל אשר wurde in der KR mit πάντα ὅσα wiedergegeben, im Ant mit πᾶσιν οἷς. Die Wiedergabe der KR (ὅσος) steht in der LXX häufig für אשר bzw. כל אשר (in diesem Fall meistens mit πᾶς).[30]

V15[e]. Ant hat keine Entsprechung für das אדני des MT Allerdings hatte auch KR eine gegenüber dem MT (אדני)[31]abweichende Vorlage (אדננו)[32].

V16[a]. S.o. 15,2[t] zur Verwendung des Artikels.

---

27 Vgl. Fernández Marcos, Índice, 294 u. 404.
28 1Sam.18,4 > LXX-*Ra*.
29 In LXX-*Ra* fehlt das zweite Vorkommen.
30 Vgl. *HR*, 1019a-1021c; bes. (2) u. (3).
31 Vgl. ὁ κύριος μου a.
32 Vgl. 1Sam 16,16.

V16ᵇ. Die hebr. Ausdrucksweise ברגליו wurde in der KR in formaler Entsprechung mit τοῖς ποσὶν αὐτῶν wiedergegeben, im Ant mit dem Adjektiv (πεζοί). Dieselbe bzw. ähnliche Ausdrucksweise kommt noch in 15,17ᶜ und 15,18ᵒ vor:

	MT	τοῖς ποσὶν αὐτῶν	πεζοί	πεζῇ	etc.
15,16ᵇ	ברגליו	*rell O′*	boc₂e₂zᵐᵍ		om. d
15,17ᶜ	ברגליו	a₂	boc₂e₂ *rell* 𝕬ᵛⁱᵈ	B	
15,18ᵒ	ברגלו	Bcxa₂	boc₂e₂ *rell*		ἐν ταῖς πόλεσιν αὐτῶν A

Die Wiedergabe τοῖς ποσὶν αὐτῶν ist ohne Zweifel hebraisierend. Gewiss wurden die Mss. AMN *rell* in 15,17ᶜ durch den Ant beeinflusst. Aber es ist nicht einfach festzustellen, welche der beiden Wiedergaben, πεζῇ oder πεζοί, älter ist. Jedenfalls geht πεζοί in den Handschriften auf den Ant zurück. Für ברגלו in 15,18ᵒ setzt die KR ברגליו voraus.

Im Griechischen wurde πεζός hauptsächlich militärisch verstanden, nämlich als „Fußsoldat" bzw. „Fußheer im Gegensatz der ἵπποι oder zum Seefahrer",[33] aber nicht im engeren Sinne von „zu Fuß". Aus diesem Grund ergeben sich zwei Erklärungen für die Wiedergabe des Ant: (1) Die Vorlage des Ant war nicht ברגליו, sondern רגלי, dessen Bedeutung „Fußsoldat " ist. (2) Zwar war die Vorlage ברגליו, aber der Ant fasste dessen Bedeutung als idiomatisch,[34] nämlich „Fußsoldat". In 1Kön 21{20},10, wo alle gr. Versionen miteinander übereinstimmen, wurde לכל־העם אשר ברגלי mit παντὶ τῷ λαῷ τοῖς πεζοῖς μου übersetzt. Hier bedeutet das Wort πεζός offensichtlich die militärische Truppe, wobei es als Apposition zu „Volk" steht. Deshalb ist πεζοί an unserer Stelle die ursprüngliche Wiedergabe des Ant bzw. der Ur-LXX. Die Vorlage dafür war ברגליו. Die Wiedergabe πεζῇ im Cod. B ist vielleicht eine sekundäe Abweichung.

V16ᶜ. Hier geht es um das Äquivalent für עזב in Qal: ἀφίημι in der KR und καταλείπω im Ant. Die Wortwahl des Ant wird durch *Jos. Ant.* unterstützt.[35] Hier ist mit 16,21ᵇ und 20,3 zu vergleichen, wo 15,16 wieder erwähnt wird:

---

33 *Pape* II, 543; *LSJ*, 1353.

34 Vgl. G. Gerleman, "ברגליו an Idiomatic Phrase", *JSS* (1959), 59 und Stoebe, *Das zweite Buch Samuelis*, 363. Beide betrachten diese Ausdrucksweise als idiomatisch für „unmittelbar (auf dem Fuß) folgend".

35 *Jos. Ant.* VII 199: καταλιπὼν τὰ βασίλεια φυλάσσειν δέκα παλλακίσιν.

	MT	KR	Ant
15,16[c]	וַיַּעֲזֹב	καὶ ἀφῆκεν	καὶ κατέλιπεν
16,21[b]	הִנִּיחַ	κατέλιπεν	κατέλειπε
20,3	הִנִּיחַ	ἀφῆκεν	κατέλειπε

In 20,3 wird 16,21 direkt wiederholt. Im Hebräischen sind die beiden Sätze identisch: אֲשֶׁר הִנִּיחַ לִשְׁמֹר הַבַּיִת. Die gr. Wiedergabe καταλείπω passt nicht nur auf עזב in Qal,[36] sondern auch auf נוח in Hiph.[37] Aber ἀφίημι für עזב in Qal ist ungewöhnlich, auch wenn es sonst noch 3mal[38] in der LXX vorkommt. War die Vorlage der KR in 15,16[c] dann וַיַּנַּח statt וַיַּעֲזֹב? Waren zudem die Wiedergaben der beiden Versionen in 16,21[b] ursprünglich, indem es keine lexikalische Abweichung zwischen den gr. Versionen gibt?

V16[d]. Hier findet sich ausnahmsweise keine Entsprechung für die *nota accusativi*. Schon Gesenius fand, dass diese *nota accusativi* des MT „fälschlich aus 20,3 (wo es auf die schon genannten Weiber hinweist) eingetragen" ist: „höchst selten ist dag[gegen] אֵת vor (wirklich oder scheinbar) nicht determinierten Nomen in Prosa."[39] Dagegen folgt Stoebe der Meinung von Brockelmann, demzufolge אֵת an dieser Stelle trotz der Unbestimmtheit der zehn Frauen möglich ist.[40]

Wenn man aber unseren Fall mit 20,3 vergleicht, dann ist deutlich erkennbar, wie die *nota accusativi* (אֵת) in unserem Fall „fälschlich aus 20,3 eingetragen ist".

	MT	KR, Ant
15,16[d]	אֵת עֶשֶׂר נָשִׁים פִּלַגְשִׁים	(-) δέκα γυναῖκας τῶν παλλακῶν αὐτοῦ
20,3	אֵת עֶשֶׂר־נָשִׁים פִּלַגְשִׁים	τὰς δέκα γυναῖκας (τὰς παλλακὰς;Ant) αὐτοῦ

Mit dem Artikel folgt die gr. Wiedergabe von 20,3 der Regel für die *nota accusativi*. Aber der Artikel fehlt in 15,16[d] nicht nur im Ant, sondern auch in der KR. Die Vorlage der gr. Versionen hatte somit wohl keine *nota accusativi*. Sie wurde im MT von 15,16[d] gemäß 20,3 hinzugefügt.

---

36 Für עזב in Qal : *HR*, 736a-737c; bes. (11a).
37 Für נוח in Hiph : *HR*, 736a-737c; bes. (9).
38 Ex. 9,21; 2Chr 28,14; Hiob 39,14.
39 *GK* §117 d.; S. auch Caspari, *Die Samuelbücher*, 606; McCarter, *II Samuel*, 363.
40 *BroS*, §96.

V16ᵉ. Die gr. Versionen haben gegenüber dem MT ein Plus (αὐτοῦ). Diese Variante spiegelt eine unterschiedliche hebräische Vorlage wider, nämlich פלנשיו statt פלנשים.

V16ᶠ. S.o. 15,5ᵉ zur Verwendung des Artikels im Ant für ל.

V16ᵍ. Der Ant (boc₂e₂ 𝕮𝕰ᵛⁱᵈ) hat gegenüber dem MT und der KR ein Plus (αὐτοῦ). Diese Variante des MT ergab sich vermutlich aus einer Haplographie, לשמר הבית_ויצא הביתו ויצא המלך wurde zu לשמר הבית_ויצא המלך.

V17ᵃ/ᵇ. Die KR (καὶ πάντες οἱ παῖδες αὐτοῦ) setzt gegenüber dem MT (כל־העם) und dem Ant (πᾶς ὁ λαός αὐτοῦ) eine andere Vorlage (כל־עבדיו; s.u. V17ᵇ zum Personalsuffix) voraus. Vgl. *omnes homines* 𝕰. Darüber hinaus ist αὐτοῦ im Ant bloß eine innergriechische Verdeutlichung, weil der laut Ant rekonstruierte, doppelt determinierte hebr. Text כל־העמו im Hebräischen seltsam ist.

V17ᶜ. S.o. V16ᵇ.

V18ᵃ. S.o. 15,2ᵗ zur Verwendung des Artikels.

V18ᵇ. Zur Wiedergabe ἀνὰ χεῖρα für על־יד s.o. 15,2ᶜ.

V18ᶜ. (1) Die Wortstellung der beiden Versionen ist gegenüber dem MT umgestellt. Die Wortstellung des MT spiegelt sich in den Mss. Acx 𝕮 wider. Beide Versionen setzen vermutlich gegenüber dem MT eine unterschiedliche Texttradition (עברים על־ידו statt על־ידו עברים) voraus. (2) Vgl. 15,30ᵃ/ᶜ zur Wiedergabe mit Imperfekt für hebr. Partizip.

V18ᵈ⁻ᵈ/ᵏ⁻ᵏ. Hier lassen sich zwei unterschiedliche Texttraditionen und ihre Überlieferung erkennen. Im Cod. B sind beide Teile erhalten. Der Ant bzw. die Ur-LXX hat nur V18ᵈ⁻ᵈ (T1) und der MT nur V18ᵏ⁻ᵏ (T2). Offensichtlich wurden wie schon Wellhausen erkannte,[41] im Cod. B zwei Texttraditionen, kombiniert; somit stellt der Cod. B eine Doppel-übersetzung dar (zu den Lesarten zwischen dem Ant und dem Cod. B s.u. V18ᵉ⁻ⁱ). Vermutlich hatte er T2 von der KR her übernommen (zur Bearbeitungsaktivität des Cod. B vgl. 15,20ᵃ⁻ᵉ; 18,18ᵈ). Dieser Vorgang kann wie folgt dargestellt werden:

---

41 Wellhausen, *Der Text der Bücher Samuelis*, 195f.

	Ur-LXX/Ant	Cod. B	KR/MT
V18d-d	T1	T1	(-)
V18k-k	(-)	T2	T2

V18[e]. Der Cod. B transkribiert den Eigennamen mit Χεττει,[42] der Ant (boz[mg(χ ex K)]c2e2) mit Χετθι. Die hebr. Vorlage der beiden Versionen ist mit חתי zu rekonstruieren, denn in der LXX findet man auch sonst die Transkription Χεττει für חתי (2Sam 23,39; 1Chr 11,41),[43] obwohl חתי in Sam-Kön meistens mit der deklinierbaren Form Χετταιος (Z.B. 1. Sam 26,6; 2Sam 11.3. 6. 17. 21. 24; 12,9. 10; 1Kön 11,1{2}; 2. Kön 7,6)[44] wiedergegeben wird. Da die Wendung „Krether und Plether" – wie auch im MT an unserer Stelle – immer mit כרתי gebildet wird, stellt sich die Frage, wie die Variante zustande kam. Am ehesten ist, wie auch McCarter vermutet, ein Konsonantenausfall (כתי statt כרתי) anzunehmen, zu dem aber auch noch ein Hörfehler im Sinn von כ / ח gekommen sein muss.[45]

	2Sam 15,18[e]	2Sam 23,39	1Chr 11,41
Χετθι	boc2e2z[mg(χ ex K)]		ANbc
Χεττει	*rell*	boc2e2	BSc2
Χεθθι			*rell*
Χετταιος		*rell*	
etc.	χερεθι gℭ:	γετθαιος e:	χετθη e2:
	χεταιος και ο	γεθθαιος	γετθι e
	χερεθθι h	dpqtz[txt]	

M.E. war Χετταιος die ursprüngliche Wiedergabe für חתי, wie sie die meisten Fälle der beiden Versionen unterstützen. Zudem kann man auch bei der *O′* in 2Sam 23,39 Χετταιος erkennen.

V18[f]. Die Vorlage der Transkriptionen der beiden Versionen kann mit פלתי rekonstruiert werden. Während in T1 und T2 die andere Gruppe

---

42 Hier konjizierte Rahlfs die Transkription mit Χεττι statt Χεττει(B). S.u. 16,1[e], Anm. 5 zur Erklärung.

43 Zudem spiegelt in 1. Kön 10,29{33} (Χεττιειν) vielleicht die aramäische Pluralform (חתין ?) wider im Vergleich mit LXX *rell*(Χεττιειμ), wo sich die hebr. Pluralform (חתים) sicherlich widerspiegelt.

44 Bei diesen Fällen stimmen beide Versionen miteinander überein.

45 McCarter, *II Samuel*, 363.

unterschiedlich ist (הכרתי bzw. החתי), ist פלתי beiden Texttraditionen gemeinsam.

V18ᵍ⁻ᵍ. Der Unterschied in der Reihenfolge ist nicht wesentlich.

V18ʰ⁻ʰ/ⁱ/ʲ/ᵏ⁻ᵏ. Der Vergleich der (rekonstruierten) Vorlage des Ant mit dem MT lässt erkennen, in welcher Weise die beiden Texttraditionen voneinander unabhängig waren:

V.Ant	וכל־עבדיו עברים על־ידו וכל־*החתי* וכל־הפלתי ויעמדו *בזיתים במדבר*
	וכל־העם עברים על־ידו ⁴⁷ *וכל־גדולים וכל־אנפיו* ⁴⁶ *וכל־גבורים המלך*
	*ו*שש־מאות איש
MT	וכל־עבדיו עברים על־ידו וכל־*הכרתי* וכל־הפלתי
	וכל־הגתים
	שש־מאות איש

Oben in der Tabelle markiert die Kursivierung die Unterschiede zwischen dem MT und dem Ant, und die Unterstreichung bezeichnet den Teil, den der Cod. B mit dem Ant gemeinsam hat.

Im Ant fehlt die Wiedergabe für וכל־הגתים. Dieser Ausdruck bezieht sich direkt auf die folgenden Verse (15,19-23). Stattdessen hat der Ant den längeren Satz in Bezug auf die „Ölbäume" in der Wüste (ἐπὶ τῆς ἐλαίας ἐν τῇ ἐρήμῳ < בזיתים במדבר). Diese Wörter hängen mit der nächsten Handlung Davids (15,30ff) zusammen. Daher kommt der Ausdruck „Ölbaum" im Folgenden ausschließlich im Ant vor (15,23ᵐ und 15,28ᵉ). Darüber hinaus hat nicht nur die O', sondern auch der 𝕷 den Textteil von במדבר ויעמדו בזיתים, d.h. dieser Teil geht zumindest auf die vorhexaplarische Texttradition zurück.[48] Vermutlich war dieser Teil

---

46   Zur Rekonstruktion vgl. Ez 38,6.
47   Zur Rekonstruktion s. Sollamo, *Rendering of Hebrew Semiprepositions*, 205-217; bes. 210.
48   Barthélemy (1963, 125f) behauptet aufgrund dieser Befunde: „On ne peut donc identifier purement et simplement le texte des manuscrits B h a₂ à celui de la recension palestinienne, quoiqu'ils en soient les meilleurs représentants, de même qu'on ne peut identifier purement et simplement celui des manuscrits b o c₂ e₂ à la Septante ancienne. Mais il est notable que, pour notre section tout au moins, ce dernier groupe ne présente pour ainsi dire aucunes traces de recension propre, mais seulement des traces assez claires de contamination de la Septante ancienne par des leçons marginales tirées de la recension palestinienne. Malgré les réserves - fort limitées - que nous venons de formuler, il serait toutefois beaucoup plus exact, dans la section βγ des Règnes, d'identifier le texte B h a₂ à la recension καίγε que d'y voir un fidèle témoin de la Septante ancienne, comme on le fait d'ordinaire. Beaucoup

auch in der KR vorhanden. Wenn es so war, stellt der vorhandene Text im Cod. B keine Widerspiegelung der KR dar, sondern eine Korrektur des Abschreibers des Cod. B. Auf jeden Fall repräsentieren der MT und der Ant voneinander unabhängige Texttraditionen. Somit waren dem Cod. B zumindest drei Textformen (KR, Ant, Proto-MT) bekannt. Der Abschreiber des Cod. B wollte diese Traditionen kombinieren, wobei er einige Korrekturen bzw. Verknüpfungen durchführte.

Die Verknüpfung wird deutlich, wenn wir die weitere Vorlage des Ant bzw. den MT betrachten:

Ant	καὶ πάντες οἱ μαχηται τοῦ βασιλέως *καὶ* ἑξακόσιοι ἄνδρες
Cod B.	καὶ πάντες οἱ μαχηται ἑξακόσιοι ἄνδρες (καὶ παρῆσαν ἐπὶ χεῖρα αὐτου) καὶ πᾶς ὁ Χερεθθι καὶ πᾶς ὁ Φελεθθι καὶ πάντες οἱ Γεθθαῖοι ἑξακόσιοι ἄνδρες
MT	וכל־הכרתי וכל־הפלתי וכל־הגתים שש־מאות איש

M. E. verlief der Vorgang der Bearbeitung des Cod. B in folgender Weise:

(1) V18[h-h]. Der Cod. B löschte τοῦ βασιλεύς (<המלך) des Ant, damit καὶ πάντες οἱ περὶ αὐτὸν καὶ πάντες οἱ ἁδροι καὶ πάντες οἱ μαχηται, auf gleicher Ebene steht.

(2) V18[i]. Der Cod. B löschte καὶ des Ant, damit ἑξακόσιοι ἄνδρες in Apposition zu καὶ πάντες οἱ περὶ αὐτὸν καὶ πάντες οἱ ἁδροί καὶ πάντες οἱ μαχηταί steht. Diese zwei Vorgänge beruhen vermutlich darauf, dass der Cod. B dieselbe Satzstruktur wie MT und Ant wiedergeben wollte :

Ant	καὶ πάντες οἱ μαχηταί τοῦ βασιλέως *καὶ* ἑξακόσιοι ἄνδρες	T1
Cod B.	καὶ πάντες οἱ μαχηταί ἑξακόσιοι ἄνδρες	T1′
	καὶ πᾶς ὁ Χερεθθι ἑξακόσιοι ἄνδρες καὶ πᾶς ὁ Φελεθθι καὶ πάντες οἱ Γεθθαῖοι	T2
MT	וכל־הכרתי וכל־הפלתי וכל־הגתים שש־מאות איש	T2

plus exact également d'identifier le texte b o c₂ e₂ à la Septante ancienne que d'y voir la 'recension lucianique', comme on le fait d'ordinaire." ; Seine Behauptung beruht aber auch darauf, dass der Text der Hss. MNad-gi-np-wyz[txt]b₂ℨ in V.17 gegenüber der KR und dem Ant ursprünglich sei: ἐπὶ τῆς ἐλαίας ἐν τῇ ἐρήμῳ (= בזית המדבר?) gegenüber ἐν οἴκῳ τῷ μακρᾶν in der KR und Ant (= בית המרחק MT). Barthélemy meint, dass der Ant hier durch die KR beeinflusst wurde. Aber seine Voraussetzung erscheint mir fraglich. Meiner Meinung nach spiegelt der Text in V.17 eher die spätere Bearbeitung gemäß dem Ant wider.

(3) V18ʲ. Durch καὶ παρῆσαν ἐπὶ χεῖρα αὐτοῦ verknüpfte der Cod. B beide Traditionen (Ant und MT). Dadurch wollte der Cod. B vermutlich dem neuen Satzteil, der kein finites Verb hatte, ein finites Verb geben.

Eine ähnliche Bearbeitung des Cod. B ist auch in 18,17ᵍ zu erkennen. Die Beobachtungen können folgenderweise dargestellt werden :

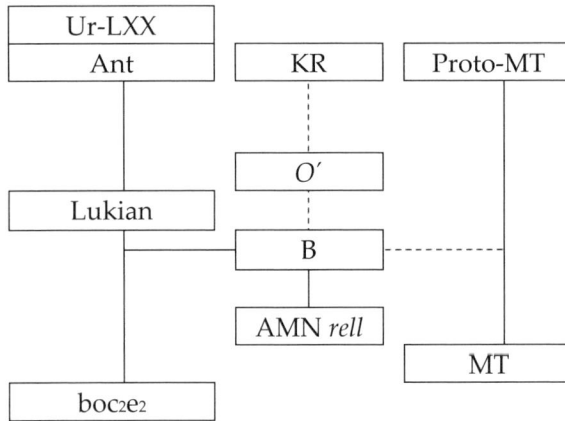

V18ᵏ⁻ᵏ. S.o. V18ᵈ⁻ᵈ.

V18ˡ. אִישׁ wurde notwendiger Weise mit ἄνδρες wiedergegeben; es liegt keine abweichende hebr. Vorlage zu Grunde.

V18ᵐ. Die KR (ἐλθόντες; BAha2)[49] und der Ant+ (ἥκοντες; boc2e2MN *rell*) wählten unterschiedliche Wiedergaben derselben hebr. Vorlage.

V18ⁿ⁻ⁿ. Die Reihenfolge des Ant (boc2e2agv) stellt eine freie Wiedergabe dar; dagegen passte die KR die Wortfolge an die hebr. Vorlage an.

V18ᵒ. S.o. V16ᵇ.

V18ᵖ. Die KR (BAcxa2) gibt hier das hebr. Partizip wörtlich mit dem gr. Partizip (πορευόμενοι) wieder.[50] Zudem hat sie eine Kopula (καὶ), die im MT (nur אֲשֶׁר) nicht vorhanden ist. Rahlfs löschte sie daher in seiner

---

49   Vgl. ἐξελθόντες cx.
50   Vgl. καὶ πάντες οἱ πορευόμενοι h.

Textentscheidung weg. Dagegen gibt der Ant+ (boc2e2MN *rell*) sachgemäß mit einem finiten Verb (παρεποεύοντο) wieder. Die Hs. n (10. Jh. n. Chr.) zeigt die Mischung der beiden Versionen: καὶ παρεποεύοντο.

V18[q]. S.u. 17,12[a] zur Wiedergabe für על.

2.4. 2Sam 15,19-23

2.4.1. Textsynopse

MT		KR	Ant
וַיֹּ֥אמֶר הַמֶּ֖לֶךְ	19	καὶ εἶπεν ὁ βασιλεὺς	καὶ εἶπεν ὁ βασιλεὺς
אֶל־אִתַּ֣י הַגִּתִּ֔י		πρὸς Εθθι[a] τὸν Γεθθαῖον	πρὸς Ἠθὶ[a] τὸν Γεθθαῖον
לָ֧מָּה תֵלֵ֛ךְ		ἵνα τί πορεύῃ	ἵνα τί πορεύῃ
גַּם־אַתָּ֖ה אִתָּ֑נוּ		καὶ[b] σὺ μεθ' ἡμῶν	καὶ[b] σὺ μεθ' ἡμῶν
שׁ֣וּב וְשֵׁ֤ב[d]		ἐπίστρεφε[c] καὶ οἴκει[d]	ἀνάστρεφε[c] καὶ κάθισον[d]
עִם־הַמֶּ֔לֶךְ		μετὰ τοῦ βασιλέως	μετὰ τοῦ βασιλέως
כִּי־נָכְרִ֥י[e] אַתָּ֖ה		ὅτι ξένος[e] εἶ[f] σὺ	ὅτι ἀλλότριος[e] σὺ
וְגַם־גֹּלֶ֥ה אַתָּ֖ה		καὶ ὅτι[g] μετῴκηκας σὺ	καὶ ὅτι[g] μετῴκηκας σὺ
לִמְקוֹמֶֽךָ[h]:		ἐκ[h] τοῦ τόπου σου	ἐκ[h] τοῦ τόπου σου
	20	[a][εἰ ἐχθὲς παραγέγονας	[a][εἰ ἐχθὲς παραγέγονας σύ[b]
		καὶ σήμερον κινήσω σε][a]	καὶ σήμερον κινήσω σε][a]
		μεθ' ἡμῶν[c]	[c]τοῦ πορεύεσθαι μεθ' ἡμῶν[c]
		[d][καί γε μεταναστήσεις	
		τὸν τόπον σου][d]	
[תְּמ֣וֹל ׀ בּוֹאֶ֗ךָ[e]		[e][ἐχθὲς ἡ ἐξέλευσίς σου	
(אֲנוֹעֲךָ֮) [אֲנִיעֲךָ֒]		καὶ σήμερον μετὰ	
וְהַיּ֨וֹם		κινήσω σε	
עִמָּ֜נוּ[e] לָלֶ֣כֶת]		μεθ' ἡμῶν τοῦ	
		πορευθῆναι][e]	
וַאֲנִ֣י הוֹלֵ֗ךְ		καὶ ἐγὼ πορεύσομαι	ἐγὼ δὲ[f] πορεύσομαι
עַ֤ל אֲשֶׁר־אֲנִי֙[g] הוֹלֵ֔ךְ		[g]οὗ ἂν[g] ἐγὼ[h] πορευθῶ[i]	[g]οὗ ἐὰν[g] πορεύωμαι[i]
שׁ֣וּבׄ		ἐπιστρέφου[j]	[j]πορεύου καὶ ἀνάστρεφε[j]
וְהָשֵׁ֣ב		καὶ ἐπίστρεψον[k]	καὶ ἀπόστρεφε[k]
אֶת־אַחֶ֖יךָ		τοὺς[l] ἀδελφούς σου	τοὺς[l] ἀδελφούς σου
עִמָּ֑ךְ		μετὰ σοῦ	μετὰ σοῦ
		καὶ κύριος ποιήσει	καὶ κύριος ποιήσει
		μετὰ σοῦ	μετὰ σου
חֶ֥סֶד וֶאֱמֶֽת:		ἔλεος[m] καὶ ἀλήθειαν	ἔλεον[m] καὶ ἀλήθειαν
וַיַּ֧עַן אִתַּ֛י	21	καὶ ἀπεκρίθη Εθθι[a]	καὶ ἀπεκρίθη Ἠθὶ[a]
אֶת־הַמֶּ֖לֶךְ		τῷ βασιλεῖ	τῷ βασιλεῖ
וַיֹּאמַ֑ר		καὶ εἶπεν	καὶ εἶπεν*
חַי־יְהוָ֗ה		ζῇ κύριος	ζῇ κύριος
וְחֵי֙		καὶ ζῇ	καὶ ζῇ

Hebrew		Greek A	Greek B
אֲדֹנִי		^{c}ὁ^d κύριός μου^c	^{b}ἡ ψυχή σου^b ^{c}κύριέ μου^c
הַמֶּלֶךְ^{c}		^{e}ὁ βασιλεύς^e	βασιλεῦ^e
כִּי אִם־בִּמְקוֹם		ὅτι εἰς τὸν^f τόπον	ὅτι εἰς τὸν^f τόπον
אֲשֶׁר יִהְיֶה־שָּׁם^g		οὗ ἐὰν ᾖ	οὗ ἐὰν ᾖ
אֲדֹנִי הַמֶּלֶךְ^{i}		ὁ^h κύριός μου	ὁ^h κύριός μου ^{i}ὁ βασιλεύς^i
אִם־לְמָוֶת		καὶ^j ἐὰν εἰς θάνατον	καὶ^j ἐὰν εἰς θάνατον
אִם־לְחַיִּים		καὶ ἐὰν εἰς ζωήν	καὶ ἐὰν εἰς ζωήν
כִּי־שָׁם יִהְיֶה		ὅτι^k ἐκεῖ ἔσται	ἐκεῖ ἔσται
עַבְדֶּךָ:		ὁ^l δοῦλός σου	ὁ^l δοῦλός σου
וַיֹּאמֶר דָּוִד	22	καὶ εἶπεν ^{a}ὁ βασιλεὺς^a	καὶ εἶπεν ^{a}ὁ βασιλεὺς Δαυίδ^a
אֶל־אִתַּי		πρὸς Εθθι^b	πρὸς Ἠθι^b ^{c}τὸν Γεθθαῖον^c
לֵךְ^{d} וַעֲבֹר^e		δεῦρο^d καὶ διάβαινε^e	Πορεύου^d καὶ δίελθε^e
		^{f}μετ᾽ ἐμοῦ^f	^{f}μετ᾽ ἐμοῦ^f
וַיַּעֲבֹר		καὶ παρῆλθεν	καὶ παρῆλθεν
אִתַּי הַגִּתִּי		Εθθι^g ὁ Γεθθαῖος	Ἠθὶ^g ὁ Γεθθαῖος
וְכָל־אֲנָשָׁיו		καὶ πάντες οἱ παῖδες αὐτοῦ	καὶ πάντες οἱ παῖδες αὐτοῦ
			^{h}καὶ ὁ βασιλεύς^h
וְכָל־הַטַּף^i		καὶ πᾶς ὁ ὄχλος^i	καὶ Πάντες ἄνδρες^i
אֲשֶׁר אִתּוֹ:		ὁ μετ᾽ αὐτοῦ	οἱ μετ᾽ αὐτοῦ
וְכָל־הָאָרֶץ	23	καὶ πᾶσα ἡ γῆ	καὶ πᾶσα ἡ γῆ
בּוֹכִים^a קוֹל גָּדוֹל		ἔκλαιεν^a φωνῇ μεγάλῃ	εὐλογοῦντες^a φωνῇ μεγάλῃ
			^{b}καὶ κλαίοντες^b
וְכָל־הָעָם		καὶ πᾶς ὁ λαὸς	καὶ πᾶς ὁ λαὸς
עֹבְרִים		παρεπορεύοντο^c	διεπορεύετο^c
		^{d}ἐν τῷ χειμάρρῳ Κεδρων^d	
וְהַמֶּלֶךְ^{e} עֹבֵר		καὶ ὁ βασιλεὺς διέβη^e	καὶ ὁ βασιλεὺς διεπορεύετο^e
בְּנַחַל קִדְרוֹן		τὸν^g χειμάρρουν Κεδρων	ἐν^f τῷ^g χειμάρρῳ τῷ^h Κεδρών
וְכָל־הָעָם		καὶ πᾶς ὁ λαὸς	καὶ πᾶς ὁ λαὸς
		^{i}καὶ ὁ βασιλεύς^i	
עֹבְרִים^j		παρεπορεύοντο^j	διεπορεύετο^j
עַל־פְּנֵי־דֶרֶךְ^{l}		^{k}ἐπὶ πρόσωπον^k ὁδοῦ^l	^{k}πρὸ προσώπου αὐτοῦ^k
			^{l}κατὰ τὴν ὁδόν^l
			^{m}τῆς ἐλαίας^m
אֶת־הַמִּדְבָּר:		^{o}τὴν ἔρημον^o	τῆς^n ^{o}ἐν τῇ ἐρήμῳ^o

2.4.2. Analyse der Varianten

V19[a]. Hier handelt es sich um die Transkription des Eigennamens אתי. Rahlfs folgt dem Text der Mss. AMNh[b?(vid)] *rell* 𝔄 mit Εθθ(ε)ι und aufgrund 18,2[e]. 5[d]. 12[o], wo אתי mit Εθθ(ε)ι transkribiert wurde. Dagegen transkribieren die Mss. Bh* 𝔈 mit Σεθθει wie auch in 15,21[a]. 22[b]. Der Ant (oc2e2) transkribiert aber mit Ἠθι.[1] Es gibt keinen Grund dafür, dass der Cod. B Σεθθει und Εθθει als unterschiedliche Personen aufgefasst hätte. Σεθθει wurde vermutlich in Majuskelhandschriften fälschlich durch die Dittographie des Auslautes der vorangestellten Präposition verursacht: ΠΡΟⲤⲤΕΘΘΕΙ statt ΠΡΟⲤΕΘΘΕΙ.

V19[b]. Für גם steht καὶ in den beiden Versionen. Diese Wiedergabe ist im Griechischen verständlich im Sinne von „auch". Allerdings ist die Wiedergabe der KR hier eine Ausnahme von ihrer Regel, möglichst einheitlich גם(ו) mit καὶ γε wieder zu geben. S.u. 15,24[a] zu dieser Eigenschaft der KR.

V19[c]. Hier geht es um die unterschiedliche Vorsilbe des gr. Verbs. Das hebr. Verb שוב gibt die KR mit ἐπιστρέφω wieder, der Ant mit ἀναστρέφω. In unserem Textbereich sind die gr. Wiedergaben für dieses Wort wie folgt:

	MT	KR	Ant
15,8	ישיבני	ἐπιστρέψῃ με	ἐπιστρέψῃ με
15,19[b]	שוב	ἐπίστρεφε	ἀνάστρεφε
15,20[j]	שוב	ἐπιστρέφου	ἀνάστρεφε
15,25	השב	ἀπόστρεψον	ἀπόστρεψον
15,25	השבני	ἐπιστρέψει με	ἐπιστρέψει με
15,27[c]	שבה	ἐπιστρέφεις	ἀνάστρεφε
15,29[a]	וישב	καὶ ἀπέστρεψεν	καὶ ἀπέστρεψαν
15,29[f]	וישבו	καὶ ἐκάθισεν	καὶ ἀνέστρεψεν
15,34[c]	תשוב	ἐπιστρέψῃς	ἀναστρέψῃς
16,3[h]	ישיבו	ἐπιστρέψουσιν	ἐπιστρέψουσι
16,8	השיב	ἐπέστρεψεν	ἐπέστρεψεν
16,12[d]	והשיב	καὶ ἐπιστρέψει	καὶ ἀνταποδώσει

---

1   Vgl. ιθι b.

17,3ᵃ	וְאָשִׁיבָה	καὶ ἐπιστρέψω	καὶ ἐπιστρέψει
17,3	שׁוּב	ἐπιστρέψει	ἐπιστρέψει
17,20°	וַיָּשֻׁבוּ	καὶ ἀνέστρεψαν	ἀναστρέφουσιν
18,16ᵇ	וַיָּשָׁב	καὶ ἀπέστρεψεν	καὶ ἐπέστρεψεν

Das Wort שׁוּב wird mit -στρέφω und verschiedenen Vorsilben wiedergegeben. Der Ant bevorzugt zwar die Vorsilbe ἐπι-, aber andere Vorsilben werden ebenfalls verwendet. Dagegen zeigt die KR noch konsequentere Verwendung von ἐπι-, was ihrer Tendenz zu konkordanter Übersetzung entspricht.

Zu den besonderen Wiedergaben in 15,29ᶠ und 16,12ᵈ s.u. die betreffenden Analysen. Zur Funktion der Vorsilben s.u. bei 15,24-29.

V19ᵈ. In der KR wurde יׁשׁב mit οἰκέω wiedergegeben, dagegen im Ant mit καθίζω. Das entspricht genau der Wortwahl in 15,8ᵇ.

V19ᵉ. נכרי gibt die KR mit ξένος wieder, der Ant mit ἀλλότριος.[2] Im LXX-Griechischen ist die Wiedergabe mit ἀλλο(-γενής, -τριος, -φυλος) für נכרי noch häufiger als jene mit ξένος.[3] Es ist aber bemerkenswert, dass Aquila generell ξένος für נכרי bevorzugte.[4]

V19ᶠ. Die KR hat hier gegenüber dem MT und dem Ant ein Plus, nämlich das Prädikat εἶ von εἰμι. Der hebr. Nominalsatz braucht in diesem Fall kein Verb (z.B. היה). Im Griechischen kann das Verb εἰμι in diesem Fall ebenfalls weggelassen werden.[5] Deshalb ist die Wiedergabe des Ant innergriechisch auch richtig. Die Wiedergabe ohne Prädikat ist vermutlich ursprünglich, dagegen stellt die KR vermutlich eine sekundäre Bearbeitung dar.

V19ᵍ. Die gr. Versionen (καὶ ὅτι) setzen hier וכי statt וגם voraus. Die Tradition des MT spiegelt sich aber in der Dublette der KR in V20ᶜ wider: καί γε μεταναστήσεις τὸν τόπον σου. S.u. V20ᵃ⁻ᵉ.

V19ʰ. Die gr. Versionen (ἐκ) setzen hier gegenüber dem MT (ל) eine unterschiedliche Präposition (מן) voraus.

---

2   In der Hs. o ist die Verbindung der beiden Traditionen zu erkennen: ξένος ἀλλότριος.
3   S. Muraoka, *Index*, 97b und die entsprechenden Seiten in *HR*.
4   Reider, *An Index to Aquila*, 165 u. 293.
5   *KG* II, §354.

V20^(a-e). Im Cod. B ist eine verdoppelte Übersetzung zu erkennen, d.h. B hat hier wieder zwei unterschiedliche Texttraditionen kombiniert. Zunächst vergleiche ich die Textformen von V19 Z7-V20 Z7:

MT	Cod. B	AMN	O′ (𝔏)	Ant
*וגם-	καὶ ὅτι	καὶ ὅτι	καὶ ὅτι	καὶ ὅτι
*גלה אתה	μετῴκηκας σύ	μετῴκηκ{σ MN}ας σύ	μετῴκηκας σύ	μετῴκηκ{σ **bo** }ας σύ
*למקומך	ἐκ τοῦ τόπου σου	ἐκ τοῦ τόπου σου	ἐκ τοῦ τόπου σου	ἐκ τοῦ τόπου σου
*תמול	εἰ ἐχθὲς	εἰ ἐχθὲς	εἰ ἐχθὲς	εἰ ἐχθὲς
*בואך	παραγέγονας	παραγέγονας	παραγέγονας	παραγέγονας
				σύ
*והיום	καὶ σήμερον	καὶ σήμερον	καὶ σήμερον	καὶ σήμερον
*אנועך	κινήσω σε	κινήσω σε	κινήσω σε	κινήσω σε
*עמנו	μεθ' ἡμῶν	μεθ' ἡμῶν	μεθ' ἡμῶν	τοῦ πορεύεσθαι
*ללכת		{τοῦ A} πορευθῆναι	(πορευθῆναι)	μεθ' ἡμῶν
*וגם-	καὶ γε			
גלה אתה	μεταναστήσεις			
למקומך	τὸν τόπον σου			
תמול	ἐχθὲς			
בואך	ἡ ἐξέλευσίς σου			
והיום	καὶ σήμερον			
אנועך	μετακινήσω σε			
עמנו	μεθ' ἡμῶν			
ללכת	τοῦ πορευθῆναι			

(1) Vermutlich spiegeln der LXX-Text von Origenes und *Vetus Latina* die KR wider. Und zwischen der KR und dem Ant gibt es nur unwichtige Abweichungen: Hinzufügung des Personalpronomens im Ant (V20^b); unterschiedliche Reihenfolge der Wörter (V20^(e-e)).

(2) Der Cod. B fügte hier die Texttradition des Proto-MT hinzu. Der Satz V20^(c-c) im MT bildet eigentlich die Frage „im Sinne einer empörten Ablehnung".[6] Aber der Cod. B gibt diesen Satz ganz wörtlich wieder, auch wenn der gr. Satz im kombinierten Kontext ungewöhnlich ist.

6　　Stoebe, *Das zweite Buch Samuelis*, 364; *BroS* § 54d; *GK* § 150a.

Dem Abschreiber des Cod. B waren sicherlich zwei unterschiedliche Texttraditionen bekannt: die gr. Übersetzung (O′) und der Proto-MT. Er wählte nicht eine der beiden Traditionen sondern wollte die ihm vorliegenden Traditionen kombinieren.

(3) Die Codd. AMN spiegeln die weitere Mischung (bzw. die Auswahl einer) der unterschiedlichen Texttraditionen wider. Der Cod. A zeigt den Einfluss des Cod. B: τοῦ πορευθῆναι statt πορευθῆναι oder τοῦ πορεύεσθαι. Dagegen zeigen die Codd. MN den Einfluss des Ant, der in den Hss. bo erkennbar ist: μετῴκησας statt μετῴκηκας.

Die Textgeschichte kann in folgender Weise dargestellt werden:

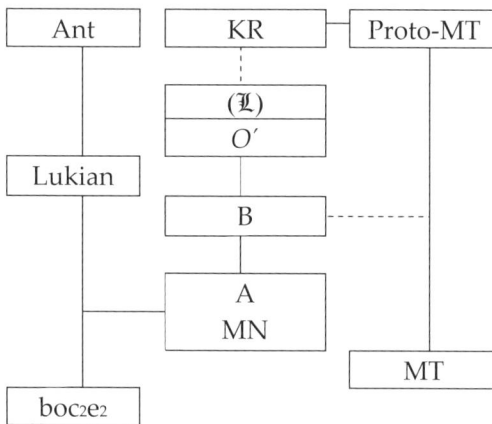

V20^f. Für das hebr. Copulativum ו steht καὶ in der KR, dagegen der nachgestellte Partikel δέ im Ant. Vgl. 15,34^a; 16,11^f; 17,6^h. 13^a. 21^a. 25^e; 18,12^a. 20^d; 19,9^i. Für dieses Phänomen kann man allerdings in unserem Textbereich weder in der KR noch im Ant eine klare Konsequenz erkennen.

V20^{g-g}. (1) Für על אשר steht das Relativum οὗ mit ἄν (KR) bzw. ἐάν (Ant). Eigentlich passt hier der Partikel ἄν. Das Phänomen ἐάν für ἄν im Relativsatz, und zwar nach dem Relativum, ist in der hellenistischen Zeit (in Papyri ab dem 3. Jh.v.Chr., häufiger im 2./1. Jh.v.Chr.) häufig belegt.[7] Beide Versionen verwenden aber sowohl ἄν als auch ἐάν nicht systematisch. Vgl. ἄν in beiden Versionen : 17,14 (ὅπως ἄν), ἐάν in

---

7   Schwyzer, *Grammatik I*, 306.

beiden Versionen: 15,21; 17,12 (οὖ ἐάν). (2) S.u. 17,12ᵃ zur Wiedergabe für על.

V20ʰ. Das Personalpronomen (אני, ἐγώ) fehlt im Ant. In den gr. Versionen wird dieses Pronomen nur in den Mss. BAcxa₂ bezeugt. Sonst fehlt es in der LXX-*rell*. Im Hebräischen braucht man in diesem Fall ein selbständiges Personalpronomen, weil das Prädikat ein Partizip ist. KR hat ἐγω im Sinn der wortwörtlichen Entsprechung ergänzt.

V20ⁱ. Das hebr. Partizip (הולך) gibt die KR mit einem finiten Verb im Aorist wieder, der Ant im Präsens. Allerdings ist der Unterschied nur unwesentlich.

V20ʲ. In den Mss. BAchx steht ἐπιστρέφου wie im MT (שוב). Aber im Ant+ (boc₂e₂MN *rell*) steht die Wiedergabe mit πορεύου καὶ ἀνάστρεφε, die vermutlich לך שוב voraussetzt. Dazu s.u. 18,21ᵇ.

V20ᵏ. S.o. V19ʰ zum Unterschied in der Vorsilbe.

V20ˡ. S.o. 15,5ᵍ. zur Verwendung des Artikels für *nota accusativi*.

V20ᵐ. Hier geht es um das Genus des Substantivs: חסד gibt die KR mit τὸ ἔλεος (Neutrum) wieder, dagegen der Ant mit ὁ ἔλεος (Maskulinum). Diese Tendenz ist in Sam-Kön klar zu beobachten:

	LXX-*Ra*	G.	Ant.	G.
1Sam 15,6	καὶ σὺ ἐποίησας ἔλεος	N	ἐπειδὴ ἐποίησας ἔλεον	M
20,8	ποιήσεις ἔλεος	N	ποιήσεις ἔλεον	M
20,14	ποιήσεις ἔλεος μετ᾽ ἐμοῦ	N	ποιήσῃς μετ᾽ ἐμοῦ ἔλεον	M
20,15	οὐκ ἐξαρεῖς ἔλεός σου	N	εἰ ἐξαρεῖς ἔλεόν σου	M
2Sam 2,5	πεποιήκατε τὸ ἔλεος τοῦτο	N	πεποιήκατε ἔλεον	M
2,6	ποιήσαι κύριος μεθ᾽ ὑμῶν ἔλεος	N	ποιήσαι κύριος μεθ᾽ ὑμῶν ἔλεον	M
3,8	ἐποίησα σήμερον ἔλεος	N	ἐποίησα ἔλεον	M
7,15	τὸ δὲ ἔλεός μου	N	τὸν δὲ ἔλεόν μου	M
9,1	ποιήσω μετ᾽ αὐτοῦ ἔλεος	N	ποιήσω μετ᾽ αὐτοῦ ἔλεον	M
9,3	ποιήσω μετ᾽ αὐτοῦ ἔλεος	N	ποιήσω μετ᾽ αὐτοῦ ἔλεον	M
9,7	ποιῶν ποιήσω μετὰ σοῦ ἔλεος	N	ποιῶν ποιήσω μετὰ σοῦ ἔλεον	M

10,2	ποιήσω ἔλεος	N	ποιήσω ἔλεον	M
10,2	ὃν τρόπον ἐποίησεν ὁ πατὴρ αὐτοῦ μετ᾽ ἐμοῦ ἔλεος	N	καθὼς ἐποίησεν ὁ πατὴρ αὐτοῦ ἔλεον μετ᾽ ἐμοῦ	M
15,20ᵐ	κύριος ποιήσει μετὰ σοῦ ἔλεος	N	κύριος ποιήσει μετὰ σοῦ ἔλεον	M
16,17	τοῦτο τὸ ἔλεός σου μετὰ τοῦ ἑταίρου σου	N	τοῦτο τὸ ἔλεός σου μετὰ τοῦ ἑταίρου σου	N[8]
22,51	ποιῶν ἔλεος τῷ χριστῷ αὐτοῦ	N	ποιῶν ἔλεον τῷ χριστῷ αὐτοῦ	M
1Kön 2,7	ποιήσεις ἔλεος	N	ποιήσεις ἔλεον	M
3,6	ἔλεος μέγα	N	ἔλεον μέγαν	M
3,6	ἐφύλαξας αὐτῷ τὸ ἔλεος τὸ μέγα τοῦτο	N	ἐφύλαξας αὐτῷ τὸν ἔλεον τὸν μέγαν τοῦτον	M
8,23	φυλάσσων διαθήκην καὶ ἔλεος	N	φυλάσσων διαθήκην καὶ ἔλεον	M
21{20},31	βασιλεῖς Ισραηλ βασιλεῖς ἐλέους εἰσίν	N	βασιλεῖς Ισραηλ βασιλεῖς ἐλέους εἰσίν	N[9]

　　　Das Maskulinum im Ant stellt einen Attizismus dar. Das Substantiv ἔλεος wurde im klassischen Griechischen als Maskulinum nach der zweiten Deklination flektiert. Aber im hellenistischen Griechischen wurde es als Neutrum nach der dritten Deklination flektiert, besonders in der LXX und im NT.[10] In der LXX ist das Substantiv ἔλεος als Maskulinum faktisch ganz selten. An den nur 20 gegenüber 333 Stellen steht ἔλεος fast immer im Akkusativ und scheint es sich um Schreibversehen zu handeln.[11] D.h. ἔλεος als Maskulinum gehört nicht in die

---

8　Die Hs. b′ schreibt ἔλαιος. Vermutlich handelt es sich um einen Hör- oder Schreibfehler für ἔλεος.
9　In den Hss c2e2 steht es aber als Maskulinum, d.h. ἐλέου.
10　*KG* §139 c) α); *BDR* §51,2.
11　Über die Verwendungen in der LXX, vgl. *HR*, 451f :
　　　(1) Im Neutrum (333mal)
　　　　　(a) Gen. Sg. (ἐλέους) (41mal)
　　　　　(b) Dat. Sg. (ἐλέει) (22mal)
　　　　　(c) Akk. Sg. (ἔλεος) (259mal)
　　　　　(Niemals wird diese Form in der LXX als Nom. Sg. M. verwendet)
　　　　　(d) Akk. Pl. (ἐλέη) (11mal)
　　　(2) Im Maskulinum (20mal)
　　　　　(a) Gen. Sg. (ἐλέου) (2mal) : TobS 8,17; Od 7,42
　　　　　(b) Dat.Sg. (ἐλέῳ) : 1. Makk 2,57 in R

Entstehungszeit der LXX, sondern geht auf spätere Bearbeitung zurück und ist attisierender Stil.[12] Geht diese Bearbeitung auf Lukian den Märtyrer zurück?

V21[a]. S.o. V19[a] zur Transkription für den Eigenamen אתי.

V21[b]. Hier hat der Ant (boc₂e₂ 𝕃 Thdt) gegenüber dem MT und der KR einen längeren Text (ἡ ψυχή σου). Der Ant setzt hier eine weitere Textgrundlage voraus: חי יהוה וחי נפשך אדני המלך. In Sam-Kön kommt eine ähnliche bzw. dieselbe Ausdrucksweise mit נפש noch 9mal vor und wird in den beiden Versionen in folgender Weise wiedergegeben:

	MT	LXX-*Ra*	Ant
1Sam 1,26	חי נפשך אדני	ζῇ ἡ ψυχή σου (-)	ζῇ ἡ ψυχή σου (-)
17,55	חי־נפשך המלך	(Text fehlt in Ra)[13]	ζῇ ἡ ψυχή σου κύριέ μου βασιλεῦ
20,3	חי־יהוה וחי נפשך	ζῇ κύριος καὶ ζῇ ἡ ψυχή σου	ζῇ κύριος καὶ ζῇ ἡ ψυχή σου
25,26	חי־יהוה וחי־ נפשך	ζῇ κύριος καὶ ζῇ ἡ ψυχή σου	ζῇ κύριος καὶ ζῇ ἡ ψυχή σου
2Sam 14,19	חי־נפשך אדני המלך	ζῇ ἡ ψυχή σου κύριέ μου βασιλεῦ	ζῇ ἡ ψυχή σου κύριέ μου βασιλεῦ
2Kön 2,2	חי־יהוה וחי־ נפשך	ζῇ κύριος καὶ ζῇ ἡ ψυχή σου	ζῇ κύριος καὶ ζῇ ἡ ψυχή σου
2,4	חי־יהוה וחי־ נפשך	ζῇ κύριος καὶ ζῇ ἡ ψυχή σου	ζῇ κύριος καὶ ζῇ ἡ ψυχή σου
2,6	חי־יהוה וחי־ נפשך	ζῇ κύριος καὶ ζῇ ἡ ψυχή σου	ζῇ κύριος καὶ ζῇ ἡ ψυχή σου
4,30	חי־יהוה וחי־ נפשך	ζῇ κύριος καὶ ζῇ ἡ ψυχή σου	ζῇ κύριος καὶ ζῇ ἡ ψυχή σου

(b) Akk. Sg. (ἔλεον) (17mal) : 2. Makk 6,16; 8,5; 3. Makk 4,4; 4. Makk 9,4; Ps 83,12; Spr 3,16; 14,22; Hos 12,7; Mi 6,8 (aber Neutrum in A); 7,20; Jes 60,10 (aber Neutrum in A); 63,7(aber Neutrum in S²); 64,3; Bar 2,19; DaTh 1,9; 9,20.

12   B. M. Metzger, „The Lucianic recension of the Greek Bible", in: Ders., *Chapters in the History of NT textual criticism*, (Leiden, 1963), , 26; Brocks Beobachtung dieses Phänomens in 1. Sam: Brock, *The Recensions*, 226f.

13   Von 17,55-18,5 fehlt die gr. Übersetzung in Cod. B.

Die jeweils genaue Wiedergabe der Wendung zeigt, dass auch in 15,21 נפשך für die Vorlage vorauszusetzen ist.

V21ᶜ⁻ᶜ/ᵈ/ᵉ⁻ᵉ. Die Variante V21ᶜ⁻ᶜ ist mit V21ᵇ⁻ᵇ verbunden. Wie oben erwähnt, hatte der Ant vermutlich gegenüber KR eine andere Vorlage, nämlich וחי נפשך אדני המלך. Nach diesem Text muss אדני המלך Vokativ sein (V21ᶜ⁻ᶜ/ᵉ⁻ᵉ; vgl. 2Sam 14,19; s.o. die Tabelle in V21ᵇ). Dagegen ist אדני המלך des MT das Nomen rectum von חי. Deshalb steht der Nominativ mit Artikel in der KR (V21ᶜ⁻ᶜ/ᵉ⁻ᵉ). S.o. 15,2ᵗ zur Verwendung des Artikels.

V21ᶠ. S.o. 15,2ᵗ zur Verwendung des Artikels.

V21ᵍ. In den gr. Versionen fehlt die Wiedergabe für שם des MT. Vermutlich setzen sie einen gegenüber dem MT kürzeren Text voraus.

V21ʰ. S.o. 15,2ᵗ zur Verwendung des Artikels.

V21ⁱ. Im Cod. B fehlt die Wiedergabe (ὁ βασιλεῦς) für המלך, aber sie ist im Ant+ vorhanden.[14] Vielleicht spiegelt der Cod. B hier die KR wider.

V21ʲ. In den gr. Versionen wurde die Konstruktion καὶ – καὶ hinzugefügt. Diese Hinzufügung geht aber nicht auf die hebr. Vorlage, zumindest nicht auf ein zweimaliges Vorkommen von ו, zurück. Denn die disjunktive Konstruktion καὶ ἐὰν – καὶ ἐὰν in den gr. Versionen entspricht der hebräischen Konstruktion אם – אם. Eigentlich ist die übliche Ausdrucksweise im Griechischen εἴτε – εἴτε bzw. ἐάν τε – ἐάν τε, die an einigen Stellen in der LXX auch vorkommt.[15] In der gr. Literatur ist die Konstruktion von καὶ ἐὰν – καὶ ἐὰν kaum bezeugt.[16] Unser Fall und Jer 49{42},6 erklären sich als Anlehung an die wörtliche Wiedergabe von אם mit ἐάν .

V21ᵏ. Im Ant fehlt die Wiedergabe für כי des MT (ὅτι der KR). Im hebr. Text fungiert dieses כי adverbial, und zwar emphatisch.[17] In der LXX

---

14 Aabcefhjmo-tvwxzc₂e₂.
15 Vgl. Jos 24,15 mit εἴτε – εἴτε; Jer 49{42},6 mit καὶ ἐὰν – καὶ ἐὰν für ואם – אם; Ex 19,13; Lv 3,1 ; Dt 18,3 mit ἐάν τε – ἐάν τε für אם – אם.
16 Vgl. KG §539; Mayser, *Grammatik III 3*, 159.
17 In diesem Fall hat כי die Bedeutung der "unbedingten Gewissheit, mit der das Eintreten einer Folge zu erwarten gewesen wäre": GK § 159 ee.

wird כי meistens mit ὅτι–*causale* bzw. –*recitativum* wiedergegeben,[18] aber in unseren Fall passt diese Wiedergabe nicht. Trotzdem gibt es die KR wörtlich wieder. Dagegen ließ der Ant (boc₂e₂ 𝔄 Thdt) die Wiedergabe der Partikel ausfallen.

V21[l]. S.o. 15,2[t] zur Verwendung des Artikels.

V22[a-a]. Im Ant ist der MT und die KR kombiniert:

MT: דוד
KR: ὁ βασιλεύς
Ant:ὁ βασιλεύς   Δαυίδ

Auf den ersten Blick scheint der Ant die spätere Bearbeitung zu sein, aber in Sam-Kön ist die Ausdrucksweise המלך דוד (ὁ βασιλεύς Δαυίδ) häufig belegt.[19] Daher kann man vermuten, dass der Ant auf einen längeren hebr. Text zurückgeht.

V22[b]. S.o. V19[a] zur Transkription für den Eigenamen אתי.

V22[c]. Hier hat der Ant gegenüber dem MT und der KR einen längeren Text (τὸν Γεθθαῖον). Vermutlich ist diese erklärende Hinzufügung als Anpassung an V19[a]. 21[a]. 22[g] zu betrachten. Es ist aber auch anzunehmen, dass die Ausdrucksweise schon in der hebr. Vorlage des Ant (sog. Vulgärtext) vorhanden war.

V22[d/e]. Hier geht es nur um unterschiedliche aber bedeutungsgleiche Wortwahl der beiden Übersetzungen:

MT: לך ועבר
KR: δεῦρο[20] καὶ διάβαινε
Ant: πορεύου καὶ δίελθε

Vgl. auch u. 18,21[b].

---

18 Zu ὅτι–*causale* bzw. –*recitativum* in der LXX siehe: A. Aejmelaeus, *On the Trail of the Septuagint Translators*, (Kampen, 1993), 17-36 u. 37-48.
19 1Sam 5,3; 6,16; 7,18; 8,8. 10f; 9,5; 13,39; 16,5f; 19,17; 1Kön 1,13. 28. 31f. 37f. 43. 47.
20 δεῦρο bzw. δεῦτε sind eigentlich Adverben im Sinne von „hierher", aber in der LXX stehen beide Wörter für לך: *HR*, 293; zum Imperativ als Interjektion, siehe *GK* § 105 b; vgl. *JM* § 177 f.

V22^f. Hinter der Wiedergabe von עבדיו folgt in den beiden Versionen
μετ' ἐμοῦ (vermutlich mit אתי[21] als Vorlage). Die Wiedergabe μετ' ἐμοῦ
wurde wohl durch die Verdoppelung des Eigennamens אַתָּי bzw.
doppelte Lesung der Konsonanten von אתי verursacht.[22] Diese Variante
geht deshalb auf die hebr. Vorlage zurück.

V22^g. S.o. V19^a zur Transkription für den Eigenamen אתי.

V22^h. Der Ant+ (boc2e2MNae-np-wyzb2) hat gegenüber dem MT und
der KR einen längeren Text, nämlich zusätlich καὶ ὁ βασιλεῦς. Dieses
Plus wurde von vielen Kommentatoren in Zusammenhang mit dem
vorangestellten Satz behandelt. Es wird oft gedeutet, dass dies eine
vom Kontext her, besonders im Zusammenhang mit dem vorangestellten Satz, falsche Hinzufügung sei, d.h. David zog bis
einschließlich V29 nicht weiter.[23] Damit ist aber das singularische finite
Verb παρῆθεν nicht erklärbar. καὶ ὁ βασιλεῦς ist m.E. jedoch nicht mit הנתי,
sondern mit dem Folgenden zu verbinden:

καὶ πάντες οἱ παῖδες αὐτοῦ	Sowohl alle seine Knechte,
καὶ ὁ βασιλεύς	als auch der König,
καὶ Πάντες ἄνδρες ὅι μετ' αὐτοῦ	und alle Männer mit ihm,
καὶ πᾶσα ἡ γῆ	und das ganze Land
εὐλογοῦντες	sagten (wünschten) Gutes
φωνῇ μεγάλῃ	mit lauter Stimme
καὶ κλαίοντες	und weinten.
καὶ πᾶς ὁ λαὸς διεπορεύετο	Und dann zog sowohl das ganze Volk,
καὶ ὁ βασιλεὺς διεπορεύετο	als auch der König durch
ἐν τῷ χειμάρρῳ τῷ Κεδρών	in den Winterbach Kedron.

Nach dieser Analyse hat der Satz zwei *participia coniuncta*:
εὐλογοῦντες und κλαίοντες. Hier muss man aber keinen *genitivus
absolutus* erwarten, weil die Subjekte der Partizipien vom Sinn her
identisch mit den Subjekten der zwei finiten Verben sind. Obwohl die
Hinzufügung von καὶ ὁ βασιλεύς selbst nicht primär ist, ist sie kein

---

21 Thenius (1842; 199) setzte עמי als Vorlage voraus, aber das ist wenig wahrscheinlich.
22 So denkt McCarter, *II Samuel*, 365.
23 Z.B. Wellhausen, *Der Text der Bücher Samuelis*, 197; Budde, *Die Bücher Samuel erklärt.
    Kurzer Hand-Kommentar zum Alten Testament 8.* (Tübingen u. a., 1902), 272.

Fehler. Der Ant bzw. seine Vorlage drückt durch die Hinzufügung die Situation, wie der König vor seinem Sohn fliehen musste, noch dramatischer aus.

V22ⁱ. Für טָף steht ὄχλος in der KR, ἄνδρες im Ant (boc₂e₂𝔏). In der LXX wird טָף mit verschiedenen Begriffen wiedergegeben, nämlich mit ἔκγονος, λοιπὸς, νήπιος, οἰκία, παιδίον, πανοικ(ε)ία, συγγεν(ε)ία, σῶμα, τέκνον,[24] aber nicht mit ἀνήρ wie hier im Ant. Der Ant stellt eine gute sinngemäße Übersetzung dar. KR wählte anscheinend in Entsprechung zum Hebräischen einen Begriff im Singular.

V23ᵃ/ᵇ⁻ᵇ. Die KR gibt das hebr. Partizip בוכים mit einem finiten Verb im Imperfekt (ἔκλαιεν) wieder. Dagegen ist die Wiedergabe des Ant (boc₂e₂z) komplizierter, wobei eine andere hebr. Vorlage anzunehmen ist. Die Wiedergabe V23ᵃ εὐλογοῦντες wurde sicherlich durch eine Konsonantenverwechslung verursacht: בֹרְכִים statt בּוֹכִים. Die Variante V23ᵇ⁻ᵇ wird durch die *Vetus latina*[25] unterstützt. Daher setzt der Ant בֹּרְכִים קוֹל גָּדוֹל וּבוֹכִים statt בוֹכִים קוֹל גָּדוֹל voraus.

V23ᶜ/ᵉ/ʲ. Hier handelt es sich um die unterschiedlichen gr. Äquivalente für das hebr. Verb עבר:

	MT	KR	Ant
V23ᶜ	עברים	παρεπορεύοντο	διεπορεύετο
V23ᵉ	עבר[26]	διέβη	διεπορεύετο
V23ʲ	עברים	παρεπορεύοντο	διεπορεύετο

Der Ant kannte gewiss die hebr. Texttradition des MT und wollte eine Kontinuität der Wiedergabe erstellen. Die Wiedergabe der KR von V23ᵉ wird durch den Cod. B bezeugt, dagegen steht παρερχόμενος im Cod. A, was auf eine hexaplarische Korrektur (Anpassung an das hebr. Partizipium) zurückgehen könnte.

V23ᵈ⁻ᵈ. Hier haben die Codd. BMN die Phrase ἐν τῷ χειμάρρῳ Κεδρων, die im MT und im Ant fehlt. Dieses Plus hatte wahrscheinlich eine

---

24 Siehe, Muraoka, *Index*, 58f; Manchmal wird es auch mit ἀπαρτία oder ἀποσκευή wiedergegeben.

25 *Et omnis terra benedicentes voce magna et plorantes implorantes.*

26 Wellhausen (1871; 197) konjizierte dieses Verb nach seinem Textverständnis mit עָמַד.

hebräische Vorlage und ist – wie sich aus dem Vergleich mit A ergibt (siehe V23ᵉ) – offensichtlich vorhexaplarisch.

V23ᵉ. S.o. V23ᶜ.

V23ᶠ/ᵍ/ʰ. Die Präpositionalkonstruktion (V23ᶠ) des MT (= Ant) ist in der KR mit dem Akkusativ wiedergegeben. Der Akkusativ der KR bezieht sich auf das Verb διέβη, das zwar den Artikel erfodert (V23ᵍ in der KR), aber keine Präposition erlaubt..

Dagegen erfordert das Verbum im Ant die Präposition (V23ᶠ) mit dem folgenden Artikel (V23ᵍ). Durch den Artikel vor Κεδρων (V23ʰ) ist dieses Apposition zu τῷ χειμάρρῳ.

Auffallend ist, dass zwar der Ant dem Hebräischen fast genau entspricht, dass aber die KR auf Grund der Wahl der Verbums und dem dadurch bedingten Fehlen einer Präposition (ἐν) abweicht. Somit stellt sich die Frage, ob διέβη von der KR kommt oder eine andere Texttradition wiedergibt.

V23ⁱ⁻ⁱ. Der Cod. B, der in diesem Fall die KR vertritt, hat gegenüber dem MT und dem Ant ein Plus: καὶ ὁ βασιλεὺς. Der Text der KR setzt והמלך voraus. Jedoch fehlt diese Phrase in den Mss. ANcux, was so wie bei V23ᵈ⁻ᵈ auf eine hexaplarische Korrektur zurückgeht, während KR die vorhexaplarische Form bewahrt und wahrscheinlich auch eine entsprechende hebr. Vorlage wiederspiegelt.

V23ʲ. S.o. V23ᶜ.

V23ᵏ. (1) Gegenüber dem MT (עֲל-פְּנֵי) und der KR (ἐπὶ πρόσωπου) setzt der Ant (πρὸ προσώπου αὐτοῦ) zusätzlich ein Personalsuffix (עֲל-פָּנָיו)[27] voraus. (2) S.u. 17,12ᵃ zur Wiedergabe für עַל.

V23ˡ⁻ˡ. Der Ant hat hier eine Präposition (κατὰ), die im MT und in der KR fehlt. Der Ant setzt vermutlich בַּדֶּרֶךְ statt דֶּרֶךְ voraus.

V23ᵐ. Hier behält nur der Ant τῆς ἐλαίας bei. Dazu vgl. 15,18ᵈ⁻ᵈ.

---

27 Die hebr. Präposition עַל kann sowohl mit ἐπὶ als auch mit πρὸ wiedergegeben werden; zur statistischen Untersuchung solcher Wiedergaben, siehe Sollamo, *Rendering of Hebrew Semiprepositions*, 102-115.

V23ⁿ. Der Artikel des Ant ist im Griechischen notwendig, weil das Attributiv mit seinem Substantiv im Sinn eng verbunden ist.[28]

V23ᵒ⁻ᵒ. Gegenüber dem MT (את־המדבר) und der KR (τὴν ἔρημον) setzt der Ant (τῆς ἐλαίας τῆς ἐν τῇ ἐρήμῳ) einen umfangreicheren Text (הזית במדבר) voraus. Vgl. dazu 15,18 (in der KR und dem Ant).

---

28   *KG* II § 463, 3.

2.5. 2Sam 15,24-29

2.5.1. Textsynopse

MT		KR	Ant
וְהִנֵּה גַם[a]־צָדוֹק	24	καὶ ἰδοὺ [a]καί γε[a] Σαδωκ[b]	καὶ ἰδοὺ Σαδδουκ[b]
וְכָל־הַלְוִיִּם		καὶ πάντες οἱ Λευῖται	καὶ πάντες οἱ Λευῖται
אִתּוֹ		μετ' αὐτοῦ	μετ' αὐτου
נֹשְׂאִים אֶת־אֲרוֹן		αἴροντες τὴν[c] κιβωτὸν	αἴροντες τὴν[c] κιβωτὸν
בְּרִית הָאֱלֹהִים		διαθήκης κυρίου[e]	τῆς[d] διαθήκης τοῦ Θεοῦ[e]
		[f]ἀπὸ Βαιθαρ[f]	[f]ἀπὸ Βαιθαρ[f]
וַיַּצִּקוּ אֶת־אֲרוֹן		καὶ ἔστησαν τὴν κιβωτὸν	καὶ ἔστησαν τὴν κιβωτὸν
הָאֱלֹהִים		[g]τοῦ θεοῦ[g]	[g]τῆς διαθήκης[g]
וַיַּעַל אֶבְיָתָר[h]		[h]καὶ ἀνέβη Αβιαθαρ[h]	
עַד־תֹּם[i] כָּל־הָעָם		ἕως ἐπαύσατο[i] πᾶς ὁ λαὸς	ἕως ἐξέλιπε[i] πᾶς ὁ λαὸς
לַעֲבוֹר[j]		παρελθεῖν[j]	διαπορευόμενος[j]
מִן־הָעִיר׃		ἐκ τῆς πόλεως	ἐκ τῆς πόλεως
וַיֹּאמֶר הַמֶּלֶךְ	25	καὶ εἶπεν ὁ βασιλεὺς	καὶ εἶπεν ὁ βασιλεὺς
לְצָדוֹק		τῷ[a] Σαδωκ[b]	πρὸς[a] Σαδδουκ[b]
הָשֵׁב		ἀπόστρεψον	ἀπόστρεψον
אֶת־אֲרוֹן הָאֱלֹהִים		τὴν κιβωτὸν τοῦ θεοῦ	τὴν κιβωτὸν τοῦ θεοῦ
הָעִיר		[c]εἰς τὴν πόλιν[c]	[c]εἰς τὴν πόλιν[c]
			[d][καὶ καθισάτο
אִם־אֶמְצָא חֵן		ἐὰν εὕρω χάριν	ἐὰν εὕρω χάριν
בְּעֵינֵי יְהוָה		[e]ἐν ὀφθαλμοῖς[e] κυρίου	ἐνώπιον κυρίου
וֶהֱשִׁבַנִי		καὶ ἐπιστρέψει με	καὶ ἐπιστρέψει με,
וְהִרְאַנִי אֹתוֹ		[f]καὶ δείξει μοι[f] αὐτὴν	ὄψομαι[f] αὐτὴν
וְאֶת־נָוֵהוּ׃		καὶ τὴν εὐπρέπειαν αὐτῆς	καὶ τὴν εὐπρέπειαν αὐτῆς
וְאִם[a] כֹּה יֹאמַר[a]	26	καὶ ἐὰν [a]εἴπη οὕτως[a]	καὶ ἐὰν [a]εἴπη μοι[a]
לֹא חָפַצְתִּי[b] בָּךְ[c]		οὐκ ἠθέληκα[b] [c]ἐν σοί[c]	οὐ τεθέληκα[b] σε[c]
הִנְנִי[d]		[d]ἰδοὺ ἐγώ εἰμι[d]	[d]ἰδοὺ ἐγώ[d]
יַעֲשֶׂה־לִּי		ποιείτω μοι	ποιείτω μοι
כַּאֲשֶׁר[e] טוֹב[e]		[e]κατὰ τὸ ἀγαθὸν[e]	[e]τὸ ἄρεστον[e]
בְּעֵינָיו׃		[f]ἐν ὀφθαλμοῖς αὐτοῦ[f]	[f]ἐνώπιον αὐτοῦ[f]
וַיֹּאמֶר הַמֶּלֶךְ	27	καὶ εἶπεν ὁ βασιλεὺς	καὶ εἶπεν ὁ βασιλεὺς
אֶל־צָדוֹק הַכֹּהֵן		τῷ Σαδωκ[a] τῷ ἱερεῖ	τῷ Σαδδουκ[a] τῷ ιερει

Hebrew		Greek (KR)	Greek (Ant)
הֲרוֹאֶה[b] אַתָּה שֻׁבָה		ἴδετε[b], σὺ ἐπιστρέφεις[c]	βλέπε[b], σὺ ἀνάστρεφε[c]
הָעִיר בְּשָׁלוֹם		εἰς[d] τὴν πόλιν ἐν εἰρήνῃ	εἰς[d] τὴν πόλιν ἐν εἰρήνῃ
וַאֲחִימַעַץ		καὶ Αχιμαας	καὶ ἰδοὺ[e] Αχιμαας
בִּנְךָ		ὁ[f] υἱός σου	ὁ[f] υἱός σου
וִיהוֹנָתָן		καὶ Ιωναθαν	καὶ Ιωναθαν
בֶּן־אֶבְיָתָר		ὃ[g] υἱὸς Αβιαθαρ	ὃ[g] υἱὸς Αβιαθαρ
שְׁנֵי[h] בְּנֵיכֶם		[h]οἱ δύο[h] υἱοὶ ὑμῶν	ἀμφότεροι[h] οἱ[i] υἱοὶ ὑμῶν
אִתְּכֶם׃		μεθ' ὑμῶν	μεθ' ὑμῶν
רְאוּ[a]	28	ἴδετε[a]	ἰδοὺ[a]
אָנֹכִי[b] מִתְמַהְמֵהַּ		[b]ἐγώ εἰμι[b] στρατεύομαι[c]	ἐγὼ[b] [c]προσδέχομαι ὑμᾶς[c]
(בְּעַבְרוֹת) [בְּעַרְבוֹת][d]		ἐν Αραβωθ[d]	
הַמִּדְבָּר[e]		τῆς ἐρήμου[e]	[e]ἐπὶ τῆς ἐλαίας
עַד בּוֹא[h] דְבָר[i]		[f]ἕως τοῦ ἐλθεῖν[f] ῥῆμα[h]	[f]ἕως οὗ ἔλθῃ[f] ὃς λόγος[h]
מֵעִמָּכֶם		παρ' ὑμῶν	παρ' ὑμῶν
לְהַגִּיד[i] לִי׃		[i]τοῦ ἀπαγγεῖλαί[i] μοι	[i]τοῦ ἀπαγγελθῆναί[i] μοι
וַיָּשֶׁב[a]	29	καὶ ἀπέστρεψεν[a]	καὶ ἀπέστρεψαν[a]
צָדוֹק[b] וְאֶבְיָתָר		Σαδωκ[b] καὶ Αβιαθαρ	Σαδδοὺκ[b] καὶ Αβιαθαρ
אֶת־אֲרוֹן הָאֱלֹהִים[d]		τὴν[c] κιβωτὸν	τὴν[c] κιβωτὸν [d]τοῦ Θεοῦ[d]
יְרוּשָׁלִָם		εἰς[e] Ιερουσαλημ	εἰς[e] Ιερουσαλημ
וַיֵּשְׁבוּ[i] שָׁם׃		καὶ ἐκάθισεν[f] ἐκεῖ	καὶ ἀνέστρεψεν[f] ἐκεῖ

2.5.2. Analyse der Varianten

V24[a]. Die Wiedergabe von גם in der KR, die im Ant (boc₂e₂ 𝔄𝕰) fehlt, stellt eine ihrer berühmtesten Besonderheiten dar, nämlich die Wiedergabe von (ו)גם mit καὶ γε. Diese Besonderheit der Übersetzung in der – später so genannten – KR erkannte schon Thackeray,[1] der in dieser Hinsicht ein Vorläufer („*devancier*") von Barthélemy war, der seinerseits dessen Erkenntnisse weiter entwickelte. Im Buch „Les Devanciers d'Aquila" bietet Barthélemy eine detailliertere Zusammen-

---

1 Thackeray, *The Septuagint and Jewish Worship*, 115; siehe die Tabelle. Über die verschiedenen Theorien im Bezug auf die Theorie von Thackeray, s.o. *Forschungsgeschichte*.

stellung der Belege in Sam-Kön an.[2] In unserem Textbereich handelt es sich um folgende:

	MT	KR	Ant
15,19[b]	גַּם־אַתָּה	καὶ σύ	καὶ σύ
15,19[f]	וְגַם	καὶ ὅτι	καὶ ὅτι
15,20[c]	(-)	καὶ γε	(-)
15,24[a]	גַּם	καὶ γε	(-)
16,23[h]	גַּם	καὶ γε	καὶ
16,23[i]	גַּם	καὶ γε	καὶ
17,5[b]	גַּם	καὶ γε	καὶ
17,5[h]	גַּם הוּא	καὶ γε αὐτοῦ	(-)
17,10[a]	וְהוּא גַם	καὶ γε αὐτός	καὶ ἐσταὶ
17,12[h]	גַּם־אַחָד	καὶ γε ἕνα	οὐδένα
17,13[h]	גַּם־צְרוֹר	μηδὲ λίθος	συστροφή
17,16[f]	וְגַם	καὶ γε	καὶ
18,2[h]	גַּם	καὶ γε	καὶ
18,22[e]	גַּם־אָנִי	καὶ γε ἐγώ	(-)
18,26[d]	גַּם	καὶ γε	καὶ
18,27[e]	וְאֶל־	καὶ γε εἰς	(-) ὑπὲρ

In der Tabelle ist gut zu erkennen, wie die KR zur Weidergabe von גַּם(וְ) mit καὶ γε tendiert, während der Ant die Wiedergabe von καὶ γε vermeidet. Zur textkritischen Erklärung der Ausnahmen (15,19[b]; 15,19[f]; 17,13[b]; 18,27[e]), siehe die betreffenden Analysen der Varianten.

V24[b]. Hier geht es um die Transkription des hebr. Eigennamens צָדוֹק. Für diesen Eigennamen erkennt man in den Handschriften verschiedene Traditionen. Der Cod. B schreibt an dieser Stelle Σαδδωκ, aber Σαδωκ in V27. 29. 35. Das verdoppelte Delta (δ) im Cod. B ist wahrscheinlich ein Schreibfehler. Auch innerhalb der Ant-Gruppe stimmen die Transkriptionen nicht miteinander überein. In unserem Textbereich ist klar erkennbar, dass die Verse von 24 und 27 verderbt sind:

2   Barthélemy, *Les Devanciers d'Aquila*, 31-47.

	Σαδωκ	Σαδδωκ	Σαδωχ	Σαδδωχ	Σαδουκ	Σαδδουκ	Σαδδακ
15,24[b]	oe2*Na chinuv nuv- xa2b2 *rell*	BA	M	gy		c2	b
15,25[b]	N *rell*	Bboe2ai	Mgv		c2		
15,27[a]	*rell*	be2i	Mg			oc2	
15,29[b]	*rell*	i	Mg			boc2e2	
15,35[c]	*rell*	i	Mg			boc2e2	
15,35[f]	*rell*	i	Mg			boc2e2	
15,36[e]	*rell*	i	Mg			boc2e2	
17,15[d]	*rell*	i	Mg		v	boc2e2	
18,19[a]	*rell*		Mgv			boc2e2	
18,22[a]	*rell*		Mgv			boc2e2	
18,27[d]	*rell*	i	Mgv			boc2e2	

In dieser Tabelle ist festzustellen, dass die Transkription der KR eigentlich Σαδωκ war, dagegen die des Ant Σαδδουκ. Andere Varianten wurden vermutlich bloß durch Schreibfehler verursacht. Später wurden die Abschreiber durch solche fehlerhaften Varianten verwirrt, und sie übernahmen verschiedene Varianten, wodurch die Transkription uneinheitlich wurde.

V24[c]. S.o. 15,5[g]. zur Verwendung des Artikels für *nota accusativi*.

V24[d]. S.o. 15,2[r/s] zur Hinzufügung des Artikels im Ant gegenüber dem MT und der KR,

V24[e]. Hier stimmt der Ant (τοῦ θεοῦ) gegenüber KR (κυρίου) mit dem MT (האלהים) überein. Die KR setzt eine abweichende Texttradition voraus. Im MT kommt ארון ברית יהוה wie 24mal[3] vor, ארון ברית אלהים dagegen insgesamt 4mal.[4]

---

3   Deut 10,8; 31,9. 25f; Jos 3,3; 4,7. 18; 8,33; 1Sam 4,3ff; 1Kön 6,19; 8,1. 6; 1Chr 15,25f. 28f; 16,37; 22,19; 28,18; 2Chr 5,2. 7; Jer 3,16.
4   Ri 20,27; 1Sam 4,4; 2Sam 15,24; 1Chr 16,6.

V24ᶠ. Im MT fehlt die Entsprechung für ἀπὸ Βαιθαρ der gr. Versionen. Bei diesem Plus der gr. Versionen ist schwierig zu rekonstruieren, aus welcher Vorlage es abgeleitet wurde. Zwar gab die äthiopische Version (𝕮) den Text mit „Bethel" wieder, es ist aber kaum denkbar, dass Βαιθαρ die Transkription für בית־אל ist. [5] Folgende Erklärungen scheinen möglich: (1) ἀπὸ Βαιθαρ ist eine falsche Transkription und fehlerhaft gestellte Verschreibung für ואביתר,[6] ein Hinweis darauf wäre Hs a2, wo es mit καὶ αβιαθαρ wiedergegeben wurde. Aber durch diese Handschrift aus dem 9. - 10. Jh. n. Chr. kann die Priorität dieser Lesart nicht unterstützt werden. (2) Diese Wiedergabe ist eine falsche Transkription von מביתו (von seinem Haus),[7] einschließlich einer Konsonanten-verwechslung, nämlich ר (מביתר) für ו. Allerdings ist uns für diese Annahme kein handschriftlicher Beleg vorhanden. (3) Am wahrscheinlichsten scheint mir, dass ἀπὸ Βαιθαρ die entsprechende Wiedergabe für מב(י)תר ist. Diese Konstruktion muss sich dann auf „Zadok und alle Leviten mit ihm" beziehen. Wenn man den Text so versteht, lässt sich der gr. Text wie folgt lesen:

Und siehe! <u>Sowohl Zadok als auch alle Leviten mit ihm,</u>
⎯⎯⎯⎯⎯⎯ die die Lade des Bundes Gottes trugen,
⎯⎯⎯⎯ (und) die aus Baithar kamen.

Die Frage ist dann, wo die Stadt מב(י)תר eigentlich liegt, und wie diese Hinzufügung in den Text kam. In der LXX wird ein ähnlich ausgesprochener Stadtname zweimal belegt.[8] Diese Stadt liegt ca. 11km südwestlich von Jerusalem und wird heute *Bittīr* genannt.[9] Meinte die Vorlage der gr. Versionen diese Stadt? Durch diese Hinzufügung wollte dann der Abschreiber der hebr. Vorlage nach seinem zeitge-nössischen Wissen die Herkunft von Zadok und seinen Leviten mitteilen.

---

5   Normalerweise wird בית־אל mit βαιθηλ bzw. βηθηλ (βεθ.) transkribiert. Aber in einigen Manuskripten von 2.Esdr 21 (Neh 11), 31 ist es mit βηθηρ transkribiert; siehe *HR Supp.*, 39. Trotz der Übereinstimmung der Konsonanten mit unserer Stelle ist es kaum plausibel, dass βαιθαρ eine Transkription für בית־אל sei.
6   Thenius, *Die Bücher Samuels*, 200; Wellhausen, *Der Text der Bücher Samuelis*, 198; Budde, *Die Bücher Samuel erklärt*, 273; McCarter, *II Samuel*, 364.
7   H.P. Smith, *A Critical and Exegetical Commentary on the Books of Samuel*. International Critical Commentary. (Edinburgh, 1899, 1912), 345.
8   Jos 15,59a im gr. Mehrheitstext mit Βεθηρ (B), Βαιθηρ (A); 1Chr 6,44a in A mit Βαιθθηρ für Βασαμυς (B) (בית־שמש; MT).
9   *HAL* I, 160.

V24ᵍ. Im MT steht אֶת־אֲרוֹן הָאֱלֹהִים (= KR: τὴν κιβωτὸν τοῦ θεοῦ). Diese Ausdrucksweise kommt im MT 31mal vor.[10] Dagegen gibt der Ant den Text mit τὴν κιβωτὸν τῆς διαθήκης wieder, und diese Wiedergabe setzt eine unterschiedliche Vorlage (אֶת־אֲרוֹן בְּרִית) voraus. Allerdings kommt diese Ausdrucksweise niemals allein im MT vor, sondern immer nur mit יהוה,[11] אלהים[12] oder אדני.[13] Vermutlich deswegen fügten die Hss. b′b τοῦ Κυρίου hinzu.[14] Der Ant gibt hier wahrscheinlich seine Vorlage wieder.

V24ʰ⁻ʰ. Die Wiedergabe für וַיַּעַל אֶבְיָתָר des MT (= KR: καὶ ἀνέβη Αβιαθαρ) fehlt im Ant+ (boc₂e₂MNagjnuvyb₂). Der Ant setzt hier gegenüber dem MT und der KR einen kürzeren Text voraus.

V24ⁱ. תֹם (infinitivus constructus) von תמם wurde in der KR mit ἐπαύσατο von παύω wiedergegeben, im Ant (boc₂) mit ἐξέλιπε von ἐκλείπω.[15] (1) S.o. 15,3ᵃ zum „beweglichen ν" im Ant. (2) Der Unterschied in der Wortwahl ist nicht wesentlich. S.u. V24ʲ zur jeweiligen syntaktischen Funktion mit den Bezugswörtern.

V24ʲ. Der Unterschied in der Wortwahl ist unwesentlich. Vgl. dazu V23ᶜ/ᵉ/ʲ. Es sind aber die unterschiedlichen Wiedergaben für den hebr. infinitivus constructus zu erörtern. Die KR gibt ihn mit Infinitiv Aorist (παρελθεῖν) wieder, dagegen der Ant mit Partizip Präsens (διαπορευόμενος). Der Unterschied der Verbform bezieht sich auf die Verwendung des jeweiligen finiten Verbs. Die Medialform von παύω mit Infinitiv wie in der KR wird im Sinne von „verhindern bzw. abhalten" gebraucht.[16] Dann lässt sich der Text der KR folgendermaßen verstehen: „Und sie stellten die Lade Gottes hin(, und es kam Abiathar hinauf), bis all das Volk aufhörte, aus der Stadt herbeizukommen". Dagegen wird ἐκλείπω

---

10   1Sam 4,13. 18f. 21f; 5,1f. 10; 14,18; 2Sam 6,2ff. 6f. 12; 15,24f. 29; 1Chr 13,5ff. 12. 14; 15,2. 15. 24; 16,1; 2Chr 1,4.
11   Deut 10,8; 31,9. 25f; Jos 3,3; 4,7. 18; 8,33; 1Sam 4,3ff; 1Kön 6,19; 8,1. 6; 1Chr 15,25ff; 16,37; 22,19; 28,18; 2Chr 5,2. 7; Jer 3,16.
12   Ri 20,27; 2Sam 15,24; 1Kön 16,6.
13   1Kön 3,15.
14   Vgl. testamenti Domini 𝔖ʲ, διαθηκης κυριου cx.
15   εξελειπεν e₂.
16   KG II, § 484, 28; LSJ, 1350; Vgl. KG II, § 484,6 über παύω mit Partizip im Sinne von „aufhören".

mit Partizip wie im Ant im Sinne von „aufhören" gebraucht.[17] Im Vergleich mit der KR unterscheidet sich der Ant: „Und sie stellten die Lade des Bundes hin, bis all das Volk aufhörte, aus der Stadt vorbeizuziehen".

V25[a]. In der KR wurde ל ויאמר des hebr. Textes mit καὶ εἶπεν τῷ wiedergegeben, im Ant (boc₂e₂p) mit καὶ εἶπεν πρὸς.[18] Obwohl die Form von ל ויאמר nicht häufig vorkommt, ist die Wiedergabe der Präposition ל mit dem Dativ in der LXX üblich.

(1) Die Präposition ל wird in unserem Textbereich meistens mit Dativ wiedergegeben. In den Fällen, wo die Kombination von ל und einem Pronominalsuffix steht, wird sie ausnahmslos mit einem Dativpronomen wiedergegeben.[19] Wenn aber die Präposition ל mit einem Substantiv verbunden ist, wird sie entweder mit Dativ (meistens mit Artikel)[20] oder mit εἰς wiedergegeben.[21] Andere Varianten erklären sich syntaktisch oder textkritisch.

(a) Syntaktische Varianten: 15,5(2×) (mit Gen. u. Akk. abhängig vom finiten Verb). 15,33[d]. 36[d/f]; 16,4[c]. 11[k]; 17,5[c]. 16[l/m]; 18,5[e/f]. 32[c/d];

(b) Unterschiede der Volage: 15,14[m] (s.o.). 19(mit ἐκ). 25[a]. 30[d]; 16,4[a]; 17,20[h]; 18,3[s]. 10[b]. 11[a]. 18[i]. 20[a]; 19,9[b].

(2) Die Präposition אל besonders in der Verbindung mit ויאמר wird in unserem Textbereich in den meisten Fällen mit πρὸς wiedergegeben.[22] Die Ausnahmen sind nur als die Wiedergabe einer unterschiedlichen Volage zu betrachten.[23]

Die Vorlage der KR war in unserem Fall, wo der Dativ steht,, gewiss identisch mit dem MT (ל ויאמר).[24] Die Vorlage des Ant war dann andererseits ויאמר אל.

---

17 *KG* II, § 484,6.

18 Vgl. προς τον defimq-uwz.

19 15,1. 2. 3. 4. 5. 9. 14. 26. 28. 33. 34; 16,2. 3. 4. 10(2×). 11(2×). 12. 18 (Qere). 20. 23; 17,17. 18; 18,11. 23; 19,8.

20 15,6. 7. 14. 34. 35(2×); 16,2[f]. 23(2×); 17,16. 17. 18. 21. 29(2×); 18,3[s](KR; s.u. betreffende Analyse). 11. 21*3. 25. 28[d](s.u. betreffende Analyse). 29(2×); 19,2. 3.

21 15,6. 21(2×). 32; 16,1. 2; 18, 4[f(KR)/g(KR)]. 17 (Qere). 32; 19,3.

22 15,7. 19. 22; 16,2. 3. 9. 11. 18. 20. 21; 17,1. 7. 15; 18,2. 12. 22. 32.

23 15,27 (mit Dativ); 16,16[h]. 17[a]; 18,28[c](in der KR mit πρὸς; im Ant mit Dativ).

24 Solche Fälle, wo beide Versionen gemeinsam mit Dativ wiedergeben, findet man in unserem Textbereich noch in 15,9. 14. 33; 18,11. 21. 23.; Zweimal kommen dazu die textkritischen Ausnahmen: 16,4a; 18,20a.

V25ᵇ. S.o. V24ᵇ zur Transkription für צדוק.

V25ᶜ. S.o. 15,8ᶠ zu εἰς für *acc. loc.*

V25ᵈ. Der Ant (boc₂e₂z^mg) hat gegenüber dem MT und der KR zusätzlich καὶ καθισάτο εἰς τὸν τόπον αὐτῆς. Der Ant wird sowohl durch die Mss. Acx als auch 𝔄 Chr Thdt bezeugt.[25] Diesem Plus würde Hebräisches וישב במקומו.entsprechen.[26] Der passus kann aber auch aus dem Kontext heraus formuliert sein.

Im Ant ist hier ein editorischer Vorgang in Zusammenhang mit dem Kontext von V25-29 erkennbar. Der Vorgang bezieht sich auf die Wortwahl zwischen שוב (ἀνὰ-, ἀπὸ-, oder ἐπίστρεφω) und ישב (κάθιζω). In der folgenden Tabelle wird die Bearbeitung des Ant klar, dagegen ist bei der Wiedergabe in der KR keine bestimmte Charakteristik zu erkennen:

	MT	KR] Ant.	Subjekt	Objekt
V25	השב	ἀπόστρεψον	Zadok	die Lade Gottes
V25ᶜ	(וישב)	(-)] καὶ καθισάτο	die Lade Gottes	(-)
V25	והשבני	καὶ ἐπί στρέψει με	Gott	David
V27ᶜ	שבה	ἐπιστρέφεις] ἀνάστρεφε	Zadok	(-)
V29ᵃ	וישב	ἀπέστρεψεν] ἀπέστρεψαν	Zadok u. Abjathar	die Lade Gottes
V29ᶠ	וישבו	ἐκάθισεν] ἀνέστρεψεν	Zadok u. Abjathar (MT)/ die Lade Gottes (Gr.)	(-)

Besonders bemerkenswert ist וישבו in V29ᶠ. Der Konsonantentext lässt die Ableitung nicht nur von ישב zu, sondern auch von שוב. Die KR setzt die Wurzel ישב voraus, dagegen der Ant שוב. Aus der Tabelle kann man das folgende Textverständnis des Ant erkennen:

---

25 Vgl. *et sedeat in ciuitate in loco suo* 𝔖ʲ; Siehe C. E. Cox, *Aquila, Symmachus and Theodotion in Armenia.* SCS 42, (Atlanta, 1996), 103f zur Erklärung für 𝔄.

26 Vgl. 2Sam 6,17; 1Kön 8,6.

A. ἀπόστρεφω, Rückkehr der Bundeslade Gottes (Befehl)
  B. καθίζω, die Stadt
    C. ἐπιστρέφω, Gottes Rückkehr zu David (Wunsch von David)
  B'. ἀνάστρεφω, die Stadt
A'. ἀπόστρεφω, Rückkehr der Bundeslade Gottes (Erfüllung)
  B''. (καθίζω →) ἀνάστρεφω, Jerusalem

A/A'. Beide Teile hängen miteinander durch ἀπόστρεφω zusammen, und aus dieser Verbindung ergibt sich auch ein inhaltlicher Zusammenhang: A - Zadok sollte die Bundeslade Gottes zurückkehren lassen (ἀπόστρεφω; Befehl Davids); A' - Zadok ließ die Bundeslade Gottes zurückbringen (ἀπόστρεφω; Erfüllung). Beide Teile bilden das Rahmenthema (*inclusio*), d.h. die Rückkehr der Bundeslade Gottes ist nichts anderes als die Rückkehr Gottes, und deshalb ist das ganz wichtig für David. Durch A kann der Leser sich fragen, welche Beziehung die Rückkehr der Bundeslade Gottes zu David hat. Und in A' kann der Leser die Antwort festhalten.

C. Dieser Teil fungiert als der Kern in diesem Abschnitt. Der Ant rubrizierte den Kern mit ἐπιστρέφω, der einzigen Wiedergabe für שוב in diesem Abschnitt. Dieser Satz stellt den Wunsch Davids dar, nämlich Gottes Rückkehr (ἐπιστρέφω) zurück zu David. David glaubte dann, dass Gottes Rückkehr ihm die Bundeslade und deren „Schönheit" (εὐπρέπεια)[27] zeige, d.h. Gott kann die jetzige Schande Davids durch seine Gnade zur Freude und zum Frieden kehren. Einfach durch die Wahl der Vorsilbe hat der Ant also diesen Satz als den Höhepunkt des Abschnitts herausgestellt.

B/B'/B''. Diese drei Teile sind den Themen A, A' und C untergeordnet. Durch diese Unterordnung ist hervorgehoben, wie wichtig die Stadt Jerusalem für David ist, und dass David unbedingt nach Jerusalem zurückkehren muss. Der Ant las den hebr. Konsonanttext in diesem Sinn, d.h. er wählte ἀνάστρεφω für שוב ,B'). Für B war wahrscheinlich keine hebr. Vorlage vorhanden (vgl. oben, 1. Absatz), sondern B könnte eine Vorwegnahme von B'' sein, während dann וישבו an seiner Stelle im Sinn von B' mit ἀνάστρεφω wiedergegeben wurde.

---

27 Die Bedeutung der hebr. Vorlage (נָוֵה) ist eigentlich „Gottes Wohnung". Aber im Griechischen bedeutet εὐπρέπεια auch „göttliche Erscheinung" (*LSJ*, 728). Da ist die Wiedergabe der gr. Versionen hier eine Umschreibung für „Gottes Wohnung"; Vgl. Hiob 5,24, wo נָוֵה in Cod. A mit εὐπρέπεια wiedergegeben ist, dagegen in Cod. B wörtlich mit σκηνή.

Fazit:

Die Nähe der Formen von שוב und ישב bzw. die Doppeldeutigkeit von וישבו bildet eine Leerstelle, die eine interpretatorische Entscheidung erforderte und ermöglichte. Der Ant las den hebräischen Text vermutlich in der oben dargelegten Weise und drückte diesen Sinn in seiner Übersetzung aus.

V25^e. Hier geht es um die Wiedergabe für בעיני־, das wie eine Präposition fungiert. Die KR gibt diese Ausdrucksweise mit ἐν ὀφθαλμοῖς wieder, der Ant mit ἐνώπιον. Nach der Untersuchung von Shenkel[28] verteilen sich die Fälle in Sam-Kön auf drei Formen: (1) בעיני יהוה, (2) בעיני־ + Pronominalsuffix = יהוה, (3) בעיני־ + Pronominalsuffix oder Substantiv = Jemand anderer außer יהוה. Die KR (also βγ- und γδ-Abschnitt) macht keinen Unterschied zwischen (1)(2) und (3). Sie gibt die Wendung fast immer mit ἐν ὀφθαλμοῖς wieder.[29] Dagegen wollte der Ant möglichst unterschiedlich wiedergeben: In den Fällen (1) und (2) gibt der Ant die Wendung meistens mit ἐνώπιον wieder.[30] Im Fall (3) verwendet der Ant beide Wiedergaben ohne bestimmte Regel (15mal). Außerdem stimmt der Ant in den Nicht-KR-Abschnitten (α-, ββ- und γγ-Abschnitt) mit dem Cod. B überein, d.h. der Ant spiegelt durchgehend die Ur-LXX wider. Hier schauen wir die Fälle in unserem Textbereich an:

	MT		KR	Ant
15,25^e	בעיני יהוה	(1)	ἐν ὀφθαλμοῖς κυρίου	ἐνώπιον κυρίου
15,26^f	בעיניו	(2)	ἐν ὀφθαλμοῖς αὐτοῦ	ἐνώπιον αὐτοῦ
16,4^h	בעיניך	(3)	ἐν ὀφθαλμοῖς σου	ἐν ὀφθαλμοῖς (-)
17,4	בעיני אבשלם	(3)	ἐν ὀφθαλμοῖς Αβεσσαλωμ	ἐν ὀφθαλμοῖς Αβεσσαλωμ
17,4	בעיני כל־	(3)	ἐν ὀφθαλμοῖς παντων	ἐν ὀφθαλμοῖς παντων
18,4^b	בעיניכם	(3)	ἐν ὀφθαλμοῖς ὑμῶν	ἐνώπιον ὑμῶν
19,7^s	בעיניך	(3)	ἐν ὀφθαλμοῖς σου	ἐνώπιόν σου

V25^f. KR bietet mit καὶ δείξει μοι eine wörtliche Übersetzung, von והראני im MT, während für ὄψομαι des Ant (boc₂e₂z^{mg} Chr Thdt) אראה als Vor-

---

28　S. die Tabellen von Shenkel, *Chronology and Recensional Development*, 14f; und auch deren Abschreibung und weitere Erörterung von Sollamo, *Rendering of Hebrew Semiprepositions*, 143ff.

29　47mal; Ausnahmen : 2Kön 8,18. 27; 12,3; 14,24; 24,19 (mit ἐνώπιον).

30　30mal; Ausnahmen : 2Kön 10,30; 15,18; 16,2; 20,3; 21,15. 16 (mit ἐν ὀφθαλμοῖς).

lage anzunehmen wäre. Allerdings kann der Ant freie Übersetzung sein, die den Wunsch Davids noch deutlicher ausdrückt.

V26ᵃ. (1) Der MT und der Cod. B (auch O') weichen voneinander in der Wortfolge ab, nämlich כה יאמר im MT, aber in Cod. B umgekehrt εἴπη οὕτως. Zwar folgen viele jüngere Handschriften (Mnefgijmpqstuwy zᵗˣᵗb₂) dem MT, aber dies geht auf dessen Einfluss zurück. Die Wortfolge der KR ist im Hebräischen ungewöhnlich, aber im Griechischen normal; sie setzt daher keine andere hebr. Vorlage voraus. (2) Im Ant (boc₂e₂zᵐᵍ Chr Thdt) fehlt die Wiedergabe für כה, stattdessen hat der Ant μοι. Der Ant setzt vermutlich eine weitere Texttradition (יאמר לי) voraus.

V26ᵇ. Für חפצתי verwenden die beiden Versionen unterschiedliche Perfektformen von (ἐ)θέλω: ἠθέληκα (KR, auch O'), τεθέληκα (Ant; boc₂e₂zᵐᵍ Chr Thdt). Im Griechischen ist ἐθέλω die alte homerisch-attische Form.[31] Seit ca. 250 v. Chr. kommt diese Form für das Präsens nicht mehr vor, sondern nur θέλω. Trotzdem blieb der ursprüngliche Anlaut ε in der hellenistischen Zeit indirekt erhalten und bewirkte das ἠ- für den Aorist.[32] Dieses Phänomen wird auch bei weiteren Belegen des Verbs in Sam-Kön der LXX-*Ra* bestätigt.[33] Allerdings bildet der Ant in unserem Fall gegenüber KR die normale Reduplikation τε-. Die Perfektform des Ant wird durch Cod. B in Ps 40{41},12 einmal belegt.[34]

V26ᶜ. Die KR übersetzt בך wörtlich mit ἐν σοί, dagegen der Ant mit σε. Im Griechischen ist die KR ungewöhnlich, deshalb stellt sie eine auf die Ausgangssprache gezielte Bearbeitung dar.

V26ᵈ. Hier geht es um die Wiedergabe für הנני. Die Wiedergabe des Ant (ἰδοὺ ἐγώ) ist die typische Wiedergabe der gr. Versionen für הנני.[35]

---

31 Zu den beiden Form, vgl. Mayser, *Grammatik I. 2*, 119; *KG* I, § 44, Anm. 3.
32 Vgl. *BDR* § 101, 31 u. § 66, 5. Dieses η führt in den jüngeren Hss. MNaefghᵇ⁽ᵖⁱ⁾jmp-wyzᵗˣᵗb₂ zu einer weitern Form, nämlich ἠθέλησα (Aor.).
33 1Sam. 14,15; 26,23; 2Sam 2,21; 12,17; 13,9. 14. 16. 25; 14,29; 15,26; 23,16f; 1. Kön 9,1; 10,9. 13; 21,35; 2. Kön 8,19; 13,23; 24,4. Abgesehen von den Varianten der Vokabel stimmt der Ant an diesen Stellen der Sache nach mit der KR überein. Manchmal bevorzugte der Ant βούλομαι anstelle (ἐ)θέλω mit οὐ(κ): 2Sam 12,17; 13,9. 14. 16. 25; 23,16. 17.
34 ἐν τούτῳ ἔγνων ὅτι τεθέληκάς με ; In Cod. A steht aber die Aoristform (ἠθέλησα).
35 Hier nehme ich nur die Beispiele in der LXX-*Ra* von Sam-Kön : 1Sam 3,4. 5. 6. 8. 16; 12,3; 14,7. 43; 22,12; 25,19; 2Sam 1,7; 12,11; 1Kön 11,31; 12,24m{14,10}; 16,3; 20,21

Dagegen wird הנה in Sam-Kön meistens mit ἰδού wiedergegeben.[36] Wenn man die Übersetzungstendenz für אנכי mit ἐγώ εἰμι bedenkt (s.u. V28[b]), kann man die Vorlage der KR (auch O′) als הנה אנכי vermuten.[37] Allerdings ist diese Vorlage an unserer Stelle nicht vorstellbar, weil die Abfolge הנה אנכי יעשה wegen des Subjektswechsels von David zu Gott syntaktisch nicht möglich ist. Somit wurde εἰμι von der KR hinzugefügt.

V26[e]. (1) טוב wurde in der KR mit κατὰ τὸ ἀγαθόν wiedergegeben, dagegen im Ant (boc₂e₂z[mg] Chr Thdt; auch Θ[38]) mit τὸ ἄρεστον. Die Wortwahl der KR entspricht ihrer Tendenz zu wortwörtlicher Wiedergabe. (2) S.u. 16,16[b] zu den unterschiedlichen Wiedergaben für כאשר. Vgl. 1Sam 24,5.

V26[f]. S.o. V25[d] zur Wiedergabe für בעיניו.

V27[a]. S.o. V24[b] zur Transkription für צדוק.

V27[b]. (1) Der MT (הרואה) ist schwer zu verstehen. Deshalb gab es verschiedene Versuche, um den Konsonantenbestand des MT verständlich zu machen.[39] Meiner Meinung nach ist aber der MT verderbt.

{20,13}; 21,13{21,21}; 2Kön 19,7; 20,5; 21,12; 22,16. 20; Der Ant stimmt mit der KR überein außer in 2Sam 12,11 und 1Kön 20,21{20,13}, wo der Ant nur mit ἰδού wiedergibt.

36 15,15. 36; 16,3f. 11; 17,9; 18:10 (aber im Ant ἰδού ἐγώ; s.u. 18,10[c]). 26; 19:2. 9 von unserem Textbereich und *passim*.

37 Z.B. In 2Sam 24,17 schreibt die KR ἰδού ἐγώ εἰμι ἠδίκησα für הנה אנכי חטאתי, dagegen ist wie zu erwarten das unverständliche εἰμι im Ant (boc₂e₂ N Chr Thdt) nicht vorhanden.

38 S.o. 1.3.2.2. (2) c. zu diesem Thema.

39 Einige Autoren wie Wellhausen und Driver korrigierten den Text mit הכהן הראש statt ...הכהן הרואה... und hielten ihn für späteren Zusatz (vgl. 2Kön 25,18; 2Chr 31,10; Esra 7,5). Dazu vgl. Wellhausen, *Der Text der Bücher Samuelis*, 198; S. R. Driver, *Notes on the Hebrew Text of the Books of Samuel*, (Oxford, 1890/1912; nachdr. 2004), 316. Dagegen wollten diejenigen, die den MT akzeptieren, (1) entweder diesen Ausdruck für eine rhetorische Frage halten, nämlich „Bist du Seher?" d.h. „Du bist kein Seher!", z.B. R. A. D. Carlson, *The Chosen King. A Traditio-Historical Approach to the Second Book of Samuel.* (Stockholm, 1964), 173, (2) oder durch die andere Vokalisierung (הָרֹאֶה) als „O, Seher!" lesen, z.B. C. F. Keil, *Die Bücher Samuel. Biblischer Kommentar über das Alte Testament* III/2. (Leipzig, ²1875), 328, (3) oder zusammen mit הכהן als „Du bist der Orakelpriester", z.B. A. Klostermann, *Die Bücher Samuelis und der Könige. Kurzgefasster Kommentar zu den heiligen Schriften des Alten und Neuen Testaments.* (Nörd-

(2) Die gr. Versionen sind textkritisch zuverlässiger als der MT.[40] Sie lasen nämlich das Wort als Imperativ von ראה, „sehen". Im Hebräischen wird das Verb ראה wie הִנֵּה als Interjektion zur Erregung der Aufmerksamkeit gebraucht.[41] Unser Fall entspricht dieser Verwendung. Deshalb war die Vorlage der gr. Versionen vermutlich die Imperativform von ראה. (3) Zwischen der KR und dem Ant (boc₂e₂z^mg) gibt es aber weitere Unterschiede. Beide Versionen weichen voneinander in der Wortwahl und im Numerus ab. In der KR wurde mit ἴδετε (2. Pl. Imp. Aor. Akt. von ὁράω) wiedergegeben, was in Sam-Kön als die Wiedergabe für Imperativ Pl. von ראה häufig bezeugt wird,[42] dagegen im Ant mit βλέπε (2. Sg. Imp. Präs. Akt. von βλέπω), was sich nur zweimal in beiden Versionen von Sam-Kön finden lässt.[43] Der Unterschied in der Wortwahl ist unwesentlich. Im Numerus setzt die KR ראו voraus. Obwohl die Rede sich nur an Zadok richtet, setzt der Kontext der KR auch schon Abiathar voraus. Vgl. V24. וַיַּעַל אֶבְיָתָר (MT) und καὶ ἀνέβη Αβιαθαρ (KR). Allerdings fehlt im Ant dieser Ausdruck, deswegen spiegelt der Ant eine unterschiedliche Texttradition wider, die רְאֵה als ihre Vorlage hatte. Dasselbe Phänomen ist unten in V28ª ebenfalls zu beobachten.

V27ᶜ. S.o. V25ᶜ zum Unterschied der Vorsilbe.

V27ᵈ. S.o. 15,8ᶠ zu εἰς für *acc. loc.*; Vgl. שוב mit *acc. loc.* 1Sam 18,2; 2Sam 3,27; 20,22.

V27ᵉ. Hier hat der Ant (boc₂e₂r 𝕮) gegenüber dem MT und der KR ein Plus, nämlich ἰδού. Der Ant setzt hier einen unterschiedlichen Text (וְהִנֵּה אֲחִימַעַץ) voraus.

---

lingen, 1887), 202, bzw. „zu ,dem Priester' Zadok", z.B. Caspari, *Die Samuelbücher*, 608, lesen.

40 Von vielen wird der gr. Text akzeptiert: Thenius, *Die Bücher Samuels*, 201; Budde, *Die Bücher Samuel erklärt*, 274; A. Schulz, *Das zweite Buch Samuel*. Exegetisches Handbuch zum Alten Testament 8/2, (Münster, 1920), 189; K. A. Leimbach, *Die Bücher Samuel*. Die heilige Schrift des Alten Testamentes III/1, (Bonn, 1936), 187; McCarter, *II Samuel*, 366.

41 *GK* § 105, b.

42 ἴδετε für ראו: 1Sam 12,16f; 14,17. 38; 16,17; 23,23; 2Sam 13,28; 14,30; 1Kön 21,7 {MT; 20,7}; 2Kön 5,7; 6,13. 32; 7,14; 10,23. In diesen Stellen stimmt der Ant mit der KR überein.

43 Als die Wiedergabe für ראי : 1Sam 25,35; 1Kön 17,23. An diesen Stellen stimmt der Ant ebenfalls mit der KR überein.

V27ᶠ/ᵍ. S.o. 15,2ᵗ zur Verwendung des Artikels.

V27ʰ. S.o. 15,2ᵗ zur Verwendung des Artikels in der KR (des Ant in V27ⁱ). Der Unterschied in der Wortwahl ist unwesentlich: δυὸ (KR) und ἀμφότεροι (Ant) für שני.

V27ⁱ. S.o. V27ʰ und 15,2ᵗ.

V28ᵃ. S.o. V27ᵇ.

V28ᵇ. Die Wiedergabe ἐγώ εἰμι für אנכי, die auch vor finites Verb gestellt wird, ist die typische Charakteristik der KR. Schon Thackeray beobachtete dieses Phänomen,[44] Barthélemy führte die Forschungen weiter.[45] Dieses Phänomen beruht sicherlich auf dem graphemischen Literalismus der KR. Die KR wollte den Unterschied zwischen אנכי und אני auch im Griechischen erkennbar machen, nämlich durch dir Wiedergabe von אנכי mit ἐγώ εἰμι,[46] auch wenn ein finites Verb im Satz vorhanden ist, dagegen wird אני mit ἐγώ wiedergegeben.[47] Der Ant (boc₂e₂cdx 𝔄ᵛⁱᵈ) macht dagegen keinen Unterschied zwischen den beiden Formen des Personalpronomens.

V28ᶜ. Für מהה im Hitpalpel (מתמהמה) steht kein passendes griechisches Äquivalent in der KR. Das hebräische Wort מהה im Hitpalpel bedeutet hier „abwarten, säumen". Allerdings steht in der KR στρατεύομαι „zu Felde ziehen". Einige spätere Handschriften korrigierten die unpassende Wiedergabe aufgrund des Kontextes[48] zu αὐλίζομαι „kampieren".[49] Dieselbe ungewöhnliche Wiedergabe kommt auch in Ri 19,8[50]

---

44   Thackeray, *The Septuagint and Jewish Worship*, 23 u. 115.

45   Barthélemy, *Les Devanciers d'Aquila*, 69-78; siehe oben 1.2.3.1.

46   Z.B. 2Sam 11,5; 12,7; 18,12ᶜ, 20,17; 24,12. 17; 1Kön 2,2; 2Kön 4,13; 10,9; 22,20. Vgl. jeweils mit dem Ant wo dem Griechischen gemäß wiedergegeben ist. Aus 18,12ᶜ von Ant kann man aber eine unterschiedliche Texttradition vermuten, nämlich שקלת ולוא statt שקל אנכי ולוא. S.u. 18,12ᶜ über die detaillierte Analyse der verschiedenen Handschriften.

47   Vgl. die Beispiele in unserem Textbereich : 15,20. 34; 16,19; 17,15; 18,2. 22ᵈ. 27ᵃ; 19,1ᵐ. Die KR gibt immer mit ἐγώ wieder. Aber in 15,34ᶠ/ʲ; 18,22ᵈ. 27ᵃ fehlt die Wiedergabe im Ant. Das Pronomen ist nur in der Verbform widergespiegelt.

48   Nicht aufgrund der anderen Wiedergabe für מהה oder des hebräischen Textes, weil αὐλίζομαι für מהה in den Majuskelhandschriften nicht belegt ist. S. dazu, *HR*, 178.

49   Vgl. αὐλιζομένος efmsw; αὐλίζομαι djᵐᵍpqtz.

50   Im Cod. B: καὶ στράτευσον; im Cod. A: καὶ στρατεύθητι für והתמהמהו.

vor, wo dieses Wort überhaupt keinen Sinn macht. Nach Schmeller erklärt sich die KR als Konsonantenverschreibung in der Phase der Majuskelüberlieferung, nämlich CTPATEYOMAI für CTPΛΓΓEYOMΛI („zaudern, warten").[51] Auch wenn die Wiedergabe στραγγεύομαι vom Sinn her dem hebräischen Wort מהה im Hitpalpel (מתמהמה) entspricht, ist sie in der LXX nicht belegt; sie findet sich jedoch in Symmachos (Gen 19,16; Spr 18,9; 24,10; Hab 2,3).[52] Für uns sind die Fälle von Gen 19,16 und Hab 2,3 interessant, wo in Symmachos στραγγεύομαι für מהה im Hitpalpel (מתמהמה) steht.

	MT	LXX	Symmachos
Gen 19,16	וַיִּתְמַהְמָהּ	καὶ ἐταράχθησαν	ὁ δὲ στραγεύετο
Spr 18,9	מִתְרַפֶּה	ὁ μὴ ἰώμενος ἑαυτὸν	στραγγευόμενος
Spr 24,10	הִתְרַפִּיתָ	ἐμμολυνθήσεται [24,9]	στραγγεύεσθαι
Hab 2,3	אִם־יִתְמַהְמָהּ	ἐὰν ὑστερήσῃ	στραγ(γ)ευσήται

Meiner Meinung nach war die ursprüngliche Wiedergabe der KR στραγγεύομαι. Sie wurde aber zu στρατεύομαι verschrieben bzw. verwechselt. In außerbiblischen Texten (hauptsächlich im 1. Jh. v. Chr.) lässt sich diese Verwechslung ebenfalls erkennen.[53]

Dagegen steht im Ant προσδέχομαι („abwarten"). Obwohl προσδέχομαι zumindest in Majuskeln der LXX als Äquivalent für מהה nicht verwendet wird,[54] braucht man trotzdem keine andere Vorlage (z.B. יחל in Piel; שבר in Piel ?) anzunehmen. Der Ant fügte dazu ein verdeutlichendes Personalpronomen (ὑμᾶς) hinzu. Vermutlich gab der Ant das seltene Wort מהה im Hitpalpel (מתמהמה) sinngemäß mit προσδέχομαι wieder.

Darüber hinaus ist auch die Hexapla zu betrachten. Origenes las für seinen LXX-Text (στρατεύομαι) laut der KR. Dagegen sind die „Drei" verschieden: μέλλω (ἀ'); κρυβήσομαι (C'); προσδέχομαι (Θ').[55]

Aquilas Wiedergabe (μέλλω) wird auch in Gen 19,16; Hab 2,3 für מהה im Hitpalpel (מתמהמה) bezeugt; Symmachos wählte hier eine sinngemäße, freie Wiedergabe. Dagegen steht Theodotion in derselben Tra-

---

51   Th. Schmeller, zur Stelle, in: Septuaginta Deutsch. Bd.2 (im Druck). Vgl. Anm. 25.

52   *HR*, 1295a.

53   Dazu siehe *LSJ*, 1651: „στρατεύομαι has this sense in LxxJd.19.8, *BGU*(= *Berliner griechische Urkunden. Ägyptische Urkunden aus den Königlichen Museen zu Berlin*, Berlin 1895–1983, [1–9 Milan 1972]) 1127.28 (i B.C.), 1131.20 (i B.C.); στρατε εσθαι (si vera lectio), = *aginare, Gloss.*"

54   *HR*, 1212c-1213a.

55   Field, *Hexapla*, 569.

dition wie Ant.[56] Hier kann man die Textgeschichte der griechischen Versionen folgendermaßen rekonstruieren.

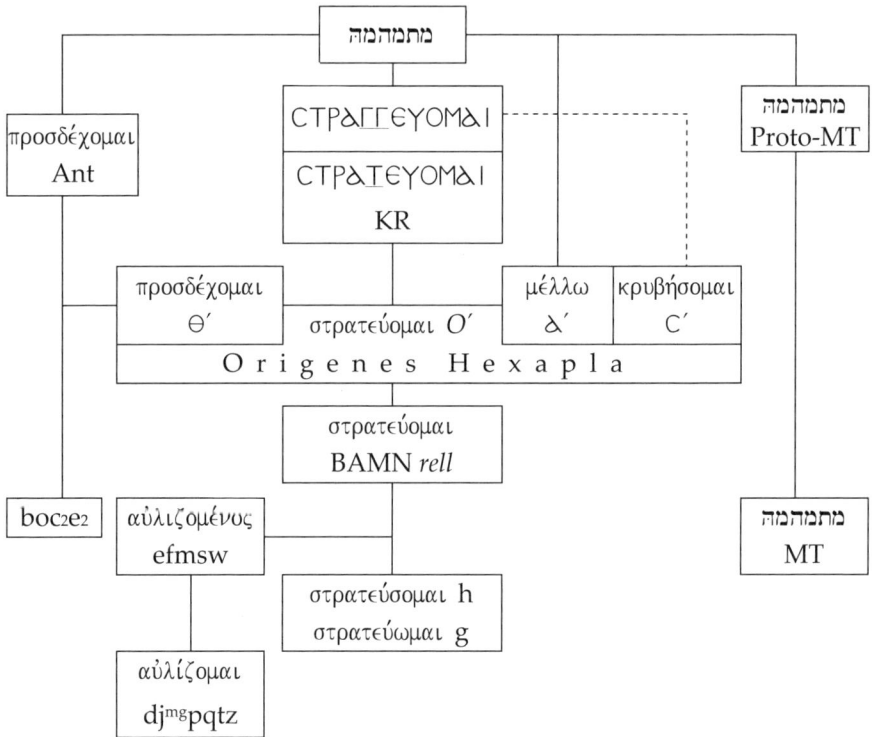

V28[d-d]. (1) Die KR (Αραβωθ) liest nach Qere (בערבות) statt Ketib (בעברות). Der Unterschied zwischen Qere und Ketib des MT liegt in einer Metathesis. Im MT werden beide Ausdrucksweisen bezeugt: vgl. Qere (ערבות) in 2Sam 17,16[e]; 2Kön 25,5; Ketib (עברות) im Sinne von „Furt" in Jos 2,7; Ri. 3,28; 2Sam 19,19. Es sind zwei unterschiedliche hebr. Text-traditionen denkbar. In den gr. Handschriften erkennt man verschie-dene Transkriptionen: ραβωθ aefqstwz 𝔄; ραβαωθ m; ραβαθ dv; ραμαθ p. Alle diese Varianten wurden sicherlich durch die KR, nämlich die Transkription des Qere, beeinflusst. Gewiss ist, dass die Vorlage der KR mit dem Qere des MT übereinstimmte. (2) Im Ant fehlt dieser Aus-druck. Stattdessen hat der Ant zusätzlich ἐπὶ τῆς ἐλαίας. Dazu s.u. V28[e].

---

56   Zu diesem Thema s. o. 1.3.2.2. (2) (c).

V28ᵉ. Hier setzt der Ant gegenüber MT (בעברות המדבר) als Vorlage על־הזית במדבר voraus. Der Ausdruck des Ant steht im Zusammenhang mit V18 und V23. Vgl. 15,18ᵈ⁻ᵈ und 15,23ᵐ⁻ᵐ.

V28ᶠ⁻ᶠ. Hier geht es um die Wiedergabe für die Präposition bzw. Konjunktion עד. In der KR steht ἕως τοῦ ἐλθεῖν,[57] dagegen im Ant ἕως οὗ ἔλθῃ. Zwar wurden die beiden Ausdrucksweisen in der nachklassischen Zeit im Sinne von „bis, bis zu" gebraucht,[58] aber an unserer Stelle kann die Frage der Vorlage eingebracht werden. Denn sicherlich fasste die KR עד so wie der MT (עד בוא) als Präposition mit *infinitivus constructus* (*scriptio plena*) auf und gab die Vorlage wörtlich wieder. Dagegen hatte der Ant m.E. die Vorlage mit עד בא (*scriptio defectiva*) und fasste einerseits בא als ein finites Verb im Perfekt, andererseits עד als Konjunktion auf.[59] Deshalb gab der Ant den Satz mit einem Nebensatz wieder.

V28ᵍ. S.o. 15,2ᵗ zur Verwendung des Artikels im Ant.

V28ʰ. דבר gibt die KR mit ῥῆμα wieder, dagegen der Ant mit λόγος. Der Unterschied in der Wortwahl ist nur unwesentlich.

V28ⁱ. S.o. 15,5ᵉ zur Verwendung des Artikels.

V29ᵃ. S.o. V25ᶜ zum Unterschied in der Vorsilbe.

V29ᵇ. S.o. V24ᵇ zur Transkribierung für צדוק.

V29ᶜ. S.o. 15,5ᵍ zur Verwendung des Artikels für die *nota accusativi*.

V29ᵈ. In den Codd. BM und in den Hss. bo fehlt τοῦ θεοῦ für האלהים. Diese Variante der KR setzt einen kürzeren Text voraus.

V29ᵉ. S.o. 15,8ᶠ zu εἰς für *acc. loc.*

V29ᶠ. S.o. V25ᶜ zu den unterschiedlichen Wiedergaben.

---

57 τοῦ fehlt in einigen Manuskripten: Mnafgjuvyb₂.
58 *LSJ*, 751; *Menge-Gütling*, 311.
59 עד als Konjunktion mit finitem Verb, siehe : *BroS* § 145, b.

2.6. 2Sam 15,30-37

2.6.1. Textsynopse

MT		KR	Ant
וְדָוִד עֹלֶה[a]	30	καὶ Δαυιδ ἀνέβαινεν[a]	καὶ Δαυιδ ἀνέβαινεν[a]
בְמַעֲלֵה[b]		ἐν[b] τῇ ἀναβάσει	ἐπὶ[b] τὴν ἀνάβασιν
הַזֵּיתִים		τῶν ἐλαιῶν	τῶν ἐλαιῶν
עֹלֶה ׀ וּבוֹכֶה[c]			[c]καὶ ἔκλαιεν[c]
וְרֹאשׁ לוֹ[d]		[d]καὶ τὴν κεφαλὴν[d]	[d]καὶ ἡ κεφαλὴ αὐτοῦ[d]
חָפוּי[e]		ἐπικεκαλυμμένος[e]	ἐπικεκαλυμμένη[e]
וְהוּא		καὶ αὐτὸς	καὶ αὐτὸς
הֹלֵךְ יָחֵף		ἐπορεύετο[f] ἀνυπόδετος	παρεπορεύετο[f] ἀνυπόδετος
וְכָל־הָעָם		καὶ πᾶς ὁ λαὸς	καὶ πᾶς ὁ λαὸς
אֲשֶׁר־אִתּוֹ		ὁ μετ' αὐτοῦ	ὁ μετ' αὐτοῦ
חָפוּ אִישׁ[g]		ἐπεκάλυψεν ἀνὴρ[g]	ἐπεκάλυψεν ἕκαστος[g]
רֹאשׁוֹ		τὴν[h] κεφαλὴν αὐτοῦ	τὴν[h] κεφαλὴν αὐτοῦ
וְעָלוּ		καὶ ἀνέβαινον	καὶ ἀνέβαινον
עָלֹה וּבָכֹה:		ἀναβαίνοντες καὶ κλαίοντες	ἀναβαίνοντες καὶ κλαίοντες
וְדָוִד הִגִּיד[a]	31	[a]καὶ ἀνηγγέλη Δαυιδ[a]	[a]καὶ τῷ[b] Δαυιδ ἀπήγγειλαν[a]
לֵאמֹר		λέγοντες	λέγοντες
אֲחִיתֹפֶל		καὶ[c] Αχιτοφελ	καὶ[c] Αχιτοφελ
בַּקֹּשְׁרִים		ἐν τοῖς συστρεφομένοις[d]	ἐν τοῖς συγκειμένοις[d]
עִם־אַבְשָׁלוֹם		μετὰ Αβεσσαλωμ	μετὰ Αβεσσαλωμ
וַיֹּאמֶר דָּוִד		καὶ εἶπεν[e] Δαυιδ	καὶ εἶπε[e] Δαυιδ
סַכֶּל־נָא[f]		[f]διασκέδασον δή[f]	
אֶת־עֲצַת אֲחִיתֹפֶל[g]		[g]τὴν βουλὴν Αχιτοφελ[g]	
יְהוָה:		κύριε [h]ὁ θεός μου[h]	κύριε [h]ὁ θεός μου[h]
			[i]ματαίωσον δή[i]
			[j]τὴν βουλὴν ἀχιτόφελ[j]
וַיְהִי דָוִד[a]	32	καὶ ἦν[a] Δαυιδ	καὶ ἐγένετο[a] Δαυιδ
בָּא[b]		ἐρχόμενος[b]	παραγενομένου[b]
עַד־הָרֹאשׁ		ἕως τοῦ Ροως[c]	ἕως τοῦ Ῥῶς[c]
אֲשֶׁר־יִשְׁתַּחֲוֶה[d] שָׁם[e]		οὗ[d] προσεκύνησεν[e] ἐκεῖ	καὶ[d] προσκυνήσαντος[e] ἐκεῖ
לֵאלֹהִים[f]		τῷ θεῷ[f]	τῷ Κυρίῳ[f]
וְהִנֵּה		καὶ ἰδοὺ	καὶ ἰδου ἥκει[g]
לִקְרָאתוֹ[h]		[h]εἰς ἀπαντὴν αὐτῷ[h]	[h]εἰς ἀπάντησιν αὐτοῦ[h]

Hebrew	#	Greek I	Greek II
חוּשַׁי הָאַרְכִּי		Χουσι[i] ὁ Αρχι [i]ἑταῖρος Δαυιδ[j]	Χουσεί[i] ὁ Αρχι [i]ἑταῖρος Δαυιδ[j]
[k]קָרוּעַ כֻּתָּנְתּוֹ		[k]διερρηχὼς τὸν χιτῶνα αὐτοῦ[k]	[k]διερρηχὼς τὸν χιτῶνα[k]
וַאֲדָמָה עַל־רֹאשׁוֹ:		καὶ γῆ ἐπὶ τῆς κεφαλῆς αὐτοῦ	καὶ γῆ ἐπὶ τῆς κεφαλῆς αὐτοῦ
[a]וַיֹּאמֶר לוֹ דָּוִד	33	καὶ εἶπεν αὐτῷ Δαυιδ[a]	καὶ εἶπεν αὐτῷ ᵃὁ βασιλεύς[a]
[b]אִם עָבַרְתָּ אִתִּי עָלַי לְמַשָּׂא:[d] וְהָיִתָ		[b]ἐὰν μὲν διαβῇς[b] μετ᾽ ἐμοῦ καὶ[c] ἔσῃ ἐπ᾽ ἐμὲ [d]εἴς βάσταγμα[d]	[b]ἐὰν διέλθῃς[b] μετ᾽ ἐμοῦ ἔσῃ ἐπ᾽ ἐμὲ φορτίον[d]
[b]וְאִם־הָעִיר תָּשׁוּב וְאָמַרְתָּ לְאַבְשָׁלוֹם	34	καὶ ἐὰν εἰς[b] τὴν πόλιν ἐπιστρέψῃς[c] καὶ ἐρεῖς τῷ Αβεσσαλωμ [d][διεληλύθασιν οἱ ἀδελφοί σου καὶ ὁ βασιλεὺς [e]{κατόπισθέν μου διελήλυθεν ὁ πατήρ σου}[e] καὶ νῦν][d]	ἐὰν δὲ[a] εἰς[b] τὴν πόλιν ἀναστρέψῃς[c] καὶ ἐρεῖς τῷ Αβεσσαλωμ [d][διεληλύθασιν οἱ ἀδελφοί σου καὶ ὁ βασιλεὺς [e]{ὁ πατήρ σου κατόπισθέν μου δι ἐλήλυθεν}[e] καὶ νῦν][d]
[g]עַבְדְּךָ אֲנִי הַמֶּלֶךְ [h]אֶהְיֶה		παῖς σού εἰμι[f] βασιλεῦ[g] [i]ἔασόν με ζῆσαι[i]	παῖς σού εἰμι[f] βασιλεῦ[g] [i]ἔασόν με ζῆσαι[i]
עֶבֶד אָבִיךָ [j]וַאֲנִי מֵאָז[k]		παῖς τοῦ πατρός σου ἤμην[j] [k]τότε καὶ ἀρτίως[k]	παῖς τοῦ πατρός σου ἤμην[j] [k]τότε καὶ ἀρτίως[k]
וְעַתָּה וַאֲנִי עַבְדֶּךָ [m]וְהֵפַרְתָּה לִי [n]אֵת עֲצַת אֲחִיתֹפֶל:		καὶ νῦν ἐγὼ[l] δοῦλος σός καὶ διασκεδάσεις[m] μοι τὴν[n] βουλὴν Αχιτοφελ	καὶ νῦν ἐγὼ[l] δοῦλος σός καὶ διασκέδασον[m] μοι τὴν[n] βουλὴν Αχιτοφελ
[a]וַהֲלוֹא [b]עִמְּךָ שָׁם צָדוֹק וְאֶבְיָתָר הַכֹּהֲנִים וְהָיָה כָּל־הַדָּבָר אֲשֶׁר תִּשְׁמַע [d]מִבֵּית הַמֶּלֶךְ תַּגִּיד לְצָדוֹק וּלְאֶבְיָתָר הַכֹּהֲנִים:	35	καὶ ἰδοὺ[a] [b]μετὰ σοῦ ἐκεῖ[b] Σαδωκ[c] καὶ Αβιαθαρ οἱ ἱερεῖς καὶ ἔσται πᾶν ῥῆμα ὃ ἐὰν ἀκούσῃς [d]ἐξ οἴκου[d] τοῦ βασιλέως καὶ[e] ἀναγγελεῖς τῷ Σαδωκ[f] καὶ τῷ Αβιαθαρ τοῖς ἱερεῦσιν[g]	καὶ ἰδοὺ[a] [b]ἐκεῖ μετὰ σοῦ[b] Σαδδοὺκ[c] καὶ Αβιαθαρ οἱ ἱερεῖς καὶ ἔσται πᾶν ῥῆμα ὃ ἐὰν ἀκούσῃς παρὰ[d] τοῦ βασιλέως ἀναγγελεῖς τῷ Σαδδοὺκ[f] καὶ τῷ Αβιαθαρ τοῖς ἱερεῦσιν[g]
הִנֵּה־שָׁם	36	ἰδοὺ ἐκεῖ	καὶ[a] ἰδοὺ ἐκεῖ

עִמָּם֙ שְׁנֵ֣י בְנֵיהֶ֔ם[b]	[h]μετ' αὐτῶν δύο υἱοὶ αὐτῶν[b]	[b]δύο υἱοὶ αὐτῶν μετ' αὐτῶν[b]	
אֲחִימַ֙עַץ֙ לְצָד֔וֹק	Αχιμαας υἱὸς[c] τῷ[d] Σαδωκ[e]	Αχιμαας υἱὸς[c] Σαδδουκ[e]	
וִיהוֹנָתָ֖ן	καὶ Ιωναθαν υἱὸς[c]	καὶ Ιωναθαν υἱὸς[c]	
לְאֶבְיָתָ֑ר	τῷ[f] Αβιαθαρ	Αβιαθαρ	
וּשְׁלַחְתֶּ֣ם	καὶ ἀποστελεῖτε[g]	καὶ ἐξαποστελεῖτε[g]	
בְיָדָ֔ם[h]	[h]ἐν χειρὶ αὐτῶν[h]	[h]ἐν ταῖς[i] χερσὶν αὐτῶν[h]	
אֵלַ֖י	πρός με	πρός με	
כָּל־דָּבָ֥ר	πᾶν ῥῆμα	πᾶν ῥῆ	
אֲשֶׁ֥ר תִּשְׁמָֽעוּ׃	ὃ ἐὰν ἀκούσητε	μα ὃ ἐὰν ἀκούσητε	
		[j][καὶ ἐρεῖς	
		τῷ 'Αβεσσαλώμ	
		Διεληλύθασιν	
		οἱ ἀδελφοί σου	
		καὶ ὁ βασιλεὺς	
		κατόπισθέν* μου	
		διελήλυθεν ὁ πατήρ σου	
		καὶ ἐγὼ ἀρτίως ἀφῖγμαι	
		καὶ ἐγὼ δοῦλος σός][j]	
וַיָּבֹ֥א חוּשַׁ֛י[a]	37	καὶ εἰσῆλθεν[a] Χουσι[b]	καὶ εἰσπορεύεται[a] Χουσελ[b]
רֵעֶ֥ה דָוִ֖ד[c]		[c][d] ἑταῖρος Δαυιδ[c]	[c][d] 'Αρχί ἑταῖρος[c]
הָעִ֑יר		εἰς[e] τὴν πόλιν	εἰς[e] τὴν πόλιν
וְאַבְשָׁלֹ֖ם		καὶ Αβεσσαλωμ	καὶ Αβεσσαλωμ ἄρτι[f]
יָבֹ֥א		εἰσεπορεύετο	εἰσεπορεύετο
יְרוּשָׁלָֽ͏ִם׃		[g]εἰς Ιερουσαλημ[g]	[g]εἰς Ιερουσαλημ[g]
			[h]καὶ 'Αχιτόφελ μετ' αὐτοῦ[h]

2.6.2. Analyse der Varianten

V30[a]. Während der MT עלה als Partizip (עֹלֶה) aufgefasst hat, geben es
die gr. Versionen mit einem finiten Verb im Imperfekt (ἀνέβαινεν)
wieder. Das Partizip des MT ist das Prädikat, das in diesem Kontext
dazu dient, die Szene noch lebendiger zu machen.[1] Die gr. Wiedergabe
setzt allerdings keine andere Vokalisation voraus, weil für Perfekt
wahrscheinlich Aorist verwendet worden wäre. Vgl. 15,18[c].

---

1   Driver, *Notes on the Hebrew Text of the Books of Samuel*, 316.

V30[b]. Die Präposition בּ gibt die KR wörtlich mit ἐν wieder.[2] Dagegen stellt der Ant (ἐπὶ) hier eine innergriechisch sachgemäße Wiedergabe dar.[3]

V30[c-c]. (1) In den Hss. Bq steht keine Entsprechung für עלה ובוכה des MT. Der Ant setzt zumindest ובוכה voraus, wahrscheinlich aber beide Partizipien, die im Hebr. eng zusammen gehören. Der Ant hätte dann עלה nicht wiedergegeben weil „hinaufsteigen" schon am Anfang genannt ist. Die vollständige Wiedergabe (ἀναβαίνων καὶ κλαίων) ist in AMN *rell* 𝔄𝕮𝕾 zu erkennen. (2) Zur Wiedergabe des Ant, καὶ ἔκλαιεν (Imperfekt) für ובוכה (Partizip als Prädikat) vgl. V30[a] und 15,18[c]. (3) S.o. 15,3[a] zum „beweglichen ν" in der Madrider Ausgabe.

V30[d]. (1) Hier sind die folgenden unterschiedlichen Texttraditionen zu vermuten:

MT	KR	Ant
וראש לו	(והראש ?)	(וראש {ל{ו)
	καὶ τὴν κεφαλὴν	καὶ ἡ κεφαλὴ αὐτοῦ

Wenn man den chiastisch gebauten Parallelausdruck mit der Fortsetzung im Satz vergleicht, kann man vermuten, dass die Texttradition der KR nicht ursprünglich war:

MT: וראש לו חפוי [...] חפו איש ראשו
A′ B′ C′ // C B A

KR: καὶ τὴν κεφαλήν [...] ἐπικεκαλυμμένος [...] ἐπεκάλυψεν ἀνὴρ τὴν κεφαλὴν αὐτοῦ
A   B   C   //   C′   B′   A′

(2) S.u. V30[e] zum Unterschied im Kasus. (3) S.o. 15,2[t] zur Verwendung des Artikels.

V30[e]. Im MT steht חפוי Part. Pass. in Qal, aber die beiden Versionen geben es unterschiedlich wieder: ἐπικεκαλυμμένος Part. Perf. *Med.* Nom.

---

2   Der Text in den Mss. Acx (ἐκ τῆς ἀναβασέως) geht auf eine Konsonantenverlesung zurük: מ statt בּ.

3   Vgl. in den Mss. MN *rell* 𝕮 wurde die Präposition getilgt.

Sg. *Mask.* in der KR, dagegen ἐπικεκαλυμμένη Part. Perf. *Pass.* Nom. Sg. *Fem.* im Ant. Die KR fasste David als das Subjekt des Partizips auf, der Ant dagegen das Haupt Davids (ἡ κεφαλή). Darüber hinaus wurde der Kasus des vorangestellten Substantivs auch unterschiedlich wiedergegeben: als das Objekt des Verbs in Akkusativ (KR); als Subjekt des Verbs in Nominativ (Ant). Der Ant steht noch näher zum MT als die KR. Auf Grund des Objekts τὴν κεφαλήν ergibt sich, dass ἐπικεκαλυμμένος Medium ist und somit die hebr. Vorlage der KR nicht ein Part. Pass. in Qal war, sondern ein Part. Akt., d.h. הֹפֶה. Daraus ergibt sich eine Konsonantenverwechselung der Vorlage der KR : ה statt ו. Diese Tradition der KR wurde dann in den Handschriften weiterüberliefert, wobei nur einige grammatische bzw. lexikalische Varianten ent-standen.[4]

V30[f]. (1) Der Unterschied in der Vorsilbe ist nicht wichtig. (2) S.o. V30[a] zur Wiedergabe mit finitem Verb im Imperfekt für das hebr. Partizip.

V30[g]. Die Wiedergabe der KR, ἀνήρ für das hebr. Wort איש, das im Kontext eigentlich „ἕκαστος" (jeder) meint, ist ein Charakteristikum der KR. [5] Andererseits stellt die Wiedergabe des Ant einen „*littéralisme intelligent*"[6] dar und entspricht der Wiedergabe der Ur-LXX. In unserem Textbereich können folgende Beispiele genannt werden:

	ἕκαστος	(-)	ἀνήρ
15,30[g]	boc₂e₂z	cdux	*rell*
18,17[i]	boc₂e₂	ndv	*rell*
19,9[k]	boc₂e₂	z (ἕκαστος ἀνήρ)[7]	*rell*

V30[h]. S.o. 15,5[g] zur Verwendung des Artikels.

---

4   ἐπικεκαλυμμένως a₂, ἐπικαλυπτόμενος f, ὑποκεκλημένος c, ὑποκεκλιμένος x, περικεκαλυμμένος 123.

5   Barthélemy, *Les Devanciers d'Aquila*, 48 ; Im Abschnitt α′ wurde איש 17mal von 18mal mit ἕκαστος wiedergegeben, außer 1Sam 25,13, wo die Wiedergabe dem Kontext gemäß ausgelassen ist. Im Abschnitt ββ′, in dem איש 5mal in der Bedeutung von „jeder" verwendet ist, bezeugt die ganze Übersetzung ἕκαστος; Im Abschnitt γγ′, 9mal ebenfalls ἕκαστος. Im Abschnitt βγ′ ist jedoch der Unterschied zwischen dem Ant und der KR (LXX *rell*) klar erkennbar: ἕκαστος im Ant und ἀνήρ in der KR. Für eine detaillierte Statistik, siehe: Barthélemy, *Les Devanciers d'Aquila*, 50.

6   Barthélemy, *Les Devanciers d'Aquila*, 48.

7   Hier stoßen beide Traditionen zusammen.

V31ᵃ/ᵇ. (1) Hier geht es zunächst um die Wortfolge. Im MT (ודוד הגיד) ist das Subjekt dem Verb vorangestellt. Mit Wellhausen formuliert ist diese Satzstellung „ein nach hebräischer Sitte vorausgeschickter plus-quamperfektischer Umstandssatz, welcher eine Voraussetzung zum Verständnis von V.32ff enthält".[8] Die KR (καὶ ἀνηγγέλη Δαυιδ) stellt aber eine im Erzählungsstil normale Wiedergabe dar. (2) Für ודוד des MT gibt es eine weitere Texttradition ולדוד, die nicht nur als die Vorlage des Ant (τῷ Δαυιδ; V31ᵇ) vorausgesetzt ist,[9] sondern auch durch 4QSamᵃ unterstützt wird (ולדוי[ד]).[10] (3) Die Form des Verbs ist eben-falls problematisch. Im Kontext macht der MT keinen Sinn: „Und David berichtete"(?). Daher wird auf Grund eines hebr. Manuskripts[11] häufig הוגד statt הגיד angenommen,[12] wobei allerdings David Satz-subjekt ist. Die Tradition der KR fasste sicherlich das Verb als Hophal auf, deswegen gab sie es mit einer Passivform (ἀνηγγέλη) wieder. Die Wiedergabe des Ant setzt dagegen das Verb im Hiphil voraus, denn David ist hier nicht Subjekt des Satzes, sondern der Adressat des Berichtes. Nach der Pluralform (ἀπήγγειλαν) des Ant könnte man הגידו als Vorlage vermuten. Allerdings ist, wie auch Stoebe annimmt, die Pluralform des Ant als die Wiedergabe für die hebr. „unpersön-liche" Singularform wie im MT[13] zu erklären. Eine ähnliche sinngemäße pluralische Wiedergabe folgt unmittelbar danach, nämlich λέγοντες für לאמר.

V31ᶜ. Die gr. Versionen setzen hier gegenüber dem MT ein zusätzliches ו voraus: ואחיתפל anstelle אחיתפל.[14]

V31ᵈ. Die beiden Versionen wählen unterschiedliche aber synonyme Wiedergaben für קשר (KR: συστρέφω, Ant: συγκείμαι).

V31ᵉ. S.o. 15,3ᵃ zum „beweglichen ν" in der Madrider Ausgabe.

---

8 Wellhausen, *Der Text der Bücher Samuelis*, 198.
9 Vgl. 15,25a über die Wiedergabe mit Dativ für die Präposition ל.
10 *DJD* XII, 156.
11 Cod. Kenn. 154. De Rossi, *VariaeLectionis Veteris Testamenti*, vol. 2, 181.
12 Z.B. Thenius, *Die Bücher Samuels*, 201; Wellhausen, *Der Text der Bücher Samuelis*, 198; Budde, *Die Bücher Samuel erklärt*, 275; McCarter, *II Samuel*, 366.
13 Stoebe, *Das zweite Buch Samuelis*, 365.
14 Vgl. om καὶ Acrx.

V31[f-f/g-g und i-i/j-j]. (1) Hier setzt der Ant gegenüber dem MT und der KR eine unterschiedliche Texttradition voraus:

Vorlage des Ant:

את־עצת אחיתפל {s.u. (2)}הַסַּכֶּל־נָא (s.u. V31[h].) יהוה אֱלֹהָי

MT: יהוה   סכל־נא את־עצת אחיתפל

(2) Der Unterschied in der Wortwahl ist nicht wesentlich: διασκεδάζω (bzw. διασκέδαννυμι) der KR und ματαιόω des Ant für סכל in Piel,[15] (3) S.o. 15,5[g] zur Verwendung des Artikels (V31[g] in der KR und V31[j] im Ant) für *nota accusativi*.

V31[h]. Die gr. Handschriften (außer a2) setzen gegenüber dem MT (יהוה) eine andere Textgrundlage (יהוה אֱלֹהָי) voraus. S.o. V31[f-f/g-g] und V31[i-i/j-j] über die rekonstruierte Vorlage der gr. Versionen.

V32[d]. S.o. 15,12[i] zur Wiedergabe für ויהי.

V32[b/d/e/g]. (1) Der Unterschied in der Wortwahl (V32[b]) ist nur unwesentlich. (2) Im Hebräischen bezeichnet das Partizip zusammen mit vorangestelltem ויהי „eine in der Vergangenheit dauernde Handlung".[16] In der KR wurde diese hebr. Ausdrucksweise wörtlich übersetzt (V32[b]). Die Wiedergabe im Griechischen stellt eine sog. *coniugatio periphrastica* dar, deren Funktion es ist, den Verbalbegriff noch selbständiger und nachdrücklicher hervorgehobene Verbalbegriff ist.[17] Jedoch ist die KR vom Sinn her näher zum MT. Dagegen fasste der Ant die Syntax des Satzes unterschiedlich auf. Er wollte das hebr. Partizip unabhängig von ויהי ausdrücken und gab es mit sog. *genitius absolutus* wieder; d.h. in diesem Satz ist die Handlung Davids nur die Einleitung für die Handlung des finiten Verbs. Dieser Gedanke setzt sich bis zum nächsten Verb fort. Die hebr. Relativpartikel אשר wird durch die KR (οὗ) unterstützt. Allerdings gibt sie der Ant mit καὶ wieder (V32[d]). Darüber hinaus steht ein weiterer *genitivus absolutus* (προσκυνήσαντος) (V32[e]) im Ant (boc2e2 𝔏) parallel zu V32[b]. Dagegen steht sowohl im MT (וישתחו) als auch in der KR (προσεκύνησεν) ein finites Verb. Es ist aber wenig

---

15 Vgl. Muraoka, *Index*, 104a; *HR*, 309c; vgl. Fernández Marcos, *Índice*, 294.
16 *GK* §116r.
17 Vgl. *KG* II, §353. 4, Anm. 3.

wahrscheinlich, dass der Ant eine unterschiedliche Vorlage hatte, z.B. ומשתחוה statt ישתחוה אשר, sondern der Ant stellt eine freie Übersetzung dar. Der Schlüssel der Übersetzung des Ant liegt in V32ᵍ, nämlich das Plus (ἥκει) im Ant gegenüber dem MT und der KR. Auch hier ist wenig wahrscheinlich, dass der Ant eine unterschiedliche Vorlage hatte, z.B. והנה בא לקראתו statt והנה לקראתו. Denn im MT wird die Form von לקראת (< קרא II) entweder im Nominalsatz mit הנה,[18] oder in Verbindung mit Verben[19] verwendet. Der Ant fügte vermutlich im Kontext das finite Verb hinzu, um den Satz im Griechischen noch verständlicher zu machen. Dieses finite Verb stellt dann im Satz die Haupthandlung dar, die durch zwei *genitivi absoluti* eingeleitet wird.

V32ᶜ. Hier handelt es sich um die Transkription von ראש. In den Manuskripten wird dieses Wort sowohl in diesem Fall wie auch in 16,1ᶜ unterschiedlich transkribiert:

		Ροως	Ροος	Ρωως	Ρωος	Ραως	Ρεωνος	Ρως	Σωρου	ὄρους
15,32ᶜ	BA	a₂				Or-gr	cx	boc₂e₂ *rell* 𝔄𝔏 Thdt	r	u
16,1ᶜ	BA			a₂	r			boc₂e₂ *rell* 𝔄𝔏		cx

Trotz der verschiedenen Transkriptionen fassen fast alle Handschriften dieses Wort als Ortsangabe auf. Aber Josephus fasste es anders auf, nämlich „bis zum <u>Gipfel</u> des Bergs" (ἐπὶ τῆς κορυφῆς τοῦ ὄρους).[20] Darüber hinaus gaben es das Targum Jonathan und die Vulgata ebenfalls mit „Gipfel des Berges" (Tar.-Jon.: ריש טורא; Vulg.: *summitatem montis*) wieder. Dieses Verständnis ist auch in einigen gr. Handschriften vorausgesetzt: die Hs. u von 15,32ᶜ; die Hss. cx von 16,1ᶜ.

V32ᶠ. Hier sind unterschiedliche Texttraditionen für den Gottesnamen erkennbar. Im MT steht לאלהים, was mit der KR (τῷ θεῷ) übereinstimmt. Die Hs. o von der Ant-Gruppe ist identisch mit der KR. Dagegen setzen die anderen Handschriften der Ant-Gruppe (τῷ Κυρίῳ; bc₂e₂ Ncfjxb₂ 𝔏) ליהוה voraus. Vgl. Tar.-Jon.: „קדם יי".

---

18   1Sam 10,10; 2Sam 16,1; 1Kön 18,7.
19   Bes. mit בוא : 1Sam 25,34; 2Sam 19,26; 2Kön 2,15.
20   *Jos. Ant.* VII, 203.

V32ᵍ. S.o. 15,12ⁱ im Zusammenhang mit V32ᵃ.

V32ʰ. לקראתו gibt die KR mit εἰς ἀπάντην[21] αὐτῷ[22] wieder, dagegen der Ant mit εἰς ἀπάντησιν[23] αὐτοῦ.[24] Diese Variante diskutierte Barthélemy.[25] Nach ihm vermied die KR εἰς ἀπάντησιν. Stattdessen wurde es hauptsächlich durch εἰς συνάντησιν oder εἰς ἀπάντην ersetzt. Folgende Tabelle stellt die Lesarten in βγ– und γδ–Abschnitten dar:

	εἰς ἀπάντησιν	εἰς ἀπάντην	εἰς συνάντησιν	etc.
2Sam15,32ʰ	rell	Bhnr		
16,1ᶠ	boc₂e₂AN cdhnprvxa₂	B	rell	i: εἰς συνάντισιν
18,6ᶜ	boc₂e₂			Acx: ἐναντίον rell: ἐξ ἐναντίας
19,16	rell	Bha₂		
19,17	rell	BM fghjya₂b₂		
19,21	bNciuvxyz	rell		oc₂e₂: (-)
19,25	rell	BM dfgijlnqua₂b₂		
19,26	rell	Mafgijnub₂		lqstz: εἰς ὑπάντησιν
1Kön2,8	boc₂e₂AMN gijnpvxy	rell		
2Kön1,3.6.7		alle		
2,15	rell	B		
4,26	rell	B	boryc₂e₂	
4,31	rell	B		
5,21	rell	Bij		

---

21   In den Mss. Bhnr; dazu gibt es noch eine sekundäre Lesart: ἀπήντησεν in 245.
22   Außer dem Cod. B und der Hs. c₂ steht meistens αὐτοῦ (in den Mss. boe₂AMNadf gijnrvyzb₂)
23   In den Mss. boc₂e₂ AMN rell.
24   Aufgrund der Hss. boe₂ wurde der Text in der Madrider Ausgabe mit αὐτοῦ erschloßen, vgl. allerdings αὐτῷ c₂.
25   Barthélemy, Les Devanciers d'Aquila, 78-80.

5,26		B	*rell*	
8,8	*rell*	Bij		
8,9	*rell*	B		
9,17	bc₂e₂			*rell*: ἔμπροσθεν
9,18	*rell*	Bijd₂		
9,21	*rell*	Bind₂		
10,15	*rell*	Bi		
14,10	*rell*	B	*b*orc₂e₂	
23,29	*rell*	Bj		

Nach Barthélemy beruht dieses Phänomen darauf, dass der Bearbeiter der KR aufgrund des Lehnwortes פנטסה (ἀπάντησις) des palästinischen rabbinischen Hebräischen die im Griechischen gewöhnliche und zu dem hebr. Text passende Wiedergabe von ἀπάντησις vermied und stattdessen eine Ersatzwiedergabe herstellen wollte. Jedenfalls kann man in der obigen Tabelle auch erkennen, wie die KR, die im Cod. B am klarsten in Erscheinung tritt, den Text möglichst konse-quent mit ihrem Neologismus (ἀπάντη) wiedergeben wollte. Wie Barthélemy meinte,[26] geschah diese Bearbeitung gewiss später als die Ur-LXX, und zwar unter den palästinischen rabbinischen Auslegungs-regeln.

V32ⁱ. Hier handelt es sich um die Transkription für חושׁי. In der Synopse wurde notgedrungenerweise einerseits der Text von der LXX-*Ra* (Χουσι) für die KR genommen, andererseits der Text von Fernández-Marcos (Χουσει) für den Ant. Rahlfs machte aber bei seiner Textentscheidung keinen Unterschied zwischen ει und ι, weil beides in der hellenistischen Zeit gleich ausgesprochen wurde.[27] Daher kann man nicht feststellen, ob die Wiedergaben der beiden Versionen wirklich so waren. Die Cambridge-Ausgabe gibt ebenfalls nicht genug detaillierte Information, wie die Ant-Gruppe den Eigennamen wiedergibt. Zudem verweist die Madrider Ausgabe des Ant in diesem Fall auf Lagardes Ausgabe (*ed*), aus der wegen der Weglassung des Apparats kein

---

26 Barthélemy, *Les Devanciers d'Aquila*, 80: "L'ensemble de versions et de recensions que nous avons désigné comme « groupe καὶγε » peut être considéré comme une œuvre littéraire accomplie sous l'égide du rabbinat palestinien dont il reflète les principes exégétiques."

27 Dazu s.u. 16,1ᵉ, Anm. 5.

handschriftlicher Verweis rekonstriert werden kann.[28] Aus den erkennbaren Belegen ergeben sich folgende Schreibungen des Namens:

חושי	Χουσι	Χουσει	etc.
15,32[i]	cx *ed*	*rell*	
15,37[b]	*rell*		e2: Χουσε
16,16[d]	A *ed*	*rell*	(-): c
16,16[g]	A b′	*rell*	(-): rva2
16,17[b]	A *ed*	*rell*	(-): a*cdx
16,18[b]	A b′	*rell*	
17,5[d]	*ed*	*rell*	
17,6[b]	*ed*	*rell*	
17,6[c]		boc2e2y[29]	MT: אליו *rell*: πρὸς αὐτόν
17,7[b]	A *ed*	*rell*	(-): r
17,8[b]	A *ed*	*rell*	
17,14[c]	*ed*	*rell*	
17,15[b]	A *ed*	*rell*	

Die vorliegenden Daten zeigen, dass es drei mögliche Traditionen
für den Eigennamen חושי gab: (1) mit Χουσι, (2) mit Χουσει, oder (3)
Auslassung des Namens aufgrund anderer Texttradition. Der Cod. A
bevorzugte Χουσι, dagegen der Cod. B Χουσει. Der Ant bevorzugte
ebenfalls Χουσει.

Exkurs: חושי *und* כושי

Auch bei den Wiedergaben des Namens כושי gibt es unterschied-liche
Formen. Die hier vorliegende Synopse zu 2Sam 15,1 – 19,9 folgt einerseits dem Text von LXX-*Ra* (Χουσι) für die KR, andererseits dem Text
von Fernández-Marcos (Χουσει) für den Ant: 18,21[a/g]. 22[f]. 23[i]. 31[b/c].[30] 32[a/e].

_____

28 Lagarde, *Librorum Veteris Testamenti Canonicorum Pars Prior Graece*, Göttingen, 1883;
    S.o. 1.2.1.2. (2) (b. zur Eigenschaft der Lagardes Textausgabe.

29 Zwar fügt der Ant hier absichtlich den Eigennamen statt des Personalsuffixes hinzu,
    aber diese Hinzufügung ist ein Hinwies dafür, dass der Ant die Transkription von
    Χουσει bevorzugte.

30 Nur in den Mss. Abcoc2e2.

Rahlfs traf seine Entscheidung aufgrund des Cod. A. Es gibt aber in seiner Ausgabe keine Bemerkung dazu. Der Cod. A ist m.E. sicherlich sekundär. Denn der Cod. A unterscheidet zwischen חושי und כושי durch die unterschied-lichen Wiedergaben, nämlich jener mit Χουσι und dieser mit Χουσει, damit die beiden nicht verwechselt werden. Dagegen machten die übrigen Manuskripte zwischen den beiden Namen keinen Unterschied, auch wenn sie die beiden nicht für dieselbe Person hielten.[31] Meiner Meinung nach ist diese identische Wiedergabe ursprünglich.

V32ʲ. Die gr. Versionen haben hier die Wiedergabe mit ἑταῖρος Δαυιδ, die im MT fehlt. Dieser Ausdruck setzt רעה דוד voraus, wie man in V37ᶜ erkennen kann. Hier sind die Fälle zu vergleichen, in denen חושי im MT vorkommt. Um die Unterschiede zwischen den Versionen erkennbar zu machen, werden die Elemente der Ausdrucksweise ge-teilt, und die Manuskripte nach deren Kombination sortiert:[32] (1) Wiedergabe für חושי, (2) Wiedergabe für הארכי, (3) Wiedergabe für דוד רעה.

	MT	Griechische Wiedergabe				
		(1)	(1)+(2)	(1)+(3)	(1)+(2)+(3)	etc.
15,32ʲ	חושי הארכי (1)+(2)				alle	
15,37ᶜ	רעה דוד חושי (1)+(3)			*rell*	boc₂e₂Acgx	
16,16	חושי הארכי (1)+(2)				*rell*	(2)+(3): c
16,16	חושי (1)	*rell*				(-): rva₂
16,17	חושי (1)	*rell*				(-): a*cdx
16,18	חושי (1)	alle				
17,5ᵉ	חושי הארכי (1)+(2)			*rell*		(1): cx
17,6	חושי (1)	alle				

---

31 Vgl. *Jos.Ant.* VII 203. und 247. 251: Josephus machte hier ebenfalls keinen Unterschied zwischen den beiden. Er gibt nämlich beide mit Χουσις wieder.

32 In der Tabelle sind die morphologischen Varianten ausgeschlossen. Siehe dazu die betreffenden Analysen.

17,7	חושי (1)	alle				
17,8	חושי (1)	*rell*				(-): r
17,14	חושי הארכי (1)+(2)		*rell*			(1): cdgvx
17,15ᶜ	חושי (1)		*rell*			(1): boc₂e₂Acdx

Vor allem die ersten zwei Fälle sind für uns interessant. Der MT stellt חושי hier mit zwei unterschiedlichen Kombinationen vor: חושי הארכי (1)+(2) und חושי רעה דוד (1)+(3). Dagegen wird er in den griechischen Versionen mit (1)+(2)+(3) vorgestellt. Aber das Element (3) in den gr. Versionen ist hier wahrscheinlich eine Ergänzung gemäß V37ᶜ. Denn außer dem ersten Fall stimmen alle Fälle mit dem MT überein.

V32ᵏ⁻ᵏ. (1) קרוע des MT ist Part. Pass. in Qal. Allerdings hat dieses Wort eine Näherbestimmung im Akkusativ als die Sache, auf die eine Eigenschaft begrenzt ist.[33] Die gr. Versionen lösten diesen Aspekt der hebr. Syntax durch Part. Perf. Akt. (διερρηχὼς).

MT: „mit zerrissenem Rock"
LXX: „wobei er seinen Rock zerrissen hatte"

(2) S.o. 15,2ᵗ zur Verwendung des Artikels, der im MT fehlt. (3) Im Ant fehlt das Personalpronomen (hebr. Personalsuffix). Diese Auslassung geht vermutlich auf eine Haplographie in der Vorlage zurück (כתנתו_ואדמה).

V33ᵃ. Der Ant (ὁ βασιλεύς) setzt hier gegenüber dem MT (דוד) und der KR (Δαυιδ) einen anderen Text (המלך) voraus. Vgl. om z.

V33ᵇ. (1) Nur in den Mss. Ba₂ steht μὲν, dessen Bedeutung hier unklar ist. Dagegen wird in der LXX-*Ra* dieselbe Ausdrucksweise (ἐὰν μὲν + Konj. καὶ ...) für dieselbe hebr. Konstruktion (...ו ... אם) bezeugt.[34] (2) Der Unterschied in der Wortwahl zwischen den beiden Versionen ist nur unwesentlich.

---

33   Vgl. *GK* §116k; *BroS* §81e.
34   Lev 4,3; 7,12; Deut 20,10.

V33^c. Im Ant (boc$_2$e$_2$z^{mg} 𝕮) fehlt die Wiedergabe für das *Waw-conse-cutivum*. Im Hebräischen kann das *perfectum consecutivum* im Bedingungssatz stehen, besonders mit אם.[35] In diesem Fall bedeutet das *perfectum consecutivum* die Bedingung, die in der Zukunft abschließend erfüllt sein wird. Der Ant gab den Text innergriechisch sachgemäß nur mit dem Konjunktiv wieder. Dagegen gibt die KR das *Waw-consecutivum* wörtlich mit καί wieder.

V33^d. (1) Vgl. 15,25^a zur Wiedergabe für die hebr. Präposition ל. Hier ist die KR im Griechischen unverständlich. Dagegen setzt der Ant keine andere Texttradition voraus, sondern er stellt die innergriechisch sachgemäße Wiedergabe dar. (2) Der Unterschied zwischen βαστάγμα und φορτίον ist unwesentlich.

V34^a. Statt καί (KR) gibt der Ant (boc$_2$e$_2$z^{mg} 𝕬^{vid}) das hebr. Copulativum mit δέ wieder. Dazu s.o. 15,20^f.

V34^b. S.o. 15,8^f. zu εἰς für *acc. loc.*

V34^c. Der Unterschied der Vorsilben ist nur unwesentlich. S.o. 15,19^c.

V34^{d-d}. (1) Hier haben die gr. Versionen gegenüber dem MT ein Plus, dessen Vorlage folgendermaßen vorausgesetzt ist:

עברו אחיך והמלך (Ant: אביך אחרי עבר; s.u. V34^{e-e}) <u>אחרי עבר אביך</u> ועתה

Dieses Plus wird in V36 vom Ant wiederholt, aber mit einigen Unterschieden, s.u. V36^{j-j}. Diese Lesart wurde von Kommentatoren einerseits als ursprünglich angenommen,[36] andererseits als sekundär ignoriert.[37] Für die Ursprünglichkeit des Plus und eine hebr. Vorlage spricht die wenig griechische Konstruktion des zweiten Teiles, vor allem aber, dass sich für die hebr. Vorlage des Ant eine schöne chiastische Konstruktion ergibt:

(ABC//C´B´A´) עברו אחיך והמלך   <u>אביך אחרי עבר</u> : Ant

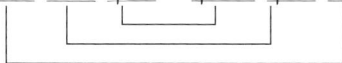

---

35   *GK* §159o.
36   Klostermann, Smith, Budde, McCarter usw.
37   Thenius, Leil, Wellhausen, Driver, Schulz, Pisano, Stoebe usw.

A/A′ sind durch dasselbe Verb verbunden, und in B/B′ ist eine Alliteration (אחרי//אחיך) erkennbar. Zuletzt bezeichnen C/C′ dieselbe Person (der König = dein Vater = David). Der rekonstruierte hebr. Text ist sehr kunstvoll formuliert. Angesichts dieser rhetorischen Technik ist der gr. Text (auch Ur-LXX?) kaum ohne hebr. Vorlage vorstellbar.[38] Meiner Meinung nach geht das Plus der gr. Versionen sicherlich auf einen hebr. Text zurück. (2) Die gr. Versionen haben noch zusätzlich καὶ νῦν, was ועתה voraussetzt aber im MT fehlt. Diese Partikel vervollständigt den Parallelismus :

MT	LXX
עבדך אני המלך ( )	καὶ νῦν (...) – Knecht Absaloms : A
אהיה עבד אביך ואני מאז	(...) – Knecht Davids : B
ועתה ואני עבדך	καὶ νῦν (...) – Knecht Absaloms : A′

Das Plus in den gr. Versionen setzt eine gegenüber dem MT unterschiedliche Texttradition voraus.

V34[e-e]. Die Wortfolge des Ant stimmt nicht mit der Wiederholung von V36[j-j] überein, dagegen stimmt die KR hier mit der Wortfolge in V36[j-j] überein. Es gab wahrscheinlich zwei unterschiedliche Texttraditionen, und beide Traditionen spiegeln sich in V34[e-e] wider. In V36[j-j] wurde aber dieselbe Tradition wie die KR im Ant übernommen, d.h. V36[j-j] setzt eine unterschiedliche Bearbeitungsschicht voraus. Vgl. V36[j-j].

V34[f/h-h]. Für אהיה [...] אני steht nur εἰμι in den gr. Versionen. (1) Die beiden hebr. Elemente wurde in den gr. Versionen nicht wie zu erwarten mit ἐγὼ εἰμι wiedergegeben. Zwar ist die Satzstruktur ganz ungewöhnlich,[39] אהיה ist aber für εἰμι vorauszusetzen und hat nichts mit ἔασόν με ζῆσαι zu tun. S.u. V34[i-i]. (2) Zur Übersetzung für אני vgl. 15,28[b].

V34[g]. Die gr. Versionen geben den Artikel entsprechend dem Sinn mit Vokativ wieder. Allerdings fällt auf, dass auch KR keinen Artikel verwendet.

---

38   Vgl. S. J. S. Pisano, *Additions or Omissions in the Books of Samuel – The significant Pluses and Minuses in the Massoretic, LXX and Qumran Texts*. OBO 57, (Fribourg/Göttingen, 1984), 139.

39   Daher dachte Wellhausen (1871; 198), dass das Verb אהיה hier einfach unrichtig sei.

V34[i-i]. Die Entsprechung der gr. Versionen befindet sich nicht im MT, d.h. der Text in den gr. Versionen ist entweder eine Hinzufügung der Ur-LXX oder eine Widerspiegelung der gegenüber dem MT unterschiedlichen Vorlage. Zwar hielten einige Forscher diesen Satz für die Wiedergabe von אחיה statt אהיה des MT,[40] aber solch eine Wiedergabe wird in der LXX nicht bezeugt, und außerdem ist אהיה bereits durch εἰμι wiedergegeben, s.o. V35[h]. Stattdessen ist die Meinung von Fincke interessanter für uns. Der Ausdruck ἔασόν με wird in Deut 9,14 und Ri 11,37 für הרף ממני bezeugt. Daher rekonstruierte Fincke diesen Text mit הרף ממני ואחיה.[41] הרף ממני ואחיה war vielleicht im hebr. Text seit sehr früher Zeit vorhanden, aber dieser Ausdruck wurde vielleicht irgendwann von einem Abschreiber weggelassen. Der ver-kürzte Text wurde im MT überliefert, dagegen spiegeln die gr. Versionen die ältere Textform wider.

V34[j/l]. (1) In den beiden Fällen verstärkt die Copula ו nur den emphatischen Aspekt, womit die Aufmerksamkeit des Hörers angezogen werden soll.[42] Dieser Aspekt ist kaum zu übersetzen und deshalb in den gr. Versionen nicht wiedergegeben.[43] (2) Zur Wiedergabe für אני vgl. 15,28[b].

V34[k-k]. Im MT fehlt die Entsprechung zu καὶ ἀρτίως.[44] Im Griechischen sind ἀρτίως und ἀρτί[45] im Sinne von „unmittelbarer Vergangenheit" austauschbar.[46] In V37[f] wird die Verwendung von ἀρτί in vielen Handschriften (einschließlich des Ant) bezeugt.[47] Aber die Herkunft dieses Plus ist schwierig zu erklären. Zwar dachten viele, dass ἀρτίως bzw. ἀρτί ein Äquivalent für עתה ist.[48] Es ist aber unsicher, welches hebr. Wort mit ἀρτίως wiedergegeben wurde. Dagegen ist τότε vermut-

---

40   Klostermann, Budde, Schulz; McCarter (1984; 367) rekonstruierte zwar etwas anders mit חיני, trotzdem hatte er denselben Gedanken.

41   Fincke, *The Samuel Scroll from Qumran.*, 233.

42   Stoebe, *Das zweite Buch Samuelis*, 366.

43   Vgl. *GK* §143d.

44   Vermutlich unter dem Einfluss des MT fehlt dieser Ausdruck auch in den Mss. MNad-npqs-wyzb₂.

45   In der Hs. r steht καὶ ἀρτί an dieser Stelle.

46   *Pape* I, 361; *LSJ*, 249; Mayser, *Grammatik* II 2, 176₃₆.

47   Dieses Wort fehlt in den Codd. AB. Aber es steht in der Hs. i mit ἀρτίως, dagegen im Ant+ (boc₂e₂MN *rell*) mit ἀρτί. Zwar ist die Stellung unterschiedlich, steht aber ἀρτίως in der Hs. v, dann steht ἀρτίος in der Hs. a hinter dem Verb.

48   Vgl. *HR*, 161a

lich die Wiedergabe für מאז.[49] Darüber hinaus kann καὶ ἀρτίως keine Übersetzung von ועתה sein, weil in demselben Vers καὶ νῦν wie auch sonst für ועתה steht. Dann ist καὶ ἀρτίως überflüssig. Meiner Meinung nach ist dieser Ausdruck eine erklärende Hinzufügung (vielleicht ursprünglich marginal): „Knecht deines Vaters war ich damals (und bis jüngst), aber nun bin ich dein Knecht!". Die Hinzufügung geschah vielleicht in der sehr frühen Phase der Über-setzung bzw. Bearbeitung.

V34[l]. S.o. V34[j].

V34[m]. והפרתה gibt die KR mit διασκεδάσεις (Ind. Fut. Akt.)[50] wieder, dagegen der Ant (boc₂e₂r) mit διασκέδασον (Imp. Aor. Akt). Zwar ist die Form des MT das *perfectum consecutivum* in Hiphil, aber im Kontext ist sie imperativisch zu verstehen. Deshalb gab sie der Ant sachgemäß mit dem Imperativ wieder, dagegen die KR wörtlich mit dem futurischen Indikativ. Die Wiedergabe des Ant setzt also m.E. keine andere Vorlage (z.B. וְהָפֵר[51]) voraus.

V34[n]. S.o. 15,5[g] zur Verwendung des Artikels für *nota accusativi*.

V35[a]. Die gr. Versionen (καὶ ἰδοὺ) setzen gegenüber dem MT (והלוא) einen weiteren Text (והנה) voraus.

V35[b]. Die Wortfolge der KR stimmt gegenüber Ant[52] mit dem MT überein. Die Konstruktion des Satzes, die der Ant widerspiegelt, ist mit V36[a] verbunden:

---

49 Vgl. Jes 45,21; מאז wird in der LXX-*Ra* auf folgende Weise wiedergegeben:

μετά	ἀπό	ἀφ’ οὗ	οὗ	ἀπὸ τότε	τότε
Gen 39,5	Ruth 2,7	Exod 4,10; 9,24; Jos 14,10	Jes 14,8	Ps 76{75},8; 93{92},2	Jes 45,21
ὁπότε	απ’ ἀρχῆς	ἔτι	πάλαι	(-)	
Jes 16,13	Jes 44,8; 48,8	Jes 48,3	Jes 48,5.7	Spr 8,22	

50 Die Hss. givy geben mit διασκεδάσῃς (Konj. Aor. Akt. 2. Sg.) wieder, dagegen die Hs. a₂ mit διασκεδάσῃ (Konj. Aor. Med. 2. Sg.); der Konjunktiv andieser Stelle drückt einen Wunsch aus (*coniunctivus optativus*; Einfluss vom Lateinischen?; vgl. *KG* II, §395, 8), jedenfalls sekundär.

51 McCarter, *II Samuel*, 367.

52 Auch in den Mss. Nfgjxb₂.

	Hebr. Text des KR	Hebr. Text des Ant
V35ᵇ	והנה עמך שם	והנה שם עמך
V36ᵃ	הנה שם עמם שני בניהם	והנה שם שני בניהם עמם

V35ᶜ. S.o. 15,24ᵇ zur Transkription für צדוק.

V35ᵈ. Für מבית des MT steht die wörtliche Übersetzung von ἐξ οἴκου in den Codd. BA. Dagegen steht ἐκ στόματος in den Mss. Nadempqstwyz, ähnlich ἐκ τοῦ στόματος in den Mss. Mfgijuvb₂. Diese Wiedergaben setzen מפי voraus. Woher stammt dann die Wiedergabe von παρὰ im Ant? McCarter rekonstruierte die Vorlage des Ant gemäß der Präposition παρὰ mit מֵעִם.[53] Aber m.E. hat die Wiedergabe des Ant nichts mit einer unterschiedlichen Vorlage zu tun, sondern etwas mit dem gr. finiten Verb (ἀκούω παρά τινος). Der Ant wollte den hebr. Ausdruck מבית המלך bzw. מפי המלך mit einer innergriechisch ebenso richtigen Wiedergabe ausdrücken.

V35ᵉ. In der KR steht καί, das nicht nur im MT, sondern auch im Ant (boc₂e₂r 𝔄ᵛⁱᵈℭℭ) fehlt. Diese Lesart der KR setzt wahrscheinlich einen abweichenden Text mit *Waw-apodosis* (וְתַגִּיד)[54] voraus.

V35ᶠ. S.o. 15,24ᵇ zur Transkription für צדוק.

V35ᵍ. S.o. 15,3ᵃ zum „beweglichen ν" in der Madrider Ausgabe.

V36ᵃ. S.o. V35ᵇ zur literarischen Kostruktion des Verses. In vielen mittelalterlichen hebr. Handschriften steht והנה.[55]

V36ᵇ⁻ᵇ. Hier zeigt der Ant gegenüber dem MT und der KR eine unterschiedliche Wortfolge. Er geht vermutlich auf eine unterschiedliche Texttradition zurück.

V36ᶜ. Die Wiedergabe der KR (BAU₇h; Eigenname + υἱός τῷ + Eigenname) spiegelt zwei unterschiedliche Übersetzungsweisen wider: (1) Eigenname + υἱός mit Genitiv (bzw. Eigennamen) für (...)בֶּן־,[56] (2) Eigen-

---

53   McCarter, *II Samuel*, 367; dazu vgl. 2Sam 3,15; 24,21; Ps.120{121},2.

54   Vgl. *GK* §143 d.

55   Dazu siehe: de Rossi, *Variae Lectionis* II, 181.

56   S. die Beispiele in unserem Textbereich : 15,27; 16,3. 5. 9. 11; 17,10. 25. 27; 18,18. 19. 20. 22.

name + Artikel im Dativ + Eigenname für (...)‏לְ‎[57] als Genitivverhältnis. Dagegen setzte der Ant+ (MN *rell*) die Form (...)‏בֶּן‎ voraus.

V36[d/f]. Die KR (BAU7h) gibt hier die hebr. Präposition ‏לְ‎ mit dem Artikel im Dativ (τῷ) wieder. Dagegen ließ der Ant+ (MN *rell*) die Wiedergabe ausfallen. Vgl. V36[c] und 15,25[a].

V36[e]. S.o. 15,24[b] zur Transkription für ‏צָדוֹק‎.

V36[g]. Für ‏וּשְׁלַחְתֶּם‎ steht καὶ ἀποστελεῖτε in der KR. Dagegen wurde aber der Ausdruck im Ant durch die verdoppelte Vorsilbe (ἐξαποστελεῖτε) verstärkt. Allerdings ist der Unterschied nicht wesentlich.

V36[h-h]. Die KR gibt ‏בְיָדָם‎ wörtlich mit Singular (ἐν χειρὶ αὐτῶν) wieder, dagegen der Ant mit Plural. Hier stellt der Ant eine innergriechisch sachgemäße Wiedergabe dar. In unserem Textbereich sind die Fälle wie folgt darzustellen:

	MT	KR	Ant	
15,2[c]	‏עַל־יַד‎	ἀνὰ χεῖρα	ἐπὶ	S.o. betr. Beschr.
15,5	‏אֶת־יָדוֹ‎	τὴν χεῖρά μου	τὴν χεῖρά μου	Sg./Sg.
15,18[b]	‏עַל־יָדוֹ‎	ἀνὰ χεῖρα αὐτοῦ	ἀνὰ χεῖρα αὐτοῦ	S.o. 15,2[c]
15,36[h]	‏בְיָדָם‎	ἐν χειρὶ αὐτῶν	ἐν ταῖς χειροίν αὐτῶν	Sg./Pl.
16,8[g]	‏בְיַד‎	ἐν χειρὶ	εἰς χεῖρας	S.u. auch 16,8[f]
16,21[e]	‏יָדֶי‎	αἱ χεῖρες	αἱ χεῖρες σου	Pl./Pl.
17,2[c]	‏יָדַיִם‎	χέρσιν	τὰς χεῖρας	Pl./Pl.
18,2	‏בְיַד‎	ἐν χειρὶ	ἐν χειρὶ	Sg./Sg.
18,4[c]	‏אֶל־יַד‎	ἀνὰ χεῖρα	παρὰ	S.u. betr. Beschr.

---

57 Beispielsweise können wir hier 2Sam 3,2f und dessen Parallele in 1Chr 3,1 betrachten:

	LXX-*Ra*	MT	MT	LXX-*Ra*	
2Sam 3,2.	Αμνων τῆς Αχινοομ	‏אמנון לאחינעם‎	‏אמנן לאחינעם‎	Αμνων τῇ Αχινααμ	1Chr 3,1.
3.	Δαλουια τῆς βιγαιας	‏כלאב לאביגל‎	‏דניאל לאביניל‎	Δανιηλ τῇ Αβιγαια	1.

Abgesehen vom Unterschied der Transkription bzw. des Textes geht es darum, wie der Ausdruck ins Griechische übersetzt werden kann, nämlich entweder der Form gemäß mit Dativ, oder sinngemäß mit Genitiv.

18,12ᵏ	יָדִי	χεῖρα μου	τὰς χεῖρας μου	Sg./Pl.
18,18	יָד	χεῖρ	χεῖρ	Sg./Sg.
18,19	מִיַּד	ἐκ χεῖρος	ἐκ χεῖρος	Sg./Sg.
18,28ʲ	אֶת־יְדֵם	τὴν χεῖρα αὐτῶν	τὰς χεῖρας αὐτῶν	Sg./Pl.
18,31	מִיַּד	ἐκ χεῖρος	ἐκ χεῖρος	Sg./Sg.

Prinzipiell stimmen die beiden Versionen miteinander überein. Wenn man weiterhin Sam-Kön betrachtet, kann man folgende Häufigkeit der Varianten erkennen:[58]

	Sg./Pl.[59]	Pl./Sg.[60]
α′	2	1
ββ′	(-)	(-)
βγ′	5	1
γγ′	1	2
γδ′	6	1

(1) Sg./Pl. bzw. Pl./Sg. (LXX *rell*/Ant): Zwar kommen die Varianten nicht häufig vor, aber man kann schon in der Tabelle erkennen, dass der Ant mit der singemäßen pluralischen Wiedergabe freier umgeht als andere Versionen. Die Fälle von Pl./Sg. stellen dagegen unterschiedliche Texttraditionen dar.

(2) Quantitative Lesarten: In Sam-Kön kann man die Fälle erkennen, in denen der MT und der Ant gegenüber der LXX-*Ra* den Ausdruck beibehalten.[61] Diese Varianten gehen vermutlich auf unterschiedliche Vorlagen zurück.

(3) Unterschiedliche Übersetzungstechnik: Wie wir schon in 15,2ᶜ sahen, beziehen sich die Fälle von 1Kön 16,12 (πρὸς in LXX, ἐν χειρὶ im Ant für בְּיַד); 2Kön 19,14 (ἐκ χειρὸς in der KR, παρὰ im Ant für מִיַּד) auf die übertragene Wiedergabe des Ausdrucks. Die Variante in 2Kön 17,39 (ἐκ in der KR, ἐκ χειρὸς im Ant für מִיַּד) spiegelt aber eine unterschied-

58 In Sam-Kön (MT) kommt das Wort יָד 276 mal vor. Hier habe ich die Varianten in Bezug auf die unterschiedlichen Wiedergaben der Präpositionen, die mit diesem Wort verbunden sind, ausgeschlossen.
59 1Sam 17,46; 24,11; 2Sam 15,36ʰ; 18,12ʲ. 28ⁱ; 21,9; 24,14; 1Kön 18,9; 2Kön 3,10. 18; 9,24; 13,3. 5; 18,30.
60 1Sam 24,21; 2Sam 13,5; 1Kön 11,27; 22,34; 2Kön 5,24.
61 1Sam 11,7; 17,22; 20,16; 2Kön 15,19.

liche Texttradition (מכל איביכם)[62] wider, sonst hätte die in KR zu erwartende Wiedergabe jener des Ant entsprochen.[63]

V36[i]. Im Ant ist der Artikel gegenüber der KR beibehalten, wobei das hebr. Nomen durch das Personalsuffix determiniert ist. Vgl. dazu 15,2[r/s]. Die KR ignorierte aber diesen allgemeinen Charakter der Übersetzung, stattdessen gibt sie ihn formal entsprechend ohne Artikel wieder.

V36[j-j]. Hier hat der Ant gegenüber dem MT und der KR einen längeren Text, der ähnlich wie der Text in V34 ist (Siehe den Textvergleich auf der nächste Seite).

Im Teil A erkennt man, wie oben zu V34[e-e] erwähnt wurde, unterschiedliche Texttraditionen. Die Frage ist dann, welche älter ist. Den Schlüssel dazu hat der Teil V36-B. In *Jos. Ant.* VII, 204[64] kann man schon im selben Zusammenhang die Verbform von ἀφικνέομαι lesen. Das Verb ἀφικνέομαι kommt in der LXX ganz selten vor, und zwar niemals in Sam-Kön.[65]

V34		V36[j-j] (der Plustext des Ant)
καὶ ἐρεῖς τῷ Ἀβεσσαλώμ		καὶ ἐρεῖς τῷ Ἀβεσσαλώμ
Διεληλύθασιν οἱ ἀδελφοί σου		Διεληλύθασιν οἱ ἀδελφοί σου
καὶ ὁ βασιλεὺς ὁ πατήρ σου	A	καὶ ὁ βασιλεὺς κατόπισθέν μου
κατόπισθέν μου διελήλυθεν		διελήλυθεν ὁ πατήρ σου
καὶ νῦν παῖς σού εἰμι βασιλεῦ ἔασόν με ζῆσαι παῖς τοῦ πατρός σου ἤμην τότε καὶ ἀρτίως	B	
		καὶ ἐγὼ ἀρτίως ἀφῖγμαι
καὶ νῦν ἐγὼ δοῦλος σός		καὶ ἐγὼ δοῦλος σός

62 Vgl. 2Sam 7,1. 11.
63 Vgl. 2Sam 3,18.
64 καὶ ὁ μὲν πεισθεὶς τῷ Δαυίδῃ καταλιπὼν αὐτὸν ἧκεν εἰς Ἱεροσόλυμα ἀφικνεῖται δ᾽ εἰς αὐτὰ μετ᾽ οὐ πολὺ καὶ Ἀψάλωμος. Der Unterschied vom Ant liegt nur im Tempus, d.h. der Ant nahm das Perfekt, dagegen Josephus Präsens *historicum*. Zwar betrachtete Fincke (2002; 233) diesen Vers auch, aber er wurde irgendwie falsch abgeleitet sowohl in Form als auch im hebr. Äquivalent : „ἀφῖγμαι=באתי", „ἀφικνέται=הגיע" (?). M.E. gibt es keinen Grund zu vermuten, dass die Perfektform und die Präsensform eine unterschiedliche hebr. Vorlage voraussetzen.
65 Gen 28,12; 38,1; 47,9; Ri 1,14; 8,32; Hiob 11,7; 13,27(B); 15,8; 16,21; Koh 1,27; Sir 43,27. 30; 47,16; 2.Makk 6,15.

Meiner Meinung nach gehört die Wortwahl eigentlich zum Ant. Der Ant fasste mit diesem Wort den Ausdruck in V34-B zusammen, wobei er diesen Teil hinzufügte um das folgende chiastische Schema zu vollenden:

A – εἰς τὴν πόλιν (V34, 1. Zeile[66])

    B – V34, 2.-14. Zeile

        C – καὶ ἰδοὺ ἐκεῖ (V35)

        C′ – καὶ ἰδοὺ ἐκεῖ (V36, 1.-7. Zeile)

    [B′ – V36[j-j]]

A′ – εἰς τὴν πόλιν (V37)

Josephus verwendete dieses Wort, um Chuseis Ankunft in Jerusalem zu erzählen. Vermutlich gehen weder der Ant noch Josephus auf eine hebr. Vorlage zurück. Diesen editorischen Vorgang unterstützt auch das Wort ἀρτίως. Dieses Wort kommt außer in V34 niemals in den Majuskeln B A S vor, nur einmal in Symmachos (Ezek. 11,3).[67] Daher kann man vermuten, dass ἀρτίως nicht zum Wortschatz der Ur-LXX gehört, sondern zu dem des Bearbeiters von V36[j-j] und V34[k-k] (zu dessen Beziehung auf ἀρτί vgl. V34[k-k]). M.E. wurde καὶ ἀρτίως in V34[k-k] irgendwann später, vermutlich in der Zeit zumindest vor dem Cod. B, unter dem Einfluss von V36 auch in die KR eingefügt.

V37[a]. Hier stellen die beiden Versionen nur die unwesentlich unterschiedliche Wortwahl für ויבא dar: καὶ εἰσῆλθεν in der KR, καὶ εἰςεπορεύετο im Ant. Der Ant wollte vielleicht die Kongruenz der Wiedergabe innerhalb des Verses berücksichtigen:

MT	KR	Ant
ויבא	καὶ εἰσῆλθεν	καὶ εἰςεπορεύετο
יבא	εἰσεπορεύετο	εἰσεπορεύετο

V37[b]. S.o. V32[i] zur Transkription für חושי.

V37[c]. S.o. V32[j].

V37[d]. S.o. 15,2[t] zur Verwendung des Artikels.

V37[e]. S.o. 15,8[f] zu εἰς für *acc. loc.*

---

66   „Zeile" bezieht sich auf die Zählung nach meiner Synopse.

67   An dieser Stelle steht προσφάτως für בקרוב in der LXX.

V37ᶠ. In vielen Handschriften steht ἀρτί, das nicht nur im MT, sondern auch in den Codd. BA fehlt. Es ist aber kaum wahrscheinlich, dass der hebr. Text עתה für dieses Wort hatte,[68] sondern es handelt sich um eine Hinzufügung des Ant.

V37ᵍ. S.o. 15,8ᶠ zu εἰς für *acc. loc.*

V37ʰ. Hier hat der Ant καὶ Ἀχιτόφελ μετ' αὐτοῦ, was weder im MT noch in der KR vorhanden ist. Der Ant setzt hier ואחיתפל אתו als Vorlage voraus (vgl. 16,15).

---

68   Vgl. Ri 9,1; Dan-LXX 9,22; 10,11; 2.Makk 3,28; 9,5. 8; 10,28; 13,11; 3.Makk 4,6; 5,23; 6,16. 29; Interessant ist, dass עתה in Dan-θ´ mit νῦν wiedergegeben ist.

2.7. 2Sam 16,1-4

2.7.1. Textsynopse

MT		KR	Ant
וְדָוִד עָבַר[a]	1	καὶ Δαυιδ παρῆλθεν[a]	καὶ Δαυιδ διῆλθε[a]
מְעַט[b] מֵהָרֹאשׁ[c]		[b]βραχύ τι[b] ἀπὸ τῆς Ροως[c]	μικρόν[b] ἀπὸ τῆς Ῥως[c]
וְהִנֵּה צִיבָא		καὶ ἰδοὺ Σιβα	καὶ ἰδοὺ Σιβα
נַעַר מְפִי־בֹשֶׁת[e]		τὸ[d] παιδάριον Μεμφιβοσθε[e]	τὸ[d] παιδάριον Μεμφιβάαλ[e]
לִקְרָאתִו[f]		[f]εἰς ἀπαντὴν αὐτοῦ[f]	[f]εἰς ἀπάντησιν αὐτῷ[f]
וְצֶמֶד		καὶ ζεῦγος	καὶ ζεῦγος
חֲמֹרִים חֲבֻשִׁים		ὄνων ἐπισεσαγμένων	ὄνων ἐπισεσαγμένων
וַעֲלֵיהֶם		καὶ [g]ἐπ' αὐτοῖς[g]	καὶ [g]ἐπ' αὐτῶν[g]
מָאתַיִם לֶחֶם		διακόσιοι ἄρτοι	διακόσιοι ἄρτοι
וּמֵאָה[h] צִמּוּקִים		καὶ ἑκατὸν[h] σταφίδες[i]	καὶ οἰφὶ[h] σταφίδων[i]
וּמֵאָה[j] קַיִץ[k]		καὶ ἑκατὸν[j] φοίνικες[k]	καὶ διακόσιοι[j] παλάθαι[k]
וְנֵבֶל יָיִן׃		καὶ Νεβελ οἴνου	καὶ Νεβελ οἴνου
וַיֹּאמֶר הַמֶּלֶךְ	2	καὶ εἶπεν ὁ βασιλεὺς	καὶ εἶπεν ὁ βασιλεὺς
אֶל־צִיבָא		πρὸς Σιβα	πρὸς Σιβα
מָה־אֵלֶּה לָּךְ[a]		[a]τί ταῦτά σοι[a]	[a]τί ἐστὶ[b] σοι ταῦτα[a]
וַיֹּאמֶר צִיבָא		καὶ εἶπεν[c] Σιβα	καὶ εἶπε[c] Σιβα
הַחֲמוֹרִים[d]		τὰ ὑποζύγια[d]	οἱ ὄνοι[d] [e]οἱ σεσαγμένοι[e]
לְבֵית־[g]הַמֶּלֶךְ		τῇ[f] οἰκίᾳ[g] τοῦ βασιλέως	τῷ[f] οἴκῳ[g] τοῦ βασιλέως
לִרְכֹּב[h]		[h]τοῦ ἐπικαθῆσθαι[h]	ἐπιβαίνειν[h]
(וְלָהֶלֶחֶם)וְהַלֶּחֶם[i]		[i]καὶ οἱ ἄρτοι[i]	[i]καὶ οἱ ἄρτοι[i]
וְהַקַּיִץ[j]		καὶ οἱ φοίνικες[j]	καὶ αἱ παλάθαι[j]
			[k]καὶ αἱ σταφίδες[k]
לֶאֱכוֹל הַנְּעָרִים		εἰς βρῶσιν τοῖς παιδαρίοις	εἰς βρῶσιν τοῖς παιδαρίοις
וְהַיַּיִן לִשְׁתּוֹת[l]		καὶ ὁ οἶνος πιεῖν[l]	καὶ ὁ οἶνος πίνειν[l]
הַיָּעֵף[m]		τοῖς ἐκλελυμένοις[m]	τῷ ἐκλελυμένῳ[m]
בַּמִּדְבָּר׃		ἐν τῇ ἐρήμῳ	ἐν τῇ ἐρήμῳ
וַיֹּאמֶר הַמֶּלֶךְ	3	καὶ εἶπεν ὁ βασιλεύς	καὶ εἶπεν ὁ βασιλεύς
וְאַיֵּה		καὶ[a] ποῦ	ποῦ ἐστὶν[b]
בֶּן־אֲדֹנֶיךָ		ὁ[c] υἱὸς τοῦ[d] κυρίου σου	ὁ[c] υἱὸς τοῦ[d] κυρίου σου
וַיֹּאמֶר צִיבָא		καὶ εἶπεν Σιβα	καὶ εἶπε[c] Σιβα
אֶל־הַמֶּלֶךְ		πρὸς τὸν βασιλέα	πρὸς τὸν βασιλέα
הִנֵּה יוֹשֵׁב בִּירוּשָׁלִָם		ἰδοὺ κάθηται ἐν Ιερουσαλημ	ἰδοὺ κάθηται ἐν Ιερουσαλημ
כִּי[g] אָמַר		ὅτι[f] εἶπεν[g]	καὶ[f] λέγει[g]

הַיּוֹם[h] יְשִׁיבוּ לִי	σήμερον[h] ἐπιστρέψουσίν[i] μοι	σήμερον[h] ἐπιστρέψουσι[i] μοι	
בֵּית יִשְׂרָאֵל	οἰ οἶκος Ισραηλ	οἰ οἶκος Ισραηλ	
אֵת מַמְלְכוּת	τὴν[k] βασιλείαν	τὴν[k] βασιλείαν	
אָבִי׃	τοῦ[l] πατρός μου	τοῦ[l] πατρός μου	
וַיֹּאמֶר הַמֶּלֶךְ	καὶ εἶπεν ὁ βασιλεὺς	καὶ εἶπεν ὁ βασιλεὺς	4
לְצִבָא[a]	τῷ[a] Σιβα	πρὸς[a] Σιβα	
הִנֵּה לְךָ	ἰδοὺ σοὶ	ἰδοὺ σοὶ ἔσται[b]	
כֹּל[c] אֲשֶׁר לִמְפִי־בֹשֶׁת[d]	[c]πάντα ὅσα ἐστὶν τῷ[c] Μεμφιβοσθε[d]	[c]πάντα τὰ[c] Μεμφιβάαλ[d]	
וַיֹּאמֶר צִיבָא	καὶ εἶπεν[e] Σιβα	καὶ εἶπε[e] Σιβα	
הִשְׁתַּחֲוֵיתִי	προσκυνήσας[f]	προσκεκύνηκα[f]	
אֶמְצָא־חֵן	εὕροιμι[g] χάριν	εὕρηκα[g] χάριν	
בְּעֵינֶיךָ[h]	[h]ἐν ὀφθαλμοῖς σου[h]	[h]ἐν ὀφθαλμοῖς[h]	
אֲדֹנִי[i]	[i]κύριέ μου[i]	[i]τοῦ[i] κυρίου μου[i]	
הַמֶּלֶךְ׃[k]	βασιλεῦ[k]	[k]τοῦ βασιλέως[k]	

2.7.1. Analyse der Varianten

V1[a]. (1) Die gr. Versionen unterscheiden sich in der Vorsilbe: παρῆλθεν in der KR, διῆλθεν im Ant. (2) S.o. 15,3[a] zum „beweglichen ν" in der Madrider Ausgabe.

V1[b]. (1) מעט wurde in der KR mit βραχύ τι wiedergegeben, im Ant mit μικρόν.[1] Beide Adverbien können synonym gebraucht werden. (2) Unerwartet ist allerdings das Indefinitum τὶ, das nicht auf die hebr. Vorlage zurückzuführen ist. Im Griechischen wird das Indefinitum mit einem Adverb verbunden, um das entsprechende Adverb in seiner Bedeutung entweder abzuschwächen oder zu steigern[2] nämlich im Sinne von „eine Art wie, ungefähr, einigermaßen, wie, etwa etc.". Das Indefinitum ist als Wiedergabe für מעט nicht unbedingt notwendig. In der LXX-Ra wird die Wiedergabe von βραχύ τι für מעט in Ps 8,6 noch einmal bezeugt, wo es keine Variante in den gr. Versionen gibt. Auf jeden Fall ist es interessant und ungewöhnlich, dass das in der Vorlage nicht vorhandene Element nur in der KR hinzugefügt ist. Es lässt sich

---

1   Vgl. *Jos. Ant.* VII, 205 : „Ὀλίγον δὲ τῷ Δαυίδῃ προελθόντι (...)" ; Dieses Wort kann man in ά´ und C´ erkennen. S. dazu Field, *Hexapla*, 570.

2   *KG* II, § 470, 3; Schwyzer, *Grammatik* II, 215.

jeden Fall ist es interessant und ungewöhnlich, dass das in der Vorlage nicht vorhandene Element nur in der KR hinzugefügt ist. Es lässt sich vermuten, dass dem Übersetzer (oder einem Abschreiber) dieser Ausdruck so geläufig war, dass er ihn unwillkürlich setzte.

V1^c. S.o. 15,32^c zur Transkription der Ortsangabe.

V1^d. S.o. 15,2^t zur Verwendung des Artikels.

V1^e. In der Transkription des Eigennamens stimmt die KR mit dem MT überein: מפי־בשת = Μεμφιβοσθε.[3] Dagegen transkribiert der Ant mit Μεμφιβάαλ (< מפי־בעל). Solch eine Substitution בשת statt בעל ist ein sog. Euphemismus für den schändlichen Namen.[4] In 2Sam 21,7f finden sich zwei unterschiedliche מפי־בשת, nämlich der Sohn von Jonathan (V7) und ein Sohn der Konkubine Sauls, Rizpa (V8). An unserer Stelle ist zunächst unklar, wer von den beiden מפי־בשת gemeint ist. Vom Kontext her zeigt sich allerdings, dass kein anderer als Jonathans Sohn gemeint sein kann. Von daher ist die wesentliche Frage zu stellen, von wem und warum die Lesart des Ant hergestellt wurde. Die Antwort auf die zweite Frage (warum?) ist klar, wenn die gr. Wiedergaben, wo מפי־בשת im MT vorkommen, in den Manuskripten verglichen werden:

	μεμφιβοσθε	μενφιβοσθε	μεμφιβοσθαι	μεφιβοσθε	μεμφοβοσθε	μεμφ(ε)ιβααλ[5]
4,4	rell	g	Aafya2			boc2e2z a7

---

3   Der überflüssige Konsonant μ in μεμφιβοσθε bzw. μεμφ(ε)ιβααλ kann durch das Sprachphänomen des κοινή-Griechischen erklärt werden, das bevorzugt den Nasal μ vor einem Labial (β od. π) hinzufügte: z.B. λήμψομαι statt λήψομαι. Dazu s. Thackeray, *Grammatik*, 108: „A remarkable feature of the κοινή is the tendency to insert the nasal μ before a labial (β or π), especially when the labial is followed by another consonant, usually σ". Analog veranlasste der aspirierte Konsonant φ in unserem Fall die Hinzufügung von μ.

4   Über dieses Thema s. McCarter, *II Samuel*, 85-88, 125. Er hält diese Substitution für einen Euphemismus gegenüber der Meinung von Tsevat (1975), dass בשת in Eigennamen durch das akkadische onomastische Element *bā štu*, das „Würde, Stolz, Stärke" bedeutet, beeinflusst sein soll. Dazu s. M. Tsevat, „Ishbosheth and Cogeners: The Names and Their Study", *HUCA* 46 (1975), 71-87. McCarter begründet dies aus der Übersetzung der LXX in 1Kön 18,19. 25, wo der MT mit הבעל liest, aber die gr. Versionen mit τῆς αἰσχύνης eindeutig in der Voraussetzung von בשת als Vorlage wiedergeben (ein umgekehrtes Beispiel in Jer 11,13).

5   In 9,6. 10. 11. 12. 13; 16,1 (oc2e2) steht zwar μεμφειβααλ, aber von der Aussprache her sind beide, μεμφειβααλ und μεμφιβααλ, als identisch zu betrachten. Sprachgeschichtlich ist nicht nur der Übergang von ει in ι zu beobachten, darüber s. Schwyzer, *Grammatik* I, 193; sondern auch י als Zeichen für langen Vokal wird in der LXX mit ι transkribiert, s F. Siegert, *Zwischen Hebräischer Bibel und Altem Testament*, 198 u. 201.

9,6	*rell*	g	Afa2	a	boc2e2z[mg]
9,6	*rell*[6]		Af	z	boc2e2
9,10	*rell*	g (μενφιβααλ)	Afa2		boc2e2
9,11	*rell*	g	fa2	z	boc2e2
9,12	*rell*	g	Afa2	z	boc2e2
9,13	*rell*	g	fa2	z	boc2e2
16,1[e]	*rell*	g	Aafya2		boc2e2
16,4[d]	*rell*		Afr		boc2e2
19,24	*rell*		Aafa2		boc2e2gj[mg]
19,25	*rell*		Afa2		boc2e2
19,30	*rell*		Afa2		boc2e2
21,7	*rell*		Afga2		boc2e2
21,8	*rell*[7]		Afa2		

Im Vergleich kann man erkennen, dass der Ant einen klaren Unterschied zwischen dem Sohn Jonathans (μεμφ(ε)ιβααλ) und dem Sohn Rizpas (μεμφιβοσθε) machte. Jedoch unterschied er zwischen dem Sohn Rizpas und אִישׁ־בֹּשֶׁת, dem von Rechab und Baana umgebrachten Sohn Sauls (2Sam 4,6f) [8] nicht. Der Ant gibt beide Namen mit μεμφ(ε)ιβοσθε wieder. Die KR nimmt keine eindeutigen Unterscheidungen vor:

	ιεβοσθε	ιεβουσθε	ιεβοσθαι	εισβα(α)λ	μεμφ(ε)ιβοσθε	μεμφιβοσθαι
2,8	*rell*[9]	a[b?]centvx	A a*fy	e2	boc2[10]	
2,10	*rell*	a[b]cnvx	Aa*fa2	e2	boc2[11]	
2,12	*rell*[12]	cnqvx	BAa*fy	e2	boc2[13]	
2,15	*rell*[14]	cenvx	Aa*fy	e2	boc2[15]	

---

6   In den Hss. cvxy fehlt μεμφιβοσθε bis δαυειδ.

7   In der Hs. c2 steht μεμφειβασθε (sonst gibt die Ant-Gruppe gleich wie die KR). Und noch steht αμφιβοσθε in der Hs. x, μεμφιθε in der Hs. 71.

8   Die Frage, ob Me(m)phibaal und Ischboschet bzw. Ischbaal dieselbe Person waren, liegt jenseits der Textgeschichte

9   εβοσθε 236*, 242.

10   μεμφειβος N.

11   μεμφειβος N.

12   οιεβοσθε g.

13   μεμφειβος N.

3,7	AMN *rell*	env	af		b'oc$_2$e$_2$Bx[16]	ya$_2$
3,8	A?MN *rell*	ejntv	af		boc$_2$e$_2$Bx[17]	ya$_2$
3,11	Mna?h-m p-twzb$_2$[18]	denv	N*af		*rell*	Aya$_2$
3,14	MNdgh* i-mp- twzb$_2$	eh^{b}nv	af		*rel*	Aya$_2$
3,15	MNh* *rell*	eh^{b}nv	af		boc$_2$e$_2$Bx	Acya$_2$
4,1	MNh*i *rell*	eh^{b}nv	af		boc$_2$Bx[19]	Aya$_2$
4,2	MNdgh* i-mpqsuv wzb$_2$	eh^{b}nt	af		*rell*	Ay[20]
4,5	MNh*i[a] *rell*	eh^{b}nv	af		boc$_2$e$_2$Bi*x	Acya$_2$
4,7	MNdgh* ijlmp- uwzb$_2$	eh^{b}nv	af		*rell*	Aya$_2$
4,8	MNh* *rell*	eh^{b}n	af		boc$_2$e$_2$B	Aya$_2$
4,8	MNdgh* i-mp- uwzb$_2$	eh^{b}nv	af		*rell*	Aya$_2$
4,12	MNdgh* ilmp- uwzb$_2$	eh^{b}nv	a(ιοβ-)f		*rell*	Aa$_2$

Der Ant weist eine konsequente Unterscheidung der Namen auf. Ab 2Sam 3 sind die Transkriptionstendenzen zwischen den Manuskripten klar: (1) μεμφ(ε)ιβοσθε im Cod. B und im Ant, (2) μεμφιβοσθαι im

---

14 ιεφοσθε g.
15 μεμφειβος N.
16 μεμφιβοστε c, μεμφισβοσθε *b.*
17 μεμφιβοστε c.
18 εβοσθε g.
19 μεμφοβοσθε e$_2$; μεμφισθε c.
20 νεμφιβοσθαι a$_2$.

Cod. A, (3) ιεβοσθε in den Codd. MN, die sehr wahrscheinlich die Texttradition des Proto-MT widerspiegeln. Die Transkriptionen in 2Sam 2, abgesehen von der Ant-Gruppe, sind völlig uneinheitlich. Bemerkenswert ist hier nur die Hs. e₂, die offensichtlich der Texttradition von 1Chr 8,33 angepasst wurde, wo אשבעל im Ant mit ισβααλ transkribiert wurde.[21] Auf Grund dieser Handschrift kann man vermuten, dass μεμφ(ε)ιβααλ des Ant ebenfalls der Transkription in 1Chr 8,34 (MT: מריב בעל)[22] angepasst wurde, damit man den Sohn Jonathans nicht mit dem Sohn Rizpas verwechselt. Es kann aber nicht geklärt werden, aus welchem Grund der Ant zwischen dem Sohn Rizpas בשת־מפי und איש־בשת keinen Unterschied gemacht hatte. Daher ist die Antwort auf die erste Frage (woraus ergibt sich die Lesart des Ant?): Der Ant hatte seine hebr. Vorlage ohne editorische Anpassung transkribiert, d.h. er hatte eine andere hebr. Vorlage als der MT und die Vorlage der KR. Die Texttraditionen der gr. Versionen lassen sich wie folgt darstellen:

	איש־בשת	מפי־בשת	מפי־בשת (21,7)	מפי־בעל	מפי־בשת (21,8)
KR(B)		μεμφιβοσθε	μεμφιβοσθε		μεμφιβοσθε
A		μεμφιβοσθαι	μεμφιβοσθαι		μεμφιβοσθαι
MN	ιεβοσθε		μεμφιβοσθε		μεμφιβοσθε
Ant		μεμφ(ε)ιβοσθε		μεμφ(ε)ιβααλ	μεμφ(ε)ιβοσθε

V1[f-f]. S.o. 15,32[h] zur Wiedergabe für לקראתו.

V1[g-g]. Hier verwendet der Ant einen anderen Kasus (Gen. Pl.) als die KR (Dativ. Pl.), was aber keinen wesentlichen Unterschied darstellt.

V1[h]. Im MT steht ומאה, was durch die KR (καὶ ἑκατόν; BAchrxa₂ auch O′) unterstützt wird. Dagegen gibt der Ant das Wort mit einem ägyptischen Lehnwort (οιφι)[23] wieder. In der LXX wird meistens איפה bzw. אפה vermutlich entsprechend der hebr. Aussprache[24] mit οἰφὶ Wieder-

21 ισβααλ Nbcehimne₂; ιεσβααλ agy; ιεβααλ A; ιοβααλ f; ασαβαλ B *rell.*

22 μεμφιβααλ bimye₂; μεριαβααλ djpqtz; μεφριβααλ AN; μεριβααλ B *rell.*

23 So in den Hss. boc₂; οιφει e₂, aber auch in den Mss. MN *rell*; οιφοι v; υφι Nᵃᵊefy.

24 S. dazu: E. Tov, „Loan-Word, Homophony and Translations in the Septuagint", *Biblica* 60 (1979), 232.

gegeben.[25] Deshalb wird die Vorlage des Ant manchmal mit איפה bzw. אפה rekonstruiert.[26] Für 1Sam 25,18 weisen die Hand-schriften keine wesentlichen Varianten für die Wiedergabe von סאה mit οἰφὶ auf,[27] obwohl סאה in anderen Fällen mit μέτρον wiedergegeben wird.[28] Daher kann man in unserem Fall beim Ant eine Konsonanten-verwechslung vermuten, nämlich וסאה statt וּמֵאָה, die entweder beim Ant oder bereits bei dessen Vorlage aufgetreten ist.

V1[i]. Hier divergieren die beiden Versionen voneinander im Kasus: Nominativ in der KR (σταφίδες), Genitiv im Ant (σταφίδων).[29] Dieser Unterschied ergibt sich aus dem vorangestellten Wort: „und hundert getrocknete Weinbeeren" (KR); „ein Maß von getrockneten Wein-beeren" (Ant).

V1[j]. Im MT steht hier וּמֵאָה parallel zu V1[h]. Die KR gibt es dement-sprechend mit καὶ ἑκατὸν[30] wieder. Dagegen schreibt der Ant (boc₂e₂z[mg]) καὶ διακόσιοι[31] und setzt dabei וּמָאתַיִם voraus.

V1[k]. Das Wort קַיִץ des MT entspricht eigentlich der Wiedergabe ὀπώρα, mit der es in Jer 31{48}, 32; 47{40}, 10. 12 wiedergegeben wurde. Im MT fehlt „eine Maßangabe oder vielleicht ein Begriff, wie *Kuchen*", [32] deswegen ist beim MT nicht leicht festzustellen, was genau er meint. Daher präzisierten die gr. Versionen die abstrakte Vorlage (קַיִץ) einer-seits mit φοίνικες „Palmfrüchte" (KR), [33] andererseits mit παλαθαι „Feigenkuchen" (Ant).[34]

---

25 Lev 5,11; 6,13; Nu 5,15; 15,4; 28,5; Ri 6,19; Ruth 2,17; 1Sam 1,24; 17,17; Ez 45,13.
26 Caspari, *Die Samuelbücher*, 610;, McCarter, *II Samuel*, 367; Stoebe, *Das zweite Buch Samuelis*, 375.
27 οἰφὶ B *rell*; οἰφεὶ A; υφι N[a7]e*fgva₂; κορους cx (<חמר od. כר ?).
28 Gen 18,6; 2Kön 7,1. 16. 18; aber auch mit derselben Wurzel, nämlich mit δίμετρον in 2Kön 7,1(B[ab]AN). 16. 18 für die Dualform סאתים; oder mit μετρητής in 1Kön 18,32.
29 Vgl. σρταφιδος MN *rell*.
30 In den Mss BAchrxa₂.
31 So in der Hs. o, vgl. διακοσιαι bz[mg]c₂e₂; obwohl die Mss. MNz[txt] *rell* hier immer noch mit οιφει (υφι N[a7]fy) wiedergeben, sind sie aber ohne Zweifel die Anpassung zum Parallelismus mit V1[h], also sekundär.
32 *GK* § 134 n.
33 In den Mss BAchrxa₂.
34 So in der Hss. boz[mg]c₂e₂; vgl. παλαθων Mnz[txt] *rell*.

V2ᵃ⁻ᵃ. Die Reihenfolge der Wörter des Ant (τί ἐστὶ σοι ταῦτα) ist gegenüber dem MT (מה־אלה לך) und der KR (τί ταῦτά σοι) umgestellt. Der Ant setzt vielleicht eine andere Texttradition (מה־לך אלה) voraus.

V2ᵇ. Hier ergänzt der Ant einen hebr. Nominalsatz mit dem Prädikat (εἰμι). Diese Ergänzung stellt nur eine innergriechische Hinzufügung dar, auch wenn ein Prädikat in solch einem Fall im Griechischen eigentlich nicht nötig ist.[35] In unserem Textbereich taucht die Ergänzung des Prädikats überwiegend im Ant auf: 16,3ᵇ. 4ᵇ. 8ᵏ; 17,8ʲ. 10ᵉ. 20ᶠ. 25ᵍ; 18,20ᶜ, 19,8ˢ. Weniger Fälle erkennt man in der KR: 15,19ᵖ; 16,4ᶜ⁻ᶜ. 6ʰ.

V2ᶜ. S.o. 15,3ᵃ zum „beweglichen ν" in der Madrider Ausgabe.

V2ᵈ. Hier stellen die beiden Versionen (τὰ ὑποζυγία KR; οἱ ὄνοι Ant) synonyme Lesarten für dasselbe Wort (חמורים) dar. Allerdings ist die Wiedergabe der KR ungewöhnlich in Sam-Kön für חמור.[36]

V2ᵉ⁻ᵉ. Hier hat der Ant (boc₂e₂zᵐᵍ) gegenüber dem MT und der KR einen längeren Text (οἱ σεσαγμένοι {< σάττω}). Dieser stellt die Anpassung des Ant gemäß dem Ausdruck in V1 dar:

V1	(καὶ ζεῦγος) ὄνων ἐπισεσαγμένων	
	KR	Ant
V2ᵉ⁻ᵉ	τὰ ὑποζύγια (-)	οἱ ὄνοι οἱ σεσαγμένοι

V2ᶠ. S.o. 15,25ᵃ zur Verwendung des Artikels im Dativ für ל.

V2ᵍ. οἰκία der KR und οἶκος des Ant (boc₂e₂zᵐᵍ) stellen Synonyme dar. Vgl. 17,18ᵉ. 20ᵈ.

V2ʰ. (1) S.o. 15,5ᵉ zur Verwendung des Artikels der KR. Im Griechischen hat der Infinitiv oft finale Bedeutung, sowohl mit Artikel (KR) als auch ohne Artikel (Ant). Vgl. unten V2ⁱ. (2) Zwischen ἐπικαθῆμαι der KR und ἐπιβαίνω des Ant (boc₂e₂zᵐᵍ) gibt es keinen wesentlichen Unterschied.

---

35 Vgl. die Analyse von 15,19ᶠ; KG II, §354.
36 In Sam-Kön kommt ὑποζύγιον für חמור nur hier vor, sonst wird mit ὄνος wiedergegeben; s. die Beispiele in HR, 1000b, vgl. 1413c.

V2^i. Die gr. Versionen stimmen mit dem Qere des MT überein. Die Hinzufügung von ל wurde wahrscheinlich durch das vorhergehende ל veranlasst.

V2^{j-j}. S.o. V1^k zu den unterschiedlichen Wiedergaben für קיץ.

V2^{k-k}. Der der Wiedergabe des Ant (καὶ αἱ σταφίδες boc₂e₂z^{mg}) entsprechende Text fehlt nicht nur in der KR, sondern auch im MT. Der Ant setzt einen längeren Text voraus.

V2^l. (1) S.o. 15,5^e in Bezug auf die Wiedergabe der hebr. Präposition ל. Zur hebr. Konstruktion (*genitivus subjectivus* nach Infinitiven in der sog. Verbindungsform) s. *GK* § 115 f. (2) Der Unterschied im Tempus zwischen beiden Versionen (Aorist in der KR; Präsens im Ant) ist unwesentlich. Detailliert vgl. 15,5^e,(2).

V2^m. Im Numerus stimmt der Ant (Singular) gegenüber der KR (Plural) mit dem MT überein. Die KR spiegelt gegenüber dem MT und dem Ant vermutlich eine abweichende Texttradition (היעפים) wider.

V3^a. Im Ant (boc₂e₂emsuw) fehlt die Wiedergabe für ו des MT. Der Ant stellt vermutlich die innergriechisch sachgemäße Wiedergabe dar.

V3^b. S.o. V2^b zur Hinzufügung des Prädikats des Ant gegenüber dem MT und der KR.

V3^c. S.o. 15,2^t zur Verwendung des Artikels.

V3^d. S.o. 15,2^t zur Verwendung des Artikels.

V3^e. S.o. 15,3^a zum „beweglichen ν" in der Madrider Ausgabe.

V3^f. Der Ant (καὶ λέγει boc₂e₂z$^{hab\ ειπεν}$ $^{int\ lin}$ 𝕮) setzt vermutlich gegenüber dem MT (כי אמר) und der KR (ὅτι εἶπεν) eine andere Texttradition (ואמר) voraus.

V3^g. Der Ant gibt die Verbform im Präsens wieder, die KR im Aorist. Es ist davon auszugehen, dass die Vorlage der KR und des MT identisch waren.[37] Die Texttradition des Ant war aber vielleicht וַאֹמֶר, d.h. der Text wurde an יוֹשֵׁב angepasst:

MT (KR)	יושב ... כי אמר
Vorlage des Ant	יושב ... ואמר

V3[h]. Hier wurde היום als Adverb „heute"[38] verwendet. Die gr. Versionen geben es entsprechend als solches (σήμερον) wieder. Vgl. היום הזה ({ἐν} τῇ ἡμέρᾳ ταύτῃ) in 16,12; 18,18. 20.

V3[i]. S.o. 15,3[a] zum „beweglichen ν" in der Madrider Ausgabe.

V3[j]. S.o. 15,2[t] zur Verwendung des Artikels.

V3[k]. S.o. 15,5[g] zur Verwendung des Artikels für *nota accusativi*.

V3[l]. S.o. 15,2[t] zur Verwendung des Artikels.

V4[a]. Vgl. 15,25[a] zu den unterschiedlichen Wiedergaben (τῷ in der KR; πρὸς im Ant) zwischen beiden Versionen. Der Ant setzt vermutlich gegenüber dem MT und der KR eine andere Texttradition voraus: אֶל statt ל.

V4[b]. S.o. V2[b] zur Hinzufügung des Prädikats beim Ant (boc₂e₂ 𝕮) gegenüber dem MT und der KR.

V4[c-c]. Die KR gibt כל אשר ל mit πάντα ὅσα ἐστιν τῷ wieder, der Ant mit πάντα τὰ. Die Wiedergabe des Ant ist in den gr. Versionen von Sam-Kön (1Sam 15,3; 25,21; 2Sam 6,12; 2Kön 8,6) gebräuchlicher. Abgesehen vom Prädikat (ἐστιν) wurden alle hebr. Elemente in der KR wiedergegeben.

V4[d]. S.o. V1[e] zur Transkription des Eigennamens .

V4[e]. S.o. 15,3[a] zum „beweglichen ν" in der Madrider Ausgabe.

---

37   S.u. dazu z.B. V4[f].
38   S. auch 18,31[i]; 19,6[c/j]. 7[d/k/o].

V4[f]. (1) Die KR (auch O') gibt das finite Verb des MT mit einem Partizip wieder. Der Ant schreibt entsprechend dem MT ein finites Verb. (2) Auffallend ist das Tempus des Ant, nämlich Perfekt. In diesem Fall stellt das hebr. Perfekt „den Zusammenfall (Koinzidenz) zwischen Aussage und Vollzug der Handlung"[39] dar. In 17,11[b] gibt aber der Ant gegenüber der KR (Aorist) das hebr. Perfekt in demselben Zusammenhang mit Präsens wieder. Abgesehen von diesem hebr. Aspekt spiegelt das Perfekt des Ant vermutlich ein hellenistisches Sprachphänomen wider, d.h. seit der hellenistischen Zeit wurde der Ind. Perf. Gleichwertig mit dem Ind. Aor. gebraucht.[40] In unserem Textbereich kommen die Wiedergaben mit dem Perfekt für das hebr. Perfekt vom Ant gegenüber der KR, die es mit Aorist wiedergibt, nicht selten vor: 16,10[o]. 11[n]; 17,6[d]. 7[d]. 9[h]. 15[f/j]. 20[i]. 21[j]. 23[a]; 18,20[g]. 21[e]; 19,7[c]. 8[g]. 9[d] (Präs. in der KR). Außer 17,23[a] sind alle Fälle in der direkten Rede.[41] Wie Barthélemy richtig betrachtet hat,[42] stellt der Ant vermutlich die Wiedergabe der Ur-LXX dar. Die KR revidierte dagegen wahrscheinlich das Perfekt bzw. Plusquamperfekt der Ur-LXX mit Aorist, um das hebr. Perfekt regelmäßig wiederzugeben.

V4[g]. Die Codd. BA geben das Verb mit dem Optativ wieder. Die Codd. BA wollten vermutlich den Wunschaspekt des hebr. Imperfekts durch den gr. Optativ präzisieren. Vgl. 16,12[b]; 18,32; 19,1[i]; s. betreffende Analysen. Nach Meiser [43] ist der Ant (Perfekt) vermutlich die Widerspiegelung einer anderen Texttradition gegenüber dem MT und der KR, nämlich מצאתי statt אמצא. Vgl. Aorist (εὗρον) in den Mss. MNafgijn uvyb2.

V4[h-h]. (1) S.o. 15,25[e] zu den unterschiedlichen Wiedergaben für בעיני. (2) Die B-M erklärt diesen Unterschied als Konsonantensubstitution im

39 *BroS* § 41 d; auch *JM* § 112 f.
40 Schwyzer, *Grammatik* II, 287.
41 Vgl. Rahlfs, *Septuaginta-Studien* III, 117 zu weiteren Beispielen von 1Kön.
42 Barthélemy, „A Reexamination of the textual problems", 39; er nannte hier die Beispiele in 2Sam 11-13 und stellte fest: „The simplest explanation of this state of affairs is that Ant has retained the perfects and pluperfects which Old Septuagint must have had in βγ as in ββ, while Pal tried to eliminate them, though sometimes slipping up (as in the case of 12:18-23, the only place in the section where Pal has retained a notable ensemble of perfects). Here again the recensional initiative is not to be found in Ant but in Pal." (39).
43 *LXX.D*, Bd II, z. St.

Ant: τοῦ statt σου.[44] In den Majuskel-handschriften sind C und T eigent-lich kaum verwechselbar.[45] Aber in den Minuskelschriften wurden beide Konsonanten manchmal verwechselt.[46] Trotzdem stelle ich mir eher vor, dass der Ant eine andere Texttradition wiedergibt, nämlich בעיניך KR, בעיני Ant.

V4[i-i/k]. Weil die Vorlage des Ant kein Personalsuffix hatte, gab der Ant אדני המלך mit der Genitivkonstruktion wieder, die sich auf בעיני bezieht. Dagegen aber ist אדני המלך für die KR wegen des Personalsuffixes (ך-) überflüssig. Daher fasste die KR אדני המלך als Vokativ auf.

V4[j]. S.o. 15,2[t] zur Verwendung des Artikels im Ant.

44   Im Apparat steht geschrieben: „σου – βασιλευ] του κυριου μου του βασιλεως boc₂e₂", d.h. der Herausgeber der Ausgabe fasste τοῦ im Ant zusammen mit σου in LXX *rell* auf.

45   Vgl. dazu *LXX-Gö*, Bd. II,1 (Ex), 447.

46   Z.B. Gen 20,16: σου rell] του 911. S. *LXX-Gö*, Bd. I (Gen), 478.

2.8. 2Sam 16,5-14

2.8.1. Textsynopse

MT		KR	Ant
וּבָ֥אᵃ	5	καὶ ἦλθενᵃ	καὶ παραγίνεταιᵃ
הַמֶּ֖לֶךְ דָּוִ֑ד		ὁ βασιλεὺς Δαυιδ	ὁ βασιλεὺς Δαυιδ
עַד־בַּחוּרִ֑יםᵇ		ἕως Βαουριμᵇ	ἕως Χορραμᵇ
וְהִנֵּ֨ה מִשָּׁ֜ם		καὶ ἰδοὺ ἐκεῖθεν	καὶ ἰδοὺ ἐκεῖθεν
אִ֣ישׁ יוֹצֵ֗א		ἀνὴρ ἐξεπορεύετο	ἀνὴρ ἐξεπορεύετο
מִמִּשְׁפַּ֣חַת		ᶜἐκ συγγενείαςᶜ	ᶜἐκ πατριᾶςᶜ
בֵּית־שָׁא֙וּל		οἴκου Σαουλ	οἴκου Σαουλ
וּשְׁמ֣וֹ שִׁמְעִ֔י		καὶ ὄνομα αὐτῷ Σεμεΐᵈ	καὶ ὄνομα αὐτῷ Σεμεεὶᵈ
בֶּן־גֵּרָ֖א		υἱὸς Γηρα	υἱὸς Γηρα
יֹצֵ֥א יָצ֖וֹאᵉ		ᵉἐξῆλθεν ἐκπορευόμενος	ᵉἐξεπορεύετο ἐκπορευόμενος
וּֽמְקַלֵּֽל׃		καὶ καταρώμενοςᵉ	καὶ κακολογῶνᵉ
וַיְסַקֵּ֤לᵃ בָּֽאֲבָנִים֙ᵇ	6	καὶ λιθάζωνᵃ ἐν λίθοιςᵇ	καὶ βάλλωνᵃ λίθουςᵇ
אֶת־דָּוִ֔ד		τὸν Δαυιδ	ᶜἐπὶᶜ τὸν Δαυιδ
וְאֶֽת־כָּל־עַבְדֵ֖י		καὶ πάντας τοὺςᵉ παῖδας	καὶ ἐπὶᵈ πάντας τοὺςᵉ παῖδας αὐτοῦᶠ
הַמֶּ֣לֶךְ דָּוִ֑דᵍ		ᵍτοῦ βασιλέως Δαυιδᵍ	
וְכָל־הָעָם֙		καὶ πᾶς ὁ λαὸς ἦνʰ	καὶ πᾶς ὁ λαὸς
וְכָל־הַגִּבֹּרִ֔יםᵢ		καὶ πάντες οἱ δυνατοὶⁱ	καὶ πάντες οἱ μαχηταὶⁱ
מִימִינ֖וֹ		ἐκ δεξιῶν	ἐκ δεξιῶν
וּמִשְּׂמֹאלֽוֹ׃		καὶ ἐξ εὐωνύμωνʲ	καὶ ἐξ ἀριστερῶνʲ
		ᵏτοῦ βασιλέωςᵏ	ᵏτοῦ βασιλέωςᵏ
וְכֹֽה־אָמַ֥רᵃ שִׁמְעִ֖יᵇ	7	καὶ οὕτωςᵃ ἔλεγενᵇ Σεμεΐᶜ	καὶ τάδεᵃ εἶπεᵇ Σεμεεὶᶜ
בְּקַֽלְל֑וֹ		ἐν τῷ καταρᾶσθαι αὐτόν	ἐν τῷ καταρᾶσθαι αὐτόν
צֵ֥א צֵ֛א		ἔξελθε ἔξελθε	ἔξελθε ἔξελθε
אִ֥ישׁ הַדָּמִ֖ים		ἀνὴρ αἱμάτων	ἀνὴρ τῶνᵈ αἱμάτων
וְאִ֥ישׁ הַבְּלִיָּֽעַל׃		καὶ ἀνὴρ ὁ παράνομος	καὶ ἀνὴρ ὁ παράνομος
הֵשִׁיב֩ עָלֶ֨יךָ יְהוָ֜ה	8	ἐπέστρεψεν ἐπὶ σὲ κύριος	ἐπέστρεψεν ἐπὶ σὲ κύριος
כֹּ֣ל ׀ דְּמֵ֣י		πάντα τὰᵃ αἵματα	πάντα τὰᵃ αἵματα
בֵית־שָׁא֗וּל		τοῦᵇ οἴκου Σαουλ	τοῦᵇ οἴκου Σαουλ
אֲשֶׁ֤ר מָלַ֙כְתָּ֙		ὅτιᶜ ἐβασίλευσας	ᶜἀνθ᾽ ὧνᶜ ἐβασίλευσας
(תַּחְתּוֹ) [תַּחְתָּ֔יו]		ἀντ᾽ αὐτοῦ	ἀντ᾽ αὐτοῦ
וַיִּתֵּ֤ן יְהוָה֙		καὶ ἔδωκενᵈ κύριος	καὶ ἔδωκεᵈ κύριος
אֶת־הַמְּלוּכָ֔ה		τὴνᵉ βασιλείαν	τὴνᵉ βασιλείαν

Hebrew		Greek I	Greek II
בְּיַדֶֿ[g] אַבְשָׁלוֹם		ἐν[f] χειρὶ[g] Αβεσσαλωμ	εἰς[f] χεῖρας[g] Αβεσσαλωμ
בְּנֶֿךָ		τοῦ[h] υἱοῦ σου	τοῦ[h] υἱοῦ σου
וְהִנְּךָ[i]		[i]καὶ ἰδοὺ σὺ[i]	[i]καὶ ἔδειξέ σοι[i]
בְּרָעָתֶֿךָ[j]		[j]ἐν τῇ κακίᾳ σου[j]	[j]τὴν κακίαν σου[j]
כִּי אִישׁ דָּמִים אָֽתָּה:		ὅτι ἀνὴρ αἱμάτων σύ	ὅτι ἀνὴρ αἱμάτων σύ εἶ[k]
וַיֹּאמֶר אֲבִישַׁי	9	καὶ εἶπεν Αβεσσα	καὶ εἶπεν Αβεσσα
בֶּן־צְרוּיָה		υἱὸς Σαρουιας[a]	υἱὸς Σαρουία[a]
אֶל־הַמֶּלֶךְ		πρὸς τὸν βασιλέα	πρὸς τὸν βασιλέα
לָמָּה יְקַלֵּל		ἵνα τί καταρᾶται	ἵνα τί καταρᾶται
הַכֶּלֶב		ὁ κύων	ὁ κύων
הַמֵּת[b] הַזֶּה		ὁ τεθνηκὼς[b] οὗτος	ὁ ἐπικατάρατος[b] οὗτος
אֶת־אֲדֹנִי		τὸν κύριόν μου	τὸν κύριόν μου
הַמֶּלֶךְ		τὸν βασιλέα	τὸν βασιλέα
אֶעְבְּרָה־נָּא[c]		διαβήσομαι[c] δὴ	διελεύσομαι[c] δὴ
וְאָסִירָה		καὶ ἀφελῶ	καὶ ἀφελῶ
אֶת־רֹאשֽׁוֹ:		τὴν[d] κεφαλὴν αὐτοῦ	τὴν[d] κεφαλὴν αὐτοῦ
וַיֹּאמֶר הַמֶּלֶךְ	10	καὶ εἶπεν ὁ βασιλεύς	καὶ εἶπεν ὁ βασιλεύς
			[a]πρὸς ᾿Αβεσσὰ[a]
וּלְכֶם[b] בְּנֵי צְרֻיָה[d]		τί ἐμοὶ καὶ ὑμῖν[b] υἱοὶ[c]	τί ἐμοὶ καὶ σοί[b] υἱέ[c]
מַה־לִי		Σαρουιας[d]	Σαρουία[d]
		[f]ἄφετε αὐτὸν[f]	καὶ[e] [f]ἄφετε αὐτὸν[f]
(כִּי)[כֹּה][h] יְקַלֵּל		καὶ[g] οὕτως[h] καταράσθω[i]	διότι[h] καταρᾶταί[i] μοι[j]
(וְכִי)[כִּי][h] יְהֹוָה		ὅτι[k] κύριος	ὅτι[k] κύριος
אָמַר לוֹ		εἶπεν αὐτῷ	εἶπεν αὐτῷ
קַלֵּל[l] אֶת־דָּוִד		καταρᾶσθαι[l] τὸν[m] Δαυιδ	κακολογεῖν[l] τὸν[m] Δαυιδ
וּמִי יֹאמַר		καὶ τίς ἐρεῖ	καὶ τίς ἐρεῖ
מַדּוּעַ עָשִׂיתָה[o] כֵּן:		[n]ὡς τί[n] ἐποίησας[o] οὕτως	[n]τί ὅτι[n] πεποίηκας[o] οὕτως
וַיֹּאמֶר דָּוִד	11	καὶ εἶπεν[a] Δαυιδ	καὶ εἶπε[a] Δαυιδ
אֶל־אֲבִישַׁי[b]		πρὸς Αβεσσα[b]	πρὸς Ἰωὰβ[b]
וְאֶל־כָּל־		καὶ πρὸς πάντας	καὶ πρὸς πάντας
עֲבָדָיו		τοὺς παῖδας αὐτοῦ	τοὺς παῖδας αὐτοῦ
הִנֵּה בְנִי		ἰδοὺ ὁ[c] υἱός μου	ἰδοὺ ὁ[c] υἱός μου
אֲשֶׁר־יָצָא[d]		[d]ὁ ἐξελθὼν[d]	[d]ὁ ἐξελθὼν[d]
מִמֵּעַי		ἐκ τῆς κοιλίας μου	ἐκ τῆς κοιλίας μου
מְבַקֵּשׁ אֶת־נַפְשִׁי		ζητεῖ τὴν[e] ψυχήν μου	ζητεῖ τὴν[e] ψυχήν μου
וְאַף כִּי־עַתָּה[f]		[f]καὶ προσέτι νῦν[f]	[f]εἰ δὲ καὶ νῦν[f] οὗτος[g]
בֶּן־הַיְמִינִי		ὁ[h] υἱὸς τοῦ Ιεμινι[i]	ὁ[h] υἱὸς τοῦ Ιεμιναίου[i]
הַנִּחוּ[j] לוֹ[k] וִיקַלֵּל[l]		ἄφετε[j] αὐτὸν[k] καταρᾶσθαι[l]	ἄφες[j] αὐτόν[k] [l]καὶ καταράσθω[l]

Hebrew		KR	Ant
כִּי אָמַר־לוֹ יְהוָה[m]:		ὅτι [m]εἶπεν[n] αὐτῷ κύριος[m]	ὅτι [m]κύριος εἴρηκεν[n] αὐτῷ[m]
אוּלַי[a] יִרְאֶה[b] יְהוָה[c]	12	[a]εἴ πως[a] ἴδοι[b] κύριος[c]	ὅπως[a] ἴδῃ[b]
(בַּעֲוֹנִי) [בְּעֵינִי][d]		ἐν τῇ ταπεινώσει[d] μου	τὴν ταπείνωσίν[d] μου
וְהֵשִׁיב		καὶ ἐπιστρέψει[e]	καὶ ἀνταποδώ
יְהוָה לִי[f]		μοι	σει[e] ἵμοι ὅ[g] κύριος[f]
טוֹבָה		ἀγαθά	ἀγαθά
תַּחַת קִלְלָתוֹ		ἀντὶ τῆς[h] κατάρας αὐτοῦ	ἀντὶ τῆς[h] κατάρας αὐτοῦ
הַיּוֹם הַזֶּה:		τῇ ἡμέρᾳ ταύτῃ	τῆς ἐν[i] τῇ ἡμέρᾳ ταύτῃ
וַיֵּלֶךְ דָּוִד[a]	13	καὶ ἐπορεύθη[a] Δαυιδ	καὶ ἐπορεύετο[a] Δαυιδ
וַאֲנָשָׁיו		καὶ οἱ[c] ἄνδρες αὐτοῦ	καὶ πάντες[b] οἱ[c] ἄνδρες αὐτοῦ [d]μετ᾽ αὐτοῦ[d]
בַּדָּרֶךְ		ἐν τῇ ὁδῷ	ἐν τῇ ὁδῷ
וְשִׁמְעִי הֹלֵךְ		καὶ Σεμεϊ[e] ἐπορεύετο	καὶ Σεμεεὶ[e] ἐπορεύετο
בְּצֵלַע הָהָר[f]		[f]ἐκ πλευρᾶς[f] τοῦ ὄρους	[f]κατὰ τὸ κλίτος[f] τοῦ ὄρους
לְעֻמָּתוֹ[g]		[g]ἐχόμενα αὐτοῦ[g]	[g]ἐχόμενος αὐτοῦ[g]
הָלוֹךְ[h]		πορευόμενος[h]	ἐπορεύετο[h]
וַיְקַלֵּל		καὶ καταρώμενος[i]	καὶ κατηρᾶτο[i]
וַיְסַקֵּל בָּאֲבָנִים[k]		καὶ λιθάζων[j] ἐν λίθοις[k]	καὶ ἔβαλλε[j] λίθους[k]
לְעֻמָּתוֹ[l]		[l]ἐκ πλαγίων αὐτοῦ[l]	[l]ἐπ᾽ αὐτὸν[l]
וְעִפַּר בֶּעָפָר[m]:		[m]καὶ τῷ[n] χοῒ πάσσων[m]	[m]καὶ τῷ[n] χοῒ πάσσων [m]
וַיָּבֹא הַמֶּלֶךְ[a]	14	καὶ ἦλθεν[a] ὁ βασιλεὺς	καὶ παρεγένετο[a] ὁ βασιλεὺς
וְכָל־הָעָם[b] אֲשֶׁר־אִתּוֹ[b]		καὶ πᾶς ὁ λαὸς αὐτοῦ[b]	καὶ πᾶς ὁ λαὸς [b]ὁ μετ᾽ αὐτοῦ[b]
עֲיֵפִים		ἐκλελυμένοι	ἐκλελυμένοι
וַיִּנָּפֵשׁ שָׁם[c]:		καὶ ἀνέψυξαν[c] ἐκεῖ	καὶ ἀνεπαύσαντο[c] ἐκεῖ

2.8.2. Analyse der Varianten

V5[a]. (1) In der Wortwahl unterscheiden sich die beiden Versionen voneinander. Die KR wählte ἦλθεν[1] für בוא, der Ant παραγίνεται. Es handelt sich dabei um Synonyme. Es ist aber zu fragen, ob der Ant mit παραγίγνομαι die Bedeutung vom „Ankommen" präzisieren wollte. (2) Zum Unterschied im Tempus: Der Aorist der KR steht häufig für Impf. *consecutivum* (ויבוא).[2] Jedoch ist diese Konjektur (ויבוא statt ובא) nicht

---

[1] εἰσῆλθεν in den Hss. ir.

[2] Budde, *Die Bücher Samuel erklärt*, 275; Driver, *Notes on the Hebrew Text of the Books of Samuel*, 318; McCarter, *II Samuel*, 368.

unabdingbar. Denn,das Perfekt mit dem *Waw-copulativum* drückt ebenfalls die Vergangenheit aus, wie wir schon in 15,1-6 (bes. in Qumrantexten) feststellten. Daher lässt sich vermuten, dass der MT und die Vorlage der KR durch das Hebräische, das zeitgenössisch mit dem qumranischen Hebräischen war, beeinflusst wurde. Das Präsens des Ant ist scheinbar die Wiedergabe vom hebr. Partizip. Allerdings wäre dann die Reihenfolge des Satzes anders: והמלך דוד בא.[3] M.E. setzt der Ant stattdessen dieselbe Texttradition wie die KR voraus und wollte durch das Präsens *historicum* die Lebendigkeit der Szene verdeutlichen, damit sich die schockierende Geschichte noch stärker auf den Leser auswirken kann. In unserem Textbereich kommt solch ein Präsens *historicum* im Ant gelegentlich vor : 17,18[h]. 20[o]. 23[e]; 18,7[a].

V5[b]. Hier geht es um die Transkription der Ortsangabe: בחורים. Rahlfs erschloß den Text mit βαουρ(ε)ιμ[4] auf Grund der Mss. AM[txt]N *rell*. In den verschiedenen Manuskripten sind aber noch weitere Varianten zu erkennen:

βαθυρειμ	h[b?]u
βαρορειμ	g
βουρειμ	Bh*a$_2$
βουρειν	r
χορραμ	boc$_2$e$_2$
χορραν	M[mg]
ܚܘܪܡ (=*ḥwr'm*)	ܣ[j]
κατα χωρανον	*Jos. Ant.* VII 207
in Corram	𝕷

Hier erkennt man klar zwei unterschiedliche Texttraditionen: (1) בחורים des MT und der KR, (2) חורם des Ant. S.u. 17,18[f] noch detaillierter. Vgl. 2Sam19,16.

V5[c]. Für משפחה verwenden die beiden Versionen zwei Synonyme: συγγενεία in der KR und πατριά im Ant.

---

3 *GK* § 112 tt.
4 S.o. 16,1[e] Anm. 5 zum sprachgeschichtlichen Phänomen zwischen ει und ι.

V5^d. Die Transkription in LXX-*Ra* ist eine Konjektur von Rahlfs. S.o. 16,1^e Anm. 5 zum sprachgeschichtlichen Phänomen zwischen ει und ι. Vgl. V7^c. 13^e.

V5^{e-e}. (1) Der Unterschied zwischen den beiden Versionen liegt in der Wortwahl: ἐξέρχομαι in der KR, ἐκπορεύομαι im Ant. Merkwürdig ist, dass der Ant die hebr. *figura etymologica* durch dasselbe gr. Wort nachahmte. (2) Im Hebräischen wird der *inf. abs.* dem Partizip nachgestellt, und in diesem Fall drückt es „die längere Fortdauer der Handlung"[5] aus. Darüber hinaus kann das Partizip im Hebräischen anstelle eines zweiten *inf. abs.* eingefügt werden.[6] Solch ein hebr. Phänomen spricht für den MT. (3) Im LXX-Griechischen steht das Partizip häufig für hebr. *inf. abs.* Dazu s.o. 15,8^e. Daher ist das Partizip ἐκπορευόμενος in den gr. Versionen gut erklärbar. Das gr. Partizip lässt sich zwar hier innergriechisch als sog. *participium coniunctum* verstehen, aber der Satz ergibt wegen der Wiederholung desselben Verbs wenig Sinn. Die gr. Wiedergaben von וּמְקַלֵּל können im Griechischen richtig als *participium coniunctum* verstanden werden. (4) Nach Meiser könnte die Wortwahl des Ant (κακολογέω) „eine größere lautliche Assonanz zu וּמְקַלֵּל"[7] sein. Dagegen spricht allerdings, dass das Verb קלל nicht konsequent mit κακολογέω wiedergegeben wurde. Vgl. V7. 9. 10. 11. 13.

V6^a. (1) Die Wortwahl der KR (λιθάζω) für סקל in Piel wird nur in unserem Textbereich bezeugt (s.u. auch V13^i). Außerhalb der καιγε–Abschnitte wird סקל in Sam-Kön nur mit λιθοβολέω wiedergegeben.[8] Die Wortbildung von –αζω für hebr. Piel od. Hiphil ist ein typisches Element der Übersetzungstechnik des Aquila.[9] Die KR verwendet hier in gleicher Weise λιθάζω, um das hebr. Piel deutlich zu machen. Zudem wurde die KR durch das folgende ἐν λίθοις im Griechischen noch ungewöhnlicher (s.u. V6^b). Dagegen hat der Ant eine innergriechisch bessere Wiedergabe. Der Ant wollte lediglich den Sinn wiedergeben: „Steine werfen", denn βάλλω steht im LXX-Griechischen keinesfalls für סקל.[10] Vgl. καὶ λίθοις τε ἔβαλλεν αὐτὸν *Jos. Ant.* VII 207. (2) Das

---

5   *GK* § 113 r.
6   Vgl. *GK* § 113 t; *BroS* § 93 g; *JM* § 123 n.
7   LXX.D, Bd II, z. St.
8   1Sam 30,6; 1Kön 20{21},10. 13. 14. 15.
9   Reider, „*Prolegomena to a Greek-Hebrew and Hebrew-Greek Index to Aquila*" JQR 4 (1914), 580.
10   *HR*, 189c-190a.

Partizip in den gr. Versionen stellt nur eine innergriechische Bearbeitung dar. Vgl. V13ʲ.

V6ᵇ. Die KR bietet eine graphemische Wiedergabe, bei der der gr. Text keinen Sinn ergibt.[11] Der Ant ahmt die hebr. Elemente nicht nach, sondern stellt eine innergriechisch korrekte Übersetzung dar. S.u. auch V13ᵏ.

V6ᶜ/ᵈ. (1) S.o. 15,5ᵍ zur Verwendung des Artikels (V6ᶜ) für *nota accusativi*. (2) Die gr. Präposition ἐπὶ im Ant (V6ᶜ/ᵈ) ist m.E. eine innergriechisch verbesserte Hinzufügung anstelle von *nota accusativi*.

V6ᵉ. (1) S.o. 15,5ᵍ zur Verwendung des Artikels in der KR für *nota accusativi*. (2) Der Artikel im Ant ist keine Wiedergabe für die *nota accusativi* (vgl. V6ᶜ/ᵈ), sondern eine innergriechisch notwendige Hinzufügung wegen des determinierenden Personalsuffixes. Dazu vgl. 15,2ᵗ.

V6ᶠ/ᵍ⁻ᵍ. Der MT (המלך דוד) und die KR (τοῦ βασιλέως Δαυιδ) stimmen hier miteinander uberein. Dagegen setzt der Ant (αὐτοῦ; boc₂e₂d) eine andere Texttradition voraus: ואת־כל־עבדיו statt ואת־כל־עבדי המלך דוד.

V6ʰ. Vgl. 16,2ᵇ zur Hinzufügung des Prädikats (εἰμι) für den hebr. Nominalsatz.

V6ⁱ. Der Unterschied in der Wortwahl zwischen beiden Versionen ist nur unwesentlich.

V6ʲ. Für שמאל steht εὐώνυμος in der KR, dagegen ἀριστερός im Ant. Von εὐώνυμος der KR kann man nicht feststellen, ob die KR wegen der üblichen Vorbedeutung absichtlich ἀριστερός vermied.[12] Beide Wiedergaben sind hier Synonyme.[13]

V6ᵏ⁻ᵏ. Die gr. Versionen setzen hier gegenüber dem MT eine andere Texttradition voraus, nämlich מימין ומשמאל statt מימינו ומשמאלו המלך.

---

11 In 1Kön 20{21},14 wird es mit *dativus instrumentalis* (λίθοις) für באבנים wiedergegeben.

12 Vgl. *Pape*, 1111 : εὐώνυμος ist „euphemistischer Ausdruck für links (denn ἀριστερός hatte eine üble Vorbedeutung, man suchte daher dieses Wort zu vermeiden)".

13 In der LXX überhaupt kann man ebenfalls keine bevorzugte Tendenz zwischen beiden Wiedergaben erkennen : vgl. *HR*, 157c-158a und 585a-b.

V7ᵃ. Der Unterschied in der Wortwahl ist nicht wesentlich: οὕτως in der KR, τάδε im Ant.

V7ᵇ. (1) In den Codd. BA wurde das Verb mit der Imperfektform (ἔλεγεν) wiedergegeben, im Ant+ (boc₂e₂MNad-gijmpqs-wyzb₂) aber mit der Aoristform (εἶπε). Gewiss ist, dass das Imperfekt der KR die wiederholende Aussage von Semei ausdrückt. Vgl. 15,2ᵃ. Darüber hinaus ist hier der einzige Fall, in dem das hebr. Perfekt gegenüber dem Aorist des Ant in der KR mit dem Imperfekt wiedergegeben wurde. Sonst ist die Wiedergabe in solchen Fällen umgekehrt. Dazu s.u. 17,20ᵏ. (2) S.o. 15,3ᵃ zum Ausfallen des „beweglichen ν" in der Madrider Ausgabe.

V7ᶜ. S.o. V5ᵈ.

V7ᵈ. Hier stimmt der Ant mit dem MT überein. Die KR setzt eine weitere Texttradition voraus: איש דמים ohne Artikel. Vgl. dazu V8, Z12 (איש דמים; ἀνήρ αἱμάτων).

V8ᵃ. S.o. 15,2ᵗ. zur Verwendung des Artikels.

V8ᵇ. S.o. 15,2ᵗ. zur Verwendung des Artikels.

V8ᶜ. Die Wiedergabe des Ant+ (ἀνθ᾽ ὧν; boc₂e₂MᵗˣᵗN *rell* Chr) stellt eine innergriechisch bessere Wiedergabe dar, d.h. der Ant interpretierte hebr. אשר gemäß dem Kontext. Dagegen gab die KR (BAMᵐᵍchrxa₂ 𝕬ℭ) den Text wörtlich mit ὅτι wieder.

V8ᵈ. S.o. 15,3ᵃ zum „beweglichen ν" in der Madrider Ausgabe.

V8ᵉ. S.o. 15,5ᵍ zur Verwendung des Artikels für *nota accusativi*.

V8ᶠ. Die KR gibt die hebr. Präposition ב wörtlich mit ἐν wieder, dagegen der Ant (boc₂e₂ 𝕬 Chr) mit εἰς. Die Wiedergabe des Ant passt besser zum Kontext .

V8ᵍ. S.o. 15,36ʰ.

V8ʰ. S.o. 15,2ᵗ zur Verwendung des Artikels.

V8ⁱ. Wie man schon erkannte,[14] setzt der Ant (καὶ ἔδειξέ σοι; boc₂e₂zᵐᵍ
𝔄𝕷 Chr) gegenüber dem MT (והנך) und der KR (καὶ ἰδοὺ σὺ) eine andere
Texttradition (והראך) voraus. S.o. 15,3ᵃ zum Ausfallen des „beweglichen
ν" im Ant.

V8ʲ. (1) Während die KR ihre Vorlage ganz wörtlich übersetzte, gab der
Ant (boc₂e₂zᵐᵍ 𝔄𝕷 Chr) die hebr. Präpositionalkonstruktion mit dem
Akkusativ wieder. Deshalb hängt die Lesart des Ant von V8ⁱ ab. (2) S.o.
15,2ᵗ zur Verwendung des Artikels in der KR.

V8ᵏ. S.o. 16,2ᵇ zur Hinzufügung des Prädikats (εἰμι) für den hebr.
Nominalsatz.

V9ᵃ. Hier geht es um die Transkription des hebr. Eigennamens: צרויה. In
den Mss. BAh*a₂ 𝕮𝕰 erkennt man die undeklinierte, hellenisierte Form
mit der Sigma-Endung,[15] Σαρουριας. Dagegen stellt der Ant+ (MN *rell* 𝔄
Spec) die zum Genitiv deklinierte Form dar. S. u. auch 16,10ᵈ; 17,25ᵠ;
18,2ᵈ.

V9ᵇ. Der Ant (ἐπικατάρατος; boc₂e₂ Thdt Spec) setzt vermutlich
gegenüber dem MT (המת) und der KR (τεθνηκώς; auch Ο′) eine andere
Texttradition voraus, nämlich הכלב המת הזה statt הכלב הארר הזה.[16] Die
Lesart des Ant wird auch von Theodotion[17] belegt. Die Textgeschichte
kann in folgender Weise dargestellt werden:

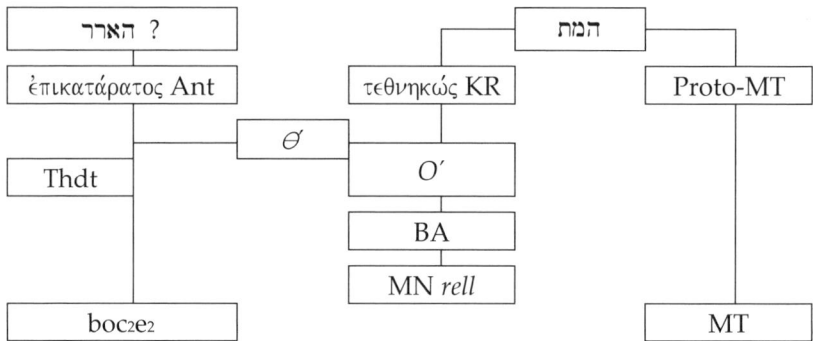

14　Klostermann, *Die Bücher Samuelis und der Könige*, 204; McCarter, *II Samuel*, 368.
15　Zu diesem Phänomen, s. BDR § 53; S.o. 1.3.2.2. (2) c. zu diesem Thema.
16　Zu den Beispielen s. *HR*, 522c-523a.
17　S.o. 1.3.2.2. (2) c. zu diesem Thema.

V9ᶜ. Das hebr. Wort wird im Griechischen mit zwei unterschiedlichen Verben übersetzt, bei denen es sich aber um Synonyme handelt.

V9ᵈ. S.o. 15,5ᵍ zur Verwendung des Artikels für *nota accusativi*.

V10ᵃ. In einigen Handschriften (BAcdrxa₂ 𝔄)[18] fehlt dieser Ausdruck (πρὸς Ἀβεσσὰ) in Übereinstimmung mit dem MT, allerdings ist sie im Ant+ (MN *rell*) vorhanden. Hier spiegeln sich verschiedene Texttraditionen wider, und darüber hinaus hängt diese Tradition mit V10ᵇ/ᶜ (s.u.) zusammen.

V10ᵇ/ᶜ. Die Hss. MN *rell* verdeutlichen den Adressaten (V10ᵃ). Allein mit dieser Lesart kann man aber nicht sicher sein, ob die Hss. MN *rell* gegenüber dem MT eine weitere Texttradition voraussetzen. Denn der Adressat könnte auch nur eine sekundäre Verdeutlichung sein. Aber dass die Hss. boc₂e₂ weiterhin sogar gegenüber den Hss. MN *rell* später (Vgl. V10ᶠ) im Singular stehen (V10ᵇ σοὶ statt ὑμῖν; V10ᶜ υἱέ statt υἱοί), ist ein Beweis dafür, dass zumindest die Vorlage des Ant אל־אבישׁי war.

V10ᵈ. S.o. 16,9ᵃ.

V10ᵉ. In seiner kritischen Ausgabe (LXX-*Ra*) erschloß Rahlfs den Text ohne Kopula laut den Mss. ANcdfinrvx 𝔄 Thdt. Jedoch ist die Kopula nicht nur im Ant, sondern auch im Cod. B vorhanden. Ich bin mit Rahlfs der Meinung, dass καὶ in einigen Mss. sekundär ist, denn im Kontext braucht man hier keine Kopula. Die gr. Kopula steht hier zusätzlich im Sinne des deutschen „da", um den Fortschritt der Aussage zu verstärken. Darüber hinaus drückt dieses καὶ des Ant den Adressatenwechsel aus, d.h. zunächst spricht David zu Abessa, aber danach zu dessen Knechten.

V10ᶠ. (1) Der Teil des Satzes in den gr. Versionen ἄφετε αὐτὸν (=[rekonstr.] הנחו לו [Vgl. V11ʲ/ᵏ]) fehlt im MT. Nach Stoebe ist er aus V11 eingedrungen und hier nicht im MT zu ergänzen.[19] Auch wenn dieser Ausdruck nicht ursprünglich ist, geht er sehr wahrscheinlich auf die hebr. Texttradition zurück:

---

18   Vgl. +*ei* 𝕮𝕮ᵛⁱᵈ.

19   Stoebe, *Das zweite Buch Samuelis*, 375.

V10		V11
יקלל [כה]‏(כי) הנחו לו‏	A	הנחו לו ויקלל
לו אמר יהוה [כי]‏(וכי)	B	כי אמר־לו יהוה

(2) Die Pluralform des Ant wurde vermutlich in den Hss. *b*o mit der Singularform (ἀφέται) korrigiert. Aber das ist nicht unbedingt nötig. Vgl. o. V10ᵉ.

V10ᵍ. Die Kopula (καὶ οὕτως) in der KR setzt gegenüber Ketib und Qere des MT noch eine weitere Textform voraus: וכה.

V10ʰ. Hier wurde im Ant die Tradition von Ketib aufgenommen, in der KR die von Qere. In der Hexapla erkennt man auch die Variante zwischen Qere (*O′*) und Ketib (*Θ′*).[20] Die Textgeschichte dieser Vairante ist folgendermaßen darzustellen:

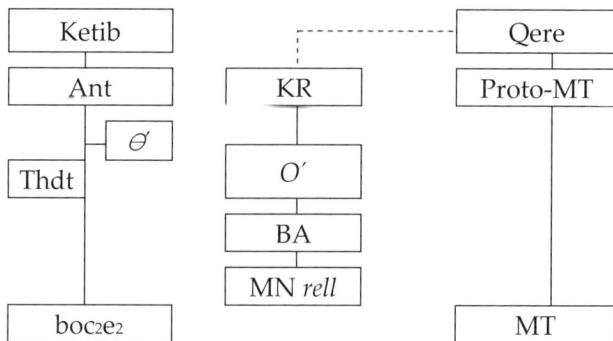

V10ⁱ. Das hebr. Wort יקלל wird in der KR als Jussiv aufgefasst, deswegen gibt die KR sinngemäß mit Imp. Präs. Med. 3. Sg. (καταράσθω) wieder. Dagegen wird es im Ant nur als Imperfekt aufgefasst. Denn im כי‑Satz ist es ein reines Imperfekt. Deswegen wurde es im Ant einfach mit Ind. Präs. Med. 3. Sg. (καταρᾶται) wiedergegeben.

V10ʲ. Der Ant fügte zusätzlich das Objekt hinzu.[21] Allerdings ist keine hebr. Vorlage (יקללני ?) zu vermuten.

---

20 Field, *Hexapla* I, 570.
21 Theodoret gibt das Pronomen im Akkusativ statt im Dativ wieder. Aber καταράομαί τινα stellt einen späthellenistischen bes. christlichen Gebrauch des Wortes dar. Dazu s. Menge-Güthling, *Großwörterbuch*, 373.

V10^k. In den gr. Versionen wurde mit ὅτι die Tradition des Qere (כי) aufgenommen, nicht jene des Ketib (וכי). Die Text-tradition der gr. Versionen hängt vom syntaktischen Textverständnis ab. Die folgende Synopse des Verses bringt die verschiedenen Auf-fassungen des Textes zum Ausdruck:

MT (Ketib)	KR	Ant
Und der König sprach,	Und der König sprach,	Und der König sprach *zu Abessa,*[+]
„Was (hat es) mit mir und mit euch (zu tun), Söhne Zerujas,	„Was (hat es) mit mir und mit euch (zu tun), Söhne Sarujas?	„Was (hat es) mit mir und mit *dir* (zu tun), *Sohn* Sarujas?
	Lasst ihn in Ruhe![+]	*Und*[+] *lasst ihn in Ruhe,*[+]
dass er (mich)verflucht?	*Und so* soll er verfluchen,	*weil* er *mir*[+] flucht,
Und wahrlich Yahweh sprach zu ihm,	*wie* der HERR zu ihm sprach,	*wie* der HERR zu ihm sprach,
dass er den David *verfluchen sollte.*	den David *zu verfluchen.*	den David *zu verfluchen.*
Und wer darf sagen: warum hast du das getan?"	Und wer darf sagen: warum hast du das getan?"	Und wer darf sagen: warum hast du das getan?"

V10^l. Vgl. V5^{e-e}, (4).

V10^m. S.o. 15,5^g zur Verwendung des Artikels für *nota accusativi*.

V10^n. Die Wiedergabe von ὡς τί ist nur in den Mss. BAcx erkennbar. Zudem ist diese Wiedergabe für מדוע ein singulär in der LXX.[22] In den übrigen Mss. sind die Wiedergaben unterschiedlich. In den Mss. Ndempqstuwz Thdt fehlt ὡς. Die Hs. a2 schreibt ὅς τί anstelle von ὡς τί, die Hs. r schreibt ὅστις. Aber die beiden Hss. a2r sind als sekundär zu betrachten. Im Ant+ (Ma$^{ὅτι\ sup\ ras}$ *rell*)[23] steht τί ὅτι[24]. Im Griechischen bedeutet ὡς τί „aus welcher Absicht?" (=ἵνα τί).[25] Daher ist diese Wiedergabe von der Bedeutung der Vorlage מדוע nicht weit entfernt.

---

22 S. *HR*, 1355c-1361c bes. (20).

23 Vgl. ὅτι o.

24 τί ὅτι ist für מדוע gewöhnlich in der LXX. Dazu s. *HR*, 1355c-1361c bes. (16b).

25 *KG* II, § 588, 3; Vgl. ἵνα τί in Gen 26,27; Hiob 3,12; 18,3 [A]; Jer 14,19 für מדוע.

Auf jeden Fall setzt weder die KR noch der Ant gegenüber dem MT eine andere Texttradition voraus. Die beiden Versionen stellen lediglich unterschiedliche Übersetzungsschichten bzw. –techniken dar.

V10°. S.o. 16,4ᶠ zum Unterschied im Tempus.

V11ᵃ. S.o. 15,3ᵃ zum „beweglichen ν" in der Madrider Ausgabe.

V11ᵇ. Der Ant bezeichnet anders als der MT und die KR Joab als den Adressaten der Rede Davids. Es gibt keinen anderen Textzeugen, der mit dem Ant übereinstimmt. Der Ant (od. seine Vorlage?) wollte vielleicht die Anwesenheit Joabs an dieser Stelle erwähnen, da er in der Geschichte eine wichtige Rolle spielt.

V11ᶜ. S.o. 15,2ᵗ zur Verwendung des Artikels.

V11ᵈ⁻ᵈ. Die hebr. Ausdrucksweise אשר mit finitem Verb im Qal ist in der gr. Version mit der attributiven (mit Artikel) Partizipialkonstruktion wiedergegeben. Vgl. 15,18°.

V11ᵉ. S.o. 15,5ᵍ zur Verwendung des Artikels für *nota accusativi*.

V11ᶠ⁻ᶠ. (1) Vgl. 15,20ᶠ zum Unterschied zwischen der KR (καὶ) und dem Ant (δέ) für das hebr. Copulativum ו. (2) Hier erkennt man verschiedene Lesarten in den gr. Versionen. In den Mss. BAchᵇxa₂²⁶ wurde mit einem in der LXX selten vorkommendem Wort (προσέτι)²⁷ für אף כי des MT wiedergegeben. Diese Übersetzung ist aber keine wörtliche Wiedergabe, sondern die dem Kontext angepasste freie Wiedergabe im Sinne von „dazu noch". Dagegen geben die Mss. MN *rell* mit ἰδὲ καὶ wieder.²⁸ Scheinbar ist diese Wiedergabe unter Voraussetzung von הנה ועתה entstanden, aber der Ant (boc₂e₂iy Thdt) spricht gegen diese Vermutung. Der Ant gibt nämlich mit εἰ δὲ καὶ wieder. Die Mss. MN *rell* stellen also eine vom Ant beeinflusste Wiedergabe unter Auslassung von ε (ΙΔΕΚΑΙΝΥΝ statt ΕΙΔΕΚΑΙΝΥΝ) dar, deshalb sind sie sekundär. Aber der Ant setzt ואם כי עתה als seine Vorlage voraus.²⁹

---

26 Vgl. καὶ πρὸς ϭετι r.
27 In Hiob 36,16 (S²) steht es für אף. Sonst kommt es nur in 2.Makk 12,14 und 4.Makk 14,1 vor.
28 Vgl. ἰδετε καὶ a; ἰδοὺ καὶ 44.
29 In der LXX-*Ra* erkennt man schon εἰ δὲ für ואם: Num 11,15; Riᴬ 7,10; 2Sam 14,32; 1Kön 18,21; 20{21},2. 6.; Darüber hinaus kann man καὶ νῦν als die Wiedergabe für

V11ᵍ. Der Ant (bzc₂e₂ Thdt) fügt hier gegenüber dem MT und der KR ein Demonstrativpronomen hinzu. Die Hs. o weicht aber vom Ant ab und folgt derselben Tradition wie die KR. Die Hinzufügung des Ant ist vermutlich eine innergriechische Verstärkung. Daher gibt es keinen Grund, für den Ant eine andere hebr. Vorlage (z.B. mit הוא) anzunehmen.

V11ʰ. S.o. 15,2ᵗ zur Verwendung des Artikels.

V11ⁱ. Der Ant+ gibt בן־הימיני mit ὁ υἱὸς τοῦ Ἰεμιναίου wieder, dagegen die Codd. BA mit Ιεμε(ι)νει. Hier hat Rahlfs den Text mit Ιεμινι konjiziert. Man kann die Transkriptionen für ימיני (nicht für בנימין als Eigennamen) in Sam-Kön durch die folgende Tabelle überblicken:

	B	A	M	N	LXX-*Ra*	Ant
1.S 9,1	Ιεμειναιου	Ιεμιινναιου	B	Ιεμηναιου	Ιεμιναιου	(=B)
9,4	Ιακειμ	Ιεμειναιου	Ιαμειν	Ιαμεγ	Ιακιμ	Ιαβειν
9,21	Ιεμειναιου	(=B)	B	Ιεμηναιου	Ιεμιναιου	(=B)
22,7	Βενιαμειν	Ιεμεννι	B	(=B)	Βενιαμιν	(=B)
2S 16,11ⁱ	Ιεμεινει	Ιεμειει	Ιεμειναιου	Ιεμειναιου	Ιεμινι	Ιεμειναιου
19,17	Ιεμενει	(=B)	B	(=B)	Ιεμινι	(=B)
20,1	Ιεμενει	(=B)	Ιεμινι	(=B)	Ιεμενι	Αραχι
1.K 2,8	Ιεμεινει	Ιεμενει	Ιεμενει	Ιεμενει	Ιεμινι	Ιεμενει

Die Textentscheidungen von Rahlfs sind zu hinterfragen. Prinzipiell folgt er dem Cod. B. Bei der Transkription der Vokale geht er allerdings nach einer eigenen Regel vor: für ει in der Handschrift setzt er ι.[30] In unserem Fall (2Sam 16,11ⁱ) spielen zwei Aspekte eine Rolle:[31]

(a) Rahlfs bearbeitete den Cod. B nach seiner Regel, nämlich Ιεμ(ε)ιν(ε)ι vom Cod. B mit Ιεμινι.
(b) Die Transkription der Hexapla bietet Ιεμενι.[32]

כי עתה in Analogie zu Hiob 4,5 u. 7,21 betrachten, wo νυν(ι) δε für כי עתה wiedergegeben ist.
30 Dazu s.o. 16,1ᵉ Amn. 5.
31 S. LXX-*Ra*, Bd.1, 599.
32 Field, *Hexapla* I, 570.

Auf Grund der Tabelle ist ersichtlich, dass Rahlfs seine Regel nicht konsequent anwendet. So schreibt er in 1Kön 2,8 Ιεμενι für Ιεμεινει (im Cod. B), obwohl Ιεμινι zu erwarten wäre. Rahlfs erschloß den Text an dieser Stelle entsprechend der hexaplarischen Tradition (vgl. Cod. A), und somit entgegen seiner eigenen Regel. An unserer Stelle hingegen folgt er seiner eigenen Regel, obwohl er im Apparat die Form der Hexapla aufführt.

Zur Tabelle: Abgesehen von 1Sam 9,1. 21, wo die Lesarten unterschiedliche Vorlagen voraussetzen, kann man aus der Tabelle haupt--sächlich zwei Schichten der Transkription erkennen: (1) die hellenisierte Transkription, nämlich Ιεμειναιος. Diese Transkription stellt die ältere Tradition, vielleicht die der Ur-LXX, dar; (2) die hebraisierte Transkription, nämlich Ιεμε(ι)νει. Diese Transkription ist sehr wahrscheinlich ausgehend von der KR entstanden. Denn im Cod. B ist sie auf den καίγε-Abschnitt beschränkt (dies lässt sich trotz weniger Belege erkennen). (3) Die Transkription des Ant lässt keine feste Regel erkennen. Er übernahm vermutlich die Transkription der Ur-LXX.

V11[j]. Hier gibt der Ant (bc2e2) gegenüber dem MT und der KR mit Singular wieder. Der Ant passt hier das *genus verbi* dem vorangestellten Satz an, ἰδοὺ ὁ υἱός μου (הנה בני).

V11[k]. S.o. 15,25[a] zur Wiedergabe des Akkusativpronomens im Bezug auf das finite Verb von לי.

V11[l-l]. Hier sind die Wiedergaben der gr. Versionen sehr unterschiedlich. Rahlfs erschloß den Text laut der Mss. Bf. Diese Wiedergabe wurde sicherlich innergriechisch bearbeitet (ἀφίημι mit *AcI*), zudem gibt es einige sekundäre Varianten.[33] Dagegen gibt der Ant (bc2e2 𝔄) wörtlich mit καὶ καταράσθω wieder (vgl. V10[i]). In den Mss. AMN ag[vid] hijnvyb2 steht dieses Verb ohne Kopula.

V11[m-m]. Im Ant (boc2e2 𝔄[vid] Or-gr Chr Thdt) wurde das Subjekt (κύριος) gegenüber dem MT und der KR dem finiten Verb vorangestellt. Diese Voranstellung setzt keine andere Vorlage voraus. Sie ist bloß eine stilistische Sache.

---

33 καὶ κατα ... u; ταρασθαι r; αρασθαι Or-gr; κατηρασασθαι a2; καταρασθσθαι r; καταραυαυθαι *rell.*

V11[n]. S.o. 16,4[f] zum Unterschied im Tempus.

V12[a]. In Sam-Kön kommt אולי im MT insgesamt 10 mal vor.[34] Die Wiedergaben von εἴ πως und ὅπως sind prinzipiell austauschbar. Aber εἴ πως mit Optativ (im Sinne eines Wunsches) kommt nur hier vor.[35]

V12[b]. Der Unterschied im *genus verbi* hängt von V12[a] ab.

V12[c]. Im Ant (boc2e2yz[mg] Or-gr Chr Thdt) fehlt das Subjekt gegenüber dem MT (יהוה) und der KR (κύριος). Der Ant setzt eine kürzere Textvorlage voraus.

V12[d]. (1) Sicherlich lasen die gr. Versionen das Substantiv mit עֳנִי. Dann war die Vorlageder gr. Versionen בעוני (mit Suffix). Diese Vorlage besagt, dass das Ketib des MT (בעוני) durch *metathesis* zwischen י bzw. ו und נ vom Qere (בעיני) abweicht. (2) Die KR gibt die hebr. Ausdrucksweise wörtlich mit einer Präpositionskonstruktion wieder, dagegen der Ant (boc2e2z[mg] 𝔄𝔈 Or-gr Chr Thdt) sachgemäß mit Akkusativ.

V12[e]. Hier stellen die beiden Versionen Synomyme (KR: ἐπιστρέφω; Ant: ἀνταποδίδωμι) für שוב in Hiphil dar. Vermutlich wollte der Ant durch verdoppelte Vorsilben die Bedeutung von „wieder(zurückgeben)“ präzisieren.

V12[f-f]. Quantitativ gesehen stimmt der Ant (boc2e2) gegenüber der KR mit dem MT überein. Aber in der Wortfolge weichen die beiden Texte voneinander ab. Der Ant setzt vielleicht gegenüber dem MT noch eine weitere Textform voraus: והשיב לי יהוה statt והשיב יהוה לי des MT.

V12[g]. Abgesehen von der Hs. b′ steht im Ant (boc2e2) bei κύριος für יהוה der Artikel. Für יהוה gibt es hier kein determinierendes Element. Daher ist der Artikel in diesem Fall sowohl im Ant wie auch in der KR ungewöhnlich. Sicherlich spiegelt dieser Artikel noch die spätere sekundäre Phase der Überlieferung wider.[36] Detailliert dazu s.u. 19,8[f].

---

34   1Sam 6,5; 9,6; 14,6; 2Sam 14,15; 16,12a; 1Kön 18,5. 27; 21{20},31; 2Kön 19,4; 24,15.

35   *HR*, 374a.

36   Dazu s. A. Debrunner, "Zur Übersetzungstechnik der Septuaginta: der Gebrauch des Artikels bei Κύριος", *BZAW* 41 (1925), 77: „Als Gottesname hat κύριος den Artikel nur bei den gut griechisch schreibenden Übersetzern (mit mehr oder weniger Folgerichtigkeit)"; auch z. B. in 1Samuelbuch s. Brock, *The Recensions*, 234-37.

V12[h]. S.o. 15,2[t] zur Verwendung des Artikels.

V13[a]. S.o. 15,2[a] zum Unterschied im Tempus.

V13[b]. Der Ant+ (boc₂e₂ MN *rell*) setzt gegenüber dem MT und der KR (BAchrxa₂ 𝕬𝕿𝕮) eine andere Textform voraus: וכל־אנשיו statt ואנשיו.

V13[c]. S.o. 15,2[t] zur Verwendung des Artikels.

V13[d]. Die Hss. oc₂e₂g schreiben hier μετ' αὐτοῦ auf Grundlage von אתו.

V13[e]. S.o. V5[d].

V13[f-f]. Rahlfs erschloß hier den Text gemäß der Mss. MN *rell* und der Hexapla (O′) mit ἐκ πλευρᾶς. Diese Ausdrucksweise wird zwar in der LXX vielmals als die Wiedergabe für צלע bezeugt,[37] allerdings kann ἐκ πλευρᾶς τοῦ ὄρους auch die Wiedergabe von מצד ההר sein.[38] Dagegen steht im Cod. B. ἐκ πέρας του ὄρους. Diese Wiedergabe setzt vielleicht מעבר ההר als Vorlage voraus.[39] Schließlich gibt der Ant mit κατὰ τὸ κλίτος wieder. Diese Wiedergabe steht vermutlich für בצלע.[40] Vgl. 18,4[d].

V13[g-g]. (1) Für לעמתו steht ἐχόμενα αὐτοῦ in der KR, dagegen ἐχόμενος αὐτοῦ im Ant (bcoxc₂e₂). Die Wiedergabe mit ἔχομαι für לעמה wird hauptsächlich in Ezechiel belegt.[41] In diesem Fall hat die LXX-Übersetzung die Bedeutung von ἔχομαί τινος als „benachbart sein" genommen.[42] (2) Das Bezugswort von ἔχομαι fassten aber beide Versionen unterschiedlich auf. Die KR bezog das Verb auf den Berg, der Ant dagegen auf David.

---

37 Gen 2,21f; 2Kön 21,14; 1Kön 6,5. 8. 15; 7,3; Ez 41,5. 7ff.
38 Vgl. 2Sam 13,34.
39 Vgl. *HR*, 1119b-c: im Artikel πέραν, πέρα (!); In dieser Konkordanz hat man die Wiedergabe unseres Falls (Cod. B) zum Artikel πέρας falsch eingeordnet. Mit der Grundform von πέρας kann ἐκ πέρας keineswegs erklärt werden. Die Form müsste dann ἐκ πέρατος sein. M.E. ist dieses Wort ein Neologismus (ἡ πέρα), das von περαῖος abgeleitet ist.
40 *HR*, 771c-772a bes. (8).
41 Ez 3,13; 10,19; 48,13. 18. 21.
42 S. *KR* II, §416, 2; *BDR* §170,3.

V13^h/i. (1) S.o. zur Verwendung des Partizips (V13^h in der KR) für hebr. *inf. abs.* Vgl. V5^e zu V5^i in der KR: Meiner Meinung nach ist die Wiedergabe der KR in V13^i dadurch stark beeinflusst. Auf jeden Fall fungieren die Partizipien in der KR innerhalb des Satzes als *participium coniunctum.* (2) Dagegen gibt der Ant beide mit finitem Verb wieder. Trotzdem kann man nicht feststellen, dass die Vorlage des Ant הלך statt הלוך war. Der Ant wollte wahrscheinlich durch das Imperfekt die sich wiederholende Handlung von Semeei präzisieren. Dazu vgl. 15,2^a. (3) Der Unterschied der Wortwahl in V5^i ist nur unwesentlich.

V13^i. Wie V6^a wurde die KR innergriechisch bearbeitet. Dagegen stellt aber das finite Verb des Ant die noch nicht innergriechisch bearbeitete ältere Wiedergabe dar.

V13^k. S.o. V6^b.

V13^l. Der MT ist vermutlich verderbt; er wiederholte die vorangestellte Ausdrucksweise, לעמתו. Dazu fügten einige Mss. des MT מזה vor לעמתו hinzu,[43] um die Bedeutung zu präzisieren. Auf jeden Fall kann das ἐκ πλαγίων αὐτοῦ der KR nicht die Wiedergabe von לעמה sein. Stattdessen, wie Klostermann und Budde vorgeschlagen haben,[44] setzt die KR מצדו voraus.[45] Dagegen setzt der Ant anscheinend עליו voraus,[46] aber wie V6^c-c kann die Wiedergabe des Ant eine Bearbeitung an der Ur-LXX sein, die jetzt im Ant nicht mehr erkennbar ist.

V13^m. (1) Die gr. Versionen weisen gegenüber dem MT eine umgestellte Wortfolge auf: ובעפר עפר statt ועפר בעפר. (2) Vermutlich lasen die gr. Versionen unpunktiertes עפר nicht mit עָפָר des MT, sondern mit עֹפֶר.

V13^n. Der Artikel der gr. Versionen steht hier für die Präposition ב. Und er fungiert als *dativus instrumentalis* entsprechend der Funktion der hebr. Präposition ב.

---

43   S. De Rossi, *Variae Lectiones Veteris Testamenti* II, 182

44   Klostermann, *Die Bücher Samuelis und der Könige*, 205; Budde, *Die Bücher Samuel erklärt*, 276.

45   Vgl. Gen 6,16; Exod 25,31; 26,13; Deut 31,26; Ruth 2,14; 1Sam 20,25; 2Sam 2,16.

46   McCarter, *II Samuel*, 369.

V14ᵃ. Hier stellen die Lesarten zwischen beiden Versionen Synonyme des hebr. Wortes בוא dar. Vermutlich wollte der Ant aber durch παραγίγνομαι die Bedeutung „ankommen" präzisieren. Vgl. V5ᵃ.

V14ᵇ. In den Mss. Bchrxa₂ steht nur αὐτοῦ. Diese Wiedergabe setzt vermutlich וכל־עַמּוֹ voraus. Dagegen aber steht ὁ μετ' αὐτοῦ im Ant (boc₂e₂Naivz).⁴⁷ Der Ant spiegelt dieselbe Texttradition wie der MT wider.

V14ᶜ. Es gibt keinen wesentlichen Unterschied der Bedeutung zwischen beiden Versionen. Die KR wollte durch ἀναψύχω vielleicht den hebr. Anklang an hebr. נפש im Griechischen etymologisierend nachahmen. Vgl. Exod. 23,12, wo sich in den verschiedenen Mss. Beide Wiedergaben finden.

---

47   Ohne Artikel in M *rell.*

2.9. 2Sam 16,15-19

2.9.1. Textsynopse

MT		KR	Ant
וְאַבְשָׁלוֹם	15	καὶ Αβεσσαλωμ	καὶ Αβεσσαλωμ
[a]וְכָל־הָעָם אִישׁ[a]		[a]καὶ πᾶς ἀνὴρ[a]	[a]καὶ πᾶς ὁ λαὸς ἀνδρῶν[a]
יִשְׂרָאֵל		Ισραηλ	Ισραηλ
בָּאוּ יְרוּשָׁלָ͏ִם		εἰσῆλθον εἰς[b] Ιερουσαλημ	εἰσῆλθον εἰς[b] Ιερουσαλημ
וַאֲחִיתֹפֶל אִתּוֹ׃		καὶ Αχιτοφελ μετ᾽ αὐτοῦ	καὶ Αχιτοφελ μετ᾽ αὐτοῦ
[a]וַיְהִי כַּאֲשֶׁר[b]־בָּא	16	καὶ ἐγενήθη[a] ἡνίκα[b] ἦλθεν[c]	καὶ ἐγένετο[a] ὅτε[b] ἦλθε[c]
חוּשַׁי		Χουσι[d]	Χουσεὶ[d]
הָאַרְכִּי רֵעֶה דָוִד		ὁ Αρχι ἑταῖρος Δαυιδ	ὁ Αρχι ἑταῖρος Δαυιδ
			[e]εἰς τὴν πόλιν[e]
אֶל־אַבְשָׁלוֹם		πρὸς Αβεσσαλωμ	πρὸς Αβεσσαλωμ
וַיֹּאמֶר חוּשַׁי		καὶ εἶπεν[f] Χουσι[g]	καὶ εἶπε[f] Χουσεὶ[g]
[h]אֶל־אַבְשָׁלֹם		πρὸς[h] Αβεσσαλωμ	τῷ[h] Αβεσσαλωμ
יְחִי הַמֶּלֶךְ		ζήτω ὁ βασιλεύς	ζήτω ὁ βασιλεύς
[i]יְחִי הַמֶּלֶךְ[i]׃			
וַיֹּאמֶר אַבְשָׁלוֹם	17	καὶ εἶπεν Αβεσσαλωμ	καὶ εἶπεν Αβεσσαλωμ
[a]אֶל־חוּשַׁי		πρὸς[a] Χουσι[b]	τῷ[a] Χουσεὶ[b]
זֶה חַסְדְּךָ		τοῦτο τὸ ἔλεός σου	τοῦτο τὸ ἔλεός σου
אֶת־רֵעֶךָ		μετὰ τοῦ ἑταίρου σου	μετὰ τοῦ ἑταίρου σου
לָמָּה לֹא־הָלַכְתָּ		ἵνα τί οὐκ ἀπῆλθες[c]	ἵνα τί οὐκ ἐπορεύθης[c]
אֶת־רֵעֶךָ׃		μετὰ τοῦ[d] ἑταίρου σου	μετὰ τοῦ[d] ἑταίρου σου
[a]וַיֹּאמֶר חוּשַׁי	18	καὶ εἶπεν[a] Χουσι[b]	καὶ εἶπε[a] Χουσεὶ[b]
אֶל־אַבְשָׁלֹם		πρὸς Αβεσσαλωμ[c]	πρὸς [c]τὸν βασιλέα[c]
[d]לֹא כִּי[d]		[d]οὐχί ἀλλὰ[d] κατόπισθεν[e]	[d]οὐχί ἀλλ᾽ ἦ[d] κατόπισθεν[e]
אֲשֶׁר בָּחַר יְהוָה		οὗ ἐξελέξατο κύριος	οὗ ἐξελέξατο κύριος
וְהָעָם הַזֶּה		καὶ ὁ λαὸς οὗτος[f]	καὶ ὁ λαὸς αὐτοῦ[f]
וְכָל־אִישׁ יִשְׂרָאֵל		καὶ πᾶς ἀνὴρ Ισραηλ	καὶ πᾶς ἀνὴρ Ισραηλ
(לֹא) [לוֹ][g] אֶהְיֶה		αὐτῷ[g] ἔσομαι	αὐτῷ[g] ἔσομαι
וְאִתּוֹ אֵשֵׁב׃		καὶ μετ᾽ αὐτοῦ καθήσομαι	καὶ μετ᾽ αὐτοῦ καθήσομαι
וְהַשֵּׁנִית	19	καὶ τὸ δεύτερον	καὶ τὸ δεύτερον
[b]לְמִי אֲנִי אֶעֱבֹד[b]		τίνι[a] ἐγὼ δουλεύσω[b]	τίνος[a] ἐγὼ δοῦλος[b]
הֲלוֹא		οὐχὶ[c]	οὐκ[c]
לִפְנֵי בְנוֹ		ἐνώπιον τοῦ[d] υἱοῦ αὐτοῦ	ἐνώπιον τοῦ[d] υἱοῦ αὐτοῦ
כַּאֲשֶׁר עָבַדְתִּי		καθάπερ[e] ἐδούλευσα	ὡς[e] ἐδούλευσα

לְפָנֶי֖ אָבִ֑יךָ	ἐνώπιον τοῦ[f] πατρός σου	τῷ[f] πατρί σου
כֵּן אֶהְיֶ֖ה	οὕτως ἔσομαι	οὕτως ἔσομαι
לְפָנֶֽיךָ:[g]	ἐνώπιόν[g] σου	μετὰ[g] σου

2.9.2. Analyse der Varianten

V15ᵃ. Die KR[1] setzt gegenüber dem MT und dem Ant eine andere Vorlage voraus: וכל־האיש ישראל statt וכל־העם איש ישראל. Aus ἀνδρῶν des Ant kann man nicht auf אנשים schließen, sondern der Plural im Ant stellt bloß die innergriechisch sachgemäße Wiedergabe dar.

V15ᵇ. S.o. 15,8ᶠ zur Wiedergabe mit εἰς für *acc. loc.*

V16ᵃ. S.o. 15,12ⁱ zu den verschiedenen Wiedergaben von ויהי.

V16ᵇ. Hier handelt es sich um die Wiedergabe für כאשר. In unserem Fall gibt die KR die hebr. Ausdrucksweise mit ἡνίκα wieder, dagegen der Ant mit ὅτε. Die Wiedergabe der KR wird in Sam-Kön noch zweimal belegt (2Sam 12,21; 20,13), aber niemals im Ant. ὅτε für כאשר erscheint in 1Sam 6,6 und in 2Kön 5,26 in allen Handschriften. Sonst kommt es nur in 2Kön 14,5 in der KR gegenüber ὡς im Ant vor. Zudem erkennt man ἡνίκα der KR gegenüber ὅτε des Ant in 2Sam 20,13. Auf jeden Fall setzen beide Versionen ohne Zweifel כאשר als Vorlage voraus. Aber wenn man die Fälle in Sam-Kön weiter durchsieht, erkennt man verschiedene Schichten, die die verschiedenen Übersetzungs- bzw. Bearbeitungsphasen widerspiegeln. Im MT von Sam-Kön kommt כאשר insgesamt 78mal vor. Es folgt eine Tabelle der Übersetzungen, wobei die erste Spalte des jeweiligen Abschnittes die LXX-*Ra* (bzw. die KR), die zweite den Ant bezeichnet:

---

1   Vgl. ἀνήρ] ὁ λαὸς A.

	α′		ββ′		γγ′		βγ′		γδ′		Summe	
καθὼς[2]	6	7	5	6	15	16	3	5	9	10	38	44
ὡς[3]	6	5			1	1	1	2	2	3	10	11
καθὰ[4]		1			2		1		3	1	6	2
καθότι[5]	1				1	1	1		1	1	4	2
(καθ') ὃν τρόπον[6]			1				2				3	0
ἡνίκα[7]							3				3	0
ὅτε[8]	1	1						2	2	1	3	4
κατὰ[9]							1		1	1	2	1
ὃ[10]					1	1		1			1	2
τὸ[11]		1						1			0	2
ἐκ πάντων ὧν[12]	1	1									1	1
ὃς πάντα[13]	1	1									1	1
διότι[14]	1	1									1	1
καθάπερ[15]							1				1	0
ὥσει[16]										1	0	1
ὅτι[17]										1	0	1

2   LXX-*Ra*, 1Sam 4,9; 20,13; 23,11; 26,20. 24; 28,17; 2Sam 3,9; 5,25; 7,10. 15. 25; 19,4; 1Kön 1,30. 37; 2,24. 31; 3,6; 5,19. 26; 8,20. 25. 53. 57; 9,2. 4. 5; 11,38(2×); 21,34; 2Kön 2,19; 8,18. 19; 10,15; 17,23; 21,3. 13. 20; 23,27; Ant, 1Sam 4,9; 20,13; 23,11; 26,20. 24; 28,17; 2Sam 3,9; 5,25; 7,10. 15. 25; 10,2; 13,29; 16,23ᵇ; 19,4; 25,30. 37; 1Kön 1,13; 2,31; 3,6; 5,8. 15; 8,20. 25. 53. 57; 9,2. 4. 5; 11,36(2×); 20,11; 21,34; 2Kön 2,19; 7,17; 8,18; 10,15; 17,23; 21,3. 13. 20; 23,27.

3   LXX-*Ra*, 1Sam 6,6; 8,1. 6; 12,8; 24,2. 5; 2Sam 17,12ᵉ; 1Kön 3,14; 2Kön 7,7. 10; Ant, 1Sam 6,6; 8,1. 6; 12,8; 24,2; 2Sam 12,21; 16,19ᵉ; 17,12ᵉ; 1Kön 3,14; 2Kön 7,7. 10.

4   LXX-*Ra*, 2Sam 13,29; 1Kön 20,11(2×); 2Kön 7,17; 15,9; 17,41; Ant, 1Sam 17,20; 2Kön 8,19.

5   LXX-*Ra*, 1Sam 15,33; 2Sam 20,12; 1Kön 12,12; 2Kön 17,26; Ant, 1Kön 12,12; 2Kön 17,26.

6   LXX-*Ra*, 2Sam 10,2; 16,23ᵇ; 24,19.

7   LXX-*Ra*, 2Sam 12,21; 16,16ᵇ; 20,13.

8   LXX-*Ra*, 1Sam 6,6; 2Kön 5,26; 14,5; Ant, 1Sam 6,6; 2Sam 16,16ᵇ; 20,13; 2Kön 5,26.

9   LXX-*Ra*, 2Sam 15,26e; 2Kön 24,13; Ant, 2Kön 24,13.

10   LXX-*Ra*, 1Kön 2,38; Ant, 2Sam 24,19; 1Kön 2,38

11   Ant, 1Sam 24,5; 2Sam 15,26ᵉ.

12   LXX-*Ra*, 1Sam 2,16; Ant, 1Sam 2,16.

13   LXX-*Ra*, 1Sam 2,35; Ant, 1Sam 2,35.

14   LXX-*Ra*, 1Sam 28,18; Ant, 1Sam 28,18.

15   LXX-*Ra*, 2Sam 16,19ᵉ.

16   Ant, 2Sam 17,12ᵉ.

17   Ant, 2Sam 20,12.

κατὰ πάντα ὅσα[18]									1	0	1
(-)[19]	2	1			2	3				4	4
Summe	19		6		22		13		18		78

Fazit:

(1) Außer in den καιγε-Abschnitten wird כאשר am häufigsten mit καθὼς wiedergegeben, und es gibt nur wenige abweichende Lesarten zwischen dem Ant und der LXX-*rell*. Deshalb kann man vermuten, dass καθὼς in diesen Abschnitten als beliebtes Standardäquivalent für כאשר auf die Ur-LXX zurückgeht.

(2) In den καιγε-Abschnitten spiegeln sich zwei unterschiedliche Schichten wider. (a) Im γδ'-Abschnitt ist die Wiedergabe mit καθὼς häufiger belegt als im βγ'-Abschnitt. Darüber hinaus gibt es einige abweichende Lesarten zwischen beiden Versionen gegenüber dem βγ'-Abschnitt. Dieser Abschnitt spiegelt vielleicht einen späteren Mischtext wider, wie Barthélemy an Hand anderer Beispiele festgestellt hat.[20] (b) Im βγ'-Abschnitt erkennt man deutliche Abweichungen zwischen der KR und dem Ant. Nur selten stimmen beide Versionen im βγ'-Abschnitt miteinander überein: in 2Sam 19,4; 1Kön 1,30. 37 mit καθὼς. In diesem Abschnitt bekommt man den Eindruck, dass die beliebte Wiedergabe von καθὼς sowohl in der KR als auch im Ant als Standardäquivalent für כאשר nicht anerkannt war, und dass beide Versionen einander möglichst nicht zustimmen wollten, d.h. beide Versionen existierten in bestimmter Zeitstufe gegeneinander als Konkurrenzübersetzungen. Dieser Abschnitt (βγ') spiegelt also m.E. eine ältere Phase gegenüber dem anderen Abschnitt (γδ') wider.

V16ᶜ. S.o. 15,3ᵃ zum „beweglichen ν" in der Madrider Ausgabe.

V16ᵈ. S.o. 15,32ⁱ zur Transkription von חושי.

V16ᵉ. Der Ant setzt hier gegenüber dem MT und der KR einen längeren Text {העיר (אל‑(}) voraus.

V16ᶠ. S.o. 15,3ᵃ zum „beweglichen ν" in der Madrider Ausgabe.

---

18   Ant, 2Kön 15,9.
19   LXX-*Ra*, 1Sam 1,24 ; 17,20; 1Kön 14,10. 15; Ant, 1Sam 1,24; 1Kön 14,10. 15; 20,11.
20   Vgl. Barthélemy, *Les Devanciers d'Aquila*, 41, 50, 62.

V16^g. S.o. 15,32^i zur Transkription von חושי.

V16^h. S.o. 15,25^a Anm. 23. Detailliert s.u. 17,12^a.

V16^i. Der MT wiederholt hier den Ausdruck יהי המלך noch einmal, was aber in den gr. Versionen fehlt. Im MT steht der Ausdruck יהי המלך sonst zweimal.[21] Daher kann man vermuten, dass der MT ihn als Dittographie fälschlich wiederholt.

V17^a. S.o. 15,25^a. Detailliert s.u. 17,12^a.

V17^b. S.o. 15,32^i zur Transkription von חושי.

V17^c. Vermutlich wollte der KR mit der Vorsilbe (ἀπέρχομαι) die Entfernung betonen, dagegen gibt der Ant mit πορεύομαι wieder.

V17^d. Vgl. 15,2^t zur Verwendung des Artikels.

V18^a. S.o. 15,3^a zum „beweglichen ν" in der Madrider Ausgabe.

V18^b. S.o. 15,32^i zur Transkription von חושי.

V18^c. Der Ant (πρὸς τὸν βασιλέα) setzt gegenüber dem MT (אל־אבשלום) und der KR (πρὸς Αβεσσαλωμ) eine andere Textform (אל־המלך) voraus.

V18^d. Im Hebräischen bedeutet לא כי im Gespräch „Nein, sondern", und meistens wird es in der LXX mit οὐχί ἀλλὰ wie in der KR wiedergegeben.[22] Aber im Griechischen wird die Form von οὐχί ἀλλ᾽ ἤ wie im Ant auch sehr häufig gebraucht. Im LXX-Griechischen erkennt man sie auch in 1Sam 8,19; 12,12.

V18^e. Hier setzen die gr. Versionen (κατόπισθεν οὗ) gegenüber dem MT einen längeren Textvoraus: אחַר אשר. Vgl. Ruth 2,2, wo אחר אשר mit κατόπισθεν οὗ wiedergegeben wurde. Im MT ist אחר vermutlich durch Haplographie (Wiederholung von א und ר) ausgefallen.[23]

---

21 Vgl. 1Sam 10,24; 1Kön 1,25. 34. 39; 2Kön 11,12; 2Chr 23,11.
22 Gen 18,15; 19,2; 42,12; Jos 24,21; 2Sam 24,24; 1Kön 2,30; 3,22f; 11,22; 2Kön 20,10.
23 Vgl. *DJD* XVII, 160 ; „It is needed for good sense".

V18ᶠ. Hier gibt der Ant das Textverständnis des Übersetzers/Bearbeiters wieder. והעם הזה des MT wird in der KR (καὶ ὁ λαός οὗτος) direkt nachgeahmt. Der Ant übersetzt diesen Ausdruck mit καὶ ὁ λαός αὐτοῦ „und sein Volk". Man könnte zwar seine Vorlage als ועמו statt והעם הזה vermuten, aber in 4QSamᵃ ist והעם הזה erkennbar.[24] Der Ant fasste dann vermutlich הזה als demonstratives Possessivpronomen auf.[25]

V18ᵍ. Hier stimmen die gr. Versionen (αὐτῷ) mit dem Qere (לו) des MT überein.

V19ᵃ. Die Unterschiede zwischen den beiden Versionen hängen nicht von למי selbst ab, sondern von אעבד (MT u. KR)/ עבד (Ant?) in V19ᵇ (s.u.).

V19ᵇ. Der Ant setzt עבד (Substantiv) gegenüber dem MT (אעבד) und der KR (δουλεύσω) als Vorlage voraus. Deshalb gab er למי (V19ᵃ) mit Genitiv (τίνος) wieder, dagegen die KR mit Dativ (τίνι), wie es das Verb verlangt.

V19ᶜ. In der KR wurde gegenüber dem Ant (οὐκ) eine verstärkte Verneinung (οὐχὶ) verwendetve, vermutlich analog zu V18ᵈ (s.o.).

V19ᵈ. Vgl. 15,2ᵗ zur Verwendung des Artikels.

V19ᵉ. S.o. V16ᵇ.

V19ᶠ/ᵍ. S.o. 15,1ᵉ zur Erklärung der gr. Wiedergabe für לפני. Anstelle לפני von V19ᶠ steht in einigen mittelalterlichen hebr. Handschriften את.[26]

---

24 *DJD* XVII, 160.
25 Dazu vgl. *JM*, § 143 e.
26 Siehe dazu: de Rossi, *Variae Lectionis* II, 183.

2.10. 2Sam 16,20-23

2.10.1. Textsynopse

MT		KR	Ant
וַיֹּאמֶר אַבְשָׁלוֹם	20	καὶ εἶπεν Αβεσσαλωμ	καὶ εἶπεν Αβεσσαλωμ
אֶל־אֲחִיתֹפֶל		πρὸς Αχιτοφελ	πρὸς Αχιτοφελ
הָבוּ לָכֶם עֵצָה		φέρετε[a] ἑαυτοῖς βουλὴν	δότε[a] ἑαυτοῖς βουλὴν
מַה־נַּעֲשֶׂה׃		τί ποιήσωμεν[b]	τί ποιήσομεν[b]
וַיֹּאמֶר אֲחִיתֹפֶל	21	καὶ εἶπεν Αχιτοφελ	καὶ εἶπεν Αχιτοφελ
אֶל־אַבְשָׁלֹם		πρὸς Αβεσσαλωμ	πρὸς Αβεσσαλωμ
בּוֹא		εἴσελθε	εἴσελθε
אֶל־פִּלַגְשֵׁי		πρὸς τὰς[a] παλλακὰς	πρὸς τὰς[a] παλλακὰς
אָבִיךָ		τοῦ πατρός σου	τοῦ πατρός σου
אֲשֶׁר הִנִּיחַ		ἃς κατέλιπεν[b]	ἃς κατέλειπε[b]
לִשְׁמוֹר הַבָּיִת		φυλάσσειν τὸν οἶκον αὐτοῦ	φυλάσσειν τὸν οἶκον αὐτοῦ
וְשָׁמַע כָּל־יִשְׂרָאֵל		καὶ ἀκούσεται πᾶς Ισραηλ	καὶ ἀκούσεται πᾶς Ισραηλ
כִּי־נִבְאַשְׁתָּ		ὅτι κατήσχυνας	ὅτι κατήσχυνας
אֶת־אָבִיךָ		τὸν[c] πατέρα σου	τὸν[c] πατέρα σου
וְחָזְקוּ[d]		καὶ ἐνισχύσουσιν[d]	καὶ κρατήσουσιν[d]
יְדֵי		αἱ χεῖρες[e]	αἱ χεῖρές[e] σου[f]
כָּל־אֲשֶׁר[g] אִתָּךְ׃		πάντων τῶν[g] μετὰ σοῦ	καὶ πάντων τῶν[g] μετὰ σοῦ
וַיַּטּוּ	22	καὶ ἔπηξαν	καὶ ἔπηξαν
עַל־הַגָּג			
לְאַבְשָׁלוֹם הָאֹהֶל[a]		[a]τὴν σκηνὴν τῷ Αβεσσαλωμ[a]	[a]σκηνὴν τῷ Αβεσσαλωμ[a]
		[b]ἐπὶ τὸ δῶμα[b]	[b]ἐπὶ τῷ δώματι[b]
וַיָּבֹא אַבְשָׁלוֹם		καὶ εἰσῆλθεν Αβεσσαλωμ	καὶ εἰσῆλθεν Αβεσσαλωμ
אֶל־פִּלַגְשֵׁי		πρὸς τὰς[d] παλλακὰς	πρὸς πάσας[c] τὰς[d] παλλακὰς
אָבִיו		τοῦ[e] πατρὸς αὐτοῦ	τοῦ[e] πατρὸς αὐτοῦ
לְעֵינֵי		[f]κατ᾽ ὀφθαλμοὺς[f]	[f]ἐν ὀφθαλμοῖς[f]
כָּל־יִשְׂרָאֵל׃		παντὸς Ισραηλ	παντὸς τοῦ[g] Ισραηλ
וַעֲצַת אֲחִיתֹפֶל	23	καὶ ἦ[a] βουλὴ Αχιτοφελ	καὶ ἦ[a] βουλὴ Αχιτοφελ
אֲשֶׁר יָעַץ		ἣν ἐβουλεύσατο	ἣν ἐβουλεύσατο
בַּיָּמִים הָהֵם		ἐν ταῖς ἡμέραις ταῖς πρώταις	ἐν ταῖς ἡμέραις ταῖς πρώταις
כַּאֲשֶׁר[b] יִשְׁאַל[c]		[b]ὃν τρόπον[b] ἐπερωτήσῃ[c]	καθὼς[b] ἐρωτᾷ[c]
([d]וְאִשׁ[d])			τις[d]
בִּדְבַר[e] הָאֱלֹהִים		[e]ἐν λόγῳ[e] τοῦ θεοῦ	διὰ[e] τοῦ θεοῦ
כֵּן כָּל־עֲצַת		οὕτως πᾶσα ἡ[f] βουλὴ	οὕτως πᾶσα ἡ[f] βουλὴ

אֲחִיתֹפֶל	τοῦ^g Αχιτοφελ	Αχιτοφελ
נַּם^h‑לְדָוִד	^hκαί γε^h τῷ Δαυιδ	καί^h τῷ Δαυιδ
נַּם לְאַבְשָׁלֹם:	ⁱκαί γεⁱ τῷ Αβεσσαλωμ	καίⁱ τῷ Αβεσσαλωμ

2.10.2. Analyse der Varianten

V20[a]. Der Unterschied in der Wortwahl zwischen beiden Versionen (φέρω in der KR; δίδωμι im Ant) für יהב ist unwesentlich.

V20[b]. Die KR gibt hier das hebr. Imperfekt (נעשה) sinngemäß mit Konjunktiv im Aorist (ποιήσωμεν) wieder. Der Konjunktiv ist hier ein sog. *coniunctivus deliberativus*. Dieser Konjunktiv drückt den adhortativen Charakter der Frage aus.[1] Die Wiedergabe der Hss. oc₂e₂ von der Ant-Gruppe stimmt mit der KR überein. Nur in einigen Mss. (N^{a?}b-fswz) steht der Indikativ im Futur (ποιήσομεν). Trotz der Möglichkeit einer Verlesung (ω und ο ?) stellt die Wiedergabe mit Konjunktiv ein besseres Griechisch dar.

V21[a]. S.o. 15,2[t] zur Verwendung des Artikels.

V21[b]. (1) S.o. 15,3[a] zum „beweglichen ν" in der Madrider Ausgabe. (2) S.o. 15,16[o] zum Unterschied im Tempus.

V21[c]. S.o. 15,2[t] zur Verwendung des Artikels.

V21[d]. Die beiden Versionen unterscheiden sich voneinander in der Wortwahl (ἐνισχύω in der KR; κρατέω im Ant für הזק). Aber die ausgewählten Wörter sind synonym.

V21[e]. (1) S.o. 15,2[t] zur Verwendung des Artikels. (2) Vgl. 15,36[h] zur Wiedergabe für יד.

V21[f]. Der Ant setzt hier gegenüber dem MT und der KR eine andere Textform voraus: וכל־אשר אתך ידיך statt אשר אתך ידי כל־.

---

1 Dazu s. *KG* II, § 394, 6.

V21ᵍ. Das hebr. Relativum אשר wurde hier in den gr. Versionen mit Artikel (τῶν) wiedergegeben.[2] Dieser Artikel ist die innergriechisch sachgemäße Wiedergabe.

V22ᵃ. Hier erkennt man drei Texttraditionen: לאבשלום האהל im MT und laut Mss. AMN *rell*;[3] אהל (ה/-)את לאבשלום/אהל (?) laut Mss. Bhra₂ ℭ; אהל לאבשלום laut Ant (boc₂e₂n).[4] Die Mss. AMN *rell* wurden sicherlich später durch die MT-Tradition beeinflusst und umgestellt. Daher kann man die Mss. Bhra₂ ℭ und den Ant für die Widerspiegelung der älteren Textform halten. Beim Artikel in den Mss. Bhra₂ ℭ ist aber nicht sicher, für welches Element er wiedergegeben ist (für den Artikel oder für *nota accusativi*, oder für beide ?). Auf jeden Fall spiegelt der Ant gegenüber dem MT und den Mss. AMN *rell* eine ältere Textform wider.

V22ᵇ. Der Unterschied im Kasus zwischen beiden Versionen ist unwesentlich.

V22ᶜ. Der Ant (πρὸς πάσας τὰς παλλακὰς) setzt gegenüber dem MT (פלנשי-אל) und der KR (πρὸς τὰς παλλακὰς) eine andere Vorlage (אל כל-פלנשי) voraus.

V22ᵈ. S.o. 15,2ᵗ zur Verwendung des Artikels.

V22ᵉ. S.o. 15,2ᵗ zur Verwendung des Artikels.

V22ᶠ. Hier geht es um die Wiedergabe für לעיני im Sinne von „vor". Die KR gibt es mit κατ᾽ ὀφθαλμοὺς wieder, dagegen der Ant mit ἐν ὀφθαμοῖς. In Sam-Kön des MT kommt לעיני 8mal vor.[5] Die Texte wurden in beiden Versionen in folgender Weise wiedergegeben:

	κατ᾽ ὀφθαλμοὺς	ἐν ὀφθαμοῖς	ἐνώπιον	etc.
1Sam 12,16	Or-gr	*rell*		
2Sam 6,20		*rell*		om: 236, 242
12,11	*rell*		boc₂e₂	
13,5	*rell*		boc₂e₂	

---

2   In den Mss. Acixy ℭ wurde dieses τῶν weggelassen.

3   Aber in den Mss. dempqstwz ist der Artikel nicht vorhanden.

4   Vgl. *DJD* XVII, 160, 4QSamᵃ: אבשל[ום] [ואהל].

5   Vgl. Sollamo, *Rendering of Hebrew Semiprepositions*, 147-152 zu anderen Beispielen der Wiedergaben in der LXX.

13,6		*rell*	boc₂e₂	
13,8	*rell*		boc₂e₂	
16,22ᶠ	*rell*	boc₂e₂		
2Kön 25,7	*rell*		boc₂e₂	

Zwar sind das nicht sehr viele Beispiele, aber man kann die unterschiedlichen Tendenzen zwischen beiden Versionen deutlich erkennen. Wie schon Sollamo erklärte, ist das κατ' ὀφθαλμοὺς der KR eine „sklavisch wörtliche Wiedergabe", die im Koine-Griechischen nie belegt ist.[6] D.h. die KR wollte durch die Wiedergabe von κατ' ὀφθαλμοὺς nicht nur die Bedeutung von עין, sondern auch den Unterschied zwischen לְעֵינֵי und בְעֵינֵי (vgl. 15,25ᵉ) sichtbar machen. Dagegen aber wollte der Ant einfach den Sinn des Ausdrucks („vor") mit ἐνώπιον wiedergeben. Interessanterweise spiegelt sich die Ur-LXX (ἐν ὀφθαμοῖς), die in 1Sam 12,16 und 2Sam 6,20 zu erkennen ist,, an unserer Stelle im Ant wider (in 2Sam 13,6 dagegen in der KR).

V22ᵍ. Hier hat der Ant auf Grund der Determination des Namens Israel den Artikel, während er in der KR im Sinn der graphischen Entsprechung getilgt ist. Vgl. 15,2ʳ/ˢ.

V23ᵃ. S.o. 15,2ᵗ zur Verwendung des Artikels.

V23ᵇ. S.o. 16,16ᵇ zu den unterschiedlichen Wiedergaben für כאשר.

V23ᶜ. In den gr. Versionen sind die Formen des Verbs verschieden: ἐπερωτήσῃ in den Codd. BA; ἐπερωτίσοι in der Hs. c; ἐπερωτήθη in der Hs. a₂; ἐπερώτησει in den Hss. Nᵃ? *rell*; ἐρωτᾷ in den Hss. boc₂e₂. Zunächst ist zu erkennen, dass der Ant keine Vorsilbe hat. Die Wiedergabe von ἐπερώτησει in Mss. Nᵃ? *rell* steht in Zusammenhang mit V23ᵈ, d.h. diese Manuskripte sind sekundär. Die Hss. c und a₂ stellen ebenfalls eine sekundäre Bearbeitung dar.

V23ᵈ. Hier stellen das Qere des MT (איש) und der Ant (τις)[7] dieselbe Texttradition dar. Aber der Satz ist ohne dieses Wort auch zu verstehen,[8] daher sind der MT und der Ant hier nicht vorzuziehen.

---

6   Sollamo, *Rendering of Hebrew Semiprepositions*, 149.
7   Auch in den Mss. MN*atyb₂𝕬ℭ Nᵃ? *rell*.
8   Wellhausen, *Der Text der Bücher Samuelis*, 199.

Wurde der MT vielleicht durch die Texttradition des Ant später beeinflusst?

V23ᵉ. Der Ant gibt hier שאל בדבר mit ἐρωτάω διά wieder, d.h. der Ant
fasste בדבר als eine Präposition im Sinn von ב (שאל) auf.[9] Dagegen gibt
die KR wörtlich mit ἐν λόγῳ wieder (vgl. 2Sam 2,1 in der LXX *rell*).

V23ᶠ. S.o. 15,2ᵗ zur Verwendung des Artikels.

V23ᵍ. Der Artikel fehlt in den Hss. boc₂e₂cgrx. Zwar konjizierte Rahlfs
den Text mit Artikel, aber dieser Artikel kann nicht auf die KR zurückgeführt werden. Vgl. V23, Z1 (ועצת אחיתפל; καὶ ἡ βουλὴ Αχιτοφελ) und o.
V22ᵍ.

V23ʰ/ⁱ. S.o. 15,24ᵃ zur Wiedergabe der KR mit καί γε für גם.

---

9   Vgl. 1Sam 23,2. 4; 28,6; 30,8; 2Sam 2,1 (boc₂e₂ Thdt); 5,19. 23.

2.11. 2Sam 17,1-4

2.11.1. Textsynopse

MT		KR	Ant
וַיֹּאמֶר אֲחִיתֹפֶל אֶל־אַבְשָׁלֹם אֶבְחֲרָה[a] נָּא שְׁנֵים־עָשָׂר[c] אֶלֶף אִישׁ[d] וְאָקוּמָה[e] וְאֶרְדְּפָה[f] אַחֲרֵי־דָוִד הַלָּיְלָה:	1	καὶ εἶπεν Αχιτοφελ πρὸς Αβεσσαλωμ ἐπιλέξω[a] δὴ ἐμαυτῷ[b] δώδεκα[c] χιλιάδας ἀνδρῶν[d] καὶ ἀναστήσομαι[e] [f]καὶ καταδιώξω[f] ὀπίσω Δαυιδ τὴν νύκτα	καὶ εἶπεν Αχιτοφελ πρὸς Αβεσσαλωμ Ἐκλέξομαι[a] δὴ Ἐμαυτῷ[b] δέκα[c] χιλιάδας ἀνδρῶν[d] καὶ ἀναστάς[e] καταβήσομαι[f] ὀπίσω Δαυιδ τὴν νύκτα
וְאָבוֹא עָלָיו וְהוּא יָגֵעַ וּרְפֵה יָדַיִם[b] וְהַחֲרַדְתִּי אֹתוֹ וְנָס כָּל־הָעָם אֲשֶׁר־אִתּוֹ וְהִכֵּיתִי אֶת־הַמֶּלֶךְ לְבַדּוֹ:	2	καὶ ἐπελεύσομαι[a] ἐπ᾽ αὐτόν καὶ αὐτὸς κοπιῶν καὶ ἐκλελυμένος χερσίν[c] καὶ ἐκστήσω αὐτόν καὶ φεύξεται πᾶς ὁ λαὸς ὁ μετ᾽ αὐτοῦ καὶ πατάξω τὸν βασιλέα μονώτατον	καὶ εἰσελεύσομαι[a] ἐπ᾽ αὐτόν καὶ αὐτὸς κοπιῶν καὶ ἐκλελιμένος τὰς[b] χεῖρας[c] καὶ ἐκστήσω αὐτόν καὶ φεύξεται πᾶς ὁ λαὸς ὁ μετ᾽ αὐτοῦ καὶ πατάξω τὸν βασιλέα μονώτατον
וְאָשִׁיבָה[a] כָל־הָעָם אֵלֶיךָ כְּשׁוּב[b] הַכֹּל[c] הָאִישׁ[d] אֲשֶׁר[g] אַתָּה מְבַקֵּשׁ[h] כָּל־הָעָם יִהְיֶה שָׁלוֹם:	3	καὶ ἐπιστρέψω[a] πάντα τὸν λαὸν πρὸς σέ [b]ὃν τρόπον[b] ἐπιστρέφει [c]ἡ νύμφη[c] [d]πρὸς τὸν ἄνδρα αὐτῆς[d] [e]πλὴν ψυχὴν [f]ἑνὸς ἀνδρός[fe] σὺ ζητεῖς[h] καὶ[i] παντὶ τῷ λαῷ ἔσται εἰρήνη	καὶ ἐπιστρέψει[a] πᾶς ὁ λαὸς πρὸς σέ καθώς[b] ἐπιστρέφει νύμφη[c] [d]πρὸς τὸν ἄνδρα αὐτῆς[d] [e]πλὴν ψυχὴν [f]ἀνδρὸς ἑνός[fe] σὺ ζητήσεις[h] καὶ[i] παντὶ τῷ λαῷ ἔσται εἰρήνη
וַיִּישַׁר[a] הַדָּבָר בְּעֵינֵי אַבְשָׁלֹם וּבְעֵינֵי כָּל־זִקְנֵי יִשְׂרָאֵל:	4	καὶ εὐθὴς[a] ὁ λόγος ἐν ὀφθαλμοῖς Αβεσσαλωμ καὶ ἐν ὀφθαλμοῖς πάντων τῶν[b] πρεσβυτέρων Ισραηλ	καὶ ἤρεσεν[a] ὁ λόγος ἐν ὀφθαλμοῖς Αβεσσαλωμ καὶ ἐν ὀφθαλμοῖς πάντων τῶν[b] πρεσβυτέρων Ισραηλ

2.11.2. Analyse der Varianten

V1ᵃ. Hier geht es um die Wortwahl für das Verb בחר. Die KR wählte das Verb ἐπιλέγω, das in Sam-Kön selten für בחר belegt ist.[1] Der Ant bietet die Standardwiedergabe, nämlich ἐκλέγομαι.[2] Die beiden Wiedergaben des hebr. Verbs stellen Synomyme dar.

V1ᵇ. Die Wiedergabe von ἐμαυτῷ in den gr. Versionen setzt לי als Vorlage voraus. Vgl. 1Sam 2,35; 2Sam 3,14 (Acxc₂); 1Kön 11,36; 17,12.

V1ᶜ. Im MT und der KR steht die Zahl 12.000, dagegen im Ant (boc₂e₂cx) 10.000. Der Ant wird von Josephus[3] unterstützt und geht somit wahrscheinlich ebenfalls auf eine hebr. Vorlage zurück.

V1ᵈ. Der Plural in den gr. Versionen ist eine innergriechisch unvermeidliche, sachgemäße Änderung.

V1ᵉ/ᶠ. (1) Im MT steht das Imperfekt mit *Waw-copulativum*(V1ᵉ/ᶠ). Während die KR die Verbformen wörtlich mit καὶ + Futur wiedergibt, bildet der Ant ein *participium coniunctum*, also καὶ + Partizip (V1ᵉ) + Futur,was eine im Griechischen gebräuchlichere Konstruktion darstellt. (2) Der Ant (V1ᶠ καταβήσομαι) setzt gegenüber dem MT und der KR (καταδιώξω) eine andere Texttradition voraus: ארדה von ירד statt ארדפה von רדף.[4]

V2ᵃ. Der Bedeutungsunterschied der Verbvorsilben der beiden Versionen ist nur unwesentlich. Das vom Ant verwendete Verb kommt in der LXX häufig als Äquivalent für בוא vor.

V2ᵇ. Im Gegensatz zum MT und der KR weist der Ant hier einen Artikel auf. Dazu s.o. 15,2ʳ/ˢ.

V2ᶜ. S.o. 15,36ʰ.

---

1 1Sam 2,28 (Acdpqtxz); 2Sam 10,9.

2 1Sam 2,28 (LXX-*rell*); 8,18; 10,24; 13,2; 16,8. 9. 10; 17,40; 24,3; 26,2; 2Sam 6,21; 10,9 (boc₂e₂); 16,18; 19,39; 24,12; 1Kön 3,8; 8,16. 44. 48; 11,13. 32. 34. 36; 14,21; 18,23. 25; 2Kön 21,7; 23,27.

3 *Jos. Ant.* VII, 215 : „μυρίους".

4 S. Caspari, *Die Samuelbücher*, 614; Vgl. HR, 727a-728c bes. (8) zu καταβαίνω für ירד und 730b-731a bes. (6) zu καταδιώκω für רדף.

V3ᵃ. Der Ant (boc₂e₂ 𝔏), der gegenüber dem 1.Sg. Kohortativ des MT (= KR) die Verbform in 3.Sg. hat, setzt eine andere Texttradition voraus: וישוב statt ואשיבה. Die Lücke von 4QSamᵃ unterstützt den Ant.[5]

V3ᵇ. Vgl. 16,16ᵇ.

V3ᶜ/ᵈ⁻ᵈ. Wie schon viele gesehen haben,[6] ist der MT in diesem Vers verderbt. Die gr. Versionen mit ihrer längeren Textform lassen auf die Verwendung einer abweichenden Texttradition schließen. (1) Im MT steht הכל. Die gr. Versionen schreiben νύμφη, was כלה und nicht כל (MT) voraussetzt.[7] Der ursprüngliche Konsonantentext lässt sich wie folgt rekonstruieren: (ה)כלה אל אישה (statt MT: הכל האיש). (2) Beide Versionen unterscheiden sich in Bezug auf den Artikel. Die KR behält ihn vor dem Substantiv bei, im Ant dagegen fehlt er. Der Artikel in der KR geht auf den hebr. Text zurück. Es liegen insgesamt drei unterschiedliche Texttraditionenvor: הכל האיש (MT), הכלה אל אישה (KR), אל אישה כלה (Ant). (3) In V3ᵈ⁻ᵈ erkennt man zwei Unterschiede zwischen dem MT und den gr. Versionen. Erstens: im MT fehlt die Präposition אל, die in den gr. Versionen vorhanden ist. Zweitens: im MT fehlt das Personalsuffix ה am Ende des Wortes.

V3ᵉ⁻ᵉ. Die gr. Versionen bieten einen Textabschnitt, der im MT fehlt. Man kann die Vorlage der gr. Versionen mit רק נפש איש אחד[8] (KR)/ רק נפש איש־אחד (Ant) rekonstruieren.

V3ᶠ⁻ᶠ. Die beiden Versionen unterscheiden sich in der Wortfolge. Anhand des Ant kann man die gewöhnliche hebr. Ausdrucksweise נפש איש אחד rekonstruieren: „die Seele eines Mannes". Für KR würde der rekonstruierte hebr. Text נפש־אחד איש lauten: „einzige Seele des Mannes".

---

5   *DJD* XVII, 162.

6   Thenius, *Die Bücher Samuels*, 227; Wellhausen, *Der Text der Bücher Samuelis*, 199; Klostermann, *Die Bücher Samuelis und der Könige*, 207; Budde, *Die Bücher Samuel erklärt*, 278; Driver, *Notes on the Hebrew Text of the Books of Samuel*, 320; McCarter, *II Samuel*, 381f; *DJD* XVII, 162.

7   S. *HR*, 951b-c.

8   Früher hat man die Vorlage der gr. Versionen zwar mit אַךְ נפש איש אחד rekonstruiert (Wellhausen, Klostermann, Budde usw.), aber in 4QSamᵃ erkennt man [...]שׁ[פֿ]ן ק[ר...], wie auch sonst wird רק in der LXX mit πλὴν wiedergegeben. Dazu s. *DJD* XVII, 161 und *HR*, 1145c-1147a, bes. (19).

V3ᵍ. Das Relativum אשר wurde im MT sekundär hinzugefügt, um den verderbten Text verstehbar zu machen.

V3ʰ. Die KR gibt das Partizip mit Präsens wieder. Von daher kann man gut vermuten, dass die KR mit dem MT übereinstimmt. Im Ant[9] steht Futur, was im Hebräischen wahrscheinlich ein Imperfekt voraussetzt.

V3ⁱ. Die Kopula in den gr. Versionen fehlt im MT.[10]

Fazit:
Das Ergebniss lässt sich folgendermaßen darstellen:

MT	Vorlage der KR	Vorlage des Ant
ואבישה כל־העם אליך	ויבוש כל־העם אליך	ויבוש כל־העם אליך
כשוב	כשוב	כשוב
הכל האיש	הכלה אל־אישה	כלה אל־אישה
	רק נפש־אחד איש	רק נפש איש־אחד
אשר אתה מבקש	אתה מבקש	אתה יבקש
כל־העם יהיה שלום:	וכל־העם יהיה שלום:	וכל־העם יהיה שלום:

V4ᵃ. Der Ant stimmt mit dem MT überein. Die KR dagegen setzt eine abweichende Texttradition voraus : וישר statt ויישר. In der Vorlage der KR wurde ein י vermutlich als Haplographie ausgelassen.

V4ᵇ. S.o. 15,2ᵗ zur Verwendung des Artikels.

---

9 ζετήσεις iorzc2e2; aber ἐκζετήσεις b′ und ἐκζετήσης b.

10 Aber einige Mss. vom MT haben doch das Copulativum.

2.12. 2Sam 17,5-14

2.12.1. Textsynopse

MT		KR	Ant
וַיֹּ֙אמֶר֙ אַבְשָׁל֔וֹם	5	καὶ εἶπεν Αβεσσαλωμ	καὶ εἶπεν Αβεσσαλωμ
קְרָ֣א[a] נָ֔א		καλέσατε[a] δὴ	καλέσατε[a] δὴ
גַּ֥ם[b] לְחוּשַׁ֖י		[b]καί γε[b] τὸν[c] Χουσι[d]	καὶ[b] τὸν[c] Χουσεὶ[d]
הָאַרְכִּ֑י		τὸν Αραχι[e]	τὸν 'Αραχει[e]
וְנִשְׁמְעָ֥ה[f]		καὶ ἀκούσωμεν[f]	καὶ ἀκουσόμεθα[f]
מַה־בְּפִ֖יו		τί ἐν τῷ[g] στόματι αὐτοῦ	τί ἐν τῷ[g] στόματι αὐτοῦ
גַּם־הֽוּא[h]׃		[h]καί γε αὐτοῦ[h]	
וַיָּבֹ֤א[a] חוּשַׁי֙	6	καὶ εἰσῆλθεν[a] Χουσι[b]	καὶ παρεγένετο[a] Χουσεὶ[b]
אֶל־אַבְשָׁל֔וֹם		πρὸς Αβεσσαλωμ	πρὸς Αβεσσαλωμ
וַיֹּ֨אמֶר אַבְשָׁל֤וֹם		καὶ εἶπεν Αβεσσαλωμ	καὶ εἶπεν Αβεσσαλωμ
אֵלָיו֙		[c]πρὸς αὐτὸν[c]	[c]πρὸς Χουσεὶ[c]
לֵאמֹ֔ר		λέγων	λέγων
כַּדָּבָ֤ר הַזֶּה֙		κατὰ τὸ ῥῆμα τοῦτο	κατὰ τὸ ῥῆμα τοῦτο
דִּבֶּ֣ר[d] אֲחִיתֹ֔פֶל		ἐλάλησεν[d] Αχιτοφελ	λελάληκεν[d] Αχιτοφελ
הֲנַעֲשֶׂ֖ה		εἰ ποιήσωμεν	εἰ ποιήσομεν
אֶת־דְּבָר֑וֹ[g]		[e]κατὰ τὸν[e] λόγον[f] αὐτοῦ[g]	[e]κατὰ τὸ[e] ῥῆμα[f] τοῦτο[g]
אִם־אַ֕יִן[h]		[h]εἰ δὲ μή[h]	[h]ἢ πῶς[h]
אַתָּ֖ה דַבֵּֽר[i]׃		σὺ λάλησον[i]	σὺ λέγεις[i]
וַיֹּ֥אמֶר[a] חוּשַׁ֖י	7	καὶ εἶπεν[a] Χουσι[b]	καὶ εἶπε[a] Χουσεὶ[b]
אֶל־אַבְשָׁל֑וֹם		πρὸς Αβεσσαλωμ	πρὸς Αβεσσαλωμ
לֹא־טוֹבָ֧ה הָעֵצָ֛ה		οὐκ ἀγαθὴ αὕτη[c] ἡ βουλή	οὐκ ἀγαθὴ ἡ βουλή
אֲשֶׁר־יָעַ֥ץ[d] אֲחִיתֹ֖פֶל		ἣν ἐβουλεύσατο[d] Αχιτοφελ	ἣν βεβούλευται[d] Αχιτοφελ
בַּפַּ֥עַם הַזֹּֽאת׃		[e]τὸ ἅπαξ[e] τοῦτο	νυνὶ[e] ταύτην
וַיֹּ֣אמֶר חוּשַׁ֗י	8	καὶ εἶπεν Χουσι[b]	καὶ εἶπεν ἔτι[a] Χουσεὶ[b]
אַתָּ֣ה יָדַ֡עְתָּ		σὺ οἶδας	σὺ οἶδας
אֶת־אָבִ֣יךָ		τὸν[c] πατέρα σου	τὸν[c] πατέρα σου
וְאֶת־אֲנָשָׁיו֩[e]		καὶ τοὺς[d] ἄνδρας αὐτοῦ[e]	καὶ τοὺς[d] ἄνδρας
			[e]τοὺς μετ' αυτοῦ[e]
כִּ֣י גִבֹּרִ֣ים הֵ֔מָּה[g]		ὅτι δυνατοί εἰσιν[f] σφόδρα[g]	ὅτι δυνατοί εἰσι[f] σφόδρα[g]
וּמָרֵ֣י[h]		καὶ κατάπικροι[h]	καὶ πικροὶ[h]
נֶ֔פֶשׁ[i] הֵ֔מָּה		[i]τῇ ψυχῇ[i] αὐτῶν	[i]ταῖς ψυχαῖς[i] αὐτῶν
			[j]καὶ εἰσὶν[j]
כְּדֹ֥ב[l]		ὡς[k] ἄρκος[l]	ὥσπερ[k] ἄρκοι[l]

Hebrew		Greek A	Greek B
שַׁכּוּל[m]		ἠτεκνωμένη[m]	παροιστρῶσαι[m]
בַּשָּׂדֶה[n]		[n]ἐν ἀγρῷ[n]	[n]ἐν τῷ πεδίῳ[n]
		[o]καὶ ὡς ὗς τραχεῖα[o]	
		[p]ἐν τῷ πεδίῳ[p]	
וְאָבִיךָ אִישׁ		καὶ ὁ[q] πατήρ σου ἀνὴρ πολεμιστὴς	καὶ ὁ[q] πατήρ σου ἀνὴρ πολεμιστὴς
מִלְחָמָה			
וְלֹא יָלִין		[r]καὶ οὐ μὴ[r] καταλύσῃ[s]	οὐ[r] καταπαύσεις[s]
אֶת־הָעָם׃		τὸν[t] λαόν	τὸν[t] λαόν
הִנֵּה	9	ἰδοὺ γὰρ[a]	καὶ[a] ἰδοὺ
עַתָּה הוּא[b]־נֶחְבָּא		[b]αὐτὸς νῦν[b] κέκρυπται	[b]αὐτὸς νῦν[b] κέκρυπται
בְּאַחַת הַפְּחָתִים[c]		ἐν ἑνὶ τῶν βουνῶν[c]	ἐν ἑνὶ τῶν αὐλώνων[c]
אוֹ בְּאַחַד הַמְּקֹמֹת		ἢ ἐν ἑνὶ τῶν τόπων	ἢ ἐν ἑνὶ τῶν τόπων
וְהָיָה		καὶ ἔσται	καὶ ἔσται
כִּנְפֹל[d] בָּהֶם[e]		ἐν τῷ ἐπιπεσεῖν[d] αὐτοῖς[e]	ἐν τῷ πεσεῖν[d] [e]τὸν λαὸν[e]
בַּתְּחִלָּה		ἐν ἀρχῇ	ἐν ἀρχῇ
וְשָׁמַע הַשֹּׁמֵעַ		καὶ ἀκούσῃ[f] ὁ ἀκούων	καὶ ἀκούσεται[f] ὁ ἀκούων
וְאָמַר[g]		καὶ εἴπῃ[g]	καὶ ἐρεῖ[g]
הָיְתָה[h] מַגֵּפָה[i]		ἐγενήθη[h] θραῦσις[i]	γέγονε[h] πτῶσις[i]
בָּעָם אֲשֶׁר		ἐν τῷ λαῷ	ἐν τῷ λαῷ
אַחֲרֵי אַבְשָׁלֹם׃		τῷ ὀπίσω Αβεσσαλωμ	τῷ ὀπίσω Αβεσσαλωμ
וְהוּא גַם[a]	10	[a]καί γε αὐτὸς[a]	[a]καὶ ἔσται[a]
בֶּן־חַיִל[d]		υἱὸς δυνάμεως[d]	ὁ[b] υἱὸς ὃς[c] μαχητής[d]
אֲשֶׁר לִבּוֹ		οὗ ἡ[f] καρδία	οὗ ἐστιν[e] ἡ[f] καρδία
כְּלֵב		καθὼς[g] ἡ[h] καρδία	ὡς[g] καρδία
הָאַרְיֵה		τοῦ[i] λέοντος	λέοντος
הִמֵּס יִמָּס[k]		τηκομένη[j] τακήσεται[k]	θραυομένη[j] θραυσθήσεται[k]
כִּי־יֹדֵעַ כָּל־יִשְׂרָאֵל		ὅτι οἶδεν[l] πᾶς Ισραηλ	ὅτι γνώσεται[l] πᾶς Ισραηλ
כִּי־גִבּוֹר[m]		ὅτι δυνατὸς[m]	ὅτι δεδυνάστευκεν[m]
אָבִיךָ		ὁ[n] πατήρ σου	ὁ[n] πατήρ σου
וּבְנֵי־חַיִל[p]		καὶ υἱοὶ[o] δυνάμεως[p]	καὶ οἱ[o] μαχηται[p]
אֲשֶׁר אִתּוֹ׃		οἱ μετ' αὐτοῦ	πάντες[q] οἱ μετ' αὐτοῦ
כִּי[a]	11	ὅτι[a]	
		οὕτως[b] συμβουλεύων[c]	οὕτως[b]
יָעַצְתִּי		[d]ἐγὼ συνεβούλευσα[d]	[d]συμβουλεύω ἐγὼ[d]
הֵאָסֹף[e]		καὶ συναγόμενος[e]	καὶ συναγόμενοι[e]
יֵאָסֵף[f]		συναχθήσεται[f]	συναχθήσονται[f]

Hebrew		Greek A	Greek B
עָלֶיךָ		[g]ἐπὶ σὲ[g]	[g]πρὸς σὲ[g]
כָל־יִשְׂרָאֵל		πᾶς Ισραηλ	πᾶς Ισραηλ
מִדָּן וְעַד־בְּאֵר שֶׁבַע		ἀπὸ Δαν καὶ ἕως Βηρσαβεε	ἀπὸ Δαν καὶ ἕως Βηρσαβεε
כַּחוֹל		ὡς ἡ ἄμμος	ὡς ἡ ἄμμος
אֲשֶׁר־עַל־הַיָּם		ἡ ἐπὶ τῆς θαλάσσης	ἡ ἐπὶ τῆς θαλάσσης
לָרֹב		εἰς πλῆθος	εἰς πλῆθος
וּפָנֶיךָ		καὶ τὸ πρόσωπόν σου	καὶ τὸ πρόσωπόν σου
[h]הֹלְכִים		πορευόμενον[h]	πορεύσεται[h]
בַּקְרָב׃		[i]ἐν μέσῳ[i] αὐτῶν[j]	[i]εἰς μέσον[i] αὐτῶν[j]
וּבָאנוּ אֵלָיו[a]	12	καὶ ἥξομεν [a]πρὸς αὐτὸν[a]	καὶ ἥξομεν [a]ἐπ' αὐτὸν[a]
(בְּאַחַד)[בְּאַחַת] הַמְּקוֹמֹת		εἰς ἕνα τῶν τόπων	εἰς ἕνα τῶν τόπων
אֲשֶׁר נִמְצָא שָׁם		οὗ ἐὰν εὕρωμεν αὐτὸν[b] ἐκεῖ	οὗ ἐὰν εὕρωμεν αὐτὸν[b] ἐκεῖ
וְנַחְנוּ		καὶ παρεμβαλοῦμεν[c]	καὶ ἐκθαμβήσομεν[c]
עָלָיו[d]		[d]ἐπ' αὐτόν[d]	αὐτόν[d]
כַּאֲשֶׁר יִפֹּל הַטַּל		ὡς[e] πίπτει ἡ[f] δρόσος	ὡσεὶ[e] πίπτει δρόσος
עַל־הָאֲדָמָה		ἐπὶ τὴν γῆν	ἐπὶ τὴν γῆν
וְלֹא־נוֹתַר		καὶ οὐχ ὑπολειψόμεθα	καὶ οὐχ ὑπολειψόμεθα
בּוֹ		ἐν αὐτῷ	ἐν αὐτῷ
וּבְכָל־הָאֲנָשִׁים[g]		καὶ τοῖς ἀνδράσιν	καὶ [g]ἐν πᾶσι[g] τοῖς ἀνδράσιν
אֲשֶׁר־אִתּוֹ		τοῖς μετ' αὐτοῦ	τοῖς μετ' αὐτοῦ
גַּם[h]־אֶחָד׃		[h]καὶ γε[h] ἕνα[i]	οὐδένα[i]
וְאִם־אֶל־עִיר יֵאָסֵף	13	[a]καὶ ἐὰν[a] εἰς πόλιν συναχθῇ	[a]ἐὰν δὲ[a] εἰς πόλιν συναχθῇ
וְהִשִּׂיאוּ[b]		καὶ λήμψεται[b]	καὶ προσάξουσι[b]
כָל־יִשְׂרָאֵל		πᾶς Ισραηλ	πᾶς Ισραηλ
הַהִיא חֲבָלִים		[c]πρὸς[d] τὴν πόλιν ἐκείνην	[c]σχοινία ἐπὶ[d] τὴν πόλιν
אֶל־הָעִיר[d] [c]		σχοινίας[c]	ἐκείνην[c]
וְסָחַבְנוּ אֹתוֹ		καὶ συροῦμεν[e] αὐτὴν	καὶ ἐπισπάσονται[e] αὐτὴν
עַד־הַנַּחַל		[f]ἕως εἰς[f] τὸν χειμάρρουν	εἰς[f] τὸν χειμάρρουν
עַד אֲשֶׁר־לֹא־נִמְצָא[g]		ὅπως μὴ καταλειφθῇ[g]	ὅπως μὴ εὑρέθη[g]
שָׁם		ἐκεῖ	ἐκεῖ
גַּם־צְרוֹר[h]׃		[h]μηδὲ λίθος[h]	συστροφή[h]
וַיֹּאמֶר אַבְשָׁלוֹם	14	καὶ εἶπεν Αβεσσαλωμ	καὶ εἶπεν Αβεσσαλωμ
וְכָל־אִישׁ[a] יִשְׂרָאֵל		καὶ πᾶς ἀνὴρ[a] Ισραηλ	καὶ πᾶς Ισραηλ
טוֹבָה עֲצַת		ἀγαθὴ ἡ[b] βουλή	ἀγαθὴ ἡ[b] βουλή
חוּשַׁי הָאַרְכִּי		Χουσι[c] τοῦ Αραχι	Χουσεὶ[c] τοῦ Ἀραχεὶ
מֵעֲצַת אֲחִיתֹפֶל		ὑπὲρ τὴν βουλὴν Αχιτοφελ	ὑπὲρ τὴν βουλὴν Αχιτοφελ
וַיהוָה צִוָּה		καὶ κύριος ἐνετείλατο	καὶ κύριος ἐνετείλατο
לְהָפֵר		διασκεδάσαι	τοῦ[d] διασκεδάσαι

אֶת־עֲצַת אֲחִיתֹפֶל‏	τὴνᵉ βουλὴν Αχιτοφελ	τὴνᵉ βουλὴν τοῦᶠ Αχιτοφελ
הַטּוֹבָה‏	τὴν ἀγαθήν	τὴν ἀγαθήν
		ᵍκαὶ τὴν βουλὴν
		Ἀβεσσαλωμᵍ
לְבַעֲבוּר הָבִיא יְהוָה‏	ὅπως ἂν ἐπαγάγῃ κύριος	ὅπως ἂν ἐπαγάγῃ κύριος
אֶל־אַבְשָׁלוֹםʰ‏	ʰἐπὶ Αβεσσαλωμ	ʰτὰ κακὰ
אֶת־הָרָעָה‏:ʰ	τὰ κακὰʰ πάνταⁱ	ἐπὶ Αβεσσαλωμʰ

2.12.2. Analyse der Varianten

V5ᵃ. Die gr. Versionen setzen gegenüber dem MT eine andere Texttradition voraus, nämlich קראו statt קרא. Viele Kommentatoren[1] akzeptieren den MT. Meiner Meinung nach beruht der MT auf der Auslassung des Konsonanten (Konsonantenverwechslung und Haplographie?) : קרא_נא(MT) statt קראו_נא(LXX).

V5ᵇ. S.o. 15,24ᵃ zur Wiedergabe der KR mit καὶ γε für גם.

V5ᶜ. S.o. 15,25ᵃ zur Wiedergabe für die hebr. Präposition ל.

V5ᵈ. S.o. 15,32ⁱ zur Transkription für חושי.

V5ᵉ. S.o. 15,32ʲ zur Transkription für הארכי.

V5ᶠ. Ders hebr. Kohortativ wurde in den Mss. Bcrxa₂[2] mit Ind. Fut. <u>Akt.</u> wiedergegeben, dagegen im Ant+ mit <u>Med.</u> Der Unterschied ist aber unwesentlich.

V5ᵍ. S.o. 15,2ᵗ zur Verwendung des Artikels.

V5ʰ. (1) Das Pronomen im MT (גם־הוא) steht hier zur „starken Hervorhebung des in derselben Person vorangegangenen Suffixes"[3]. Die KR hat den MT nachgeahmt: καὶ γε αὐτοῦ. Dagegen fehlt dieser Ausdruck im Ant. (2) S.o. 15,24ᵃ zur Wiedergabe der KR mit καὶ γε für גם.

---

1   S. Thenius, *Die Bücher Samuels*, 205; Wellhausen, *Der Text der Bücher Samuelis*, 199; Klostermann, *Die Bücher Samuelis und der Könige*, 207; Budde, *Die Bücher Samuel erklärt*, 278; Driver, *Notes on the Hebrew Text of the Books of Samuel*, 321.

2   Vgl. Cod. A: ΑΚΟΥΣΟΜΑΙΝ. Aber diese Form ist unverständlich verderbt.

3   *GK* §135 d,f.

V6ᵃ. Der Unterschied in der Wortwahl zwischen den beiden Versionen ist unwesentlich.

V6ᵇ. S.o. 15,32ⁱ zur Transkription für חושי.

V6ᶜ. (1) Im MT und der KR steht nur das Pronominalsuffix. Dagegen gibt der Ant (boc₂e₂y) den Text mit Eigennamen (πρὸς Χουσεὶ) wieder. Bei solch einem Fall würde Brock von einer absichtlichen Hinzufügung des Eigennamens ausgehen, „in order to make the narrative absolutely explicit: this insertion is quite unnecessary for the purposes of private reading, and is only explicable in the context of public use of this text (perhaps in education as well as in church)"[4]. Aber an dieser Stelle ist eine solche Hinzufügung nicht notwendig, auch nicht für eine Verlesung vor Publikum. Denn der Kontext ist hier so klar, dass nicht nur der Privatleser, sondern auch ein Publikum, das den Text hören würde, keine Explizierung des Textes bräuchte. Darüber hinaus bildet der hebr. Text mit Eigennamen einen schönen Parallelismus:

(AB{ab}//A΄B΄{ba}) ויבא חושי אל־אבשלום // ויאמר אבשלום אל־חושי

Daher setzt der Ant m.E. eine andere hebr. Texttradition voraus. (2) S.o. 15,32ⁱ zur Transkription des Ant für חושי.

V6ᵈ. S.o. 16,4ᶠ zum Unterschied im Tempus.

V6ᵉ⁻ᵉ. (1) Im MT steht steht eine *nota accusativi*, die die gr. Versionen mit κατὰ + Artikel wiedergeben. Es ist wenig wahrscheinlich, dass die gr. Versionen die *nota accusativi* dem im selben Vers vorangegangenen Ausdruck κατὰ τὸ ῥῆμα τοῦτο angepasst haben. Vielmehr ist davon auszugehen, dass sie כדבר הזה als Vorlage voraussetzen. (2) S.o. 15,2ᵗ zur Verwendung des Artikels.

V6ᶠ. Das Substantiv דבר gibt die KR mit λόγος wieder, der Ant mit ῥῆμα. Der Unterschied in der Wortwahl ist nur unwesentlich. Vgl. dazu 15,28ʰ. Allerdings wäre nach dem im gleichen Vers vorangegangenen Ausdruck κατὰ τὸ ῥῆμα τοῦτο auch an dieser Stelle eine Wiedergabe mit ῥῆμα zu erwarten.

---

4   Brock, *The Recensions*, 252.

V6[h-h]. Es zeigen sich unterschiedliche Texttraditionen. Der MT und die KR stellen ähnliche Texttraditionen dar: אם־אין (MT), ואם־אין (<εἰ δὲ μή; KR).[5] Der Ant bietet eine weitere Texttradition: או־אין.

V6[i]. (1) Diese Variante ist von V6[h-h] abhängig. Die beiden gr. Varianten (V6[i]) setzen dieselbe hebr. Texttradition wie MT voraus, geben sie aber aufgrund der unterschiedlichen Texttraditionen von V6[h-h] unterschiedlich wieder:

> KR: <u>Wenn aber nicht</u>, dann sollst du sprechen!
> Ant: <u>Oder wie</u> sprichst du?

Die KR fasste ואם־אין als selbstständige Aussage separat von אתה דבר. Dagegen las der Ant או־אין אתה דבר als einen Satz. (2) Der Unterschied in der Wortwahl und im Tempus ist geringfügig.

V7[a]. S.o. 15,3[a] zum „bewegliche ν" in der Madrider Ausgabe.

V7[b]. S.o. 15,32[i] zur Transkription für חושי.

V7[c]. Die KR bietet ein Demonstrativpronomen (αὕτη), das sowohl im MT als auch im Ant (boc₂e₂ 𝔄) fehlt. Interessanterweise steht dieses Pronomen in der Hs. a₂ nach ἡ βουλή. Diese Handschrift setzt העצה הזאת als Vorlage voraus.

V7[d]. S.o. 16,4[t] zum Unterschied im Tempus.

V7[e]. Die Ausdrucksweise בפעם הזאת kommt im MT 5mal vor (Ex. 8,28; 9,14; 2. Sam 17,7; Jer 10,18; 16,21). In Ex 8,28; 9,14; Jer 16,21 gibt die LXX פעם mit καιρός wieder.[7] In den Fällen, in denen פעם mit ἅπαξ wiedergegeben wurde, steht פעם meistens mit Artikel,[8] sonst stellen die Fälle

---

5   Wellhausen (1871; 199) betrachtete das Ausfallen des Copulativums als Haplographie: „[...] vielleicht fiel nach דברו ein וְ vor אם aus".

6   Die Rekonstruktion von McCarter (1984; 382), אם איך „Or (?) how (do you advise us)?", hat keine Plausibilität. Denn ἤ steht in der LXX keinesfalls für אם. Dazu s. Muraoka, *Index*, 19a. Stattdessen ist או־איך noch plausibler, wie bei Klostermann (1887; 208). Diese Ausdrucksweise או־איך erkennt man einmal in Ez 21,15 (und zwar im konjizierten Text; s. *BHS*⁴, 931), obwohl einerseits der MT verderbt ist, andererseits die gr. Gegenstücke für או in der LXX überhaupt fehlen.

7   In Jer 10,18 fehlt die Wiedergabe für בפעם.

8   Gen 18,32; Ri 6,39; 15,3; 16,18(B). 28.

die Wiedergabe für בפעם כפעם פעם dar.[9] Aus diesem Grund war הזאת הפעם vermutlich die Vorlage der KR. Vgl. Ri 16,18 הפעם הזה im MT; τὸ ἅπαξ τοῦτο in der LXX(B). Für פעם steht νῦν 8mal in der LXX-*Ra* (nur im Pentateuch),[10] aber dessen emphatische Form νυνί steht hauptsächlich für עתה,[11] nie für פעם. Trotzdem kann man עתה הזאת nicht als Vorlage des Ant (boc₂e₂z^mg) in Betracht ziehen. Vielleicht ist νυνί ταύτην des Ant eine emphatische, freie Übersetzung für בפעם הזאת.

V8^a. Der Ant (ἔτι; boc₂z Vulg) setzt עוד als Vorlage voraus. Das Wort/die Wiedergabe fehlt im MT und in der KR.

V8^b. S.o. 15,32^i zur Transkription für חושי.

V8^c/d. Der gr. Artikel steht für die *nota accusativi*, ist aufgrund des determinierenden Personalsuffixes aber auch notwendig. Vgl. dazu 15,2^t.

V8^e. Gegenüber dem MT (ואת־אנשיו) und der KR (καὶ τοὺς ἄνδρας αὐτοῦ) gibt der Ant (boc₂e₂f 𝔖^J) den Text mit καὶ τοὺς ἄνδρας τοὺς μετ' αὐτοῦ wieder. Die Wiedergabe des Ant setzt ואת־אנשים אשר אתו voraus. Vgl. dazu V12 Z7f.

V8^f. S.o. 15,3^a zum „beweglichen ν" in der Madrider Ausgabe.

V8^g. Die gr. Versionen (σφόδρα) setzen gegenüber dem MT eine abweichende Texttradition voraus: מאד statt המה.

V8^h. Die KR hat gegenüber dem Ant die verstärkende Vorsilbe κατά. Dieser Unterschied ist aber nur unwesentlich.

V8^i. (1) S.o. 15,2^t zur Verwendung des Artikels. (2) Der Plural des Ant (boc₂e₂ 𝔏) stellt eine innergriechisch sachgemäße Wiedergabe dar.

V8^j. S.o. 16,2^b.

---

9   Ri 16,20; 20,30. 31; 1Sam 3,10; 20,25.
10 Gen 2,23; 29,34. 35; 30,20; 46,30; Ex 9,14. 27; 10,17.
11 Ex 32,34; Num 11,6; Deut 10,22; Jos 5,14; 14,12; 2 Kön 3,15; Ps 16{17},11; Hiob 6,28; 7,21; 30,1. 9; 42,5.

V8^k. Der Ant betont durch das enklitische -περ das Gleichnis noch stärker als ὡς.[12]

V8^l. Der Plural des Ant (b´b^{txt}oc₂e₂z^{mg}) stellt im gegebenen Kontext die sachgemäße Wiedergabe dar, d.h. der Ant passte den Numerus sowohl dem pluralischen Subjekt als auch der pluralischen Verbform an.

V8^m. (1) Die Wiedergabe der KR wird in der LXX hauptsächlich für die Verbformen von שכל verwendet.[13] Vermutlich las die KR dieses Wort nicht als Adjektiv, sondern als Part. Pass.[14] Dagegen stellt die Wiedergabe des Ant (b´b^{txt}oc₂e₂z^{mg}) einen Neologismus der LXX dar.[15] In der LXX-*Ra* findet man dieses Wort nur dreimal als Wiedergabe für סרב (Ez 2,6) bzw. סרר {Hos 2,6(2×)}. Im Griechischen ist zwar οἰστράω schon lange bekannt, nämlich ohne Vorsilbe, aber es ist in der LXX, zumindest in den Majuskelhandschriften, die in der *Concordance* von Hatch-Radpath verwendet wurden, nicht belegt. Das besagt, dass der Ant סרוב oder סרור statt שכול als Vorlage voraussetzt. Sonst wäre es wenig wahrscheinlich, dass der Ant diesen ganz seltenen Neologismus der Septuaginta für שכול ausgewählt hatte. Stattdessen hätte er mit dem gewöhnlichen Wort μενει wiedergegeben, wenn er das Wort שכול frei wiedergeben wollte. (2) Der Unterschied im Tempus ist nur unwesentlich.

V8$^{n/o-o/p}$. Hier repräsentieren die Texte verschiedene Texttraditionen. Die Codd. BA und die von ihnen beeinflussten Handschriften weisen den längsten Text auf:

Vorlage (?)	Cod. BA	Übersetzung
כְּדֹב^{l}	ὡς^k ἄρκος^{l}	wie eine Bärin,
שַׁכּוּל^{m}	ἠτεκνωμένη^{m}	die ihrer Jungen beraubt wurde,
בַּשָּׂדֶה^{n}	^{n}ἐν ἀγρῷ^{n}	auf dem Acker,
וּכְחֲזִיר רַכָּס^{o}	^{o}καὶ ὡς ὗς τραχεῖα^{o}	*und wie ein wildes Schwein*
כְּבַשָּׂדֶה^{p}	^{p}ἐν τῷ πεδίῳ^{p}	*auf dem Feld*

---

12 S. Mayser, *Grammatik* II 3, §164, 20: „In diesen Verbindungen hat περ entweder die Aufgabe, die Identität zu betonen (...) oder einen Gegensatz hervorzuheben (...)".

13 Vgl. Gen 27,45; 31,38; 42,36; 43,14; Deut 32,25; 1Sam 15,33; 2Kön 2,19. 21; Hos 9,12. 14; Jer 15,7; Klgl 1,20; Ez 36,12. 13. 14.

14 S. auch Hld 4,2; 6,5{6}.

15 S. *Pape*, Bd. 2, 525; *LSJ*, 1342; *LEH*, 473.

Im MT und in den Mss. MNacgvxy fehlen die Teile V8[o-o] und V8[p-p]. Im Ant (b′b[txt]oc₂e₂) fehlen diese Teile ebenfalls, aber interessanterweise bietet der Ant den Teil V8[p-p] (ἐν τῷ πεδίῳ) in V8[n-n], anstelle von ἐν ἀγρῷ. Manche Kommentatoren bevorzugen die KR als die ursprüngliche Texttradition.[16] Ich bin auch der Ansicht, dass diese Teile eine alte Textform, die zumindest älter als der MT ist, widerspiegeln. Aber selbst die Codd. BA sind m.E. hexaplarisch[17]mosaikartig zusammengestellt und spiegeln deswegen unterschiedliche Texttraditionen wider. Mir ist also fraglich, ob diese Teile wirklich nur aus der KR hergekommen sind. Meiner Meinung nach liegt der Schlüssel dieses Problems in der unterschiedlichen Wiedergabe von בשדה: V8[n-n] ἐν ἀγρῷ (KR), ἐν τῷ πεδίῳ (Ant). Beide Wiedergaben stehen in gr. Sam-Kön eigentlich für בשדה. Die folgende Tabelle zeigt die handschriftlichen Lesarten in Sam-Kön, die sich auf die Wiedergabe von בשדה beziehen:

בשדה	ἐν (τῷ) ἀγρῷ	ἐν τῷ πεδίῳ	andere
1Sam 4,2	BAM[txt]N *rell*	boc₂e₂fmsw	
6,1	*rell*	oc₂e₂ Thdt	
6,18	*rell*		e₂: om
14,15	BA(τῷ :MNace-nsvwxb₂)	boc₂e₂	
19,3	alle		
20,5		alle	
20,24	*rell*(τῷ :Adv)	boc₂e₂	
25,15{16}	*rell*(τῷ :dy)		g: εἰς αγρων
27,7	AMN *rell*		B: εν οδω
27,11	alle(τῷ :c)		
30,11	BAya₂		MN *rell*: om
2Sam 2,18	*rell*	boc₂e₂Niz: pr τῶν	
10,8	*rell*	boc₂e₂M[mg]z[mg]	
14,6	*rell*(τῷ)	boc₂e₂	N: εν οικω
1Kön 11,29		BMNnv[b]x	boc₂e₂: εν τη οδω
14,11{12,24m}	alle		
16,4		alle	
21,24{20,24}		alle	

---

16   Vgl. Thenius, *Die Bücher Samuels*, 206; Wellhausen, *Der Text der Bücher Samuelis*, 200; McCarter, *II Samuel*, 382.
17   S. Field, *Hexapla* I, 571.

Anhand der Tabelle kann man klar erkennen, dass beide Wiedergaben in Sam-Kön für בשדה stehen, und dass ἐν τῷ πεδίῳ gewiß nicht
aus der KR, sondern aus dem Ant stammt. Die Wiedergabe, die mit ἐν
ἀγρῷ verbunden ist, nenne ich T1. Und die andere T2. Im vorliegenden
Fall existieren in den Codd. BA also zwei unterschiedliche Traditionen:

> T1: ὡς ἄρκος ἠτεκνωμένη ἐν ἀγρῷ
> T2: καὶ ὡς ὖς τραχεῖα ἐν τῷ πεδίῳ

Die beiden Traditionen wurden, wie oben erwähnt, vermutlich erst
in der Hexapla zusammengefügt, d.h. Origenes lagen vermutlich beide
Traditionen vor: die eine von der KR (T1) und die andere (T2) von Ant.
Meiner Meinung nach war der Ant (Ur-Lukian) ursprünglich länger als
die KR:

KR	T1a	ὡς ἄρκος ἠτεκνωμένη ἐν ἀγρῷ
		(-)
Ant	T2a	ὥσπερ ἄρτοι παροιστρῶσαι ἐν τῷ πεδίῳ
	T2b	καὶ ὡσ(περ) ὖς τραχεῖα ἐν τῷ πεδίῳ

Origenes fügte T2b zu T1a hinzu. Diese hexaplarische Tradition ist
in den Codd. BA erhalten geblieben, und spiegelt auch den urlukianischen Text wider. Darüber hinaus setzt er vermutlich eine hebr. Texttradition (וכחזיר רכס בשדה)[18] voraus, die unabhängig von der MT-Tradition und wahrscheinlich älter als die MT-Tradition war. Origenes Bearbeitung (T1a+T2b) wurde allerdings in einigen späteren Hss. nicht aufgenommen, und T2b wurde getilgt. Daher ist in vielen Manu-skripten
nur T1a erhalten geblieben. Innerhalb des Ant lässt sich dieselbe Bearbeitung erkennen. Solche Bearbeitungen wurden einer-seits auf Grund
der Tradition des Proto-MT, andererseits auf Grund des jüdischen Verhältnisses zu David durchgeführt, d.h. die Bearbeiter wollten das un-
reine Tier „Schwein" nicht in Verbindung mit dem König David nennen, auch wenn sich dieses Wort hier nicht auf die Unreinheit, sondern

---

18 Die Rekonstruktion von Thenius (1842; 206) ist unwahrscheinlich: וכחזיר מר בבקעה.
Denn zunächst wird מר in der LXX niemals mit dem ganz seltenen Wort τραχύς (nur
8mal in der LXX) wiedergegeben. Dazu s. *HR, Concordance*, 1371a und Muraoka,
Index, 88a. Zu meiner Rekonstruktion רכס für τραχύς vgl. Jes 40,4. Darüber hinaus
hat die Rekonstruktion בקעה für πεδίον in der LXX keinen passenden Beleg, obwohl
ein selten vorkommendes Wort בקעה in der LXX mit πεδίον wiedergegeben ist. S.
dazu HR, 1113b-1114a, bes. (3) a. In Sam-Kön kommt בקעה eigentlich niemals vor,
und schon gar nicht mit שדה.

auf die Tollkühnheit des Schweins bezieht. Es folgt ein schematische Darstellung der textgeschichtlichen Entwicklung:

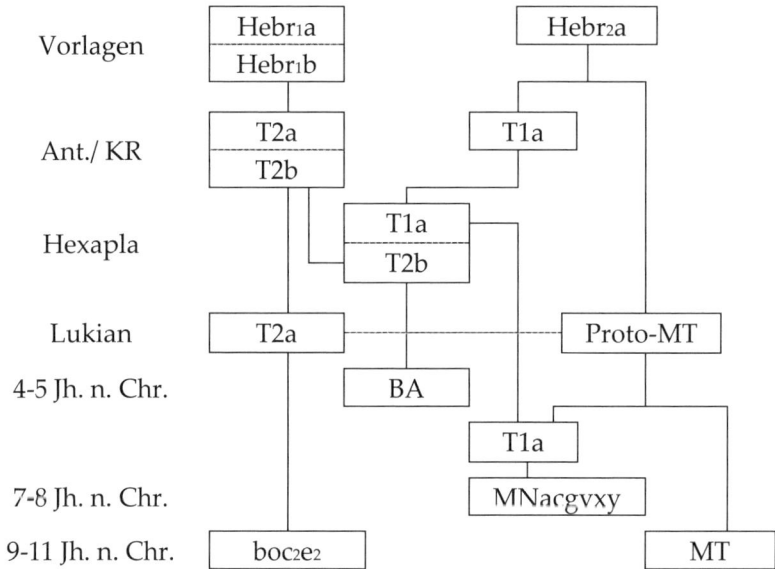

Es lassen sich drei Aspekte der Bearbeitungs- bzw. Überlieferungs-vorgänge erkennen: (1) Einfluss des Proto-MT auf Lukian, (2) Einfluss des Ur-Lukian auf die Hexapla, (3) Spätere Bearbeitung der KR nach Codd. BA gemäß Proto-MT.

V8^q. S.o. 15,2^t zur Verwendung des Artikels.

V8^r. (1) Der Ant setzt gegenüber dem MT und der KR eine abwei-chende Texttradition voraus, ohne Kopula (oc2e2) und Partikel (om μη b′b^{txt}oc2e2).[19]

V8^s. (1) Der Unterschied im Modus ist abhängig von der Partikel. S.o. V8^r. (2) Der Unterschied in der Wortwahl ist hier unmaßgeblich. Vgl. Ri(A) 18,2 zu καταπαύω (Ant) für לוּן. Allerdings, vgl. 17,16^c; 19,8^l. (3) Zwischen Konj. Aor. (KR) und Ind. Fut. (Ant) gibt es keinen wesent-lichen Unterschied (Prohibitiv).

---

19   Vgl. om μη b′b^{txt}oc2e2.

V8ᵗ. S.o. 15,5ᵍ zur Verwendung des Artikels für *nota accusativi*.

V9ᵃ. Die KR und der Ant (boc2e2 𝕬𝕷) verwenden eine unterschiedliche Partikel. Im MT fehlt sie. Der Ant setzt vermutlich והנה als Vorlage voraus. Dagegen ist die KR noch komplizierter. Von der KR (ἰδοὺ γὰρ) kann man והנה nicht als Vorlage rekonstruieren. Stattdessen setzt die KR entweder einfach הנה[20] oder כי־הנה[21] voraus.

V9ᵇ. Der MT (הוא עתה) und der Ant+ (αὐτὸς νῦν) weisen eine umgekehrte Wortfolge auf. In den Hss. bcgtvxa2 und in den verschiedenen Tochterübersetzungen (𝕬𝕮𝕰𝕷) fehlt νῦν, aber diese Mss. stellen nur eine sekundäre Bearbeitung dar.

V9ᶜ. Textlich sind die Codd. BA (auch schon *O′*) und die von ihnen beeinflussten Mss. verderbt. Man muss wohl BOΘYNOC[22] statt BOYNOC lesen. Der Konsonant Θ wurde vermutlich wegen des benachbarten O wie bei einer Haplographie ausgelassen. Dazu vgl. 18,17ᶠ.
Im Ant+ (MᵗˣᵗNabfgijᵗˣᵗovyz*b2c2e2) steht αὐλώνων. Dieses Wort steht zwar in der LXX nicht für פחת, sondern hauptsächlich für עמק,[23] aber es wird von Josephus[24] an dieser Stelle unterstützt. Es bleibt zu fragen, ob der Ant+ eine abweichende Texttradition (עמק statt פחת) gegenüber dem MT und der KR voraussetzt.

V9ᵈ. (1) Die Präposition der gr. Versionen (ἐν) setzt im Hebräischen ב voraus, wohingegen im MT כ steht. (2) In den Mss. BAb *rell* wurde נפל[25]

---

20   Ps 50{51}, 7. 8; Jes 10,33; 13,9; 32,1; 62,11.
21   Jes 26,21; 66,15.
22   Vgl. 2Sam 18,17; Jes 24,17. 18; Jer 31{48},28. 44 βόθυνος für פחת.
23   1Chr 10,7; 12,15; 27,29; 2Chr 20,26; Jer 31{48},8. Sonst steht αὐλών in Deut 1,1 für הצרת und in 1Sam 17,3A (B: κύκλῳ) für גיא.
24   *Jos. Ant.* VII, 218: εἴς τινα τῶν αὐλώνων ἑαυτὸν ἀποκρύψει.
25   Vgl. folgende Fälle:

	πίπτω	ἐπιπίπτω	etc.
1Sam 26,12	BAa2	MN *rell*	
31,4	bcefmo-swxzᵗˣᵗa2ᵃ²e2	BAMN *rell*	da2*: ἔπαισεν
31,5	Naᵛⁱᵈbʹceopqwxa2ᵃ²	BAM *rell*	gv: ἔπεπεν; a2*: ἔπαισεν
2Kön 4,37	B *rell*	A	

mit ἐπιπίπτω wiedergegeben, in den Hss. oc2e2 mit πίπτω, was die für das LXX-Griechische noch gewöhnliche Wiedergabe ist.[26] Beide Wiedergaben spiegeln zwei unabhängige Überlieferungen der Übersetzung wider. Vgl. dazu u. V9ᵉ.

V9ᵉ. Bei dieser Variante spiegeln sich die unterschiedlichen Texttraditionen zwischen der KR (αὐτοῖς <MT; בהם) und dem Ant (oc2e2; τὸν λαόν <העם ?) wider. Die Hs. b stellt eine spätere Bearbeitung dar, d.h. in dieser Handschriftengruppe (b u. b′) steht ἐν τῷ ἐπιπεσεῖν αὐτοῖς τὸν λαόν ἐν ἀρχῇ. Vermutlich gab es zwei Texttraditionen, nämlich בהם und העם, und die Hs. b hat beide Traditionen zusammengefügt.

V9ᶠ. In den Codd. BAM und in den von ihnen beeinflussten Handschriften steht καὶ ἀκούσῃ für ושמע. In den Mss. Nᵉˡ ᵉˣ ᶜᵒʳʳᵉ-hmnsvw hingegen steht καὶ ἀκούσει. Ein Konjunktiv in Aorist ist im Griechischen ungewöhnlich. Im vorliegenden Kontext ist das Verb als die Aussage über die mögliche Wirklichkeit zu lesen. Solch einen Fall drückt man im Griechischen normalerweise mit Optativ (*optatitus potentialis*) aus. Im Lateininischen würde hier durchaus ein Konjunktiv (lat. *coniunctivus potentialis*) gesetzt.
Daraus ergibt sich die Frage, ob die Codd. BAM durch das Lateinische beeinflusst sind. Doch, wenn man die Variante mit V9ᵍ (s.u.) vergleicht, wird einem diese Vermutung versagt. Denn selbst im Cod. B gibt es keine Kongruenz im Modus. Stattdessen wurde der Unterschied im Modus m.E. durch die Verschreibung von ΔΚΟΥϹΗ statt ΔΚΟΥϹΕΙ verursacht.[27] Solch eine Verschreibung ist in der Korrektur des Cod. N zu erkennen. Darüber hinaus geht ἀκούσει meiner Meinung nach auf eine ältere Tradition als ἀκούσῃ zurück. Denn der gemäß dem Kontext mit der Medialform wiedergegebene Ant (ἀκούσεται) spiegelt die Tradition von Ind. Fut. wider. Die Übersetzungs- und Bearbeitungstradition kann wie folgt dargestellt werden:

---

26   S. dazu *HR*, 1135c-1137c, bes. (12).
27   S. dazu: Mayser, *Grammatik* I,1, §7, 3: „[...] bei dieser Gruppe ist mit Verschreibung zu rechnen."

Ur-LXX ΔΚΟΥϹΕΙ

Lukian (?) ΔΚΟΥϹΕΤΔΙ   ΔΚΟΥΗ

ἀκούσεται   BAM   ΔΚΟΥϹΕΙ   N^ex corr

boc₂e₂z   *rell*   Ne-hmnsvw

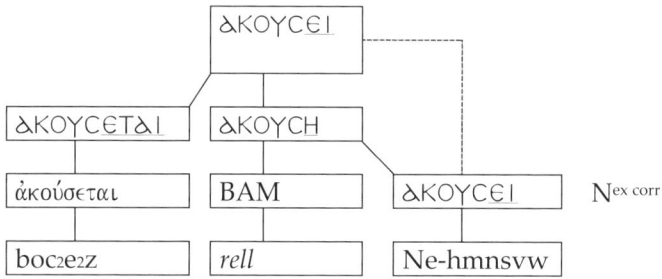

V9^g. Der Konjunktiv in V9^f (s.o.) beeinflusste die Mss. AMN *rell* 𝔄^{vid}ℭ (ειπη). Man kann aber in den Mss. B ℭ^{vid} die Wiedergabe von εἶπεν erkennen und dazu sekundär in den Hss. acg εἴπει. Rahlfs folgt den Mss. AMN *rell* 𝔄^{vid}ℭ, während er den Cod. B mit Recht für eine sekundäre Tradition hielt. Allerdings vernachlässigte er den Ant (boc₂e₂ 𝔖$^{j(vid)}$), der eine noch ältere Tradition widerspiegelt. Im Ant sind V9^f (ἀκούσεται) und ἐρεῖ kongruent. Meiner Meinung nach ist der Ant die ältere Tradition, zumindest älter als die Mss. AMN *rell* 𝔄^{vid}ℭ analog zu V9^f. Darüber hinaus spiegeln die Hss. acg die Zusammenfügung zwischen dem Cod. B und dem Ant wider (ἐρεῖ+ εἶπεν), d.h. diese Handschriften lasen vermutlich die falsche Tradition des Cod. B, wobei sie den Ind. Fut. der Ur-LXX, der jetzt im Ant erkennbar ist, im Kopf hatten.

V9^h. S.o. 16,4^f zum Unterschied im Tempus.

V9^i. In der KR wurde מגפה mit θραῦσις wiedergegeben, im Ant (boz$^{a?}$c₂e₂) mit πτῶσις. In Sam-Kön finden sich in folgender Weise Wiedergaben:

	θραῦσις	πτῶσις	πληγή
1Sam 4,17			alle
6,4		alle : πταίσμα	
2. Sam 17,9^i	*rell*	boc₂e₂z$^{a?}$	
18,7^f	*rell*		boc₂e₂z^{mg}
24,21	*rell*	boc₂e₂	
24,25	*rell*	boc₂e₂	

Obwohl dieses Wort in Sam-Kön selten vorkommt, spiegeln beide Versionen vermutlich unterschiedliche Übersetzungs- bzw. Bearbeitungstraditionen wider.

V10ᵃ. (1) S.o. 15,24ᵃ zur Wiedergabe καὶ γε in der KR für גם. (2) Die KR setzt dieselbe Texttradition wie der MT voraus. Dagegen setzt der Ant (καὶ ἔσται; b′bᵗˣᵗoc₂e₂) mit Gewissheit als Vorlage והיה statt והוא voraus.

V10ᵇ/ᶜ/ᵈ. (1) Der Artikel des Ant (V10ᵇ/ᶜ) wurde einerseits wegen der determinierenden Relativkonstruktion hinzugefügt, dazu s.o. 15,2ᵗ. Andererseits wurde diese Variante grundsätzlich durch die unterschiedlichen Textverständnisse verursacht. Die KR fasste בן־חיל als *ein* Element auf, nämlich als eine Genitivverbindung ohne Artikel (vgl. dazu 15,10ᵈ/ᵉ). Dagegen fasst der Ant בן als Subjekt und חיל als Prädikativum auf. Daher stehen beide Wiedergaben im Nominativ. Beim Ant bezieht sich בן gewiss auf Absalom. Dann setzt sich die indirekte Rede im Ant fort. Dementsprechend können V9 Z6 bis V10 Z6 folgendermaßen übersetzt werden:

KR	Ant
... Und es mag jeder,	... Und es wird jeder
der hört, sagen:	Hörer für sich hören und sagen:
‚Es geschah ein Zerbrechen	‚Es ist eine Katastrophe geschehen
im Volk,	im Volk,
das hinter Absalom herzieht.‘	das hinter Absalom herzieht.
Und *gewiss (wäre)*	Und auch *wäre*
auch *ein kräftiger Mann,*	*der Sohn, der Mächtige,*
dessen Herz	dessen Herz
wie das Herz des Löwen wäre,	wie ein Löwen-Herz ist,
würde es {das Herz}	würde es {das Herz}
wirklich zerschmolzen werden.	wirklich zerbrochen werden.‘
Denn es weiß ganz Israel,	Denn (so) wird ganz Israel wissen,
dass dein Vater ...	dass dein Vater ...

(2) Die Abweichungen in der Wortwahl (V10ᵈ) sind unwesentlich.

V10ᵉ. S.o. 16,2ᵇ zur Ergänzung des Prädikats im Ant.

V10ᶠ. S.o. 15,2ᵗ zur Verwendung des Artikels. Das determinierende Suffix steht in den gr. Versionen als vorangezogenes Relativpronomen im Genitiv.

V10ᵍ. Der Unterschied zwischen καθώς (KR) und ὡς (Ant) ist nur unwesentlich.

V10ʰ/ⁱ. S.o. 15,10ᵈ/ᵉ zum Ausfallen des Artikels im Ant (b′bᵗˣᵗoc₂e₂cx).

V10[i/k]. (1) Etymologisch gesehen ist die Wiedergabe der KR (τήκω) nah an מסס im MT; im Sinne von „zerschmelzen". In der LXX steht τήκω oft für מסס.[28] θραύω (Ant; b′b[txt]oc₂e₂cx) findet sich in der LXX-*Ra* nicht als Äquivalent für מסס,[29] sondern eher für רצץ bzw. רעע im Sinne von „zerbrechen". Trotzdem muss in der Vorlage des Ant nicht רצץ bzw. רעע gestanden haben. Der Ant bietet vermutlich eine stilistische Bearbeitung. (2) Vgl. 15,8[e] zur Wiedergabe für hebr. *inf. abs.* (V10[i]).

V10[l]. (1) Die Differenz im Tempus beruht auf den unterschiedlichen Textverständnissen der beiden Versionen. Dazu s.o. V10[b/c/d]. (2) Der Unterschied in der Wortwahl ist nur unwesentlich.

V10[m]. Die KR (δυναστὸς) entspricht dem Adjektiv des MT (גבור). Der Ant übersetzt mit einem Verb im Perfekt (δεδυνάστευκεν). Vermutlich las der Ant die Vorlage mit der Verbform: גבר statt גבור.

V10[n]. S.o. 15,2[t] zur Verwendung des Artikels.

V10[o/p]. (1) Wie V10[d] fasste die KR den Ausdruck בן־חיל als *ein* Element, entsprechend hier auch der Ant, aber als innergriechische Alternative gibt er mit Artikel statt υἱοὶ wieder (V10[o]). (2) Vgl. V10[d] zum Unterschied in der Wortwahl (V10[p]).

V10[q]. Der Ant setzt כל־אשר voraus .

V11[a]. Die Mss. BAcrxa₂ 𝕰 haben ὅτι entsprechend dem MT (כי). In den Mss. MN *rell* 𝕬𝕮 fehlt die Wiedergabe für dieses Wort. Beide Gruppen spiegeln unterschiedliche Texttraditionen wider.

V11[b]. Die gr. Versionen setzen כה als Vorlage voraus. Der MT in V11[a] hat vermutlich כה mit כי verwechselt.

V11[c]. Im Cod. B steht ein Partizip (συμβουλεύων), das ein *inf. abs.* (יעץ) voraussetzt.[30] Nicht nur im MT, sondern auch im Ant+ (boc₂e₂AMNacf-jnuvxyb₂ 𝕰) fehlt dieses Wort. Bei der Variante von Cod. B handelt es sich vermutlich um eine Dittographie (יעץ יעצתי).

---

28 Ex 16,21; Jos 5,1; Ri[B] 15,14 (διαλύομαι A); Ps 21{22},14; 67{68},2.

29 In der LXX-*Ra* lässt sich θραύω insgesammt 22 mal erkennen, aber nur einmal in Ez 21,7(12) steht θραύω für מסס.

30 Dazu s.o. 15,8[e] zur Wiedergabe für hebr. *inf. abs.*.

V11[d]. Die Codd. BA und der Ant+ (boc₂e₂MNa^?f-jnuvxyb₂) weisen eine umgekehrte Wortfolge auf. Die gr. Versionen setzen vermutlich אני יעצתי[31] als hebr. Vorlage voraus.

Zum V11[a-d]: Wenn man die oben genannten Manuskripte anschaut, kann man erkennen, dass die Codd. BA mosaikartig zusammengewebt sind, und dass der Ant gegenüber dem MT und der KR eine ältere Texttradition widerspiegelt:

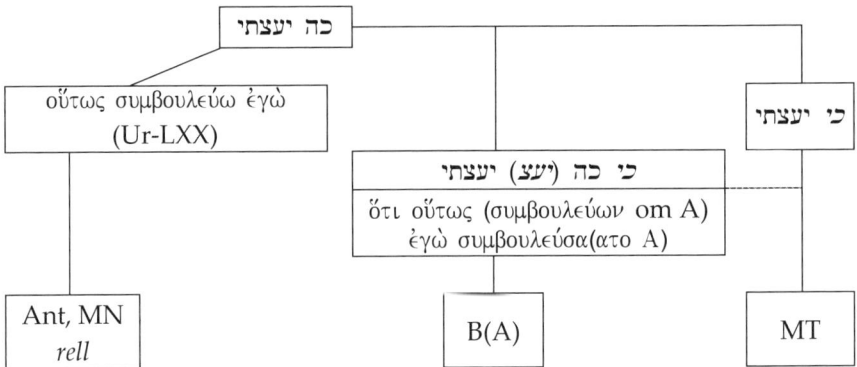

V11[e/f]. (1) S. o. 15,8[e] zur Wiedergabe für hebr. *inf. abs.* (V11[e]). (2) Der Plural im Ant (boc₂e₂N 𝕮) stellt nur eine stilistische Bearbeitung dar.

V11[g]. Der Ant+ (πρὸς σέ; boc₂e₂Madefijmps-wyzb₂) setzt gegenüber den Codd. BAN אליך statt עליך als Vorlage voraus. S.u. V12[a] zur Wiedergabe für אל und על.

V11[h]. Die KR gibt das hebr. Partizip Plural mit Partizip Singular wieder. Der Singular der KR bezieht sich auf τὸ πρόσωπόν σου. Der Ant (bc₂e₂) übesetzt stilistisch besser mit finitem Verb im Futur[32].

V11[i-i]. Die Wiedergabe der KR (ἐν μέσῳ) setzt בקרב als Vorlage voraus. Vgl. dazu 1Sam 4,3[33]; 16,13[34] in Sam-Kön. εἰς μέσον des Ant kann eine

---

31 Hier ist אנכי (Budde; 1902, 279) als Vorlage wenig wahrscheinlich, denn wie üblich wäre אנכי in der KR mit ἐγώ εἰμι wiedergegeben worden. Dazu s.o. 15,28[b].

32 Vgl. πορεύεται o.

33 So in den Codd. AMN*b* rell; vgl. ἐκ μέσου Beiya₂; ἐνώπιον b'; om g.

34 Vgl. ἐνώπιον in den Hss. boc₂e₂.

Wiedergabe für בתוך sein.[35] Trotzdem muss man keine andere Vorlage für den Ant vermuten: z.B. בתוך statt בקרב. Der Ant wollte vermutlich mit εἰς nur die Beweglichkeit verdeutlichen.

V11ⁱ. Die gr. Versionen setzen בקרבם statt בקרב (MT) voraus. Nachdem das Suffix (ם-) verloren gegangen war, wurde קרב vielleicht als aramäisches Wort (קְרָב; Krieg) gelesen,[36] damit es überhaupt sinnvoll ist: בקרב („zum Krieg").

V12ᵃ. Der Ant+ (boc₂e₂AMNafgjnuvyb₂𝔄ℭ) setzt vermutlich gegenüber dem MT (אליו) und dem Cod. B (πρὸς αὐτὸν) eine abweichende Texttradition (עליו) voraus.[37] In unserem Textbereich kann man erkennen, dass die gr. Versionen πρὸς für אל und ἐπὶ für על als Äquivalent bevorzugten.

Exkurs: Die gr. Wiedergaben für אל und על

(1) Die Präposition אל kommt in unserem Textbereich 54mal vor. 20mal[38] geben alle gr. Manuskripte die Präposition אל mit πρὸς wieder; hinzu kommen 10 Fälle[39], bei denen es sich aber um sekundäre Varianten handelt. Manchmal wurde die Präposition אל mit εἰς[40] oder mit Dativ[41] wiedergegeben. Nur in 16 Fällen weichen die Übersetzungen von אל in KR und Ant voneinander ab:

אל	πρὸς	ἐπὶ	εἰς	Dativ	etc.
16,16ʰ	*rell*			τῷ boc₂g	
16,17ᵃ	*rell*			τῷ boc₂e₂	
17,12ᵃ	B *rell*	boc₂e₂AMN afgjnuvyb₂	ia₂		
17,13ᵈ	*rell*	boc₂e₂v	a₂		
17,14ʰ		alle			
17,15ᵉ	boc₂e₂ty				om *rell*

---

35 Vgl. 1Sam 9,14. 18; 11,11; aber der Ant gibt in 2Sam 6,17 בתוך mit ἐν μέσῳ wieder.

36 S. Driver, *Notes on the Hebrew Text of the Books of Samuel*, 322.

37 Vgl. εἰς αὐτὸν ia₂.

38 15,2. 3. 6. 7. 13. 15. 19. 22. 36; 16,3. 9. 11. 18. 20; 17,1. 3. 6². 15. 20; 19,6.

39 16,2(τῷ a). 16,11²(om e). 16¹(αὐτῷ r; om a₂). 21(om d). 22(om A); 17,6¹(+αὐτῷ d). 7(om d); 18,2(*eis* ℭ; om g). 12¹(τῷ dempgstwz). 32(αὐτῷ d ℭ).

40 17,13. 18. 23¹.²; 18,17(*rell*; vgl. om Mnad-gi-npgs-wyzb₂). 27(*rell*; vgl. ἡ h*).

41 15,17; 17,23³; 18,12².

17,21^e	BAchnx			αὐτῷ boc$_2$e$_2$MN *rell*	om a$_2$
17,25^m	*rell*	boc$_2$e$_2$			
18,3^f		*rell*	74	ἐν boc$_2$e$_2$z^{mg}	
18,3^i		*rell*	boc$_2$e$_2$v^b		
18,4^a	BAchnrxa$_2$			αὐτοῖς boc$_2$e$_2$MNv^b *rell*	
18,4^d				ἀνὰ *rell*; παρὰ bo^{b}c$_2$e$_2$z^{mg}	
18,22^c	*rell*			τῷ boc$_2$e$_2$	
18,24^b	Nfjb$_2$	boc$_2$e$_2$	BAM *rell*		
18,24^d	*rell*	boc$_2$e$_2$fj b$_2$	cx		
18,26^b	*rell*	boc$_2$e$_2$			
18,28^c	*rell*			τῷ boc$_2$e$_2$	

Ergebnisse:
(a) Wird אל einerseits mit πρὸς und andererseits mit Dativ wiederge-
geben (16,16^h. 17^a; 17,21^d; 18,4^a. 22^c. 28^c), so ist dies nicht auf unterschiedliche Vorlagen zurückzuführen, sondern hat sein Grund in der
jeweiligen Übersetzungstechnik.
(b) Die Fälle von πρὸς (bzw. εἰς) versus ἐπὶ (17,12^a. 13^d. 25^m; 18,24$^{b/d}$. 26^b)
lassen unterschiedliche Texttraditionen vermuten. Diese Ver-mutung
wird durch die Fälle von 17,14^h; 18,3^i verstärkt. In 17,14^h, auch wenn die
beiden Versionen sich in der Wortfolge unterscheiden, stellen die gr.
Versionen (ἐπὶ) zweifellos gegenüber dem MT (אל) eine andere Texttradition (על) dar. In 18,3^i setzt der Ant (εἰς) אל als Vorlage voraus. Die
KR (ἐπὶ) setzt ohne Zweifel על voraus. In 17,15^e wurde in der KR die
Präposition erstaunlicherweise ausgelassen. Für die KR ist an dieser
Stelle keine unterschiedliche Vorlage zu vermuten.
(c) Die übrigen Fälle sind in ihrem jeweiligen Kontext zu be-trachten:
18,3^f. 4^d. (s.u. 2.15.)

(2) Die hebr. Präposition על kommt in unserem Textbereich insgesamt 36mal vor. In 18 Fällen setzen alle gr. Versionen mit Gewissheit על voraus[42]:

על	ἐπὶ	etc.
15,1^{c}	boc$_2$e$_2$u	ἀνὰ *rell*
15,18^{b}		ἀνὰ alle
15,18^{q}	BAchxa$_2$	ἐμπρόσθεν v; κατὰ boc$_2$e$_2$MN *rell*
15,20^{g}	BAa$_2$	om boc$_2$e$_2$MN *rell*
15,23^{k}	*rell*	πρὸ boc$_2$e$_2$
17,11^{g}	BAN	πρὸς boc$_2$e$_2$Madefijmpqs-wyzb$_2$
17,12^{d}	*rell*	om boc$_2^{a}$e$_2$emw; αὐτῷ 242
17,21^{k}	BAchxa$_2$	καθ boc$_2$e$_2$MN *rell*
18,5		ὑπὲρ alle
18,8^{b}	alle	
18,11^{g}		om alle
18,12^{e}	*rell*	ἐν boc$_2$e$_2$; εἰς Nfjb$_2$; om u
18,31^{k}	*rell*	om boc$_2$e$_2$z^{mg}
18,32^{f}	*rell*	αὐτῷ h; σοι boc$_2$e$_2$
19,1^{b}		εἰς alle
19,2^{c}	BA	περὶ MNafgijnvb$_2$; ὑπὲρ boc$_2$e$_2$; τὸν y
19,3^{c}	*rell*	ἐν i; περὶ boc$_2$e$_2$
19,8^{b}	boc$_2$e$_2$	εἰς *rell*
19,8^{w}	boc$_2$e$_2$	σοι *rell*

Ergebnisse:
(a) Die KR wollte על möglichst mit ἐπὶ wiedergeben. Der Ant bevorzugte eine Wiedergabe entsprechend der im Griechischen üblichen Konstruktion: 15,18^{q}. 20^{g}. 23^{k}; 17,12^{d}. 21^{j}; 18,12^{e}. 31^{k}. 32^{f}; 19,2^{c}. 3^{c}.
(b) Es gibt einige Fälle, die unterschiedliche Texttraditionen voraussetzen. In 17,11g setzt die KR gewiss על voraus, obwohl die Ausdrucksweise אסף על (in Niphal) sonst im MT im Sinne von „sich zusammenrotten gegen" verwendet wird.[43] Der Ant las den Text mit אל, d.h. πρὸς ist hier keine innergriechische Veränderung, sondern diese Texttradition war in der Vorlage des Ant vorhanden. In 19,1^{b} schreiben alle gr. Manuskripte εἰς, was sehr wahrscheinlich אל voraussetzt. Wenn die

42 15,4. 14(om g). 32. 33(μετ' y); 16,1^{g}. 8. 22^{b} ; 17,2(πρὸς z*). 11^{2}. 12^{2}. 19^{c}. 19^{2}(ἐν i). 25; 18,1. 8^{b}(om e$_2$). 9. 17. 18° (AMN *rell;* om B).

43 Vgl. Gen 34,30; Ps 35{36},15; Mi 4,11;.

Vorlage der KR עַל wäre, hätte sie keinesfalls mit εἰς übersetzt, sondern mit ἐπί. In 19,8$^{b/t}$ ist die Situation umgekehrt. Hier setzt die KR (εἰς) אל bzw. ל voraus, der Ant (ἐπί) עַל(=MT)
(c) Die übrigen Fälle sind in ihrem jeweiligen Kontext zu betrachten: 15,1^c. 18^b; 18,5 (ὑπέρ ist hier eine freie Wiedergabe für עַל־דְּבַר). 11^g. (siehe die jeweiligen Kapitel)

V12^b. Die gr. Versionen fügen ein Personalpronomen im Akkusativ (αὐτόν) als Objekt des Verbs hinzu. Im Hebräischen kann das Objekt zu מצא ausgelassen werden, wenn es sich aus dem Kontext klar ergibt. Im Griechischen dagegen braucht εὑρίσκω unbedingt ein Objekt. Daher muss man hier keine andere Texttradition (נמצאהו? statt נמצא) vermuten.

V12^c. Der MT וְנָחְנוּ ist entweder als Perf. cons. von נוח im Qal zu verstehen oder als Personalpronomen (1. Plural). Dagegen setzt παρεμβαλοῦμεν[44] der KR ונחנה von חנה[45] als Vorlage voraus. Vgl. dazu 17,26 Z1. Der Ant gibt das Verb mit ἐκθαμβήσομεν (oc$_2$^{a}e$_2$; ἐκθαμβησώμεν b'b^{txt}) von ἐκθαμβέω wieder. In der LXX-Ra[46] von Sam-Kön kommt (ἐκ)θαμβέω 3mal[47] vor. In diesen Fällen steht aber (ἐκ)θαμβέω nicht für נוח, sondern für רגז (1Sam 14,15), בעת (2Sam 22,5) und חפז (2Kön 7,15). Allerdings kann man an unserer Stelle keine andere Vorlage vermuten. Meiner Meinung nach ist der Ant eine freie Übersetzung für נוח, im Sinn des möglichen negativen Aspekts von „überfallen".[48]

V12^d. Die KR (ἐπ' αὐτόν) stellt die wörtliche Wiedergabe derselben Texttradition wie MT (עליו) dar. Dagegen der Ant auf Grund des Verbums V12^c den Akkusativ. S.o. V12^a.

V12^e. S.o. 16,16^b zur Wiedergabe für כאשר.

---

44 Theoretisch kann die Hiphilform (וְהַנִּיחֻנוּ) von נוח im Sinne von „sich lagern lassen" stehen. Vgl. Thenius, *Die Bücher Samuels*, 207; Klostermann, *Die Bücher Samuelis und der Könige*, 209. Allerdings wird solch ein Fall in der LXX nicht belegt.

45 S. die Beispiele in *HR*, 1066, bes. (1) a.

46 In den Codd. BASR laut *HR*, 623 b.

47 1Sam 14,15 (θαμβέω *rell*; ἐκθαμβέω v); 2Sam 22,5 (θαμβέω *rell*; ἐκθαμβέω vdefhlmp^{b}qstw za$_2$; περιπίγω boc$_2$e$_2$); 2. Kön 7,15.

48 Vgl. Gesenius, *Handwörterbuch*[18], 792.

V12^f. Die Mss. BAMN *rell* bieten einen Artikel, der in den Mss. b′b^{txt}o c₂e₂cgia₂ fehlt. Die KR entspricht genau dem MT. Die Auslassung des Artikels beim Ant lässt sich grammatikalisch erklären. (beim Gattungs-namen)[49]

V12^g. (1) Die KR (der Cod B) setzt gegenüber dem MT (וְכָל־הָאֲנָשִׁים) und dem Ant eine abweichende Texttradition (וּבָאֲנָשִׁים) voraus. (2) S.o. 15,3^a zum Ausfallen des „beweglichen ν" im Ant.

V12^h. S.o. 15,24^a zur Wiedergabe der KR mit καὶ γε für גַּם.

V12^i. Im Ant wurde die Verneinung verstärkt (οὐδὲ ἕνα oc₂z 𝔄^{vid}ℭ^{vid}; οὐδένα be₂v).

V13^a. S.o. 15,20^f zu den unterschiedlichen Wiedergaben zwischen der KR (καὶ) und dem Ant (δὲ) für das hebr. Copulativum ו.

V13^b. Der MT ist an dieser Stelle schwer zu verstehen. Daher haben die Kommentatoren verschiedene Änderungsvorschläge für das hebr. Wort gemacht.[50] Die gr. Übersetzungen bzw. Rezensionen weisen ebenfalls Schwierigkeiten auf. Bei der KR (λήμψεται)[51] ist וְהִשִּׂיאוּ als Vorlage wenig wahrscheinlich. Smith schlägt וְהֵבִיאוּ als Vorlage vor.[52] Jedoch ist dieser Vorschlag wenig wahrscheinlich. Unter den ca. 1300 Belegen für die Wiedergabe von בוא in der LXX findet sich nur einmal (Ps 77{78}, 71) das Verb λαμβάνω. Die KR setzt denselben Konsonantentext wie MT voraus.[53] Der Ant hingegen stellt eine andere Texttradition dar: προσάξουσι.[54] In der LXX steht dieses Wort meistens für קרב,[55] aber niemals für נשא. Man kann als Vorlage des Ant וְהִגִּישׁוּ von נגש[56] vermuten. S.o. 15,3^a zum Ausfallen des „beweglichen ν" im Ant.

---

49   S. dazu: *KG* II, § 462, b).
50   Z.B. וְהִשִּׂימוּ: Wellhausen, *Der Text der Bücher Samuelis*, 200; וְהִשְׁלִיצוּ: Klostermann, *Die Bücher Samuelis und der Könige*, 209; וְיִשִּׂימוּ: Budde, *Die Bücher Samuel erklärt*, 279 etc.
51   So in den Codd. BA; aber λήμψονται in den Mss. MNad-gijmpqs-wyzb₂.
52   Smith, *A Critical and Exegetical Commentary on the Books of Samuel*, 353.
53   Zwar steht λαμβάνω für Hiphil von נשא nur bei unserem Fall, jedoch kommt die Wiedergabe mit λαμβάνω für נשא häufig vor. S. *HR*, 847a-852c, bes. (17).
54   Vgl. *adferrent* 𝔏; *uenient* ℭ.
55   S. *HR*, 1211b-1212a, bes. (11).
56   Z.B. die Wiedergabe mit προσάγω für נגש in Hiphil : Gen 27,25; Lev 8,14; 1Sam 13,9(B); 14,18. 34(2×); 15,32; 23,9; 28,25; 30,7. 7(A); 2Sam 13,11; 2Chr 29,23; Mal 1,7. 8(2×); 2,12; 3,3.

V13[c-c]. Der Ant weist hier eine umgestellte Wortfolge auf..

V13[d]. S.o. V12[a] zum Unterschied der Präpositionen πρὸς (KR) und ἐπὶ (Ant).

V13[e]. Zwischen den Wiedergaben der beiden Versionen ist vom Sinn her kein wesentlicher Unterschied zu erkennen. Aber gegenüber 1. Pl. des MT und der KR setzt der Ant 3. Pl. וסחבו statt וסחבנו voraus.

V13[f]. Beim Ant fehlt ἕως.

V13[g]. Die KR (καταλειφθῇ) setzt gegenüber dem MT (נמצא) und dem Ant (εὑρέθη) vermutlich נשאר voraus.

V13[h]. Die Aussage *Chuseis* entspricht in diesem Vers einer „hyperbolische[n] Darstellungsweise"[57]. Tatsächlich ist es aber ganz und gar unmöglich, eine Stadt mit Stricken bis zu einem Bach hinunter zu zichen.[58] Daher interpretiert die Texttradition des Ant (boc₂)[59] die ungewöhnliche Darstellungsweise. Sie las vermutlich צֹרֵר[60] statt גַם־צְרוֹר. In der LXX wird צֹר zwar nicht mit συστροφή wiedergegeben, aber im Sinne von „Bedränger, Feind" kann man συστροφή als äquivalent mit II צרר[61] betrachten.

V14[a]. Im Ant (bc₂e₂) fehlt hier die Wiedergabe für איש. Vgl. V13 Z2.

V14[b]. S.o. 15,2[t] zur Verwendung des Artikels.

V14[c]. S.o. 15,32[i] zur Transkription für חושי.

V14[d]. S.o. 15,5[e] zur Verwendung des Artikels für ל.

V14[e]. S.o. 15,5[g] zur Verwendung des Artikels für *nota accusativi*.

V14[f]. S.o. 15,2[r/s] zum Artikel im Ant.

57　Thenius, *Die Bücher Samuels*, 207.
58　Es sei denn, man denkt an die einzelnen Steine der Mauern.
59　Die Hs. e₂ wurde durch die Tradition des MT (bzw. der KR) beeinflusst.
60　Vgl. Ex 23,22; Ps 74{75},4. 23 ; Est 3,10 ; 8,1 ; 9,10. 24 ; Jes 11,13.
61　S. *HAL*, 991.

V14ᵍ. Hier hat der Ant⁶² καὶ τὴν βουλὴν 'Αβεσσαλωμ, was im MT und in der KR fehlt. Er setzt vermutlich ועצת אבשלום als Vorlage voraus, was vermutlich auf einen Vulgärtext zurückgeht.

V14ʰ. (1) Im Ant wurde ἐπὶ Αβεσσαλωμ hinter τὰ κακὰ verschoben, so dass τὰ κακὰ durch ἐπὶ Αβεσσαλωμ bestimmt wird. (2) S.o. V12ᵃ zum Unterschied zwischen dem MT (אל) und den gr. Versionen (ἐπὶ).

V14ⁱ. Hier ist πάντα in den Codd. BA hinzugefügt. Wenn dieses Wort את־כל־הרעה voraussetzen würde,⁶³ wäre die Wiedergabe τὰ πάντα κακά, nicht τὰ κακὰ πάντα. Deshalb ist diese Hinzufügung bloß ein „exegetischer Zusatz"⁶⁴ .

---

62 So bc₂e₂; + την αγαθην AMNaᵇeghimnruwyᵇ𝕬ℭ Thdt; την αγαθην και την βουλην αβεσσαλωμ oz.
63 So vermutete Budde, *Die Bücher Samuel erklärt*, 279.
64 Klostermann, *Die Bücher Samuelis und der Könige*, 209.

2.13. 2Sam 17,15-23

2.13.1. Textsynopse

MT		KR	Ant
וַיֹּאמֶר חוּשַׁי	15	καὶ εἶπεν[a] Χουσι[b]	καὶ εἶπε[a] Χουσεὶ[b]
		ὁ τοῦ Αραχι[c]	
אֶל־צָדוֹק		πρὸς Σαδωκ[d]	πρὸς Σαδδοὺκ[d]
וְאֶל־אֶבְיָתָר		καὶ Αβιαθαρ	καὶ πρὸς[e] Αβιαθαρ
הַכֹּהֲנִים		τοὺς ἱερεῖς	τοὺς ἱερεῖς
כָּזֹאת וְכָזֹאת		οὕτως καὶ οὕτως	οὕτως καὶ οὕτως
יָעַץ אֲחִיתֹפֶל		συνεβούλευσεν[f] Αχιτοφελ	βεβουλεύται[f] Αχιτοφελ
אֶת־אַבְשָׁלֹם		τῷ[g] Αβεσσαλωμ	τῷ[g] Αβεσσαλωμ
וְאֵת זִקְנֵי		καὶ τοῖς[h] πρεσβυτέροις	καὶ τοῖς[h] πρεσβυτέροις
יִשְׂרָאֵל		Ισραηλ	Ισραηλ
וְכָזֹאת וְכָזֹאת		καὶ οὕτως [i]καὶ οὕτως[i]	καὶ οὕτως
יָעַצְתִּי אָנִי׃		συνεβούλευσα[j] ἐγώ	συμβεβούλευκα[j] ἐγώ
וְעַתָּה	16	καὶ νῦν	καὶ νῦν
שִׁלְחוּ מְהֵרָה		[a]ἀποστείλατε ταχὺ	[a]σπεύσαντες
וְהַגִּידוּ		καὶ ἀναγγείλατε[a]	ἀπαγγείλατε[a]
לְדָוִד		[b]τῷ Δαυιδ[b]	[b]τῷ βασιλεῖ[b]
לֵאמֹר		λέγοντες	λέγοντες
אַל־תָּלֶן הַלַּיְלָה		μὴ αὐλισθῇς[c] τὴν νύκτα	μὴ πορεύου[c] τὴν νύκτα
בְּעַרְבוֹת הַמִּדְבָּר		ἐν[d] Αραβωθ[e] τῆς ἐρήμου	κατὰ[d] δυσμὰς[e] τῆς ἐρήμου
וְגַם עָבוֹר		[f]καὶ γε[f] διαβαίνων	καί[f] διαβαίνων
תַּעֲבוֹר		σπεῦσον[g]	διάβηθι[g] [h]τὰ ὕδατα[h]
פֶּן יְבֻלַּע		μήποτε[i] καταπίῃ[j]	[i]ὅπως μὴ[i] καταποθῇ [j]
לַמֶּלֶךְ		[k]τὸν βασιλέα[k]	[k]ὁ βασιλεὺς[k]
וּלְכָל־הָעָם		καὶ [l]πάντα τὸν λαὸν[l]	καὶ [l]πᾶς ὁ λαός[l]
אֲשֶׁר אִתּוֹ׃		τὸν μετ' αὐτοῦ	ὁ μετ' αὐτοῦ
וִיהוֹנָתָן וַאֲחִימַעַץ	17	καὶ Ιωναθαν καὶ Αχιμαας	καὶ Ιωναθαν καὶ Αχιμαας
עֹמְדִים		εἱστήκεισαν	εἱστήκεισαν
בְּעֵין־רֹגֵל		[a]ἐν τῇ πηγῇ[a] Ρωγηλ	[a]ἐπι τῆς πηγῆς[a] τοῦ[b] Ρωγήλ
וְהָלְכָה		καὶ ἐπορεύθης[c]	καὶ ἐπορεύετο[c]
הַשִּׁפְחָה		ἡ παιδίσκη	ἡ παιδίσκη
וְהִגִּידָה לָהֶם		καὶ ἀνήγγειλεν αὐτοῖς	καὶ ἀνήγγειλεν αὐτοῖς
וְהֵם יֵלְכוּ		καὶ αὐτοὶ πορεύονται[d]	καὶ αὐτοὶ ἐπορεύοντο[d]
וְהִגִּידוּ		καὶ ἀναγγέλλουσιν[e]	καὶ ἀπήγγελον[e]

Hebrew		Greek (1)	Greek (2)
לְמֶלֶךְ דָּוִד		τῷ βασιλεῖ Δαυιδ	τῷ βασιλεῖ Δαυιδ
כִּי לֹא יוּכְלוּ		ὅτι οὐκ ἐδύναντο	ὅτι οὐκ ἐδύναντο
לְהֵרָאוֹת		ὀφθῆναι	ὀφθῆναι
לָבוֹא הָעִירָה:		ᶠτοῦ εἰσελθεῖνᶠ εἰς τὴν πόλιν	ᶠκαὶ εἰσελθεῖνᶠ εἰς τὴν πόλιν
וַיִּרְא אֹתָם נַעַר	18	καὶ εἶδεν αὐτοὺς παιδάριον	καὶ εἶδεν αὐτοὺς παιδάριον
וַיַּגֵּד		καὶ ἀπήγγειλενᵃ	καὶ ἀπήγγειλεᵃ
לְאַבְשָׁלֹם		τῷ Αβεσσαλωμ	τῷ Αβεσσαλωμ
וַיֵּלְכוּ שְׁנֵיהֶם		καὶ ἐπορεύθησανᵇ ᶜοἱ δύοᶜ	καὶ ἀπῆλθονᵇ
מְהֵרָה		ταχέως	ταχέως
וַיָּבֹאוּ		καὶ εἰσῆλθανᵈ	καὶ εἰσῆλθονᵈ
אֶל־בֵּית־אִישׁ		εἰς οἰκίανᵉ ἀνδρὸς	εἰς οἶκονᵉ ἀνδρὸς
בְּבַחוּרִים		ἐν Βαουριμᶠ	ἐν Βαιθχορρώνᶠ
וְלוֹ בְאֵר		καὶ αὐτῷᵍ λάκκος	καὶ ᵍτῷ ἀνθρώπῳᵍ λάκκος
בַּחֲצֵרוֹ		ἐν τῇ αὐλῇ	ἐν τῇ αὐλῇ
וַיֵּרְדוּ שָׁם:		καὶ κατέβησανʰ ἐκεῖ	καὶ καταβαίνουσινʰ ἐκεῖ
וַתִּקַּח הָאִשָּׁה	19	καὶ ἔλαβεν ἡ γυνὴ	καὶ ἔλαβεν ἡ γυνὴ
וַתִּפְרֹשׂ		καὶ διεπέτασενᵃ	καὶ διεπέτασεᵃ
אֶת־הַמָּסָךְ ᶜ		τὸ ᵇ ἐπικάλυμμαᶜ	τὸνᵇ ῥίπονᶜ
עַל־פְּנֵי הַבְּאֵר ᵈ		ᵈἐπὶ πρόσωπονᵈ τοῦ λάκκου	ᵈἐπὶ τοῦ στόματοςᵈ τοῦ λάκκου
עָלָיו הָרִפוֹת		καὶ ἔψυξενᵉ ἐπ᾽ αὐτῷ	καὶ ἔψυχενᵉ ἐπ᾽ αὐτῷ
וַתִּשְׁטַח		αραφωθᶠ	παλάθαςᶠ
וְלֹא נוֹדַע		καὶ οὐκ ἐγνώσθη	καὶ οὐκ ἐγνώσθη
דָּבָר:		ῥῆμα	τὸᵍ ῥῆμα
וַיָּבֹאוּ ᵃ	20	καὶ ἦλθανᵃ	καὶ εἰσῆλθονᵃ
עַבְדֵי אַבְשָׁלוֹם		οἱᵇ παῖδες Αβεσσαλωμ	οἱᵇ παῖδες τοῦᶜ Αβεσσαλωμ
אֶל־הָאִשָּׁה		πρὸς τὴν γυναῖκα	πρὸς τὴν γυναῖκα
הַבַּיְתָה ᵈ		ᵈεἰς τὴν οἰκίανᵈ	ᵈεἰς τὸν οἶκονᵈ
וַיֹּאמְרוּ		καὶ εἶπανᵉ	καὶ εἶπονᵉ
אַיֵּה		ποῦ	ποῦ ἐστινᶠ
אֲחִימַעַץ וִיהוֹנָתָן		Αχιμαας καὶ Ιωναθαν	Αχιμαας καὶ Ιωναθαν
וַתֹּאמֶר לָהֶם ʰ		καὶ εἶπενᵍ αὐτοῖςʰ	καὶ εἶπεᵍ ʰπρὸς τοὺς ἄνδραςʰ
הָאִשָּׁה		ἡ γυνή	ἡ γυνή
עָבְרוּ		παρῆλθανⁱ	διεληλύθασιⁱ
מִיכַל הַמָּיִם ᵏ		μικρὸνʲ ᵏτοῦ ὕδατοςᵏ	σπεύδοντεςʲ
וַיְבַקְשׁוּ		καὶ ἐζήτησανˡ	καὶ ἐζήτουνˡ
וְלֹא מָצָאוּ ᵐ		καὶ οὐχ εὗρανᵐ	καὶ οὐχ εὑρισκονᵐ αὐτούςⁿ
וַיָּשֻׁבוּ ᵒ		καὶ ἀνέστρεψανᵒ	καὶ ἀναστρέφουσινᵒ
יְרוּשָׁלָ͏ִם:		εἰς Ιερουσαλημ	εἰς Ιερουσαλημ

Hebrew		Greek A	Greek B
וַיְהִי	21	ἐγένετο δέᵃ	καὶᵃ ἐγένετο
אַחֲרֵי לֶכְתָּם		μετὰ τὸ ἀπελθεῖν αὐτοὺς	μετὰ τὸ ἀπελθεῖν αὐτοὺς
וַיַּעֲלוּ		καὶ ἀνέβησαν	καὶ ἀνέβησαν
מֵהַבְּאֵר		ἐκ τοῦ λάκκου	ἐκ τοῦ λάκκου
וַיֵּלְכוּᵇ		καὶ ἐπορεύθησανᵇ	καὶ ἀπῆλθονᵇ
וַיַּגִּדוּ		καὶ ἀνήγγειλανᶜ	καὶ ἀπήγγειλανᶜ
לַמֶּלֶךְ דָּוִד		τῷ βασιλεῖ Δαυιδ	τῷ βασιλεῖ Δαυιδ
וַיֹּאמְרוּᵈ אֶל־דָּוִדᵉ		καὶ εἶπανᵈ ᵉπρὸς Δαυιδᵉ	καὶ λέγουσινᵈ αὐτῷᵉ
קוּמוּ וְעִבְרוּ		ἀνάστητε καὶ διάβητε	ἀνάστητε καὶ διάβητε
מְהֵרָה אֶת־הַמַּיִםʰ		ταχέωςᶠ τὸᵍ ὕδωρʰ	ᶠτὸ τάχοςᶠ τὰᵍ ὕδαταʰ
כִּי־כָכָה יָעַץ		ὅτι οὕτωςⁱ ἐβουλεύσατοʲ	ὅτι τάδεⁱ βεβούλευταιʲ
עֲלֵיכֶםᵏ אֲחִיתֹפֶל:		περὶᵏ ὑμῶν Αχιτοφελ	καθ’ᵏ ὑμῶν Αχιτοφελ
וַיָּקָם דָּוִד	22	καὶ ἀνέστη Δαυιδ	καὶ ἀνέστη Δαυιδ
וְכָל־הָעָםᵃ		ᵃκαὶ πᾶς ὁ λαὸς	ᵃκαὶ πάντες
אֲשֶׁרᵃ אִתּוֹ		ὁᵃ μετ’ αὐτοῦ	οἱᵃ μετ’ αὐτοῦ
וַיַּעַבְרוּ אֶת־הַיַּרְדֵּן		καὶ διέβησαν τὸν Ιορδάνην	καὶ διέβησαν τὸν Ιορδάνην
עַד־אוֹר הַבֹּקֶרᵈ		ἕως τοῦᵇ φωτὸςᶜ τοῦ πρωίᵈ	ἕως διέφωσεᶜ τὸ πρωίᵈ
עַד־אַחַדᵉ לֹא נֶעְדָּרᶠ		ἕως ἑνὸςᵉ ᶠοὐκ ἔλαθενᶠ	ἕως ᶠτοῦ μὴ ἀποκαλυφθῆναιᶠ
			ᵍτὸν λόγονᵍ
אֲשֶׁר לֹאʰ־עָבַרⁱ		ʰὃς οὐʰ διῆλθενⁱ	οὕτωςʰ διέβησανⁱ
אֶתⁱ־הַיַּרְדֵּן:		τὸνʲ Ιορδάνην	τὸνʲ Ιορδάνην
וַאֲחִיתֹפֶל רָאָה	23	καὶ Αχιτοφελ εἶδεν	καὶ Αχιτοφελ εἶδεν
כִּי לֹא נֶעֶשְׂתָהᵃ		ὅτι οὐκ ἐγενήθηᵃ	ὅτι οὐκ γέγονενᵃ
עֲצָתוֹ		ἡᵇ βουλὴ αὐτοῦ	ἡᵇ βουλὴ αὐτοῦ
וַיַּחֲבֹשׁ אֶת־הַחֲמוֹר		καὶ ἐπέσαξενᶜ τὴν ὄνον αὐτοῦ	καὶ ἐπέσαξεᶜ τὴν ὄνον αὐτοῦ
וַיָּקָם וַיֵּלֶךְ		καὶ ἀνέστη καὶ ἀπῆλθεν	καὶ ἀνέστη καὶ ἀπῆλθεν
אֶל־בֵּיתוֹ		εἰς τὸν οἶκον αὐτοῦ	εἰς τὸν οἶκον αὐτοῦ
אֶל־עִירוֹ		εἰς τὴν πόλιν αὐτοῦ	εἰς τὴν πόλιν αὐτοῦ
וַיְצַו		καὶ ἐνετείλατο	καὶ ἐνετείλατο
אֶל־בֵּיתוֹ		τῷᵈ οἴκῳ αὐτοῦ	τῷᵈ οἴκῳ αὐτοῦ
וַיֵּחָנַק		καὶ ἀπήγξατο	καὶ ἀπήγξατο
וַיָּמָת וַיִּקָּבֵרᵉ		καὶ ἀπέθανεν καὶ ἐτάφηᵉ	καὶ ἀπέθανεν* καὶ θάπτεταιᵉ
בְּקֶבֶרᵍ		ἐν τῷᶠ τάφῳᵍ	ἐν τῷᶠ οἴκῳᵍ
אָבִיו:		τοῦʰ πατρὸς αὐτοῦ	τοῦʰ πατρὸς αὐτοῦ

2.13.2. Analyse der Varianten

V15[a]. S.o. 15,3[a] zum „beweglichen ν" in der Madrider Ausgabe.

V15[b]. S.o. 15,32[i] zur Transkription für חושי.

V15[c]. S.o. 15,32[j].

V15[d]. S.o. 15,24[b] zur Transkription für צדוק.

V15[e]. S.o. 17,12[a].

V15[f]. S.o. 16,4[f] zum Unterschied im Tempus zwischen beiden Versionen.

V15[g/h]. S.o. 15,5[g] zur Verwendung des Artikels im Dativ für *nota accusativi*.

V15[i]. Im Ant (boc₂e₂ cdhpwx) fehlt die Wiedergabe für das zweite וכזאת (καὶ οὕτως; KR), was auf die Vorlage des Ant zurückgeführt werden könnte. Vgl. Z3.

V15[j]. S.o. 16,4[f] zum Unterschied im Tempus zwischen beiden Versionen.

V16[a-a]. Der Ant (boc₂e₂ 𝕷) spiegelt hier gegenüber dem MT und der KR die kürzere Texttradition wider: מהרה הגידו[1] statt שלחו מהרה והגידו. Die Wiedergabe des Ant mit Partizip ist eine freie Übersetzung des hebr. Imperativs.

V16[b]. Hier gehen die gr. Textformen auf zwei unterschiedliche hebr. Texttraditionen zurück: למלך (Ant) statt לדוד (MT=KR).

V16[c]. Diese Variante beruht auf den unterschiedlichen hebr. Texttraditionen, die durch Kosonantenverwechslung zwischen ן und ך verursacht wurden: תלן (< לין; MT=KR) und תלך (< הלך; Ant=boc₂e₂ 𝕷 v𝔖ⁱ).

---

1   Zwei Imperativformen können asyndetisch beieinander stehen. In solch einem Fall kann wie hier der erste Imperativ adverbial funktionieren. S. Beispiele dazu *JM*, § 177 g.

V16^d. Der Ant (κατά mit Akk.; boc$_2$e$_2$ z$^{mg(vid)}$) setzt hier keine andere Vorlage voraus, sondern er gab dieselbe Vorlage wie die KR in Bezug auf das Verb (μὴ πορεύου) sinngemäß mit κατά wieder:

KR	Ant
Übernachte nicht die Nacht in Araboth (in) der Wüste!	*Gehe* nicht nachts zur Steppe der Wüste!

V16^e. Die Transkription der KR (Αραβωθ) entspricht dem MT (ערבות), dagegen übersetzte der Ant (boc$_2$e$_2$ z$^{mg(vid)}$) ערבות (< ערבה) mit δυσμή. Das textliche Problem kann man auch in einigen hebr. Mss. erkennen, wo sie עברות statt ערבות geschrieben haben. Wie schon in 15,28^{d-d} (Ketib: בעברות; Qere: בערבות) erörtert, war der Konsonantentext der gr. Versionen sicherlich ערבות wie hier, und diese Texttradition stellt gegenüber dem MT die ältere Textform dar.

V16^f. S.o. 15,24^a zur Wiedergabe der KR mit καὶ γε für גם.

V16^g. Die KR (σπεῦσον) setzt gegenüber dem MT (= Ant; תעבור) vermutlich eine abweichende Texttradition (מהר) voraus.

V16^h. Der Ant (τὰ ὕδατα; boc$_2$e$_2$z^{mg} 𝕷^v) spiegelt hier gegenüber dem MT und der KR eine längere Textform (המים) wider. Vgl. u. V20$^{j/k}$. V21^g.

V16^i. S.o. 15,14^g zu den verschiedenen Wiedergaben für פן.

V16$^{j/k/l}$. Bei diesen Varianten ist keine andere Vorlage denkbar. Im Hebräischen nimmt das passivische Verb (יבלע im Pual) die Präpositionalkonstruktionen למלך ולכל־העם (V16$^{k/l}$) als Objekt.[2] Die KR ahmte die Konstruktion des MT graphemisch nach. Dagegen ist die Konstruktion des Ant (boc$_2$e$_2$z^{mg} 𝕷) innergriechisch sinngemäß formuliert, d.h. der Ant gab das Verb mit Passiv und die hebr. Präpositionalkonstruktion mit Nominativ als Subjekt des Satzes wieder.

Zu den unterschiedlichen Textformen von Vers 16: Die Varianten lassen erkennen, dass der Text des Verses in schlechtem Zustand über-

---

2   Zur Konstruktion s. *GK* § 121 a; Wellhausen, *Der Text der Bücher Samuelis*, 200; Stoebe, *Das zweite Buch Samuelis*, 390.

liefert worden ist. Deswegen zeigen sowohl die Manuskripte des MT als auch die gr. Versionen unterschiedliche Traditionen:

MT	Vorlage der KR	Vorlage des Ant
ועתה שלחו מהרה	ועתה שלחו מהרה	ועתה *מהרו*
והגידו לדוד	והגידו לדוד	והגידו *למלך*
לאמר	לאמר	לאמר
אל־תלן הלילה	אל־תלן הלילה	*אל־תלן* הלילה
בערבות המדבר	בערבות המדבר	בערבות המדבר
וגם עבור תעבור	וגם עבור *מהר*	וגם עבור תעבור
		העם
פן יבלע למלך	פן יבלע למלך	פן יבלע למלך
ולכל־העם	ולכל־העם	ולכל־העם
אשר־אתו	אשר־אתו	אשר־אתו

V17ᵃ. Im Cod. B steht die wörtliche Wiedergabe (ἐν) von ב, dagegen gibt der Ant+ (boc₂e₂ MNaf-jruvyb₂) innergriechisch sachgemäß mit ἐπὶ wieder.

V17ᵇ. S.o. 15,2ʳ/ˢ zur Verwendung des Artikels im Ant.

V17ᶜ/ᵈ/ᵉ. S.o. 15,2ᵃ zum Imperfekt des Ant (V17ᶜ/ᵈ/ᵉ). Dagegen wollte die KR in diesem Vers vermutlich die hebr. Elemente durch das Tempus direkt wiedergeben und so im Griechischen deutlich erkennbar machen: durch καὶ mit Aorist das Perfekt mit *Waw-copulativum*(V17ᶜ), durch Präsens das hebr. Imperfekt (V17ᵈ) und durch καὶ mit Präsens das Perfekt mit *Waw-consekutivum* (V17ᵉ).

V17ᶠ. (1) S.o. 15,5ᵉ zur Verwendung des Artikels für ל in der KR. (2) Der Unterschied zwischen τοῦ (KR) und καὶ (Ant) geht auf unterschiedliche Textverständnisse zurück. Die Vorlage der beiden Versionen war ohne Zweifel identisch mit dem MT, aber die KR ordnete den zweiten Infinitiv unter, während der Ant beide Infinitive parallel anordnete:

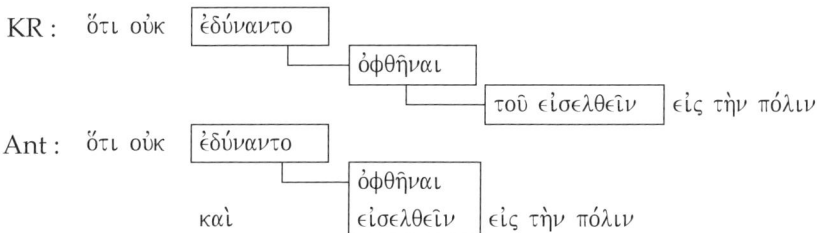

KR : ὅτι οὐκ ἐδύναντο
ὀφθῆναι
τοῦ εἰσελθεῖν εἰς τὴν πόλιν

Ant : ὅτι οὐκ ἐδύναντο
ὀφθῆναι
καὶ εἰσελθεῖν εἰς τὴν πόλιν

V18ᵃ. S.o. 15,3ᵃ zum „beweglichen ν" in der Madrider Ausgabe.

V18ᵇ. Der Unterschied in der Wortwahl ist nicht wesentlich. Im Ant wird durch die Vorsilbe (ἀπῆλθον) die Bewegungsrichtung präzisiert und mit V18ᶜ (εἰςῆλθον) ein schöner Parallelismus konstruiert.

V18ᶜ. (1) Im Ant fehlt die Wiedergabe von שניהם des MT (οἱ δύο in der KR). Der Ant setzt hier gegenüber dem MT und der KR eine kürzere Texttradition voraus. (2) Im Hebräischen wird das Zahlwort שני durch das Personalsuffix determiniert. Daher ist der Artikel in der KR hinzugefügt. Vgl. 15,2ᵗ.

V18ᵈ. In der KR (Bhˣn) erkennt man eine Mischform von I. und II. Aorist (εἰσῆλθαν statt εἰσῆλθον im Ant+ (boc₂e₂ AMNhᵇ﹖ rell)). Im hellenistischen Griechisch konnte die I. Aorist-Endung –α für alle II. Aoriste gebraucht werden.[3] In unserem Textbereich gibt es noch weitere Fälle: 17,20ᵃ/ᵉ/ⁱ/ˡ/ᵐ, 21ᵈ 29ᵉ; 18,3ᵃ. Der Ant verwendet die II. Aorist-Endung, was eine sog. „grammatische Korrektur"[4] darstellt. Die KR dagegen behielt die hellenistische Tendenz der Mischform von I. und II. Aorist bei. Wie man in den anderen Fällen erkennen kann, wurde die Mischform in der KR später in vielen Manuskripten durch die übliche Form (z.B. εἰσῆλθον) ersetzt.

V18ᵉ. οἰκία der KR und οἴκος des Ant sind Synonyme. Vgl. 16,2ᵍ ; V20ᵈ.

V18ᶠ. Rahlfs folgt hier den Mss. AMh* rell 𝕬𝕮 mit βαουρειμ.[5] Es gibt dazu aber noch weitere Lesarten:

βαορειμ	B
βαθουρειμ	Nhᵇ﹖
βαιθχορ(ρ)ων	boc₂*e₂
βοκχορης	*Jos.Ant.* VII 225
Bethcorron	𝕷ᵛ
Bethor	𝕷ᵇ

---

3   S. Helbing, *Grammatik*, 62-67; Mayser, *Grammatik*, I, 2, 84. 135; *BDR*, § 81; vgl. Brock, *The Recensions*, 228-231.
4   Rahlfs, *Septuaginta-Studien* III, 176f.
5   S.o. 16,1ᵉ Anm. 5 zum sprachgeschichtlichen Phänomen zwischen ει und ι.

Der Cod. B bietet hier gewiss die KR. Aber in den übrigen Manuskripten ist noch eine weitere Texttradition erkennbar. Die aus diesen Manuskripten rekonstruierbaren Konsonanten, sind β, θ, χ, ρ und μ(ν). Mit diesen Konsonanten kann (בית־חורם) als Vorlage rekon-struiert werden. Wenn man die hebr. Texte der beiden Traditionen vergleicht, ist der Unterschied nicht groß: בבחורים (MT=KR); בביתחורם (Vorlage des Ant). Der Unterschied, der durch die Ver-wechslung zwischen den unterschiedlichen Städten[7] verursacht wurde, entstand vermutlich in der hebr. Überlieferung. In 2Sam 19,16 kommt dieses Wort noch einmal vor. Das Phänomen zwischen den Manu-skripten ist ähnlich:

βαουρειμ	BAMN *rell*
βαυρειν	a2
χορραν	bc2e2
χοραν	o
ܒܝܬ ܚܘܪܐܡ (=*byt ḥwr'm*)	Ꮥj

Der Ant stellt im Unterschied zu 16,5[b] dem Ortsnamen ein בית (auch Ꮥj in 19,16) voran. Diese Differenz ist aber unwesentlich.[8] Darüber hinaus spiegelt sich in den Mss. Nh[b?] eine Textmischung der beiden Traditionen wider: βαιθχορ(ρ)ων + βαουρειμ = βαθουρειμ. Diese Textmischung liegt auch in 16,5[b] (h[b?]u) vor, und sie besagt, dass den Bearbeitern der Mss. Nh[b?] zwei Texttraditionen zur Verfügung standen.

V18[g]. Der Ant ($\tau\tilde{\omega}$ $\dot{\alpha}\nu\theta\rho\dot{\omega}\pi\omega$) setzt hier gegenüber dem MT (ולו) und der KR ($\alpha\dot{\upsilon}\tau\tilde{\omega}$) einen anderen Text (ולאיש) voraus.

V18[h]. S.o. 15,13[a] zum Unterschied im Tempus (bes. sog. *Präsens historicum* im Ant).

---

6   Hier könnte man חורן und חורם als identisch auffassen. Solch ein Phänomen kann man beispielsweise in den unterschiedlichen Angaben für denselben Ort in Jos 13,27 (הרם בית) und 16 (בית הרן) erkennen.

7   בחורים liegt in Benjamin, geographisch auf dem Wege von Jerusalem zu Wüste Jericho. Dagegen bezeichnet בית(־)ח(ו)ר(ו)ן zwei Städte in Efraim (Jos 16,5; 21,22).

8   Z.B. vgl. בית נדר in 1Chr 2,51 und נדר in Jos 12,13. Siehe dazu auch H. A. Hoffner, „בַּיִת", *ThWAT* I, 638; *HALAT*, 120ff.

V19ᵃ. S.o. 15,3ᵃ zum „beweglichen *ν*" in der Madrider Ausgabe.

V19ᵇ. S.o. 15,5ᵍ zur Verwendung des Artikels für *nota accusativi*.

V19ᶜ. Beide Versionen weichen hier voneinander in der Wortwahl ab, aber der Unterschied ist nicht wesentlich.

V19ᵈ. Der Ant (ἐπὶ τοῦ στόματος; boc₂e₂ 𝕮𝕰𝕷) setzt hier gegenüber dem MT (עַל־פְּנֵי) und der KR (ἐπὶ πρόσωπον) eine andere Texttradition (עַל־פִי) voraus.

V19ᵉ. S.o. 15,2ᵃ zum Unterschied im Tempus.

V19ᶠ. Bei diesem Fall wurde der hebr. Text vielleicht schon ganz früh, verderbt oder nicht verstanden. Das Wort הָרִ(י)פוֹת (< רִיפָה?) wird im MT nur zweimal (2Sam 17,19; Spr 27,22) bezeugt, aber beide Fälle sind schwierig zu verstehen. Daher wird חֲרִיפוֹת statt הָרִיפוֹת vorgeschlagen im Sinne von „Sandkörner"[9].
(1) Aber die überlieferte Texttradition der KR war identisch mit dem MT, und die KR transkribierte das unbekannte Wort mit αραφωθ.[10] Josephus wurde vielleicht ebenfalls von dieser Tradition beeinflusst, denn er gibt dieses Wort mit ἐρίων wieder.[11] Damit wollte er vermutlich als *paronomasia* αραφωθ bzw. הָרִפוּת nachahmen. Jedenfalls hat die Wiedergabe von Josephus sicherlich mit αραψωθ bzw. הָרְפוּת zu tun. Origenes LXX-Text (5. Kolumne der Hexapla) transkribierte auch mit αραφωθ.[12]
(2) In den anderen Kolumnen der Hexapla, den Drei,[13] erkennt man aber eine weitere Tradition. Aquila und Symmachos geben die Vorlage mit πτισάνας „enthülste Gerste",[14] „peeled barley"[15] wieder. Theodotion übersetzt mit παλάθας „eine Masse getrockneter Früchte, welche in eine längliche Form zusammengedrückt wurde, eine Art Marmelade"[16]. Die Drei weisen darauf hin, dass die Vorlage auf jeden Fall in ein

---

9   *HAL*, 339.
10   So im Cod. B; vgl. αραβωθ arz* 𝔄; αραβωθωθ A; ραφωθ c(α int lin cᵃ)x
11   *Jos. Ant.* VII, 226.
12   Field, *Hexapla* I, 572.
13   Field, *Hexapla* I, 572.
14   *Pape* II, 800.
15   *LSJ*, 1548.
16   *Pape* II, 444.

verstehbares Griechisch übersetzt werden konnte und nicht transkribiert werden musste. Die Wiedergabe von πτισάνη ist in der LXX nicht belegt. Deshalb ist ihr hebr. Äquivalent nicht einfach rekonstruierbar. Dagegen wird in der LXX παλάθη als Äquivalent für דבלה „Feigenkuchen" gebraucht. [17] Statt des schwierigen Wortes (הרפות) könnte man dann dieses Wort (הדבלות) als eine andere Vorlage vermuten; vom Sinn her ist die Wiedergabe von Aquila und Symmachos ebenfalls ähnlich. Im βγ-Abschnitt erkennt man die Übersetzungstradition von Theodo-tion schon im Ant. [18] Das besagt, dass die beiden auf dieselbe Tradition zurückgehen. Die Textgeschichte kann folgendermaßen dargestellt werden:

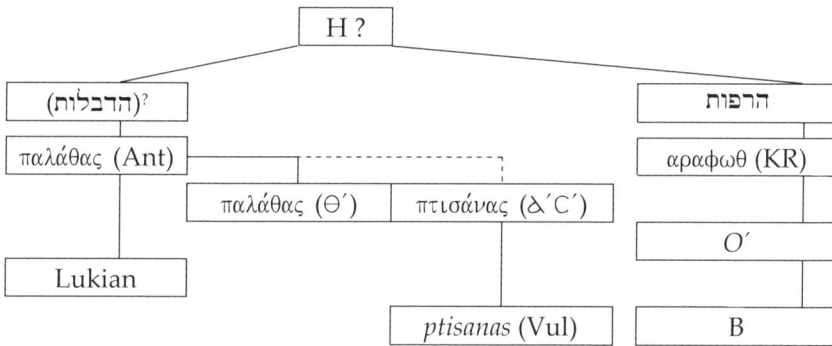

```
                          ┌──────────┐
                          │   H ?    │
                          └──────────┘
              ┌──────────────┴───────────────────────┐
   ┌────────────────────┐                    ┌─────────────────┐
   │ (הדבלות)?           │                    │  הרפות          │
   ├────────────────────┤    ┌ ─ ─ ─ ┐       ├─────────────────┤
   │ παλάθας (Ant)       │────┘       └       │  αραφωθ (KR)     │
   └────────────────────┘   ┌──────────────┬──────────────┐ └────────────────┘
              │             │ παλάθας (Θ′)  │ πτισάνας (ά′C′)│  ┌─────────────────┐
   ┌────────────────────┐   └──────────────┴──────┬───────┘   │      O′          │
   │      Lukian         │                         │           └─────────────────┘
   └────────────────────┘              ┌──────────────────┐    ┌─────────────────┐
                                       │  ptisanas (Vul)  │    │       B          │
                                       └──────────────────┘    └─────────────────┘
```

V19ᵍ. Der Ant (boc₂e₂gvᵇ) hat gegenüber dem MT und der KR den Artikel. S.o. dazu 15,2ʳ/ˢ.

V20ᵃ. (1) S.o. V18ᵈ zum Unterschied in der Aorist-Endung: ηλθαν BAMN; ηλθον ac-ghᵇ⁷jmp-tv-z; εισηλθον boc₂e₂. (2) Vgl. o. V18ᵇ/ᵈ zur Verwendung der Vorsilbe im Ant.

V20ᵇ. S.o. 15,2ᵗ zur Verwendung des Artikels.

V20ᶜ. S.o. 15,2ʳ/ˢ zur Verwendung des Artikels im Ant.

V20ᵈ. οἰκία der KR und οἶκος des Ant sind Synonyme. Vgl. 16,2ᵍ; V18ᵉ.

---

17   1Sam 25,18; 30,12; 2Kön 20,7; 1Chr 12,40; Jes 38,21.
18   S.o. Exkurs zu 15,28ᶜ.

V20[e]. S.o. V18[d] zum Unterschied in der Aorist-Endung: ειπαν BMNb; ειπον Aa-fh[b?]jmo-twxzc2e2.

V20[f]. S.o. 16,2[b] zur Hinzufügung des Prädikats des Ant.

V20[g]. S.o. 15,3[a] zum „beweglichen ν" in der Madrider Ausgabe.

V20[h]. (1) Der Ant (πρὸς τοὺς ἄνδρας) setzt gegenüber dem MT (להם) und der KR (αὐτοῖς) vermutlich eine andere Texttradition (אל־האנשים) voraus. (2) Vgl. 15,25[a] zur Wiedergabe der KR mit Dativ für ל + Personalsuffix.

V20[i]. (1) S.o. 16,4[f] zum Unterschied im Tempus. (2) S.o. V18[d] zur Misch-form der Aorist-Endung in der KR (Bh*n). Vgl. παρηλθον im Ant+ (boc2e2 AMNg[vid]h[b?]z[txt] rell). (3) S.o. 15,3[a] zum Ausfallen des „beweg-lichen ν" in der Madrider Ausgabe.

V20[j/k]. (1) Das Wort מיכל des MT ist unklar. Deshalb gab es verschie-dene textkritische Vorschläge.[19] Allerdings konnten diese die Wieder-gabe der KR nicht befriedigend erklären. Meiner Meinung nach kann man im hebr. Text keine textliche Verderbnis erkennen, sondern es handelt sich um die Ortsangabe selbst. Wie Thenius gemeint hat, bezeichnet מיכל hier „ein[en] Gießbach Namens Michal",[20] der, wie sich aus dem Kontext erschließen lässt, in einer anderen Richtung als der Jordan (s. V21) lag. Tatsächlich fügten einige hebr. Handschriften dem entsprechend vor מיכל nota accusativi (את) hinzu, d.h. sie fassten dieses Wort auch als Ortsangabe auf. Gewiss ist, dass es zwischen dem MT und der KR eine textliche Gemeinsamkeit gibt. Aber welche? Meiser geht davon aus, dass die KR (μικρὸν) die Transkription des Proto-MT ist.[21] M. E. könnte aber auch der umgekehrte Fall vorliegen, dass näm-lich der MT von der KR beeinflusst wurde, d.h. die Konsonanten des MT (mykl) würden die Transkription für μικρόν (mikron) widerspie-geln.[22] Jedenfalls ist es für mich sicher, dass es in dieser Umgebung einen Ort gab, in dessen Namen die Konsonanten mykl/mikr vorkamen.

---

19   Z.B. מחרה (Budde; 1902, 280); מזה אל (Ehrlich); מיבל המים (McCarter; 1984, 383) usw.

20   Thenius, Die Bücher Samuels, 208.

21   LXX.D, Bd. II, Im Druck.; Hier vermutet er, dass das unbekannte Wort מיכל unter Verschreibung des Λ zu Ρ und unter Zufügung eines Ν transkribiert wurde.

22   Vgl. GK § 85 s zur Nominalbildung mit angehängtem ל.

(2) Dagegen nährte sich der Ant (boc2e2z^mg) dem schwer verstehbaren Text mit der Übersetzung σπευδόντες an. Vgl. dazu V16ᵃ.

V20ˡ. S.o. 15,2ᵃ zum Unterschied im Tempus.

V20ᵐ. S.o. V18ᵈ zur Mischform (εὗραν) von I. und II. Aorist in der KR (BA^(α sup ras Aa?)h*). Vgl. εὕρισκον boc2e2z^mg und εὗρον MNaᵒ ᵉˣ ᶜᵒʳʳh^b?z^txt *rell*.

V20ⁿ. Der Ant (boc2e2v^bz^mg) hat sinngemäß das Objekt des Verbs.

V20ᵒ. S.o. 15,13ᵃ zum Unterschied im Tempus.

V21ᵃ. S.o. 15,20ᶠ zu den unterschiedlichen Wiedergaben zwischen KR (δέ) und Ant (καί) für das hebr. Copulativum ו.

V21ᵇ. Der Unterschied in der Wortwahl ist unwesentlich.

V21ᶜ. In der KR (BAhra2) steht ἀνήγγειλαν, dagegen im Ant+ (boc2e2 MN *rell*) ἀπήγγειλαν. Beide Vorsilben machen keinen Unterschied in der Bedeutung.

V21ᵈ. (1) S.o. 15,13ᵃ zum Unterschied im Tempus. (2) S.o. V18ᵈ zur Mischform von I. und II. Aorist in der KR.

V21ᵉ. (1) Der Ant+ (αὐτῷ boc2e2MN *rell* 𝔏) setzt gegenüber dem MT (אֶל־דָּוִד) und der KR (πρὸς Δαυιδ BAhnx 𝔄𝔆𝔈) eine andere Texttradition (אֵלָיו) voraus.[23] (2) S.o. 17,12ᵃ zu den unterschiedlichen Wiedergaben für אֶל.

V21ᶠ. Hier geht es um die Wiedergabe von מְהֵרָה. Dieses Wort ist schon in V18 vorgekommen. Dort geben es alle gr. Versionen mit ταχέως wieder. Im vorliegenden Fall aber schreibt der Ant τὸ τάχος. Die LXX *rell*[24] behält ταχέως bei. Der Ant spiegelt vielleicht die ältere Übersetzungstradition wider.

V21ᵍ. Vgl. 15,5ᵍ zur Verwendung des Artikels für *nota accusativi*.

---

23 Vgl. προς τον δᾱδ c; om a2.
24 ταχυ h.

V21ʰ. Die beiden Versionen verwenden hier unterschiedliche Numeri. Im Ant steht Plural, in der KR Singular. Vgl. V16ʰ. Die Pluralform wird im Griechischen im Sinne von „Quell- u. Flusswasser" verwendet. Deshalb ist die Wiedergabe des Ant vom Sinn her sachgemäß. Dagegen ist der Singular in der KR die graphemische Wiedergabe für מים.

V21ⁱ. In der KR (BAchrxa₂) steht οὕτως für כה, im Ant+ (boc₂e₂MN *rell*) τάδε. Der Unterschied ist aber unwesentlich.

V21ʲ. S.o. 16,4ᶠ zum Unterschied im Tempus.

V21ᵏ. S.o. 17,12ᵃ zu den unterschiedlichen Wiedergaben für על.

V22ᵃ. Der Ant (καὶ πάντες οἱ) setzt gegenüber dem MT (וכל־העם אשר) und der KR (καὶ πᾶς ὁ λαὸς ὁ) vielleicht eine kürzere Texttradition (אשר־וכל) voraus.

V22ᵇ. S.o. 15,2ᵗ zur Verwendung des Artikels in der KR.

V22ᶜ. (1) Das hebr. Wort (אור) fasste die KR als Substantiv auf, der Ant dagegen als Verb.[25] Im MT kommt die Ausdrucksweise עד־אור הבקר insgesamt 6mal vor, und zwar nur in den Geschichtsbüchern. Allerdings bietet kein Manuskript eine konsequente Wiedergabe mit Substantiv bzw. Verb. Vgl. Ri 16,2; 1Sam 14,36; 25,34. 36; 2Sam 17,22; 2Kön 7,9. (2) S.o. 15,3a zum Ausfallen des „beweglichen ν" im Ant.

V22ᵈ. Der Unterschied im Kasus hängt von V22ᶜ ab, d.h. der Genitiv der KR dient als *nomen rectum*, der Nominativ des Ant dagegen dient als Subjekt des vorangehenden Verbs.

V22ᵉ. Gegenüber dem MT (אחד) und der KR (ἑνὸς) fehlt im Ant (boc₂e₂ zᵐᵍ) die Wiedergabe. Der Ant setzt einen kürzeren Text voraus: עד statt עד־אחד.

V22ᶠ⁻ᶠ. Der Ant (μὴ ἀποκαλυφθῆναι) setzt gegenüber dem MT (לא נעדר) und der KR (οὐκ ἔλαθεν) eine andere Texttradition (בלתי נגלה)[26] voraus.

---

25 Vgl. Gen 44,3: אור הבקר (MT); τὸ πρωὶ διέφαυσεν (LXX-*Ra*).

26 (1) ἀποκαλύπτω steht in der LXX fast immer für נלה; s. *HR*, 131c-132b. (2) Die Wiedergabe ἕως μὴ mit Infinitiv für עד־בלתי mit finitem Verb im Perfekt ist in 2Kön

V22ᵍ⁻ᵍ. Der Ant (τὸν λόγον) setzt gegenüber dem MT und der KR einen längeren Text (הדבר) voraus.

V22ʰ⁻ʰ. Der Ant (οὕτως) setzt gegenüber dem MT (אשר לא) und der KR (ὃς οὐ) eine abweichende Texttradition (כן) voraus.

V22ⁱ. (1) Der Unterschied in der Wortwahl ist nur unwesentlich. (2) Der Unterschied im Numerus setzt unterschiedliche Texttraditionen voraus: עבר (MT=KR); עברו (Ant)

V22ʲ⁻ʲ. S.o. 15,5ᵍ zur Verwendung des Artikels für *nota accusativi*.

Zu Vers 22: Dieser Vers besteht aus zwei voneinander unabhängigen Texttraditionen. Die beiden Traditionen waren sehr wahrscheinlich schon in der hebr. Textüberlieferung vorhanden. Es folgt eine Rekonstruktion beider Texttraditionen mit deutscher Übersetzung:

MT (=Vorlage der KR)	Vorlage des Ant
ויקם דוד	ויקם דוד
וכל־*העם* אשר אתו	וכל־אשר אתו
ויעברו את־הירדן	ויעברו את־הירדן
עד־*אור* הבקר	עד־*אור* הבקר
עד־אחד לא נעדר	*עד בלתי נגלה הדבר*
אשר לא־עבר את־הירדן	*כן עברו את־הירדן*
Und es standen David	Und es standen David
und *das ganze Volk*,	und *alle*,
das mit ihm war, auf.	die mit ihm waren, auf.
Und sie gingen über den Jordan,	Und sie gingen über den Jordan,
bis zum Morgengrauen,	*bis der Morgen aufleuchtete*,
bis keiner mehr	*damit nichts entdeckt würde.*
bemerkt werden konnte ,	*So gingen sie*
der nicht über den Jordan	über den Jordan.
gegangen *wäre.*	

10,11 belegt. In diesem Vers steht עד־בלתי השאיר־לו שריד im MT, und die LXX *rell* gibt diesen Ausdruck mit ὥστε μὴ καταλιπεῖν wieder. Dagegen aber geben die Handschriften boc₂e₂(Ant) ihn mit ἕως τοῦ καταλειφθῆναι wieder.

V23ª. S.o. 16,4ᶠ zum Unterschied im Tempus.

V23ᵇ. S.o. 15,2ᵗ zur Verwendung des Artikels.

V23ᶜ. S.o. 15,3ª zum „beweglichen ν" in der Madrider Ausgabe.

V23ᵈ. Die gr. Versionen geben die hebr. Präposition mit Artikel wieder, der im Griechischen zwei Funktionen hat. (1) S.o. 17,12ª zum Dativ für אל. (2) S.o. 15,2ᵗ zur Verwendung des Artikels.

V23ᵉ. S.o. 15,13ª zum Unterschied im Tempus.

V23ᶠ. S.o. 15,2ᵗ zur Verwendung des Artikels.

V23ᵍ. Der Ant (ἐν τῷ οἴκῳ boc₂e₂Acx) setzt gegenüber dem MT (בקבר) und der KR (ἐν τῷ τάφῳ) eine andere Texttradition (בבית) voraus. Der MT und die KR werden durch 4QSamª (בק]בר) unterstützt.[27]

V23ʰ. S.o. 15,2ᵗ zur Verwendung des Artikels.

---

27   *DJD* XVII, 162.

2.14. 2Sam 17,24-29

2.14.1. Textsynopse

MT		KR	Ant
וְדָוִד בָּא[a]	24	καὶ Δαυιδ διῆλθεν[a]	καὶ Δαυιδ παρεγένετο[a]
מַחֲנָיְמָה[b]		[b]εἰς Μαναϊμ[b]	[b]εἰς παρεμβολάς[b]
וְאַבְשָׁלֹם עָבַר		καὶ Αβεσσαλωμ διέβη	καὶ Αβεσσαλωμ διέβη
אֶת־הַיַּרְדֵּן		τὸν[c] Ιορδάνην	τὸν[c] Ιορδάνην
הוּא		αὐτὸς	αὐτὸς
וְכָל־אִישׁ יִשְׂרָאֵל		καὶ πᾶς ἀνὴρ Ισραηλ	καὶ πᾶς ἀνὴρ Ισραηλ
עִמּוֹ:		μετ' αὐτοῦ	μετ' αὐτοῦ
			[d][καὶ τὸν Ἀμεσσα[e] κετέστησεν[1] Ἀβεσσαλὼμ ἀντὶ Ἰωάβ [f]ἐπὶ τὴν στρατιάν[f]][d]
[a][וְאֶת־עֲמָשָׂא[b]	25	[a][καὶ τὸν Αμεσσαϊ[b] κατέστησεν Αβεσσαλωμ ἀντὶ Ιωαβ [c]ἐπὶ τῆς δυνάμεως[c]][a]	
שָׂם אַבְשָׁלֹם תַּחַת יוֹאָב עַל־הַצָּבָא][a]			
וַעֲמָשָׂא		καὶ[e] Αμεσσαϊ[f]	ὁ[d] δὲ[e] Ἀμεσσα[f] ἦν[g]
בֶן־		υἱὸς	υἱὸς
אִישׁ וּשְׁמוֹ[h]		[h]ἀνδρὸς καὶ ὄνομα αὐτῷ[h]	
יִתְרָא הַיִּשְׂרְאֵלִי		Ιοθερ[i] ὁ Ισραηλίτης[j]	Ἰεθερ[i] [j]τοῦ Ιεζραηλίτου[j]
אֲשֶׁר־בָּא[l]		οὗτος[k] εἰσῆλθεν[l]	ὅς[k] ἦλθεν[l]
אֶל־אֲבִיגַל[m]		πρὸς[m] Αβιγαιαν[o]	ἐπὶ[m] τὴν[n] Αβιγαιαν[o]
בַּת־נָחָשׁ[p]		θυγατέρα Ναας[p]	θυγατέρα Ἰεσσαι[p]
אֲחוֹת צְרוּיָה		ἀδελφὴν Σαρουιας[q]	ἀδελφὴν Σαρουία[q]
אֵם יוֹאָב:		μητρὸς Ιωαβ	μητρὸς Ιωαβ
וַיִּחַן	26	καὶ παρενέβαλεν	καὶ παρενέβαλεν7
יִשְׂרָאֵל[a]		[a]πᾶς[b] Ισραηλ	[a]Αβεσσαλωμ
וְאַבְשָׁלֹם[a]		καὶ Αβεσσαλωμ[a]	καὶ [b]πᾶς ἀνὴρ[b] Ἰσραηλ[a]
אֶרֶץ הַגִּלְעָד:		[c]εἰς τὴν[d] γῆν[c] Γαλααδ	[c]εἰς γῆν[c] Γαλααδ
וַיְהִי	27	καὶ ἐγένετο	καὶ ἐγένετο

---

1   V24: Ein Tippfehler der Madrider Ausgabe für „κατέστησεν".

Hebrew		Greek (A)	Greek (B)
כְּ*ᵃבוֹאᵇ דָוִד		ἡνίκαᵃ ἦλθενᵇ Δαυιδ	ὅτεᵃ εἰσῆλθεᵇ Δαυιδ
מַחֲנָיְמָהᶜ		εἰς Μαναϊμᶜ	εἰς παρεμβολάςᶜ
וְשֹׁבִיᵈ בֶּן־נָחָשׁ		Ουεσβιᵈ υἱὸς Ναας	ᵈκαὶ Σεφεεὶᵈ υἱὸς Ναας
מֵרַבַּת בְּנֵי־עַמּוֹן		ἐκ Ραββαθᵉ υἱῶν Αμμων	ἐκ ʻΡοωβὼθᵉ υἱῶν Αμμων
וּמָכִיר בֶּן־עַמִּיאֵל		καὶ Μαχιρᶠ υἱὸς Αμιηλ	καὶ Μαχεὶρᶠ υἱὸς Αμιηλ
מִלֹּא דְבָר		ἐκ Λωδαβαρʰ	ὅᵍ ἐκ Λαδαβάρʰ
וּבַרְזִלַּי הַגִּלְעָדִי		καὶ Βερζελλι ὁ Γαλααδίτης	καὶ Βερζελλι ὁ Γαλααδίτης
מֵרֹגְלִים:		ἐκ Ρωγελλιμʲ	ὁⁱ ἐκ ʻΡακαβεὶνʲ
	28	ᵃἤνεγκαν δέκαᵃ	ᵃἤνεγκαν δέκαᵃ
מִשְׁכָּב		κοίτας ᵇκαὶ ἀμφιτάπουςᵇ	κοίτας ᵇκαὶ ἀμφιτάπουςᵇ
וְסַפּוֹת		καὶ λέβητας δέκαᶜ	καὶ λέβητας δέκαᶜ
וּכְלִי יוֹצֵר		καὶ σκεύη κεράμου	καὶ σκεύη κεράμου
וְחִטִּים וּשְׂעֹרִים		καὶ πυροὺς καὶ κριθὰς	καὶ πυροὺς καὶ κριθὰς
וְקֶמַח וְקָלִיᵈ		καὶ ἄλευρον ᵈκαὶ ἄλφιτονᵈ	καὶ ἄλευρα
וּפוֹל וַעֲדָשִׁים		καὶ κύαμον καὶ φακὸν	καὶ κύαμον καὶ φακὸν
וְקָלִי:			ᵉκαὶ ἄλφιτονᵉ
וּדְבַשׁ וְחֶמְאָה	29	καὶ μέλι καὶ βούτυρον	καὶ μέλι καὶ βούτυρον
וְצֹאן		καὶ πρόβατα	καὶ πρόβατα
וּשְׁפוֹתᵃ בָּקָרᵇ		καὶ σαφφωθᵃ βοῶνᵇ	καὶ γαλαθηνὰᵃ μοσχαρίαᵇ
הִגִּישׁוּ לְדָוִד		καὶ προσήνεγκαν τῷ Δαυιδ	καὶ προσήνεγκαν τῷ Δαυιδ
וְלָעָם אֲשֶׁר־אִתּוֹᶜ		καὶ τῷ λαῷ ᶜτῷ μετ᾽ αὐτοῦᶜ	καὶ τῷ λαῷ αὐτοῦᶜ
לֶאֱכוֹלᵈ		φαγεῖνᵈ	ἐσθίεινᵈ
כִּי אָמְרוּᵉ		ὅτι εἶπανᵉ	ὅτι ἔλεγονᵉ
הָעָם רָעֵבᵍ		ᶠὁ λαὸςᶠ πεινῶνᵍ	ᶠτὸν λαὸνᶠ πεινᾶνᵍ
וְעָיֵףʰ		καὶ ἐκλελυμένοςʰ	καὶ ἐκλελύσθαιʰ
וְצָמֵאⁱ בַּמִּדְבָּר:		ⁱκαὶ διψῶνⁱ ἐν τῇ ἐρήμῳ	διψήσανταⁱ ἐν τῇ ἐρέμῳ²

2.14.2. Analyse der Varianten

V24ᵃ. Der Unterschied in der Wortwahl zwischen den gr. Versionen. für
בא³ ist unwesentlich.

---

2   V29: Ein Tippfehler der Madrider Ausgabe für „ἐρήμῳ".

3   διηλθεν BAh; ανηλθεν cx 𝔠ᵛⁱᵈ; απηλθεν a₂; διεβη r; παρεγενετο MN *rell* 𝔞𝔏 Josᵛⁱᵈ; om 𝔈.

V24^b. (1) S.o. 15,8^f zur Wiedergabe von εἰς für *acc. loc.* mit ה- *locale*. (2) Die KR transkribierte die Vorlage (מחנימה) mit εἰς Μαναΐμ, weil sie sie als Ortsangabe verstand. Dagegen setzt der Ant (boc₂e₂z^mg 𝕬𝕷 Jos) gegenüber dem MT und der KR eine weitere Texttradition (מחנותה) voraus. Daher übersetzte der Ant mit εἰς παρεμβολάς.⁴ Der LXX-Text von Origenes (die 5. Kolumne der Hexapla) unterstützt die KR, dagegen spiegeln Aquila und Theodotion dieselbe Texttradition wie der Ant wider.⁵ Vermutlich gab es unterschiedliche Texttraditionen schon in vorhexaplarischer Zeit. Weitere Beispiele in 2Sam s. V27^c; 19,33. Aber vgl. 2Sam 2,8. 12. 29, wo es die gr. Versionen als Ortsangabe wiedergaben.

V24^c. S.o. 15,5^g zur Verwendung des Artikels für *nota accusativi*.

V25^a-a{V24^d-d}. Dieser Teil steht in der LXX-*Ra* (und auch in B-M) in V25, in der Madrider Ausgabe in V24.

V25^b{V24^e}. (1) S.o. 15,5^g zur Verwendung des Artikels für *nota accusativi*. (2) Der Eigenname wird in den gr. Versionen verschieden-artig transkribiert. In Sam-Kön ist dieser Name insgesamt 13mal belegt und jeweils folgenderweise transkribiert :

עמשא	αμεσσ(ε)ι	αμεσ(σ)α	αμεσαι	αβεσσα(ι)	αβεσα(ει)	αμεσ(σ)αει
2Sam 17,25^b	Ba₂𝕮	boc₂e₂x c	deh*pvz𝕬 αμεση:r	W	g	AMNh^b? *rell*
17,25^f	Bra₂𝕮	t cx	depvz𝕬	N	g	AMNa *rell*
19,14		bc₂ fjb₂	αμισσαι:A	dlmpqt^a? wyoe₂t*u Thdt	egx	*rell* cz𝕬
20,4		boc₂e₂ 𝕾ʲ	dejpx𝕬	246	c^vidg	*rell*
20,5	a₂	boc₂e₂	dejpx𝕬		cg	*rell*
20,8		bc₂e₂a₂ 𝕾ʲ μεσσα:ο	delpx𝕬		c g	*rell*
20,9		c₂e₂𝕾ʲ	degpx𝕬	242	c	*rell*

---

4 Zu dieser Wiedergabe, s. *HR*, 1067b-1068b, bes. (2 a/b).
5 S.o. 15,28^c [Exkurs] zu diesem Thema

				αβεσα:boa2		
20,9		boc2 αμμεσσα:e2	degpxA		c	*rell*
20,10		boc2e2 Sj	degpxA		c	*rell*
20,12	a2C	boc2e2 Sj	AdepxA	αβεσσαει: Bh*(vid)	c	*rell*
20,12		bc2e2 μεσσαι:a	egpqxA		c	*rell*
1Kön 2,5	μεσσεα:a2	boc2e2 αμμεσα:A	dep-vA vid μεσαι:g αμεσσαι: MN *rell*		x 71	αμεσσαια: B
2,32		c2dex	gA αμεσσαι: Mnhij ntyzC vid αμισσαι: f	Bop		

Für diesen Eigennamen folgte Rahlfs der Tradition mit αμεσσαει.[6] Jedoch sind in der Tabelle drei verschiedene Traditionen samt ihren Überlieferungen erkennbar.

Zunächst sind zwei ursprüngliche Traditionen erkennbar, die jeweils in den Mss. Ba2C und im Ant belegt werden: αμεσσει (KR), αμεσσα (Ant).[7] Die Tradition der KR setzt vielleicht עמשׁי statt עמשׂא voraus.[8] Aber beide Traditionen waren vielleicht in der hexaplarischen Zeit durch αμεσσαει (αμεσσα + αμεσσει) einen Kompromiss eingegangen. Deshalb stellt diese Transkription, die in der LXX *rell* belegt wird, die Mischform der beiden Versionen dar. Darüber hinaus gab es eine weitere Tradition spätestens im ca. 4. Jh. n. Chr. (s.o. 19,14), die bei Theodoret belegt ist: αβεσσαι. Diese Tradition beruht vielleicht auf der Verwechslung mit אבישׁי (vgl. 16,9. 11; 18,2. 5. 12 in unserem Textbereich). Jedenfalls beeinflusste diese Tradition auch einige Manuskripte, die auf

---

6 S.o. 16,1e Anm. 5 zum sprachgeschichtlichen Phänomen zwischen ει und ι.

7 Es ist klar, dass die Transkription von Mss. Ba2C in 2S 17,25b und 2S 17,25f alt ist. Für Ant kann man auf die Transkription des Cod. A in 1Kön 2,5 hinweisen. Sie besagt, dass die Tradition des Ant zumindest schon im Cod. A vorhanden war.

8 S. Budde, *Die Bücher Samuel erklärt*, 280; Stoebe, *Das zweite Buch Samuelis*, 393.

das 12-14 Jh. n. Chr. zurückgehen (hauptsächlich die Hss. depx), deren Tradition aber schon in der Version 𝔄 erkannt werden kann. Sie transkribieren den Namen mit αμεσαι: α̱μ̱ε̱σ̱σ̱α̱ε̱ι̱ + αβεσ̱σ̱α̱ι̱. Die Zwischenstufe lässt sich in der Hs. g (αβεσαει; 13 Jh. n. Chr.) erkennen.

```
αμεσσει(KR)              αμεσσα (Ant)

        αμεσσαει (rell)              αβεσσαι (Thdt)

                αμεσαι (depx)
```

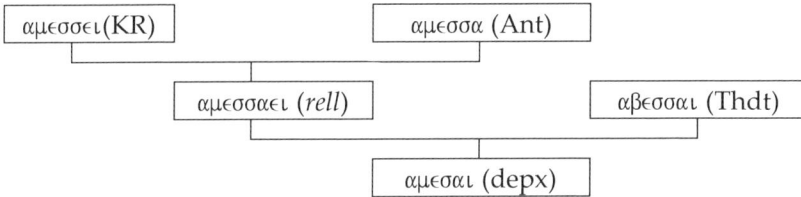

V25^{c-c}{V24^{f-f}}. (1) Der Unterschied im Kasus ist nicht wesentlich. (2) Hier handelt es sich um die Wiedergabe von צבא(ות). Dazu s. u. den Exkurs.

Exkurs: Die Wiedergabe von צבא

Im AT wird dieses Wort auf zweierlei Weise verwendet: einerseits in Bezug auf Yahweh mit der Form יהוה צבאות oder צבאות אלהי יהוה, andererseits im profanen/militärischen Sinne im Singular (צבא); so auch in Sam-Kön.

(1) Zunächst die Vorkommen in Verbindung mit Yahweh:

יהוה צבאות	κ̅ς̅ σαβαωθ	κ̅ς̅ παντοκράτωρ	κ̅ς̅ τῶν δυναμέων
1Sam 1,3	rell	+ boc₂e₂Ndpgtz 𝕃	
1,11	rell		boc₂e₂
15,2	rell ℭ	boc₂e₂𝕃	
17,45	alle		
2Sam 5,10		alle	
6,2	boc₂e₂z^{mg}		rell
6,18	boc₂e₂		rell
7,8		alle	
7,25{26}		alle	
7,27		alle	
1Kön 18,15			alle
19,10		alle	
19,14		alle	

2Kön 3,14			alle
19,31{Qere}			*rell*: om g𝕷

Hier gibt es keine konsequente Tendenz zwischen den Manuskripten. Aber es ist klar, dass die Transkription (κύριος σαβαωθ), die hauptsächlich in Jesaja erkennbar ist, die älteste Tradition war. Das ägyptische Lehnwort[9] wurde mit hebr. צבאות verbunden, wobei dieser Begriff im AT unterschiedlich identifiziert wurde (Mächtigkeit; irdische oder himmlische Mächte). κύριος παντοκράτωρ im Sinne vom „Allherrscher" war vermutlich die erste Standardübersetzung der Ur-LXX von Sam-Kön. In weiterer Folge wurde dieser Terminus dann als die „Heerscharen" rezipiert. Daraus ergab sich die Übersetzung „κύριος τῶν δυνάμεων". Diese „wörtliche" Übersetzung wurde insbesondere von der KR bevorzugt.[10] Zwar kommen noch zwei Fälle im γδ-Abschnitt vor, aber sie sind zu wenig, um eine Tendenz festzustellen, auch wenn sie von Barthélemy als die Bearbeitung der KR angenommen wurden.[11] Jedenfalls gerieten die Übersetzer bzw. Bearbeiter von Sam-Kön – sowohl der KR als auch des Ant - m. E. in die Schwierigkeit, die richtige bzw. beste Wiedergabe zu finden, so dass sie, wie die Tabelle zeigt, zwischen den Traditionen hin und her wechselten.

(2) Dagegen ist der Unterschied zwischen der KR und dem Ant bei den Fällen im profanen/ militärischen Sinne im Singular (צבא) deutlich erkennbar. In den Nicht-καὶγε-Abschnitten kann man erkennen, dass die Ur-LXX sehr wahrscheinlich die Wiedergabe mit der Wurzel στρατ-erstellte.[12] Aber in den βγ- und γδ-Abschnitten unterscheiden sich beide Versionen ganz deutlich:

---

9 Kreuzer, „Zebaoth – Der Thronende", *VT* LVI (2006), 347-362, Er erörtert dort, wie und auf welchem religionsgeschichtlichen und theologischen Hintergrund die Wandlung von ägyptisch ḏb3.tj zu kanaanäisch/ hebräisch ṣabā³ôt/ṣᵉbā³ôt geschehen war.

10 Barthélemy (1963, 82f) erkannte dieses Phänomen im Bezug auf die Psalmenübersetzung: „La traduction la plus habituelle de יהוה צבאות dans la Septante ancienne est κύριος παντοκράτωρ, la traduction d'Isaïe préférant la simple transcription κύριος σαβαωθ. Cependant la Septante des Psaumes instaure une traduction plus fidèle : κύριος τῶν δυνάμεων." Sein Gedanke wurde von Oloffson für den Bereich von Psalmen weiter bestätigt. S. dazu: S. Oloffson, „The *Kaige* Group and the Septuagint Book of Psalms", in: B. A. Taylor (Hg.), *IX Congress of the International Organization for Septuagint and Cognate Studies*. 1995, 190-230, bes. 207.

11 Barthélemy, *Les Devanciers d'Aquila*, 82.

12 1Sam 12,9; 14,50; 26,5; 2Sam 2,8; 3,23; 8,16; 1Kön 2,32. 35; 11,15. 21; 16,16; 22,19.

צבא	δύναμις	στρατήγος[13]	στρατία	στραεία
2Sam 10,7	*rell*		bc2zmg Josvid	oe2
10,16	*rell*	boc2e2 Josvid		
10,18	*rell*	boc2e2		
17,25c	*rell*		boc2e2zmg 𝔏	
19,14	*rell*	boc2e2zmg		
20,23	*rell*		boc2e2zmg	
1Kön 1,19	*rell*	boc2e2		
1,25	*rell*	boc2e2 Jos		
2,5	*rell*	boc2e2		
2Kön 4,13	alle			
5,1	*rell*: om f	bc2e2		
17,16	*rell*		boc2e2Na?c-gjmgmp-twz* Cyr	N*
21,3	*rell*		*boc2e2* Thdt	b´
21,5	*rell*		boc2e2 Thdt	
23,4	*rell*		boc2e2 Luc	
23,5	*rell*		boc2e2 Thdt Luc	
25,19	*rell*	boc2e2g Chr		

Wie Oloffson in seinem Aufsatz in Bezug auf die Psalmen erwähnt hat,[14] nahm die KR sicherlich δύναμις als das Äquivalent für צבא an, sogar in den Fällen, in denen das Wort nichts mit dem Gottesnamen zu tun hat. Daher gibt die KR ganz konsequent צבא mit δύναμις wieder. Dagegen stellt der Ant noch die Wiedergabe der Ur-LXX dar, nämlich mit der Wurzel στρατ-.

V25d. Der Artikel des Ant entspricht der griechischen Ausdrucksweise.

---

13 Diese Wiedergabe steht eigentlich als Kompositum (ἀρχιστρατήγος) für שר־צבא gegenüber ἄρχων τῆς δυνάμεως.

14 Oloffson, „The *Kaige* Group and the Septuagint Book of Psalms", 207.

V25[e]. S.o. 15,20[f] zu den unterschiedlichen Wiedergabe für das hebr. ו-Copulativum.

V25[f]. S.o. V25[b]{V24[e]}.

V25[g]. S.o. 16,2[b] zur Ergänzung des Prädikats (εἰμι) im Ant.

V25[h-h]. Der Ant (boc2e2 𝕷) setzt gegenüber dem MT und der KR einen kürzeren Text voraus.

V25[i]. Hier handelt es sich um die Transkription des Eigennamens: יתרא. Diesen Namen transkribiert die KR (BAa2 𝕬ℭ[d]𝕰) mit ιοθορ,[15] dagegen der Ant+ (boc2e2MN *rell*) mit ιεθερ.[16] Beide Transkriptionen setzten ohne Zweifel die Konsonanten יתר voraus. Vgl. ܝܬܪ (=*y'ṯ'r*) 𝕾[j]; auch יתר in 1Kön 2,5. 32; 1Chr 2,17.

V25[j]. (1) Der Unterschied im Kasus beruht auf den unterschiedlichen Textverständnissen, ist aber ist nicht wesentlich:

KR		Ant	
υἱός	ἀνδρὸς ... Ιοθορ	υἱός	Ιεθερ
ὁ Ισραηλίτης			τοῦ Ιεζραελίτου

(2) Die Madrider Ausgabe folgt der Hs. e2 mit Ιεζραελίτου, auch wenn die Hss. boe2 mit Ιεσραελίτου transkribieren. Jedenfalls kann man drei unterschiedliche Traditionen in den Manuskripten erkennen: Ισραηλι-(BNe2 𝕷),[17] Ιεζραηλι-(boc2mqstw 𝕬)[18] und Ισμαηαελι-(Ah*r ℭ[w]𝕾[j] Anon[1]). Auf Grund von1Chr 2,17 wird dieses Wort von allen Kommentatoren (Thenius, Wellhausen usw.) gemäß dem Cod A (ישמעאלי) gelesen. Tatsächlich stimmte wohl die Tradition des Cod. A mit 1Chr 2,17 überein. Jedoch unterstützt *O′* die Transkription des Ant.[19] Deshalb ist es zumindest sicher, dass die Tradition des Ant schon in der vorhexaplarischen Zeit existierte, und dass sie sehr wahrscheinlich eine weitere hebr. Texttradition (יזראלי) voraussetzt.

---

15   ιωθωρ crxℭ[w]. Verlesen von ΙΟΘΟΡ mit ΙѠѲѠΡ?
16   ιεθαρ m.
17   Sekundär dazu: Ισδραηλιτης g.
18   Vgl. Ιζραηλιτης Mn; εζραηλιτης h[b]; εζραλιτης z.
19   Field, *Hexapla* I, 572.

V25[k]. Die KR (οὗτος) setzt vermutlich gegenüber dem MT (אשר) und dem Ant (ὅς) eine abweichende Texttradition (הוא oder זה) voraus.

V25[l]. Der Unterschied in der Vorsilbe ist nicht wesentlich.

V25[m]. S.o. 17,12[a] zu den unterschiedlichen Wiedergaben für אל.

V25[n]. S.o. 15,2[r/s] zur Verwendung des Artikels im Ant

V25[o]. Hier geht es um die Transkription des Eigennamens: אבינ(י)ל. Es gibt eigentlich zwei unterschiedliche Personen mit dem Namen Abigail. Die eine Person ist die Frau von Nabal, die später Davids Frau wurde.[20] Die andere ist die Mutter von Amasa, die in unserem Vers vorkommt.[21] Im Hebräischen gibt es zwar einige Varianten im Bezug auf die *mater lectionis*,[22] aber der Name der beiden Personen ist grundsätzlich identisch: אבי + ג(י)ל (<גיל). Im MT wurde dieser Eigenname offensichtlich mit der „L"-Endung geschrieben. Dagegen wurde er in den griechischen Versionen für die beiden Personen interessanterweise durchgehend mit ΔΒΙΓΔΙΔ (also mit Nominativendung „A")[23] transkribiert. Die handschriftlichen Varianten beziehen sich bloß auf die unterschiedlichen Vokalisierungen.[24]

Nach Meisers Überlegung wurde diese Variante durch innergriechische Verschreibung ΔΒΙΓΔΙΔ aus ΔΒΙΓΔΙΛ verursacht.[25] Dafür spricht die Tatsache, dass die griechischen Majuskeln Δ und Λ sehr ähnlich aussehen. Zudem ist es auch wenig wahrscheinlich, dass die hebräische Vorlage אביניא(?) sein sollte. In diesem Sinne ist diese Vermutung sehr plausibel. Es stellt sich aber die Frage, aus welchem Grund diese Verschreibung in der LXX für zwei unterschiedliche Personen entstand und dann durchgehend einheitlich wiedergegeben wurde.

---

20 1Sam 25:3. 14. 18. 23. 32. 36. 39. 40. 42; 27,3; 30,5; 2Sam 2,2; 3,3.
21 Auch in 1Chr 2,16f.
22 אבנגיל 1Sam 25,3; אבוגיל 25,18(K); אביגל 25,32; אביגל 2Sam 3,3; אביגל 17,25.
23 Im Genitiv mit αβιγαιας; im Akkusativ mit αβιγαιαν. Der Cod. A wollte aber manchmal diesen Namen (αβιγαια) nicht deklinieren : 1Sam 25,39; 2Sam 3,3. Jedoch sind diese Stellen offensichtlich spätere Korrekturen.
24 αβιγεα; αβηγεα; αβιγαια usw.
25 Vgl. dazu M. Meiser, zur Stelle, in: Septuaginta Deutsch (LXX.D). Bd.2: Erläuterungen zum griechischen Alten Testament in Übersetzung, hg. von M. Karrer und W. Kraus, Stuttgart (Im Druck);

Diese Frage lässt sich durch die Hellenisierungstendenz der semitischen Namen in der hellenistisch/frühjüdischen Zeit beantworten. Damals wurden die semitischen Frauennamen (meistens mit *A*-Endung, הָ־) nicht nur in der LXX, sondern auch im NT mit *A*-Deklination wiedergegeben; so sogar auch einige Frauennamen, die einen konsonantischen Auslaut haben (z.B. Μαριάμ / Μαρία für מרים), d.h. der konsonantische Auslaut fiel aus und wurde mit *A*-Endung ersetzt.[26]
Zwar kann man nicht beweisen, ob der Name im Griechischen sofort mit ΔΒΙΓΔΙΔ wiedergegeben wurde, oder ursprünglich mit ΔΒΙΓΔΙΔ, was dann bald danach zu ΔΒΙΓΔΙΔ geändert wurde. Aber es ist zumindest klar, dass ΔΒΙΓΔΙΔ als die Wiedergabe für אבי(נ)ל bewusst vereinheitlicht und für alle Stellen durchgeführt wurde. Auffallend ist, dass diese Wiedergabe in den beiden griechischen Versionen überliefert wurde. Beide Versionen – auch nicht die KR - hatten offensichtlich kein Problem mit dieser hellenisierenden Wiedergabe, auch wenn sie von ihrer hebräischen Vorlage abweicht. Vielmehr wurde diese Namensform sorgfältig tradiert.

V25P. Hier geht es um die Transkription für den Eigennamen. Vor allem ist klar, dass die KR mit dem MT übereinstimmt: Ναας (BAh*xa2 𝔄codℭ𝔏).[27] Die Tradition der KR wird durch *O'* unterstützt.[28] Dagegen gab es sicherlich noch eine weitere Tradition, nämlich Ιεσσαι vom Ant+ (boc2e2MNah[b] *rell* 𝔄[ed]).[29] Diese Tradition setzt אִישַׁי voraus (vgl. 1Chr 2,13-17). Ähnlich wie der Fall V25[j], stimmt der Ant+ an dieser Stelle auch mit 1Chr überein. Dann stellt Ναας die ältere Texttradition dar, obwohl Ναας eine Verschreibung von V27 (בן־נחש) her zu sein scheint.[30]

V25q. S.o. 16,9[a] zur undeklinierten hellenisierten Form mit Sigma in den Codd. BA für den Eigennamen צרויה.

V26[a-a]. Die umgekehrte Wortfolge (Αβεσσαλωμ καὶ πᾶς ἀνὴρ Ἰσραηλ) im Ant+ (boc2e2 MN *rell*) gegenüber dem MT (ישראל ואבשלם) und der KR (πᾶς

---

26 S. dazu H. St. J. Thackeray, *A Grammar of the Old Testament in Greek*, 161; auch *BDR*, §53, 1 und 4.
27 Vgl. *Naaso* ℭ[s]; *Naeso* ℭ[a].
28 Field, *Hexapla*, 572.
29 Vgl. ιεσσαι 74; ܐ‎ (=ʾyšy) 𝔖[j].
30 So Wellhausen, *Der Text der Bücher Samuelis*, 201; Klostermann, *Die Bücher Samuelis und der Könige*, 211; Budde, *Die Bücher Samuel erklärt*, 281.

Ισραηλ καὶ Αβεσσαλωμ) setzt eine andere Texttradition (אבשלם וכל־איש
ישראל) voraus.

V26ᵇ. Die LXX *rell* (πᾶς Ισραηλ) setzt gegenüber dem MT (ישראל) eine
längere Textform (כל־ישראל) voraus. Darüber hinaus behält der Ant
(boc2e2emtw) ἀνήρ zwischen πᾶς und Ισραηλ bei. Er spiegelt vielleicht
noch eine weitere Textform (כל־איש ישראל)[31] wider. Vgl. V24 Z5 und
17,14ᵃ.

V26ᶜ. S.o. 15,8ᶠ zur Verwendung von εἰς für *acc. loc.* Die gr. Versionen
lasen vielleicht mit ארצה נלעד statt ארץ הגלעד, also mit הָ- *locale.*

V26ᵈ. (1) S.o. 15,2ᵗ zur Verwendung des Artikels in der KR. (2) S.o.
15,10ᵈ/ᵉ zum Ausfallen des Artikels im Ant (bcc2e2).

V26ᵉ. S.o. V26ᶜ.

V27ᵃ. Vgl. 16,16ᵇ zu den unterschiedlichen Wiedergaben für כ in der KR
und im Ant.[32]

V27ᵇ. (1) Der Unterschied in der Vorsilbe ist nicht wesentlich. (2) S.o.
15,3ᵃ und dessen Exkurs zum „beweglichen ν".

V27ᶜ. S.o. V24ᵇ.

V27ᵈ. Hier wurde das hebr. Copulativum (ו) in den gr. Manuskripten
unterschiedlich verstanden. Die KR (BAa2 𝕬) fasste es als Namens-
bestandteil auf: Ουεσβει.[33] Dagegen gibt der Ant mit καὶ Σεφεει wieder,
d.h. mit dem Waw–Copulativum und dem Eigennamen.[34] Interessanterweise treten auch verschiedene Mischformen der beiden Traditionen
auf: καὶ ουεσβη cx; καὶ ουαισβι N; καὶ ουιεσβι y.[35] Die Tradition der KR
wurde vermutlich durch die ungewöhnliche Position des ו–Copulativums verursacht. Denn als Objekt des Verbs braucht das Substantiv
gewöhnlicherweise kein Copulativum. Aber es fungiert hier im Hebräi-

---

31 Diese Ausdruckweise wird im AT folgendermaßen belegt : Deut 27,14; 29,9; Ri 20,33;
    1Sam 14,22; 17,19. 24; 2Sam 16,18; 17,14. 24; 19,42; 20,2; 1Kön 8,2; 1Chr 10,7; 2Chr 5,3.
32 Genau gesagt : in den Mss. Mnabd-gijmopqs-wyzb2c2e2.
33 Vgl. ουεσβη r ; *Ueseb Aeth* ; ουιησβι Thdt.
34 Vgl. καὶ σεφαιει Mᵐᵍvᵇ ; *et Siphas* Jos-lat; καὶ σειφαρ Jos-gr; *et Sobi La;* ܣ݂ܦܥܝ (Š'p'ᶜy) Syrⁱ
35 Zudem gibt es noch die sekundären Varianten : καὶ ιεσβι 71 ; καὶ εσβι i ; καὶ ουεβι d ;
    καὶ ουιεσει n. Vgl. *ubi Esbin* Koptʷ; *ubi Ezebin* Koptᵈ.

schen zusammen mit dem finiten Verb im folgenden Vers als Disjunktiv:[36]

ושבי ... ומכיר ... וברזלי ... (הביאו; V28)

Jedenfalls setzen beide Versionen dieselbe Vorlage voraus. Die Varianten wurden lediglich durch unterschiedliche Textverständnisse verursacht.

V27[e]. In den gr. Versionen erkennt man verschiedene Vokalisierungen, wobei die Konsonanten (ρ, β, θ = רבת) übereinstimmen.

V27[f]. S.o. 16,1[e] Anm. 5 zur Entscheidung von Rahlfs bezüglich des sprachgeschichtlich bedingten Wechsels zwischen ει und ι.

V27[g/i]. In der KR (BAcnrxa2 𝔄) fehlt der Artikel in Übereinstimmung mit dem MT. Der Artikel im Ant+ stellt aber die innergriechische Bearbeitung dar. S.o. 15,2[r/s].

V27[h]. Die Vokalisierung des Ant+ (boc2e2MNh[b?]v[b] rell 𝔄𝕮[w]; λαδαβαρ) spiegelt vermutlich den aramäischen Einfluss gegenüber der KR (Mss. BA 𝕃𝕮; λωδαβαρ) wider.

V27[j]. Bei dieser Variante setzt der Ant (Ρακαβειν; boc2e2M[mg]) gegenüber dem MT (רגלים) und der KR (Ρωγελλιμ) eine abweichende Texttradition (רכבין) voraus, deren Vokalisierung und Endung möglicherweise durch das Aramäische beeinflusst wurde.

V28[a-a/b/c]. Hier setzen die gr. Versionen gegenüber dem MT eine längere Textform voraus :

MT	V. der LXX
משכב	[a]הגישו/הביאו
וספות	עשרת[b] משכב וספות עשרת[c]

V28[d/e]. Die gr. Versionen stellen zwei unterschiedliche Texttraditionen dar, und der MT ist die spätere Zusammenfügung. Tatsächlich fehlt V28[d] in einigen hebr. Manuskripten.

---

36   Vgl. *GK* § 162 b.

V29ᵃ. Hier transkribiert die KR ein seltenes Wort (שפות), dessen Bedeutung aufgrund der Bedeutung in anderen semitischen Sprachen (Chald., Syr.) als „Kuhkäse" vermutet wird, mit σαφφωθ. Dagegen gibt der Ant (boc₂e₂aᵐᵍgzᵐᵍ 𝔄𝔏ᵛ) es mit dem Adjektiv γαλαθηνὰ wieder, als dessen Vorlage חלב (Adjektiv) vorstellbar ist.[37] Zudem wird der Ant durch Theodotion unterstützt.[38] Dennoch kann man keinen Grund dafür erkennen, eine andere Vorlage zu vermuten. Eher ist der Ant eine etwas freie aber sinngemäße Wiedergabe des Wortes שפות. Die Wortstellung des Ant (Adjektiv + Substantiv) weist darauf hin, dass der Ant - zumindest was die hebr. Wortstellung (Substantiv + Adjektiv) betrifft - frei übersetzt hat.

V29ᵇ. Die KR (βοῶν) setzt nichts anderes als בקר des MT voraus. Zwar steht die Wiedergabe des Ant (μοσχαρία) in der LXX für בן־בקר,[39] עגל,[40] oder פר,[41] aber man braucht keine andere Vorlage gegenüber dem MT und der KR. S.o. V29ᵃ.

V29ᶜ⁻ᶜ. Der Ant (καὶ τῷ λαῷ αὐτοῦ) setzt gegenüber dem MT (ולעם אשר־ אתו) und der KR (καὶ τῷ λαῷ τῷ αὐτοῦ) vielleicht einen kürzeren Text (ולעמו) oder einfach eine freiere Wiedergabe voraus.

V29ᵈ. (1) S.o. 15,5ᵉ zur Verwendung des Infinitivs in finaler Bedeutung. (2) Der Unterschied in der Wortwahl ist nur unwesentlich.

V29ᵉ. (1) S.o. 15,2ᵃ zur Verwendung des Imperfekts im Ant. (2) S.o. 17,18ᵈ zur Mischform von I. und II. Aorist in den Mss. MNfhijna₂b₂. Dagegen geben die Codd. BA das Verb mit dem I. Aorist wieder.

V29ᶠ/ᵍ/ʰ/ⁱ. Die KR übersetzt wörtlich, der Ant stellt die vom Griechischen her verbesserte Übersetzung (sog. AcI Konstruktion für indirekte Rede) dar. Das letzte Partizip (V29ⁱ) ordnete der Ant zudem als *participium coniunctum* unter :

---

37 Vgl. 1Sam 7,9; Normalerweise wird das Substantiv חלב mit γάλα wiedergegeben. S. dazu HR, 233b-c. Die substantivische Wiedergabe γάλα erkennt man in unserem Fall in der Hss. iᵐᵍp.

38 S.o. 1.3.2.2. (2) c. zu diesem Thema.

39 Gen 18,7. 8.

40 Exod 24,5 ; 29,1. 3. 36.

41 Lev 9,2. 3. 8 ; Am 6,4 ; Mal 4,3{3,20} ; Jes 11,6.

MT	KR	Ant
כִּי אָמְרוּ	ὅτι εἶπαν	ὅτι ἔλεγεν
הָעָם	ὁ λαὸς	τὸν λαὸν
רָעֵב וְעָיֵף	πεινῶν καὶ ἐκλελυμένος	πεινᾶν καὶ ἐκλελύσθαι
וְצָמֵא בַמִּדְבָּר	καὶ διψῶν ἐν τῇ ἐρήμῳ	διψήσαντα ἐν τῇ ἐρήμῳ
denn sie sagten:		denn sie sagten,
das Volk		das Volk
hungert und ermattet		hungerte und ermattete,
und ist durstig in der Wüste.		weil es (das Volk)
		in der Wüste durstig
		geworden war.

2.15. 2Sam 18,1-8

2.15.1. Textsynopse

MT		KR	Ant
וַיִּפְקֹד דָּוִד	1	καὶ ἐπεσκέψατο Δαυιδ	καὶ ἐπεσκέψατο Δαυιδ
אֶת־הָעָם אֲשֶׁר אִתּוֹ		τὸν λαὸν τὸν μετ' αὐτοῦ	πάντα[a] τὸν λαὸν τὸν μετ' αὐτοῦ
וַיָּשֶׂם עֲלֵיהֶם		καὶ κατέστησεν ἐπ' αὐτῶν[b]	καὶ κατέστησεν ἐπ' αὐτοὺς[b]
שָׂרֵי אֲלָפִים		χιλιάρχους	χιλιάρχους
וְשָׂרֵי מֵאוֹת:		καὶ ἑκατοντάρχους	καὶ ἑκατοντάρχους
וַיְשַׁלַּח[a] דָּוִד	2	καὶ ἀπέστειλεν[a] Δαυιδ	καὶ ἐτρίσσευσε[a] Δαυιδ
אֶת־[b]הָעָם		τὸν[b] λαόν	τὸν[b] λαόν
הַשְּׁלִשִׁית בְּיַד־יוֹאָב		τὸ τρίτον ἐν χειρὶ Ιωαβ	τὸ τρίτον ἐν χειρὶ Ιωαβ
וְהַשְּׁלִשִׁית		καὶ τὸ τρίτον	καὶ τὸ τρίτον
בְּיַד אֲבִישַׁי		ἐν χειρὶ Αβεσσα	ἐν χειρὶ Αβεσσα
בֶּן־צְרוּיָה[c]		υἱοῦ Σαρουιας[d]	᾿ἀδελφοῦ Ἰωὰβ
אֲחִי יוֹאָב[c]		ἀδελφοῦ Ιωαβ[c]	υἱοῦ Σαρουία[dc]
וְהַשְּׁלִשִׁת		καὶ τὸ τρίτον	καὶ τὸ τρίτον
בְּיַד אִתַּי		ἐν χειρὶ Εθθι[e]	ἐν χειρὶ Ἡθὶ[e]
הַגִּתִּי		τοῦ Γεθθαίου	τοῦ Γεθθαίου
וַיֹּאמֶר הַמֶּלֶךְ[f]		καὶ εἶπεν Δαυιδ[f]	καὶ εἶπεν ᶠὁ βασιλεὺς[f]
אֶל־הָעָם		πρὸς τὸν λαόν	πρὸς τὸν λαόν
יָצֹא[g] אֵצֵא		ἐξελθὼν[g] ἐξελεύσομαι	ἐκπορευόμενος[g] ἐξελεύσομαι
גַּם־[h]אֲנִי עִמָּכֶם:		ʰκαὶ γε[h] ἐγὼ μεθ' ὑμῶν	καὶ[h] ἐγὼ μεθ' ὑμῶν
וַיֹּאמֶר[a] הָעָם[b]	3	καὶ εἶπαν[a]	καὶ εἶπεν[a] ᵇὁ λαὸς[b]
לֹא תֵצֵא		οὐκ ἐξελεύσῃ[c]	οὐκ ἐξελεύσει[c]
כִּי אִם־נֹס[d] נָנוּס		ὅτι ἐὰν φυγῇ[d] φύγωμεν	ὅτι ἐὰν φυγόντες[d] φύγωμεν
לֹא־יָשִׂימוּ[e]		οὐ θήσουσιν[e]	οὐ στήσεται[e]
אֵלֵינוּ לֵב[g]		ᶠἐφ' ἡμᾶς[f] καρδίαν[g]	ᶠἐν ἡμῖν[f] καρδία[g]
וְאִם־יָמֻתוּ		καὶ ἐὰν ἀποθάνωμεν	καὶ ἐὰν ἀποθάνωμεν
חֶצְיֵנוּ		τὸ[h] ἥμισυ ἡμῶν	τὸ[h] ἥμισυ ἡμῶν
לֹא־יָשִׂימוּ		οὐ θήσουσιν	οὐ θήσουσιν
אֵלֵינוּ לֵב		ⁱἐφ' ἡμᾶς[i] καρδίαν	ⁱεἰς ἡμᾶς[i] καρδίαν
כִּי־עַתָּה[j]		ὅτι σὺ[j]	ὅτι ʲκαὶ νῦν[j]
כָמֹנוּ[l]		ˡὡς ἡμεῖς[l]	ˡἐξ ἡμῶν[l]
עֲשָׂרָה[m] אֲלָפִים		δέκα χιλιάδες[n]	ᵐἢ γῆμ[m] δέκα χιλιάσιν[n]

וְעַתָּה טוֹב°		καὶ νῦν ἀγαθὸν°	καὶ νῦν καλόν°
Pכִּי־תִהְיֶה־לָּנוּ		Pὅτι ἔσῃ ἡμῖνP	Pἔστιν ἡμῖν τοῦ εἶναι σεP
(לַעְזִיר)[וְלַעְזוֹר]ˢ:		βοήθειαʳ ˢτοῦ βοηθεῖνˢ	ˢεἰς βοηθὸνˢ ἡμῖνᵗ
ªוַיֹּאמֶר אֲלֵיהֶם	4	καὶ εἶπεν ªπρὸς αὐτοὺςª	καὶ εἶπεν αὐτοῖςª
הַמֶּלֶךְ		ὁ βασιλεύς	ὁ βασιλεύς
ᵇאֲשֶׁר־יִיטַב		ᵇὃ ἐὰν ἀρέσῃᵇ	ᵇτὸ ἀρεστὸνᵇ
בְּעֵינֵיכֶם		ᶜἐν ὀφθαλμοῖςᶜ ὑμῶν	ἐνώπιονᶜ ὑμῶν
אֶעֱשֶׂה		ποιήσω	ποιήσω
וַיַּעֲמֹד הַמֶּלֶךְ		καὶ ἔστη ὁ βασιλεὺς	καὶ ἔστη ὁ βασιλεὺς
ᵈאֶל־יַד הַשַּׁעַר		ᵈἀνὰ χεῖραᵈ τῆς πύλης	ᵈπαρὰ τὸ κλίτοςᵈ τῆς πύλης
וְכָל־הָעָם יָצְאוּ		καὶ πᾶς ὁ λαὸς ἐξεπορεύετο	καὶ πᾶς ὁ λαὸς ἐξεπορεύετο
לְמֵאוֹת		εἰςᵉ ἑκατοντάδας	ἐνᵉ ἑκατοντάσι
וְלַאֲלָפִים:		καὶ εἰςᶠ χιλιάδας	καὶ ἐνᶠ χιλιάσιν
וַיְצַו הַמֶּלֶךְ	5	καὶ ἐνετείλατο ὁ βασιλεὺς	καὶ ἐνετείλατο ὁ βασιλεὺς
ªאֶת־יוֹאָב		τῷª Ιωαβ	τῷª Ιωαβ
ᵇוְאֶת־אֲבִישַׁי		καὶ τῷᵇ Αβεσσα	καὶ τῷᵇ Αβεσσα
ᵈוְאֶת־אִתַּי		καὶ τῷᶜ Εθθιᵈ	καὶ τῷᶜ Ἠθὶᵈ
לֵאמֹר		λέγων	λέγων
לְאַט־לִי		φείσασθέ μοι	φείσασθέ μοι
וְכָל־הָעָם שָׁמְעוּ		καὶ πᾶς ὁ λαὸς ἤκουσεν	καὶ πᾶς ὁ λαὸς ἤκουσεν
בְּצַוֹּת הַמֶּלֶךְ		ἐντελλομένου τοῦ βασιλέως	ἐντελλομένου τοῦ βασιλέως
אֶת־כָּל־הַשָּׂרִים		πᾶσινᵍ τοῖς ἄρχουσιν	πᾶσιᵍ τοῖς ἄρχουσιν
עַל־דְּבַר אַבְשָׁלוֹם:		ὑπὲρ Αβεσσαλωμ	ὑπὲρ Αβεσσαλωμ
וַיֵּצֵא הָעָם	6	καὶ ἐξῆλθεν πᾶς ὁ λαὸς	καὶ ἐξῆλθε* πᾶς ὁ λαὸς
ᵇהַשָּׂדֶה		εἰςª τὸν δρυμὸνᵇ	εἰςª τὸ πεδίονᵇ
לִקְרַאת יִשְׂרָאֵל		ᶜἐξ ἐναντίαςᶜ Ισραηλ	ᶜεἰς ἀπάντησινᶜ τῷᵈ Ἰσραήλ
וַתְּהִי הַמִּלְחָמָה		καὶ ἐγένετο ὁ πόλεμος	καὶ ἐγένετο ὁ πόλεμος
בְּיַעַר אֶפְרָיִם:		ἐν τῷ δρυμῷ Εφραιμᵉ	ἐν τῷ δρυμῷ Μααινάνᵉ
ªוַיִּנָּגְפוּ שָׁם	7	καὶ ἔπταισενª ἐκεῖ	καὶ πταίουσινª ἐκεῖ
עַם יִשְׂרָאֵל		ὁᵇ λαὸς Ισραηλ	ὁᵇ λαὸς Ισραηλ
לִפְנֵי עַבְדֵי דָוִד		ἐνώπιον τῶνᶜ παίδων Δαυιδ	ἐνώπιον τῶνᶜ παίδων Δαυιδ
ᵈוַתְּהִי־שָׁם		καὶ ἐγένετο	καὶ ἐγένετο
ᵉהַמַּגֵּפָה גְדוֹלָה		ἡᵉ θραῦσιςᶠ μεγάλη	πληγὴᶠ μεγάλη

בַּיּוֹם הַהוּא עֶשְׂרִים אָלֶף׃		ἐν τῇ ἡμέρᾳ ἐκείνῃ εἴκοσι χιλιάδες ἀνδρῶν	ἐν τῇ ἡμέρᾳ ἐκείνῃ εἴκοσι χιλιάδες ἀνδρῶν
וַתְּהִי־שָׁם[a] הַמִּלְחָמָה (נְפֹצֵית)[נָפֹצֶת] עַל־פְּנֵי[b] כָל־הָאָרֶץ וַיֶּרֶב הַיַּעַר לֶאֱכֹל בָּעָם[d] מֵאֲשֶׁר אָכְלָה הַחֶרֶב[e] בַּיּוֹם הַהוּא׃	8	καὶ ἐγένετο ἐκεῖ[a] ὁ πόλεμος διεσπαρμένος [b]ἐπὶ πρόσωπον[b] [c]πάσης τῆς γῆς[c] καὶ ἐπλεόνασεν ὁ δρυμὸς τοῦ καταφαγεῖν ἐκ[d] τοῦ λαοῦ ὑπὲρ οὓς κατέφαγεν [e]ἐν τῷ λαῷ[e] ἡ μάχαιρα[f] ἐν τῇ ἡμέρᾳ ἐκείνῃ	καὶ ἐγένετο ὁ πόλεμος διεσπαρμένος [b]ἐπὶ πρόσωπου[b] [c]ὅλου τοῦ δρυμοῦ[c] καὶ ἐπλεόνασεν ὁ δρυμὸς τοῦ καταφαγεῖν ἐκ[d] τοῦ λαοῦ ὑπὲρ οὓς κατέφαγεν ἡ ῥομφαία[f] ἐν τῇ ἡμέρᾳ ἐκείνῃ

2.15.2. Analyse der Varianten

V1[a]. Der Ant+ (πάντα τὸν λαὸν; boc2e2 MNadefi-npqs-wyzb2 𝕷) setzt hier gegenüber dem MT (אֶת־הָעָם) und der KR (τὸν λαὸν) eine längere Text-form (אֶת־כָּל־הָעָם) voraus.

V1[b]. Der Unterschied im Kasus (Gen. in der KR; Akk. im Ant[1]) ist nicht wesentlich. Es gibt noch eine weitere Differenz: αὐτῶν (rell) und αὐτὸν (cda?fjnx). Der Ant spiegelt vielleicht eine abweichende Texttradition wider: עליו statt עליהם?

V2[a]. (1) S.o. 15,3[a] zum „beweglichen ν" in der Madrider Ausgabe. (2) Der Ant (ἐτρίσσευσε) setzt gegenüber dem MT (וישלח) und der KR (ἀπέστειλεν) eine andere Textform (וישלש) voraus.

V2[b]. S.o. 15,5[g] zur Verwendung des Artikels für nota accusativi.

V2[c-c]. Die Wortfolge ist im Ant gegenüber dem MT und der KR umgekehrt.

V2[d]. S.o.16,9[a] zur Transkription des Eigennamens צרויה.

---

1   Mss. MNabgho[a]uvyc2e2.

V2^e. S.o.15,19^a zur Transkription des Eigennamens אתי.

V2^f. Die KR (Δαυιδ) setzt hier gegenüber dem MT (המלך) und der Ant (ὁ βασιλεύς) einen anderen Text (דוד) voraus. KR wird durch O' unter-stützt.[2]

V2^g. (1) S.o. 15,8^e bes. Anm. 18 zur gr. Wiedergabe für *inf. abs.* (2) Der Unterschied in der Wortwahl ist nur unwesentlich.

V2^h. S.o. 15,24^a zur Wiedergabe der KR mit καὶ γε für גם.

V3^a. S.o. 17,18^d zur Mischform vom I. und II. Aorist in der KR.

V3^b. Die KR (auch O') setzt gegenüber dem MT (העם) und dem Ant (ὁ λαὸς) eine kürzere Textform voraus.[3]

V3^c. In den Hss. b'e₂ steht ἐξελεύσει anstelle ἐξελεύσῃ der LXX *rell*. Diese Lesart ist aber sekundär.

V3^d. Den *inf. abs.* gibt die KR mit einem dativischen Substantiv (φυγῇ)[4] wieder, dagegen der Ant (boc₂e₂ 𝔏) mit einem Partizip (φυγόντες). Dazu S.o. 15,8^e bes. Anm. 18 zur Wiedergabe für den hebr. *inf. abs.*

V3^e. Der Unterschied im Numerus (auch im Modus) beruht auf den unterschiedlichen Texttraditionen. Der Ant (boc₂e₂z^{mg} 𝔏) hatte vermut-lich das Verb im Singular. Die Singularform des Verbs weist darauf hin, dass לב (V3^g) das Subjekt des Verbs ist. Daher gab der Ant לב im Nominativ wieder. Zudem las er sicherlich das Verb im Niphal (ישׂום) und gab es mit einer passivischen Form (στήσεται) wieder. Dagegen gibt die KR (θήσουσιν; auch O') denselben Text wie MT (ישׂימו) wörtlich wieder. Zur Differenz in der hebr. Vorlage vgl. V3 Z7, wo einerseits beide Versionen gemeinsam ישׂימו mit der Pluralform wiedergeben, und wo andererseits 4QSam^a (ם[י]שׂ[י]) [5] die Singularform erkennen lässt.

---

2 Field, *Hexapla* I, 572.
3 Zum Vergleich zwischen MT, 4QSam^a, den gr. Versionen und 𝔏, s. E. Ulrich, „The Old Latin Translation of the LXX and the Hebrew Scrolls from Qumran", in: Tov (Hg.), *The Hebrew and Greek Texts of Samuel, 1980 Proceedings IOSCS – Vienna*, (Jerusa-lem, 1980), 138.
4 Vgl. Jer 26{46},5.
5 *DJD* XVII, 165.

V3[f]. Der Ant (ἐν ἡμῖν; boc₂e₂z[mg] 𝔏) setzt hier gegenüber dem MT (אלינו) und der KR (ἐφ' ἡμᾶς) eine abweichende Vorlage (בנו) voraus. Vgl. V3[i]. und 17,12[a].

V3[g]. S.o. V3[e].

V3[i]. S.o. 17,12[a] zu den unterschiedlichen Wiedergaben für אל.

Zu V3[e-i]

Im MT und in der KR wiederholt sich derselbe Ausdruck zweimal, dagegen variiert der Ant :

MT	KR
לֹא־יָשִׂימוּ אֵלֵינוּ לֵב (T1a)	οὐ θήσουσιν ἐφ' ἡμᾶς καρδίαν (Ü1a)
לֹא־יָשִׂימוּ אֵלֵינוּ לֵב (T2a)	οὐ θήσουσιν ἐφ' ἡμᾶς καρδίαν (Ü2a)

Vorlage des Ant	Ant
לֹא־יָשִׂים בָּנוּ לֵב (T1b)	οὐ στήσεται ἐν ἡμῖν καρδία (Ü1b)
לֹא־יָשִׂימוּ אֵלֵינוּ לֵב (T2a)	οὐ θήσουσιν εἰς ἡμᾶς καρδίαν (Ü2b)

Die KR und der MT stellen einen schon angepassten Text dar. Dagegen erkennt man im Ant, dass dort unterschiedliche Texttraditionen zusammengestellt sind. Der zweite Teil des Ant setzt vermutlich dieselbe hebr. Texttradition wie MT und KR voraus. Allerdings spiegelt er eine andere Übersetzungstradition wider. Der erste Teil des Ant geht auf eine weitere Texttradition zurück, die sich in 4QSam[a] (s.o. V3[e]) widerspiegelt. Obwohl die beiden Teile einander widersprechen, stellte der Ant trotzdem beide Traditionen ohne Bearbeitung zusammen.

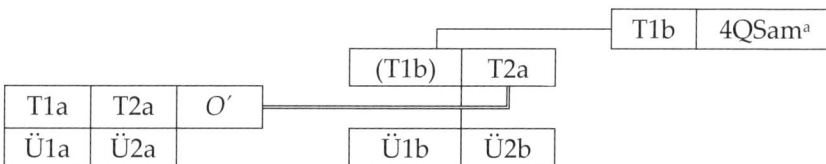

V3[i]. (1) Die KR (σὺ) setzt gegenüber dem MT (עַתָּה) und dem Ant (καὶ νῦν M[mg]bov[b]z[mg]c₂e₂ Thdt[6]) eine abweichende Texttradition (אַתָּ[ה])[7] voraus.

---

6   Diese Manuskripte stellen bis V3[n] die selbe Texttradition dar.

4QSamᵃ (כִּי עַתָּה) unterstützt den MT und den Ant.[8] (2) Die gr. Kopula (καὶ) des Ant ist eine innergriechische Ergänzung. Vgl. V3 Z10.

V3ᵏ. Der Ant (ἀφαιρεθήσεται), dessen Übersetzung auch bei Theodotion erkennbar ist,[9] setzt hier gegenüber dem MT und der KR eine längere Textform (יכרת)[10] voraus.

V3ˡ. Der Ant (ἐξ ἡμῶν) setzt gegenüber dem MT (כָּמֹנוּ) und der KR (ὡς ἡμεῖς) eine abweichende Texttradition (מִמֶּנּוּ) voraus.

V3ᵐ. Die Wiedergabe des Ant (ἡ γῆ), die auch bei Theodotion erkennbar ist,[11] setzt hier gegenüber dem MT und der KR ein zusätzliches הארץ voraus.

V3ⁿ. Der Dativ des Ant bezeichnet im Griechischen die Person, auf die die Handlung des passivischen Satzes bezogen ist.[12] Daher ist der Ant nicht schwer zu verstehen. Aber wie ist es im Hebräischen? Als Subjekt des Satzes ist הארץ schwierig. Es ist an dieser Stelle von einer Textverderbnis auszugehen[13] Daher muss die hebr. Vorlage des Ant rekonstruiert werden. Die hebr. Vorlage des Ant war vermutlich אלפים עשרה האריץ ממנו יכרת עתה כי.[14] In diesem hebr. Satz kann nicht nur הארץ, sondern auch עשרה אלפים das Subjekt des Verbs sein. Denn im Hebräischen ist das pluralische Subjekt mit singularischem Verb nicht ungewöhnlich.[15] Wenn עשרה אלפים das Subjekt ist, ist das Verb in Qal (יִכְרֹת) zu lesen. Dann kann der hebr. Satz folgendermaßen übersetzt werden: „Denn nun nehmen 10.000 (Menschen) das Land von uns weg". Jedoch

---

7   So in einer mittelalterlichen hebr. Handschrift (cod. Kenn. 187). Siehe dazu: de Rossi, *Variae Lectionis* II, 184.

8   *DJD* XVII, 163.

9   S.o. 1.3.2.2. (2) c. zu diesem Thema.

10   Zur Rekonstruktion, s. *DJD* XVII, 165; *HR*, 180a-181a, bes. (14).

11   S.o. 1.3.2.2. (2) c. zu diesem Thema.

12   Dazu s. Schwyzer, *Grammatik* II, 150; *BDR*, § 191; *KG* II, § 423, 18, (c): „Der Dativ steht bei passivischen Ausdrücken scheinbar in gleicher Bedeutung wie ὑπό c. gen. Er bezeichnet auch hier die Person, in deren Interesse eine Handlung vollzogen wird; dass dies zugleich die die Handlung hervorrufende Person selbst ist, ist formell nicht angedeutet."

13   S. *DJD* XVII, 165; *LXX.D*, Bd. II, Im Druck

14   Diese lange Texttradition wurde von den Editoren von 4QSamᵃ ebenfalls angenommen. S. *DJD* XVII, 165. Hier meinen die Editoren: „The longer Lucianic reading best meets the requirements of vertical alignment".

15   Vgl. *GK* § 145 *l*.

erschienen die singularische Verbform (יכרת) und das ohne *nota accusativi* angeschlossene Substantiv (הארץ) dem Übersetzer/Bearbeiter problematisch. Daher wurde das Verb im Niphal (יִכָּרֵת) gelesen, und הארץ
wurde als das Subjekt aufgefasst. Die zwei Wörter עשרה אלפים, die in
diesem Fall überflüssig geworden sind, wurden mit Dativ als Verur-
sacher wiedergegeben: „Denn auch nun wird das Land von uns weg
(von) den 10.000 (Menschen) genommen."

Zu V3^{j-n}

Nicht nur die gr. Übersetzung (und deren Vorlage), sondern auch der
MT ist schwer zu verstehen. Die Verderbnis/Veränderung liegt m.E.
schon bei den hebr. Texttraditionen vor. Wir können in der Hexapla
deutlich bemerken, wie verschiedene Traditionen versuchten, den Satz
wiederzugeben:[16]

O'	ὅτι σὺ ὡς ἡμεῖς δέκα χιλιάδες
ἀ'	ὅτι νῦν ὅμοιος ἡμῖν δέκα χιλιάδας
C'	σύ γὰρ χιλιοπλασίων ἡμῶν
Θ'	καὶ νῦν ἀφαιρεθήσεται ἐξ ἡμῶν ἡ γῆ δέκα χιλιάσιν

Die Kolumnen der Hexapla lassen erkennen, dass Origenes und
Symmachos grundsätzlich miteinander übereinstimmen (so wie mit
der KR). Aquila setzt denselben Text wie MT voraus.[17] Theodotion
benutzte eine weitere, längere Textform, welche mit dem Ant (s.o. V3^n)
identisch ist .[18] Es ergeben sich also drei mögliche Texttraditionen:

Vorlage des Ant	כי עתה יכרת ממנו הארץ עשרה אלפים
MT	כי עתה כמנו עשרה אלפים
Vorlage der KR	כי אתה כמנו עשרה אלפים

(1) Die Vorlage des Ant (auch 4QSam^a und die von Θ') stellt m.E. die
älteste Texttradition dar. Der Text ist offensichtlich schwierig. In
diesem Fall gilt die Regel von „*lectio difficilior lectior probabilior*". S.o. V3^n
zur Schwierigkeit des Textes. (2) Der Proto-MT, der sich in Aquila

---

16 Field, *Hexapla* I, 572f.
17 S. Reider, *An Index to Aquila*, 171 zur Wiedergabe ὅμοιος ἡμῖν für כמנו.
18 S.o. 1.3.2.2. (2) c. zu diesem Thema.

widerspiegelt, löschte die schwierigen Wörter weg und veränderte die Präpositionalkonstruktion (vielleicht zufällig?), was allerdings keine wesentliche Verbesserung brachte. (3) Die Vorlage der KR, die von Symmachos, Origenes und zuletzt der LXX *rell* aufgenommen wurde, veränderte noch einen weiteren Konsonanten (ע zu א), und daraus schuf sie nun einen völlig klaren Satz. Die Textgeschichte ist folgendermaßen zu rekonstruieren:

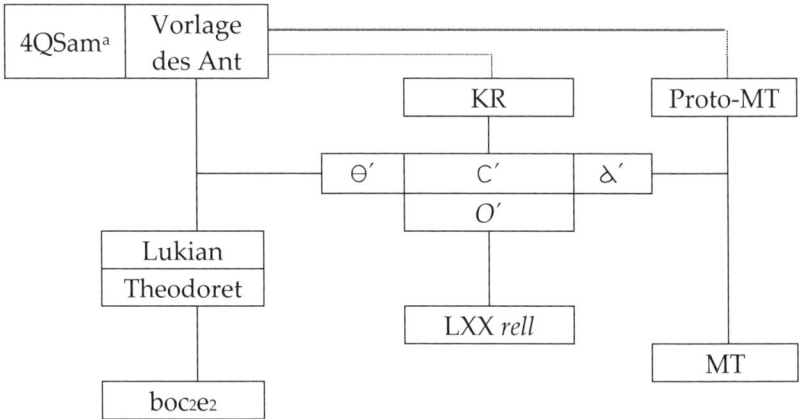

V3o. Beide Versionen bieten nur unwesentlich variierende Synonyme für טוב דar.

V3p. Die KR (ὅτι ἔση ἡμιν)[19] gibt denselben Text wie MT (כי־תהיה־לנו) wörtlich wieder. Dagegen formulierte der Ant (boc₂e₂v^b z^mg) die Wiedergabe mit der innergriechisch noch schöneren Konstruktion: ἐστιν ἡμῖν τοῦ εἶναι σε. Allerdings ist keine andere Vorlage anzu-nehmen.

V3q. Die gr. Versionen (ἐν τῇ πόλει) setzen hier gegenüber dem MT (מעיר) einen abweichenden Text (בעיר) voraus.

V3r/s/t. An dieser Stelle lassen sich in den Versionen verschiedene Lesarten erkennen:

---

19   S.o. 15,25ª zur Wiedergabe mit Dativ für לנו.

βοήθεια τοῦ βοηθεῖν	O´ Bhra2 𝔈
εἰς βοηθόν ἡμῖν[20]	boc2e2v^b z^mg
εἰς βοηθόν τοῦ βοηθεῖν	64
εἰς βοηθόν	MNd^vid fijp^vid uyb2
βωηθόν	G
βοήθεια	Acx
εἰς βοηθείαν	z^txt *rell* 𝔄𝔈^vid

Man kann anhand der Manuskripte zwei Traditionen erkennen: βοήθεια τοῦ βοηθεῖν (KR) und εἰς βοηθόν ἡμῖν (Ant). Die beiden Traditionen können jeweils folgendermaßen ins Hebräische zurückübersetzt werden: עזר לעזר (KR) und לעזר לנו (Ant, 4QSam^a).[21] Zudem stellt der MT (Qere; לעזור) eine weitere Texttradition dar.

Die Tradition der KR (O´ Bhra2 𝔈) wurde zunächst innergriechisch zu βοήθεια (Acx) geändert. Danach wurde sie auf Grund der Tradition des MT nochmals bearbeitet, d.h. viele Manuskripte lasen den MT nicht mit Infinitiv, sondern als Substantiv. Daraus ergaben sich die Übersetzungen: εἰς βοηθόν (MNd^vid fijp^vid uyb2) und εἰς βοηθείαν (z^txt *rell* 𝔄𝔈^vid). Diese Lesart wurde vermutlich durch die Tradition des Ant beeinflusst. Sie wurde selbstständig überliefert, wobei sie in der Hs. 64 mit der KR verbunden wurde: εἰς βοηθόν τοῦ βοηθεῖν.

V4^a. S.o. 17,12^a zu den unterschiedlichen Wiedergaben für אל.

V4^b. Die KR (ὃ ἐὰν ἀρέσῃ; BAc^(.σει)hrxa2) ist näher am MT (אשר־ייטב) als der Ant+ (τὸ ἀρεστὸν; boc2e2MNv^b *rell*). Der Adverbialgebrauch des Substantivs im Ant stellt eine innergriechische Verbesserung dar.

V4^c. S.o. 15,36^h zu den unterschiedlichen Wiedergaben für בעיני.

V4^d. (1) Vgl. 17,12^a zu den unterschiedlichen Wiedergaben für אל. Die KR (ἀνὰ χεῖρα) setzt על־יד statt אל־יד voraus. Vgl. dazu 15,2^c. Darüber hinaus kommt der Ausdruck des MT nur selten vor: (Est. 2,3. 8. 14; Ps. 122{123},2(2×); Ez 48,1(2×)), und wird an den entsprechenden Stellen in der LXX nie mit ἀνὰ χεῖρα wiedergegeben. Der Ant (παρὰ; bc2e2v^b z^mg)[22]

---

20   So in den Hss. oc2e2 ; ημων b.
21   S. *DJD* XVII, 163 ; לעזר] לנו.
22   κατὰ ο.

stellt eine freie Wiedergabe dar, so dass die Vorlage schwer zu rekonstruieren ist. Es spricht allerdings nichts dafür, dass in der hebr. Vorlage אל als Präposition gestanden hat. Stattdessen ist die Präposition
על plausibel.[23] (2) Zudem setzt der Ant (παρὰ τὸ κλίτος) vielleicht על־צד[24]
statt על־יד voraus. Vgl. 16,13[f-f].[25]

V4[e/f]. Vgl. 15,25[a] zur Wiedergabe der KR. Der Ant gibt die hebr. Präposition ל sinngemäß mit ἐν wieder. S.o. 15,3[a] zum Ausfallen des „beweglichen ν" für Dativendungen im Plural im Ant.

V5[a/b/c]. S.o. 15,5[g] zur Verwendung des Artikels für *nota accusativi*.

V5[d]. S.o. 15,19[a] zur Transkription für den Eigennamen אתי.

V5[e]. Hier geht es um die syntaktische Wiedergabe des hebr. Ausdrucks.
Im MT steht die Präposition ל im Bezug auf מאס (mit jdm. schonend
verfahren). Dementsprechend wählte die gr. Übersetzung das Verb
φείδομαι (jdn. od. etw. schonen) als Äquivalent aus. Dieses Verb braucht
aber im Griechischen das Objekt im Genitiv. Deswegen hat die gr.
Übersetzung keine andere Alternative als einen Artikel im Genitiv für
ל zu setzen, wenn sie eine auch im Griechischen gut verstehbare
Wiedergabe herstellen wollte. Vgl. 18,12[r/s].

V5[f]. Die KR gibt die hebr. Präposition ל gemäß V5[e] mit Genitivartikel
wieder. Dieses Phänomen ist typisch für die KR. Dagegen übersetzt der
Ant (boc₂e₂dgv[b] Chr) den Artikel nicht.

V5[g]. S.o. 15,3[a] zum „beweglichen ν" in der Madrider Ausgabe.

V6[a]. S.o. 15,8[f] zur Wiedergabe mit εἰς für *acc. loc.* mit Artikel.

V6[b]. Die KR (εἰς τὸν δρυμὸν; auch O') las vermutlich חדשה (<חֹרֶשׁ)[26] statt
השדה. Der Ant (εἰς τὸ πεδίον; boc₂e₂z[a?] 𝔏) stimmt dagegen mit dem MT

---

23   Vgl. Muraoka, *Index*, 110c im Bereich von Ben Sira laut Hatch-Redpath, *Concordance*,
     Appendix II.
24   Zur Wiedergabe κλίτος für צד, s. HR, 771c-772a, bes. (7); Vgl. על־צד in Jes 60,4;
     66,12.
25   Tatsächlich erinnert sich die Hs. o an 16,13[f-f] durch κατὰ τὸ κλίτος.
26   Vgl. Ri[A] 4,16 ; 1Chr 27,4.

überein und wird durch 4QSamᵃ und den *Jos. Ant.* (ἐν πεδίῳ μεγάλῳ)²⁷ bezeugt. Aber in V6 Z5 erkennt man, dass beide Versionen יער gemeinsam mit δρυμός wiedergeben.

V6ᶜ. S.o. 15,32ʰ zu den unterschiedlichen Wiedergaben für לקראת.

V6ᵈ. Hier hat der Ant (boc₂e₂ 𝔏) den Artikel im Dativ. Dadurch wollte er vielleicht den gr. Ausdruck εἰς ἀπάντησιν + Dativ verdeutlichen. Vgl. die in 15,32ʰ genannten Fälle; auch 15,2ʳ/ˢ.

V6ᵉ. Der Ant (μαιναν <מחנים?)²⁸ stellt gegenüber dem MT (אפרים) und der KR (εφραιμ) einen dem Kontext angepassten Text dar. Die Schlacht geschah mit großer Wahrscheinlichkeit im Ostjordanland (vgl. 17,24-29). Daher ist יער אפרים schwierig zu verstehen. Die Tradition des Ant veränderte den Text gemäß dem Kontext.

V7ᵃ. S.o. 15,13ᵃ zum Unterschied im Tempus (bes. sog. *Präsens historicum* im Ant).

V7ᵇ. S.o. 15,2ᵗ zur Verwendung des Artikels.

V7ᶜ. S.o. 15,2ᵗ zur Verwendung des Artikels.

V7ᵈ. In den gr. Versionen fehlt die Wiedergabe von שם des MT. Die gr. Versionen setzen gegenüber dem MT eine kürzere Texttradition voraus.

V7ᵉ. S.o. 15,10ᵈ/ᵉ zum Ausfallen des Artikels im Ant.

V7ᶠ. S.o. 17,9ⁱ zum Unterschied in der Wortwahl.

V8ᵃ. Im Ant (boc₂e₂ 𝔈) fehlt die Wiedergabe von שם des MT (= ἐκεῖ KR). Der Ant setzt gegenüber dem MT und der KR einen kürzeren Text voraus.

V8ᵇ. (1) Vgl. 17,12ᵃ zur Wiedergabe für על. (2) Der Unterschied im Kasus ist nicht wesentlich.

---

27 *Jos. Ant.* VII, 236.
28 So in den Hss. bc₂e₂; μαλιναν o; μαεναν Mᵐᵍ; ܡܠܐ (=*m²ʿnn*) 𝔖ⁱ.

V8ᶜ. Die KR (πάσης τῆς γῆς; BA, auch O′) stimmt mit dem MT (כל־הארץ) überein. Dagegen gibt der Ant+ (boc₂e₂ MNad-gi-nqstvwyzb₂ 𝕷) mit ὅλου τοῦ δρυμοῦ wieder. Er setzt eine gegenüber dem MT und der KR abweichende Vorlage (כל־היער) voraus.

V8ᵈ. Die gr. Versionen (ἐκ τοῦ λαοῦ)²⁹ setzen gegenüber dem MT (בעם) eine andere Vorlage (מעם) voraus.

V8ᵉ. Die Codd. BMN (ἐν τῷ λαῷ) setzen gegenüber dem MT und dem Ant+ (boc₂e₂Acgrvᵇx 𝔄-ed𝕮ᶜ𝕮𝕷) eine längere Textform (בעם) voraus.

V8ᶠ. S.o. 15,14ᵐ zu den unterschiedlichen Wiedergaben für חרב.

---

29   Allerdings spiegelt die Hs. y (εν τω λαω) den Einfluss von MT wider.

2.16. 2Sam 18,9-18

2.16.1. Textsynopse

MT		KR	Ant
וַיִּקָּרֵא[a] אַבְשָׁלוֹם	9	καὶ συνήντησεν[a] Αβεσσαλωμ	καὶ ἦν[a] μέγας[b] Αβεσσαλωμ
לִפְנֵי עַבְדֵי דָוִד		ἐνώπιον τῶν[c] παίδων Δαυιδ	ἐνώπιον τῶν[c] παίδων Δαυιδ
וְאַבְשָׁלוֹם[d] רֹכֵב		καὶ Αβεσσαλωμ[d] ἐπιβεβηκὼς	καὶ αὐτὸς[d] ἐπιβεβηκὼς
עַל־הַפֶּרֶד[e]		ἐπὶ τοῦ ἡμιόνου[e] αὐτοῦ[f]	ἐπὶ τῆς ἡμιόνου[e]
וַיָּבֹא הַפֶּרֶד[e]		καὶ εἰσῆλθεν ὁ ἡμίονος[g]	καὶ εἰσῆλθεν ἡ ἡμίονος[g]
תַּחַת שׂוֹבֶךְ[i]		ὑπὸ τὸ[h] δάσος[i]	ὑπὸ φυτὸν[i]
הָאֵלָה[k] הַגְּדוֹלָה		τῆς[j] δρυὸς[k] τῆς[l] μεγάλης	δένδρου[k] μέγα
וַיֶּחֱזַק[m]		καὶ ἐκρεμάσθη[m]	καὶ περιεπλάκη[m]
רֹאשׁוֹ		ἡ[n] κεφαλὴ αὐτοῦ	ἡ[n] κεφαλὴ αὐτοῦ
בָאֵלָה[o]		ἐν τῇ δρυί[o]	ἐν τῷ δένδρῳ[o]
וַיֻּתַּן[p]		καὶ ἐκρεμάσθη[p]	καὶ ἀνεκρεμάσθη[p]
			[q]ἐν τῷ δένδρῳ[q]
[r]בֵּין הַשָּׁמַיִם		[r]ἀνὰ μέσον τοῦ οὐρανοῦ	[r]ἀνὰ μέσον τῆς γῆς
וּבֵין הָאָרֶץ		καὶ ἀνὰ μέσον τῆς γῆς[r]	καὶ ἀνὰ μέσον τοῦ οὐρανοῦ[r]
וְהַפֶּרֶד[s]		καὶ ὁ ἡμίονος[s]	καὶ ἡ ἡμίονος[s]
אֲשֶׁר־תַּחְתָּיו עָבָר׃		ὑποκάτω αὐτοῦ παρῆλθεν	ὑποκάτω αὐτοῦ παρῆλθεν*
וַיַּרְא אִישׁ אֶחָד	10	καὶ εἶδεν ἀνὴρ εἷς	καὶ εἶδεν ἀνὴρ εἷς
וַיַּגֵּד לְיוֹאָב		καὶ ἀνήγγειλεν[a] Ιωαβ	καὶ ἀνήγγειλε[a] τῷ[b] Ιωαβ
וַיֹּאמֶר		καὶ εἶπεν	καὶ εἶπεν
הִנֵּה רָאִיתִי		ἰδοὺ ἑώρακα	ἰδοὺ ἐγὼ[c] ἑώρακα
אֶת־אַבְשָׁלֹם		τὸν[d] Αβεσσαλωμ	τὸν[d] Αβεσσαλωμ
תָּלוּי בָּאֵלָה׃		κρεμάμενον ἐν τῇ δρυί[e]	κρεμάμενον ἐν τῷ δένδρῳ[e]
וַיֹּאמֶר יוֹאָב	11	καὶ εἶπεν Ιωαβ	καὶ εἶπεν Ἰωαβ
לָאִישׁ		τῷ ἀνδρὶ	τῷ ἀνδρὶ
הַמַּגִּיד[a] לוֹ		τῷ ἀπαγγέλλοντι	τῷ ἀπαγγείλαντι αὐτῷ[a]
וְהִנֵּה רָאִיתָ[b]		καὶ ἰδοὺ ἑόρακας[b]	καὶ ἰδοὺ εἶδες[b]
וּמַדּוּעַ		[c]τί ὅτι[c]	[c]καὶ διὰ τί[c]
לֹא־הִכִּיתוֹ		οὐκ ἐπάταξας αὐτὸν	οὐκ ἐπάταξας αὐτὸν
שָׁם אַרְצָה		[e]εἰς[f] τὴν γῆν[e]	ἐκεῖ[d] [e]ἐπὶ[f] τὴν γῆν[e]
וְעָלַי לָתֶת[g] לְךָ[g]		[g]καὶ ἐγὼ ἂν δεδώκειν[h] σοι[g]	[g]καὶ ἔδωκα[h] ἂν σοι ἐγὼ[g]
עֲשָׂרָה כֶסֶף		δέκα[i] ἀργυρίου	πεντήκοντα[i] σίκλους[j] ἀργυρίου
וַחֲגֹרָה אֶחָת׃		καὶ παραζώνην μίαν	καὶ παραζώνην μίαν

Hebrew		Greek A	Greek B
וַיֹּאמֶר הָאִישׁ	12	εἶπεν δέ[a] ὁ ἀνήρ	καὶ[a] εἶπεν ὁ ἀνήρ
אֶל־יוֹאָב		πρὸς Ιωαβ	πρὸς Ιωαβ
b(וְלֻא)[וְלוּ]b		καὶ[b] ἐγώ εἰμι[c]	[b]καὶ ἐάν[b]
אָנֹכִי שֹׁקֵל d		ἵστημι[d]	παραστήσῃς[d] σὺ[e]
עַל־כַּפִּי		ἐπὶ[f] τὰς[g] χεῖράς μου	ἐν[f] ταῖς[g] χερσί μου
אֶלֶף כֶּסֶף		χιλίους σίκλους[h] ἀργυρίου	χιλίους ἀργυρίου
לֹא־אֶשְׁלַח		οὐ μὴ ἐπιβάλω[i]	οὐ μὴ ποιήσω[i]
יָדִי k		χεῖρά[k] μου	τὰς[j] χεῖράς[k] μου
אֶל־בֶּן־הַמֶּלֶךְ		ἐπὶ τὸν υἱὸν τοῦ βασιλέως	ἐπὶ τὸν υἱὸν τοῦ βασιλέως
כִּי בְאָזְנֵינוּ		ὅτι ἐν τοῖς ὠσὶν ἡμῶν	ὅτι ἐν τοῖς ὠσὶν ἡμῶν
צִוָּה הַמֶּלֶךְ		ἐνετείλατο ὁ βασιλεὺς	ἐνετείλατο ὁ βασιλεὺς
אֹתְךָ		σοὶ	καὶ[l] σοὶ
וְאֶת־אֲבִישַׁי		καὶ Αβεσσα	καὶ τῷ[m] Ἀβεσσα
וְאֶת־אִתַּי		καὶ τῷ[n] Εθθι[o]	καὶ τῷ[n] Ἠθι[o]
לֵאמֹר		λέγων	λέγων
שִׁמְרוּ־מִי		φυλάξατέ[P] μοι[q]	προσέχετέ[P] μοι[q]
בַּנַּעַר		τὸ[r] παιδάριον	τὸ[r] παιδάριον
בְּאַבְשָׁלוֹם:		τὸν[s] Αβεσσαλωμ	τὸν[s] Αβεσσαλωμ
אוֹ[a]־עָשִׂיתִי[b]	13	μὴ[a] ποιῆσαι[b]	[a]καὶ πῶς[a] ποιήσω[b]
(בְנַפְשׁוֹ)[בְנַפְשִׁי]		ἐν τῇ ψυχῇ αὐτοῦ[c]	ἐν τῇ ψυχῇ μου[c]
שָׁקֶר		ἄδικον	ἄδικον
וְכָל־דָּבָר		καὶ πᾶς ὁ[d] λόγος	καὶ πᾶς ὁ[d] λόγος
לֹא־יִכָּחֵד		οὐ λήσεται[e]	οὐ κρυβήσεται[e]
מִן־הַמֶּלֶךְ		ἀπὸ τοῦ βασιλέως	ἀπὸ τοῦ βασιλέως
וְאַתָּה תִּתְיַצֵּב מִנֶּגֶד:		καὶ σὺ στήσῃ ἐξ ἐναντίας	καὶ σὺ στήσῃ ἐξ ἐναντίας
וַיֹּאמֶר יוֹאָב	14	καὶ εἶπεν Ιωαβ	καὶ εἶπεν Ἰωάβ
		[a]τοῦτο[b] ἐγὼ ἄρξομαι[a]	[ab]διὰ τοῦτο[b] ἐγὼ ἄρξομαι[a]
לֹא־כֵן אֹחִילָה[c]		[c]οὐχ οὕτως μενῶ[c]	
לְפָנֶיךָ		ἐνώπιόν σου	ἐνώπιόν σου
וַיִּקַּח		καὶ ἔλαβεν Ιωαβ[d]	καὶ ἔλαβεν Ιωαβ[d]
שְׁלֹשָׁה שְׁבָטִים[e]		τρία βέλη[e]	τρεῖς ἀκίδας[e]
בְּכַפּוֹ		ἐν τῇ[f] χειρὶ αὐτοῦ	ἐν τῇ[f] χειρὶ αὐτοῦ
וַיִּתְקָעֵם		καὶ ἐνέπηξεν αὐτὰ	καὶ ἐνέπηξεν αὐτὰς
בְּלֵב אַבְשָׁלוֹם		ἐν[g] τῇ[h] καρδίᾳ Αβεσσαλωμ	εἰς[g] τὴν[h] καρδίαν Αβεσσαλωμ
עוֹדֶנּוּ חַי		ἔτι αὐτοῦ ζῶντος	ἔτι αὐτοῦ ζῶντος
בְּלֵב הָאֵלָה:		ἐν τῇ καρδίᾳ τῆς δρυὸς[i]	ἐν τῇ καρδίᾳ τοῦ δένδρου[i]
וַיָּסֹבּוּ[a]	15	καὶ ἐκύκλωσαν[a]	καὶ ἐκύκλωσε[a]
עֲשָׂרָה נְעָרִים		δέκα παιδάρια	δέκα παιδάρια

Hebrew	v.	Greek A	Greek B
נֹשְׂאֵי¹ כְּלֵי		αἴροντα^b τὰ^c σκεύη	^bτῶν αἰρόντων^b τὰ^c σκεύη
יוֹאָב		Ιωαβ	Ιωαβ
וַיַּכּוּ		καὶ ἐπάταξαν	καὶ ἐπάταξαν
אֶת־אַבְשָׁלוֹם^d		τὸν^d Αβεσσαλωμ	τὸν^d Αβεσσαλωμ
וַיְמִיתֻהוּ:		καὶ ἐθανάτωσαν αὐτόν	καὶ ἐθανάτωσαν αὐτόν
וַיִּתְקַע יוֹאָב	16	καὶ ἐσάλπισεν Ιωαβ	καὶ ἐσάλπισεν Ιωαβ
בַּשֹּׁפָר^a		ἐν κερατίνῃ^a	ἐν σάλπιγγι^a
וַיָּשָׁב הָעָם		καὶ ἀπέστρεψεν^b ὁ λαὸς	καὶ ἐπέστρεψεν^b ὁ λαὸς
מֵרְדֹף		τοῦ μὴ διώκειν^c	τοῦ μὴ καταδιώκειν^c
אַחֲרֵי^d יִשְׂרָאֵל		ὀπίσω^d Ισραηλ	κατόπισθεν^d τοῦ^e Ἰσραήλ
כִּי־חָשַׂךְ יוֹאָב		ὅτι ἐφείδετο Ιωαβ	ὅτι ἐφείδετο Ἰωὰβ
אֶת־הָעָם:		τοῦ^f λαοῦ	τοῦ^f λαοῦ
וַיִּקְחוּ^a	17	καὶ ἔλαβεν^a	καὶ ἔλαβεν^a Ἰωὰβ^b
אֶת־אַבְשָׁלוֹם		τὸν^c Αβεσσαλωμ	τὸν^c Αβεσσαλωμ
וַיַּשְׁלִיכוּ^d אֹתוֹ^e		καὶ ἔρριψεν^d αὐτὸν^e	καὶ ἔρριψεν^d
		^fεἰς χάσμα μέγα^f	^fεἰς χάσμα μέγα^f
בַיַּעַר		ἐν τῷ δρυμῷ	ἐν τῷ δρυμῷ
אֶל־הַפַּחַת הַגָּדוֹל		εἰς τὸν βόθυνον τὸν μέγαν	εἰς τὸν βόθυνον τὸν μέγαν
וַיַּצִּבוּ עָלָיו		καὶ ἐστήλωσεν^g ἐπ' αὐτὸν	καὶ ἐπέστησεν^g ἐπ' αὐτὸν
גַּל־אֲבָנִים		σωρὸν λίθων	σωρὸν λίθων
גָּדוֹל מְאֹד		μέγαν σφόδρα	μέγαν σφόδρα
וְכָל־יִשְׂרָאֵל נָסוּ^h		καὶ πᾶς Ισραηλ ἔφυγεν^h	καὶ πᾶς Ισραηλ ἔφυγον^h
אִישׁ		ἀνὴρⁱ	ἕκαστοςⁱ
(לְאֹהֱלוֹ)[לְאֹהָלָיו]^k:		εἰς τὸ^j σκήνωμα^k αὐτοῦ	εἰς τὸ^j σκήνωμα^k αὐτοῦ
וְאַבְשָׁלֹם לָקַח^a	18	καὶ Αβεσσαλωμ	καὶ Αβεσσαλωμ
(בְחַיָּו)[בְּחַיָּיו]^b		^bἔτι ζῶν	^bἔτι ζῶν ἔλαβε^a
וַיַּצֶּב־לוֹ^b		καὶ ἔστησεν ἑαυτῷ^b	καὶ ἔστησεν ἑαυτῷ^b
אֶת־מַצֶּבֶת		τὴν^c στήλην	στήλην
		^d[ἐν ᾗ ἐλήμφθη	
		καὶ ἐστήλωσεν αὐτὴν	
		λαβεῖν τὴν στήλην]^d	
אֲשֶׁר בְּעֵמֶק		τὴν^e ἐν τῇ^f κοιλάδι	ἐν τῇ^f κοιλάδι
הַמֶּלֶךְ		τοῦ βασιλέως	τοῦ βασιλέως
כִּי אָמַר^g		ὅτι εἶπεν^g	ὅτι ἔλεγεν^g
אֵין־לִיⁱ בֵן		οὐκ ἔστιν^h αὐτῷⁱ υἱὸς	οὐκ ἔστι^h μοιⁱ υἱὸς
בַּעֲבוּר^j הַזְכִּיר^k		ἕνεκεν^j ^kτοῦ ἀναμνῆσαι^k	ἵνα^j ἀναμιμνήσκηται^k
שְׁמִי^m		τὸ^l ὄνομα αὐτοῦ^m	τὸ^l ὄνομά μου^m
וַיִּקְרָא לַמַּצֶּבֶת		καὶ ἐκάλεσενⁿ τὴν στήλην	καὶ ἐκάλεσεⁿ τὴν στήλην

עַל־שְׁמוֹ°		°ἐπὶ τῷP ὀνόματι αὐτου
וַיִּקְרָא לָהּ°		καὶ ἐπεκάλεσαν αὐτήν°
יַד אַבְשָׁלֹם	Χεὶρ Ἀβεσσαλωμ	Χεὶρ Ἀβεσσαλωμ
עַד הַיּוֹם הַזֶּה׃	ἕως τῆς ἡμέρας ταύτης	ἕως τῆς ἡμέρας ταύτης

2.16.2. Analyse der Varianten

V9a/b. Die Wiedergabe der KR (καὶ συνήντησεν) setzt dieselbe Text-tradition wie der MT (ויקרא) voraus.[1] Dagegen gibt der Ant+ (boc2e2MNafgjtxtnvyzmgb2) den Text mit καὶ ἦν μέγας wieder.[2] Er setzt gegenüber dem MT und der KR eine abweichende Textform (וגדול)[3] voraus.

V9c. S.o. 15,2t zur Verwendung des Artikels.

V9d. Der Ant (καὶ αὐτὸς boc2e2za?) setzt hier gegenüber dem MT (ואבשלום) und der KR (καὶ Ἀβεσσαλωμ) einen anderen Text (והוא) voraus. Der Ant wird durch 4QSama ([דוי]ד והוא ר]וכב על]) unterstützt.[4]

V9e. Der Ant+ (boc2e2Babchinxza?a2 Jos) gibt ἡμίονος mit Femininum wieder, die KR mit Maskulinum. Im Griechischen ist das Femininum üblicher. Vgl. V9g (BabNbhb(vid)im-qs-wza2e2 in Fem.); V9s (Babbim-qstu wza2c2e2 in Fem.).

V9f. Die KR (αὐτοῦ) setzt gegenüber dem MT (פרד) und dem Ant eine andere Textform (פרדו) voraus. Das ו ist vermutlich eine Haplographie des folgenden Konsonanten : פרדו ויבא.

---

1   Vgl. Deut 22,6 ; S. auch Reider, *An Index to Aquila*, 228 zur Wiedergabe συναντἀω für קרא bei Aquila.

2   Vgl. *Jos. Ant.* VII, 238 : οἱ δὲ τοῦ Δαυίδου πάντες ὥρμησαν ἐπὶ τὸν Ἀψάλωμον φανερὸς γὰρ αὐτοῖς ὑπό τε τοῦ κάλλους καὶ τοῦ μεγέθους ἐγένετο.

3   Hier rekonstruiere ich einfach mit Adjektiv als Prädikativ. Vgl. Ex 11,3 (mit ἐγενήθη); 2Sam 19,33 (mit ἐστιν); Jer 37{30},7 (mit ἐγενήθη) usw. Zwischen dem MT und der Vorlage des Ant ist eine Verschreibung vorstellbar: א-Dittographie/Haplographie des folgenden Konsonanten, ר↔ל, ק↔רדו, י↔ג; Vgl. וינדל in *DJD* XVII, 163. Wenn die Vorlage so wäre, wäre die Wiedergabe eher ἐμεγαλύνθη. Vgl. dazu 2Sam 3,19 ; 1Kön 10,23 ; 2Chr 9,22; Manchmal wird die Vorlage zwar mit ויקרב rekonstruiert (z.B. Klostermann, McCarter, Meyser usw.). Diese Rekonstruktion begründet sich daraus, dass sich der Ant von ΕΓΓΥΣ zu ΜΕΓΑΣ verschrieben habe. Diese Vermutung ist aber wenig wahrscheinlich.

4   *DJD* XVII, 163.

V9ᵍ. S.o. V9ᵉ.

V9ʰ/ʲ/ˡ. S.o. 15,10ᵈ/ᵉ zum Fehlen des Artikels im Ant.

V9ⁱ. Der Ant (φυτὸν) setzt gegenüber dem MT (שׁובך) und der KR (τὸ δάσος) eine abweichende Textform (סבּך)[5] voraus. Dieser Unterschied beruht vermutlich auf der Verwechslung der s-Laut.

V9ᵏ. Die KR (τῆς δρυὸς) geht auf dieselbe Texttradition wie der MT (האלה) zurück. Dagegen gibt der Ant (boc₂e₂z^mg) den Text mit δένδρου wieder, das in der LXX hauptsächlich für עץ steht.[6] Diese allgemeine Wiedergabe könnte mit dadurch veranlasst sein, dass das entsprechende aramäische Wort אִילָן Baum (im allgemeinen Sinn) bedeutet, vgl. Dan 4,7.8.11.17.20.23.

V9ᵐ. In den gr. Versionen erkennt man verschiedene Lesarten. Im Cod. B steht ἐκρεμάσθη, im Cod. A ἐκρέμασεν, in der Hs. z^mg ἐνεκρεμάσθη, im Ant+ (boe₂MNd-gijmpqstuwyz^txtb₂ 𝔄𝔖-ap-Barh 𝔖ʲ περιεπλάκη; c₂ περιεπλέκη), und in den Jos. Ant. ἐμπλακείσης (VII 239). Die Traditionen von –κρεμαζ– (KR) bezieht sich nicht auf dieselbe Texttradition wie die des MT (ויחזק),[7] sondern auf eine andere Vorlage (ויתל (<תלה)).[8] Mit den Traditionen von –πλεκ– (Ant) ist auch das Verb תלה denkbar. Trotz der Schwierigkeit hat der MT aber immer noch Priorität, denn die gr. Versionen (oder deren Vorlage) wurden sehr wahrscheinlich aufgrund von V9ᵖ (s.u.) angepasst.

V9ⁿ. S.o. 15,2ᵗ zur Verwendung des Artikels.

V9ᵒ. S.o. V9ᵏ.

V9ᵖ. Wie in V9ᵐ erkennt man auch hier verschiedene Varianten zwischen den gr. Versionen: ἐκρεμάσθη BA rell[9]; ἐκρέμματο cx; ἀνεκρεμάσθη bc₂e₂[10]; Jos. Ant. ἀνακρέμναται (VII, 239). Aber alle diese Varianten weisen

---

5   Vgl. Gen 22,13.
6   *HR*, 289c-290a, bes. (3).
7   S. Muraoka, *Index*, 48d; Dort bezweifelt er auch, dass κρεμάζω/κρεμάω als Äquivalent für חזק steht.
8   *HR*, 785c, bes. (4).
9   om ahv.
10 om o.

auf ויתל als Vorlage hin, nicht auf ויתן in Hophal (wie im MT).[11] Zudem wird ויתל durch 4QSam[a] ([ה]באל[ )[12] bezeugt.

V9[q]. Hier setzt der Ant (bc2e2) einen längeren Text (באילן ?; vgl. V9[k]) voraus, der im MT und in der KR fehlt, aber mit 4QSam[a] ([ה]באל[;s.o. V9[p]) in Zusammenhang steht.

V9[r-r]. Die Reihenfolge des Ant+ (Erde-Himmel; MNabd-gijmopqs-wyzb2c2e2) stellt gegenüber der des MT und der KR (Himmel-Erde) eine nur unwesentlich abweichende Lesart dar. Tatsächlich sind die jeweiligen Reihenfolgen austauschbar.[13]

V9[s]. S.o. V9[e].

V10[a]. S.o. 15,3[a] zum „beweglichen ν" in der Madrider Ausgabe.

V10[b]. S.o. 15,25[a] zur Verwendung des Artikels im Ant+ (boc2e2MN *rell*) für ל. Dagegen setzen die Mss. BAia2 den Text ohne ל voraus. Hauptsächlich wird das Verb נגד im Hiphil des MT mit Akkusativ verwendet.[14]

V10[c]. Der Ant (ἰδοὺ ἐγώ) setzt eine gegenüber dem MT (הנה) und der KR (ἰδοὺ) abweichende Textform (הנני) voraus. Dazu s.o. 15,26[d].

V10[d]. S.o. 15,5[g] zur Verwendung des Artikels für *nota accusativi*.

V10[e]. S.o. V9[k].

V11[a]. (1) S.o. 15,25[a] zur Verwendung des Dativs im Ant+ (boc2e2AMN *rell*) für ל. Die Wiedergabe fehlt im Cod. B.

V11[b]. Es zeigt sich ein Unterschied im Tempus. Die KR gibt mit Perfekt wieder, der Ant mit Aorist. Der Unterschied ist unbedeutend.

---

11   *DJD* XVII, 164.
12   *DJD* XVII, 164.
13   Z.B. in Gen 2,4 werden beide Reihenfolgen chiastisch verwendet :
      אלה תולדות *השמים והארץ* בהבראם ביום עשות יהוה אלהים *ארץ ושמים*
14   Z.B. 2Kön 7,9 ; Ez 43,10 (mit *nota accusativi*).

V11ᶜ. Die KR (τί ὅτι) setzt gegenüber dem MT (וּמַדּוּעַ) und dem Ant (καὶ διὰ τί) die Texttradition ohne Waw-Copulativum (מדוע) voraus.

V11ᵈ. Die Wiedergabe von שם des MT (= ἐκεῖ; bc₂e₂MNad-npqs-wyzb₂) fehlt in der KR. Hier handelt es sich vermutlich um eine abweichende Texttradition der KR gegenüber dem MT und dem Ant.

V11ᵉ/ᶠ. (1) S.o. 15,8ᶠ zur Wiedergabe der KR mit εἰς für *acc. loc.* mit הָ- *locale*. (2) Die Präposition ἐπὶ des Ant stellt eine innergriechische Veränderung dar: „zu Boden", nicht „in den Boden".

V11ᵍ-ᵍ. (1) Hier ist der MT nicht einfach zu verstehen bzw. zu übersetzen.[15] Übersetzte man diesen Satz wörtlich ins Griechische, würde er wie folgt lauten: „καὶ ἐπ' ἐμοί (ἐστιν) τοῦ δοῦναί σοι...".[16] Eine solche Wiedergabe findet sich aber in keiner der gr. Versionen. Wie lassen sich also die vorfindlichen gr. Wiedergaben erklären? Sie verwenden beide einen Indikativ der Vergangenheit[17] mit der Partikel ἄν. Für die gr. Versionen und den MT lässt sich schwerlich eine gemeinsame Textgrundlage rekonstruieren.[18] Im Griechischen kann die Partikel ἄν auch beim Indikativ verwendet werden, um den Potentialis der Vergangenheit zu bilden.[19] Dies trifft auf unsere Stelle zu. In dieser Bedeutung wird das Perfekt im Hebräischen verwendet, und zwar häufig mit einem Bedingungssatz.[20] In unserem Fall ist dieser Bedingungssatz im Kontext als Frage vorausgesetzt. Daher könnte man die Vorlage der gr. Versionen folgendermaßen rekonstruieren: לך ואני נתתי anstelle von ועלי לתת לך.[21] (2) Der Unterschied in der Wortfolge zwischen beiden Versionen ist unwesentlich. Der Ant (boe₂ 𝔈) stellt vermutlich eine innergriechische Veränderung dar.

---

15 Zur hebr. Syntax vgl. *GK* § 114*l*, 119aa; *BroS* § 15g.

16 Vgl. 2Chr 13,5: הֲלֹא לָכֶם לָדַעַת כִּי (MT) – οὐχ ὑμῖν γνῶναι ὅτι (LXX-*Ra*);
    Mi 3,1: הֲלוֹא לָכֶם לָדַעַת אֶת־הַמִּשְׁפָּט (MT) – οὐχ ὑμῖν ἐστιν τοῦ γνῶναι τὸ κρίμα (LXX-*Ra*).

17 Das Plusquamperfekt in der KR erkennt man in der LXX ganz selten, und zwar ist das Plusquamperfekt für δίδωμι hier das einzige Vorkommen. Ist die KR vielleicht verderbt?

18 Deshalb hält z.B. Meiser die gr. Versionen hier für eine freie Wiedergabe. S. *LXX.D*, Bd. II, Im Druck

19 S. *KG* II § 392, 5; *BDR* § 360

20 Vgl. *GK* § 106p; z.B. Gen 43,10; Ri 13,23; 14,18; 1Sam 14,30; 2Kön 13,19; Jes 1,9. All diese Fälle werden in der LXX mit dem Indikativ mit ἄν wiedergegeben.

21 Schon Thenius (1842; 211) nahm eine unterschiedliche Vorlage: ואני statt ועלי.

V11[h]. S.o. V11[g-g]. Anm. 18.

V11[i]. Der Ant+ (πεντήκοντα boc2e2MN *rell*) setzt gegenüber dem MT (עשרה) und der KR (δέκα BAcrxa2 𝕰) eine andere Textform (חמשים) voraus. Der Ant wird von 4QSam[a] (חמ[שים])[22] und von dem *Jos. Ant.* VII 240[23] unterstützt.

V11[j]. Der Ant (σίκλους boc2e2 *rell* 𝕬 *Jos*) setzt hier שקל[24] voraus, es fehlt sowohl im MT als auch in der KR (*O'*BAMNacirvxa2 𝕰). Die beiden Versionen setzen unterschiedliche Texttraditionen voraus. Die Mischungsphase zwischen beiden Versionen stellt die Hs. n (auch ℭ) dar. Man kann die Textgeschichte folgendermaßen rekonstruieren :

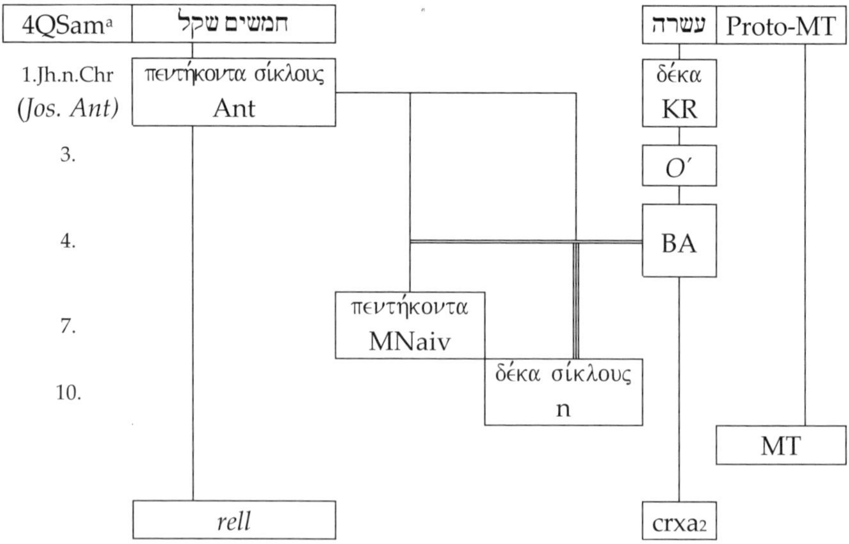
4QSam[a]
חמשים שקל
1.Jh.n.Chr
(Jos. Ant)
πεντήκοντα σίκλους
Ant
3.
4.
7.
10.
עשרה
Proto-MT
δέκα
KR
O'
BA
πεντήκοντα
MNaiv
δέκα σίκλους
n
MT
rell
crxa2

V12[a]. S.o. 15,20[f] zu den unterschiedlichen Wiedergaben für das hebr. Copulativum ו.

V12[b/c]. Es sind drei unterschiedliche Texttraditionen erkennbar. (1) das *Ketib* (ולא): Dieses ist zwar schwierig, aber möglich, wenn man einen

22 *DJD* XVII, 163.

23 καὶ πεντήκοντα σίκλους ἂν αὐτῷ δεδωκέναι...

24 Vgl. dazu Fernández Marcos , *Índice*, I, 409; *HR*, 1266c-1267a.

unausgesprochenen Vordersatz annimmt.[25] Wahrscheinlich handelt es sich aber doch um einen Hör- oder Abschreibfehler für וְלֹו oder וְלֹוא, vgl. 19,7ⁱ. Deshalb gibt der Ant den Text mit καὶ ἐάν (mit Konjunktiv) gemäß *Qere* (וְלֹו) wieder. (2) Die KR (καὶ ἐγώ εἰμι; BAh) setzt וְאָנכִי (s.o. 15,28ᵇ zur Wiedergabe mit ἐγώ εἰμι (V12ᶜ) in der KR für אָנכִי) und auch das ו voraus, übergeht aber offensichtlich das schwierige לֹא. (3) Die Vorlage des Ant lässt sich wie folgt rekonstruieren: וְלֹו אַתה שׁקל. Vgl. וְלֹא אָנכִי שׁקל (MT). Dazu s.u. V12ᵉ.

V12ᵈ. (1) Der Unterschied in der Person hängt hauptsächlich von V12ᶜ ab. Der Ant fasste das Subjekt des Verbs dem Kontext gemäß mit der 2. Person auf. (2) Der Unterschied in der Wortwahl ist nur unwesentlich.

V12ᵉ. Viele Manuskripte geben die Texttradition des Ant wieder, sie bietet aber durchaus unterschiedliche Lesarten bieten:

MN *rell*	εαν συ παριστας
gn	εαν σοι παριστας
v	εαν συ παριστασε
u	εαν συ παραστασεις
b	εαν παραστης συ
o	εαν παραστησεις συ
c2e2	εαν παραστησης συ

Hier fallen die Hss. boc2e2 auf. Das Personalpronomen σύ ist nur in diesen Handschriften dem Verb nachgestellt. Es ist davon auszugehen, dass in der Vorlage des Ant אתה gestanden hat. Ob die Stellung des συ in den Mss. MN *rell* sowie συ (bzw. σοι in gn) ursprünglich ist oder – eher doch – gegenüber boc2e2 sekundär, ist schwer zu entscheiden.

V12ᶠ. Der Ant (ἐν ταῖς χερσί μου) setzt hier gegenüber dem MT (עַל־כפי) und der KR (ἐπὶ τὰς χεῖράς μου) eine andere Texttradition (בכפי) voraus.

V12ᵍ. S.o. 15,2ᵗ zur Verwendung des Artikels.

---

[25] Vgl. *GK*, § 154b: „Bisweilen beruht die Unterdrückung des Vordersatzes auf zorniger Erregung oder doch auf einer Hast, die sich gleichsam nicht Zeit gönnt, den Gedanken voll auszusprechen"; Stoebe vermutete (1994; 399): „vielleicht aus וְלֹו לֹא ent-standen".

V12^h. Die KR setzt ein Textplus voraus: σίκλους fehlt sowohl im MT als auch im Ant (c₂e₂MNaguvb₂ Jos^{vid})[26].

V12^i. Der Unterschied in der Wortwahl ist unwesentlich: ἐπιβάλω (KR), ἐποίσω (<ἐπιφέρω ; Ant).[27]

V12^j. S.o. 15,2^t zur Verwendung des Artikels im Ant. In der KR fehlt der Artikel, aber die Mss. Acfjqxb₂ behalten ihn bei. Die KR hat eine extrem wörtliche Übersetzung.

V12^k. S.o. 15,36^h zum Unterschied im Numerus.

V12^l. Die Kopula des Ant (καὶ) ist nur eine innergriechische Bearbeitung:

$$\text{καὶ σοὶ } \underline{\text{καὶ}} \text{ τῷ [...] } \underline{\text{καὶ}} \text{ τῷ [...]}$$

V12^m. S.o. 15,5^g zur Verwendung des Artikels für *nota accusativi* des Ant. In den Codd. BA fehlt der Artikel, aber das ist nur eine Textverderbnis. Vgl. V5^b, wo diese Codices in demselben Zusammenhang den Artikel behalten.

V12^n. S.o. 15,5^g zur Verwendung des Artikel für *nota accusativi*

V12^o. S.o. 15,19^a zur Transkription für אתי.

V12p. Der Unterschied in der Wortwahl ist nur unwesentlich.

V12^q. Die gr. Versionen (μοι) setzen gegenüber dem MT (מי) eine andere Texttradition (לי) voraus.[28] Vgl. V5 Z5 לאט־לי.

V12$^{r/s}$. Es handelt sich um die syntaktische Wiedergabe des hebr. Ausdrucks. Im MT steht die Präposition ב in Bezug auf das Verb שמר. Dementsprechend wählte die gr. Übersetzung das Verb φυλάσσω(KR)/ προσέχω(Ant) aus. Beide Verben benötigen aber im Griechischen keine

---

26   Die Hss. bo sind hier vermutlich durch die KR beeinflusst.
27   Die Hs. o verwechselte es mit ἐποίησω (Ind. Aor. Med. 2. Sg. von ποιέομαι).
28   Vgl. verschiedene Versuche, die mit מי den Text erklären wollten: *GK* § 137c (als das Pronomen *interrogativum*); *BroS* § 24a (als Ersatz des Pronomen *indefinitum* mit מה statt מי); McCarter, *II Samuel*, 401 (als enklitische Partikel).

Präposition, sondern das Objekt im Akkusativ. Des-wegen hat die gr. Übersetzung den Artikel im Akkusativ anstelle בְּ. Vgl. 18,5ᵉ.

V13ᵃ/ᵇ. Der MT (אוֹ־עָשִׂיתִי) ist schwer zu verstehen/übersetzen. [29] Vielleicht stellt die KR (auch O′; μὴ ποιῆσαι) eine freie Wiedergabe dar. Im Griechischen bildet μὴ mit Infinitiv einen Konsekutivsatz hinter dem Prohibitivsatz.[30] Es stellt sich die Frage, ob die KR (oder Origenes?) den Text gemäß griechischer Syntax bearbeitete. Der Ant (καὶ πῶς ποιήσω; boc₂e₂vᵇzᵐᵍ) setzt noch eine weitere Texttradition (וְאֵיךְ־אֶעֱשֶׂה) voraus.

V13ᶜ. Die KR (ἐν τῇ ψυχῇ αὐτοῦ) las dieselbe Texttradition von *Ketib* (בְנַפְשׁוֹ), der Ant (ἐν τῇ ψυχῇ μου; boc₂e₂vᵇzᵐᵍ) dagegen die von *Qere* (בְנַפְשִׁי).

V13ᵈ. Hier weisen die gr. Versionen darauf hin, dass es zwei unter-schiedliche Texttraditionen gab: mit Artikel (כָּל־הַדָּבָר vom Ant+), ohne Artikel (כָּל־דָּבָר vom MT und Avᵇ).

V13ᵉ. Der Unterschied in der Wortwahl ist nur unwesentlich.

V14ᵃ⁻ᵃ/ᵇ. Die gr. Versionen haben hier gegenüber dem MT einen längeren Text (V14ᵃ⁻ᵃ). Die beiden Versionen unterscheiden sich zwar voneinander in V14ᵇ, doch handelt es sich hierbei um eine innergrie-chische Alternative. Deshalb lässt sich die Vorlage sowohl des Ant (διὰ τοῦτο ἐγὼ ἄρξομαι; bozc₂e₂) als auch der KR (τοῦτο ἐγὼ ἄρξομαι) folgendermaßen rekonstruieren: לָכֵן (אֲנִי) אָחֵלָּה. Wenn man diese Re-konstruktion mit dem MT in V14ᶜ⁻ᶜ vergleicht, dann kann man die Ähn-lichkeit des Konsonantentextes beobachten:

V14ᵃ⁻ᵃ לָכֵן [אֲנִי] אָחֵלָּה (Ant): Deshalb werde ich ... anfangen
(<חלל in Hiphil).
V14ᶜ⁻ᶜ לֹא־כֵן אֹחִילָה MT: Nicht so werde ich ... warten
(<יחל in Hiphil).

Die längere Fassung der KR besteht somit aus dem Text des Ant und einer Erweiterung, wobei sie den gegenüber dem MT etwas unter-schiedlichen Proto-MT wiedergab.

---

29 Vgl. *GK* § 159cc zur Syntax von MT: „Bisweilen wird einem bereits erörterten Fall ein anderer, der in denselben Bereich gehört, durch אוֹ *oder* angereiht".
30 Dazu s. Mayser, *Grammatik* II.2, 546; *KG* II, § 512; Schwyzer, *Grammatik* II, 594.

V14$^{c\text{-}c}$. Die Vorlage der KR war mit Sicherheit identisch mit dem MT. Dagegen fehlt im Ant (boc₂e₂A) dieser Satz. Der Ant setzt gegenüber dem MT eine andere Texttradition (s.o. V14$^{a\text{-}a}$) voraus. Zudem weist der Cod. A mit τοῦτο ἐγὼ ἄρξομαι auf eine Zwischenstufe zwischen beiden Texttraditionen hin.

Hier erkennt man zwei unterschiedliche Texttraditionen: MT und Ant (s.o. den Textvergleich in V14$^{a\text{-}a}$). Beide Texttraditionen wurden vermutlich unabhängig voneinander überliefert. Sie wurden dann aber in der KR (od. O′) zusammengefügt. Wann, von wem und warum beide Traditionen zusammengefügt wurden, kann man nicht mehr erkennen. Wichtig ist, dass zwei unterschiedliche Traditionen vorstellbar sind. Für diese Vermutung spielt der Cod. A eine wichtige Rolle. Die beiden Traditionen gingen beim Cod. A einen Kompromiss ein.

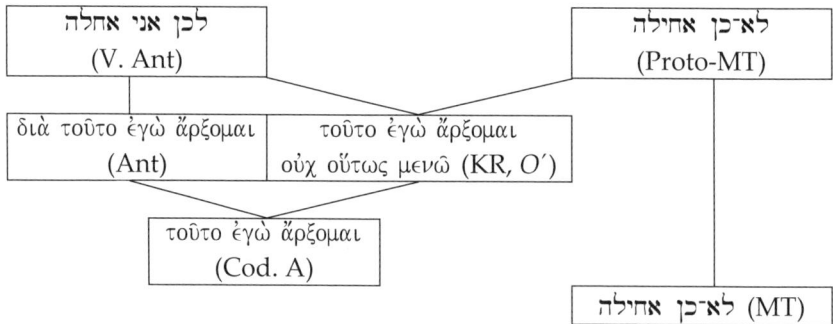

V14^{d}. Die gr. Versionen haben hier einen Eigennamen (Ιωαβ), der gegenüber dem MT eine längere Textform (יואב) voraussetzt. Eine mittelalterliche hebr. Handschrift (cod. Kenn. 250) hat יואב an dieser Stelle.[31]

V14^{e}. Die KR (βέλη)[32] und der Ant (ἀκιδάς)[33] setzen vielleicht שלחים statt שבטים (MT) voraus.[34]

---

31 Siehe dazu: de Rossi, *Variae Lectionis* II, 185.
32 In der LXX steht dieses Wort meistens für חץ (Pfeil). S. dazu *HR*, 217a-b. In Joel 2,8 gibt es für שלח wieder.
33 In *HR* kann man diese Wiedergabe nur einmal in Hiob 16,11{10} für לטש (schärfen) erkennen.
34 So Thenius, Wellhausen, Budde usw.

V14ᶠ. S.o. 15,2ᵗ zur Verwendung des Artikels.

V14ᵍ. Die KR gibt die hebr. Präposition ב (= MT) wörtlich mit ἐν wieder. Der Ant (εἰς; boc₂e₂A) stellt nur eine innergriechische Verbesserung dar.

V14ʰ. S.o. 15,2ᵗ zur Verwendung des Artikels.

V14ⁱ. S.o. V9ᵏ.

V15ᵃ. (1) Im Griechischen ist die Kombination von einem Verb im Singular mit einem Subjekt im Neutrumplural (wie im Ant (boc₂)) üblich. Trotzdem gibt der Ant gegenüber dem MT und der KR vielleicht eine andere Textform wieder, nämlich ohne das Copulativum ו. (2) S.o. 15,3ᵃ zum Ausfallen des „beweglichen ν" im Ant.

V15ᵇ. Beide Versionen stellen keinen textlichen Unterschied, sondern innergriechisch unterschiedliche Textverständnisse dar. Hier wird nach der Übersetzung von Meiser zitiert:[35]

> Ant (τῶν αἰρόντων boc₂e₂ 𝕬) – zehn Knechte *von den Waffenträgern*
>   Joabs
> KR (αἴροντα)   – zehn Knechte, *Waffenträger* Joabs

V15ᶜ. S.o. 15,2ᵗ zur Verwendung des Artikels.

V15ᵈ. S.o. 15,5ᵍ zur Verwendung des Artikels für *nota accusativi*.

V16ᵃ. S.o. 15,10ᶠ zu den unterschiedlichen Wiedergaben für שׁופר.

V16ᵇ. Der Unterschied in der Vorsilbe ist nur unwesentlich.

V16ᶜ. Die Vorsilbe (κατα-) des Ant (boc₂e₂u) stellt nur eine innergriechische Verstärkung dar.

V16ᵈ. Der Unterschied in der Wortwahl ist hier nur zufällig. Vgl. 15,1. 13; 17,1. 9. 21; 18,16. 22 in unserem Textbereich, wo (י)אחר in den beiden

---

35   *LXX.D*, Bd. I, Im Druck

Versionen mit ὀπίσω wiedergegeben wurde. Und vgl. 15,34; 16,18 zur Wiedergabe von κατοπίσθεν für (י)אחר.

V16ᵉ. Der Ant fügte den Genitivartikel hinzu, um den Genitivkasus zu verdeutlichen.

V16ᶠ. S.o. 15,5ᵍ zur Verwendung des Artikels für *nota accusativi*.

V17ᵃ. Der MT und die gr. Versionen fassten das Subjekt des Satzes unterschiedlich auf. Mit der pluralischen Verbform versteht der MT die Knechte Joabs als Subjekt, dagegen die gr. Versionen Joab selbst. Dieser Unterschied beruht vermutlich auf den unterschiedlichen Texttraditionen. In der KR (BArsa₂ ℭℰ) ist das Subjekt impliziert, das in V16 vorgestellt wurde. Dagegen hat der Ant+ das Subjekt (Joab) (V17ᵇ). Hier kann man erkennen, dass es zwei unterschiedliche Texttraditionen (MT u. Ant) gab, und von denen die KR eine Mischform darstellt :

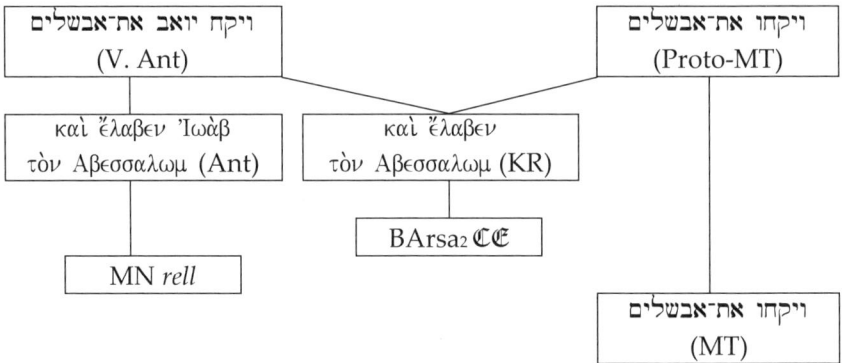

ויקח יואב את־אבשלים (V. Ant)		ויקחו את־אבשלים (Proto-MT)
καὶ ἔλαβεν Ἰωάβ τὸν Αβεσσαλωμ (Ant)	καὶ ἔλαβεν τὸν Αβεσσαλωμ (KR)	
	BArsa₂ ℭℰ	
MN *rell*		ויקחו את־אבשלים (MT)

V17ᵇ. S.o. V17ᵃ.

V17ᶜ. S.o. 15,5ᵍ zur Verwendung des Artikels für *nota accusativi*.

V17ᵈ. S.o. V17ᵃ zur singularischen Verbform der gr. Versionen gegenüber dem MT.

V17ᵉ. Der Ant (Aboe₂) setzt gegenüber dem MT und der KR eine kürzere Texttradition voraus.

V17ᶠ. Die beiden gr. Versionen bieten aufgrund einer Doppel-übersetzung (V17ᶠ und V17 Z5) einen längeren Text als der MT. Die

Mss. MNad-gi-npqs-wyzb₂ entschieden sich, nur den Ausdruck von V17ᶠ zu übernehmen. Die Hss. crx hingegen übernahmen beide Ausdrücke, korrigierten aber βόθυνον in V17 Z5 zu βόυνον in Analogie zu 17,9ᶜ (s.o.). Meiner Meinung nach war der ursprüngliche hebr. Text identisch mit dem MT, und die Wiedergabe der Ur-LXX war der Ausdruck in V17 Z5. Der längere Text war vielleicht eine Interlinearkorrektur[36] eines Bearbeiters, der die koinegriechische[37] Wiedergabe vermeiden wollte. Sie wurde dann aber später von den Abschreibern in den Haupttext eingefügt und gewann sogar in den Mss. MNad-gi-npqs-wyzb₂ die Priorität gegenüber V17 Z5.

V17ᵍ. Wie Barthélemy schon gesehen hat,[38] stellt die KR die etymologisierende Wiedergabe στηλόω von נצב in Analogie zur Wiedergabe στήλη von מצבה (s. V18 Z3) dar, dagegen gibt der Ant+ (boc₂e₂MN *rell*) das Verb sinngemäß mit ἐφίστημι wieder. Vgl. V18ᵇ⁻ᵇ; 18,30ᶜ.

V17ʰ. Der Ant+ (ἔφυγο͟ν boc₂e₂MN *rell*) ist identisch mit dem MT (נסו), aber in der KR (BAhnva₂ 𝔄𝔖ʲ) steht die singularische Verbform (ἔφυγε͟ν). Vielleicht setzt die KR einen kürzeren Konsonantentext (נס statt נסו) voraus.

V17ⁱ. S.o. 15,30ᵍ zu den unterschiedlichen Wiedergaben für איש im Sinne von „jeder".

V17ʲ. S.o. 15,2ᵗ zur Verwendung des Artikels.

V17ᵏ. Die gr. Versionen (τὸ σκήνωμα αὐτοῦ) geben das Ketib (Sg.) des MT wieder. An dieser Stelle bietet das Qere einen Plural.

---

36 Die Wiedergabe von χάσμα, die *hapax legomenon* in der LXX-*Ra* ist, passt im Sinne von „Schlund" für פחת (Grube, Schlucht).

37 S. *Bauer*, 287 : „Moeris 105 βόθρος ἀττικόν. βόθυνος κοινόν".

38 Barthélemy, *Les Devanciers d'Aquila*, 59f : Hier vergleicht er zunächst 2Sam 23,11-15 mit dem Paralleltext in 1Chr 11,13-17. Er hält die Wiedergabe des Mehrheitstextes (και ἐστηλώθη) in 2Sam 23,12 für die KR, dagegen den Ant (boc₂e₂), der mit καὶ κατέστη ähnlich wie die Wiedergabe in 1Chr 11,14 (καὶ ἔστη; Varianten: ἔστησαν, ἔστησεν) übersetzt, für die Ur-LXX Die Wortwahl erklärt er folgendermaßen: „Cette utilisation du verbe στηλοῦν pour traduire les verbes נצב־יצב se fonde évidemment sur la traduction habituelle de מצבה par στήλη dans la Septante ancienne"(60). Zudem gründet sich sein Gedanke auf einige Beispiele in der καὶγε-Gruppe (Klgl 3,12; Ri 18,16. 17; 2Sam 18,30ᶜ), im Nicht-καὶγε-Bereich (1Sam 17,16; 2Sam 8,14; 1Kön 9,23; 22,48) und in Aquila (Ps 39,6; 45,10; 74,17) usw. allerdings übersah er unseren Fall.

V18ᵃ. (1) Im Ant+ (boc₂e₂ MN *rell*) findet sich gegenüber dem MT eine Umstellung (ἔλαβε(ν)), die wahrscheinlich eine andere Texttradition voraussetzt: בחייו לקח ויצב־לו את־מצבת statt לקח ויצב־לו בחייו את־מצבת. In der KR (Ba₂) fehlt eine Wiedergabe für לקח. Die KR stellt vielleicht eine innergriechische Bearbeitung dar, weil das Verb לקח ohne Objekt schwierig war. (2) S.o. 15,3ᵃ zum Ausfallen des „beweglichen ν" im Ant.

V18ᵇ⁻ᵇ. (1) Zunächst fällt die umgekehrte Wortfolge zwischen dem MT und den gr. Versionen auf (s.o. V18ᵃ). Dieser Unterschied beruht vermutlich auf den unterschiedlichen Texttraditionen. (2) Der Ant+ gab das Verb mit καὶ ἔστησεν wieder. Nach dem Schema von Barthélemy (s.o. dazu V17ᵍ, Anm. 39) beruht diese Wiedergabe auf der Ur-LXX. Der Cod. B hat dasselbe Verb wie der Ant+. In diesem Zusammenhang ist ein Blick auf Hs. r interessant. Sie bietet eine konsequente Übersetzung für das hebr. Verb נצב mit στηλόω, was vermutlich der Wiedergabe der KR entspricht (vgl. dazu V17ᵍ). Meiner Meinung nach ist an dieser Stelle der Cod. B durch die Ur-LXX (Ant) beeinflusst und folgt nicht dem Text der KR.

V18ᶜ. Der Ant+ (boc₂e₂ MN *rell* 𝔄ᵛⁱᵈ) fasste „στήλην ἵστημι" vermutlich als eine idiomatische Wendung auf, deshalb ließ er den Artikel ausfallen.[39] Dagegen behält die KR (Brᵛⁱᵈa₂) den Artikel als Entsprechung zur *nota accusativi* bei. S.o. dazu 15,5ᵍ.

V18ᵈ⁻ᵈ. Die Mss. Bceh*wxyba₂ haben hier gegenüber dem MT und dem Ant+ (boc₂e₂MNagimuvy* ℭ Josᵛⁱᵈ) einen längeren Text. Auffallend ist hier auch die Auslassung von ἔτι bis ᾖ im Cod. A (siehe die Tabelle auf der nächste Tabelle).

In der folgenden Tabelle ist es zunächst klar, dass der Ant eine hebr. Texttradition widerspiegelt, die ähnlich, aber nicht identisch mit dem MT war (vgl. V18ᵃ). Der Cod. A, in dem der erste Teil fehlt, steht dem Text von Origenes[40] (vermutlich der KR)[41] nahe, d.h. der Bestandteil der KR ist hier im Cod. A besser als im Cod. B bewahrt.

---

39 S. dazu *Pape* II, 941: „στήλας ἱστάναι, Denksäulen errichten, *Her.* 2, 102. 106. 4, 87. "
40 S. Field, *Hexapla* I, 573f.
41 Die Wiedergabe καὶ ἐστήλωσεν besagt, dass der zweite Teil von der KR hergekommen ist.

MT	Ant	A	B
וְאַבְשָׁלֹם	καὶ Ἀβεσσαλωμ	καὶ Ἀβεσσαλωμ	καὶ Ἀβεσσαλωμ
	ἔτι ζῶν		ἔτι ζῶν
לָקַח	ἔλαβε		
וַיַּצֶּב־לוֹ	καὶ ἔστησεν ἑαυτῷ		καὶ ἔστησεν ἑαυτῷ
בְחַיָּו אֶת־מַצֶּבֶת	στήλην		τὴν στήλην
			ἐν ᾗ
		ἐλήμφθη	ἐλήμφθη
		καὶ ἐστήλωσεν	καὶ ἐστήλωσεν
		αὐτὴν	αὐτὴν
		λαβεῖν τὴν στήλην	λαβεῖν τὴν στήλην
		τὴν	τὴν
אֲשֶׁר בְּעֵמֶק־	ἐν τῇ κοιλάδι	ἐν τῇ κοιλάδι	ἐν τῇ κοιλάδι
הַמֶּלֶךְ	τοῦ βασιλέως	τοῦ βασιλέως	τοῦ βασιλέως

Die Vorlage der KR, die sich im Cod. A und in O′ widerspiegelt, lässt sich wie folgt rekonstruieren:

וְאַבְשָׁלֹם נלקח ויצבה ללקח את־מצבת אשר בעמק־המלך

Zur Rekonstruktion:

(1) ויצבה: Einige Kommentatoren halten αὐτὴν für identisch mit αὐτῷ. [42] Diese Annahme ist jedoch nicht sehr überzeugend. Das Pronomen αὐτὴν im Cod. B setzt m.E. das vorangestellte τὴν στήλην ἐν ᾗ voraus. Daher rekonstruiere ich das Verb mit Suffix.

(2) ללקח: Klostermann[43] dachte, ΛΑΒΕΙΝ im Cod. B sei eine Verschreibung von ΛΑΒΕΙΑ. Es stellt sich aber das Problem, dass David, der an dieser Textstelle noch nicht über den Tod Absaloms benachrichtigt wurde, plötzlich in dieser Szene auftaucht. Meiner Meinung nach ist der gr. Infinitiv λαβεῖν eine richtige Wiedergabe des hebr. Infinitivs mit ל, dessen Funktion die „Angabe von Anlässen, begleitenden Umständen oder sonstigen Näherbestimmungen"[44] ist. Auf Grund dieser Funktion des hebr. Infinitivs rekonstruiere ich mit Infinitiv + ל.

---

42 Klostermann, Budde.

43 Klostermann, *Die Bücher Samuelis und der Könige*, 215.

44 S. dazu *GK* § 114o. In solchen Fällen wird die Infinitivkonstruktion in der LXX teilweise mit gr. Infinitiv in Verbindung mit τοῦ wiedergegeben: Gen 3,22; Lev 8,15; 1Kön2,3. 4(Ant); Ps 62{63},3; 77{78},18; 102{103},20; 103{104},14f; 110{111},6; Spr 2,8; teilweise aber auch ohne τοῦ: Gen 18,19; Ex 23,2; Lev 5,4; Num 14,36; 2Sam 3,10; 1Kön 2,4(KR); 14,8(A); Jer 51{44},7. 8; Neh 13,18{2.Esdr 23,18}; Spr 18,5.

Es stellt sich die Frage, wie die längere Textform des Cod. B entstanden ist. Zunächst ein Blick auf die Traditionen in deutscher Übersetzung:

Ant	KR (*O′*, A)	B
Und Absalom, <u>als er noch am Leben war, nahm und stellte für sich eine Stele auf</u>	Und Absalom	Und Absalom, <u>als er noch am Leben war,</u> **stellte auch für sich eine Stele auf**
	wurde hingebracht. Und er hatte sie aufgestellt, wobei er die Stele genommen hatte, die	*,wo* er (dann) hingebracht wurde Und er hatte sie aufgestellt, wobei er die Stele genommen hatte, die
in der Schlucht des Königs	in der Schlucht des Königs war.	in der Schlucht des Königs war.

Bei seiner Untersuchung behauptet Pisano:[45]

> For this double translation, therefore, it is the text of Ant (here probably OG) which is both the most intelligible and the closest to MT. Cod B has inserted its own translation after that of OG while cod A eliminated the former translation and replaced it with that of cod B's <u>kaigé</u>.

Allerdings ist diese Vermutung zu einfach. Nach Pisano war der Abschreiber des Cod. B ebenfalls ein sehr aktiver Übersetzer. Aber weder der erste Teil (<u>im Text unterstrichen</u>) noch der zweite (**fett gedruckt oben in der Tabelle**) ist m.E. seine eigene Übersetzung. Der erste Teil ist der Text vom Ant und der zweite der von *O′* (vermutlich entsprechend der KR). Zudem machen beide Traditionen eigentlich eine ähnliche Aussage: Absalom hatte schon vor dem Tod eine Stele aufgestellt! Beide Traditionen wurden im Cod. B einfach zusammengefügt. Das Element vom Cod. B selbst ist m.E. lediglich die Satzverbindungs-

---

45   Pisano, *Additions or Omissions in the Books of Samuel*, 144.

brücke von ἐν ᾗ („wo", vorverweisend auf „in der Schlucht des Königs"). Daraus ergab sich die scheinbar doppelte Übersetzung von Cod. B, die in ihrer vorliegenden Form keinen sinnvollen Text ergibt.

Meine Beobachtung kann folgendermaßen dargestellt werden, wobei ich den ersten Teil (Ant=Ur-LXX) T1 und den zweiten (KR=O′) T2 nenne:

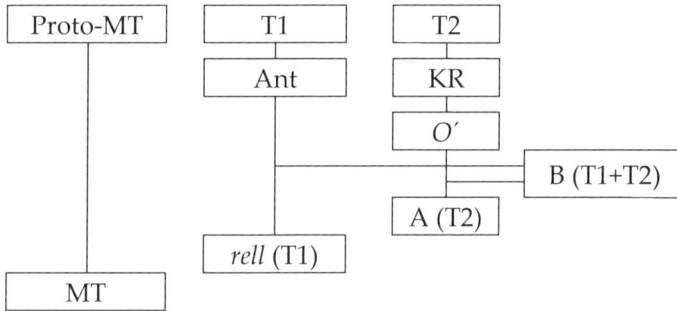

```
┌───────────┐   ┌───────────┐   ┌───────────┐
│ Proto-MT  │   │    T1     │   │    T2     │
│           │   ├───────────┤   ├───────────┤
│           │   │    Ant    │   │    KR     │
│           │   │           │   ├───────────┤
│           │   │           │   │    O′     │      ┌───────────┐
│           │   │           └───┼───────────┼──────┤ B (T1+T2) │
│           │   │               ├───────────┤      └───────────┘
│           │   │               │  A (T2)   │
│           │   ├───────────┐   └───────────┘
│           │   │ rell (T1) │
│           │   └───────────┘
├───────────┤
│    MT     │
└───────────┘
```

V18ᵉ. Der Artikel in der KR ist eine innergriechische Bearbeitung in Bezug auf den vorangestellten Satz (V18ᵈ⁻ᵈ).

V18ᶠ. S.o. 15,2ᵗ zur Verwendung des Artikels.

V18ᵍ. S.o. 15,2ᵃ zum Unterschied im Tempus.

V18ʰ. S.o. 15,3ᵃ und den Exkurs zum „beweglichen ν".

V18ⁱ. (1) S.o. 15,25ᵃ zur Verwendung des Dativs für ל. (2) Die 3. Person der KR stellt nur eine innergriechische Veränderung dar, nämlich von der direkten Rede im Hebr. zur indirekten im Gr.
V18ʲ. Der Unterschied ist nicht wesentlich, aber die KR wollte vielleicht durch die Konstruktion von ἕνεκεν + Infinitiv mit Genitivartikel den hebr. Ausdruck (בעבור + inf. cstr.) auch formell nachahmen.

V18ᵏ. S.o. V18ʲ.

V18ˡ. S.o. 15,2ᵗ zur Verwendung des Artikels.

V18ᵐ. S.o. V18ⁱ, (2).

V18ⁿ. S.o. 15,3ᵃ zum „beweglichen ν" in der Madrider Ausgabe.

V18°-°. Die KR (Bchr) setzt hier gegenüber dem MT und dem Ant (AMN *rell*) eine kürzere Texttradition voraus. Die Tradition der KR erkennt man in *O′*, darüber hinaus wird in der Hexapla der Text durch die Zeichen *Asteriskos* (※) und *Metobelos* (◂) eingeklammert,[46] d.h. für Origenes waren schon zwei unterschiedliche Texttraditionen verfügbar.

V18ᵖ. S.o. 15,2ᵗ zur Verwendung des Artikels im Ant+ (AMN *rell*).

_____

46   Field, *Hexapla* I, 574.

2.17. 2Sam 18,19-23

2.17.1. Textsynopse

MT		KR	Ant
וַאֲחִימַעַץ בֶּן־צָדוֹק	19	καὶ Αχιμαας υἱὸς Σαδωκ[a]	καὶ Ἀχιμάας υἱὸς Σαδδοὺκ[a]
אָמַר		εἶπεν[b]	εἶπε[b] [c]τῷ Ἰωάβ[c]
אָרוּצָה נָּא		δράμω[d] δὴ	δράμων[d] δὴ
וַאֲבַשְּׂרָה[e]		καὶ εὐαγγελιῶ[e]	εὐαγγελιοῦμαι[e]
אֶת־הַמֶּלֶךְ		τῷ[f] βασιλεῖ	τῷ[f] βασιλεῖ Δαυὶδ[g]
כִּי־שְׁפָטוֹ יְהוָה		ὅτι ἔκρινεν αὐτῷ κύριος	ὅτι ἔκρινεν αὐτῷ κύριος
מִיַּד אֹיְבָיו:		ἐκ χειρὸς τῶν ἐχθρῶν αὐτοῦ	ἐκ χειρὸς τῶν ἐχθρῶν αὐτοῦ
וַיֹּאמֶר לוֹ[a] יוֹאָב	20	καὶ εἶπεν αὐτῷ[a] Ιωαβ	καὶ εἶπεν Ἰωάβ
לֹא אִישׁ בְּשֹׂרָה[b]		οὐκ ἀνὴρ εὐαγγελίας[b]	οὐκ ἀνὴρ εὐαγγελισμοῦ[b]
אַתָּה		σὺ	εἰ[c] σὺ
הַיּוֹם הַזֶּה		ἐν τῇ ἡμέρᾳ ταύτῃ	ἐν τῇ ἡμέρᾳ ταύτῃ
וּבִשַּׂרְתָּ		καὶ εὐαγγελιῇ	καὶ εὐαγγελιῇ
בְּיוֹם אַחֵר		ἐν ἡμέρᾳ ἄλλῃ	ἐν ἡμέρᾳ ἄλλῃ
וְהַיּוֹם הַזֶּה		ἐν δὲ[d] τῇ ἡμέρᾳ ταύτῃ	ἐν δὲ[d] τῇ ἡμέρᾳ ταύτῃ
לֹא תְבַשֵּׂר		οὐκ εὐαγγελιῇ	οὐκ εὐαγγελιῇ
כִּי־(עַל־) [וְעַל־כֵּן][e]		[e]οὗ εἵνεκεν[e]	ὅτι[e]
בֶּן־הַמֶּלֶךְ		ὁ[f] υἱὸς τοῦ βασιλέως	ὁ[f] υἱὸς τοῦ βασιλέως
מֵת:		ἀπέθανεν[g]	τέθηκεν[g]
וַיֹּאמֶר יוֹאָב לַכּוּשִׁי	21	καὶ εἶπεν Ιωαβ τῷ Χουσι[a]	καὶ εἶπεν Ἰωάβ τῷ Χουσεὶ[a]
לֵךְ הַגֵּד[b]		[b]βαδίσας ἀνάγγειλον[b]	[b]πορεύου καὶ ἀπάγγελλε[b]
לַמֶּלֶךְ		τῷ[c] βασιλεῖ	τῷ[c] βασιλεῖ
אֲשֶׁר[d] רָאִיתָה[e]		ὅσα[d] εἶδες[e]	ἅ[d] ἑώρακας[e]
וַיִּשְׁתַּחוּ כוּשִׁי		καὶ προσεκύνησεν[f] Χουσις[g]	καὶ προσεκύνησε[f] Χουσεὶ[g]
לְיוֹאָב וַיָּרָץ:		τῷ Ιωαβ καὶ ἐξῆλθεν[h]	τῷ Ἰωάβ καὶ ἔδραμεν[h]
וַיֹּסֶף עוֹד	22	καὶ προσέθετο ἔτι	καὶ προσέθετο ἔτι
אֲחִימַעַץ בֶּן־צָדוֹק		Αχιμαας υἱὸς Σαδωκ[a]	Ἀχιμάας υἱὸς Σαδδοὺκ[a]
וַיֹּאמֶר אֶל־יוֹאָב		καὶ εἶπεν[b] πρὸς[c] Ιωαβ	καὶ εἶπε[b] τῷ[c] Ἰωάβ
וִיהִי מָה[d]		[d]καὶ ἔστω ὅτι[d]	[d]καὶ τί ἔσται ἐὰν[d]
אָרוּצָה־נָּא גַם־אָנִי[e]		δράμω [e]καί γε ἐγὼ[e]	δράμω
אַחֲרֵי הַכּוּשִׁי		ὀπίσω τοῦ Χουσι[f]	ὀπίσω τοῦ Χουσεί[f]
וַיֹּאמֶר יוֹאָב		καὶ εἶπεν Ιωαβ	καὶ εἶπεν Ἰωάβ

לָמָה־זֶּה אַתָּה[h]		ἵνα τί τοῦτο[g]	ἵνα τί σὺ[h]
רָץ בְּנִי[i]		τρέχεις [i]υἱέ μου[i]	τρέχεις τέκνον[i]
וּלְכָה[j]		δεῦρο[j]	[j]καὶ σοι[j]
אֵין־בְּשׂוֹרָה		οὐκ ἔστιν σοι[k] εὐαγγελία	οὐκ ἔστιν εὐαγγελία
מֹצֵאת:		εἰς ὠφέλειαν πορευομένῳ	εἰς ὠφέλειαν πορευομένῳ
	23	[a]καὶ εἶπεν[a]	[a]καὶ εἶπεν[a] Ἀχιμάας[b]
וִיהִי־מָה אָרוּץ[d]	[c]	[c]τί γὰρ ἐὰν[c] δραμοῦμαι[d]	[q]καὶ τί ἔσται ἐὰν[c] δράμω[d]
וַיֹּאמֶר לוֹ		καὶ εἶπεν αὐτῷ Ιωαβ[e]	καὶ εἶπεν αὐτῷ Ιωαβ[e]
רוּץ		δράμε	δράμε
וַיָּרָץ אֲחִימַעַץ		καὶ ἔδραμεν Αχιμαας	καὶ ἔδραμεν Ἀχιμάας
דֶּרֶךְ[f]		ὁδόν[f]	[f]κατὰ τὴν ὁδόν[f]
הַכִּכָּר[g]		τὴν τοῦ Κεχαρ[g]	τὴν διατεταγμένην[g]
וַיַּעֲבֹר אֶת־הַכּוּשִׁי: [h]		καὶ ὑπερέβη[h] τὸν Χουσι[i]	καὶ παρῆλθε[h] τὸν Χουσεί[i]

2.17.2. Analyse der Varianten

V19[a]. S.o. 15,24[b] zur Transkription für צדוק.

V19[b]. S.o. 15,3[a] zum „beweglichen ν" in der Madrider Ausgabe.

V19[c]. Der Ant (boc₂e₂g 𝕮𝕾ⁱ) setzt gegenüber dem MT und der KR einen längeren Text (τῷ Ἰωάβ =אל־יואב)[1] voraus.

V19[d]. Die beiden Versionen unterscheiden sich nur in einem Buchstaben (ν im Ant). Die KR gibt die hebr. Vorlage (ארוצה נא ואבשרה) wörtlich mit δράμω[2] δὴ καὶ εὐαγγελιῶ wieder. Im Ant steht aber die gr. Konstruktion vom sog. *participium coniunctum*: δράμων δὴ εὐαγγελιοῦμαι. Meiner Meinung nach setzt der Ant gegenüber dem MT und der Vorlage der KR keine andere Vorlage voraus. Die KR bietet durch die Auslassung des ν einen Text, der ihrer hebr. Vorlage entspricht.

---

1   Vgl. πρὸς Ἰωάβ defjmpqstwz; s. Auch o. 17,12[a] zur gr. Wiedergabe für אל.
2   Konjunktiv Aorist von τρέχω; Auffallend ist die Verwendung des Konjunktivs (*coniunctivus adhortativus*) für hebr. Kohortativ als Ausdruck der Selbstermunterung.

V19^e. (1) S.o. V19^d zur Auslassung der Kopula (καὶ) im Ant. (2) Der Unterschied im Modus ist nicht wesentlich. Das Medium des Ant stellt allerdings eine Nachahmung des attischen Griechisch dar.[3]

V19^f. S.o. 15,5^g zur Verwendung des Artikels für *nota accusativi*.

V19^g. Der Ant (Δαυιδ) setzt gegenüber dem MT und der KR eine längere Texttradition voraus.

V20^a. (1) S.o. 15,25^a zur Verwendung des Dativs für לֹו in der KR. (2) Im Ant (boc₂e₂d) fehlt dieses Wort. Der Ant setzt eine andere Texttradition voraus.

V20^b. Der Unterschied in der Wortwahl ist nur unwesentlich. Vgl. 18,25^d.

V20^c. S.o. 16,2^b zur Hinzufügung des Prädikats im Ant (boc₂e₂z^{mg}).

V20^d. Vgl. 15,20^f zur Verwendung von δέ für das hebr. Copulativum ו.

V20^e. Der MT hat an dieser Stelle ein sog. „*qere wela ketib*" (zulesen, aber nicht geschrieben). Das Ketib (על) ist hier sicherlich verderbt: im Ketib wurde vermutlich כן vor בן versehentlich ausgelassen. Die KR (οὗ εἵνεκεν) setzt die Texttradition des Qere (כי־על־כן) voraus.[4] Der Ant (ὅτι boc₂e₂ 𝔄^{vid}) setzt aber nur כי voraus.

V20^f. S.o. 15,2^t zur Verwendung des Artikels.

V20^g. S.o. 16,4^f zum Unterschied im Tempus: Aorist in der KR (BAchx a₂) und Perfekt im Ant (boc₂e₂MN *rell*).

V21^a. (1) S.o. 15,25^a zur Verwendung des Dativs für ל. (2) S.o. 15,32^i zur Transkription für כושי im Vergleich mit der Transkription für חושי.

---

3   S. Menge-Güthling, *Großwörterbuch*, 293.
4   Dazu s. *GK* § 158b; Vgl. Gen 18,5; 19,8; 38,26; Num 10,31; 14,43 zur Wiedergabe mit οὗ εἵνεκεν für כי־על־כן in der LXX.

330 of 476 2. Beschreibungen und Analysen

V21ᵇ. Die Imperativform (לֵךְ), die unmittelbar vor einem zweiten Imperativ asyndetisch steht, stellt eine Art von Interjektion dar.[5] Die KR gibt hier mit einem *participium coniunctum* (βαδίσας) wieder. [6] Dagegen übersetzte der Ant den Text mit zwei finiten Verben, die durch eine Kopula verbunden sind (πορεύου καὶ ἀπάγγελε). Die Übersetzung des Ant geht m.E. nicht auf eine andere Vorlage zurück, sondern ergibt sich aus seiner Übersetzungstechnik. Siehe dazu den folgenden Exkurs.

Exkurs: Asyndetische Verbindung der Verben im Imperativ

In Sam-Kön (MT) kommen asyndetische Verbindungen der Verben im Imperativ insgesamt 60mal[7] vor. Es lässt sich erkennen, dass die gr. Handschriften diese asyndetischen Verbindungen unterschiedlich wiedergeben. Die Wiedergabetypen lassen sich folgendermaßen gruppieren: (1) im Griechischen ebenfalls asyndetisch verbunden, (2) zwei finite Verben, die durch eine Kopula (καὶ) verbunden sind, (3) Konstruktion mit *participium coniunctum*. Die Belege in Sam-Kön sind:

	MT	asyndetisch	Kopula	*Part. coni.*	etc.
1.S 3,5	שוב שכב	BA	*rell*		
3,6	שוב שכב	BA	*rell*		
3,9	לך שכב	BAigt	*rell*		
6,21	רדו העלו		alle		
9,3	וקום לך בקש		alle		
15,6	לכו סרו רדו		alle		
16,12	קום משחהו	Acdlpgtxz	*rell*		
20,21	לך מצא	O′ *rell*		boc₂e₂zᵐᵍ	
20,36	רין מצא	*rell*	boc₂e₂z		
20,40	לך הביא	*rell*	Aclpqtxz		om.1°: boc₂e₂
23,4	קום רד		alle		
26,19	לך עבד	*rell*	boc₂e₂		
2.S 1,15	גש פגע־בו			O′ *rell*	al.: boc₂e₂
3,16	לך שוב	*rell*	boc₂e₂ eflmqstwz		

---

5 Dazu s. *GK* § 110h.

6 Vgl. Est 4,16 (βαδίσας ἐκκλησίασον τοὺς Ἰουδαίους für לֵךְ כְּנוֹס אֶת־כָּל־הַיְּהוּדִים).

7 Die Fälle in 1Kön 14,7.12 müssen ausgelassen werden, weil der Teil von 1Kön 1-20 im Cod. B nicht vorhanden ist, sondern nur in den Mss. Ade(f)mp-tw-c₂𝔖(sub ※ c₂𝔖).

7,3	לך עשה	cdlp-tz	*rell*		
13,11	בואי שכבי	alle			
13,15	קומי לכי	AMNac-gimnp-y	*O' rell*		
14,21	ולך השב	MN *rell*	boc$_2$e$_2$Acx		om.2°:Bha^2
16,7	צא צא	boc$_2$e$_2$*rell*			om.2°:Ag
18,21^b	לך הגד	v	boc$_2$e$_2$	*rell*	
18,30^a	סב התיצב	BAchxa$_2$	boc$_2$e$_2$ MN *rell*		
19,8^a	קום צא ודבר			*rell*	om.2°: boc$_2$e$_2$
20,16	שמעו שמעו אמרו	*rell*	boc$_2$e$_2$ (δη)		
24,1	לך מנה	*rell*	MNd-gij^{txt} lmnp-t wyzb$_2$	a$_2$	
24,18	עלה הקם		alle		
1K 2,29	לך פגע-בו		alle		
15,19	לך הפרה	*O' rell*	e$_2$	C'	
17,9	קום לך		alle		
17,13	באי עשי		alle		
18,1	לך הראה		alle		
18,8	לך אמר	*rell*	boc$_2$e$_2$i		
18,11	לך אמר	*rell*	boc$_2$e$_2$Ai		
18,14	לך אמר	*rell*	boc$_2^a$e$_2$A	N	
18,19	שלח קבץ	BAf	*rell*		
18,41	עלה אכל ושתה		alle		
18,44	עלה אמר		alle		
19,5	קום אכול	A	alle		
19,7	קום אכל	*rell*	biz		
19,15	לך שוב	*rell*	bc$_2$e$_2$ efjmw		
19,20	לך שוב	*rell*	p		om.1°: O'Bbjc$_2$e$_2$
20{21},22	לך התחזק				om.1°: alle
20{21},24	עשה הסר	alle			
20{21},33	באו קחהו		alle		
21{20},7	קום אכל	*rell*	boc$_2$e$_2$		
21{20},15	קום רש	*rell*	be$_2$		
21{20},18	קום רד		alle		
2K 1,2	לכו דרשו	v	*rell*	ᵹ'C'	
1,3	קום עלה	g*n	A	*O' rell*	
1,6	לכו שובו	alle			

4,3	לכי שאלי	alle			
4,7	לכי מכרי	gC′	O′ *rell*		
5,5	לך־בא	alle			
5,23	הואל קח	alle		C′	
8,10	לך אמר	O′ *rell*	boc2e2		
9,25	שא השלכהו		boc2e2 y-b2ghnx		om.1°: O′ *rell*
9,26	שא השלכהו		boc2e2	*rell*	
10,25	באו הכום			alle	
22,13	לכו דרשו	boc2e2AN *rell*	Bu		

Ergebnisse:

(1) In den Nicht-καὶγε-Abschnitten (α′, ββ′, γγ′) tritt am häufigsten die Wiedergabe mit den durch eine Kopula (καὶ) verbundenen zwei finiten Verben auf. Daraus lässt sich schließen, dass diese Wiedergabe ursprünglich war, d.h. sie entspricht der Ur-LXX. Die Fälle, in denen die LXX *rell* in diesen Abschnitten gegenüber dem Ant asyndetisch wiedergibt, beziehen sich auf die adverbiale Wiedergabe mit δεῦρο bzw. δεῦτε für die Imperativform von הלך. Avalos stellt fest, dass die Wiedergabe mit δεῦρο bzw. δεῦτε ein Kriterium für die KR ist.[8] Nach ihm geht die asyndetische Nachahmung der LXX *rell* in diesen Abschnitten auf den Einfluss der KR zurück.

(2) In den καὶγε–Abschnitten (βγ′, γδ′) kann man nicht nur die Wiedergabe der KR, sondern auch die der Ur-LXX, die der Ant bewahrt hat, charakteristisch erkennen. Die KR ahmte die hebr. asyndetische Verbindung wörtlich nach. Auf Grund der Bearbeitungs-regeln der KR ist es nicht sehr wahrscheinlich, dass eine gr. Kopula geschrieben wurde, wo sie in der hebr. Vorlage fehlte. Die Wiedergabe der KR wurde von O′ übernommen.

(3) Die Wiedergabe mit *participium coniunctum* ist nicht einfach zu erklären. In Bezug auf den Pentateuch meint Aejmelaeus:[9]

> This is a natural rendering for an expression where two verbs are so closely linked together, with no conjunction between them. The translator had no need to consider a wider segment of the text – only two words – to arrive at this rendering.

S. dazu H. Avalos, "δεῦρο - δεῦτε and the Imperatives of הלך. New Criteria for the 'Kaige' Recension of Reigns", *EstBib* 47, (1989), 165-176.

9   Aejmelaeus, *On the Trail of the Septuagint Translators*, 9.

Ihre Aussage hat recht in der Frage, wie die Übersetzer solch eine Wiedergabe hergestellt haben. Wenn man aber fragt, warum ein *participium coniunctum* an bestimmten Stellen und in bestimmten Handschriften steht, dann ist die Antwort von Aejmelaeus nicht befriedigend. In Sam-Kön ist zu erkennen, dass die Wiedergabe mit *participium coniunctum* schon in der Hexapla (z.B. 2Sam 1,15) vorhanden war, und dass der Ant sie vermied. Auch wenn man die Wiedergabe des Ant nicht einfach als vor- oder nachhexaplarisch bestimmen kann, ist zumindest klar, dass der Ant (boc₂e₂) bei den Stellen von 2Sam 1,15; 18,21ᵇ; 19,8ᵃ; 2Kön 9,26 jünger als die LXX *rell* ist. Denn die Hss. boc₂e₂ wollten hier sicherlich absichtlich ein *participium coniunctum* vermeiden. Meiner Meinung nach geht diese Tendenz auf den Märtyrer Lukian zurück. Er wollte vermutlich eine einheitliche Wiedergabe, nämlich mit der Hinzufügung der Kopula. In 1Sam 20,21; 2Kön 1,3 wurde seine Bearbeitung m.E. durch die Wechselwirkung mit der KR verändert. Es ist nun aber zu fragen, wie das *participium coniunctum* in der KR erklärt werden kann. Die Wiedergabe mit dem *participium coniunctum* könnte von Symmachos herkommen, denn seine Übersetzung war auf eine innergriechisch gut verstehbare, schöne Übersetzung gezielt (z.B. 1Kön 15,19; 2Kön 1,2; 5,23). Aber in 2Kön 4,7 ahmt Symmachos erstaunlicherweise auch die hebr. asyndetische Verbindung nach, obwohl Origenes und die LXX *rell* mit Kopula wiedergegeben haben. D.h. Symmachos hat für die asyndetische Verbindung der Verben also nicht zwingend ein *participium coniunctum* verwendet. In 2Kön 1,2 liegt ein Fall vor, wo nicht nur Symmachos, sondern sogar Aquila mit dem *participium coniunctum* wiedergibt. Die Wiedergabe mit dem *participium coniunctum* stellt damit eine vorhexaplarische Tradition dar. Deshalb stellt das *participium coniunctum* in der KR nicht ihre eigene, ursprüngliche Wiedergabe dar, sondern ist für einen vorhexaplarischen Einfluss auf die Handschriften zu halten.

Die textgeschichtliche Entwicklung kann folgenderweise rekonstruiert werden:

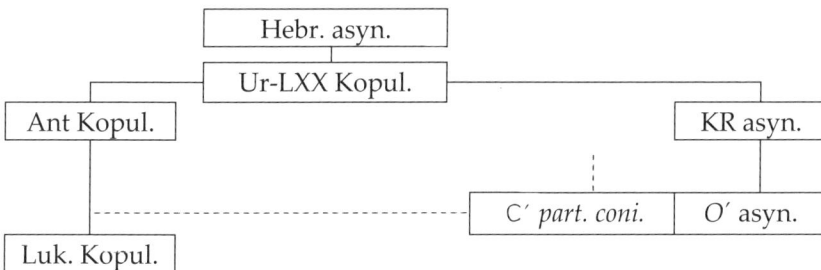

V21c. S.o. 15,25a zur Verwendung des Dativs für לְ.

V21d. Der Unterschied in der Wortwahl ist nicht wesentlich.

V21e. S.o. 16,4f zum Unterschied im Tempus: Aorist in der KR und Perfekt im Ant (boc2e2).

V21f. S.o. 15,3a zum „beweglichen ν" in der Madrider Ausgabe.

V21g. S.o. 15,32i zur Transkription für כּוּשִׁי im Vergleich mit der Transkription für חוּשִׁי.

V21h. Der Unterschied in der Wortwahl ist nicht wesentlich.

V22a. S.o. 15,24b zur Transkription für צָדוֹק.

V22b. S.o. 15,3a zum „beweglichen ν" in der Madrider Ausgabe.

V22c. S.o. 17,12a zu den unterschiedlichen Wiedergaben zwischen der KR (πρὸς) und dem Ant (τῷ) für אֶל.

V22d. מַה des MT ist als indefinites Pronomen aufzufassen: „Und geschehe, *was* will!".[10] Dieser Satz kann aber im Griechischen nicht wörtlich wiedergegeben werden. Daher gab der Ant (boc2e2 𝔄)[11] sinngemäß mit καὶ τί ἔσται ἐάν wieder, und zwar in Kongruenz mit V23c-c (s.u.). Dagegen setzt die KR (καὶ ἔστω ὅτι) vermutlich וִיהִי כִּי statt מַה יְהִי voraus.

V22e. (1) Der Ant setzt gegenüber dem MT und der KR einen kürzeren Text voraus. (2) S.o. 15,24a zur Wiedergabe der KR mit καὶ γε für גַּם.

V22f. S.o. 15,32i zur Transkription für כּוּשִׁי.

V22g/h. An dieser Stelle erkennt man unterschiedliche Lesarten der gr. Versionen:

---

10 *GK* § 137c ; *JM* § 145f.
11 Vgl. καὶ τί ἔσται ὅτι v; καὶ τί ἐάν zmg.

ἵνα τί τοῦτο	Bgh
ἵνα τί σύ	boc₂e₂ 𝕮ᵛⁱᵈ
ἵνα τί τοῦτο σύ	A
ἵνα τί σύ τοῦτο	MN *rell*
ἵνα σύ τί τοῦτο	c
ἵνα τί σύ τούτῳ	y
ἵνα τί σύ τούτου	v
ἵνα τί (-)	a₂

Vor allem sind zwei Traditionen erkennbar: (1) לָמָּה־זֶּה der KR (2) לָמָּה־אַתָּה des Ant. Der Cod. A stellt die Verbindung der beiden Traditionen dar, und diese Tradition findet sich auch im MT (אַתָּה לָמָּה־זֶּה), d.h. der Cod A wurde hier durch den Proto-MT beeinflusst. Eine andere Verbindung erkennt man in den Mss. MN *rell*. Die Textüberlieferung kann folgendermaßen dargestellt werden:

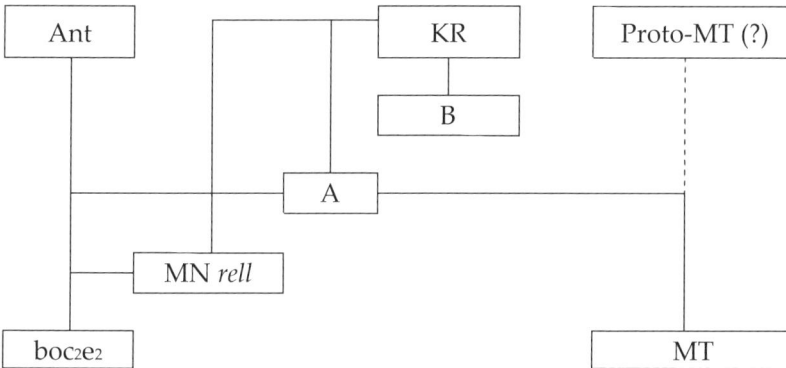

V22ⁱ. Der Ant (τέκνον) scheint eine innergriechische Korrektur zu sein.[12] Dagegen gab die KR dieselbe Texttradition wie der MT (בְּנִי) wörtlich mit υἱέ μου wieder.

V22ʲ/ᵏ. Die KR setzt vermutlich gegenüber dem MT und dem Ant eine andere Vorlage voraus: לְכָה אֵין־לְכָה בְּשׂוֹרָה statt וּלְכָה אֵין־בְּשׂוֹרָה. Die Form von לְכָה ist tatsächlich nicht nur die orthografische Variante von לְךָ,[13] sondern auch die Alternativform des Imperativs (לֵךְ).[14]

---

12   Vgl. *LXX.D*, Bd. 2, Im Druck; Meiser erklärt: „Vielleicht korrigiert L, weil Achimaaz nicht wirklich Joabs Sohn im leiblichen Sinne ist."

13   Dazu s. *GK* § 103g.

V23[a]. Die gr. Versionen haben hier gegenüber dem MT einen längeren Text (καὶ εἶπεν). Vermutlich geht er auf die hebr. Vorlage (ויאמר) zurück.

V23[b]. Der Ant+ (boc₂e₂MN *rell* 𝔄-ed 𝕮𝕾ʲ) hat gegenüber der KR (BAchxa₂ 𝔄-codd 𝕮) einen längeren Text. Er bietet ᾿Αχιμάας als Subjekt des Satzes. Vermutlich geht der Text auf die hebr. Vorlage zurück.

V23[c-c]. S.o. V22[d].

V23[d]. Der Unterschied in der Diathese ist nur unwesentlich.

V23[e]. Die gr. Versionen haben hier gegenüber dem MT einen längeren Text. Sie bieten ᾿Ιωαβ als Subjekt des Satzes. Vermutlich gehen die gr. Versionen auf eine hebr. Vorlage zurück.

V23[f]. Der Ant (κατὰ τὴν ὁδόν; boc₂e₂z^mg) setzt hier gegenüber dem MT (דרך) und der KR (ὁδόν) eine andere Texttradition (בדרך) voraus.

V23[g]. Die KR transkribierte die Vorlage (הככר) mit τὴν τοῦ Κεχαρ, dagegen übersetzte der Ant seinen Text mit τὴν διατεταγμένην. Das hebr. Wort des MT wird in der LXX nie mit διατάσσω wiedergegeben. Vielleicht setzt der Ant eine andere Vorlage (z.B. המדר)[15] voraus.

V23[h]. (1) Der Unterschied in der Wortwahl ist unwesentlich. (2) S.o. 15,3[a] zum Ausfallen des „beweglichen ν" im Ant.

V23[i]. S.o. 15,32[i] zur Transkription für כושי.

14　Dazu s. *GK* § 48i.
15　Z.B. Ez 42,20.

2.18. 2Sam 18,24-19,1

2.18.1. Textsynopse

MT		KR	Ant
וְדָוִד יוֹשֵׁב	24	καὶ Δαυιδ ἐκάθητο	καὶ Δαυιδ ἐκάθητο
בֵּין־		ἀνὰ μέσον	ἀνὰ μέσον
שְׁנֵיᵃ הַשְּׁעָרִים		ᵃτῶν δύοᵃ πυλῶν	ᵃἀμφοτέρων τῶνᵃ πυλῶν
וַיֵּלֶךְ הַצֹּפֶה		καὶ ἐπορεύθη ὁ σκοπὸς	καὶ ἐπορεύθη ὁ σκοπὸς
אֶל־ᵇגַּג הַשַּׁעַר		εἰςᵇ τὸᶜ δῶμα τῆς πύλης	ἐπὶᵇ τὸᶜ δῶμα τῆς πύλης
אֶל־ᵈהַחוֹמָה		πρὸςᵈ τὸ τεῖχος	ἐπὶᵈ τοῦ τείχους
וַיִּשָּׂאᵉ		καὶ ἐπῆρενᵉ	καὶ ἦρεᵉ
אֶת־עֵינָיוᶠ		τοὺςᶠ ὀφθαλμοὺς αὐτοῦ	τοὺςᶠ ὀφθαλμοὺς αὐτοῦ
וַיַּרְא		καὶ εἶδεν	καὶ εἶδεν*
וְהִנֵּה־אִישׁ		καὶ ἰδοὺ ἀνὴρ	καὶ ἰδοὺ ἀνὴρ
רָץ לְבַדּוֹ:		τρέχων μόνος	τρέχων μόνος
		ᵍἐνώπιον αὐτοῦᵍ	ᵍἐνώπιον αὐτοῦᵍ
וַיִּקְרָא הַצֹּפֶה	25	καὶ ἀνεβόησεν ὁ σκοπὸς	καὶ ἀνεβόησεν ὁ σκοπὸς
וַיַּגֵּד לַמֶּלֶךְ		καὶ ἀπήγγειλενᵃ τῷ βασιλεῖ	καὶ ἀπήγγειλεᵃ τῷ βασιλεῖ
וַיֹּאמֶר הַמֶּלֶךְ		καὶ εἶπεν ὁ βασιλεύς	καὶ εἶπεν ὁ βασιλεύς
אִם־לְבַדּוֹ		εἰ μόνος ἐστίνᶜ	εἰ μόνος αὐτὸςᵇ τρέχειᶜ
בְּשׂוֹרָהᵈ		εὐαγγελίαᵈ	εὐαγγελισμόςᵈ
בְּפִיו		ἐν τῷ στόματι αὐτοῦ	ἐν τῷ στόματι αὐτοῦ
וַיֵּלֶךְ הָלוֹךְ		καὶ ἐπορεύετο πορευόμενος	καὶ ἐπορεύετο πορευόμενος
וְקָרֵב:ᵉ		καὶ ἐγγίζωνᵉ	καὶ ἤγγιζενᵉ
וַיַּרְא הַצֹּפֶה	26	καὶ εἶδεν ὁ σκοπὸς	καὶ εἶδεν ὁ σκοπὸς
אִישׁ־אַחֵר רָץ		ἄνδρα ἕτερον τρέχοντα	ἄνδρα ἕτερον τρέχοντα
וַיִּקְרָא הַצֹּפֶה		καὶ ἐβόησενᵃ ὁ σκοπὸς	καὶ ἀνεβόησενᵃ ὁ σκοπὸς
אֶל־ᵇהַשֹּׁעֵר		πρὸςᵇ τῇ πύλῃ	ἐπὶᵇ τὴν πύλην
וַיֹּאמֶר		καὶ εἶπεν	καὶ εἶπεν
הִנֵּה־אִישׁ		ἰδοὺ ἀνὴρ ἕτερος	ἰδοὺ ἀνὴρ ἕτερος
רָץ לְבַדּוֹᶜ		ᶜτρέχων μόνοςᶜ	ᶜμόνος τρέχωνᶜ
וַיֹּאמֶר הַמֶּלֶךְ		καὶ εἶπεν ὁ βασιλεύς	καὶ εἶπεν ὁ βασιλεύς
גַּם־ᵈזֶה		ᵈκαί γεᵈ οὗτος	καίᵈ οὗτος
מְבַשֵּׂר:		εὐαγγελιζόμενος	εὐαγγελιζόμενος
וַיֹּאמֶר הַצֹּפֶה	27	καὶ εἶπεν ὁ σκοπός	καὶ εἶπεν ὁ σκοπός
אֲנִי רֹאֶהᵇ		ἐγώᵃ ὁρῶᵇ	ἑώρακαᵇ
אֶת־מְרוּצַת הָרִאשׁוֹן		τὸνᶜ δρόμον τοῦ πρώτου	τὸνᶜ δρόμον τοῦ πρώτου
כִּמְרֻצַת אֲחִימַעַץ		ὡς δρόμον Αχιμαας	ὡς δρόμον Ἀχιμάας

Hebrew		Greek	Greek
בֶּן־צָדֽוֹק		υἱοῦ Σαδωκ[d]	υἱοῦ Σαδδούκ[d]
וַיֹּאמֶר הַמֶּלֶךְ		καὶ εἶπεν ὁ βασιλεύς	καὶ εἶπεν ὁ βασιλεύς
אִישׁ־טוֹב זֶה		ἀνὴρ ἀγαθὸς οὗτος	ἀνὴρ ἀγαθὸς οὗτος
וְאֶל־בְּשׂוֹרָה[g]		[e]καὶ γε[e] εἰς[f] εὐαγγελίαν[g]	ὑπὲρ[f] εὐαγγελίων[g]
טוֹבָה		ἀγαθήν	ἀγαθῶν
יָבֽוֹא:		ἐλεύσεται[h]	οἴσει[h]
וַיִּקְרָא[a] אֲחִימַעַץ	28	καὶ ἐβόησεν[a] Αχιμαας	καὶ προσῆλθεν[a] Ἀχιμάας
וַיֹּאמֶר אֶל־הַמֶּלֶךְ		καὶ εἶπεν[b] πρὸς[c] τὸν βασιλέα	καὶ εἶπε[b] τῷ[c] βασιλεῖ
שָׁלוֹם		εἰρήνη	εἰρήνη
וַיִּשְׁתַּחוּ		καὶ προσεκύνησεν	καὶ προσεκύνησεν
לַמֶּלֶךְ[d]		[d]τῷ βασιλεῖ[d]	αὐτῷ[d]
לְאַפָּיו[e]		ἐπὶ πρόσωπον αὐτοῦ[e]	ἐπὶ πρόσωπον
אָרְצָה		ἐπὶ τὴν γῆν	ἐπὶ τὴν γῆν
וַיֹּאמֶר		καὶ εἶπεν	καὶ εἶπεν
בָּרוּךְ		εὐλογητὸς	εὐλογητὸς
יְהוָה אֱלֹהֶיךָ		κύριος ὁ[f] θεός σου	κύριος ὁ[f] θεός σου
אֲשֶׁר סִגַּר		ὃς ἀπέκλεισεν[g]	ὃς συνέκλεισε[g]
אֲשֶׁר־נָשְׂאוּ[h]		τοὺς ἄνδρας	τοὺς ἄνδρας
אֶת־הָאֲנָשִׁים		τοὺς μισοῦντας[h]	τοὺς ἐπαραμένους[h]
אֶת־יָדָם[j]		τὴν[i] χεῖρα[j] αὐτῶν	τὰς[i] χεῖρας[j] αὐτῶν
בַּאדֹנִי[k]		ἐν[k] τῷ κυρίῳ μου	ἐπὶ[k] τὸν κύριόν μου
הַמֶּלֶךְ:		τῷ βασιλεῖ	τὸν βασιλέα
וַיֹּאמֶר הַמֶּלֶךְ	29	καὶ εἶπεν ὁ βασιλεύς	καὶ εἶπεν ὁ βασιλεύς
שָׁלוֹם		εἰρήνη	εἰρήνη
לַנַּעַר לְאַבְשָׁלוֹם		τῷ παιδαρίῳ τῷ Αβεσσαλωμ	τῷ παιδαρίῳ τῷ Αβεσσαλωμ
וַיֹּאמֶר אֲחִימַעַץ		καὶ εἶπεν Αχιμαας	καὶ εἶπεν Ἀχιμάας
			[a]ἤκουσα ἦχον μέγαν
			ὀπίσω μου[a]
רָאִי[b]		[b]εἶδον	
תִי הֶהָמוֹן הַגָּדוֹל[b]		τὸ πλῆθος τὸ μέγα[b]	
לִשְׁלֹחַ		[c]τοῦ ἀποστεῖλαι[c]	[c]ἐν τῷ ἀποστεῖλαι[c]
[אֶת־עֶבֶד][d]		[d][τὸν[e] δοῦλον[f]	[d][Ἰωὰβ τὸν[e] παῖδα[f]
הַמֶּלֶךְ יוֹאָב][d]		τοῦ βασιλέως Ιωαβ][d]	τοῦ βασιλέως][d]
וְאֶת־עַבְדְּךָ		καὶ[g] τὸν[h] δοῦλόν σου	τὸν[h] δοῦλόν σου
וְלֹא יָדַעְתִּי מָה:		καὶ οὐκ ἔγνων τί[i] ἐκεῖ[j]	καὶ οὐκ ἔγνων τὰ[i] ἐκεῖ[j]
וַיֹּאמֶר הַמֶּלֶךְ	30	καὶ εἶπεν ὁ βασιλεύς	καὶ εἶπεν ὁ βασιλεύς
סֹב[a] הִתְיַצֵּב כֹּה		ἐπίστρεψον[a] στηλώθητι[b] ὧδε	πάρελθε[a] καὶ[b] παράστηθι[c] ὧδε
וַיִּסֹּב וַיַּעֲמֹד:		καὶ ἐπεστράφη[d] καὶ ἔστη	καὶ παρῆλθε[d] καὶ ἔστη

			ᵉὀπίσω αὐτοῦᵉ
וְהִנֵּה הַכּוּשִׁי	31	καὶ ἰδοὺ ὁᵃ Χουσιᵇ	καὶ ἰδοὺ Χουσεὶᵇ
בָא		παρεγένετο	παρεγένετο
וַיֹּאמֶר הַכּוּשִׁי		καὶ εἶπεν	καὶ εἶπεν ᶜὁ Χουσεὶᶜ
		ᵈτῷ βασιλεῖᵈ	ᵈτῷ βασιλεῖᵈ
יִתְבַּשֵּׂרᵉ		εὐαγγελισθήτωᵉ	εὐαγγέλιαᵉ
אֲדֹנִיᶠ הַמֶּלֶךְᵍ		ᶠὁ κύριός μουᶠ ᵍὁ βασιλεύςᵍ	ᶠκύριέ μουᶠ βασιλεῦᵍ
כִּי־שְׁפָטְךָʰ יְהוָה		ὅτι ἔκρινένʰ σοι κύριος	ὅτι ἐδίκασέʰ σοι κύριος
הַיּוֹםⁱ		σήμερονⁱ	σήμερονⁱ
מִיַּד		ἐκ χειρὸς	ἐκ χειρὸς
כָּל־הַקָּמִיםʲ		πάντων τῶν ἐπεγειρομένωνʲ	πάντων τῶν ἀνθεστηκότωνʲ
עָלֶיךָᵏ:		ἐπὶ σέᵏ	σοιᵏ
וַיֹּאמֶר הַמֶּלֶךְ	32	καὶ εἶπεν ὁ βασιλεὺς	καὶ εἶπεν ὁ βασιλεὺς
אֶל־הַכּוּשִׁי		πρὸς τὸν Χουσιᵃ	πρὸς τὸν Χουσεὶᵃ
הֲשָׁלוֹםᵇ		εἰ εἰρήνηᵇ	εἰ ὑγιαίνειᵇ
לַנַּעַר לְᵈאַבְשָׁלוֹם		τῷᶜ παιδαρίῳ τῷᵈ Αβεσσαλωμ	τὸᶜ παιδάριον Αβεσσαλωμ
וַיֹּאמֶר הַכּוּשִׁי		καὶ εἶπεν ὁ Χουσιᵉ	καὶ εἶπεν ὁ Χουσεὶᵉ
יִהְיוּ כַנַּעַר		γένοιντο ὡς τὸ παιδάριον	γένοιντο ὡς τὸ παιδάριον
אֹיְבֵי אֲדֹנִי		οἱ ἐχθροὶ τοῦ κυρίου μου	οἱ ἐχθροὶ τοῦ κυρίου μου
הַמֶּלֶךְ		τοῦ βασιλέως	τοῦ βασιλέως
וְכֹל		καὶ πάντες	καὶ πάντες
אֲשֶׁר־קָמוּ		ὅσοι ἐπανέστησαν	ὅσοι ἐπανέστησαν
עָלֶיךָᶠ לְרָעָה:		ᶠἐπ' αὐτὸνᶠ εἰς κακά	σοιᶠ εἰς κακά
וַיִּרְגַּז הַמֶּלֶךְ	1	καὶ ἐταράχθηᵃ ὁ βασιλεὺς	καὶ ἐδάκρυσενᵃ ὁ βασιλεὺς
וַיַּעַל		καὶ ἀνέβη	καὶ ἀνέβη
עַל־עֲלִיַּת הַשַּׁעַר		εἰς τὸᵇ ὑπερῷον τῆς πύλης	εἰς τὸᵇ ὑπερῷον τῆς πύλης
וַיֵּבְךְּ		καὶ ἔκλαυσεν	Καὶ ἔκλαυσεν
וְכֹה אָמַר		καὶ οὕτως εἶπεν	καὶ τάδεᶜ εἶπεν
בְּלֶכְתּוֹᵈ		ᵈἐν τῷ πορεύεσθαι αὐτόνᵈ	ᵈἐν τῷ κλαίειν αὐτόνᵈ
בְּנִי אַבְשָׁלוֹם		ᵉυἱέ μουᵉ Αβεσσαλωμ	ᵉτέκνον ἐμόνᵉ Ἀβεσσαλώμ
בְּנִי		ᶠυἱέ μουᶠ	
ᵍ[בְּנִי אַבְשָׁלוֹם]ᵍ		ᵍ[ʰυἱέ μουʰ Αβεσσαλωμ]ᵍ	ᵍ['Αβεσσαλωμ ʰτέκνον ἐμόνʰ]ᵍ
מִי־יִתֵּן מוּתִיᵏ		τίς δῴη τὸνⁱ ᵏθάνατόν μουᵏ	τίς δώσειⁱ ᵏμοι θάνατόνᵏ
		ˡἀντὶ σοῦˡ	ˡἀντὶ σοῦˡ
אֲנִי תַחְתֶּיךָᵐ		ᵐἐγὼ ἀντὶ σοῦᵐ	
אַבְשָׁלוֹם בְּנִי בְנִיᵐ:		Αβεσσαλωμ υἱέ μου ⁿυἱέ μουⁿ	Αβεσσαλωμ υἱέ μου

2.18.2. Analyse der Varianten

V24ᵃ. Der Ant wollte vermutlich durch die Wiedergabe von ἀμφοτέρων die Szene sachlich präzisieren.

V24ᵇ. S.o.17,12ᵃ zur Wiedergabe für אל.

V24ᶜ. S.o. 15,2ᵗ zur Verwendung des Artikels.

V24ᵈ. S.o.17,12ᵃ zur Wiedergabe für אל.

V24ᵉ. (1) Die KR (BAchxa2) hat beim Verb die Vorsilbe (ἐπὶ), die im Ant+ (boc2e2 MN *rell*) fehlt. Der Unterschied ist unwesentlich. (2) S.o. 15,3ᵃ zum „beweglichen ν" in der Madrider Ausgabe.

V24ᶠ. S.o. 15,5ᵍ zur Verwendung des Artikels für *nota accusativi*.

V24ᵍ. Die gr. Versionen haben hier gegenüber dem MT einen längeren Text, der vermutlich auf eine hebr. Vorlage (לפני) zurückgeht. Dazu vgl. 15,1ᵉ.

V25ᵃ. S.o. 15,3ᵃ zum „beweglichen ν" in der Madrider Ausgabe.

V25ᵇ. Die Hss. oc2e2 haben hier ein Personalpronomen, das innergriechisch hinzugefügt wurde.

V25ᶜ. Der Ant hat gegenüber dem MT und der KR (ἐστιν) einen längeren Text (τρέχει), der vermutlich auf eine hebr. Vorlage (רץ) zurückgeht.

V25ᵈ. Vgl. 18,20b.

V25ᵉ. Der *inf. abs.* הָלֹוךְ drückt zusammen mit dem finiten Verb הלך den „Begriff der längeren *Fortdauer*" aus, und „die Handlung selbst wird in einem zweiten *inf. abs.*, bisweilen auch in einem Partizip oder Adjektivum verbale beigefügt"[1]. In diesem Sinne kann וַיֵּלֶךְ הָלֹוךְ וְקָרֵב folgendermaßen übersetzt werden: „Und er kam immer näher". Dieser hebr. Ausdruck ist im Griechischen nicht wörtlich nachzuahmen. Daher gibt

---

[1]   *GK* § 113u ; auch *JM* § 123s; *BroS* § 93g.

die KR die Wendung in Übereinstimmung mit der vorangestellten *figura etymologica* (וַיֵּלֶךְ הָלוֹךְ) mit Partizip (καὶ ἐγγίζων) wieder; (vgl. 15, 8ᵉ bes. Anm. 18) zur Wiedergabe mit Partizip für *inf. abs.* Dagegen fasste der Ant den Konsonantentext von וקרב als finites Verb mit *Waw-copulativum* auf und gibt mit finitem Verb (καὶ ἤγγιζεν) wieder.

V26ᵃ. Der Ant+ (boc₂e₂fjb₂) bietet eine Vorsilbe (ἀνά-), mit der er vermutlich den Sinn des Verbs verstärken wollte.

V26ᵇ. S.o. 17,12ᵃ zur Transkription für צדוק.

V26ᶜ. Die umgestellte Wortfolge des Ant ist eine innergriechische Veränderung.

V26ᵈ. S.o. 15,24ᵃ zur Wiedergabe der KR mit καὶ γε für גם.

V27ᵃ/ᵇ. Der Ant setzt hier vielleicht ראיתי statt אני ראה (=KR) voraus.

V27ᶜ. S.o. 15.5ᵍ zur Verwendung des Artikels für *nota accusativi*.

V27ᵈ. S.o. 17,12ᵃ zur Transkription für צדוק.

V27ᵉ/ᶠ. Die KR (καὶ γε) setzt vermutlich gegenüber dem MT (ואל־בשורה) einen erweiterten Text (גם אל־בשורה) voraus. Dazu vgl. 15,24ᵃ. Zudem hinaus setzt der Ant (ὑπέρ) wahrscheinlich על statt אל voraus im Sinne von „für, um ... willen".

V27ᵍ. Der Plural des Ant ist nur eine innergriechische Veränderung.

V27ʰ. Der Unterschied in der Wortwahl ist eigentlich nicht wesentlich. Der Blick auf die Verwendung in der LXX zeigt, dass φέρω so wie im Ant als Intransitiv für בוא in Qal verwendet wird,[2] auch wenn es meistens die Wiedergabe für Hiphil ist.[3]

V28ᵃ. Der Ant (καὶ προσῆθεν)[4] setzt hier gegenüber dem MT (ויקרא) und der KR (καὶ ἐβόησεν) ein anderes Verb (ויקרב) voraus.

---

2   Ex 35,21; Lev 15,14; Jos 18,9; 1Sam 18,17; 2Kön 5,20; 1Chr 16,29; 2Chr 9,13.

3   S. *HR*, 1426c-1428a, bes. (3b).

4   Vgl. προσήγαγεν Magv.

V28^b. S.o. 15,3ᵃ zum „beweglichen ν" in der Madrider Ausgabe.

V28ᶜ. S.o. 17,12ᵃ zur Wiedergabe der KR für אל. Der Ant setzt aber vermutlich למלך statt אל־המלך voraus. Dazu vgl. V28ᵈ (MT und KR) und 15,25ᵃ.

V28ᵈ. S.o. 15,25ᵃ zur Verwendung des Dativs des Artikels für die hebr. Präposition ל in der KR. Dagegen steht im Ant nur das Personalpronomen. Meiner Meinung nach ist das keine Widerspiegelung einer anderen Vorlage (לו), sondern bloß eine innergriechische Veränderung, um die unnötige Wiederholung des Nomens zu vermeiden.[5]

V28ᵉ. Im Griechischen ist das Bezugswort des Ant (ἐπὶ πρόσωπον) das vorangestellte αὐτῷ. Der Ant vermeidet die unnötige Wiederholung. Die KR passt dagegen an den Wortlaut von MT an.

V28ᶠ. S.o. 15,2ᵗ zur Verwendung des Artikels.

V28ᵍ. S.o. 15,3ᵃ zum „beweglichen ν" in der Madrider Ausgabe.

V28ʰ. Die KR (τοὺς μισοῦντας; BMᵐᵍchxa2) setzt gegenüber MT (אשר־נשאו) und Ant (τοὺς ἐπαραμένους; auch O') eine andere Texttradition (אשר־שנאו) voraus.[6] Der Ausdruck der KR passt eigentlich nicht zum weiteren Kontext. Daher übernahm Origenes hier nicht wie sonst die KR, sondern eine Textform, die dem Ant entspricht. Die vorliegende Metathesis (נש-שנ) beruht entweder auf unterschiedlichen Vorlagen, oder auf einer Verlesung des Übersetzers.

Eine alternative sachentsprechende Bearbeitung erkennt man in den Hss. c (15. Jh) und x (12. Jh.): ψυχήν τοῦ κυρίου μου τοῦ βασιλέως anstelle τὴν χεῖρα αὐτῶν ἐν τῷ κυρίῳ μου τῷ βασιλεῖ. Auch wenn man auf Grund dieser Handschriften gegenüber MT keine Alternativvorlage (אשר־שנאו את־הנפשך statt אשר־נשאו את־ידם?) vermuten kann, sind sie ein Hinweis darauf, dass die Tradition von אשר־שנאו schon lange bekannt war. Trotzdem gewinnt diese Lesart gegenüber MT und Ant (O') keine textkritische Superiorität.

Die Textgeschichte ist in folgender Weise rekonstruierbar:

---

5   In der 𝔄 wurde dieser Teil sogar ausgelassen.
6   Vgl. επηρμενους f; επαρμενους Ng*y* *rell*; ανταραντας A.

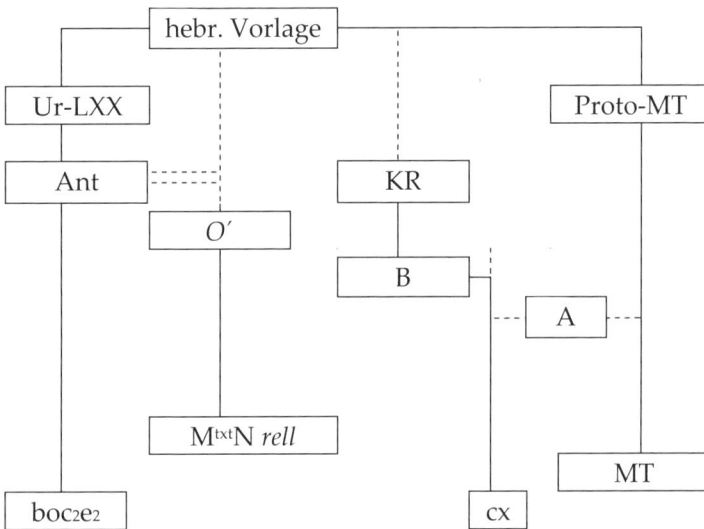

Meiner Meinung nach war hier die hebräische Vorlage der Ur-LXX identisch mit dem MT. Sowohl der Ant als auch Origenes (auch die Hss. M^{txt}N *rell*) haben die Ur-LXX bewahrt. Auch wenn die Wiedergaben zwischen dem Ant und Origenes nicht wörtlich übereinstimmen, setzen beide Traditionen dieselbe hebräische Vorlage voraus. Die Tradition der KR verlas den hebr. Text. Die Wiedergabe der KR wurde trotzdem im Cod. B überliefert. Dem Cod. A war nicht nur die Tradition des Cod. B, sondern auch der Proto-MT bekannt. Hätte der Cod A. die griechische Tradition der Ur-LXX gekannt, hätte er keine eigene Wiedergabe erstellt.

V28^i. S.o. 15,5^g zur Verwendung des Artikels für *nota accusativi*.

V28^j. S.o. 15,36^h.

V28^k. Die Wiedergabe des Ant (ἐπί *c. acc.*) ist gegenüber der wortwörtlichen Wiedergabe der KR (ἐν für ב) sachgemäßer.

V29ᵃ/ᵇ. Der Ant (V29ᵃ) setzt hier gegenüber dem MT und der KR (V29ᵇ) eine andere Texttradition (שמעתי ההמון הגדול אחרי) voraus. Hier stimmen Josephus und 𝔏 mit dem Ant überein.[7]

V29ᶜ. Der Ant+ (ἐν τῷ ἀποστεῖλαι boc₂e₂MN *rell*) setzt gegenüber dem MT (לשלח) und der KR (τοῦ ἀποστεῖλαι BAchxa₂) eine andere Texttradition (ב/כשלח) voraus. Vgl. 15,5ᵉ.

V29ᵈ. Die umgestellte Wortfolge des Ant gegenüber dem MT und der KR ist nur eine innergriechische Veränderung .

V29ᵉ. S.o. 15,5g zur Verwendung des Artikels für *nota accusativi*.

V29ᶠ. S.o. 15,14ᵇ zum Unterschied in der Wortwahl.

V29ᵍ. Die asyndetische Verbindung des Ant spiegelt vermutlich eine Vorlage ohne ו Copulativum wider.

V29ʰ. S.o. 15,5ᵍ zur Verwendung des Artikels für *nota accusativi*.

V29ⁱ. Der Unterschied im Numerus ist eine innergriechische Variante.

V29ʲ. Die gr. Versionen haben gegenüber dem MT einen längeren Text (ἐκεῖ), der auf eine hebr. Vorlage (שם) zurückgeht.

V30ᵃ. (1) Der Unterschied in der Wortwahl ist nur unwesentlich. (2) S.o. 18,21ᵇ zur Wiedergabe für die hebr. asyndetische Verbindung der imperativischen Verben.

V30ᵇ. Die Kopula des Ant+ (boc₂e₂MN *rell*) ist m.E. eine innergriechische Hinzufügung.

V30ᶜ. S.o. 18,17ᵍ zur etymologischen Wiedergabe für נצב in der KR.

V30ᵈ. Der Unterschied in der Wortwahl ist nur unwesentlich.

---

7 *Jos.Ant.* VII 250 : Ἀκοῦσαι δὲ μεγάλης φωνῆς διωκόντων τὸν Ἀψάλωμον; *Audivi sonitum magnum post me cum mitteret me puer tuus Ioab* 𝔏.

V31ᵃ. Im Ant+ (boc₂e₂dehmp-twz) fehlt der Artikel, der im MT und der KR beibehalten ist. Allerdings geht dieser Unterschied nicht auf eine abweichende Vorlage zurück. Vgl. V31ᶜ.

V31ᵇ. S.o. 15,32ⁱ zur Transkription für כושי.

V31ᶜ. (1) Die KR stellt hier gegenüber dem MT und dem Ant (boc₂e₂Ac) eine kürzere Texttradition dar. (2) S.o. 15,32ⁱ zur Transkription für כושי.

V31ᵈ. Die gr. Versionen haben gegenüber dem MT einen längeren Text (τῷ βασιλεῖ<למלך).

V31ᵉ. Hier setzt der Ant (εὐαγγέλια) gegenüber dem MT (יתבשר) und der KR (εὐαγγελιθήτω) vermutlich einen anderen Text (בשרות) voraus.

V31ᶠ. (1) S.o. 15,2ᵗ zur Verwendung des Artikels in der KR. (2) Während die KR den Text mit Nominativ im Sinne von Vokativ wiedergibt, verwendet der Ant direkt eine Vokativform.

V31ᵍ. S.o. V31ᶠ, (2).

V31ʰ. (1) Der Unterschied in der Wortwahl ist nicht wesentlich. (2) S.o. 15,3ᵃ zum „beweglichen ν" in der Madrider Ausgabe.

V31ⁱ. S.o. 16,3ʰ zur Wiedergabe für היום.

V31ʲ. Der Unterschied in der Wortwahl ist nicht wesentlich.

V31ᵏ. S.o. 17,12ᵃ zur Wiedergabe für על.

V32ᵃ. S.o. 15,32ⁱ zur Transkription für כושי.

V32ᵇ. Vgl. 15,9ᵇ zur Wiedergabe für שלום.

V32ᶜ/ᵈ. (1) Vgl. 15,25ᵃ zur Verwendung des Dativs des Artikels für ל in der KR. (2) Der Kasus des Artikels (V32ᶜ) im Ant ergibt sich aus dem vorangehenden Verb (ὑγιαίνει). Darüber hinaus wurde אבשלום ohne Artikel als Apposition mit τὸ παιδάριον wiedergegeben.

V32ᵉ. S.o. 15,32ⁱ zur Transkription für כושי.

V32[f]. S.o. 17,12[a] zur Wiedergabe für עַל.

V1[a]. Die KR (καὶ ἐταράχθη (<ταράσσω)) setzt dieselbe Texttradition wie der MT (וַיִּרְגַּז) voraus. Diese Wiedergabe wurde von Origenes als sein LXX-Text in der fünften Kolumne der Hexapla aufgenommen.[8] Diese Texttradition wird ebenfalls von Aquila bestätigt, der den Text mit καὶ ἐκλονήθη (<κλονέομαι)[9] wiedergab. Dagegen gab Theodotion mit καὶ ἐδάκρυσεν (<δακρύω) wieder.[10] Diese Tradition erkennt man ebenfalls im Ant,[11] der gegenüber dem MT und der KR vermutlich eine andere Texttradition (וַיִּדְמַע)[12] voraussetzt. Die Textgeschichte lässt sich folgendermaßen rekonstruieren:

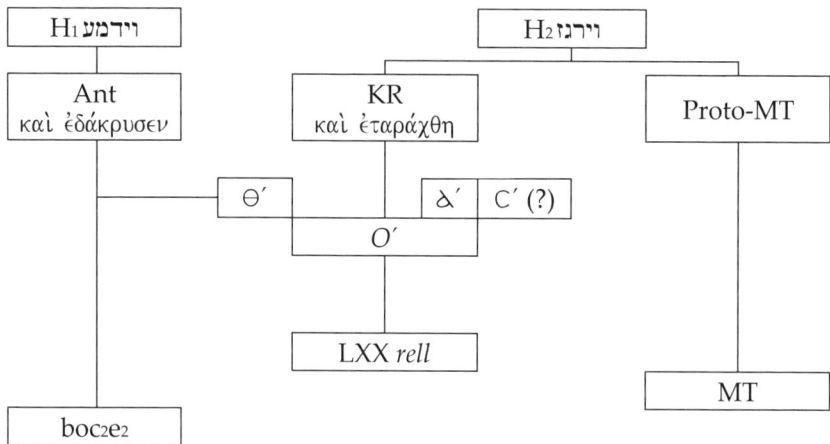

V1[b]. (1) S.o. 17,12[a] zur Wiedergabe für עַל. (2) S.o. 15,2[t] zur Verwendung des Artikels.

---

8   Field, *Hexapla* I, 574.
9   Field, *Hexapla* I, 574; Zur Wiedergabe von Aquila mit κλονέομαι für רגז s. Reider, *An Index to Aquila*, 136: z.B. Gen 45,24; Exod 15,14; 2Sam 7,10; Ps 4,5; Jes 5,25; 14,9; 32,11; 64,2{1}.
10   Field, *Hexapla* I, 574.
11   S.o. 1.3.2.2. (2) c. zu diesem Thema.
12   Vgl. McCarter, *II Samuel*, 403; Die Rekonstruierung der Vorlage ist schwierig, weil die Wiedergabe von δακρύω in der LXX (B A S R) ganz selten belegt wird (nur 4mal als Wiedergabe für ein hebr. Wort) dazu noch für verschiedene hebr. Wörter: Hiob 3,24 (נתך); Mi 2,6 (נטף); Klgl 1,2 (בכה); Ez 27,35 (רעם). S. dazu *HR*, 284a. Aber man kann das Verb דמע als Vorlage vermuten analog zu der Wiedergabe mit δακρύον für das Substantiv דִּמְעָה. S. *HR*, 284a, bes (1).

V1ᶜ. Der Unterschied in der Wortwahl ist unwesentlich.

V1ᵈ. Die KR (ἐν τῷ πορεύεσθαι; BAchxa₂ℭ; auch O′) setzt dieselbe Texttradition (בלכתו) wie der MT voraus. Der Ant+ (ἐν τῷ κλαίειν boc₂e₂MN *rell* 𝕬) bietet eine weitere Texttradition (בבכתו).

V1ᵉ/ᶠ/ᵍ/ʰ. Die KR stimmt wörtlich mit dem MT überein, dagegen stellt der Ant die chiastisch aufgebaute Wiedergabe dar:

MT	KR	Ant
בני	υἱέ μου	τέκνον ἐμὸν
אבשלום	Ἀβεσσαλωμ	Ἀβεσσαλωμ
בני	υἱέ μου	
בני	υἱέ μου	
אבשלום	Ἀβεσσαλωμ	Ἀβεσσαλωμ
		τέκνον ἐμὸν

Die Tradition des Ant spiegelt sich auch in 𝕬 wider (*Fili mi Abesolom, Abesolom fili mi*). Die Wortwahl von τέκνον (V1ᵉ/ʰ) ist in *Jos.Ant.* erkennbar.[13] Der Ant setzt gegenüber dem MT und der KR eine andere Texttradition (בני אבשלום אבשלום בני) voraus. Vgl. dazu 19,5ᵍ⁻ᵍ.

V1ⁱ. Die KR verwendet den Optativ (δῴη), um den Wunschaspekt des hebr. Imperfekts wiederzugeben. Dagegen steht im Ant eine Futurform (δώσει). Vgl. 16,4ᵍ.

V1ʲ. S.o. 15,2ᵗ zur Verwendung des Artikels in der KR.

V1ᵏ. Der Ant setzt hier gegenüber dem MT (מי־יתן מותי) und der KR vermutlich eine andere Texttradition (מי־יתן לי מות) voraus.

V1ˡ/ᵐ. Hier lassen die gr. Versionen die Textgeschichte erkennen:

MT	B *rell*	boc₂e₂Az^mg
	ἀντὶ σοῦ	ἀντὶ σοῦ
אני תחתיך	ἐγὼ ἀντὶ σοῦ	

---

13 *Jos.Ant.* VII 252 : Τέκνον, ἐκβοῶν.

Wir haben oben in 18,18^{d-d} gesehen, wie der Cod. B die ihm vorliegenden Texttraditionen zusammenfügt hatte. Im vorliegenden Fall kann man ebenfalls annehmen, dass es zwei unterschiedliche Texttraditionen (אני תחתיך von MT bzw. KR; תחתיך vom Ant) gab, die der Cod. B zusammenfügte.

V1^n. Im Ant (boc₂e₂z^{mg}a₂ 𝕮) fehlt die Wiedergabe des zweiten בני. Der Ant vereinfacht oder spiegelt gegenüber dem MT und der KR eine kürzere Vorlage wider.

2.19. 2Sam 19,2-9

2.19.1. Textsynopse

MT		KR	Ant
וַיֻּגַּ֖דᵃ לְיוֹאָ֑ב	2	καὶ ἀνηγγέληᵃ τῷ Ιωαβ λέγοντεςᵇ	καὶ ἀνήγγειλανᵃ τῷ Ἰωὰβ λέγοντεςᵇ
הִנֵּ֨ה הַמֶּ֤לֶךְ בֹּכֶה֙ וַיִּתְאַבֵּ֖ל עַל־אַבְשָׁלֹֽם׃		ἰδοὺ ὁ βασιλεὺς κλαίει καὶ πενθεῖ ἐπὶᶜ Αβεσσαλωμ	ἰδοὺ ὁ βασιλεὺς κλαίει καὶ πενθεῖ ὑπὲρᶜ Αβεσσαλωμ
וַתְּהִ֣י הַתְּשֻׁעָ֞ה בַּיּ֥וֹם הַה֛וּא לְאֵ֖בֶל לְכָל־הָעָ֑ם כִּֽי־שָׁמַ֤ע הָעָם֙ בַּיּ֣וֹם הַה֔וּא לֵאמֹ֔רᵃ	3	καὶ ἐγένετο ἡ σωτηρία ἐν τῇ ἡμέρᾳ ἐκείνῃ εἰς πένθος παντὶ τῷ λαῷ ὅτι ἤκουσεν ὁ λαὸς ἐν τῇ ἡμέρᾳ ἐκείνῃ λέγωνᵃ	καὶ ἐγένετο ἡ σωτηρία ἐν τῇ ἡμέρᾳ ἐκείνῃ εἰς πένθος παντὶ τῷ λαῷ ὅτι ἤκουσεν ὁ λαὸς ἐν τῇ ἡμέρᾳ ἐκείνῃ λεγόντωνᵃ
נֶעֱצַ֥בᵇ הַמֶּ֖לֶךְ עַל־בְּנֽוֹᶜ׃		ὅτι λυπεῖταιᵇ ὁ βασιλεὺς ἐπὶᶜ τῷ υἱῷ αὐτοῦ	ὅτι ὀδυνᾶταιᵇ ὁ βασιλεὺς περὶᶜ τοῦ υἱοῦ αὐτοῦ
וַיִּתְגַּנֵּ֥בᵃ הָעָ֛ם בַּיּ֥וֹם הַה֖וּא לָב֣וֹא הָעִ֑יר כַּאֲשֶׁ֣ר יִתְגַּנֵּ֗בᵇ הָעָם֙ הַנִּכְלָמִ֔יםᶜ בְּנוּסָ֖םᵈ בַּמִּלְחָמָֽהᵉ׃	4	καὶ διεκλέπτετοᵃ ὁ λαὸς ἐν τῇ ἡμέρᾳ ἐκείνῃ τοῦ εἰσελθεῖν εἰς τὴν πόλιν καθὼς διακλέπτεταιᵇ ὁ λαὸς ᶜοἱ αἰσχυνόμενοιᶜ ᵈἐν τῷ αὐτοὺς φεύγεινᵈ ᵉἐν τῷ πολέμῳᵉ	καὶ ὑπεστέλλετοᵃ ὁ λαὸς ἐν τῇ ἡμέρᾳ ἐκείνῃ τοῦ εἰσελθεῖν εἰς τὴν πόλιν καθὼς ὑποστέλλεταιᵇ ὁ λαὸς ᶜὁ ἡττημένος καὶ ἠτιμωμένοςᶜ ᵈἐν τῇ φυγῇ αὐτῶνᵈ
וְהַמֶּ֖לֶךְ לָאַ֣טᵃ אֶת־פָּנָ֑יוᵇ וַיִּזְעַ֤ק הַמֶּ֨לֶךְ֙ᵈ ק֣וֹל גָּד֔וֹל בְּנִ֤י]ᵍ אַבְשָׁל֔וֹם אַבְשָׁל֖וֹם בְּנִ֥י[ᵍ בְּנִֽיᵍ׃	5	καὶ ὁ βασιλεὺς ἔκρυψενᵃ τὸᵇ πρόσωπον αὐτοῦ καὶ ἔκραξενᶜ ὁ βασιλεὺςᵈ φωνῇ μεγάλῃ λέγωνᵉ ᵍ[ᶠυἱέ μουᶠ Αβεσσαλωμ Αβεσσαλωμ ᶠυἱέ μου]ᵍ	καὶ ὁ βασιλεὺς παρεκάλυπτεᵃ τὸᵇ πρόσωπον αὐτοῦ καὶ ἀνεβόαᶜ φωνῇ μεγάλῃ λέγωνᵉ ᵍ[ᶠτέκνον ἐμόνᶠ Αβεσσαλωμ Αβεσσαλωμ ᶠτέκνον ἐμόν]ᵍ
וַיָּבֹ֥א יוֹאָ֖ב אֶל־הַמֶּ֑לֶךְ הַבָּ֑יְתָהᵃ וַיֹּ֡אמֶר הֹבַ֣שְׁתָּ הַיּוֹם֩ אֶת־פְּנֵ֨י	6	καὶ εἰσῆλθεν Ιωαβ πρὸς τὸν βασιλέα ᵃεἰς τὸν οἶκονᵃ καὶ εἶπεν κατήσχυνας σήμερονᶜ τὸᵈ πρόσωπον	καὶ εἰσῆλθεν Ιωαβ πρὸς τὸν βασιλέ α ᵃεἰς τὸν οἶκονᵃ καὶ εἶπεν* κατήσχυνας σὺᵇ σήμερονᶜ τὸᵈ πρόσωπον

Hebräisch		LXX (A)	LXX (B)
כָּל־עֲבָדֶ֔יךָ		πάντων^e τῶν^f δούλων^g σου	τῶν^f παίδων^g σου
הַֽמְמַלְּטִ֖ים		^hτῶν ἐξαιρουμένων^h σε^i	^hτῶν διασωσάντων^h
אֶת־נַפְשֶׁ֑ךָ			^iτὴν ψυχέν σου^i
הַיּ֔וֹם		σήμερον^j	σήμερον^j
וְאֵת֩ נֶ֨פֶשׁ		καὶ τὴν^k ψυχὴν	καὶ τὴν^k ψυχὴν
בָּנֶ֤יךָ		τῶν^l υἱῶν σου	τῶν^l υἱῶν σου
וּבְנֹתֶ֙יךָ֙		καὶ τῶν^m θυγατέρων σου	καὶ τῶν^m θυγατέρων σου
וְנֶ֣פֶשׁ		καὶ τὴν^n ψυχὴν	καὶ τὴν^n ψυχὴν
נָשֶׁ֔יךָ		τῶν^o γυναικῶν σου	τῶν^o γυναικῶν σου
וְנֶ֖פֶשׁ		καὶ	καὶ ^pτὴν ψυχὴν^p
פִּֽלַגְשֶֽׁיךָ׃		τῶν^p παλλακῶν σου	τῶν^q παλλακῶν σου
לְאַ֙הֲבָה֙	7	τοῦ ἀγαπᾶν	τοῦ ἀγαπᾶν
אֶת־שֹׂ֣נְאֶ֔יךָ		τοὺς^a μισοῦντάς σε	τοὺς^a μισοῦντάς σε
וְלִשְׂנֹ֖א		καὶ μισεῖν	καὶ μισεῖν
אֶת־אֹֽהֲבֶ֑יךָ		τοὺς^b ἀγαπῶντάς σε	τοὺς^b ἀγαπῶντάς σε
כִּ֣י הִגַּ֣דְתָּ הַיּ֗וֹם		^cκαὶ ἀνήγγειλας^c σήμερον^d	^cὅτι ἀπήγγελκας^c σήμερον^d
כִּ֤י אֵ֨ין לְךָ֙		ὅτι οὐκ εἰσιν^e	ὅτι οὐκ εἰσί^e σοι^f
			σήμερον^g
שָׂרִ֣ים		οἱ^h ἄρχοντές σου^i	ἄρχοντές σου^i
וַעֲבָדִ֔ים		οὐδὲ παῖδες	οὐδὲ παῖδες
כִּ֣י ׀ יָדַ֣עְתִּי הַיּ֗וֹם		ὅτι ἔγνωκα^j σήμερον^k	ὅτι οἶδα^j
כִּ֤י (לֹא֙) [וְל֣וּ]		ὅτι εἰ^l	ὅτι εἰ^l
אַבְשָׁל֣וֹם חַ֔י		Αβεσσαλωμ ἔζη	Αβεσσαλωμ ἔζη^1 σήμερον^m
וְכֻלָּ֥נוּ הַיּ֖וֹם		πάντες ἡμεῖς σήμερον^o	πάντες ἂν^n ἡμεῖς
מֵתִ֑ים		νεκροί^p	ἀπεθάνομεν^p
כִּי־אָ֥ז יָשָׁ֖ר		ὅτι τότε^q ^rτὸ εὐθὲς ἦν^r	ὅτι ἐκεῖνος^q ἤρεσκεν^r
בְּעֵינֶֽיךָ׃		^sἐν ὀφθαλμοῖς σου^s	^sἐνώπιόν σου^s
וְעַתָּה֙ ק֣וּם צֵ֔א	8	καὶ νῦν ^aἀναστὰς ἔξελθε^a	καὶ νῦν ἀνάστηθι^a
וְדַבֵּ֖ר		καὶ λάλησον	καὶ λάλησον
עַל־לֵ֣ב		εἰς^b τὴν^c καρδίαν	ἐπὶ^b τὴν^c καρδίαν
עֲבָדֶ֑יךָ		τῶν^d δούλων^e σου	τῶν^d παίδων^e σου
כִּ֤י בַֽיהוָה֙		ὅτι ^fἐν κυρίῳ^f	ὅτι ^fκατὰ τοῦ κυρίου^f
נִשְׁבַּ֔עְתִּי		ὤμοσα^g	ὀμωμόκασιν^g

---

1   V7: Die Form „ἔζῃ" (mit *Jota-Subscriptum*) in der Madrider Ausgabe ist ein Tippfehler.

כִּי־אֵינְךָ יוֹצֵא֙		ὅτι εἰ[h] μὴ ἐκπορεύσῃ[j]	ὅτι εἰ[h] μὴ σὺ[i] ἐξελεύσῃ[j]
		σήμερον[k]	[k]εἰς ἀπάντησιν τοῦ λαοῦ[k]
אִם־יָלִין֙		εἰ αὐλισθήσεται[l]	εἰ ὑπνώσει[l]
אִישׁ֙ אִתְּךָ֙ [m]		ἀνὴρ[m] μετὰ σοῦ	τις[m] μετὰ σοῦ
הַלַּ֔יְלָה		τὴν νύκτα ταύτην[n]	τὴν νύκτα ταύτην[n]
		[o]καὶ ἐπίγνωθι σεαυτῷ[o]	[o]καὶ ἐπίγνωθι τοῦτο[p]
			σεαυτῷ[o]
וְיָרְעָה֤ לְךָ֙ זֹ֔את		καὶ[q] κακόν[r] σοι τοῦτο	ὅτι[q] χεῖρον[r] σοι ἔσται[s] τοῦτο
מִכָּל־הָרָעָ֔ה [u]		ὑπὲρ[t] πᾶν τὸ κακὸν[u]	ἐκ[t] πάντων τῶν κακῶν[u]
אֲשֶׁר־בָּ֥אָה[v] עָלֶ֖יךָ[w]		τὸ ἐπελθόν[v] σοι[w]	τῶν ἐπεληλυθότων[v] [w]ἐπὶ σὲ[w]
מִנְּעֻרֶ֖יךָ		ἐκ νεότητός σου	ἐκ νεότητός σου
עַד־עָֽתָּה׃		ἕως τοῦ[y] νῦν	καὶ[x] ἕως τοῦ[y] νῦν
וַיָּ֥קָם הַמֶּ֖לֶךְ	9	καὶ ἀνέστη ὁ βασιλεὺς	καὶ ἀνέστη ὁ βασιλεὺς
וַיֵּ֣שֶׁב בַּשָּׁ֑עַר		καὶ ἐκάθισεν ἐν[a] τῇ πύλῃ	καὶ ἐκάθισεν ἐπὶ[a] τῆς πύλης
וּֽלְכָל־הָעָ֞ם הִגִּ֣ידוּ[b]		[b]καὶ πᾶς ὁ λαὸς	[b]καὶ ἀπηγγέλη
		ἀνήγγειλαν[b]	παντὶ τῷ λαῷ[b]
לֵאמֹ֗ר		λέγοντες[c]	λεγόντων[c]
הִנֵּ֤ה הַמֶּ֙לֶךְ֙ יוֹשֵׁ֣ב[d]		ἰδοὺ ὁ βασιλεὺς κάθηται[d]	ἰδοὺ ὁ βασιλεὺς κεκάθικεν[d]
בַּשַּׁ֔עַר		ἐν[e] τῇ πύλῃ	ἐπὶ[e] τὴν πύλην
וַיָּבֹ֥א כָל־הָעָם֙		καὶ εἰσῆλθεν[f] πᾶς ὁ λαὸς	καὶ παρεγένετο[f] πᾶς ὁ λαὸς
לִפְנֵ֣י[g]		[g]κατὰ πρόσωπον[g]	ἐνώπιον[g]
הַמֶּ֔לֶךְ		τοῦ βασιλέως	τοῦ βασιλέως
			[h]ἐπὶ τὴν πύλην[h]
וְיִשְׂרָאֵ֖ל נָ֑ס		καὶ[i] Ισραηλ ἔφυγεν	ὁ[i] δὲ[i] Ισραηλ ἔφυγεν
אִ֥ישׁ[k]		ἀνὴρ[k]	ἕκαστος[k]
לְאֹהָלָֽיו׃		εἰς τὰ σκηνώματα[l] αὐτοῦ	εἰς τὸ σκήνωμα[l] αὐτοῦ

2.19.2. Analyse der Varianten

V2[a]. Entsprechend V2[b] stellt der Ant (καὶ ἀνήγγειλαν) gegenüber der KR (καὶ ἀνηγγέλη) eine innergriechische Bearbeitung dar, d.h. der inkongruente Text der KR (καὶ ἀνηγγέλη, λέγοντες) war vermutlich ursprünglich.

V2[b]. Die gr. Versionen haben gegenüber dem MT ein Plus (λέγοντες< לֵאמֹר).

V2^c. S.o. 17,12^a zur Wiedergabe für על.

V3^a. Der pluralische *gen. abs.* im Ant+ (boc₂e₂ MN *rell* 𝕬ℭℭ𝕊^j; λεγόντων) wurde vermutlich aufgrund des vorangestellten Numerus innergriechisch veranlasst. Dagegen behält die KR (BAcixa₂) die singularische Form (λέγων) bei.

V3^b. Der Unterschied in der Wortwahl ist nur unwesentlich.

V3^c. S.o. 17,12^a zur Wiedergabe für על.

V4$^{a/b}$. Über den Unterschied in der Wortwahl ist wegen des Mangels der Textzeugen nichts mehr zu sagen. Der Ant stellt vielleicht eine freie Übersetzung dar.

V4^{c-c}. Der Ant (ὁ ἡττημένος καὶ ἠτιμωμένος; boc₂e₂z^{mg}) unterscheidet sich vom MT (הנכלמים) und der KR (οἱ αἰσχυνόμενοι).
     (1) Das erste Wort des Ant, ἡττημένος (<ἡσσάομαι; „besiegt werden"), ist in der LXX nicht häufig belegt.[2] Trotzdem kann man diese Wiedergabe nicht für eine sekundäre Hinzufugung halten, denn *Jos. Ant.*[3] spiegelt nur dieses gr. Wort wider. Darüber hinaus ist es auch wenig wahrscheinlich, dass ἡττημένος im Ant eine Dublette von ἠτιμωμένος sei.[4] Denn beide Wörter sind vom Sinn her klar verschieden. Auf Grund des Gebrauchs in der LXX (z.B. Jes 8,9)[5] ist m.E. die Vorlage mit Partizip Niphal (הנחת <חתת) zu rekonstruieren.[6]
     (2) ἠτιμωμένος im Ant und αἰσχυνόμενο in der KR sind synomym. Aus diesen Beobachtungen ergibt sich הנחת והנכלם. Als Vorlage des Ant.

V4^d. Der Ant (ἐν τῇ φυγῇ αὐτῶν) setzt vermutlich במנוסם[7] statt בנוסם des MT (=KR : ἐν τῷ αὐτοὺς φεύγειν[8]) voraus.

---

2 *HR*, 620b-c.
3 *Jos. Ant* VII, 253: κατηφεῖς δὲ καὶ δεδακρυμένοι πάντες ὡς ἀφ᾽ ἥττης παρῆλθον.
4 So vermutet Fernández Marcos in: *Índice* I, 207.
5 MT: רְעוּ עַמִּים וָחֹתּוּ וְהַאֲזִינוּ כֹּל מֶרְחַקֵּי־אָרֶץ הִתְאַזְּרוּ וָחֹתּוּ הִתְאַזְּרוּ וָחֹתּוּ; LXX-*Gö*: γνῶτε ἔθνη καὶ ἡττᾶσθε ἐπακούσατε ἕως ἐσχάτου τῆς γῆς ἰσχυκότες ἡττᾶσθε ἐὰν γὰρ πάλιν ἰσχύσητε πάλιν ἡττηθήσεσθε. Aber auch vgl. Jes 20,5; 30,31; 31,4. 9; 51,7; Jer 31{48},1.
6 Vgl. McCarter, *II Samuel*, 403. Dieser rekonstruierte aber sinngemäß eine Pluralform.
7 Zur Wiedergabe φυγή für מנוס vgl. Ps 141{142},4 ; Am 2,14 ; Jer 32{25},35.
8 Vgl. ἐν τῷ φεύγειν (φαγ- c) αὐτοὺς Acx.

V4ᵉ. Der Ant zeigt hier gegenüber dem MT (במלחמה) und der KR (ἐν τῷ πολέμῳ) eine kürzere Textform.

V5ᵃ. (1) Der Unterschied in der Wortwahl ist nur unwesentlich. (2) S.o. 15,2ᵃ zum Unterschied im Tempus. (3) S.o. 15,3ᵃ zum „beweglichen ν" in der Madrider Ausgabe.

V5ᵇ. S.o. 15,5ᵍ zur Verwendung des Artikels für *nota accusativi*.

V5ᶜ. (1) Der Unterschied in der Wortwahl ist nur unwesentlich. (2) S.o. 15,2ᵃ zum Unterschied im Tempus.

V5ᵈ. Im Ant (boc₂e₂cex 𝔄𝕰) fehlt das Subjekt (ὁ βασιλεῦς).

V5ᵉ. Die gr. Versionen haben gegenüber dem MT einen längeren Text (λέγων <לאמר).

V5ᶠ. Vgl. 19,1ᵉ zum Unterschied in der Wortwahl.

V5ᵍ⁻ᵍ. Vgl. 19,1ᵍ⁻ᵍ.

V5ʰ. Der MT hat hier einen längeren Text (בני) gegenüber die gr. Versionen außer den Hss. fjb₂, die vermutlich durch die Tradition des MT beeinflusst wurden.

V6ᵃ. S.o. 15,8ᶠ zur Wiedergabe mit Präposition εἰς für *acc. loc.* In einigen mittelalterlichen hebr. Handschriften steht הביתה, d.h. mit ה-*locale*.[9]

V6ᵇ. Der Ant (bc₂e₂z) hat hier gegenüber dem MT und der KR ein Personalpronomen (σὺ), das sehr wahrscheinlich auf אתה zurückgeht.

V6ᶜ. S.o. 16,3ʰ zur Wiedergabe für היום.

V6ᵈ. S.o. 15,5ᵍ zur Verwendung des Artiekls für *nota accusativi*.

V6ᵉ. Im Ant (boc₂e₂cxy) fehlt παντῶν (<כל).

---

9   Siehe dazu: de Rossi, *Variae Lectionis* II, 185f.

V6^f. S.o. 15,2^t zur Verwendung des Artikels.

V6^g. S.o. 15,14^b zur Wiedergabe für עבד.

V6^h. Der Unterschied in der Wortwahl ist nur unwesentlich.

V6^i. Die KR (σε BAhxa2𝕬ℭ𝕰; auch O´) setzt gegenüber dem MT (הממלטים‎
אֶת־נַפְשְׁךָ‎) und dem Ant+ (τῶν διασωσάντων τὴν ψυχέν σου; boc2e2MN *rell*)
eine andere Textform (הממלטיך) voraus.

V6^j. S.o. 16,3^h zur Wiedergabe für היום.

V6^k. S.o. 15,5^g zur Verwendung des Artikels für *nota accusativi*.

V6^l/m/n/o. S.o. 15,2^t zur Verwendung des Artikels.

V6^p. In der KR^10 fehlt die Wiedergabe für נפש vom MT (=Ant: τὴν
ψυχὴν).

V6^q. S.o. 15,2^t zur Verwendung des Artikels.

V7^a/b. S.o. 15,5^g zur Verwendung des Artikels für *nota accusativi*.

V7^c-c. (1) Die KR (καὶ BANchuxa2 𝕬ℭ𝕰) setzt gegenüber dem MT (כי‎
הגדת) und dem Ant+ (ὅτι; boc2e2M *rell*) eine andere Textform (וְהִגַּדְתָּ)
voraus. (2) Die Handschriften stellen in der Vorsilbe unterschiedliche
Traditionen dar: ἀνηγγείλας BAhuxa2; ἀνηγγήλαν c; ἀπηγγείλ<u>κας</u> boc2e2;
ἀπηγγείλας MN *rell*. S.o. 16,4^f zum Unterschied im Tempus. Von den
Varianten ist die Textgeschichte wie die Tabelle auf der nächste Seite zu
rekonstruieren.

V7^d. S.o. 16,3^h zur Wiedergabe für היום.

V7^e. S.o. 15,3^a zum „beweglichen ν" in der Madrider Ausgabe.

V7^f. In der KR fehlt die Wiedergabe für לך vom MT (=Ant: σοι).

---

10   Vgl. καὶ ψυχὴ τῶν παλλακῶν σου A. Der Cod. A wurde sicherlich durch die Tradition
     des MT bzw Ant beeinflusst.

כִּי הגדת		וְהגדת
Ant ΟΤΙ ΑΠΗΓΓΕΙΛΚΑϹ		**KR** ΚΑΙ ΑΝΗΓΓΕΙΛΑϹ
		BA
	M ΟΤΙ ΑΠΗΓΓΕΙΛΑϹ **N** ΚΑΙ ΑΠΗΓΓΕΙΛΑϹ	
boc₂e₂	*rell*	(c)huxa₂

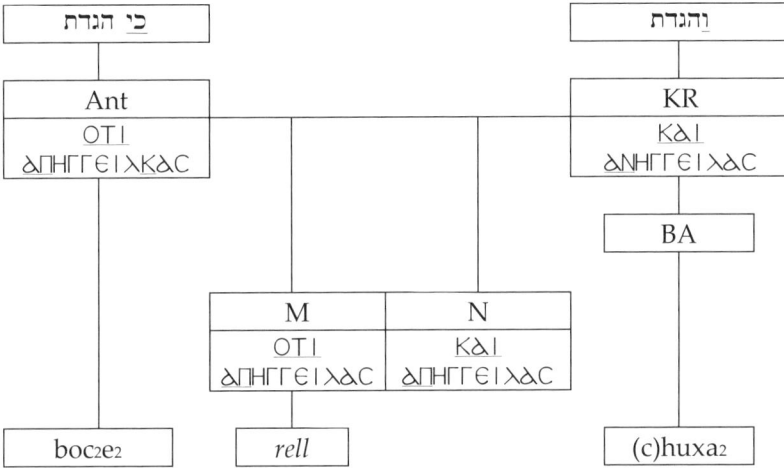

V7^g. Der Ant (bc₂i) hat gegenüber dem MT und der KR einen längeren Text (σήμερον).

V7^h. S.o. 15,2^t zur Verwendung des Artikels in der KR. Im Ant (bc₂e₂i) fehlt aber der Artikel vermutlich deswegen, weil der Ant ἄρχοντές zusammen mit παῖδες als einen Begriff auffasste. Dazu vgl. 15,10$^{d/e}$.

V7^i. Die gr. Versionen setzen gegenüber dem MT (שׂרים) eine andere Texttradition (שׂריך) voraus. Allerdings stellen die Mss. Magnv den durch den MT beeinflussten Text (ohne σου) dar.

V7^j. (1) Der Ant (οἶδας) stellt gegenüber dem MT (ידעתי) und der KR (ἔγνωκα) eine kürzere Textform (ידעת) dar. (2) Vgl. 15,11^f zum Unterschied in der Wortwahl.

V7^k. Im Ant fehlt die Wiedergabe von היום des MT (=KR: σήμερον). Stattdessen verschob er es zu V7^m. Das stellt vermutlich eine innergriechische Veränderung dar. Der MT und die KR werden durch 4QSam^a (ם] היו [ידעת) unterstützt.[11]

V7^l. Die gr. Versionen (εἰ) unterstützen die Tradition des Qere (לו). Vgl. 4QSam^a כי]לו אבש]לום.[12]

---

11   *DJD* XVII, 166.
12   *DJD* XVII, 166.

V7^m. Der Ant (boc₂e₂z^mg 𝕮) hat gegenüber dem MT und der KR einen längeren Text (σήμερον). Dazu s.o. V7^k.

V7^n. Die Partikel ἄν des Ant ist innergriechisch zu verstehen. ἄν bildet bei irrealen Bedingungssätzen (mit εἰ) den Modus *irrealis*.[13] Der Ant wollte dadurch den irrealen Ausdruck verdeutlichen.

V7^o. Im Ant fehlt eine Entsprechung für היום des MT (=KR: σήμερον).

V7^p. Der Ant (ἀπεθάνομεν) setzt gegenüber dem MT (מֵתִים) und der KR (νεκροί) eine andere Textform (מֵתְנוּ) voraus.

V7^q. Setzt der Ant (ἐκεῖνος) הזה statt אז des MT (=KR : τότε)[14] voraus? Vgl. כלנו מח[ים כי אז יש]ר לפניך 4QSam^a.

V7^r. (1) Die KR (εὐθής) fasste wie der MT die konsonantische Vorlage (ישר) als Adjektiv (יָשָׁר) auf. Dagegen las der Ant (ἤρεσκεν) dieselben Kosonanten als Verb (יָשַׁר). (2) Hier fügte die KR den Artikel hinzu, der sich auf den vorangestellten Satz bezieht.

V7^s. S.o. 15,25^e zur Wiedergabe für בעיני.

V8^a. S.o. 18,21^b zur Wiedergabe für die hebr. asyndetische Verbindung der imperativischen Verben.

V8^b. S.o. 17,12^a zur Wiedergabe für על.

V8^c/d. S.o 15,2^t zur Verwendung des Artikels.

V8^e. S.o. 15,14^b zur Wiedergabe für עבד.

V8^f. (1) Der Unterschied in der Präposition stellt nur eine innergriechische Veränderung des Ant dar. (2) Hier steht ביהוה im MT. In der KR (ἐν κυρίῳ) fehlt der Artikel vor κύριος im Bezug auf das Tetragramm (יהוה). Dagegen behält der Ant hier den Artikel (κατὰ τοῦ κυρίου) bei.

---

13   S. dazu *KG* II, § 574.
14   So in den Mss.BAcxa₂. Vgl. τοῦτο MN *rell.*

Exkurs: Die Wiedergabe von יהוה mit κύριος ohne bzw. mit Artikel

Es ist bekannt, dass die LXX das Tetragramm יהוה hauptsächlich mit κύριος ohne Artikel wiedergibt. Denn sie fasste יהוה als Eigennamen auf. Nach Debrunner ist die Auslassung des Artikels typisch „bei den wörtlicher übertragenden Übersetzern", und zwar abgesehen von der Verwendung des Artikels für ל oder *nota accusativi*.[15] Auf Grund seiner umfangreichen Untersuchung im Jeremiabuch stellte Ziegler dasselbe wie Debrunner fest.[16] In 1Sam hat Brock dieses Phänomen nochmals untersucht und ebenfalls festgestellt:[17]

> In general it may be said that the usage of the article with κύριος in 1Kms is the same as that noted by Ziegler for Jer, and by Debrunner for the books studied by him apart from Job and II Macc.

Im Folgenden werden die Fälle in den καιγε-Abschnitten, hauptsächlich im βγ-Abschnitt, dargestellt.[18]

(1) Beim Nominativ wird יהוה in der KR streng ohne Artikel wiedergegeben. Zwar stimmt der Ant meistens mit der KR überein,[19] aber auffallend ist, dass der Ant keine so strenge Regel wie die KR hatte, d.h. der Ant hat manchmal gegenüber der KR den Artikel[20]:

	κύριος	ὁ κύριος	anderes
2Sam 10,12	*rell*	boc2e2	
10,22	*rell*	bc2e2uv	
16,12[g]	z[mg]	boc2e2	om *rell*

---

15 Debrunner, „Zur Übersetzungstechnik der Septuaginta", 77: „ Als Gottesname hat κύριος den Artikel nur bei den gut griechisch schreibenden Übersetzern. ... dagegen bei den wörtlicher übertragenden Übersetzern gilt in verschiedener Strenge die Regel: die Artikellosigkeit des hebr. Gottesnamens wird nachgeahmt, aber die unübersetzbaren Dativ- und Akkusativpräpositionen des Hebr. werden durch den gr. Artikel ersetzt".

16 Ziegler, *Beiträge zur Ieremias-Septuaginta*, 133-136: „Der Gottesname κύριος steht ohne Artikel ... Überall ist der Artikel sekundär"; Vgl. bezüglich dieses Themas: Hanhart, *Text und Textgeschichte des 1. Esdrabuches*, 99-101; Ders., *Text und Textgeschichte des Buches Judith*, 98-100.

17 Brock, *The Recensions*, 237.

18 Vgl. Brock, *The Recensions*, 234f zur Nominativ- und Genitivverwendung in 1Sam.

19 2Sam 12,1. 5. 11. 13. 15; 14,11; 15,8. 21; 16,8. 11. 18; 17,14; 18,19. 28; 21,1; 22,19. 21. 25. 47; 23,10. 12. 17; 24,3. 12, 16. 23. 25; 1Kön 1,29.

20 Vgl. Brock, *The Recensions*, 234: „As far as the nominative is concerned, LXX I Kms treats κύριος as a proper name, and never has the article. In the mss the article occasionally appears as a variant, most frequently (but not exclusively) in L".

22,1	*rell*	oc_2e_2h	
22,14	*rell*	$boafglya_2$	
22,29[2]	Ba_2: + μου Ahx: + ὁ θεός μου b	$MNgijnvyz^{mg}b_2$	ὁ κύριος μου z^{txt} *rell*
1Kön 1,37	*rell*	boc_2e_2	

Abgesehen von den aus abweichender hebr. Vorlage bzw. aus unterschiedlichem Textverständnis resultierenden und daher hieer nicht zu berücksichtigenden Varianten (2Sam 12,7; 24,1; 1Kön 1,36. 48; 2,3), sind die übrigen Fälle nicht bedeutend:

	κύριος	ὁ κύριος	anderes
2Sam 14,17	*rell*	oca_2	
16,10	*rell*	<246>	
24,15	*rell*	f	+ ὁ θεός e
24,19	*rell*		κυρίῳ e_2*

(2) Beim Genitiv ist das Phänomen nicht anders als beim Nominativ. Abgesehen von Übereinstimmungen ohne Artikel[21] und von textkritischen[22] bzw. unwesentlichen[23] Varianten zeigt der Ant ebenfalls gegenüber der KR eine lockere Regel der Wiedergabe von יהוה:

	κυρίου	τοῦ κυρίου	anderes
2Sam 21,9	*rell*	boc_2e	
22,16	*rell*	boe_2	
22,32	BAa_2	*bM* rell	τοῦ θεοῦ κυρίου x: τοῦ θεοῦ b′N
24,14	*rell*	be_2	

Die einzige Ausnahme ist zu nennen: in 2Sam 21,1 wird את־פני יהוה in allen gr. Manuskripten mit τοῦ κυρίου wiedergegeben.

(3) Beim Akkusativ geht es hauptsächlich um יהוה mit *nota accusativi*. In diesem Fall gilt die allgemeine Regel der Wiedergabe der *nota accusativi*

---

21   2Sam 11,27; 12,25; 15,25; 19,22; 20,19; 21,3; 22,31; 23,2; 24,11.
22   2Sam 12,9. 20 ; 21,6 ; 24,16 ; 1Kön 2,3.
23   2Sam 12,14; 21,7.

(vgl. 15,5ᵍ). Als entsprechung zur *nota accusativi* steht der akku-
sativische Artikel (τὸν) vor κύριον (z.B. 2Sam 14,11). Aber der Kasus des
Artikels hängt auch bei der Wiedergabe des Tetragramm natürlich vom
gr. Verb ab. Z.B. steht in 2Sam 15,8ᵍ der dativische Artikel aufgrund des
Verbs (λατρεύω τινι).[24] In einigen Fällen des MT wird יהוה ohne *nota
accusativi* als Objekt des Verbs im Ak-kusativ verwendet:

	κύριον	τὸν κύριον	anderes
1Sam 20,15	alle		
2Sam 22,4	*rell*	ofx	κύριος g*
22,7	*rell*	boc₂e₂x	om v

(4) Die gr. Wiedergabe für יהוה mit Präposition ist komplexer. Im
Folgenden geht es um die Formen mit *praepositiones praefixae*, bes. ליהוה,
ביהוה.[25]

(i) Wie oben erwähnt, wird die Präposition ליהוה in Sam-Kön (63mal)
hauptsächlich mit τῷ κυρίῳ wiedergegeben. Nur einige Varianten sind
auffallend:
    Bei der Umschreibung des Genitivs mit ל [26] wird hauptsächlich
durch τοῦ ersetzt. Ant verwendet einmal den Dativ und lässt einmal
den Artikel aus; die übrigen Varianten sind eher spät und vielleicht
zufällig.

	MT	τοῦ	anderes
1Sam 1,3	כהנים ליהוה	alle	
1Kön 2,27	כהן ליהוה	*rell*	τω boc₂e₂
18,22	נביא ליהוה	*rell*	om του boc₂e₂
22,7	נביא ליהוה	*rell*	om του e₂Nvxy
2Kön 3,11	נביא ליהוה	*rell*	om του rv

---

24 Dazu s.o. 15,5ᵍ.
25 Die Formen כיהוה und מיהוה sind in Sam-Kön nur selten belegt; auch Formen mit
    anderen Präpositionen kommen im βγ-Abschnitt kaum vor.
26 Vgl. *GK* § 129.

Beim doppelten Gottesnamen (ליהוה אלהי־) stellte der Ant manchmal vermutlich analog zur gewöhnlichen Ausdrucksweise von κύριος ὁ θεός[27] den Artikel um.[28]

	MT	τῷ κυρίῳ θεῷ	κυρίῳ τῷ θεῷ
1Sam 15,15	ליהוה אלהיך	rell	boc2e2Nacfhvb2
15,25	ליהוה		alle
15,30	ליהוה אלהיך	rell	boc2e2Ac-hmnsv-a2
2Kön 17,7	ליהוה אלהיהם	rell	boc2e2r
23,21	ליהוה אלהיכם	rell	boc2e2dpvxy

Übrige Auslassungen des Artikels – vielleicht außer 1Sam 1,11 – sind vermutlich sekundär:

	τῷ κυρίῳ	κυρίῳ
1Sam 1,11	rell	boc2e2Acgtxz
1,28[1]	rell	g
1,28[2]	rell	a2
7,9	rell	v
15,13	rell	ghjnb2
15,31	rell	fmsw
16,2	rell	Nav
2Kön 5,17	rell	b´

(ii) Wie Brock erwähnt,[29] ist die gr. Wiedergabe von ביהוה unterschiedlich. Vermutlich war ἐν κυρίῳ zwar nicht die alleinige aber die bevorzugte Wiedergabe der Ur-LXX, und was dann in KR infolge der Tendenz zur wörtlichen Wiedergabe der Präposition ב generell durchgeführt ist (Ausnahme 2Kön 18,6).

In den Nicht- καίγε-Abschnitten:
1Sam 2,1   ἐν κυρίῳ alle Mss.

---

27   Z.B. 2Sam 18,28 *passim*.
28   Vgl. dazu Ziegler, *Beiträge zur Ieremias-Septuaginta*, 134.
29   Brock, *The Recensions*, 235.

10,22	ἐν κυρίῳ *rell*] τῷ κυρίῳ a: πιπι[30]
24,22	ἐν κυρίῳ *rell*] κατὰ τοῦ κυρίου boc₂e₂
	Chr Thdt
30,6	ἐν κυρίῳ *rell*] ἐν τῷ κυρίῳ no
2Sam 2,1	ἐν κυρίῳ *rell*] διὰ κυρίου bc₂e₂ Thdt

In den καιγε-Abschnitten:

2Sam 19,8	ἐν κυρίῳ *rell*] κατὰ τοῦ κυρίου boc₂e₂ 𝔏
1Kön 1,17	ἐν κυρίῳ AMN *rell*] ἐν τῷ κυρίῳ v:
	ἐν τῷ θεῷ Ba₂:
	κατὰ (τοῦ b) κυρίου
	boc₂e₂
1,30	ἐν κυρίῳ *rell*]κατὰ (τοῦ o) κυρίου boc₂e₂
2Kön 17,14	*Vacat.* B *rell*] + κυρίῳ boc₂e₂Agrxy
	𝔄𝔖(pr*).

Dieser Vers hat verschiedene Textformen: Während in B rell der Gottesname nicht vorhanden ist, haben ihn
Ant und A sowie andere Mss und ist
er auch in der Hexapla (bes. ἀ′C′)
erkennbar.[31] Diese Tradition ist m.E.
jedoch nicht ganz identisch mit dem
MT (ביהוה), sondern vermutlich liegt
ליהוה zugrunde.[32]

---

30 Diese interessante Wiedergabe wurde durch die Tradition von Aquila beeinflusst; zu
den Belegen bei Aquila siehe: Reider, *An Index to Aquila*, 192f; Die Schreibweise von
ΠΙΠΙ ist eigentlich die grafisch nachgeahmte Wiedergabe von יהוה; vgl. Swete,
Introduction, 39 Amn. 4: „In a few Hexaplaric Mss. (e.g. Q, 86, 88, 243mg, 264) the
Greek letters ΠΙΠΙ are written for יהוה, but the Greek Mss. use it soley in their excerts
from the non-Septuagintal columns of the Hexapla, and only the Hexaplaric Syriac
admits ΠΙΠΙ into the text of the LXX., using it freely for κύριος, even with a preposi-
tion (as ܠܗܝ). Ceriani expresses the opinion that the use of ΠΙΠΙ is due to either to
Origen or Eusebius, i.e. one of those fathers substituted ΠΙΠΙ for יהוה in the non-
Septuagintal columns, using the letters to present the Hebrew characters which were
familiar to them. … Mr Burkitt acutely points out that יהוה (and doubtless also ΠΙΠΙ)
was read as κύριος, since in one place in the Aquila fragamnts where was no room to
write the Hebrew characters…"; auch vgl. Fernández-Marcos, *Septuagint in Context*,
117.
31 Field, *Hexapla I*, 684 : „Ο′. Vacat. * (′ἀ.) οἳ οὐκ ἐπίστευσαν κυρίῳ θεῷ αὐτῶν· καὶ
ἀπέρριψαν τοὺς ἀκριβασμοὺς (C′Є′. τὰς ἐντολὰς) αὐτοῦ, καὶ τὴν συνθήκην αὐτοῦ ἣν ἔκοψεν
(C′Є′. συνετέλεσεν) σὺν πατράσιν αὐτῶν (.)."
32 Vgl. Deut 9,21; Jes 43,10 zu **האמין ליהוה.**

18,5   ἐν κυρίῳ alle Mss.

18,6   τῷ κυρίῳ alle Mss.

Der Ant passte die Wiedergabe von ביהוה an die jeweilige gr. Syntax an und wählte daher unterschiedliche Wiedergaben. Diese Tendenz war auch schon in der Ur-LXX vorhanden:

1Sam 22,10   διὰ τοῦ θεοῦ alle Mss.

23,2   διὰ τοῦ κυρίου alle Mss.

23,4   διὰ τοῦ κυρίου alle Mss.

28,6   διὰ κυρίου *rell*] διὰ τοῦ κυρίου
                                bob2c2e2cix.

28,10   om *rell*] ἐν κυρίῳ N : τὸν κύριον boc2e2.

30,8   διὰ τοῦ κυρίου *rell*] om τοῦ y.

2Sam 5,23   διὰ κυρίου *rell*] διὰ τοῦ κυρίου bcfx.

1Kön 2,23   κατὰ τοῦ κυρίου *rell*] om x.

2,42   κατὰ τοῦ κυρίου alle Mss.

Fazit:

Es ist festzustellen, dass die Ur-LXX יהוה vor allem als Eigennamen behandelt hatte. Daher gibt sie im Nominativ und im Genitiv κύριος hauptsächlich ohne Artikel wieder. Allerdings war sie bei den Formen mit Präposition nicht so streng, wobei sie keine fixierte Regel hatte. Die Übersetzungstechnik der Ur-LXX wurde vom Ant übernommen wobei sie auch im Nominativ und im Genitiv lockerer wurde.

Dagegen entwickelte die KR eine ganz strenge Regel: Sie wollte möglichst keinen Artikel vor dem Tetragramm setzen und ihre Regel möglichst einheitlich bewahren.[33]

V8ᵍ. (1) S.o. 16,4ᶠ zum Unterschied im Tempus. (2) Der Ant (ὀμωμόκασιν; boc2e2 𝓛) setzt hier gegenüber dem MT (נשבעתי) und der KR (ὄμοσα) vielleicht eine andere Texttradition (נשבענו) voraus. Vgl. כי ביהוה נש[בעתי 4QSamᵃ.[34]

---

33   Diese Tendenz entspricht zugleich der Regel der KR, nur dort einen Artikel zu setzen bzw. zu belassen, wo eine graphemische Entsprechung im Hebräischen vorlag.

34   *DJD* XVII, 167.

V8[h]. Die gr. Versionen setzen gegenüber dem MT (כי אינך) einen längeren Text (כי אם אינך) voraus. Die Tradition der gr. Versionen hat in 4QSam[a] ihre Entsprechung (כי אם אי]נך). Im MT ging die Partikel אם vermutlich infolge von *homoiarcton* verloren.[35]

V8[i]. Hier hat der Ant gegenüber dem MT und der KR ein Personalpronomen (συ). Zwar ist der Ant sicherlich eine innergriechische Bearbeitung, aber er gibt die Wortfolge des hebr. Textes genau wieder:

MT	כי אם אינך יוצא	ὅτι εἰ μὴ σὺ ἐξελεύσῃ	Ant

V8[j]. Der Unterschied in der Wortwahl ist unwichtig.

V8[k-k]. Die KR (auch O′) setzt hier היום voraus, der Ant aber לקראת העם. Zur Wiedergabe des Ant vgl. 15,32[h].

V8[l]. Obwohl die Wiedergabe des Ant (ὑπνόω oc₂e₂z[mg]) kein genaues Äquivalent für לון ist, kann man trotzdem keine andere Vorlage (z.B. יישן statt ילין) annehmen. Auch der erklärende Zusatz οὐ μὴ μείνῃ ἢ ὑπνώσει τις in der antiochenischen Hs. b setzt die Tradition des Ant voraus..

V8[m]. Während die KR איש wörtlich mit ἀνήρ wiedergibt, steht im Ant eine sinngemäße Übersetzung: τις.

V8[n]. Die gr. Versionen (τὴν νύκτα ταύτην) setzen הלילה הזה statt הלילה des MT voraus. Aber vgl. את]ך ה[לילה ודעה 4QSam[a].[36]

V8[o-o/p/q/r/s]. Hier repräsentieren die Textzeugen eine interessante Textgeschichte. Zunächst haben die gr. Versionen gegenüber dem MT unterschiedlich einen längeren Text (V8[o-o]): καὶ ἐπίγνωθι σεαυτῷ KR, καὶ ἐπίγνωθι τοῦτο σεαυτῷ Ant. Die beide Wiedergaben setzen anscheinend ודעה (זאת; V8[p]) voraus, wie 4QSam[a] bezeugt: [ה[לילה ודעה לך זאת.[37]

---

35 *DJD* XVII, 168.

36 *DJD* XVII, 167.

37 *DJD* XVII, 167 ; Früher wurde ד als ר gelesen : S. Ulrich (1978), 145; Fincke (2001), 244. In diesem Fragment ist der Text von [לילה ו(ד/ר)ע]ן erkennbar. Allerdings ist nicht einfach zu sagen, ob dervorletzte Buchstabe ר oder ד ist. Aber der Bearbeiter

Der MT (ורעה לך זאת) ist dieser vermuteten Vorlage graphemisch sehr ähnlich. Der wesentliche Unterschied liegt lediglich zwischen ד und ר. Daher werden die gr. Versionen als Doublette und sekundär aufgefasst.[38] Jedenfalls folgt die KR (καὶ κακόν σοι τοῦτο) wörtlich dem MT. Dagegen stellt der Ant noch eine andere Texttradition dar: כי רעה זאת מ... statt ורעה זאת מ.... Die Komparativform des Ant (χεῖρον V8[r]) ist innergriechisch sachgemäßer als die KR. S.o. 16,2[b] zur Ergänzung des Prädikats im Ant (V8[s]). Nun sind die hebr. Texttraditionen nebeneinander zu vergleichen:

4QSam[a]	Vorlage des Ant	Vorlage der KR	MT
ודע]ה לך זאת [	ודעה זאת לך כי רעה זאת	ודעה לך ורעה לך זאת	 ורעה לך זאת

Es ist eindeutig, dass der erste Teil ursprünglich ist. Woraus wurde aber entstand der zweite Teil? Der rekonstruierte Text von 4QSam[a] ist schwierig, d.h. vom Kontext her kann der zweite Teil zwar wie im MT ohne den ersten stehen, aber der erste Teil (ohne den zweiten Teil) kann nur schlecht mit dem folgenden Satzteil verbunden werden:

<table>
<tr><td>4QSam[a] (?)</td><td>MT</td></tr>
<tr><td colspan="2">..., dann wird niemand mit dir die Nacht übernachten.</td></tr>
<tr><td><u>Und [du solltest jene für dich w]issen,</u>

<u>von</u> allem Schlimmen, was ...</td><td>
<u>Und jene wäre dir schlimmer</u>
<u>als</u> alles Schlimme, was ...</td></tr>
</table>

Der ursprüngliche Text muss also entweder mit beiden Teilen oder nur mit dem zweiten Teil sein. Wenn man den ersten Teil schon als die ursprüngliche Texttradition festgestellt hat, muss das zweite Teil dazu ebenfalls ursprünglich sein wie in den gr. Versionen : „Und du solltest dies für dich wissen, dass(V8[q]) dies dir schlimmer wäre als alles Schlimme, was...".

---

von *DJD* XVII hat sich entschlossen, diesen Buchstaben als ד zulesen: „ודע[ה]. This must be read contrary to the ורעה of 𝔐. On PAM 43.117, the *dalet* has the characteristic high right shoulder, not the rounded shoulder of *reš*"(*DJD* XVII, 167).

38 Vgl. Barthélemy, *Les Devanciers d'Aquila*, 121f ; Ulrich, *The Qumran Text of Samuel and Josephus*, 145f ; McCarter, *II Samuel*, 404 ; *DJD* XVII, 168.

V8ᵗ. Hier geht es um die Steigerung des Adjektivs. Durch das Adjektiv in Verbindung mit der Präposition מִן drückt der MT den Superlativ aus. Die Umschreibung des Superlativs schaffte die KR durch das Adjektiv in Verbindung mit ὑπέρ τινα.[39] Dagegen gab ihn der Ant mit dem Komparativ in Verbindung mit ἐκ τινός wieder.

V8ᵘ. Der Plural des Ant stellt nur eine innergriechische Bearbeitung dar. Vgl. מכו[ל הרע]ה א[שר 4QSamᵃ.[40]

V8ᵛ. Das Plusquamperfekt des Ant stellt nur eine innergriechische Bearbeitung dar.

V8ʷ. S.o. 17,12ᵃ zur Wiedergabe für על.

V8ˣ. Der Ant hat gegenüber dem MT und der KR einen längeren Text (καὶ). Auch viele mittelalterliche hebr. Handschriften haben ועד עתה.[41] Der Ant geht sicherlich auf eine hebr. Vorlage zurück.

V8ʸ. Der Genitivartikel in den gr. Versionen stellt nur die innergriechische Verwendung dar.

V9ᵃ. Die Präposition ἐπὶ des Ant (boc₂e₂z) ist innergriechisch sachgemäße Veränderung.

V9ᵇ⁻ᵇ. Hier besteht ein Unterschied zwischen MT und KR (auch O′): ולכל־העם הנידו MT; καὶ πᾶς ὁ λαὸς ἀνήγγειλαν KR (וכל־העם הנידו). Vgl. ול[כ]ול העם הנידו] 4QSamᵃ. Zudem stellt der Ant (καὶ ἀπηγγέλη παντὶ τῷ λαῷ boc₂e₂z 𝕮ᵛⁱᵈ𝕮) noch eine andere Texttradition (והגידו לכל העם) dar. Die Verbform des Ant (3.Sg. Ind. Aor. Pass.) ist eine bloß innergriechische Bearbeitung.

V9ᶜ. Vgl. V3ᵃ.

V9ᵈ. Vgl. 16,4ᶠ zum Unterschied im Tempus.

V9ᵉ. S.o. V9ᵃ.

---

39 Dazu s. *BDR* § 185, 3.
40 *DJD* XVII, 167.
41 Siehe dazu: de Rossi, *Variae Lectionis* II, 186.

V9^f. Der Unterschied in der Wortwahl ist unwesentlich.

V9^g. S.o. 15,1^e.

V9^h. Der Ant (ἐπὶ {εἰς e} τὴν πύλην boc₂e₂del-np-twz) setzt hier gegen-über dem MT und der KR einen Plustext (על שער) voraus.

V9^i. S.o. 15,20^f zu den unterschiedlichen Wiedergaben zwischen der KR (καὶ) und dem Ant (δὲ) für das hebr. Copulativum ו.

V9^j. ὁ δὲ ['Ισραὴλ ἔφυγεν] im Ant bringt treffend den Gegensatz zum Ausdruck. In KR ist dagegen im Sinn der graphemischen Entsprechung beides gestrichen und das ו durch καὶ wiedergegeben.

V9^k. S.o. 15,30^g zu den unterschiedlichen Wiedergaben für איש im Sinne von „jeder".

V9^l. Der Ant+ (εἰς τὸ σκήνωμα αὐτοῦ boc₂e₂MNafgjnuvyb₂ 𝔄ℭ) setzt gegenüber dem MT (לאהליו) und der KR (εἰς τὰ σκηνώματα αὐτοῦ BA rell) eine andere Texttradition (לאהלו) voraus.

3. Klassifikation der Varianten von MT, KR und Ant in 2Sam 15,1-19,9

Im Folgenden werden die in Kapitel 2 untersuchten Varianten von MT, KR und Ant zusammengestellt, klassifiziert und ausgewertet. Die hier relevanten Qumrantexte (4QSam^a und 4QSam^c) werden in 3.7. erörtert.[1] Danach werden die Ergebnisse zu einem Gesamtbild der Textentwicklung zusammengefasst.

3.1. (MT = KR) ≠ Ant

In diesem Kapitel handelt es sich um die besonderen Lesarten des Ant. Zunächst werden die quantitativen Varianten des Ant gegenüber dem MT und der KR zusammengestellt (3.1.1.). Danach kommen die besonderen Lesarten des Ant, die von einer gegenüber dem MT und der Vorlage der KR unterschiedlichen Vorlage verursacht sind (3.1.2.). Schließlich werden die innergriechischen Bearbeitungen des Ant dargestellt (3.1.3).

3.1.1. Quantitative Varianten

3.1.1.1. Ant > (MT = KR)

Hier werden zunächst die Textüberschüsse (textliches Plus) des Ant aufgelistet. (Wo nötig – insbesondere beim Artikel - wird das Bezugswort mit zitiert und die eigentliche Variante zur Verdeutlichung unterstrichen. Für Einzelheiten siehe die Diskussion der jeweiligen Stelle in Kap. 2).

(1) Substantiv: 15,14^i-i (ὁ λαὸς). 18^h-h (τοῦ βασιλέως). 21^b-b (ἡ ψυχή σου). 22^h-h (καὶ ὁ βασιλεύς). 23^m-m (τῆς ἐλαίας); 16,2^e-e (οἱ σεσαγμένοι). 2^k-k (καὶ αἱ

---

1   Vgl. 1.3.1.2.

σταφίδες); 17,16^{h-h} (τὰ ὕδατα). 22^{g-g} (τὸν λόγον); 18,3^{m-m} (ἡ γῆ). 11^j (σίκλους).
19^{c-c} (τῷ Ἰωάβ).

(2) Eigennamen: 15,9^d (Ἀβεσσαλώμ). 22^{c-c} (τὸν Γεθθαῖον); 18,19^g (Δαυίδ). 23^b
(Ἀχιμάας).

(3) Personalpronomen: 15,16^g (αὐτοῦ). 20^b (σύ); 16,10^j (μοι); 17,20^n (αὐτοὺς);
18,12^e (σύ). 25^b (αὐτὸς); 19,6^b (σύ). 8^i (σύ).

(4) Demonstrativpronomen: 16,11^g (οὗτος).

(5) Artikel: 15,2^s (τοῦ Ἰσραηλ).[2] 5^d (τὸν ἄνδρα). 10^b (τὰς φυλὰς). 23^n (τῆς ἐν τῇ
ἐρήμῳ).　24^d (τῆς διαθήκης); 17,2^b (τὰς χεῖρας). 10^{b/c} (ὁ υἱος ὁ μαχητής). 14^f
(τοῦ Αχιτοφελ). 17^b (τοῦ Ρωγηλ). 20^c (τοῦ Αβεσσαλωμ). 25^a (ὁ δὲ Ἀμεσσα).
25^n (ἐπὶ τὴν Αβιγαιαν). 27^g (ἐκ ὁ Λ···). 27^i (ἐκ ὁ Ρ···).

(6) Adjektiv: 15,6^d (παντῶν = כל); 16,13^b (πάντες = כל). 22^c (πάσας = כל);
17,10^q (πάντες = כל); 18,1^a (πάντα = כל).

(7) Adverb: 15,37^f (ἄρτι); 17,8^a (ἔτι); 19,7^{g/m} (σήμερον = היום).

(8) Kopula: 15,18^i; 16,10^e; 18,12^l. 30^b.

(9) Partikel: 19,7^n (ἄν).

(10) Präposition: 16,3^{c/d} (ἐπὶ);18,23^{f-f} (κατὰ τὴν ὁδόν).

(11) Präpositionalkonstruktion: 15,4^d (ἐπὶ τὸν Ἰσραήλ). 8^h (ἐν Χεβρών);
16,10^{a-a} (πρὸς Ἀβεσσὰ). 16^e (εἰς τὴν πόλιν); 18,9^{q-q} (ἐν τῷ δένδρῳ); 19,9^{h-h} (ἐπὶ
τὴν πύλην).

(12) Interjektion: 15,27^e (ἰδοὺ = הנה).

(13) Verb: 15,2^o (καὶ ἀπεκρίνατο). 7^d (λέγων). 12^a (καὶ ἐκάλεσε). 20^j (πορεύου
καὶ). 23^{b-b} (καὶ κλαίοντες). 32^g (ἥκει); 18,3^k (ἀφαιρεθήσεται). 25^c (τρέχει).

(14) Prädikat (εἰμι): 16,2^b. 3^b. 4^b. 8^k; 17,8^j. 10^e. 20^f. 25^g; 18,20^c, 19,8^s.

(15) Satz(-teil) bzw. Sätze: 15,25^{d-d}. 36^{j-j}. 37^{h-h}; 17,14^{g-g}.

3.1.1.2. Ant < (MT = KR)

Hier werden die im Ant fehlenden Textteile (textliches Minus) aufgelistet. (wo nötig wird wieder das Bezugswort mit angegeben und der
unterschiedliche, d.h. der im Ant fehlende Teil unterstrichen.

(1) Substantiv: 15,4^f. 15^e (ὁ κύριος ἡμῶν = אדני); 16,12^c (κύριος = יהוה);
17,14^a (ἀνὴρ = איש). 20^k (τοῦ ὕδατος = המים). 22^a (ὁ λαὸς = העם); 19,1^n (υἱέ
μου = בני). 5^d (ὁ βασιλεὺς = המלך).

(2) Numerale: 17,1^c (δώδεκα χιλιάδας = שנים־עשר). 18^c (οἱ δύο = שניהם). 22^e
(ἕως ἑνὸς = עד־אחד).

2　　S. auch 15,6^f. 10^c. 13^b; 16,22^g; 18,6^d; 18,16^e.

(3) Personalpronomen: 15,20[h] (ἐγώ). 32[k-k] (αὐτοῦ); 16,4[h-h] (σου); 18,17[e] (αὐτόν). 20[a] (αὐτῷ = לו); 19,1[l/m] (ἐγώ).

(4) Artikel: 15,10[d/e]. 21[e]; 17,10[h/i]. 12[f]. 26[d]; 18,7[e]. 9[h/j/l]. 18[c] (τὴν = את).[3] 18[e] (τὴν = אשר). 31[a]; 19,7[h].

(5) Adjektiv: 19,6[e] (παντῶν = כל).

(6) Adverb: 18,8[a] (ἐκεῖ = שם). 19,7[k/o] (σήμερον = היום).

(7) Kopula: 15,4[f]. 33[c]; 16,3[a]; 17,8[r] (καὶ ... μὴ = ולא).

(8) Konjunktion: 15,21[k] (ὅτι = כי); 17,11[a] (ὅτι = כי). 13[f-f] (ἕως = עד).

(9) Präposition: 15,23[l-l] (ב).

(10) Präpositionalkonstruktion: 19,4[e] (ἐν τῷ πολέμῳ = במלחמה).

(11) Finites Verb: 17,16[a-a] (ἀποστείλατε = שלחו).

(12) Satz(-teil) bzw. Sätze: 15,20[e-e]. 24[h-h]; 17,5[h]. 15[i-i]. 25[h-h]. 29[c-c]; 18,14[c-c]. 22[e-e].

3.1.2. Unterschiedliche Texttraditionen

In diesem Abschnitt geht es um die Lesarten des Ant, die gegenüber dem MT und der KR eine unterschiedliche Texttradition darstellen.

(1) Unterschiedliche Endungen des Wortes

	Hebr. des Ant	Ant	KR	MT
15,7[b]	(ם)ארבע שנה	τέσσαρα ἔτη	τεσσαράκοντα ἐτῶν	ארבעים שנה
16,1[j]	ומאתים	καὶ διακόσιοι	καὶ ἑκατὸν	ומאה

(2) Konsonantenverwechselung bzw. Metathesis

	Hebr. des Ant	Ant	KR	MT
15,8[d]	גשיר	γοσειρ	γεδσουρ	גשור
15,14[k]	את־העיר	τὴν πόλιν	τὴν κακίαν	את־הרעה
15,14[l]	בפי	ἐν στόματι	στόματι	לפי
15,15[c]	בכל	ἐν πᾶσιν	κατὰ πάντα	ככל
15,23[a]	ברכים	εὐλογοῦντες	ἔκλαιεν	בוכים
16,1[h]	וסאה	καὶ οἰφὶ	καὶ ἑκατὸν	ומאה
16,11[f-f]	ואם כי עתה	εἰ δὲ καὶ νῦν	καὶ προσέτι νῦν	ואף כי עתה

---

3   Vgl. 3.3.3.

17,3h	תבקש	ζητήσεις	ζητεῖς	מבקש
17,9e	העם	τὸν λαόν	αὐτοῖς	בהם
17,11g	אליך	πρὸς σέ	ἐπὶ σέ	עליך
17,16c	תלך	πορεύου	αὐλισθῆς	תלן
17,24b	מחנתה	εἰς παρεμβολάς	εἰς Μαναϊμ	מחנימה
17,25j	יזראלי	τοῦ Ιεζραηλίτου	ὁ Ισραηλίτης	ישראלי
18,2a	וישלש	ἐτρίσσευσε	ἀπέστειλεν	וישלח
18,3l	ממנו	ἐξ ἡμῶν	ὡς ἡμεῖς	כמנו
18,9i	סבך	φυτόν	τὸ δάσος	שובך
18,10c	הנני	ἰδοὺ ἐγώ	ἰδού	הנה
18,28a	ויקרב	καὶ προσῆθεν	καὶ ἐβόησεν	ויקרא
18,29c	ב/כשלח	ἐν τῷ ἀποστεῖλαι	τοῦ ἀποστεῖλαι	לשלח
18,31e	בשרות	εὐαγγέλια	εὐαγγελιθήτω	יתבשר
19,1d	בבכתו	ἐν τῷ κλαίειν	ἐν τῷ πορεύεσθαι	בלכתו
19,7p	מתנו	ἀπεθάνομεν	νεκροί	מתים
19,8g	נשבענו	ὀμωμόκασιν	ὄμοσα	נשבעתי

(3) Plus bzw. Minus des/der Konsonanten

	Hebr. des Ant	Ant	KR	MT
15,11d	והלכו	καὶ ἐπορεύοντο	καὶ πορευόμενοι	והלכים
15,25a	אל	πρός	τῷ	ל
15,25f	אראה	ὄψομαι	καὶ δείξει μοι	והראני
15,28f-f	עד בא	ἕως οὗ ἔλθῃ	ἕως τοῦ ἐλθεῖν	עד בוא
15,31f/i	הסכל־נא	ματαίωσον δή	διασκέδασον δή	סכל־נא
16,4a	אל	πρός	τῷ	ל
16,5b	חורם	χορραμ	βαουρειμ	בחורים
16,10b/c	לך	καὶ σοί	καὶ ὑμῖν	לכם
16,19b	עבד	δοῦλος	δουλεύσω	אעבד
16,21f	ידיך וכל	αἱ χεῖρές σου καὶ πάντων	αἱ χεῖρες πάντων	ידי כל
17,1f	ארדה	καταβήσομαι	καταδιώξω	ארדפה
17,3a	וישוב	καὶ ἐπιστρέψει	καὶ ἐπιστρέψω	ואשיבה
17,10m	גבר	δεδυνάστευκεν	δυνατός	גבור

17,12^a4	עליו	ἐπ' αὐτὸν	πρὸς αὐτὸν	אליו
17,13^e	וסחבו	καὶ ἐπισπάσονται	καὶ συροῦμεν	וסחבנו
17,18^f	בבחורים	ἐν Βαουριμ	ἐν Βαιθχορρων	בביתחורם
17,19^d	על־פי	ἐπὶ τοῦ στόματος	ἐπὶ πρόσωπον	על־פני
18,3^e	ישום	στήσεται	θήσουσιν	ישימו
18,13^a/b	ואיך־אעשה	καὶ πῶς ποιήσω	μὴ ποιήσαι	או־עשיתי
18,15^a	ויסב	καὶ ἐκύκλωσε	καὶ ἐκύκλωσαν	ויסבו
18,28^c	למלך	τῷ βασιλεῖ	πρὸς τὸν βασιλέα	אל־המלך
19,4^d	במנוסם	ἐν τῇ φυγῇ αὐτῶν	ἐν τῷ αὐτοὺς φεύγειν	בנוסם
19,7^j	ידעת	οἶδας	ἔγνωκα	ידעתי
19,9^l	לאהלו	εἰς τὸ σκήνωμα αὐτοῦ	εἰς τὰ σκηνώματα αὐτοῦ	לאהליו

(4) Unterschiedliche Vokalisierungen

	Hebr. des Ant	Ant	KR	MT
19,7^r	יָשָׁר	ἤρεσκεν	τὸ εὐθὲς ἦν	יָשָׁר

(5) Unterschiedliche Textüberlieferungen

	Hebr. des Ant	Ant	KR	MT
15,14^h	יגיע	φθάσῃ	ταχύνῃ	ימהר
15,15^b	אליו	πρὸς αὐτον	πρὸς τὸν βασιλέα	אל־המלך
15,23^oo	הזית במדבר	τῆς ἐλαίας τῆς ἐν τῇ ἐρήμῳ	τὴν ἔρημον	את־המדבר
15,24^gg	ברית	τῆς διαθήκης	τοῦ θεοῦ	אלהים
15,28^e	על־הזית במדבר	ἐπὶ τῆς ἐλαίας ἐν τῇ ἐρήμῳ	τῆς ἐρήμου	המדבר
15,32^f	ליהוה	τῷ κυρίῳ	τῷ θεῷ	לאלהים
15,33^a	המלך	ὁ βασιλεύς	Δαυιδ	דוד
16,1^e5	מפי־בשת	μεμφιβοσθε	μεμφειβααλ	מפי־בעל

---

4   S. die Beschreibung der Varianten von 17,12^a zu den weiteren Beispielen und Vergleichen zwischen den Wiedergaben für אל und על. Gewiß verwechselten sowohl die Abschreiber als auch die Übersetzer bzw die Bearbeiter die Präpositionen אל und על nicht selten.

5   S. auch 16,4^d.

16,3^f	ואמר	καὶ λέγει	ὅτι εἶπεν	כי אמר
16,6^f/g-g	עבדיו	αὐτοῦ	τοῦ βασιλέως Δαυιδ	עבדי המלך
16,8^i	והראך	καὶ ἔδειξέ σοι	καὶ ἰδοὺ σὺ	והנך
16,9^b	הארר	ἐπικατάρατος	τεθνηκώς	המת
16,11^b	אל־יואב	πρὸς Ιωαβ	πρὸς Αβεσσα	אל־אבישי
16,18^c	אל־המלך	πρὸς τὸν βασιλέα	πρὸς Αβεσσαλωμ	אל־אבשלום
17,6^c	אל־חושי	πρὸς Χουσει	πρὸς αὐτὸν	אליו
17,8^e	ואת־האנשים אשר אתו	καὶ τοὺς ἄνδρας τοὺς μετ' αυτοῦ	καὶ τοὺς ἄνδρας αὐτοῦ	ואת־אנשיו
17,8^m	סרור/סרוב	παροιστρῶσαι	ἠτεκνωμένη	שכול
17,9^c	העמקים	τῶν αὐλώνων	τῶν βουνῶν	הפחתים
17,10^a	והיה	καὶ ἔσται	καί γε αὐτὸς	והוא גם
17,13^h	צֵרֵר	συστροφή	μηδὲ λίθος	גם־צרור
17,16^b	למלך	τῷ βασιλεῖ	τῷ Δαυιδ	לדוד
17,19^f	(הדבלות)	παλάθας	αραφωθ	הרפות
17,20^h	אל־האנשים	πρὸς τοὺς ἄνδρας	αὐτοῖς	להם
17,21^e	אליו	αὐτῷ	πρὸς Δαυιδ	אל־דוד
17,22^f-f	בלתי נגלה	μὴ ἀποκαλυφθῆναι	οὐκ ἔλαθεν	לא נעדר
17,22^h-h	כן	οὕτως	ὃς οὐ	אשר לא
17,23^g	בבית	ἐν τῷ οἴκῳ	ἐν τῷ τάφῳ	בקבר
17,25^p	אישי	Ιεσσαι	Ναας	נחש
17,27^j	רכבין	Ρακαβειν	Ρωγελλιμ	רגלים
18,3^f	בנו	ἐν ἡμῖν	ἐφ' ἡμᾶς	אלינו
18,6^e	(מחנים)	μαιναν	Εφραιμ	אפרים
18,9^a/b	וגדול	καὶ ἦν μέγας	καὶ συνήντησεν	ויקרא
18,9^d	והוא	καὶ αὐτὸς	καὶ Αβεσσαλωμ	ואבשלום
18,9^k	אילן	δένδρου	τῆς δρυὸς	האלה
18,11^i	חמשים	πεντήκοντα	δέκα	עשרה
18,12^f	בכפי	ἐν ταῖς χερσί μου	ἐπὶ τὰς χεῖρας μου	על־כפי
18,23^g	המדד	τὴν διατεταγμένην	τὴν τοῦ Κεχαρ	הככר
18,27^a/b	ראיתי	ἑώρακα	ἐγὼ ὁρῶ	אני ראה
18,29^a/b	שמעתי ההמון הגדול אחרי	ἤκουσα ἦχον μέγαν ὀπίσω μου	εἶδον τὸ πλῆθος τὸ μέγα	ראיתי ההמון הגדול
19,1^a	וידמע	καὶ ἐδάκρυσεν	καὶ ἐταράχθη	וירגז
19,1^e-h	בני אבשלום אבשלום בני	τέκνον ἐμὸν Αβεσσαλωμ	υἱέ μου Αβεσσαλωμ	בני אבשלום בני

		Αβεσσαλωμ τέκνον ἐμὸν	υἱέ μου υἱέ μου Αβεσσαλωμ	בני אבשלום
19,1ᵏ	לי מות	μοι θάνατόν	θάνατόν μου	מותי
19,4ᶜᶜ	הנחלה ונחלל	ὁ ἡττημένος καὶ ἠτιμωμένος	οἱ αἰσχυνόμενοι	הנכלמים
19,7ᵠ	הזה	ἐκεῖνος	τότε	אז

(6) Unterschied in der Wortstellung

	Ant	KR	MT
15,11ᵃ⁻ᵃ	καὶ ἐπορεύθησαν μετὰ Αβεσσαλωμ	καὶ μετὰ Αβεσσαλωμ ἐπορεύθησαν	ואת־אבשלום הלכו
15,18ⁿ⁻ⁿ	ἐκ Γεθ πεζοί	τοῖς ποσὶν αὐτῶν ἐκ Γεθ	ברגליו מנת
15,35ᵇ⁻ᵇ	ἐκεῖ μετὰ σοῦ	μετὰ σοῦ ἐκεῖ	עמך שם
15,36ᵇ⁻ᵇ	δύο υἱοὶ αὐτῶν μετ᾽ αὐτῶν	μετ᾽ αὐτῶν δύο υἱοὶ αὐτῶν	עמם שני בניהם
16,2ᵃ⁻ᵃ	τί ἐστὶ σοι ταῦτα	τί ταῦτά σοι	מה־אלה לך
17,11ᵈ	συμβουλεύω ἐγὼ	ἐγὼ συνεβούλευσα	יעצתי
17,13ᶜ⁻ᶜ	σχοινία ἐπὶ τὴν πόλιν ἐκείνην	πρὸς τὴν πόλιν ἐκείνην σχοινία	אל־העיר ההיא חבלים
17,14ʰ	τὰ κακὰ ἐπὶ Αβεσσαλωμ	ἐπὶ Αβεσσαλωμ τὰ κακὰ	אל־אבשלום את־הרעה
18,2ᶜ⁻ᶜ	ἀδελφοῦ Ἰωὰβ υἱοῦ Σαρουία	υἱοῦ Σαρουιας ἀδελφοῦ Ιωαβ	בן־צרויה אחי יואב
18,9ʳ⁻ʳ	ἀνὰ μέσον τῆς γῆς καὶ ἀνὰ μέσον τοῦ οὐρανοῦ	ἀνὰ μέσον τοῦ οὐρανοῦ καὶ ἀνὰ μέσον τῆς γῆς	בן־השמים ובן־הארץ
18,26ᶜ⁻ᶜ	μόνος τρέχων	τρέχων μόνος	רץ לבדו

3.1.3. Innergriechische Unterschiede des Ant

Hier geht es um jene Lesarten des Ant, die vom MT und der KR bloß aus innergriechischen Gründen abweichen.

(1) Unterschiede des Numerus

	Ant	KR	MT
15,6ᶜ	τὰς καρδίας	τὴν καρδίαν	את־לב
15,36ʰ⁻ʰ	ἐν ταῖς χερσὶν αὐτῶν	ἐν χειρὶ αὐτῶν	בידם

16,11ʲ	ἄφες	ἄφετε	הנחו
17,8ⁱ	ταῖς ψυχαῖς αὐτῶν	τῇ ψυχῇ αὐτῶν	נפש המה
17,8ˡ	ὥσπερ ἄρκοι	ὡς ἄρκος	כדב
17,11ᵉ/ᶠ	καὶ συναγόμενοι συναχθήσονται	καὶ συναγόμενος συναχθήσεται	האסף יאסף
17,21ʰ	τὰ ὕδατα	τὸ ὕδωρ	המים
18,27ᵍ	ὑπὲρ εὐαγγελίων	εἰς εὐαγγελίαν	אל־בשורה
19,2ᵃ	καὶ ἀνήγγειλαν	καὶ ἀνηγγέλη	וינד
19,3ᵃ	λεγόντων	λέγων	לאמר
19,8ᵘ	τῶν κακῶν	τὸ κακὸν	הרעה
19,8ᵛ	τῶν ἐπεληλυθότων	τὸ ἐπελθόν	אשר־באה

(2) Unterschiede des Kasus

	Ant	KR	MT
17,16ᵏ	ὁ βασιλεὺς	τὸν βασιλέα	למלך
17,16ˡ	καὶ πᾶς ὁ λαός	καὶ πάντα τὸν λαὸν	ולכל־העם
17,29ᶠ	τὸν λαὸν	ὁ λαὸς	העם

(3) Unterschiede im Bezug auf die Präposition

	Ant	KR	MT
15,2ᶜ	ἐπὶ	ἀνὰ χεῖρα	על־יד
15,2ᵏ	αὐτὸν	πρὸς αὐτὸν	אליו
15,4ᶜ	ἐπὶ τῆς γῆς	ἐν τῇ γῇ	בארץ
15,5ᵇ	ἐπὶ τῷ προσάγειν	ἐν τῷ ἐγγίζειν	בקרב
15,7ᵃ	μετὰ	ἀπὸ τέλους	מקץ
15,9ᵇ	ὑγιαίνων	εἰς εἰρήνην	בשלום
15,12ᵉ	τῆς Μεταλλαάδ [מגלעד]	ἐκ Γωλα	מגלה
15,16ᵇ	πεζοί	τοῖς ποσὶν αὐτῶν	ברגליו
15,17ᶜ	πεζοί	πεζῇ	ברגליו
15,18ᵒ	πεζοί	τοῖς ποσὶν αὐτῶν	ברגלו
15,30ᵇ	ἐπὶ τὴν ἀνάβασιν	ἐν τῇ ἀναβάσει	במעלה
15,33ᵈ	φορτίον	εἰς βάσταγμα	למשא
15,35ᵈ	παρὰ	ἐξ οἴκου	מבית
15,36ᵈ/ᶠ	(-)	τῷ	ל

16,8ᶠ	εἰς χεῖρας	ἐν χειρὶ	ביד
16,8ʲ	τὴν κακίαν σου	ἐν τῇ κακίᾳ σου	ברעתך
16,19ᶠ	τῷ	ἐνώπιον	לפני
16,19ᵍ	μετὰ σοῦ	ἐνώπιόν σου	לפניך
16,23ᵉ	διὰ	ἐν λόγῳ	בדבר
17,16ᵈ	κατὰ δυσμὰς	ἐν Αραβωθ	בערבות
17,17ᵃ	ἐπὶ τῆς πηγῆς	ἐν τῇ πηγῇ	בעין
18,4ᵉ/ᶠ	ἐν	εἰς	ל
18,14ᵍ	εἰς τὴν καρδίαν	ἐν τῇ καρδίᾳ	בלב
18,28ᵈ	αὐτῷ	τῷ βασιλεῖ	למלך
18,28ᵏ	ἐπὶ τὸν κύριόν μου	ἐν τῷ κυρίῳ μου	באדני
18,32ᶜ	τὸ παιδαρίον	τῷ παιδαρίῳ	לנער
19,8ᶠ	κατὰ τοῦ κυρίου	ἐν κυρίῳ	ביהוה
19,9ᵃ	ἐπὶ τῆς πύλης	ἐν τῇ πύλῃ	בשער

(4) Unterschiede der Verbform

	Ant	KR	MT
15,8ᵇ⁻ᵇ	ὅτε ἐκαθήμην	ἐν τῷ οἰκεῖν με	בשבתי
15,32ᵉ	καὶ προσκυνήσαντος	οὗ προσεκύνησεν	אשר־ישתחוה
17,1ᵉ	καὶ ἀναστάς	καὶ ἀναστήσομαι	ואקומה
17,11ʰ	πορεύσεται	πορευόμενον	הלכים
17,29ᵍ/ʰ	πεινᾶν καὶ ἐκλελύσθαι	πεινῶν καὶ ἐκλελυμένος	רעב ועיף
17,29ⁱ	διψήσαντα	καὶ διψῶν	וצמא
18,19ᵈ/ᵉ	δράμων δὴ εὐαγγελιοῦμαι	δράμω δὴ καὶ εὐαγγελιῶ	ארוצה נא ואבשרה
19,8ᵛ	τῶν ἐπεληλυθότων	τὸ ἐπελθόν	אשר־באה

(5) Unterschiede des Wortes

	Ant	KR	MT
15,11ᵉ	ἀπλάστως	τῇ ἀπλότητι αὐτῶν	לתמם
16,4ᶜ	πάντα τὰ	πάντα ὅσα ἐστὶν τῷ	כל אשר ל
16,6ᵃ	καὶ βάλλων	καὶ λιθάζων	ויסקל
16,8ᶜ	ἀνθ' ὧν	ὅτι	אשר
16,11ᵐ⁻ᵐ	κύριος εἴρηκεν αὐτῷ	εἶπεν αὐτῷ κύριος	אמר־לו יהוה

	Ant	KR	MT
16,18f	καὶ ὁ λαὸς αὐτοῦ	καὶ ὁ λαὸς οὗτος	והעם הזה
17,10o	καὶ οἱ μαχηται	καὶ υἱοὶ δυνάμεως	ובן־חיל
17,12i	οὐδένα	καί γε ἕνα	גם־אחד
17,20j	σπεύδοντες	μικρὸν	מיכל
17,21f	τὸ τάχος	ταχέως	מהרה
17,29a/b	καὶ γαλαθηνὰ μοσχαρία	καὶ σαφφωθ βοῶν	ושפות בקר
18,3p	ἐστιν ἡμῖν τοῦ εἶναι σε	ὅτι ἔσῃ ἡμῖν	כי־תהיה־לנו
18,4b	τὸ ἀρεστὸν	ὃ ἐὰν ἀρέσῃ	אשר־ייטב
18,11e1	ἐπὶ τὴν γῆν	εἰς τὴν γῆν	ארצה
18,22i	τέκνον	υἱέ μου	בני
19,4a(b)	καὶ ὑπεστέλλετο	καὶ διεκλέπτετο	ויתגנב
19,8l	ὑπνώσει	αὐλισθήσεται	ילין
19,8m	τὶς	ἀνήρ	איש

(6) Verlesen des Ant

	Ant	KR	MT
15,12f	ΜΕΓαλλααλ] ΜΕΤαλλααλ	ἐκ Γωλα	מגלה
18,3c	ΕΞΕΛΕΥΧΗ] ΕΞΕΛΕΥϹΕΙ	ἐξελεύσῃ	תצא

3.2. (MT = Ant) ≠ KR

In diesem Kapitel handelt es sich um die besonderen Lesarten der KR. Zunächst werden die quantitativen Varianten der KR gegenüber dem MT und dem Ant zusammengestellt (3.2.1.). Danach kommen die besonderen Lesarten der KR, die von einer gegenüber dem MT und der Vorlage des Ant unterschiedlichen Vorlage verursacht sind (3.2.2.). Schließlich werden die innergriechischen Bearbeitungen des Ant dargestellt (3.2.3). Bemerkenswert ist, dass es in der KR weniger besondere Lesarten als im Ant gibt, was allerdings auf die Nähe der KR zum MT zurückgeht.

1　　Vgl. 3.3.4.-(2).

3.2.1. Quantitative Varianten

3.2.1.1. KR > (MT = Ant)

Hier werden die Textüberschüsse der KR (manchmal mit Unterstreichung und mit Nennung des Bezugswortes) aufgelistet.

(1) Substantiv: 15,10[g] (βασιλεὺς). 23[i-i] (καὶ ὁ βασιλεὺς); 18,12[h] (σίκλους).
(2) Personalpronomen: 18,9[f] (αὐτοῦ).
(3) Demonstrativpronomen: 17,7[c] (αὕτη = הזאת).
(4) Adjektiv: 17,14[i] (πάντα).
(5) Kopula: 15,35[e].
(6) Relativum: 15,14[c] (τοῖς ἐν Ιερουσαλημ = בירושלים אשר?).
(7) Präpositionalkonstruktion: 15,23[d-d] (ἐν τῷ χειμάρρῳ Κεδρων); 18,8[e] (ἐν τῷ λαῷ).
(8) Prädikat (εἰμι): 15,19[f] (εἶ). 26[d] (εἰμι); 16,6[h] (ἦν).
(9) Satz(-teil) bzw. Sätze: 15,18[j-j/k-k]. 20[d-d].

3.2.1.2. KR < (MT = Ant)

Hier werden die fehlenden Textteile der KR (manchmal mit Unterstreichung und mit Nennung des Bezugswortes) aufgelistet.

(1) Substantiv: 15,12[h] (τας θυσίας = את־הזבחים). 21[i] (ὁ βασιλεύς = המלך); 16,15[a] (ἀνδρῶν = איש) 18,3[b] (ὁ λαὸς = העם); 19,6[p-p] (καὶ τὴν ψυχὴν = ונפש).
(2) Eigennamen: 18,31[c] (ὁ Χουσεὶ = הכושי).
(3) Personalpronomen: 15,30[d] (αὐτοῦ = לו); 18,11[a] (αὐτῷ = לו); 19,7[f] (σοι = לך).
(4) Artikel: 16,7[d]. 15[a].
(5) Adverb: 18,11[d] (ἐκεῖ = שם).
(6) Relativum: 16,14[b] (ὁ μετ' αὐτοῦ = אשר אתו).
(7) Präpositionalkonstruktion: 17,12[g] (ἐν πᾶσι = וכל).
(8) Satz(-teil) bzw. Sätze: 18,18[o-o].

3.2.2. Unterschiedliche Texttraditionen

Hier geht es um die Lesarten der KR, die gegenüber dem MT und dem Ant eine unterschiedliche Texttradition darstellen.

(1) Unterschiedliche Endungen eines Wortes

	Hebr. des KR	KR	Ant	MT
16,2ᵐ	היעפים	τοῖς ἐκλελιμένοις	τῷ ἐκλελυμένῳ	היעף

(2) Konsonantenverwechselung und Metathesis

	Hebr. des KR	KR	Ant	MT
17,7ᵉ	הפעם	τὸ ἅπαξ	νυνί	בפעם
18,3ʲ	כי־אתה	ὅτι σὺ	ὅτι καὶ νῦν	כי־עתה
18,6ᵇ	חדשה	εἰς τὸν δρυμὸν	εἰς τὸ πεδίον	השדה
18,28ʰ	שנאו	μισοῦντας	ἐπαραμένους	נשאו

(3) Plus bzw. Minus des/der Konsonanten

	Hebr. des KR	KR	Ant	MT
17,4ᵃ	ויישר	καὶ εὐθὴς	καὶ ἤρεσεν	ויישר
17,12ᶜ	ונחינו	καὶ παρεμβαλοῦμεν	καὶ ἐκθαμβήσομεν	ונחנו
18,10ᵇ	יואב	Ιωαβ	τῷ Ιωαβ	ליואב
18,17ʰ	נס	ἔφυγεν	ἔφυγον	נסו
18,22ʲ	לכה	δεῦρο	καὶ σοι	ולכה

(4) Unterschiedliche Textüberlieferungen

	Hebr. des KR	KR	Ant	MT
15,7ᶜ	אל־אביו	πρὸς τὸν πατέρα αὐτοῦ	πρὸς τὸν βασιλέα	אל־המלך
15,16ᶜ	ויניח	καὶ ἀφῆκεν	καὶ κατέλιπεν	ויעזב
15,24ᵉ	יהוה	κυρίου	τοῦ Θεοῦ	האלהים
17,13ᵍ	נשאר	καταλειφθῇ	εὑρέθη	נמצא
17,16ᵍ	מהר	σπεῦσον	διάβηθι	תעבור
17,25ᵏ	זה/הוא	οὗτος	ὅς	אשר
18,2ᶠ	דוד	Δαυιδ	ὁ βασιλεὺς	המלך
18,22ᵈ	ויהי כי	αἱ ἔστω ὅτι	καὶ τί ἔσται ἐὰν	ויהי מה
19,6ʲ	הממלטיך	τῶν ἐξαιρουμένων σε	τῶν διασῶσάντων τὴν ψυχέν σου	הממלטים את־נפשך
19,7ᶜ⁻ᶜ	והגדת	καὶ ἀνήγγειλας	ὅτι ἀπήγγελκας	כי הגדת

(5) Unterschied in der Wortstellung

	KR	Ant	MT
15,4ᵇ	τίς με καταστήσει	τίς καταστήσει με	מי־ישמני

3.2.3. Innergriechische Unterschiede in der KR

Zu diesem Abschnitt gehören jene Lesarten der KR, die vom MT und dem Ant bloß aus innergriechischen Gründen abweichen.

(1) Absichtliche Veränderung

	KR	Ant	MT
15,23ᶠ⁻ʰ	τὸν χειμάρρουν Κεδρων	ἐν τῷ χειμάρρῳ τῷ Κεδρών	בנחל קדרון
15,31ᵃ⁻ᵃ	καὶ ἀνηγγέλη Δαυιδ	καὶ τῷ Δαυιδ ἀπήγγειλαν	ודוד הגיד
16,1ᵇ	βραχύ τι	μικρόν	מעט
16,4ᶜ⁻ᶜ	πάντα ὅσα ἐστὶν τῷ Μεμφιβοσθε	πάντα τὰ Μεμφιβάαλ	כל אשר למפי־בשת
16,11ᴴ	καταρᾶσθαι	καὶ καταράσθω	ויקלל
18,18ⁱ	αὐτῷ	μοι	לי
19,8ᵗ	ὑπὲρ πᾶν	ἐκ πάντων	מכל

(2) Verlesen der KR

	KR	Ant	MT
15,13ᵇ⁻ᵇ	ΕΓΕΝΗΘΗΚΑΡΔΙΑ] ΕΓΕΝΗΘΗΚΑΡΔΙΑ	ἐγένεθη καρδία	היה לב
15,28ᶜ	ΣΤΡΑΓΓΕΥΟΜΑΙ] ΣΤΡΑΤΕΥΟΜΑΙ	προσδέχομαι	מתמהמה
17,9ᶜ	ΒΟΥΝΟΣ] ΒΟΘΥΝΟΣ	αὐλώνων	הפחתים

3.3. (KR = Ant) ≠ MT

In diesem Kapitel handelt es sich um die besonderen Lesarten des MT, d.h. bei diesen Fällen stimmen die KR und der Ant gegenüber dem MT miteinander überein. Zunächst sind, wie oben, die Textüberschüsse des MT gegenüber den gr. Versionen zusammenzustellen, sowie die fehlenden Textteile. Danach kommen die besonderen Lesarten des MT, die eine gegenüber den gr. Versionen unterschiedlichen Texttradition darstellt. Dann werden die Fälle gelistet, in denen die gr. Versionen aus innergriechischen Gründen vom hebr. Text abweichen.

3.3.1. Quantitative Varianten

3.3.1.1. MT > (KR = Ant)

(1) Substantiv: 19,5[h] (בני).
(2) Adverb: 15,21[g] (שם); 18,7[d] (שם).
(3) Artikel: 15,2[f] (כל־הָאיש). 16[d] (אֵת עשר נשים).[2]
(4) Copulativum (ו): 15,34[j/l].
(5) Relativum (אשר): 17,3[g].
(6) Satz: 16,16[i-i].

3.3.1.2. MT < (KR = Ant)

(1) Eigennamen: 15,32[j-j] (ἑταῖρος Δαυιδ); 18,14[d] (Ιωαβ). 23[e] (Ιωαβ).
(2) Personalpronomen: 15,2[m] (αὐτῷ). 2[n] (σὺ εἶ/εἶ σύ); 17,1[b] (ἐμαυτῷ). 11[j] (αὐτῶν). 12[b] (αὐτὸν); 19,7[i] (σοῦ).
(3) Demonstrativpronomen: 19,8[n] (ταύτην).
(4) Artikel (im determinierten Status)[3]
   - mit einem determinierten *nomen rectum* (einschließlich der Relativkonstruktion): 15, 21[f]. 27[g]. 37[d]; 16,3[j]. 8[a]. 11[h]. 20[a]. 22[d]. 23[a]; 17,14[b]. 20[b]; 18,18[f]. 20[f]. 22[c]; 19,1[b]. 6[n]. 8[c].
   - vor einem Nomen mit Personalsuffix: 15,2[t]. 8[a]. 15[a]. 16[a]. 18[a]. 21[h/l]. 27[f/h/i]. 30[d/g]. 32[k]; 16,3[c/d/l]. 11[c]. 12[h]. 13[c]. 22[e]; 17,5[g]. 6[e]. 8[i/q]. 10[n]. 23[b/d/f/h]; 18,9[m]. 14[f]. 17[j]. 18[l/p]. 28[f]; 19,6[f/l/m/o/q]. 8[d].
   - vor einem Eigennamen: 16,1[d]. 8[b]. 23[a/f]; 17,4[b]; 18,7[b/c]. 9[c]. 14[h]. 15[c].
(8) Adverb: 15,34[k-k] (καὶ ἀρτίως); 16,18[e] (κατόπισθεν); 17,11[b] (οὕτως); 18,29[j] (ἐκεῖ).
(9) Copula(tivum): 15,21[j]; 17,3[i].
(10) Partikel: 19,8[h] (εἰ).
(11) Präpositionalkonstruktion: 15,22[f-f] (μετ' ἐμοῦ). 24[f-f] (ἀπὸ Βαιθαρ); 18,17[f] (εἰς χάσμα μέγα). 24[g] (ἐνώπιον αὐτοῦ). 31[d] (τῷ βασιλεῖ).

---

2   Vgl. 3.3.3.
3   S.o. die Beschreibung der Varianten von 15,2[t] zur Erklärung dieses Phänomens.

(12) Verb: 16,10^f ({καὶ} ἄφετε αὐτὸν); 19,2^b (λέγοντες). 5^e (λέγων).

(13) Satz: 15,2^{q-q}. 18^{d-d}. 20^{a-a}. 34^{i-i}; 17,28^{a-c}; 18,14^{a-a}; 19,8^{o-o}.

3.3.2. Gegenüber dem MT unterschiedliche hebräische Vorlage von KR und Ant

(1) Konsonantenverwechselung und Metathesis

	MT	KR/Ant	Hebr. von KR/Ant
15,16^e	פלנשים	τῶν παλλακῶν αὐτοῦ	פלנשיו
15,19^h	למקומך	ἐκ τοῦ τόπου σου	ממקומך
16,12^d	בעוני(Ketib)	...ταπείνω-	בעניי
17,9^d	כ	ἐν	ב
18,3^q	מעיר	ἐν τῇ πόλει	בעיר
18,8^d	בעם	ἐκ τοῦ λαοῦ	מעם
18,9^p	ויתן	καὶ ἐκρεμάσθη/ἀνεκρεμάσθη	ויתל
18,12^q	מי	μοι	לי

(2) Hinzufügung bzw. Auslassung des/der Konsonanten

	MT	KR/Ant	Hebr. von KR/Ant
15,3^{b-b}	דברך	οἱ λόγοι σου	דבריך
17,5^a	קרא	καλέσατε	קראו
18,13^d	וכל-דבר	καὶ πᾶς ὁ λόγος	וכל-הדבר
18,17^a	ויקחו	καὶ ἔλαβεν	ויקח

(3) Unterschiedliche Vokalisierungen

	MT	KR/Ant	Hebr. von KR/Ant
15,7^g	נִדְרִי	τὰς εὐχάς μου	נְדָרֵי

(4) Unterschiedliche Worttrennung

	MT	KR/Ant	Hebr. von KR/Ant
17,26^{c-c}	ארץ הגלעד	εἰς τὴν γῆν Γαλααδ	ארצה גלעד

(5) Unterschiedliche Textüberlieferungen

	MT	KR/Ant	Hebr. von KR/Ant
15,19g	וגם	καὶ ὅτι	וכי
15,31h	יהוה	ὁ θεός μου	אלהי
15,35a	והלוא	καὶ ἰδοὺ	והנה
16,6k-k	ומשמאלו	... τοῦ βασιλέως	ומשמאל המלך
17,6e	את	κατὰ	כ
17,8g	המה	σφόδρα	מאד
18,9m	ויחזק	καὶ ἐκρεμάσθη/περιεπλάκη	ויתל
18,14e	שבטים	βέλη/ἀκίδας	שלחים

(6) Unterschiedliche Wortstellungen

	MT	KR/Ant
15,2l-l	אבשלום אליו	{πρὸς} αὐτὸν Αβεσσαλωμ
15,18c-c	עברים על־ידו	ἀνὰ χεῖρα αὐτοῦ παρῆγον
16,13m-m	ועפר בעפר	καὶ τῷ χοῒ πάσσων
17,9b-b	עתה הוא	αὐτὸς νῦν
18,18b-b	ויצב־לו בחיו	ἔτι ζῶν {ἔλαβε} καὶ ἔστησεν ἑαυτῷ

3.3.3. Die Verwendung des gr. Artikels für *nota accusativi*

Zur Sache s. o. 15,5g.

(1) Akkusativ: 15,5g. 6b. 7f. 12b. 20l. 24c. 25c. 29c. 30h. 31g(j). 34n; 16,3k. 8e. 9d. 10m. 11e; 17,8c/d/t. 14e. 19b. 22j. 24c. 25b{24e}; 18,2b. 10d. 15d. 17c. 22f. 24f. 27c. 28i. 29e/h; 19,5b. 6d/k. 7a/b.
(2) Dativ: 15,8g (λατρεύω τινι); 17,15g/h (συμβουλεύω τινι); 18,5a/b/c (ἐντέλλομαι τινὶ). 12n (ἐντέλλω τινὶ). 19f (εὐαγγελίζω τινι).
(3) Genitiv : 18,16f (φείδομαί τινος).

3.3.4. Innergriechisch verursachte Unterschiede von KR/Ant gegenüber MT

(1) Unterschiede im Numerus

	MT	KR/Ant
15,1b	מרכבה	ἄρματα

| 15,1ᶜ | איש | ἄνδρας |
| 17,1ᵈ | איש | ἀνδρῶν |

(2) Die Verwendung von εἰς für *acc.loc.*

	MT	KR/Ant
15,8ᶠ	ירושלם	εἰς Ιερουσαλημ
15,25ᶜ	העיר	εἰς τὴν πόλιν
15,27ᵈ	העיר	εἰς τὴν πόλιν
15,34ᵇ	העיר	εἰς τὴν πόλιν
15,37ᵉ	העיר	εἰς τὴν πόλιν
15,37ᵍ	ירושלם	εἰς Ιερουσαλημ
16,15ᵇ	ירושלם	εἰς Ιερουσαλημ
17,24ᵇ	מחנימה	εἰς Μαναϊμ/παρεμβολάς
17,26ᶜ	ארץ	εἰς {τὴν} γῆν
18,6ᵃ	השדה	εἰς τὸν δρυμὸν/τὸ πεδίον
19,6ᵃ	הבית	εἰς τὸν οἶκον

(3) Innergriechisch freiere, aber sachgemäße Wiedergabe

	MT	KR/Ant
15,30ᵃ	עָלָה	ἀνέβαινεν
15,30ᶠ	הָלֵךְ	ἐπορεύετο
15,34ᵍ	המלך	βασιλεῦ
16,11ᵈ⁻ᵈ	אשר יצא	ὁ ἐξελθὼν
16,11ᵏ	לו	αὐτὸν
17,5ᶜ	לחושי	τὸν Χουσ(ε)ι
18,5ᵉ	לנער	τοῦ παιδαρίου
18,12ʳ/ˢ	ב	Artikel

(4) Griechisch geprägte Wiedergabe eines Namens

	MT	KR/Ant
17,25ᵒ	אבינל	ΔΒΙΓΔΙΛ] ΔΒΙΓΔΙΔ

Zu jenen Fällen in denen die Abweichungen zwischen Ant und KR eine Entsprechung in Ketib und Qere haben siehe unten 3.6.

3.4. MT = (KR≠Ant)

In diesem Kapitel werden die Fälle aufgelistet, in denen zwar Unterschiede zwischen der KR und dem Ant erkennbar sind, denen aber trotzdem derselbe hebräische Text zu Grunde liegt.

3.4.1. Unterschied in der Wortwahl

3.4.1.1. Synonyme

(1) Substantiv

	MT	KR	Ant
15,2[i]	למשפט	εἰς κρίσιν	εἰς κρίμα
15,19[e]	נכרי	ξένος	ἀλλότριος
15,22[i]	הטף	ὁ ὄχλος	ἄνδρες
15,28[h]	דבר	ῥῆμα	ὁ λόγος
15,33[d]	למשא	εἰς βάσταγμα	φορτίον
16,2[d]	החמורים	τὰ ὑποζύγια	οἱ ὄνοι
16,2[g1]	לבית	τῇ οἰκίᾳ	τῷ οἴκῳ
16,5[c]	ממשפחת	ἐκ συγγενείας	ἐκ πατριᾶς
16,6[i]	הגברים	οἱ δυνατοὶ	οἱ μαχηταὶ
16,6[j]	ומשמאל	καὶ ἐξ εὐωνύμων	καὶ ἐξ ἀριστερῶν
17,6[f]	דבר	τὸν λόγον	τὸ ῥῆμα
17,9[i]	מגפה	θραῦσις	πτῶσις[2]
17,19[c]	המסך	ἐπικάλυμμα	ῥῖπον
18,20[b]	בשרה	εὐαγγελίας	εὐαγγελισμοῦ

(2) Numerale

	MT	KR	Ant
15,27[h3]	שני	οἱ δύο	ἀμφότεροι

---

1   S. auch 17,18[e]. 20[d].
2   Vgl. 18,7[f]: πληγή Ant.
3   S. auch 18,24[a].

(3) Adjektiv

	MT	KR	Ant
15,3ᶜ⁻ᶜ	טובים ונכחים	ἀγαθοὶ καὶ εὔκολοι	καλοὶ καὶ κατευθύνοντες
18,3ᵒ	טוב	ἀγαθὸν	καλόν

(4) Adverb

	MT	KR	Ant
16,7ᵃ⁴	וכה	καὶ οὕτως	καὶ τάδε
17,21ⁱ	ככה	οὕτως	τάδε

(5) Partikel

	MT	KR	Ant
15,3ᵉ⁻ᵉ	אין	οὐκ ἔστιν	οὐχ ὑπάρχει
15,14ᵍ	פן	ἵνα μὴ	μὴ
16,10ʰ	מדוע	ὡς τί	τί ὅτι
16,12ᵃ	אולי	εἴ πως	ὅπως
16,19ᶜ	הלוא	οὐχὶ	οὐκ
18,11ᶜ⁻ᶜ	ומדוע	τί ὅτι	καὶ διὰ τί
18,18ʲ	בעבור	ἕνεκεν	ἵνα

(6) Copula(tivum)

	MT	KR	Ant
15,20ᶠ⁵	ו	καὶ	δὲ

(7) Relativum

	MT	KR	Ant
15,20ᵍ⁻ᵍ	על אשר	οὗ ἂν	οὗ ἐὰν
15,26ᵉ⁻ᵉ	כאשר טוב	κατὰ τὸ ἀγαθὸν	τὸ ἄρεστον

---

4   S. auch 19,1ᶜ.
5   S. auch 15,34ᵃ; 16,11ᶠ; 17,6ʰ. 13ᵃ. 21ᵃ. 25ᵉ; 18,12ᵃ. 20ᵈ; 19,9ⁱ.

16,4^cc	כל אשר ל	πάντα ὅσα ἐστὶν τῷ	πάντα τὰ
16,16^b6	כאשר	ἡνίκα	ὅτε
18,21^d	אשר	ὅσα	ἅ

(8) Präposition

	MT	KR	Ant
17,10^g	כ	καθὼς	ὡς
18,16^d	אחרי	ὀπίσω	κατόπισθεν

(9) Verb

(a) Unterschiedliche Wortwahl

	MT	KR	Ant
15,2^j	ויקרא	καὶ ἐβόησεν	καὶ ἐκάλει
15,4^e	יהיה	ᾖ	γένηται
15,5^c	קרב	ἐγγίζειν	προσάγειν
15,7^e	ואשלם	καὶ ἀποτείσω	καὶ ἀποδώσω
15,9^a	לך	βάδιζε	πορεύου
15,11^f	ידעו	ἔγνωσαν	ἤδεισαν
15,14^e	מהרו	ταχύνατε	σπεύσατε
15,14^f	ללכת	τοῦ πορευθῆναι	ἀπελθεῖν
15,18^m	אשר־באו	οἱ ἐλθόντες	οἱ ἥκοντες
15,19^d	ושב	καὶ οἴκει	καὶ κάθισον
15,26^b	חפצתי	ἠθέληκα	τεθέληκα
15,27^b	הרואה	ἴδετε	βλέπε
15,31^d	בקשרים	ἐν τοῖς συστρεφομένοις	ἐν τοῖς συγκειμένοις
15,32^b7	בא	ἐρχόμενος	παραγενομένου*3.4.1.2
15,33^b	עברת	διαβῆς	διέλθῃς
15,37^a	ויבא	καὶ εἰσῆλθεν	καὶ εἰσπορεύεται
16,2^h	רכב	ἐπικαθῆσθαι	ἐπιβαίνειν

---

6   Vgl. die Beschreibung der Varianten zu den weiteren Beispielen.
7   S. auch zu demselben Phänomen in der Wortwahl: 16,5^a. 14^a.

16,5^e8	יצא	ἐξῆλθεν	ἐξεπορεύετο
16,5^e	ומקלל	καὶ καταρώμενος	καὶ κακολογῶν
16,9^c	אעברה	διαβήσομαι	διελεύσομαι
16,12^e	והשיב	καὶ ἐπιστρέψει	καὶ ἀνταποδώσει
16,13^i	ויקלל	καὶ καταρώμενος	καὶ κατηρᾶτο
16,14^c	וינפש	καὶ ἀνέψυξαν	καὶ ἀνεπαύσαντο
16,20^a	הבו	φέρετε	δότε
16,21^d	וחזקו	καὶ ἐνισχύσουσιν	καὶ κρατήσουσιν
17,1^a	אבחרה	ἐπιλέξω	ἐκλέξομα
17,6^a9	ויבא	καὶ εἰσῆλθεν	καὶ παρεγένετο
17,8^s	ילין	καταλύσῃ	καταπαύσει
17,10^l	ידע	οἶδεν	γνώσεται
17,21^b	וילכו	καὶ ἐπορεύθησαν	καὶ ἀπῆλθον
17,22^i	עבר	διῆλθεν	διέβησαν
17,24^a	בא	διῆλθεν	παρεγένετο
17,29^d	לאכול	φαγεῖν	ἐσθίειν
18,12^i	אשלח	ἐπιβάλω	ἐποίσω
18,12^p	שמרו	φυλάξατε	προσέχετε
18,13^e	יכחד	λήσεται	κρυβήσεται
18,21^h	ויריץ	καὶ ἐξῆλθεν	καὶ ἔδραμεν
18,23^h	ויעבר	καὶ ὑπερέβη	καὶ παρῆλθε
18,27^h	יבוא	ἐλεύσεται	οἴσει
18,30^a(/d)	סב	ἐπίστρεψον	πάρελθε
18,31^h	שפטך	ἔκρινέν	ἐδίκασε
19,3^b	נעצב	λυπεῖται	ὀδυνᾶται
19,5^a	לאט	ἔκρυψεν	παρεκάλυπτε
19,5^c	ויזעק	καὶ ἔκραξεν	καὶ ἀνεβόα
19,6^h	הממלטים	τῶν ἐξαιρουμένων	τῶν διασωσάντων
19,8^j	יוצא	ἐκπορεύσῃ	ἐξελεύσῃ

(b) Unterschied in der Vorsilbe

---

8   S. auch 18,2^g.
9   S. auch 19,9^f.

	MT	KR	Ant
15,2[b]	ועמד	καὶ ἔστη	καὶ ἐφίστατο
15,11[c]	קראים	κλητοὶ	ἐπίκλητοι
15,14[j]	והדיח	καὶ ἐξώσῃ	καὶ ἐπώσηται
15,19[c]	שוב	ἐπίστρεφε	ἀνάστρεφε
15,30[f]	הלך	ἐπορεύετο	παρεπορεύετο
15,34[c]	תשוב	ἐπιστρέψῃς	ἀναστρέψῃς
15,36[g]	ושלחתם	καὶ ἀποστελεῖτε	καὶ ἐξαποστελεῖτε
16,1[a]	עבר	παρῆλθεν	διῆλθε
16,17[c]	הלכת	ἀπῆλθες	ἐπορεύθης
16,23[c]	ישאל	ἐπερωτήσῃ	ἐρωτᾷ
17,2[a]	ואבוא	καὶ ἐπελεύσομαι	καὶ εἰσελεύσομαι
17,8[h]	ומרי	καὶ κατάπικροι	καὶ πικροὶ
17,18[b]	וילכו	καὶ ἐπορεύθησαν	καὶ ἀπῆλθον
17,21[c]	ויגדו	καὶ ἀνήγγειλαν	καὶ ἀπήγγειλαν
17,25[l]	בא	εἰσῆλθεν	ἦλθεν
18,12[d]	שקל	ἵστημι	παραστήσῃς
18,16[b]	וישב	καὶ ἀπέστρεψεν	καὶ ἐπέστρεψεν
18,16[c]	מרדף	διώκειν	καταδιώκειν
18,24[e]	וישא	καὶ ἐπῆρεν	καὶ ἦρε
18,26[a]	ויקרא	καὶ ἐβόησεν	καὶ ἀνεβόησεν
19,7[c]	הגדת	ἀνήγγειλας	ἀπήγγελκας

3.4.1.2. Unterschiedliche Textverständnisse

	MT	KR	Ant
15,11[gg]	כל־דבר	πᾶν ῥῆμα	οὐθὲν ῥῆμα
15,12[j]	הקשר אמץ	σύστρεμμα ἰσχυρόν	τὸ διαβούλιον πορευόμενον καὶ στερεούμενον
15,21[d]	אדני	ὁ κύριός μου	κύριέ μου
15,21[e]	המל	ὁ βασιλεύς	βασιλεῦ
15,32[b]	בא	ἐρχόμενος	παραγενομένου*[3.4.1.1.]
16,1[k]	קיץ	φοίνικες	παλάθαι
17,17[f]	לבוא	τοῦ εἰσελθεῖν	καὶ εἰσελθεῖν
17,22[c]	עד־אור	ἕως τοῦ[b] φωτὸς	ἕως διέφωσε

18,15ᵇ	נשאי	αἴροντα	τῶν αἱρόντων

3.4.1.3. Unterschiede aufgrund absichtlicher Wortwahl

(1) Substantiv

	MT	KR	Ant
15,10ᶠ	שופר	κερατίνης	σάλπιγγος
15,14ᵇ¹⁰	לכל־עבדיו	πᾶσιν τοῖς παισὶν αὐτοῦ	πᾶσιν τοῖς δούλοις αὐτοῦ
15,14ᵐ	חרב	μαχαίρης	ῥομφαίας
15,30ᵍ¹¹	איש	ἀνήρ	ἕκαστος
17,25ᶜ⁻ᶜ	על־צבא	ἐπὶ τῆς δυνάμεως	ἐπὶ τὴν στρατιάν

(2) Personalpronomen

	MT	KR	Ant
15,28ᵇ	אנכי	ἐγώ εἰμι	ἐγώ
18,12ᶜ	אנכי	ἐγώ εἰμι	(-)

(3) Adverb

	MT	KR	Ant
15,24ᵃ¹²	גם	καὶ γε	(-)
16,23ʰ¹³	גם	καὶ γε	καὶ
17,12ʰ	גם־אחד	καὶ γε ἕνα	οὐδένα

(4) Präpositionalkonstruktion

	MT	KR	Ant
15,1ᵉ	לפניו	ἔμπροσθεν αὐτοῦ	πρὸ προσώπου αὐτοῦ
15,5ᵉ	להשתחות	τοῦ προσκυνῆσαι	τοῦ προσκυνεῖν
15,25ᵉ¹⁴	בעיני יהוה	ἐν ὀφθαλμοῖς κυρίου	ἐνώπιον κυρίου

---

10 S. auch 19,6ᵇ. 8ᵉ.
11 S. auch 18,17ⁱ; 19,9ᵏ.
12 S. auch 17,5ʰ;18,22ᵉ.
13 S. auch 16,23ⁱ; 17,5ᵇ. 10ᵃ. 16ᶠ; 18,2ʰ. 26ᵈ.

15,32[h15]	לקראתו	εἰς ἀπαντὴν αὐτῷ	εἰς ἀπάντησιν αὐτοῦ
16,22[f]	לעיני	κατ' ὀφθαλμοὺς	ἐν ὀφθαλμοῖς
19,9[g]	לפני	κατὰ πρόσωπον	ἐνώπιον

(5) Verb

	MT	KR	Ant
15,12[g]	בזבחו	ἐν τῷ θυσιάζειν	ἐν τῷ θύειν
18,17[g]	ויצבו	καὶ ἐστήλωσεν	καὶ ἐπέστησεν

3.4.2. Unterschiedliche Textverständnisse

3.4.2.1. Unterschied in der Transkription

	MT	KR	Ant
15,19[a16]	אתי	Εθθι	Ἠθὶ
15,24[b17]	צדוק	Σαδωκ	Σαδδουκ
15,32[c18]	ראש	Ροως	Ῥῶς
15,32[i19]	חושי	Χουσι	Χουσει
16,9[a20]	צרויה	Σαρουριας	Σαρουία
16,11[i]	הימיני	τοῦ Ιεμινι	τοῦ Ἰεμιναίου
16,12[g]	יהוה	(-)	ὁ κύριος[21]
17,25[b]	עמשא	Αμεσσαϊ	᾿αμεσσα
17,25[i]	יתרא	ιοθορ	ιεθερ
17,27[d]	ושבי	Ουεσβι	καὶ Σεφεεὶ
17,27[e]	מרבת	ἐκ Ραββαθ	ἐκ Ῥοωβὼθ
17,27[h]	מלא דבר	ἐκ Λωδαβαρ	ἐκ Λαδαβάρ

---

14   Vgl. 15,26[f]; 16,4[h]; 18,4[b]; 19,7[s].
15   S. auch 18,6[c].
16   S. auch 15,21[a]. 22[b]; 18,2[e]. 5[d]. 12[o].
17   S. auch 15,25[b]. 17[a]. 29[b]. 35[c/f]. 36[e]; 17,15[d]; 18,19[a]. 22[a]. 27[d].
18   Vgl. 16,1[c].
19   S. auch 15,37[b]; 16,16[d/g]. 17[b]. 18[b]; 17,5[d]. 6[b/c]. 7[b]. 8[b]. 14[c]. 15[b].
20   S. auch 16,10[d]; 17,25[q]; 18,2[d].
21   Vgl. 19,8[f] und den Exkurs zur Erklärung des Artikels im Bezug auf das Tetragrammaton (יהוה).

3.4.2.2. Grammatische Unterschiede

(1) Substantiv

(a) Unterschied im Kasus

	MT	KR	Ant
15,21[c/e]	אדני המלך	ὁ κύριός μου ὁ βασιλεύς	κύριέ μου βασιλεῦ
15,30[d-d]	וראש	καὶ τὴν κεφαλὴν	καὶ ἡ κεφαλὴ
16,1[g-g]	עליהם	ἐπ' αὐτοῖς	ἐπ' αὐτῶν
16,1[i]	צמוקים	σταφίδες	σταφίδων
16,22[b]	על-הגג	ἐπὶ τὸ δῶμα	ἐπὶ τῷ δώματι
17,22[d]	הבקר	τοῦ πρωί	τὸ πρωΐ
17,25[c-c]	על-הצבא	ἐπὶ τῆς δυνάμεως	ἐπὶ τὴν στρατιάν
18,1[b]	עליהם	ἐπ' αὐτῶν	ἐπ' αὐτοὺς
18,3[n]	אלפים	χιλιάδες	χιλιάσιν
18,8[b]	על-פני	ἐπὶ πρόσωπον	ἐπὶ πρόσωπου
18,31[f/g]	אדני המלך	ὁ κύριός μου ὁ βασιλεύς	κύριέ μου βασιλεῦ
19,9[c]	לאמר	λέγοντες	λεγόντων

(b) Unterschied im Numerus

	MT	KR	Ant
18,29[i]	מה	τί	τὰ

(c) Unterschied im Genus

	MT	KR	Ant
15,20[m22]	חסד	ἔλεος	ἔλεον
16,13[g]	לעמתו	ἐχόμενα αὐτοῦ	ἐχόμενος αὐτοῦ
18,9[e]	על-הפרד	ἐπὶ τοῦ ἡμιόνου	ἐπὶ τῆς ἡμιόνου

22　Vgl. 16,17.

(2) Unterschied in der Verbform (jeweils in der Reihenfolge KR/Ant aufgelistet)

(a) Perfekt einschließlich der Form mit *Waw*-Copulativum
    1) Aor./Präs.: 16,3[g]; 16,5[a].
    2) Aor./Impf.: 15,2[b]. 5[a/f/h]; 17,20[m]. 29[e]; 18,18[g]; 19,5[a].
    3) Aor./Perf.: 16,4[f]. 10[o]. 11[n]; 17,6[d]. 7[d]. 9[h]. 15[f/j]. 20[i]. 21[j]. 23[a]; 18,20[g].
        21[e]; 19,7[c]. 8[g].
    4) Impf./Aor.: 16,7[b].
    5) Perf./Aor.: 18,11[b].
    6) Konj.Aor./Ind.Fut.: 17,9[f].
    7) Inf.Aor./Ind.Fut.Akt.: 18,13[b].
    8) Part.Aor./Part.Perf.: 19,8[v].
    9) Mischform von I. und II. Aorist/Aor (Normalform): 17,20[i/m].
        29[e].

Zur Deutung des Befundes s.u. (d).

(b) Perfekt mit *Waw*-Consekutivum
    1) Präs./Impf.: 17,17[e].
    2) Aor./Impf.: 17,17[c].
    3) Ind.Fut./Imp.Aor.: 15,34[m].
    4) Konj.Aor./Ind.Fut.: 17,9[f/g].

Zur Deutung des Befundes s.u. (d).

(c) Imperfekt einschließlich der Form mit *Waw*-Copulativum
    1) Aor./Impf.: 15,2[g].
    2) Präs./Impf.: 17,17[d].
    3) Imp.Präs./Ind.Präs.: 16,10[i].
    4) Konj.Aor./Ind.Fut.: 16,20[b].
    5) Ind.Fut.Med./Ind.Aor.Akt.: 18,23[d].
    6) Ind.Aor./Part.Aor.: 15,32[e].
    7) Konj.Aor.Akt./Pass.: 17,16[j].
    8) Konj.Aor./Ind.Fut.: 17,8[s].
    9) Opt.Aor./Ind.Perf.: 16,4[g].
    10) Opt.Aor./Konj.Aor.: 16,12[b].
    11) Opt.Aor./Ind.Fut.: 19,1[i].

Zur Deutung des Befundes s.u. (d).

(d) Imperfekt Consekutivum

    1) Aor./Impf.: 15,2[e/j/p]. 3[a]. 4[a]. 6[a]. 12[i]; 16,13[a]. 16[a]; 17,17[c]. 19[e]. 29[e]. 20[l]; 18,18[g]; 19,5a/[c].

    2) Aor./Präs.: 15,13[a]; 17,18[h]. 20[o]. 21[d]. 23[e]; 18,7[a].

    3) Impf./Aor.: 15,32[a].

    4) *part.coni.*/Aor.: 15,9[c-c].

    5) Mischform von I. und II. Aorist/Aor (Normalform): 17,18[d]. 20[a/e/l]. 21[d]; 18,3[a].

Hier zeigt die KR – für die finiten Verbformen – eine deutliche Bevorzugung des Aor als Wiedergabe des hebr. Impf.cons. In Verbindung mit der häufigen Wahl des Aorist auch für hebr. Impf. (s.o. (c)) ergibt sich, dass die KR hebr. Impf. möglichst konsequent mit Aor wiedergegeben hat. Die Bevorzugung des Aor für finite Verbformen der Vergangenheit zeigt sich auch in der Wiedergabe des hebr. Perf.

(e) Kohortativ

    1) 1./3. Pers. Fut.: 17,17[e].

    2) Ind.Fut.Akt./Med.: 17,5[f]; 18,19[d].

(f) Imperativ

    1) Imp.Aor./Ind.Präs.: 17,6[i].

    2) Imp. Aor./Präs.: 18,21[b].

(g) *Inf. cons.*

    1) Inf.Aor./Inf.Präs.: 15,5[e]; 16,2[l].

    2) Inf.Aor./Part.Präs.: 15,24[j].

    3) ohne/mit τοῦ: 15,16[f]; 17,14[d].

    4) Inf.Aor.Akt./Pass.: 15,28[i].

(i) *Inf. abs.*

    1) Part.Präs./Impf.Aor.: 16,13[h].

    2) Subst.Dat.Sg.F./Part.Aor.Nom.Pl.M.: 18,3[d].

    3) Part.Präs./Ind.Aor.: 18,25[e].

(j) Partizip

1) Part.Präs./Aor.: 18,11[a].
2) Part.Präs./Fut.: 15,3[d].
3) Part.Perf. M./F.: 15,30[e].
4) Part.Präs./Ind.Impf.: 15,18[p].
5) Ind.Präs./Perf.: 18,27[b]; 19,9[d].
6) Ind. Aor./Impf.: 15,2[a].
7) Konj.Aor./Präs.: 15,20[i].
8) Inf./Part. Präs.: 15,1[d].

3.5. MT ≠ KR ≠ Ant[1]

Hier werden die Fälle aufgelistet, in denen keine Übereinstimmung zwischen dem MT, der KR und dem Ant erkennbar sind, sondern sich alle drei Textformen voneinander unterscheiden.

	MT	KR	Ant
15,2[h]	לבוא	ἦλθεν	καὶ ἤρχετο
15,2[qq]	ויאמר	καὶ εἶπεν ὁ ἀνήρ	ὁ ἀνήρ καὶ ἔλεγεν
15,12[e]	מן	εἰς	τῆς
15,13[b-b]	לב־איש ישראל	ἡ καρδία ἀνδρῶν Ισραηλ	καρδία παντὸς τοῦ Ισραηλ
15,15[e]	אדני	ὁ κύριος ἡμῶν	(-)
15,17[a-a]	וכל־העם	καὶ πάντες οἱ παῖδες αὐτοῦ	καὶ πᾶς ὁ λαός αὐτοῦ
15,18[e]	(-)	ὁ Χεττι	ὁ Χετθί
15,18[f]	(-)	ὁ Φελετθι	ὁ Φελθί
15,18[g-g]	(-)	καὶ πάντες οἱ περὶ αὐτὸν καὶ πάντες οἱ ἁδροὶ	καὶ πάντες οἱ ἁδροὶ καὶ πάντες οἱ περὶ αὐτὸν
15,22[a-a]	דוד	ὁ βασιλεὺς	ὁ βασιλεὺς Δαυίδ
15,26[a-a]	כה אמר	εἴπῃ οὕτως	εἴπῃ μοι
15,27[b]	הרואה	ἴδετε	βλέπε
15,30[c-c]	עלה ובוכה	(-)	καὶ ἔκλαιεν
15,36[c-f]	אחימעץ לצדוק ויהונתן לאביתר	Αχιμαας υἱὸς τῷ Σαδωκ	Αχιμαας υἱὸς Σαδδοὺκ

1   S. die betreffenden Beschreibungen der Varianten zu den hebr. Rekonstruktionen der jeweiligen gr. Version.

		καὶ Ιωναθαν υἱὸς τῷ Αβιαθαρ	καὶ Ιωναθαν υἱὸς Αβιαθαρ
16,12[f-f]	יהוה לי	μοι	μοι ὁ κύριος
16,13[f-f]	בצלע	ἐκ πλευρᾶς	κατὰ τὸ κλίτος
16,13[i]	לעמתו	ἐκ πλαγίων αὐτοῦ	ἐπ' αὐτὸν
16,22[a-a]	לאבשלום האהל	τὴν σκηνὴν τῷ Αβεσσαλωμ	σκηνὴν τῷ Αβεσσαλωμ
17,3[c-f]	הכל האיש	ἡ νύμφη πρὸς τὸν ἄνδρα αὐτῆς πλὴν ψυχὴν ἑνὸς ἀνδρός	νύμφη πρὸς τὸν ἄνδρα αὐτῆς πλὴν ψυχὴν ἀνδρὸς ἑνός
17,6[h-h]	אם־אין	εἰ δὲ μή	ἢ πῶς
17,9[a]	הנה	ἰδοὺ γὰρ	καὶ ἰδοὺ
17,13[b]	והשיאו	καὶ λήμψεται	καὶ προσάξουσι
17,26[b]	ישראל ואבשלם	πᾶς Ισραηλ καὶ Αβεσσαλωμ	Αβεσσαλωμ καὶ πᾶς ἀνὴρ Ἰσραηλ
17,28[d/e]	וקלי וקלי	καὶ ἄλφιτον (-)	(-) καὶ ἄλφιτον
18,4[d]	אל־יד	ἀνὰ χεῖρα	παρὰ τὸ κλίτος
18,11[g-g]	ועלי לתת לך	καὶ ἐγὼ ἂν δεδώκειν σοι	καὶ ἔδωκα ἂν σοι ἐγώ
18,22[g/h]	למה־זה	ἵνα τί τοῦτο	ἵνα τί σὺ
18,27[e/f]	ואל	καί γε εἰς	ὑπὲρ
19,8[k-k]	(-)	σήμερον	εἰς ἀπάντησιν τοῦ λαοῦ
19,8[o-s]	וראה לך זאת	καὶ ἐπίγνωθι σεαυτῷ καὶ κακόν σοι τοῦτο	καὶ ἐπίγνωθι τοῦτοP σεαυτῷ ὅτι χεῖρον σοι ἔσται τοῦτο
19,9[b-b]	ולכל־העם הגידו	καὶ πᾶς ὁ λαὸς ἀνήγγειλαν	καὶ ἀπηγγέλη παντὶ τῷ λαῷ

3.6. Ketib (K) und Qere (Q) des MT

An einer Reihe von Stellen fällt auf, dass die Textformen von KR oder
Ant in Ketib und/oder Qere eine Entsprechung haben.

	Ketib	Qere	KR	Ant
15,8[e]	ישיב	ישוב	ἐπιστρέφων (K)	
15,28[d-d]	בעברות	בערבות	ἐν Αραβωθ (Q)	ἐπὶ τῆς ἐλαίας

16,2[i]	ולהלחם	והלחם	καὶ οἱ ἄρτοι (Q)	
16,10[g/h]	כי	כה	καὶ οὕτως (Q)	διότι (K)
16,10[k]	וכי	כי	ὅτι (Q)	
16,18[g]	לא	לו	αὐτῷ (Q)	
16,23[d]	(-)	איש	(-) (K)	τις (Q)
18,3[r-t]	לעזיר	לעזור	βοήθεια τοῦ βοηθεῖν	εἰς βοηθὸν ἡμῖν
18,12[b]	ולא	ולוא	καὶ	καὶ ἐὰν (Q)
18,13[c]	בנפשו	בנפשי	ἐν τῇ ψυχῇ αὐτοῦ (K)	ἐν τῇ ψυχῇ μου (Q)
18,17[k]	לאהלו	לאהליו	εἰς τὸ σκήνωμα αὐτοῦ (K)	
18,20[e]	כי־על	כי־על־כן	οὗ εἵνεκεν (Q)	ὅτι
19,7[l]	לא	לו	ὅτι εἰ (Q)	

3.7. Die Textformen von 4QSam[a] und 4QSam[c]

In 1.3.1.2 wurden die Samueltexte aus Qumran (4QSam[a] und 4QSam[c]) vorgestellt. Hier werden sie in den Textvergleich einbezogen.

3.7.1. 4QSam[a]

3.7.1.1. (4QSam[a] = Ant) ≠ (MT = KR)

	4QSam[a]	Ant	MT	KR
15,2[e]	וה]יה	καὶ ἦν	ויהי	καὶ ἐγένετο
15,2[j]	וקרא	καὶ ἐκάλει	ויקרא	καὶ ἐβόησεν
15,2[q]	האיש] ואמר וענה	ὁ ἀνήρ καὶ ἔλεγεν	ויאמר	καὶ εἶπεν
15,31[a/b]	הוגד ו]לדוי[ד	καὶ τῷ Δαυιδ ἀπηγγειλαν	ודוד הגיד	καὶ ἀνηγγέλη Δαυιδ[1]
17,3[a]	[וישוב][2]	καὶ ἐπιστρέψει	ואשיבה	καὶ ἐπιστρέψω
18,3[e]	[ישים][3]	στήσεται	ישימו	θήσουσιν
18,3[r-t]	לעזר [לנו][4]	εἰς βοηθὸν ἡμῖν	(לעזיר)	βοήθεια

---

1   Zur Bearbeitung der KR s. die Diskussion zur Stelle.
2   Zur Rekonstruktion siehe *DJD* XVII, 161f.
3   Zur Rekonstruktion siehe *DJD* XVII, 165.
4   Zur Rekonstruktion siehe *DJD* XVII, 165.

			[לעזור]	τοῦ βοηθεῖν
18,9d	דוי[ד] והוא ר[ו]כב	καὶ αὐτός	ואבשלום	καὶ Αβεσσαλωμ
18,11i	חמ[ש]ים	πεντήκοντα	עשרה	δέκα

3.7.1.2. (4QSam^a = MT = Ant) ≠ KR

	4QSam^a	MT	Ant	KR	Hebr. der KR
15,7c	אל ה[מלך]	אל המלך	πρὸς τὸν βασιλέα	πρὸς τὸν πατέρα αὐτοῦ	אל־אביו
18,3j	כי עתה	כי עתה	ὅτι καὶ⁵ νῦν	ὅτι σύ	כי אתה
18,6b	ה[שדה]	השדה	εἰς τὸ πεδίον	εἰς τόν δρῦμόν	חדשה

3.7.1.3. (4QSam^a=Ant=KR)≠MT

	4QSam^a	Ant/KR	MT
15,2f	כ[ו]ל איש	πᾶς ἀνὴρ	כל־האיש
15,2k/l	לו אבשל[ו]ם	(πρὸς: om Ant) αυχτὸν Αβεσσαλωμ	אבשלום אליו
18,9p	ויתל	καὶ (ἀν-: Ant)ἐκρεμάσθη	ויתן
19,7l	כי לו	ὅτι εἰ	כי (לא)[לו]
19,8h	כי אם אי[נ]ך	ὅτι εἰ μὴ	כי־אינך
19,8o	ודע[ה] לך זאת	καὶ ἐπίγνωθι (τοῦτο: Ant) σεαυτῷ	(–)

3.7.1.4. (4QSam^a = MT = KR) ≠ Ant

	4QSam^a	MT	KR	Ant	Hebr. des Ant
16,18f	והעם הזה	והעם הזה	καὶ ὁ λαός οὗτος	καὶ ὁ λαός αὐτοῦ	ועמו
17,23g	בק[בר]	בקבר	ἐν τῷ τάφῳ	ἐν τῷ οἴκῳ	בבית
19,7k	היו[ם]	היום	σήμερον	(–)	(–)

---

5   Die gr. Kopula im Ant ist eine innergriechische Hinzufügung.

19,7q	אז	אז	τότε	ἐκεῖνος	הזה
19,8g	נש[ב]עתי	נשבעתי	ὤμοσα	ὀμωμόκασιν	נשבענו

3.7.1.5. (4QSamᵃ = MT) ≠ (KR = Ant)

	4QSamᵃ	MT	KR/Ant	Hebr. von KR/Ant
19,8n	ה[לילה	הלילה	τὴν νύκτα ταύτην	הלילה הזה

3.7.2. 4QSamᶜ

3.7.2.1. (4QSamᶜ=Ant)≠(MT=KR)

	4QSamᶜ	Ant	MT	KR
15,2q	וענה [האיש ואמר	ὁ ἀνήρ καὶ ἔλεγεν	ויאמר	καὶ εἶπεν
15,12a	[וישל]ח [sic] ״קר״	καὶ ἀπέστειλεν Αβεσσαλωμ καὶ ἐκάλεσε	וישלח אבשלום	καὶ ἀπέστειλεν Αβεσσαλωμ [sic B]
15,12i	וה[יה]	καὶ ἦν	ויהי	καὶ ἐγένετο

3.7.2.2. (4QSamᶜ = MT = Ant) ≠ KR

	4QSamᶜ	MT	Ant	KR	Hebr. der KR
15,12c	[הגין]	הגילני	τὸν γελμωναῖον	τῷ θεκωνεί	התקני

3.7.2.3. (4QSamᶜ = MT = KR) ≠ Ant

	4QSamᶜ	MT	KR	Ant	Hebr. des Ant
15,3a	ויאומר	ויאמר	καὶ εἶπεν	καὶ ἔλεγε	ואמר
15,4a	ויאמר	ויאמר	καὶ εἶπεν	καὶ ἔλεγεν	ואמר

3.7.2.4. 4QSamᶜ ≠ (MT = KR = Ant)

	4QSamᶜ	MT	KR	Ant
15,1	ואבשלום	אבשלום	Αβεσσαλωμ	
15,1	יעשה	ויעש	καὶ ἐποίησεν	
15,2ⁱ	משפט	למשפט	εἰς κρίσιν	εἰς κρίμα
15,4ᵉ	אש[ר] לוא	אשר־יהיה־לו	ᾧ ἐὰν ᾖ	ᾧ ἐὰν γένηται
15,10	מירושלים	מרגלים	κατασκόπους	
15,12	(-)	אבשלום	Αβεσσαλωμ	
15,14	תהי	תיהי	ἐστιν	

3.8. Resultat der Klassifikation

(1) In den Fällen, wo der Ant gegenüber dem MT und der KR
quantitativ abweicht, ist es schwierig festzustellen, wie die Plus bzw.
Minus des Ant entstanden sind. Einige Varianten gehen auf eine
gegenüber dem MT und der KR unterschiedliche hebr. Vorlage des Ant
zurück, aber es gibt auch Varianten, die innergriechische Hinzufügungen darstellen. Deshalb kann man in den quantitativen Varianten
des Ant folgendes erkennen: (a) die hebr. Texte, die sowohl dem MT
und der KR als auch dem Ant zugrunde liegen, bezeugen eine gewisse
Vielfalt der Textüberlieferung; (b) Ein Teil der Unterschiede der beiden
Versionen geht aber auch auf innergriechische Bearbeitung zurück. (c)
Die Unterscheidung kann nicht verallgemeinert werden, sondern jeder
Fall ist für sich zu prüfen.

(2) Die Unterschiede zwischen den hebr. Vorlagen des Ant einerseits
und der KR (= proto-MT) anderseits beruhen zum Teil auf Konsonantenverwechslung und zum Teil auf unterschiedlichem Textverständnis in der hebr. Phase der Textüberlieferung aus einer gemeinsamen Grundlage.

(3) Abgesehen von den unterschiedlichen Textverständnissen (z.B. die
Fälle -3.1.3. (2)) erklären sich die meisten Unterschiede des Ant gegenüber seiner hebr. Vorlage aus der Berücksichtigung von Stil und Grammatik der griechischen Sprache. Dabei handelt es sich um die
Übersetzungsweise der Ur-LXX, die sich um eine sinngemäße Wiedergabe bemüht hatte. Diese Übersetzungsweise wird von Ant beibehalten,

während die KR eine möglichst wortwörtliche Entsprechung anstrebte.[1]

Darüber hinaus ist die selbständige Überlieferung der Ant-Tradition aus den Verlesungen des Ant {s.o. 3.1.3. (6)} zu erkennen. Diese Varianten beweisen auch, dass einige Texte des Ant älter als die KR sind.

(4) Im Vergleich mit dem Ant (s.o. 3.1.1.) sind die quantitativen Varianten der KR viel weniger. Dies bezeugt den engen Zusammenhang zwischen dem Proto-MT und der Vorlage der KR.

(5) Auch wenn die Vorlage der KR mit der Texttradition des Proto-MT eine enge Beziehung hatte, waren die beiden Traditionen nicht identisch, d.h. es gibt einige Varianten, die nur in der KR vorkommen und die außerdem eine unterschiedliche Texttradition widerspiegeln. Dies entspricht der Vielfalt des Textes in der hellenistisch/ frühjüdisch en Zeit.

(6) Die stilistischen oder grammatischen Differenzen der KR gegenüber ihrer hebr. Vorlage sind wie die quantitativen Varianten viel weniger als beim Ant, d.h. die Übersetzung der KR ist ganz abhängig vom hebr. Text.

Daneben gibt es jedoch auch Verlesungen der KR (s.o. 3.2.3. (2)) durch die an den betreffenden Stellen eine eigene Form des griechischen Textes entstand.

(7) Jene Fälle in denen die KR und der Ant gegenüber dem MT miteinander übereinstimmen, bezeugen entweder die Gemeinsamkeit der hebr. Vorlage, oder die Ur-LXX.

(8) Bei den Varianten MT = (KR ≠ Ant) (s.o 3.4.) kann man die Bearbeitungsaktivitäten der beiden Versionen am besten erkennen weil in diesen Fällen die gleiche hebräische Vorlage unterschiedlich übersetzt wurde. Die beiden Versionen existierten in der Anfangsphase nebeneinander als Konkurrenzübersetzungen. Sie verwendeten unterschiedliche griechische Wörter oder unterschiedliche grammatische Formen oder unterschiedliche Textverständnisse für denselben hebr.

---

1   Demgegenüber hatte Rahlfs den Ant als den jüngeren Text betrachtet und die Unterschiede als „Schulmeisterkorrektur" (*Septuaginta-Studien* III, 197) oder „Gelehrtenkorrektur" (ebd. 283) bezeichnet. Tatsächlich ist die Situation jedoch umgekehrt.

Text Diese Unterschiede lassen sich zu einem guten Teil aus den Prinzipien der KR erklären. Andere Unterschiede, vor allem in der Wortwahl, die sonst kaum erklärbar sind, gehen vielleicht auf bewusste Alternativen aus dem Nebeneinander zweier konkurrierender Übersetzungen zurück.

(9) Das Phänomen von 3.5. MT ≠ KR ≠ Ant repräsentiert meistens die Textviel-falt der hebräischen Überlieferung.

(10) Die Varianten von Ketib und Qere sind nicht erst Lesevorschläge der mittelalterlichen Masoreten, [2] sondern bezeugen die Textvielfalt bzw. Textflexibilität in der hellenistisch/ frühjüdischen Zeit. Die Übersetzer bzw. die Bearbeiter des griechischen Textes von Sam-Kön haben die unterschiedlichen hebräischen Texttraditionen jeweils spezifisch aufgenommen.[3]

---

2 Vgl. dazu W. S. Morrow, "Kethib and Qere", *ABD* 4, 1992, 24-30.
3 Siehe dazu ausführlicher Jong-Hoon Kim, "The tradition of Ketib/Qere and its relation to the Septuagint text of 2Samuel", Vortrag beim 2007 SBL-International Congress in Vienna.

4. Die hebräischen und griechischen Textformen der Samuel- und Königebücher

4.1. Die Vielfalt der hebräischen Texttraditionen

Zunächst ist anzunehmen, dass den verschiedenen Formen des hebr. Textes *ein* hebr. Text zugrunde lag, und dass aus diesem ursprüng-lichen Text die verschiedenen Texttraditionen entstanden. In der helle-nistisch/frühjüdischen Zeit war der hebr. Text des AT sowohl vielfältig als auch flexibel.[1] Die deutlichsten Zeugen dafür, dass es voneinander unabhängig überlieferte, verschiedene hebr. Texttraditionen gab, stellen die Qumrantexte dar.

Auch unsere Untersuchung der Textformen der Septuaginta zeigte, dass unterschiedliche hebräische Textformen als Vorlage verwendet wurden. Diese Unterschiede waren an den zahlreichen, voneinander unterschiedlichen Lesarten zu erkennen. Diese Unterschiede lassen sich zu folgenden Kategorien zusammenfassen:

(1) Textplus bzw. −minus;
(2) die Lesarten aufgrund der graphischen Ähnlichkeit des Wortes;
(3) unterschiedliche unabhängige Textüberlieferung.

Jedenfalls für unseren Bereich von Sam-Kön ergeben sich drei un-terschiedliche hebräische Vorlagen sowie zwei weitere, sehr ähnliche hebräische Textformen.

Die Textvielfalt von Sam-Kön ist folgendermaßen einzuteilen:
(1) die Vorlage der Ur-LXX;
(2) die Vorlage der KR ≈ (3) der Proto-MT;
(4) die Vorlage des Ant ≈ (5) die Texttradition von 4QSam[a/c].

---

1   Dazu s. S. Kreuzer, „Von der Vielfalt zur Einheitlichkeit – Wie kam es zur Vorherr-schaft des Masoretischen Textes?", in: A. Vonach u.a. (Hrsg.), *Horizonte biblischer Texte – FS Josef M. Oesch zum 60. Geburtstag*, OBO 196, (Fribourg/Göttingen, 2003), 118-129.

4.1.1. Die Vorlage der Ur-LXX

Die Gemeinsamkeiten zwischen der KR und dem Ant gegenüber MT weisen darauf hin, dass den beiden Versionen eine gemeinsame Übersetzung zu Grunde liegt. Diese gemeinsame Grundlage ist die Ur-LXX.[2]

In unserem Textbereich erkennt man in zweierlei Weise die Ur-LXX und ihre hebr. Vorlage von Sam-Kön:

(1) Gemeinsame Überlieferung innergriechischer Verschreibungen bzw. Sonderlesarten: Das klarste Beispiel ist 17,25[o];

(2) Gemeinsame Widerspiegelung einer gegenüber dem Konsonantentext des MT unterschiedlichen hebr. Texttraditon:

(a) eigene hebr. Vorlage der Ur-LXX: 15,2[k/l]. 2[q]. 16[e]. 18[c/f]. 21[g]. 29[d]. 31[c/h]. 34[d]. 35[a]; 16,6[k]; 17,3[c/d/e/g/i]. 5[a]. 8[g]; 18,3[q]. 7[d]. 8[d]. 11[g]. 12[q]. 13[d]. 14[d]. 17[k]. 24[g]. 29[g]; 19,7[i]. 8[h].

(b) gemeinsame Texttradition im Bezug auf *Ketib* und *Qere*: s.o. 3.6.; bes. z.B. 15,8[c]; 16,2[i].10[k]. 18[g]; 18,17[k]; 19,7[i])

4.1.2. Die Vorlage der KR

Nach meiner Untersuchung spiegelt die KR auch ihre eigene hebr. Texttradition wider. Die hebr. Texttradition der KR war zwar mit dem (Proto-)MT engstens verbunden, aber gewiss nicht völlig identisch. Die Unterschiede waren an folgenden Stellen zu erkennen: 15,12[a-d]. 15[e]. 17[a]. 18[d/k]. 20[a-e]. 30[d]. 35[e]; 16,2[m]. 7[d]. 15[a]. 22[a]; 17,4[a]. 6[e/h]. 8[n/o/p]. 11[d]. 12[g]. 16[g]. 25[k]; 18,3[j/r/s/t]. 9[f]. 11[c/d]. 12[b/c/h]. 17[h]. 18[a/d/o]. 22[j/k]. 27[e/f]. 28[h]. 31[c]; 19,6[i]. 7[c]. 8[o-s]. 9[b].

Diese Bearbeitungstätigkeit der KR ist somit die Korrektur der Ur-LXX auf der Basis der ihr vorliegenden hebr. Texttradition und gemäß der ihr eigenen Pronzipien.

4.1.3. Der Proto-MT

Zwar ist wie gesagt die Vorlage der KR dem MT engstens verbunden, es gibt aber doch zahlreiche Varianten, die zeigen, dass der Proto-MT mit dieser nicht identisch ist, sondern eine eigene Textform darstellt. (s.o. 3.3.1. und 3.3.2.).

---

2   Jedenfalls haben wir keine Indizien, dass zwischen dieser gemeinsamen Grundlage und der ursprünglichen Septuaginta eine ältere Bearbeitung anzunehmen ist.

4.1.4. Die Vorlage des Ant

Wie die KR bearbeitete der Ant die ihm überlieferte Ur-LXX ebenfalls auf Grund der ihm verfügbaren hebr. Texttradition. Diese hebr. Vorlage des Ant stellt sich als gegenüber dem MT und der Vorlage der KR sehr eigenständig dar. Zu seinen Kennzeichen gehören verschiedene Hinzufügungen, Verdeutlichungen und andere Unterschiede.[3]

In unserem Textbereich gibt es sehr viele Abweichungen der Vorlage des Ant gegenüber dem MT und der KR: 15,4[d]. 6[d]. 7[b/d]. 11[a]. 12[a-d/f]. 14[h]. 15[b/c/e]. 18[d]. 20[a-e]. 21[b]. 23[a/b/l/o]. 24[e/h]. 26[a]. 27[b/e]. 30[c/d]. 31[f/g/i/j]. 32[f]. 33[a]. 35[d]. 36[b/j]. 37[h]; 16,1[h]. 2[a/k]. 3[f/g]. 4[a/g/h]. 5[b]. 6[f/g]. 8[i]. 9[b]. 12[c]. 13[b]. 18[c]. 21[f]. 22[a/c]; 17,1[c/e/f]. 3[a/h]. 6[c/h]. 8[n/o/p/t]. 9[c/e]. 10[a]. 11[a]. 12[a]. 16[a/b/c]. 18[c/f/g]. 19[d]. 20[h]. 21[e]. 22[a/e/f/h/l]. 23[g]. 23[b]. 25[h/j]. 26[a/b]. 27[j]. 29[c]; 18,1[a]. 2[a/f]. 3[f/k-n]. 3[r-t]. 8[a/c/e]. 9[a/b/d/i/k/q/r]. 10[c]. 11[i/j]. 12[b/c/f]. 13[a-c]. 14[c]. 15[a]. 17[a/e]. 18[a/d]. 19[c/g]. 20[a]. 22[e]. 23[f]. 28[a]. 29[a-c/g]. 31[e]; 19,1[a/d-h/k-n]. 6[b]. 7[i/p]. 8[g/o-s]. 9[b/l].

4.1.5. Die Texttradition von 4QSam[a/c]

Wie in 1.3.2. gezeigt wurde, stehen die beiden für unseren Abschnitt relevanten qumranischen Texte zwar anderen der hier untersuchten Textformen nahe, aber sie stimmen mit diesen nicht völlig überein. Auffallend ist, dass die qumranischen Texte in unserem Textbereich niemals ausschließlich mit der KR übereinstimmen, d.h. sie hatten vermutlich keinen direkten Kontakt mit der hebr. Vorlage der KR (s.o. 1.3.2.). Stattdessen kann man eine weitgehende Gemeinsamkeit zwischen dem qumranischen Text und dem Ant erkennen.

---

3   Diese Kennzeichen entprechen ungefähr dem, was man traditionell als Kennzeichen der Vulgärtexte bezeichnete. Vgl. Tov, *Textual Criticism of the Hebrew Bible*, 93.

4.2. Die gr. Texttraditionen und ihre Überlieferungen

4.2.1. 1. Jh. v. – 1. Jh. n. Chr.: die Bearbeitungsaktivitäten des Ant und der KR

4.2.1.1. Der antiochenische Text und seine Überlieferung

Die Eigenschaften des Ant wurden schon wiederholt untersucht.[1] Sie waren in unserem Textbereich im Vergleich mit der KR deutlich erkennbar (dazu vgl. 4.2.1.2).

Die innergriechische stilistische Bearbeitung (s.o. 3.1.3.) ist eine berühmte Eigentümlichkeit des Ant. Allerdings kann man die Bearbeitung des Ant durch Lukian den Märtyrer nur schwer konkret nachweisen. Jedenfalls ist es so, dass man, wenn eine Lesart des Ant ausschließlich mit *Jos. Ant* (s.o. 1.3.4.1.) und/oder mit qumranischen Texten (s.o. 3.7.1.1 und 3.7.2.1) übereinstimmt, mit Sicherheit annehmen kann, dass die Texttradition des vorlukianischen Ant aus dem 1. Jh. n. Chr. vorliegt.

Abgesehen von den wichtigen Belegen bei Theodoret (s.o. 1.3.4.2) liegt die folgende Textüberlieferung des Ant bis zum 9. Jh. n. Chr., als die älteste Handschrift des Ant (127 = c₂) geschrieben wurde, im Dunkel. Nach meiner Untersuchung (s.o. Exkurs zu 15,3ᵃ im Bezug auf das bewegliche „ν") setzt die Textüberlieferung der mittelalterlichen Handschriften des Ant gewiß eine Majuskelhandschrift voraus. Darüber hinaus wird die noch ältere Textüberlieferung des Ant durch die Codd. MN, die eine Mischungstextform zwischen der KR und dem Ant darstellen (s.u. 4.3.4.3.), bestätigt.

4.2.1.2. Die Kaige Rezension und ihre Überlieferung

Die Eigenschaften der KR wurden schon wiederholt untersucht.[2] Aus der vorliegenden Untersuchung ergaben sich darüber hinaus einige

---

1   Vgl. Rahlfs, *Septuaginta-Studien* III, 161-295; B. M. Metzger, *Chapters in the History of New Testament Textual Criticism*, (Leiden: 1963), 1-41; E. Tov, „Lucian and Proto-Lucian", RB 79 (1972), 101-113; N. Fernández Marcos, „Literary and Editorial Feature of the Antiochian Text in Kings", in: *Congress Volumn of IOSCS VI* (1986), 287-304; Busto Siaz, „The Antiochene Text in 2Samuel 22", in: *Congress Volumn of IOSCS VIII* (1992), 131-143 usw.

neue Aspekte, s. dazu die Exkurse zu 15,1[e]. 14[b]; 17,25[c](24[c]); 18,21[b]; 19,8[f]. Eine auffallende Besonderheit der KR sind darüber hinaus markante Verschreibungen: 15,28[c]; 17,9[c].

Das wichtigste Kennzeichen der KR ist aber ihre auf Analogie zum hebr. Text zielende isomorphe, den hebr. Graphemen möglichst entsprechende Wiedergabe. In unserem Textbereich ist die resultierende Wortwörtlichkeit der KR häufig erkennbar: 15,1[e]. 2[c/k/l/r/s]. 4[e/f]. 7[a]. 8[b]. 10[d/e]. 11[e/g]. 12[c/i]. 14[k]. 15[e]. 16[b]. 18[b]. 21[k]. 25[f]. 26[c]. 28[b/f]. 30[b]. 32[b]. 33[c]. 34[m]. 35[d]. 36[h/i]; 16,6[b]. 8[c/f/j]. 12[d]. 21[h]. 22[f]. 23[e]; 17,1[e/f]. 12[d]. 16[j/k/l]. 17[a]. 29[f/g/h/i]; 18,3[e/p]. 12[j]. 14[g]. 19[d]. 22[i]. 28[k]; 19,1[e/f/g/h]. 8[o/p/q/r/s].

Für den βγ-Abschnitt wurde die KR direkt von Origenes und dann von den Abschreibern der Majuskeln übernommen. Praktisch alle Minuskeln außer den antiochenischen Handschriften übernahmen die KR als den Haupttext, wobei in einigen von ihnen die Tradition des Ant am Rand ergänzt wurde (am klarsten in der Hs. z).

4.2.2. 2. Jh. n. Chr.: die neuen jüdischen Übersetzungen

(1) Die neuen Übersetzungen aus dem 2. Jh. n. Chr. sind sehr unterschiedlich, geradezu gegensätzlich geprägt. Zum Einen die sehr formal vorgehende Übersetzung des Aquila, die ca. 140 n. Chr. in Jerusalem vollendet worden sein soll. Aquila strebte eine gr. Überset-zung an, aus der man möglist alle Elemente der hebr. Vorlage erkennen kann, selbst wenn dies den Sinn in der Zielsprache verändert oder gar keinen Sinn ergibt. Zwar kann man nicht feststellen, ob oder wie viel Aquila durch die KR beeinflusst wurde, denn die vorhandenen Aquila-Fragmente sind ziemlich begrenzt. Aber die grundsätzliche Voraus-setzung von Aquilas Übersetzungstechnik begann gewiss schon bei der KR. In unserem Textbereich zeigen die Varianten von Aquila dieselben Phänomene; dazu s.o. 1.3.2.2. (2)-(a).

---

2   Vgl. Thackeray, *The Septuagint and Jewish Worship*, 23f, 114f; Barthélemy, *Les Devanciers d'Aquila*, 48-80; M. Smith, „Another Criterion for the καίγε Recension" *Biblica* 48 (1967), 443-445; J. A. Grindel, „Another Characteristic of the *Kaige* Recension: נצח/νικος" *CBQ* 31 (1969), 499-513; Avalos, H. „Δευρο/δευτε and the Imperatives of הלך – New Criteria for the 'Kaige' Recension of Reigns" *Estudios Bíblicos* 47 (1989), 165-176 usw.

(2) Es gab eine gegensätzliche Übersetzung, nämlich die Übersetzung von Symmachos in der 2. Hälfte des 2. Jh. n. Chr.[3] Die Besonderheit seiner Übersetzung, wie man schon bei der Bewertung von Hieronymus erkennen kann,[4] ist die im Griechischen gut verständliche Wiedergabe und ein attisierender Stil wie auch bei den zeitgenössischen hellenistischen Autoren. Symmachos' Übersetzung war sozusagen ein Gegenpol zu der im Griechischen nicht leicht verständliche Übersetzung von Aquila. Hinweise auf den Text von Symmachos scheinen bis Origenes selbständig existiert zu haben. Allerdings ist schwer zu erkennen, wie die Übersetzung des Symmachos andere Übersetzungen bzw. Rezensionen beeinflusste. Die Eigenarten des Symmachostextes waren auch in unserem Textbereich zu erkennen. Dazu s.o. 1.3.2.2. (2)-(b). Die verschiedentlich zu beobachtenden Übereinstimmungen mit dem Ant erklären sich gut dadurch, dass Symmachos, wie auch prinzipiell anzunehmen ist, den älteren Septuagintatext kannte.

(3) Zwischen den konträren Übersetzungen des Aquila und des Symmachos gab es einen Mittelweg. Er war die Rezension von Theodotion. Historisch kann man nicht genau identifizieren, wer Theodotion eigentlich war, oder wann und wo er tätig war.[5] Trotzdem kann man an Hand der erhaltenen Materialien zwei Tatsachen festhalten:

(a) Wie man aus der Übersetzung der 12 Propheten von Naḥal Ḥever erkennen kann, stellte Theodotion keine eigene Übersetzung her, sondern er revidierte die KR, die schon seit dem 1. Jh. n. Chr. vorhanden war.

(b) Die Übersetzung des Theodotion stellt übersetzungstechnisch gesehen einen mittleren Weg zwischen einer sehr wörtlichen und einer freien Übersetzung dar. Manchmal verwendete er auch den Ant bzw. entspricht sein Text der beiden gemeinsamen alten Septuaginta. Zu Einzelheiten des Phänomens und zur Textüberlieferung in Sam-Kön s. o. 1.3.2.2. (2)-(c).

---

3   Umstritten ist, wann Symmachos tätig war, entweder vor Theodotion in der Zeit von Marcus Aurelius (161-180 n.Chr.) oder nach Theodotion in der Zeit von Commodus (181-192 n.Chr.).

4   Hieronymus, *Praef. In Chron. Eus. und Praef. In Job*; Hier charakterisiert er die Übersetzung Aquilas als „verbum de verbo exprimere", dagegen die Übersetzung des Symmachos als „sensum potius sequi".

5   Zu den unvereinbaren Berichten über Theodotion bei Irenäus, *Haer.* III, 21.1. und bei Epiphanius, *de mens et pond.*, 17 ; vgl. Barthélemy, *Les Devanciers d´Aquila*, 148ff.

4.2.3. 3. Jh. n. Chr.: Origenes und Lukian der Märtyrer

4.2.3.1. Erste Hälfte des 3. Jhs.: die Hexapla des Origenes

Von besonderer Bedeutung für die Geschichte der LXX ist Origenes mit seinem großen Werk, der sogenannten Hexapla. Die Hexapla, die ca. 240 n.Chr. erschien und ca. 6500 Seiten umfasste,[6] enthielt die für Origenes damals zugänglichen Versionen des alttestamentlichenTextes, nämlich den hebr. Text, Aquila, Symmachos, seinen eigenen LXX-Text und Theodotion. Vor allem ist die 5. Spalte der Hexapla für uns interessant. Er selber nannte sie den Septuaginta-Text.[7]

Leider rekonstruierte er aber den Text eklektisch. Zwar sind die uns erhaltenen Fragmente von nur sehr geringem Umfang,[8] aber aus der Syro-Hexapla, die im 7. Jh. n. Chr. übersetzt wurde und besser erhalten ist, kann man seine Bearbeitungstätigkeit etwas besser rekonstruieren. Auch wenn vermutlich niemals die ganze Hexapla abgeschrieben wurde, kann man aufgrund der Existenz der Syro-Hexapla gut vermuten, dass zumindest die 5. Spalte wiederholt abgeschrieben wurde und als Grundlage der syrischen Übersetzung diente. In Sam-Kön übernahm Origenes hauptsächlich die Texttradition der KR (s.o. 1.3.2. 2.)

Die hexaplarischen Lesarten beeinflussten offensichtlich stark die folgende Abschriften bzw. Bearbeitungen der LXX. Meiner Meinung nach kann der hexaplarische Einfluss sowohl in der KR-Tradition als auch in der Ant-Tradition erkannt werden, obwohl die Linien der Beeinflussung im Einzelnen schwer genau zugeordnet werden können.

In unserem Textbereich gibt es einige hexaplarische Textmaterialien (s.o. 1.3.2.2. (1)), allerdings ist die Bearbeitungstätigkeit von Origenes nur indirekterweise erkennbar: z.B. 17,8[n-p].

4.2.3.2. Ende des Jhs.: Die Rezension von Lukian, dem Märtyrer

Lukian von Antiochien, der Märtyrer, ist bekannt als der Gründer der antiochenischen Schule und als der Bearbeiter des gr. AT in Antiochia.

---

6   Swete, *Introduction*, 74;
7   Origenes, *ad Afric.*, 5. Die Deutung dieser Stelle wie auch die Identifikation der Quinta wird in neuerer Zeit allerdings auch problematisiert.
8   Z. B. A. M. Ceriani, Codex syro-hexaplaris Ambrosianus photographice editus. Monumenta Sacra et Profana VII, Mailand, 1874.

Am Ende des 3. Jh. n. Chr. sollte er das ihm überlieferte gr. AT revidiert haben. Dass er das AT nicht selbst übersetzte, sondern nur revidierte, erweist sich auf Grund der aus dem 1. Jh. n. Chr. datierten Texttradition, die mit dem sog. lukianischen Text eng verbunden ist. Den Einfluss der Hexapla auf die lukianische Rezension kann man unschwer erkennen. In einigen lukianischen Handschriften sind die hexaplarischen Zeichen mit enthalten.[9] Es ist aber auch ein interessantes Thema, ob und wie weit Lukian mit Symmachos direkt oder indirekt, d.h. vermittels der Hexapla, eine Beziehung hatte. Angesichts des Alters des Ant ist alternativ auch zu überlegen, ob Übereinstimmungen des Symmachus mit Ant nicht erst auf Lukian sondern auf Kontakt in früher Zeit bzw. auf gemeinsame Grundlagen in der alten Septuaginta zurückgehen. Auf jeden Fall lässt sich auch in der lukianischen Rezension die Tendenz zu einer im Griechischen gut verständlichen Wiedergabe und zu einem attisierenden Stil erkennen.

In unserem Textbereich kann man aber, wie gesagt, die Berarbeitungsaktivität von Lukian sehr schwer vom Ant unterscheiden. Am klarsten anzunehmen ist sie in 17,8[n-p]; 18,21[b].

4.2.4. 4. – 8. Jh. n. Chr.: Die Majuskeln

(1) Wenden wir uns zunächst der Überlieferung der KR zu. Die im 1. Jh. v. Chr. begonnene KR ist in den Handschriften nur teilweise erhalten geblieben. Das führte unter anderem dazu, dass die Textformen der Handschriften von Sam-Kön uneinheitlich sind (siehe die Abschnitte α, ββ, βγ, γγ, γδ). Es ist aber nicht geklärt, warum die KR in den Handschriften nur abschnittsweise vorhanden ist. Vermutlich entstand dieses Problem schon in der vorhexaplarischen Tradition, sei es dass zwei Textformen von einem Abschreiber eklektisch aufgenommen wurden, sei es dass einem Abschreiber Schriftrollen, die jeweils unterschiedliche Textformen enthielten, zur Verfügung standen.

Auf jedenfall wurde diese Texttradition weiterhin von der Hexapla oder durch den lukianischen Text beeinflusst. Denn in der uns vorhandenen KR gibt es die Wiedergaben, die nicht zur KR gehört haben könnten, z.B. der attisierende Stil in der KR, sondern die durch späteren hexaplarischen oder lukianischen Einfluss (wieder) in die KR gekommen sind.

---

9 Dieses Phänomen kommt sehr häufig in der Hs. c₂ vor. Vgl. B. Johnson, *Die hexaplarische Rezension des 1. Samuelbuches*, 25.

(2) Die Situation des lukianischen/antiochenischen Textes war nicht anders. Einerseits wurde der lukianische Text von den antiochenischen Abschreibern immer wieder bearbeitet. Diesen Vorgang kann man an den jüngeren sprachlichen Phänomenen erkennen, z.B. der Anwendungen der byzantinischen Schulregel für das bewegliche „ν" in Ant. Andererseits gab es die Wechselwirkungen zwischen den verschiedenen Traditionen. Die Minuskeln, des lukianischen/antiochenischen Textes (19 108 82 93 127 = boc₂e₂) stammen erst aus dem 9-13. Jh. n. Chr. In diesen Handschriften erkennt man aber Wiedergaben, die man nicht der antiochenischen Tradition zuordnen kann, z.B. die im Griechischen fast unverständliche wörtliche Übersetzung: 15,4[b]. 9[c]. 14[c]; 16,11[l]. Solche Wiedergaben sind vermutlich von KR-Handschriften in den antiochenischen Text eingeflossen.

4.2.4.1. Der Cod. Vaticanus (B; 4. Jh. n. Chr.): Kombination verschiedener Lesarten

Der Cod. Vaticanus (B) ist der älteste der umfangreichen Textzeugen der LXX. Im βγ-Abschnitt wurde hauptsächlich die KR abgeschrieben. In 15,2[k/l] ist z.B. ein typisches Phänomen zur Abschreibungstätigkeit des Cod. B erkennbar, denn da folgt er gegenüber anderen Textzeugen (4QSam[a], Ant, O′, MT) ausschließlich der KR. Gewiss wurde er auch von der Hexapla beeinflusst: z.B. 15,12[a-d].

Allerdings bearbeitete der Abschreiber des Cod. B die KR auf Grund der ihm verfügbaren Textzeugen. Seine Bearbeitungstätigkeit kann als Kombination verschiedener Lesarten bezeichnet werden:

(a) Kombination von KR und Texttradition des Proto-MT: 15,20[a-e];

(b) Kombination von KR und Ant: 18,18[d];

(c) Kombination von KR, Ant und Texttradition des Proto-MT: 15,18[d-d/h-k].

4.2.4.2. Der Cod. Alexandrinus (A; 5. Jh. n. Chr.): Kombination verschiedener Lesarten auf Grund der Hexapla

Der Cod. (A) ist bekannt für seine stark durch die Hexapla beeinflusste Textform. [10] In unserem Textbereich ist z.B. in 18,18[d] seine engste Beziehung zur Hexapla klar erkennbar. Allerdings übernahm der Cod. A in unserem Textbereich im Großen und Ganzen die KR. Darüber hinaus bietet er manchmal auch eine eigene gr. Texttradition. z.B. 15,32[i]; 16,1[e].

Wie der Cod. B bearbeitete der Abschreiber des Cod. A ebenfalls den Text auf Grund der ihm verfügbaren Texttraditionen. Seine Bearbeitungstätigkeit ist nicht ganz einfach zu charakterisieren, aber gewiss waren ihm verschiedene Texttraditionen (KR, Ant, MT) verfügbar:

(a) Text(erstellung) gemäß Proto-MT: 15,12[a-d];

(b) Kombination von KR und Ant: 18,14[a-c];

(c) Kombination von KR, Ant und Texttradition des Proto-MT: 18,22[g/h].

4.2.4.3. Die Codd. MN (7.-8. Jh. n. Chr.): Textmischung

Die Cod. Coislianus (M) und Venetus (N) stellen die gemischte Textform dar. Vermutlich lag ihnen ein dem Cod. B entsprechender Text vor. Allerdings bearbeiteten die Abschreiber diese Textgrundlage mit der Tradition des Ant. Zudem sind die Randnotizen der beiden Codices bemerkenswert. Besonders der Cod. M hat zahlreiche hexaplarische Randnotizen. In dieser Zeit entstand offensichtlich eine neue Abschreibungstradition, bei der die damals vorhandenen hexaplarischen Materialien neu ausgewertet wurden. Insofern stellen die Codices keine bloße Abschrift dar, sondern eine von den Abschreibern kritisch erschlossene Ausgabe.

Um den Mischform dieser Codices zu zeigen, braucht man nur einige Verse zu vergleichen. Die folgende Synopse zeigt einige Verse aus Kap. 15 und wurde direkt von den Handschriften abgeschrieben.[11]

---

10   S. dazu B. Johnson, *Die hexaplarische Rezension des 1. Samuelbuches*; S. P. Brock, *The Recensions*, 16f. Allerdings erkannten die beiden, dass der Text des Cod. A nicht immer hexaplarisch ist.

11   Beim Göttinger Septuaginta-Unternehmen konnte ich den Text des Cod. M vom Mikrofilm und den Text des Cod. N von der Photographien abschreiben. Dafür

In der folgenden Synopse bezeichnet der normale Text die Übereinstimmung mit dem Cod. B, dagegen *der kursive Text* die Übereinstimmung mit Ant (boc2e2). Der fett gedruckte Text bezeichnet dann die eigene Tradition der Kodices. Die Zeileneinteilung entspricht jener in den Kodices..

Cod. M	Cod. N
15,1ΚΑΙ ΕΓΕΝΕΤΟ ΜΕΤΑ ΤΑΥΤΑ	15,1ΚΑΙ ΕΓΕΝΤΟ ΜΕΤΑ ΤΑΥΤΑ
ΚΑΙ ΕΠΟΙΗCΕΝ ΕΑΥΤΩ	ΚΑΙ ΕΠΟΙΗCΕΝ ΑΥΤΩ18
ΑΒΕCCΑΛΩΜ	ΑΒΕCCΑΛΩΜ
ΑΡΜΑΤΑ ΚΑΙ ΙΠΠΕΙC12	ΑΡΜΑΤΑ ΚΑΙ ΙΠΠΕΙC
ΚΑΙ ΠΕΝΤΗΚΟΝΤΑ ΑΝΔΡΑC	ΚΑΙΠΕΝΤΕΚΟΝΤΑ ΑΝΔΡΑC
ΠΡΟΤΡΕΧΕΙΝ13	ΠΡΟΤΡΕΧΕΙΝ
ΕΜΠΡΟCΘΕΝ ΑΥΤΟΥ	ΕΜΠΡΟCΘΕΝ ΑΥΤΟΥ
2ΚΑΙ *ΟΡΘΡΙΖΕΝ*14 ΑΒΕCCΑΛΩΜ	2ΚΑΙ *ΩΡΟΡΙΖΕΝ* ΑΒΕCCΑΛΩΜ
ΚΑΙ ΕCΤΗ ΑΝΑ ΧΕΙΡΑ	ΚΑΙ ΕCΤΗ ΑΝΑΧΕΙΡΑ
ΤΗC ΟΔΟΥ ΤΗC ΠΥΛΗC	ΤΗC ΟΔΟΥ ΤΗC ΠΥΛΗC
ΚΑΙ ΕΓΕΝΕΤΟ ΠΑC ΑΝΗΡ	ΚΑΙ ΕΓΕΝΕΤΟ ΠΑC ΑΝΗΡ
Ω *ΕΓΙΝΕΤΟ*15 ΚΡΙCΙC.	Ω *ΕΓΕΙΝΕΤΟ* ΚΡΙCΙC
ΗΛΘΕΝ ΠΡΟC ΤΟΝ ΒΑCΙΛΕΑ .	ΗΛΘΕΝ ΠΡΟC ΤΟΝ ΒΑCΙΛΕΑ
ΕΙC ΚΡΙCΙΝ.	ΕΙC ΚΡΙCΙΝ
ΚΑΙ ΕΒΟΗCΕΝ ΠΡΟC ΑΥΤΟΝ	ΚΑΙ ΕΒΟΗCΕΝ ΠΡΟC ΑΥΤΟΝ
ΑΒΕCCΑΛΩΜ	ΑΒΕCCΑΛΩΜ
ΚΑΙ ΕΙΠΕΝ16 ΑΥΤΩ.	ΚΑΙ ΕΙΠΕΝ ΑΥΤΩ
ΕΚ ΠΟΙΑC ΠΟΛΕΩC CΥ ΕΙ.	ΕΚ ΠΟΙΑC ΠΟΛΕΩC CΥ ΕΙ
ΚΑΙ ΕΙΠΕΝ. ΕΚ ΜΙΑC ΦΥΛΗC ΙΗΛ	ΚΑΙ ΕΙΠΕΝ ΕΚ ΜΙΑC ΦΥΛΗC ΙΗΛ
Ο ΔΟΥΛΟC COΥ.	Ο ΔΟΥΛΟCCOΥ
3ΚΑΙ ΕΙΠΕΝ ΠΡΟC ΑΥΤΟΝ	3ΚΑΙ ΕΙΠΕΝ ΠΡΟC ΑΥΤΟΝ
ΑΒΕCCΑΛΩΜ	ΑΒΕCCΑΛΩΜ
ΙΔΟΥ ΟΙ ΛΟΓΟΙ COΥ	ΙΔΟΥ ΟΙ ΛΟΓΟΙ COΥ
ΑΓΑΘΟΙΚΑΙ ΕΥΚΟΛΟΙ	ΑΓΑΘΟΙ ΚΑΙ ΚΑΛΟΙ19
ΚΑΙ Ο ΑΚΟΥΩΝ ΟΥΚ ΕCΤΙΝ COΙ1	ΚΑΙ ΟΑΚΟΥΩΝ COΥ ΟΥΚ ΕCΤΙΝCOΙ
ΠΑΡΑ ΤΟΥ ΒΑCΙΛΕΩC.	ΠΑΡΑ ΤΟΥ ΒΑCΙΛΕΩC

    bedanke ich mich bei Herrn B. Neuschäfer, dem Leiter des Göttinger Septuaginta-Unternehmens.

12   MNabd-np-wb2C] ιππους *rell.*

13   MNagijnb2] παρατρεχειν BAchuxa2: προστρεχην v: προτρεχοντας boc2e2 *rell.*

14   oc2e2 MNacginvzaC] ωρθρισεν *rell.*

15   boc2e2 MNd-imnp-twz] εγενετο *rell.*

16   MNad-gijmp-wzb2] ελεγεν *rell.*

17   MN *rell*] ουκ εστιν σου BAa2: ουκ υπαρξει σοι boz^mgc2e2.

18   ANch*pvxe2.

19   N.

Man kann unschwer erkennen, wie die beiden Codices zwischen der KR und dem Ant gemischt sind. Es ist auch auffallend, die Spur zu erkennen, dass der Cod. N im V. 2 den Text selber korrigierte: *ЕГЄІΝЄΤΟ*. Hier radierte der Abschreiber „Є" aus. Der Text mit „E"(Aorist) ist nicht nur die Tradition der KR, sondern auch eine gewöhnliche Ausdrucksweise. Aber dass der Abschreiber des Codex bei dieser Stelle „I"(Imperfekt) anstelle „E" korrigierte, bedeutet, dass er den Text absichtlich gemäß Ant korrigieren wollte, und darüber hinaus, dass für ihn beide Texttraditionen verfügbar waren. Jedenfalls wurden die Texte der Codices in diesem Abschnitt bezüglich des Tempus gemäß dem Ant bearbeitet.

4.2.5. Die Minuskelhandschriften

Ab dem 9. Jh. n. Chr. wurde in den Handschriften mit Minuskeln geschrieben. In den Minuskelhandschriften kann man außerhalb der Ant-Gruppe (boc₂e₂) keine neue Textformen erkennen, sondern sie stellen nur Abschreibung einer überlieferten Texttradition oder Textmischung der unterschiedlichen Textformen dar (s.o., Kap. 1, Beschreibung der Handschriften).

4.3. Skizze der Textgeschichte der Samuel- und Königebücher

Auf Grund meiner bisherigen Untersuchung stelle ich nun eine Übersicht der Textgeschichte der Samuel- und Königebücher zusammen:

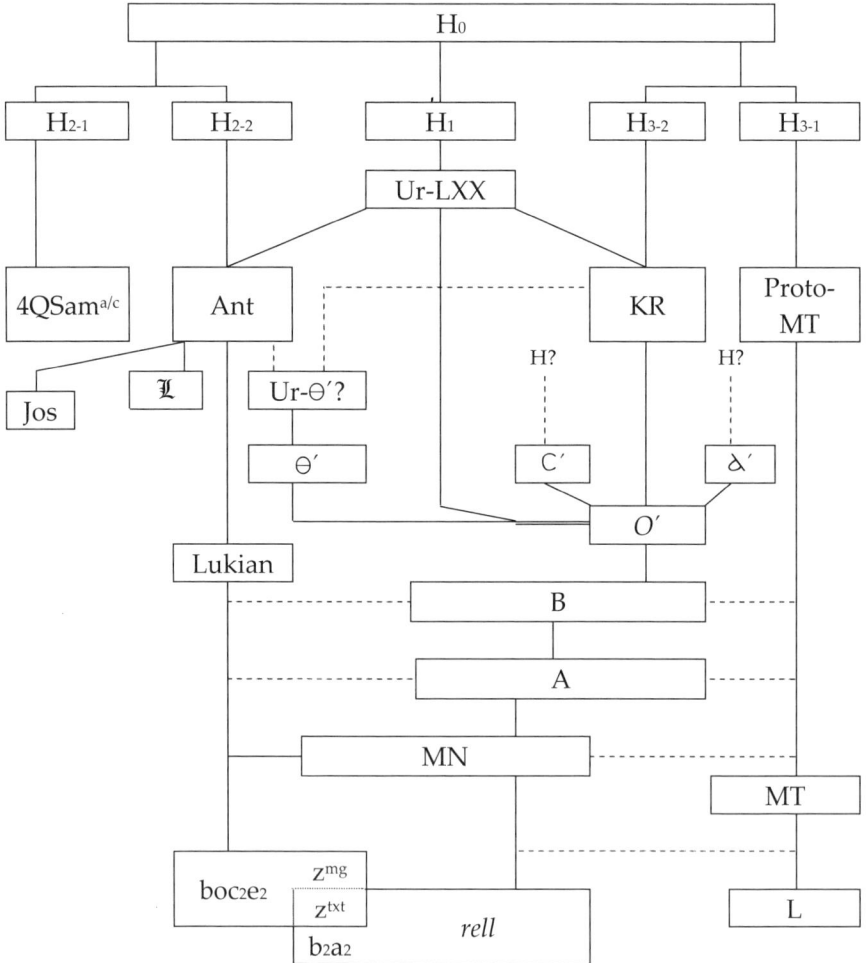

In der Übersicht bedeutet das Siglum „H" die hebr. Texttradition: „H₀" die ursprüngliche hebr. Texttradtion; „H₁" die Vorlage der Ur-LXX; „H₂₋₁/₂₋₂"; „H₃₋₁/₃₋₂" die zusammenhängenden hebr. Texttraditionsgruppen. Jedoch bedeutet die Nummerierung keine Bewertung. Die durchgehenden Linien bezeichnen direkte Beeinflussung, die gestrichelten Linien dagegen indirekte bzw. vermutliche Beeinflussung..

Natürlich war die Textgeschichte von Sam-Kön noch komplizierter als diese Übersicht, aber die Übersicht basiert auf den erhaltenen Handschriften und den klaren Textindizien. Das in der Übersicht dargestellte Ergebnis meiner Untersuchung lässt sich in folgender Weise zusammenfassen:

(1) Zunächst ist anzunehmen, dass *ein* hebr. Text für alle Texte als Vorlage zugrunde lag (H_0), und dass aus diesem Text verschiedene Texttraditionen entstanden. Der hebr. Text von Sam-Kön war in der hellenistisch/frühjüdischen Zeit sowohl vielfältig als auch flexibel. Daraus ergaben sich nicht nur die Varianten zwischen dem Proto-MT und der (Vorlage der) Ur-LXX, sondern auch die Varianten zwischen den griechischen Versionen. Man kann zumindest zwei hauptsächliche hebr. Texttraditionen der Sam-Kön erkennen: Die Vorlage des Ant, die einerseits mit 4QSam[a/c] zusammenhängt, andererseits sich in anderen älteren Textzeugen (*Jos. Ant.*, *Vetus Latina*) widerspiegelt (H_2); die Tradition des Proto-MT, die sich auch in den hebraisierten Wiedergaben der KR widerspiegelt (H_3). Die Vorlage der Ur-LXX (H_1) ist nur indirekt teilweise rekonstruierbar.

(2) Die Ur-LXX: Die innergriechischen Gemeinsamkeiten zwischen der KR und dem Ant gegenüber MT weisen darauf hin, dass den beiden Versionen eine gemeinsame Übersetzung zu Grunde liegt. Die Ur-LXX ist die gr. Übersetzung einer der damals existierenden hebr. Texttraditionen (in der Skizze als H_1 bezeichnet). Die Ur-LXX liegt sowohl der KR als auch dem Ant zu Grunde.

(3) Die beiden Versionen KR und Ant bewahrten einerseits die ihnen überlieferten und von ihnen aufgenommenen Übersetzungstraditionen und bearbeiteten sie andererseits in zweifacher Weise: Erstens auf Grund der jeweiligen hebräischen Vorlage, zweitens nach den ihnen jeweils eigenen, deutlich erkennbaren Bearbeitungsregeln, nämlich die stark hebraisierenden Charakteristika der KR und die auf schönes Griechisch gezielten Charakteristika des Ant.

(4) Die Hexapla: In unserem Textbereich nahm Origenes für seinen LXX-Text (5. Kolumne) die KR auf. Dagegen stimmen die Randnotizen der Hs. j für die 6. Kolumne (Θ′) mit Ant überein. Trotzdem kann man nicht feststellen, ob Origenes für die 6. Kolmune Ant (=Ur-LXX?) verwendete, so wie Barthélemy behauptete. Auf Grund der Randnotizen zu 1. Sam, die in mehreren Handschriften belegt sind und verschiedene Textformen darstellen, vermute ich, dass der Text von Theodotion ein zwischen der KR und dem Ant gemischter Text war.

(5) Die Bearbeitungsaktivität von Lukian dem Märtyrer ist zwar von der in den Hss. 19 108 82 93 127 (=boc₂e₂) erhaltenen Textform des Ant nicht einfach zu unterscheiden, einige Spuren von Lukian Bearbeitung sind aber trotzdem erkennbar.

(6) Die Codd. BA schrieben im βγ-Abschnitt hauptsächlich die KR ab, aber sie bearbeiteten außerdem die KR auf Grund weiterer Texttraditionen.

(7) Die Texttradition des Ant ist zwar erst in den Minuskeln umfassender belegt, sie geht aber auf Grund der folgenden Textzeugen bis zum 1. Jh. n. Chr. zurück: (a) bis zum 8.-9. Jh. n. Chr. auf Gund der Hs.127 (= c₂); (b) bis zum 6. Jh. n. Chr. auf Grund der Textform des Ant in den Codd. MN; (c) bis zum 5. Jh. n. Chr. auf Grund der Bibelzitate von Theodoret; (d) bis zum 2. Jh. n. Chr. auf Grund der Übereinstimmung mit *Jos. Ant.*; (e) bis zum 1. Jh. n. Chr. auf Grund der Übereinstimmung mit den qumranischen Textzeugen.

5. Literaturverzeichnis

5.1. Quellen

(1) Hebräische Textausgaben

Elliger, K. und W. Rudolph (Hg.) *Bibilia Hebraica Stuttgartensia*. Stuttgart, 1997[5].

De Rossi, J. B., *Variae lectiones Veteris Testamenti*, 4 Bd., Parma, 1784-1788.

Cross, F. M. u.a. (Hg.), *Qumran Cave 4, XII. 1-2 Samuel*. DJD XVII, Oxford, 2005.

(2) LXX-Textausgaben

Brooke, A. E. und N. McLean, *The Old Testament in Greek. Accoding to the Text of Codex Vaticanus, supplemented from othe uncial Manuscripts; with a critical Apparatus containing the Variants of the chief ancient Authorities for the Text of the Septuagint*. Volume II. *The Historical Books*. Part I. *I and II Samuel*, Cambridge, 1927.

Ders., *The Old Testament in Greek. Accoding to the Text of Codex Vaticanus, supplemented from othe uncial Manuscripts; with a critical Apparatus containing the Variants of the chief ancient Authorities for the Text of the Septuagint*. Volume II. *The Historical Books*. Part II. *I and II Kings*, Cambridge, 1930.

Holmes, R. und J. Parsons, *Vetus Testamentum Graecum cum variis lectionibus. Edidit Robertus Holmes, S.T.P., R.S.S., Aedis Christi Canonicus. Tomus primus. Oxonii: e typographeo Clarendoniano.* MDCCXCVII. vol. 2, *Josua-2. Chronik*, Oxford, 1810.

Rahlfs, A., *Das Buch Ruth griechisch als Probe eine kritischen Handausgabe der Septuaginta*, Stuttgart, 1922.

Ders., *Septuaginta Societatis Scientiarum Gottingensis Auctoritate. I, Genesis*, Stuttgart, 1926.

Ders., *Septuaginta. Id est Vetus Testamentum graece iuxta LXX interpretes*, Stuttgart, 1935, 1979.

Swete, H. B., *The Old Testament in Greek according to the Septuagint. I, Genesis-IV Kings*, Cambridge, 1909[4].

Tov, E. (Hg.), *The Greek Minor Prophets Scroll from Naḥal Ḥever (8 ḤevXII gr)*. *The Seiyâl Collection I*, with the collaboration of R. A. Kraft and a contribution by P. J. Parsons, DJD VIII. Oxford, 1990.

(3) Textausgaben des Ant
Fernández Marcos, N. und J. R. Busto Saiz, *El texto antioqueno de la Biblia griega*, I, *1-2 Samuel*; II, *1-2 Reyes*; III, *1-2 Crónicas*, TECC 50, 53, 60, Madrid: CSIC 1989, 1992, 1996.
Lagarde, P. A. de, *Genesis Graece*, Leibzig, 1868.
Ders., *Librorum Veteris Testamenti canonicorum pars prior Graece*, Göttingen, 1883.
Taylor, B. A., *The Lucianic Manuscripts of 1 Reigns - Volume 1. Majority Text*; *Volume 2. Analysis*. Atlanta, Ga, 1992, 1993.

(4) Faksimileditionen bzw. Mikrofilme
   (a) Faksimileausgaben
Bibliothecae Apostolicae Vaticanae Codex Vaticanus Graecus 1209. Bibliorum Sacrorum Graecum Codex Vaticanus B, Istituto Poligrafico e Zecca dello Stato, Rom, 1999.
The Codex Alexandrinus – in reduced photographic facsimile. Old Testament , Part I, Genesis – Ruth (1915). Part II, 1 Samuel – 2 Chronicles (1930). Part III, Hosea – Judith (1936). Part IV, I Esdras – Ecclesiaticus (1957).
Freedman D. N. u.a. (Hg.), *The Leningrad Codex. A Facsimile Edition*, Grand Rapids/ Cambridge/ Leiden, 1998.
Goshen-Gottstein, M. H. (Hg.), *The Aleppo Codex*, Jerusalem, 1976.

   (b) Mikrofilme
Cod. M. *Codex Coislianus*, Paris, *Bibliothèque Nationale*; *Coislin 1*; (Göttingen, Septuaginta Unternehmen).
Cod. N (*Ra*: V). *Codex Venetus*, Rom, *Biblioteca Vaticana*; *Vat. gr. 2106*; (Göttingen, Septuaginta Unternehmen).
Hs. b´ (*Ra*: 19), Rom, *Biblioteca Vaticana*; *Chis. Gr. 30 (olim R. VI. 38)*; (Madrid, *Instituto de Filología*).
Hs. b (*Ra*: 108), Rom, *Biblioteca Vaticana*; *Vat. gr. 330*; (Madrid, *Instituto de Filología*).
Hs. j (*Ra*: 243), Paris, *Bibliothèque Nationale*; *Coislin 8*; 10. Jh.; (Göttingen, Septuaginta Unternehmen).
Hs. o (*Ra*: 82), Paris, *Bibliothèque Nationale*; *Coislin 3*; 12. Jh.; (Madrid, *Instituto de Filología*).

Hs. r (*Ra*: 700), Rom, *Biblioteca Vaticana*; *Vat. gr. 2115*; (Madrid, *Instituto de Filología*).

Hs. z (*Ra*: 554), Paris, *Bibliothèque Nationale*; *Grec. 133*; 14. Jh.; (Göttingen, Septuaginta Unternehmen).

Hs. c2 (*Ra*: 127), Moskau, *Synodal Bibliothek*; *Gr. 31*; 10. Jh.; (Madrid, *Instituto de Filología*).

Hs. e2 (*Ra*: 93), London, *British Museum*; *Royal 1 D. II*; 13. Jh.; (Madrid, *Instituto de Filología*).

(5) Bände der LXX-*Gö* (soweit hier zitiert):

Hanhart, R. (Hg.), *Vetus Testamentum Graecum Auctoritate Academiae Scientiarum Gottingensis editum.* VIII, 1. *Esdrae liber I*, Göttingen, 1974.

Ders., *Vetus Testamentum Graecum Auctoritate Academiae Scientiarum Gottingensis editum.* VIII, 2. *Esdrae liber II*, Göttingen, 1993.

Quast, U. (Hg.), *Vetus Testamentum Graecum Auctoritate Academiae Scientiarum Gottingensis editum.* IV,3. *Ruth*, Göttingen, 2006.

Wevers, J. W. (Hg.), *Vetus Testamentum Graecum Auctoritate Academiae Scientiarum Gottingensis editum.* I. *Genesis* , Göttingen, 1974.

Ders., *Vetus Testamentum Graecum Auctoritate Academiae Scientiarum Gottingensis editum.* II, 1. *Exodus*, Göttingen, 1991.

Ders., *Vetus Testamentum Graecum Auctoritate Academiae Scientiarum Gottingensis editum.* II,2. *Leviticus*, Göttingen, 1986.

Ders., *Vetus Testamentum Graecum Auctoritate Academiae Scientiarum Gottingensis editum.* III,1. *Numeri*, Göttingen, 1982.

Ders., *Vetus Testamentum Graecum Auctoritate Academiae Scientiarum Gottingensis editum.* III,2. *Deuteronomium*, Göttingen, 1977.

(6) Weitere Textausgaben

Baars, W., *New Syro-Hexaplaric Texts. Edited, commented upon, and compared with the Septuagint*, Leiden, 1968.

Ders., „Ein neugefundenes Bruchstück aus der syrischen Bibelrevision des Jakob von Edessa", *VT* 18 (1968), 548-554.

Ceriani, A. M., *Codex syro-hexaplaris Ambrosianus photographice editus. Monumenta Sacra et Profana VII*, Mailand, 1874.

Drescher, J., *The Coptic (Sahidic) Version of Kingdoms I-II (Samuel I-II).* Bd. 1 (Textausgabe); Bd. 2 (die englische Übersetzung), Louvain, 1970.

Dillmann, A., *Biblia Veteris Testamenti Aethiopica*. Leipzig, 1853-94. Vol. II, 1-2, *Libri Regum* (1861, 1871).

Fernández Marcos, N. und J. R. Busto Saiz, *Theodoreti Cyrensis Quaestiones in Reges et Paralipomena*, TECC 32, Madrid, 1984.

Field, F., *Origenis Hexaplorum quae supersunt; sive veterum interpretum graecorum in totum vetus testamentum fragmenta*, Bd.1, Oxford, 1867.
= http://rosetta.reltech.org/cgi-bin/Ebind2html/TC/FieldOrigenv1

Karrer, M und W. Kraus (Hg.), *Septuaginta Deutsch*. Bd. 1: *Das griechische alte Testament in deutscher Übersetzung ; Bd. 2: Erläuterungen zum griechischen Alten Testament in deutscher Übersetzung*, Stuttgart, 2009.

Lagarde, P. A. de, *Bibliothecae syriacae ... quae ad philologiam sacram pertinent*, Göttingen, 1892.

Morano Rodríguez, *Glosas marginales de Vetus Latina en las Biblias Vulgatas españolas. 1-2 Samuel*, Madrid, 1992.

Niese, B., *Flavii Josephi Opera*. 7 Bde., Berlin, 1885-95.

Pietersma, A. und B. G. Wright (Hg.), *A New English Translation of the Septuagint. And the Other Greek Translations Traditionally Included under that Title*. New York / Oxford, 2007.

Thackeray, H. St. J., „The Letter of Aristeas (Textausgabe)", in: Swete, *An Introduction to the Old Testament in Greek*, Cambridge, 1900, 1914[2] (nachdr. New York, 1989), 533-566.

Vercellone, *Variae lectiones Vulgatae Latinae Bibliorumeditionis*. Bd. 2, (Rom, 1860), 180-648

Zorab, H. Y., *Astuacašunč metean hin ew nor ktakaranac*ᶜ (Die heilige Schrift des A. und N.T.), Venedig, 1805.

5.2. Hilfsmittel

(1) Konkordanzen

Fernández Marcos, N., Spottorno Díaz-Caro und Cañas Reíllo (Hg.), *Índice Griego-Hebreo del Texto Antioqueno en los Libros Históricos*. I, *Índice general*; II, *Índice de nombres propios*. TECC 75, Madrid: CSIC 2005.

Hatch, E. und H. A. Redpath (Hg.), *A Concordance to the Septuagint and the othe r Greek Versions of the OT (including the Apocryphal Books*, Oxford, 1897-1906; Grand Rapids, 1998[2] (einschließlich des Index von Muraoka).

Lisowsky, G., *Konkordanz zum hebräischen Alten Testament*, Stuttgart, 1958.

Muraoka, T., *Hebrew/Aramaic index to the Septuagint: keyed to the Hatch-Redpath concordance*. Grand Radids, 1998.

Reider, J., *An Index to Aquila*. SVT XII, Leiden, 1966.

(2) Lexika

Bauer, W. (bearbeitet von K. und B. Aland), *Wörterbuch zum Neuen Testament*, Berlin u.a., 1988[6].

Gesenius, W. (bearbeitet von F. Buhl), *Hebräisches und Aramäisches Handwörterbuch über das Alte Testament*, Berlin u.a., 1962[17]; (bearbeitet von H. Donner), 1987ff.

Liddell, H.G. und G. Scott (bearbeitet von H.S. Jones), *A Greek-English Lexicon*, Oxford, 1843; 1996[9].

Menge, H. und O. Güthling, *Langenscheidts Großwörterbuch. Altgriechisch-Deutsch*. Berlin u.a., 2001[30].

Koehler, L. und W. Baumgartner, *Hebräisches und Aramäisches Lexikon zum Alten Testament*, Bd. I ‎ע-א; Bd. II ‎ת-פ, Leiden, 2004[3].

Lust, J., Eynikel, E. und K. Haupie, *A Greek-English Lexicon of the Septuagint*, Stuttgart 1992.1996; rev. ed. 2003.

Pape, W., *Griechisch-Deutsches Handwörterboch*, Graz, 1954[3].

Rehkopf, F., *Septuaginta-Vokabular*, Göttingen, 1989.

Payne Smith, J., *A Compendious Syriac Dictionary*, Oxford, 1962[4].

(3) Grammatiken

Blass, F. und A. Debrunner (bearbeitet von F. Rehkopf) *Grammatik des neutestamentlichen Griechischen*, Göttingen, 2001[18].

Brockelmann, C., *Syrische Grammatik*, Leipzig, 1965[10].

Ders., *Hebräische Syntax*, Neukirchen, 2004[2].

Conybeare, F. C. und St. G. Stock, *Grammar of Septuagint Greek. With Selected Readings, Vocabularies, and Updated Indexes*. Boston, 1905; Grand Rapids, 2001.

Gesenius, W. (bearbeitet von E. Kautsch), *Hebräische Grammatik*. Leipzig, 1909[28] (nachdr. Hildesheim u.a., 1995).

Helbing, R., *Grammatik der Septuaginta. Laut- und Wortlehre*. Göttingen, 1907.

Jenni, E., *Lehrbuch der hebräischen Sprache des Alten Testaments. Neubearbeitung des "Hebräischen Schulbuchs" von Hollenberg-Budde*. Basel, 2003[3].

Joüon, S. J. P. (übersetzt ins Englischen von T. Muraoka), *A Grammar of Biblical Hebrew*, I, *Part One: Orthography and Phonetics; Part Two: Morphology*, II, *Part Three: Syntax*, Rome, 1991 (nachdr. 2003).

Kühner, R. und B. Gerth, *Ausführliche Grammatik der griechischen Sprache*. I, *Elementar- und Formlehre* (Hannover, 1890/92[3]); II, *Satzlehre* (Hannover/Leipzig, 1898/1904[3])

Mayser, E., *Grammatik der griechischen Papyri aus der Ptolemäerzeit. I*, Berlin, 1923; *II, 1-3*, Berlin, 1926-34; *I, 2*, Berlin, 1938; *I, 3*, Berlin, 1936.

Nöldeke, E., *Kurzgefasste syrische Grammatik*, Darmstadt, 1966.

Schwyzer, E., *Griechische Grammatik*. I, *Allgemeiner Teil, Lautlehre, Wortbildung, Flexion*. München, 1990[6]; II, *Syntax und syntaktische Stilistik*. München, 1988[5]; III, *Register*. München, 2001[3].

Thackeray, H. St. J., *A Grammar of the OT in Greek according to the LXX*. I, *Introduction, Orthography and Accidence*. Cambridge, 1909, (nachdr. 2003).

Tropper, J., *Ugaritische Grammatik*, AOAT 273, Münster, 2000.

(4) Bibliographien

Brock, S. P., C. T. Fritsch und S. Jellicoe, *A Classified Bibliography of the Septuagint*, Arbeiten zur Literatur und Geschichte des hellenistischen Judentums VI. Leiden, 1973.

Dogniez, C., *Bibliography of the Septuagint. Bibliographie de la Septante 1970-1993*, SVT LX, Leiden u.a., 1995.

United Bible Societies-translations: A Bibliography of the Septuagint (1990-2002):
http://www.ubs-translations.org/cgi-bin/dbman/db.cgi?db= lxxbib&uid =default&view_records=1&ID=*

5.3. Sekundärliteratur

Aejmelaeus, A., *Parataxis in the Septuagint. A Study of the Rendering of the Hebrew Coordinate Clauses in the Greek Pentateuch*, AASF DISS 31, Helsinki, 1982.

Dies., *On the Trail of the Septuagint Translators – Collected Essay*, Kampen, 1993.

Dies., *„Participium coniunctum* as a Criterion of Translation Technique", in: Ders., *On the Trail of the Septuagint Translators*, (Kampen, 1993), 7-16.

Aland, B., „Lukian von Antiochien", *RGG*[4] 5, 2002, 550-551.

Alexanian, J. M., „Ancient Versions (Armenian)", *ABD* 6, 1992, 805-808.

Althann, R., „The Meaning of ארבעים שנה in2 Sam 15,7", *Biblica* 73 (1992), 248-252.

Avalos, H., "δεῦρο - δεῦτε and the Imperatives of הלך. New Criteria for the 'Kaige' Recension of Reigns", *EstBib* 47 (1989), 165-176.

Barthélemy, D., "Redécouverte d'un chaînon manquant de l'histoire de la Septante", *RB* 60 (1953), 18-29.

Ders., *Les Devanciers d'Aquila*. VTS 10, Leiden, 1963.

Ders., „Les problèmes textuels de 2 Sam 11,2 – 1 Rois 2,11 reconsidérés à la lumière de certaines critiques des „Devanciers d'Aquila" (A Reexamination of the textual problems in 2 Sam 11:2 – 1 Kings 2:11 in the light of certain criticisms of <u>Les Devanciers d'Aquila</u>)", in: Kraft, R. (Hg.), *1972 Proceedings IOSCS Pseudographa*, *SCS* 2, (Missoula; MT, 1972), 16-89.

Ders., Critique textuelle de l'Ancien Testament. Bd.1: Josue, Juges, Ruth Samuel, Rois, Chroniques, Esdras, Nehemie, Esther, OBO 50/1, Fribourg, Göttingen 1982.

Bauer, W., „Alfred Rahlfs", in: Rahlfs, A. *Septuaginta-Studien*, (Göttingen, 1965²), 11-16.

Bickermann, E. J., „Zur Datierung des Pseudo-Aristeas", *ZNW* 29 (1930), 280-296.

Birt, T., *Das antike Buchwesen*.Berlin, 1882; nachdr. 1959

Bogaert, P. –M., „Ancient Versions (Latin)", *ABD* 6,1992, 799-803.

Brennecke, H. C., „Lucian von Antiochien", *TRE* 21, 1991, 474-479.

Brock, S. P., „Die Übersetzung des Alten Testaments ins Griechische", *TRE* 6, 1980, 163-172.

Ders., „Die altlateinischen Übersetzungen des Alten Testaments", *TRE* 6, 1980, 177-178.

Ders., „Die Übersetzung ins Armenische. Altes Testament", *TRE* 6, 1980, 202-203.

Ders., „Die Übersetzungen ins Äthiopische", *TRE* 6, 1980, 206-207.

Ders., "Die Übersetzung ins Syrische", *TRE* 6, 1980, 186-189.

Ders., "Ancient Versions (Syriac)", *ABD* 6, 1992, 794-799.

Ders., *The Recensions of the Septuaginta Version of I Samuel*, Torino, 1996.

Brooke, G. J. und B. Lindars (Hg.), *Septuagint, Scrolls and Cognate Writings. Papers presented to the International Symposium on the Septuagint and its Relations to the Dead Sea Scrolls and other Writings (Manchester, 1990)*, SCS 33, Atlanta, 1992.

Budde, K., *Die Bücher Samuel erklärt*. KH.AT 8. Tübingen und Leipzig, 1902.

Burmester, O. H. E., „The Bohairic Pericope of III Kingdoms xviii : 36-9", *JTS* 36 (1935), 445-52.

Busto Saiz J. R., „The Antiochene Text in 2 Samuel 22", in: Greenspoon, L. und O. Munnich (Hg.), *VIII Congress of the International Organization for Septuagint and Cognate Studies (Paris, 1992)*, SCS 41, (Atlanta, 1995), 131-143.

Ders., „On the Lucianic Manuscripts in 1-2 Kings", in: Cox, C. E. (Hg.) *VI Congress of the International Organization for Septuagint and Cognate Studies (Jerusalem, 1986)*, SCS 24, (Atlanta, 1987), 305-310.

Caragounis, C. C., *The Development of Greek and the New Testament*. WUNT 167, Tübingen, 2004.

Carlson, R. A. D., *The Chosen King. A Traditio-Historical Approach to the Second Book of Samuel*. Stockholm, 1964.

Caspari, D. W., *Die Samuelbücher*. KAT 7, Leipzig, 1926.

Conroy, C. C., *Absalom Absalom! Narrative and Language in 2 Sam 13-20*. AnBib 81, Rom, 1978.

Cowe, S. P., „The Witness of the Armenian Version of 1-2 Kingdoms to the Lucianic Text", in: Fernández Marcos, N. u. a. (Hg.) *El texto antioqueno de la biblia griega* I, LXXI-LXXIX.

Cox, C. E., „Concerning a Cilician Revision of the Armenian Bible", in: Pietersma, A. u. a. (Hg.), *De Septuaginta –Studies in honour of John William Wevers on his sixty-fifth birthday*, (Mississauga, 1984), 209-222.

Ders., „The Use of the Armenian Version for the Textual Criticism of the Septuagint", in: Fernández Marcos, N. (Hg.), *La Septuaginta en la Investigacion Contemporanea (V Congreso de la IOSCS)*. (Madrid, 1985), 25-35.

Ders., (Hg.) *VI Congress of the International Organization for Septuagint and Cognate Studies (Jerusalem, 1986)*, SCS 24, Atlanta, 1987.

Ders. (Hg.), *VII Congress of the International Organization for Septuagint and Cognate Studies (Leuven, 1989)*, SCS 31, Atlanta, 1991.

Ders. (Hg.), *Aquila, Symmachus and Theodotion in Armenia*. SCS 42, Atlanta, 1996.

Cross, F. M., „A new Qumran Biblical Fragment Related to the Original Hebrew Underlying the Septuagint", *BASOR* 132 (1953), 15-26.

Ders., „The Evolution of a Theory of Local Texts", in: Kraft, R. A. (Hg.) *1972 Proceedings IOSCS Pseudographa*, SCS 2, (Missoula, MT, 1972), 108-126.

Ders., „The Ammonite Oppression of the Tribes of Gad and Reuben: Missing verses from 1 Sam 11 Found in 4QSamuel[a]", in: Tov, E. (Hg.), *The Hebrew and Greek Texts of Samuel. 1980 Proceedings IOSCS*, (Jerusalem, 1980), 105-119.

Ders. u.a., „A Statistical Analysis of the Textual Character of 4QSamuel[a] (4Q51)", *Dead Sea Discoveries* 13,1 (2006), 46-54.

Dahse, J., „Zum Luciantext der Genensis", *ZAW* 30 (1910), 281-287.

Davies, D. M. *The Old Ethiopic Version of Second Kings*, Diss. Princeton, 1944.

Debrunner, A., „Zur Übersetzungstechnik der Septuaginta: der Gebrauch des Artikels bei Κύριος", *BZAW* 41 (1925), 69-78.

Dörrie, H., „Zur Geschichte der Septuaginta im Jahrhundert Konstantins", *ZNW* 39 (1940), 57-110.

Dotan, A., "Masorah", *Encyclopedia Judaica* XVI, 1971, 1401-1482.

Driver, S. R. *Notes on the Hebrew Text of the Books of Samuel*, Oxford, 1890/1912.

Fabry, H.-J. und U. Offerhaus (Hg.), *Im Brennpunkt: Die Septuaginta. Studien zur Entstehung und Bedeutung der Griechischen Bibel*, BWANT 153, Stuttgart, 2001.

Fernández Marcos, N., „The Lucianic Text in the Books of Kingdoms: from Lagarde to the Textual Pluralism", in: Pietersma, A. und C. Cox (Hg.), *De Septuaginta –Studies in honour of John William Wevers on his sixty-fifth birthday*, (Mississauga, 1984), , 161-174.

Ders., *La Septuaginta en la Investigacion Contemporanea (V Congreso de la IOSCS)*. Madrid, 1985.

Ders., „On the present State of Septuagint Research in Spain", in: Ders. (Hg.) *La Septuaginta en la Investigacion Contemporanea (V Congreso de la IOSCS)*. (Madrid, 1985), 271-285.

Ders. „Literary and Editorial Features of the Antiochene Text in Kings", in: Cox, C. E. (Hg.) *VI Congress of the International Organization for Septuagint and Cognate Studies (Jerusalem, 1986)*, SCS 24, (Atlanta, 1987), 287-304.

Ders., „Some Reflections on the Antiochian Text of the Septuagint", in: Fraenkel, D. u. a. (Hg.), *Studien zur Septuaginta – Robert Hanhart zu Ehren. Aus Anlaß seines 65. Geburtstages*. MSU XX, Göttingen, 1990.

Ders., *Scribes and Translators – Septuagint and Old Latin in the Books of Kings*. SVT LIV, Leiden, 1994.

Ders., u.a. (Hg.), *Introducción a las versiones griegas de la Biblia*, 2d ed., Madrid 1998) = *The Septuagint in Context: Introduction to the Greek Version of the Bible*, trans. Wilfred G. E. Watson, Leiden 2000.

Ders., „A Greek-Hebrew Index of the Antiochene Text", in: Taylor, B. A. (Hg.), *X Congress of the International Organization for Septuagint and Cognate Studies, Oslo 1998*. SCS 51. (Atlanta, 2001), 301-317.

Ders., „The Septuagint on Spanish Ground", in: Kreuzer, S. u.a. (Hg.) *Im Brennpunkt: Die Septuaginta – Studien zur Entstehung und Bedeutung der Griechischen Bibel*. Bd. 2, BWANT 161, (Stuttgart, 2004), 164-176.

Ders., „Der antiochenische Text der griechischen Bibel in den Samuel- und Königsbüchern", in: Kreuzer, S. u.a (Hg.), *Im Brennpunkt:*

Die Septuaginta – Studien zur Entstehung und Bedeutung der Griechischen Bibel. Bd. 2, *BWANT* 161, (Stuttgart, 2004), 177-213.

Ders., „Some Pitfalls of Translation Greek", *Sefarad* 64 (2004), 341-362.

Fincke, A. *The Samuel scroll from Qumran. 4QSam^a restored and compared to Septuagint and 4QSam^c*. Studies on the texts of the Desert of Judah 43. Leiden u.a., 2001.

Fischer, B., „Lukian-Lesarten in der Vetus Latina der vier Königsbücher", *Studia Anselmoniana* 27/8 (1951), 169-177.

Ders., *Beiträge zur Geschichte der lateinische Bibeltexte*. AGLB 12, Freiburg, 1986.

Ders. „Palimpsestus Vindobonensis", in: Ders., *Beiträge zur Geschichte der lateinische Bibeltexte*. AGLB 12, (Freiburg, 1986), 308-381.

Fraenkel, D., U. Quast und J. M. Wevers (Hg.), *Studien zur Septuaginta – Robert Hanhart zu Ehren. Aus Anlaß seines 65. Geburtstages*. MSU XX, Göttingen, 1990.

Gehman, H. S., „The Old Ethiopic version of 1 Kings and its affinities", *JBL* 50 (1931), 81-114.

Ders., „The Armenian version of I and II Kings and ist affinities", *JAOS* 54 (1937), 109-114.

Gerleman, G., "ברנליו an Idiomatic Phrase", *JSS* (1959), 59.

Gordon, R. P., „The Problem of Haplography in 1 and 2 Samuel", in: Brooke, G. J. und B. Lindars (Hg.) *Septuagint, Scrolls and Cognate Writings. Papers presented to the International Symposium on the Septuagint and its Relations to the Dead Sea Scrolls and other Writings (Manchester, 1990)*, SCS 33, (Atlanta, 1992), 131-158.

Grabbe, L. L., "Aquila's Translation and Rabbinic Exegesis", *JJS* 33 (1982), 527-536.

Greenspoon, L. und O. Munnich (Hg.), *VIII Congress of the International Organization for Septuagint and Cognate Studies (Paris, 1992)*, SCS 41, Atlanta, 1995.

Gribomont, J., "Latin Versions", *IDBSup*, 1976, 527-532.

Grindel, J. A., „Another Characteristic of the *Kaige* Recension: נצח/νικος" *CBQ* 31 (1969), 499-513.

Gryson, R., *Altlateinische Handschriften* I, Freiburg, 1999.

Haelst, J. van, *Catalogue des Papyrus Littéraires Juifs et Chrétiens*, Série "Papyrologie" – 1, Paris, 1976.

Hanhart, R., *Text und Textgeschichte des 1. Esdrabuches*. MSU XII, Göttingen, 1974.

Ders. und J. W. Wevers, *Das Göttinger Setpuaginta-Unternehmen. Festschrift für Joseph Ziegler zum 75. Geburtstag*, Göttingen, 1977.

Ders., „Die Geschichte", in: Ders. u. a., *Das Göttinger Setpuaginta-Unternehmen. Festschrift für Joseph Ziegler zum 75. Geburtstag,* (Göttingen, 1977), 5-11.

Ders., *Text und Textgeschichte des Buches Judith.* MSU XIV, Göttingen, 1979.

Ders., *Text und Textgeschichte des 2. Esdrabuches.* MSU XXV, Göttingen, 2003.

Haupert, R. S., *The Relation of codex Vaticanus and the Lucianic text in the Books of Kings from the viewpoint of the Old Latin and the Ethiopic versions.* Diss. Philadephia, 1930.

Hauschild, G. R., „Die Verbindung finiter und infiniter Verbalformen desselben Stammes", *Berichte des freien Deutschen Hochstiftes zu Frankfurt am Main* NF 9,2 (1893), 99-126.

Höcker, G., *Die Varianten des cod. Vaticanus der Samuelbücher und ihre Bedeutung für die Textkritik,* Inaugural-Dissertation, Kirchhain, 1905.

Hoffner, H. A., „בַּיִת", *ThWAT* I, 1973,629-638.

Hugo, P., *Les deux visages d'Élie. Texte massorétique et Septante dans l'histoire la plus ancienne du texte de 1 Rois 17-18.* OBO 217, Fribourg/ Göttingen, 2005.

Hummel, H. D., „Enclitic *Mem* in early northwest semitic, especially Hebrew", *JBL* 79 (1957) 85-107.

Hyvärinen, K., *Die Übersetzung von Aquila,* Lund, 1977.

Jellico, S., *The Septuagint and Modern Study,* Oxford, 1968 (nachdr. Winona Lake, 1993).

Ders., „Some Reflection on the ΚΑΙΓΕ Recension", *VT* 23 (1973), 15-24.

Jenkins, R. G., „Colophones of the Syrohexapla and the Textgeschichte of the Recensions of Origen", in: Cox, C. E. (Hg.), *VII Congress of the International Organization for Septuagint and Cognate Studies (Leuven, 1989),* SCS 31, (Atlanta, 1991), 261-277.

Jeremias, J., „παῖς", *ThWNT* V, 1954,636-713.

Johannessohn, M., *Der Gebrauch der Kasus in der LXX.* Diss. Berlin, 1910.

Ders., *Der Gebrauch der Präpositionen in der LXX. MSU* III, 3, Göttingen, 1926.

Johnson, Bo, *Die Hexaplarische Rezension des 1. Samuelbuches der Septuaginta.* Lund, 1963.

Ders., *Die armenische Bibelübersetzung als hexaplarischer Zeugeim 1. Samuelbuch.* Lund, 1968.

Kahle, P., *Die hebräischen Handschriften aus der Höhle,* Stuttgart, 1951.

Ders., *Opera Minora,* Leiden, 1956.

Ders., „Untersuchung zur Geschichte des Pentateuchtextes", *TSK* 88 (1915), 399-439 = *Opera Minora* (Leiden, 1956), 3-33.

Ders. *Cairo Geniza*, Oxford, 1959²; (deutsch= *Die Kairoer Geniza*; Berlin, 1962).

Kallai, Z., „Samuel in Qumran – Expansion of a Historiographical Pattern (4QSamᵃ)", *RB* 103-4 (1996), 581-591.

Karrer, M. und W. Kraus (Hg.) *Die Septuaginta – Texte, Kontexte und Lebenswelten.* Thübingen, 2008.

Kedar, B., "Latin Translations", in: Mulder, M. J. und H. Sysling (Hg.) *Miqra. Text, Translation, Reading and Interpretation of the Hebrew Bible in Ancient Judaism and Early Christianity.* Assen/Maastricht, 1988, 299-338.

Keil, C. F., *Die Bücher Samuel.* Biblischer Kommentar über das Alte Testament III/2. 2. Aufl. Leipzig, 1875.

Kelly, P. H., Mynatt, D. S. und Crawford, T. G. *The Masorah of Biblia Hebraica Stuttgartensia – Introduction and Annotated Glossary,* Grand Rapids/Cambridge, 1998.

Kerber, G., „Syrohexaplarische Fragmente zu den beiden Samuelbüchern aus Bar-Hebraeus gesammelt", *ZAW* 18 (1898), 177-196.

Kim, J-H., Rezension zu „Schenker, Adrian (Hg.): The Earliest Text of the Hebrew Bible. The Relationship between the Masoretic Text and the Hebrew Base of the Septuagint Reconsidered. Atlanta, 2003", *OLZ* 101 (2006), 38-41.

Ders., "The tradition of Ketib/Qere and its relation to the Septuagint text of 2Samuel", Vortrag beim 2007 SBL-International Congress in Vienna.

Ders., "Zur Textgeschichte von Sam-Kön anhand 2Sam 15,1-19,9", in: Karrer, M. und W. Kraus (Hg) *Die Septuaginta – Texte, Kontexte und Lebenswelten.* WUNT 219 (Tübingen, 2008), 353-368.

Klein, R. W., *Textual Criticism of the Old Testament. The Septuagint after Qumran,* Philadelphia, 1978

Klostermann, A., *Die Bücher Samuelis und der Könige.* Kurzgefasster Kommentar zu den heiligen Schriften des Alten und Neuen Testaments. Nördlingen, 1887.

Kraft, R. A. (Hg.), *1972 Proceedings IOSCS Pseudographa,* SCS 2, Missoula, MT, 1972.

Ders., „Reassessing the Impact of Barthélemy's *Devanciers*, Forty Years Later", *BIOSCS* 37 (2004), 1-28.

Kraus, W. und R. G. Wooden (Hg.) *Septuagint Research – Issues and Challenges in the Study of the Greek Jewish Scriptures.* SCS 53, Atlanta, 2006.

Kraus, W., „Contemporary Translations of the Septuagint: Problems and Perspectives", in: Ders. u. a. (Hg.) *Septuagint Research – Is-*

sues and Challenges in the Study of the Greek Jewish Scriptures. SCS 53, (Atlanta, 2006), 63-83.

Ders., "Hebräische Wahrheit und Griechische Übersetzung - Überlegungen zum Übersetzungsprojekt Septuaginta-deutsch (LXX.D) ", *ThLZ* 129 (2004) 9, 989-1007.

Kreuzer, S. und J. Lesch (Hg.), *Im Brennpunkt: Die Septuaginta – Studien zur Entstehung und Bedeutung der Griechischen Bibel*. Bd. 2, BWANT 161, Stuttgart, 2004.

Kreuzer, S. und D. Vieweger u. a. (Hg.) *Proseminar I. Altes Testament. Ein Arbeitsbuch*, Stuttgart, 2005².

Kreuzer, S., „A German Translation of the Septuagint", *BIOSCS* 34 (2001), 40-45.

Ders., „Von der Vielfalt zur Einheitlichkeit – Wie kam es zur Vorherrschaft des masoretischen Textes? ", in: Vonach, A. u.a. (Hg.), *Horizonte biblischer Texte – Festschrift für Josef M. Oesch zum 60. Geburtstag*, OBO 196, (Göttingen, 2003), 117-129.

Ders., „Eine Schrift, zwei Fassungen: Das Beispiel des Richterbuches", *Bibel und Kirche 56* (2001), 88-91.

Ders., „Text, Textgeschichte und Textkritik des Alten Testaments", *ThLZ* 127 (2002) 2, 127-156.

Ders., „Entstehung und Publikation der Septuaginta im Horizont frühptolemäischer Bildungs- und Kulturpolitik", in: Ders. u.a. (Hg.) *Im Brennpunkt: Die Septuaginta – Studien zur Entstehung und Bedeutung der Griechischen Bibel*. Bd. 2, BWANT 161, (Stuttgart, 2004), 61-75.

Ders., „Textkritik", in: Ders. u. a. (Hg.) *Proseminar I. Altes Testament. Ein Arbeitsbuch*, (Stuttgart, 2005²), 26-48.

Ders., „From ‚Old Greek' to the Recensions: Who and What Caused the Change of the Hebrew Reference Text of the Septuagint?", in: Kraus. W. u. a. (Hg.) *Septuagint Research – Issues and Challenges in the Study of the Greek Jewish Scriptures*. SCS 53, (Atlanta, 2006), 225-237.

Ders., „Zebaoth – Der Thronende", *VT* LVI (2006), 347-362

Ders., „Das frühjüdische Textverständnis und die Septuaginta-Versionen der Samuelbücher. Aspekte des Antiochenischen Textes und der Kaige-Rezension an Hand von 2Sam 15,1-12. Vortrag auf der Tagung: Les textes de la Septante à traduction double ou à traduction très littérale, Strasbourg 4-6.Oct. 2004", OBO (Im Druck).

Ders., Die Septuaginta im Kontext alexandrinischer Kultur und Bildung, BWANT 174 (Stuttgart 2007), 28 - 56

Ders., Towards the Old Greek. New Criteria for the Analysis of the Recensions of the Septuagint (especially the Antiochene/Lucianic Text and the kaige-Recension, in: SCS 55 (Atlanta, 2008), 239-253.

Lagarde, P. A. de, *Anmerkungen zur griechischen Übersetzung der Proverbien*. Leibzig, 1863.

Ders., *Ankündigung einer neuen ausgabe der griechische übersetzung des alten testaments*, Göttingen, 1882.

Ders., *Mitteilungen*, Göttingen, 1884.

Leimbach, K. A., *Die Bücher Samuel*. Die heilige Schrift des Alten Testamentes III/1, Bonn, 1936.

Liebreich, L. J., „Notes on the Greek version of Symmachus", *JBL* 63 (1944), 397-403.

Lust, J., „The Story of David and Goliath in Hebrew and in Greek", in: D. Barthélemy, u. a. (Hg.), *The Story of David and Goliath. Textual and Literary Criticism. Papers of a Joint Research Venture.* OBO 73, (Fribourg/Göttingen, 1986), 5-18.

McCarter, P. K., *I Samuel. A New Translation with Introduction, Notes and Commentary*, AncB 8, Garden City, NY, 1980.

Meiser, M., „Erläuterungen zu 1 und 2 Samuel", *Septuaginta Deutsch*, Bd. II, (Stuttgart, 2009), im Druck.

Ders., *II Samuel. A New Translation with Introduction, Notes and Commentary*, AncB 9, Garden City, NY, 1984.

Meecham, H. G., *The Letter of Aristeas. A Linguistic Study with Special Reference to the Greek Bible*, Manchester, 1935.

Meisner, N., "Unterweisung in erzählender Form. Aristeasbrief", *Jüdische Schriften aus hellenistisch-römischer Zeit* 2,1, (1973), 35-87.

Metzger, B., *Chapters in the History of New Testament Textual Criticism.* Leiden, 1963.

Ders., „The Lucianic recension of the Greek Bible", in: Ders., *Chapters in the History of NT textual criticism*, (Leiden, 1963), 1-41.

Mez, A., *Die Bibel des Josephus – untersucht für Buch V-VII der Archäologie.* Basel, 1895.

Mills, W. E., "Ancient Versions (Coptic)", *ABD* 6, 1992, 803.

Morrow, W. S., "Kethib and Qere", *ABD* 4, 1992, 24-30.

Mulder, M. J. und H. Sysling (Hg.) *Miqra. Text, Translation, Reading and Interpretation of the Hebrew Bible in Ancient Judaism and Early Christianity.* Assen/Maastricht, 1988.

Müller, K., „Aristeasbrief", *TRE* 3, 1978, 719-725.

Muraoka, T., „The Greek Texts of Samuel-Kings: Incomplete Translations or Recensional Activity?", in: Kraft, R. A. (Hg.) *1972 Proceedings IOSCS Pseudographa*, SCS 2, (Missoula, MT, 1972), 90-107.

Nagel, P., „Old Testament, Coptic Translations", *Coptic Encyclopedia* 6, 1991, 1836-1840.

O'Connell, K. G., *The Theodotionic Revision of the Book of Exodus – A Contribution to the Study of the Early History of the Transmission of the Old Testament in Greek*, Cambridge, MA, 1972.

O'Connell, S., *From Most ancient Sources. The Nature and Text-Critical Use of the Greek Old Testament Text of the Complutensian Polyglot Bible.* OBO 215, Fribourg/Göttingen, 2006.

Oloffson, S., „The *Kaige* Group and the Septuagint Book of Psalms", in: Taylor, B. A. (Hg.), *IX Congress of the International Organization for Septuagint and Cognate Studies.* 1995, 190-230.

Orth, W., „Ptolemaios II. und die Septuaginta-Übersetzung", in: Fabry, H.-J. u.a. (Hg.), *Im Brennpunkt: Die Septuaginta. Studien zur Entstehung und Bedeutung der Griechischen Bibel*, BWANT 153, (Stuttgart, 2001), 97-114.

Peters, M. K. H., „Septuagint", *ABD* 5, 1992, 1093-1104.

Pietersma, A., „Kyrios or Tetragramm: A Renewed Quest for the Original Septuagint", in: Pietersma, A. u. a. (Hg.), *De Septuaginta – Studies in honour of John William Wevers on his sixty-fifth birthday*, (Mississauga, 1984), 85-101.

Ders. und C. Cox (Hg.), *De Septuaginta –Studies in honour of John William Wevers on his sixty-fifth birthday*, Mississauga, 1984.

Pisano, S. J. S., *Additions or Omissions in the Books of Samuel – The significant Pluses and Minuses in the Massoretic, LXX and Qumran Texts.* OBO 57, Fribourg/Göttingen, 1984.

Polak, F., „Statistics and Textual Filiation: the Case of 4QSam^a/LXX (with note on the Text of the Pentateuch)", in: Brooke, G. J. und B. Lindars (Hg.) *Septuagint, Scrolls and Cognate Writings. Papers presented to the International Symposium on the Septuagint and its Relations to the Dead Sea Scrolls and other Writings (Manchester, 1990)*, SCS 33, (Atlanta, 1992), 215-276.

Rahlfs, A., *Septuaginta-Studien. I, Studien zu den Königsbüchern; II, Der Text des Septuaginta-Psalters; III, Lucians Rezension der Königsbücher*, Göttingen, 1904/1907/1911; Göttingen, 1965².

Ders., „Die Abhängigkeit der sixtinischen Septuaginta-Ausgabe von der aldinischen", *ZAW* 33 (1913), 30-46.

Ders., „Die äthiopische Bibelübersetzung"; in: Ders., *Septuaginta-Studien*, (Göttingen, 1965²), 659-681.

Ders., *Verzeichnis der griechischen Handschriften des Alten Testaments.* MSU II, Göttingen, 1914; bearbeitet von D. Fraenkel, Bd. I,1 *Die Überlieferung bis zum VIII. Jahrhundert. Septuaginta Vetus testa-*

mentum Graecum Auctoritate Academiae Scientiarum Gottingensis editum Supplimentum, Göttingen, 2004.

Ders., *Paul de Lagardes wissenschaftliches Lebenswerk – im Rahmen einer Geschichte seines Lebens dargestellt*. MSU IV, 1, Göttingen, 1928.

Reider, A., "Quae ad syntaxin Hebraicam, qua infinitivus absolutus cum verbo finito eiusdem radicis coniunditur, planiorem faciendam ex lingua Graeca et Latina afferantur", *Programm des königl. Friedrischsgymnasiums zu Gumbinnen*. Gumbinnen, 1884, 1-3.

Reider, J., *Prolegomena to a Greek-Hebrew and Hebrew-Greek Index to Aquila*. (Philadelphia, 1916) = *JQR* 4 (1914), 321-56, 577-620; 7 (1916), 286-366.

Rengstorf, K. H., „δοῦλος", *ThWNT* II, 1935, 264-283.

Roupp, N., „Die älteste äthiopische Handschrift der vier Bücher der Könige", *ZfA* 16 (1902), 296-343

Salvesen, A., *Symmachus in the Pentateuch*, Manchester, 1991.

Ders. (Hg.), *Origen's Hexapla and Fragments*, Texte und Studien zum Antiken Judentum 58, Tübingen, 1998.

Sauer, G., „Ugaritistik und die Psalmenforschung, II", in: Bergerhof, K. u.a. (Hg.), *Ugarit-Forschung. Internationales Jahrbuch für die Altertumskunde Syrien-Palästinas*. Bd. 10. (Neukirchen-Vluyn, 1978), 357-386.

Schenker, A. (Hg.), *The Earliest Text of the Hebrew Bible. The Relationship between the Masoretic Text and the Hebrew Base of the Septuagint Reconsideres*, SCS 52, Atlanta, 2003.

Ders., „Warum gibt es in der LXX literalistische Übersetzungen? Am Beispiel hebräischer nicht paronomastisch verwendeter absoluter Infinitive", in: Kreuzer, S./ J. P. Lesch (Hg.), *Im Brennpunkt: Die Septuaginta – Studien zur Entstehung und Bedeutung der Griechischen Bibel*. Bd. 2, BWANT 161, (Stuttgart, 2004), 151-162.

Ders., „The Relationship between the Earliest Septuagint and the Masoretic Text in the Books of Kings in Light of 2 Kgs 21:2-9", in: David R./ M. M. Jinbachian (Hg.), *Traduire la Bible hébraïque. De la Septante à la Nouvelle Bible Segond / Translating the Hebrew Bible. From the Septuagint to the Nouvelle Bible Segond*. (Montéal, 2005), 127-149.

Ders, „Die Textgeschichte der Königsbücher und ihre Konsequenzen für die Textgeschichte der hebräischen Bibel, illustriert am Beispiel von 2Kön 23:1-3", in: Lemaire, A. (Hg.), *Congress Volume Leiden 2004*, VTS 109 (Leiden/Boston, 2006), 65-79.

Schoeps, H. J., *Aus frühchristlicher Zeit – Religionsgeschichtliche Untersuchungen*, Tübingen, 1950.

Ders., „Symmachusstudien I-III", in: Ders., *Aus frühchristlicher Zeit –* *Religionsgeschichtliche Untersuchungen,* (Tübingen, 1950), 82-119.

Schulz, A., *Das zweite Buch Samuel.* EH.AT 8/2, Münster, 1920.

Schwartz, J., „Papyrus et tradicion manuscrite", *ZPE* 4 (1969), Nr. 3, 178-180.

Shenkel, J. D., *Chronology and Recensional Development in the Greek Text of Kings,* Cambridge, MA, 1968.

Shutt, R. J. H., „Aristeas, Letter of", *ABD* 1, 1992, 380-382.

Siegert, F., *Zwischen Hebräischer Bibel und Altem Testament. Eine Einführung in die Septuaginta.* Münsteraner Judaistische Studien 9. Münster, 2001.

Ders., *Register zur Einführung in die Septuaginta. Mit einem Kapitel zur Wirkungsgeschichte.* Münsteraner Judaistische Studien 13. Münster, 2003.

Smith, H. P., *A Critical and Exegetical Commentary on the Books of Samuel.* ICC. Edinburgh, 1899.

Smith, M., „Another Criterion for the καίγε Recension" *Biblica* 48 (1967), 443-445.

Snaith, N. H., *Notes on the Hebrew Text of 2 Samuel XVI-XIX,* London, 1946.

Soisalon-Soininen, I. *Die Infinitive in der Septuaginta,* AASF, B 132,1, Helsinki, 1965.

Ders., „Einige Merkmale der Übersetzungsweise von Aquila", in: Schreiner, J. (Hg.), *Wort, Lied und Gottesspruch. Festschrift für Joseph Ziegler,* (Würzburg, 1972), 177-184.

Sollamo, R., *Rendering of Hebrew Semiprepositions in the Septuagint,* AASF DISS 19, Helsinki, 1979.

Ders., „The LXX Renderings of the infinitive Absolute Used with a Paronymus Finite Verb in the Pentateuch", in: Fernández Marcos, N. (Hg.), *La Septuaginta en la Investigacion Contemporanea (V Congreso de la IOSCS).* (Madrid, 1985), 101-113.

Stendebach, F. J., „שָׁלוֹם *šalôm*", *ThWAT* VIII, 1994, 12-46.

Stockmayer, T., „Hat Lucian zu seiner Septuagintaversion die Peschito benutzt?", *ZAW* 12 (1892), 218-223.

Stoebe, H. J., *Das Erste Buch Samuelis.* KAT VIII₁, Gütersloh, 1973.

Ders., *Das Zweite Buch Samuelis.* KAT VIII₂, Gütersloh, 1994.

Swete, H. B., *An Introduction to the Old Testament in Greek,* Cambridge, 1900, 1914² (nachdr. New York, 1989)
= http://ccel.org/s/swete/greekot/

Thackeray, H. St. J. „The Septuagint", *ISBE* 4, 1915, 2722-2732
= http://www.bible-researcher.com/isbelxx01.html.

Ders., *The Septuagint and Jewish Worship. A Study in Origins*, London, 1921.

Ders., *Josephus. The Man and the Historian*, New York, 1929/1967.

Taylor, B. A. (Hg.), *IX Congress of the International Organization for Septuagint and Cognate Studies (Cambridge, 1995)*, SCS 45, Atlanta, 1997.

Ders. (Hg.), *X Congress of the International Organization for Septuagint and Cognate Studies (Oslo, 1998)*, SCS 45, Atlanta, 2001.

Thenius, O., *Die Bücher Samuels*. Kurzgefasste exegetisches Handbuch zum Alten Testament 4. Leipzig, 1842.

Tilly, M., *Einführung in die Septuaginta*, Darmstadt, 2005.

Tov, E. „The State of the Question: Problems and Proposed Solutions", in: Kraft, R. A. (Hg.) *1972 Proceedings IOSCS Pseudographa*, SCS 2, (Missoula, MT, 1972), 3-15.

Ders., „Lucian and Proto-Lucian", *RB* 79 (1972), 101-113.

Ders. (Hg.), *The Hebrew and Greek Texts of Samuel, 1980 Proceedings IOSCS – Vienna*, Jerusalem, 1980.

Ders., "Loan-Word, Homophony and Translations in the Septuagint", *Biblica* 60 (1979), 216-236.

Ders., „Determining the Relationship between the Qumran Scrolls and the LXX: Some Methodological Issues", in: Ders. (Hg.), *The Hebrew and Greek Texts of Samuel, 1980 Proceedings IOSCS – Vienna*, (Jerusalem, 1980), 45-67.

Ders., „The Textual Affiliations of 4QSam[a]", in: Ders. (Hg.), *The Hebrew and Greek Texts of Samuel, 1980 Proceedings IOSCS – Vienna*, (Jerusalem, 1980), 189-205.

Ders., „The Septuagint", in: Mulder, M. J. und H. Sysling (Hg.) *Miqra. Text, Translation, Reading and Interpretation of the Hebrew Bible in Ancient Judaism and Early Christianity*. (Assen/Maastricht, 1988), 161-188.

Ders., "Renderings of Combinations of the Infinitive Absolute and Finite Verbs in the LXX – Their Nature and Distribution", in: Fraenkel, D. u.a. (Hg.), *Studien zur Septuaginta – Robert Hanhart zu Ehren*. (Göttingen, 1990), 64-73.

Ders., *Textual Criticism of the Hebrew Bible*, Minneapolis, 1992.

Ders., *The text-critical Use of the Septuagint in biblical Research*, Jerusalem Biblical Studies 8, Jerusalem, 1997[2].

Trebolle Barrera, J. C., „The Text-Critical Use of the Septuagint in the Books of Kings", in: Cox, C. E. (Hg.), *VII Congress of the International Organization for Septuagint and Cognate Studies (Leuven, 1989)*, SCS 31, (Atlanta, 1991), 285-299.

Ders., "Old Latin, Old Greek and Old Hebrew in the Books of Kings (1 Ki 18:27 and 2 Ki 20:11)", *Textus* 13 (1986), 85-94.

Tsevat, M., "Ishbosheth and Congeners: The Names and Their Study", *HUCA* 46 (1975), 71-87.

Ulrich, E., „4QSamᵃ and Septuagintal Research", *BIOSCS* 8 (1975), 24-39.

Ders., *The Qumran Text of Samuel and Josephus.* HSM 19, Missoula, MT, 1978.

Ders., „4QSamᶜ: A Fragmenary Manuscript of 2 Samuel 14-15 from the Scribe of the Serek Hay-yaḥad (1QS)", *BASOR* 235 (1979), 1-25.

Ders., „The Old Latin Translation of the LXX and the Hebrew Scrolls from Qumran", in: Tov, E. (Hg.), *The Hebrew and Greek Texts of Samuel, 1980 Proceedings IOSCS – Vienna,* (Jerusalem, 1980), 123-165

Ders., „Characteristics and Limitations of the Old Latin Tran of the Septuagint", in: Fernández Marcos, N. (Hg.), *La Septuaginta en la Investigacion Contemporanea (V Congreso de la IOSCS).* (Madrid, 1985), 67-80.

Vonach, A. u.a. (Hg.), *Horizonte biblischer Texte – Festschrift für Josef M. Oesch zum 60. Geburtstag,* OBO 196, Fribourg/Göttingen, 2003.

Wahl, O., *Die Sacra-Parallela-Zitate aus den Büchern Josua, Richter, 1/2 Samuel, 3/4 Könige sowie 1/2 Chronik,* Göttingen, 2004.

Waldis, J., *Die Präpositionsadverbien mit der Bedeutung ‚vor' in der LXX. Beilage zum Jahresberichte der Kontonschule.* Lucerne, 1921/22.

Walters, P., *The text of the Septuagint: its corruptions and their emendation,* Cambridge 1973.

Wellhausen, J., *Der Text der Bücher Samuelis,* Göttingen, 1871.

Wevers, J. W., „A Study in the exegetical principals underlying the Greek Text of 2 Sm 11:2-1 Kings 2:11", *CBQ* 15 (1953), 30-45.

Ders., *Text History of the Greek Genesis,* MSU XI, Göttingen, 1974.

Ders., *Text History of the Greek Deuteronomy,* MSU XIII, Göttingen, 1977.

Ders., *Text History of the Greek Numbers,* MSU XVI, Göttingen, 1982.

Ders., *Text History of the Greek Leviticus,* MSU XIX, Göttingen, 1986.

Ders., „Barthélemy and Proto-Septuagint Studies", *BIOSCS* 21 (1988), 23-34.

Ders., *Text History of the Greek Exodus,* MSU XXI, Göttingen, 1992.

Wright, B. G., "Δοῦλος and Παῖς as Translations of עבד: Lexical Equivalences and Conceptual Transformation", in: Taylor, B. A. (Hg.), *IX Congress of the International Organization for Septuagint and Cognate Studies (Cambridge, 1995),* SCS 45, (Atlanta, 1997), 263-277.

Würthwein, E., *Der Text des Alten Testaments – Eine Einführung in die Biblia Hebraica,* Stuttgart, 1988⁵.

Wutz, F., *Die Transkription von der Septuaginta bis zu Hieronymus.* Stuttgart, 1933.

Ziegler, J., *Beiträge zur Ieremias-Septuaginta.* MSU VI, Göttingen, 1958.
Zuurmond, R., „Ancient Versions (Ethiopic) ", *ABD* 6, 1992, 808-810.

5.4. Software und Webseiten

(1) Software
Bible Works TM 7; Software for Biblical Exegesis & Research, 2006.
Thesaurus Linguae Graecae TM/ CD Rom, University of California,
    1999.
Griechisch-Deutsch. Altgriechisches Wörterbuch von W. Pape, Digitale
    Bibliothek 117, 2005.
A Greek-English Lexicon/ Liddell and Scott, Logos Bible Software Se-
    ries X, 2003.

(2) Webseiten
Göttinger Setuaginta-Unternehmen:
    http://www.septuaginta-unternehmen.gwdg.de/Startseite.htm

Septuaginta-Deutsch:
    http://www.septuaginta-deutsch.de/

New English Translation of the Septuagint:
    http://ccat.sas.upenn.edu/nets/

Webseite von R. Kraft:
    http://ccat.sas.upenn.edu/gopher/text/religion/biblical/lxxvar/old
    /kaige.sam-kgs

CATSS, LXX-Variants:
    http://ccat.sas.upenn.edu/gopher/text/religion/biblical/lxxvar/

Lust, J. *A Lexicon of Symmachus' Special Vocabulary in His Translation of
    the Psalms*:
    http://rosetta.reltech.org/TC/vol05/Lust2000.html

Stellenregister

(Die zahlreichen Belegstellen und Querverweise in den Untersuchungen
von Kap.2 sind nur in Auswahl aufgenommen)

Genesis						
		30,20	248	19,13	151	
		31,38	249	23,2	323	
2,4	312	31,55	80	23,22	264	
2,21f	224	34,30	261	24,4	80	
2,23	248	38,1	194	24,5	293	
3,22	323	38,26	329	25,31	225	
4,2	102	39,5	190	26,13	225	
6,16	225	41,1	102	29,1.3.36	293	
8,6	102	42,12	231	32,6	80	
10,16	107	42,36	249	32,34	248	
15,10	107	43,10	313	34,4	80	
18,5	329	43,14	249	35,21	341	
18,6	203	44,3	278			
18,7f	293	45,24	346			
18,15	231	46,30	248			
18,19	323	47,9	194	Levitikus		
18,32	248					
19,2	80,231			3,1	151	
19,8	329	Exodus		4,3	187	
19,27	80			5,4	323	
19,16	171	4,10	190	5,11	203	
19,35	80	8,16	80	6,13	203	
20,8	80	8,28	247	7,12	190	
20,16	208	9,13	80	8,14	263	
22,3	80	9,14	248	8,15	323	
22,13	311	9,21	135	9,2.3.8	293	
26,27	220	9,24	190	15,14	341	
26,31	80	10,17	248			
27,25	263	11,3	310			
27,45	249	12,41	102	Numeri		
28,12	194	15,14	346			
28,18	80	15,20f	293	5,15	206	
29,34f	248	16,21	257	10,31	329	
				11,6	248	

Sachregister

(Für die in "Kap. 3. Klassifikation der Varianten" verwendeten Kategorien
siehe S. 367 – 401)

Aldina 4, 51

Äquivalent 95, 118, 132, 134, 154, 239, 275, 304, 363

armenisch 31, 62

asyndetisch 269, 330, 332

äthiopisch 64

attisch (Attizismus) 89, 149, 167, 329, 409

Bearbeitung 39, 78, 93, 112, 122, 139, 140, 145, 150, 152, 164, 167, 183, 188, 190, 214, 225, 228, 237, 251ff, 286, 295, 302f, 322, 325, 332, 342, 351, 362, 363, 365, 376, 399f

bewegliches *ν* 89-94

byzantinische Schulregel 38, 50, 89, 92f, 410

codices mixti 40, 42, 44, 48f, 64

complutensische Polyglotte 4, 51

Dittographie 124, 144, 234, 257, 310

Dublette 60, 145, 352

Ergänzungsübersetzung 19

etymologisch 113, 257, 344

genitivus absolutus 119,153, 180f

graphemisch 104, 112, 114f, 124, 134, 170, 214, 270, 278, 364, 366

Haplographie 136, 186, 231, 241, 245, 253, 311f

Hebraismus 82, 96

hellenistisch 89, 92f, 147, 149, 167, 183, 207, 216, 272, 407

hellenistisch/frühjüdisch 290, 400f, 403, 415

Hexapla 10, 22, 25, 41, 52, 59, 63, 84, 171f, 218, 221f, 224, 251f, 274, 283, 301, 326, 333, 346, 361, 409f, 410f, 415

hexaplarisch 21, 25, 39, 43, 47, 52, 55, 66, 138, 154f, 222, 250, 251, 284, 408f, 411

HoP 6f, 12, 51

Katenen 43, 56, 57

Koine-Griechisch 77, 82, 104, 236, 321

Konkurrenzübersetzung 230, 400

koptisch 63

lukianisch 15, 17, 21, 24, 26, 45, 48, 410

Mehrheitstext 29

Mischform (textlich) 40, 42, 285, 320, 412

Mischform (grammatisch) 272, 276f, 294

Modalität 126

Naḥal Ḥever 19, 25

Neologismus 80, 183, 249

nota accusativi 98

Parallelismus 188, 246, 272

Personenregister

Wortregister